Richtig rauchen

Regensburger Schriften
zur Volkskunde/
Vergleichenden Kulturwissenschaft

herausgegeben vom
Regensburger Verein für Volkskunde e.V.

Daniel Drascek
Helmut Groschwitz
Gunther Hirschfelder
Bärbel Kleindorfer-Marx
Erika Lindig

Band 27

Anke Lipinsky

Richtig rauchen

Zur medikalen Logik und
kulturellen Praxis des Zigarettenrauchens

Waxmann 2015
Münster • New York

Die Arbeit wurde im Jahr 2013 von der Fakultät für Sprach-,
Literatur- und Kulturwissenschaften der Universität Regensburg
als Dissertation angenommen.

Bibliografische Informationen der Deutschen Nationalbibliothek
Die Deutsche Nationalbibliothek verzeichnet diese Publikation in
der Deutschen Nationalbibliografie; detaillierte bibliografische
Daten sind im Internet über http://dnb.d-nb.de abrufbar.

Regensburger Schriften zur Volkskunde/
Vergleichenden Kulturwissenschaft, Bd. 27

ISSN 2196–9558
Print-ISBN 978–3-8309–3083–9
E-Book-ISBN 978–3-8309–8083-4

© Waxmann Verlag GmbH, 2015

www.waxmann.com
info@waxmann.com

Umschlaggestaltung: Pleßmann Design, Ascheberg
Titelbild: © Bernd Vonau @photocase.de
Satz: Sven Solterbeck, Münster

Gedruckt auf alterungsbeständigem Papier,
säurefrei gemäß ISO 9706

Inhalt

Annäherungen an ein flüchtiges Forschungsfeld

Glimmstängel, Zigarette, Fluppe oder Sargnagel? An den verschiedenen Bezeichnungen für rauchbare Tabakprodukte lassen sich mitunter emotionale oder assoziative Konnotationen ablesen. Soziokulturelle Gruppen innerhalb von Gesellschaften verhandeln die kulturelle Bewertung des Tabaks sowie des Tabakkonsums fortlaufend. Dennoch zeigt das Zigarettenrauchen im öffentlichen gesundheitspolitischen Diskurs ein relativ einheitliches Gesicht: Es gilt nahezu beliebig entweder als Volkskrankheit, Suchtverhalten oder Drogengebrauch. Raucher würden in „Raucher-Ghettos" verbannt, von vielen Nichtrauchern geächtet: „Wer raucht, gilt als Verlierer", schreibt der Chefredakteur des *Stern* nach Erlass eines neuen Nichtraucherschutzgesetzes 2007.[1] Gesellschaftliche Bewertungsmuster sowie soziokulturelle Wirkungsvorstellungen im Umgang mit potenziell gesundheitsschädigenden Konsumgütern gilt es daher als Indikatoren für einen kulturellen Wandel wahrzunehmen und zu interpretieren.

Der Konsum rauchbarer Tabakprodukte[2] ist weder als organische Krankheit noch als psychisches Krankheitssymptom im klinischen Wörterbuch Pschyrembel verzeichnet.[3] In der epidemiologischen Terminologie zählt Rauchen zu den gesundheitlichen Risikofaktoren beziehungsweise Risikoverhaltensweisen, die statistisch eine Wahrscheinlichkeitserhöhung prospektiver Krankheitserfahrung nahelegen.[4] In diesem Kontext bezeichnen gesundheitspolitische Akteurinnen und Akteure den Konsum von Tabakprodukten als das „größte vermeidbare Gesundheitsrisiko unserer Zeit"[5]. Die deutschsprachige Version des *Internationalen Klassifikationssystems für Krankheiten und Gesundheitsprobleme 2010* (ICD-10-GM) codiert daher den „schädlichen Gebrauch"[6] sowie ein „Abhängigkeitssyndrom"[7] aufgrund regelmäßigen Tabak-

---

1 Petzold, Andreas: Raucher und Pharmaindustrie im Abseits. Editorial. In: Stern Nr. 34 vom 16.08.2007, S. 3.

2 Der Begriff „Tabak" leitet sich etymologisch ab vom spanischen *tabaco*, welches wiederum wahrscheinlich einer Sprache Südamerikas entlehnt ist. Vgl. Kluge, Friedrich: Tabak. In: Etymologisches Wörterbuch der deutschen Sprache. 22. Aufl. Berlin/New York 1989, S. 718.

3 Vgl. Pschyrembel. Klinisches Wörterbuch, 260., neu überarbeitete Auflage. Berlin/New York 2004.

4 Zur Unterscheidung von Risikofaktoren, Risikoträgern und Risikoverhalten vgl. Aronowitz, Robert A.: Die Vermengung von Risiko- und Krankheitserfahrung. In: Lengwiler, Martin/Madarász, Jeannette (Hg.): Das präventive Selbst. Eine Kulturgeschichte moderner Gesundheitspolitik. Bielefeld 2010, S. 355–383; Mathe, Thomas: Medizinische Soziologie und Sozialmedizin. Idstein 2003, S. 87–104. Zur Rechtfertigung von Risikoverhalten (Modell des Risikoverhaltens) und der Berechnung gesundheitlicher Risiken von Tabakkonsum (Prävalenz) vgl. Siegrist, Johannes: Medizinische Soziologie. 5. Aufl. München/Wien/Baltimore 1995, S. 147 f. und 164 ff.

5 Vorwort von Sabine Bätzing, Drogenbeauftragte der Bundesregierung. In: Deutsches Krebsforschungszentrum (Hg.): Tabakatlas Deutschland 2009. Heidelberg 2009, S. 6.

6 Internationale statistische Klassifikation der Krankheiten und verwandter Gesundheitsprobleme, 10. Revision, German Modification, Version 2010. Der schädliche Gebrauch von Tabak stellt einen nicht quantifizierten „Konsum psychotroper Substanzen, der zu Gesundheitsschädigung führt", dar. ICD-10-GM: Psychische und Verhaltensstörungen durch Tabak F17.1. http://www.dimdi.de/static/de/klassi/icd-10-gm/kodesuche/onlinefassungen/htmlgm2011/block-f10-f19.htm#S05F10_4, zuletzt geprüft am 25.04.2015.

7 Abhängigkeitssyndrom: „Eine Gruppe von Verhaltens-, kognitiven und körperlichen Phänomenen, die sich nach wiederholtem Substanzgebrauch entwickeln. Typischerweise besteht

konsums. Der schädliche Gebrauch von Nikotin führt hierin zu einem suchtartigen Krankheitsbild, welches medizinisch indiziert und therapiert werden kann.[8] Der Verweis auf einen „schädlichen Gebrauch" impliziert, es gäbe einen sachgemäßen, d. h. „unschädlichen" Gebrauch von nikotinhaltigen Tabakprodukten. Die vorliegende Arbeit will den „schädlichen" wie „unschädlichen" Gebrauchsarten von rauchbaren Tabakprodukten unter besonderer Berücksichtigung der Verwendung von Zigaretten[9] auf den Grund gehen. Dabei stehen kulturelle Logiken beziehungsweise die soziokulturelle Choreographie sinnstiftender Dissonanzen in Bezug auf Wissen, Handeln und Erzählen über das Zigarettenrauchen im Mittelpunkt.

Haupt- und Nebenstromrauch einer Zigarette enthalten beim Abbrennen etwa 4.000 Schadstoffe und weitere Zusatzstoffe wie „Ammoniumchlorid, Süßstoffe, Kakao (Theobromin), Pyridin, Glycyrrhizin, Laevulinsäure usw."[10]. Der Hauptsuchtstoff im Zigarettentabak ist das Nikotin, ein Alkaloid und Nervengift. Es kann bereits nach wenigen Verabreichungen erste Suchtanzeichen verursachen. „Es wird über Haut, Schleimhäute, Magen-Darm-Trakt und Lunge leicht resorbiert und gelangt durch Blut-Hirn-, Plazenta- und Milchschranke. Bei Inhalation von Nikotin beträgt die Resorption über die Alveolen fast 100%."[11] Wenn nikotinhaltige Gase regelmäßig inhaliert werden, treten eine Reihe organisch-physiologischer Veränderungen im Organismus auf. Die Reizung von Kehlkopf, Bronchien und Lunge führt zu chronischen Beschwerden der Atemwege. Bei der Aufnahme von Kohlenmonoxid lagert sich dieses an den Blutfarbstoff Hämoglobin an und beeinträchtigt den Sauerstofftransport im Blutkreislauf, was zu Herz- und Durchblutungsstörungen führt. Regelmäßiges Rauchen vervielfacht das Risiko für die Ausbildung von koronaren Herzerkrankungen, Arteriosklerose und Schlaganfall (Apoplexie).[12] Einige während der Inhalation aufgenommene Stoffe gelten als Co-Karzinogene und verschulden Lippen-, Zungen-, Kehlkopf-, Lungen-, Speiseröhren-, Bronchial-, Magen-, Darm- und weitere Krebserkrankungen. Rauchen verursacht bei Frauen wie Männern Störungen der Fertilität. Während einer Schwangerschaft können gesundheitliche Schäden und Fehlbildungen bei den Ungeborenen auftreten.[13] Nach Absorption des Nikotins verbleibt es etwa zwei Stunden im Körper, bevor es vom Organismus ausgeschieden wird. Bei oraler

---

ein starker Wunsch, die Substanz einzunehmen, Schwierigkeiten, den Konsum zu kontrollieren, und anhaltender Substanzgebrauch trotz schädlicher Folgen. Dem Substanzgebrauch wird Vorrang vor anderen Aktivitäten und Verpflichtungen gegeben. Es entwickelt sich eine Toleranzerhöhung und manchmal ein körperliches Entzugssyndrom." Psychische und Verhaltensstörungen durch Tabak F17.2. http://www.dimdi.de/static/de/klassi/icd-10-gm/kodesuche/onlinefassungen/htmlgm2011/block-f10-f19.htm, zuletzt geprüft am 25.04.2015.

8   So verzeichnet die 260. Ausgabe des Pschyrembel etwa die Krankheit *Raucherbein* aufgrund von krankhaften Gefäßveränderungen an den unteren Extremitäten. Siehe: Pschyrembel (2004), S. 1540.

9   Morphologisch ist die Zigarette ein Diminutiv des Begriffs Zigarre.

10   Haustein, Knut-Olaf: Tabakabhängigkeit. Gesundheitliche Schäden durch das Rauchen. Ursachen – Folgen – Behandlungsmöglichkeiten – Konsequenzen für Politik und Gesellschaft. Köln 2001, S. 20.

11   Burgis, Eduard: Intensivkurs allgemeine und speziellen Pharmakologie. 3. Aufl. München 2005, S. 81.

12   Vgl. Haustein: Tabakabhängigkeit (2001), S. 23.

13   Ebd., S. 22 f.

Einnahme von circa einem Milligramm Nikotin pro Kilogramm des Körpergewichts wirkt es tödlich.

Menschen, die regelmäßig passiv dem Abrauch von Zigaretten ausgesetzt sind und diesen Einatmen, teilen eine höhere Wahrscheinlichkeit, Herz-Kreislauf- und Atemwegserkrankungen (Infektionen oder Krebs) zu bekommen.[14] Kauf und Konsum von Tabakwaren erfuhren daher seit 2001 unter dem präventionspolitischen Signum des Schutzes von Kindern und Jugendlichen vor gesundheitlichen Gefahren in Deutschland eine stärkere rechtliche Reglementierung als in den vergangenen 60 Jahren.[15] Andere Länder der Europäischen Union greifen noch tiefer als die deutschen Behörden in Erwerb und den Konsum von Tabakerzeugnissen ein. Der „Nichtraucherschutz" ist eines der wichtigsten gesundheitspolitischen Ziele der Europäischen Union.[16] Daraus ist eine gesamteuropäische Haltung erkennbar, die dem Wohlbefinden europäischer Bürgerinnen und Bürger einen ideellen Wert beimisst.[17] Andererseits ist in den Medien von einer Diskriminierung von Rauchenden die Rede, manche US-Unternehmen stellten ausschließlich Nichtraucher ein.[18] Jede weitere Restriktionsmaßnahme belebt die mediale Debatte um Raucherdiskriminierung auf ein Neues.

Inwieweit kann in einem derart stark regulierten und politisierten Feld überhaupt von einer Kultur des Zigarettenrauchens gesprochen werden? Obliegt das „richtige" Rauchen medizinisch-epidemiologischer Definitionsmacht allein? Bietet der Tabakkonsum aktuell genügend Raum zur Entfaltung kultureller Techniken und Handhabungen für das gesellschaftliche Spiel kultureller Differenzierung im Umgang mit einem industriell gefertigten Massenprodukt[19] wie der Zigarette?

Der Gebrauch von Tabakprodukten wurde aus alltagskulturwissenschaftlicher Perspektive bislang hauptsächlich unter konsumhistorischen Gesichtspunkten betrach-

---

14 Vgl. ebd., S. 27 f.

15 Das Tabakgesetz von 2001 (2002 in Kraft getreten) sieht eine Ausweitung des Verbots von Werbung für Tabakerzeugnisse in Fernsehen und Hörfunk vor (das Verbot ist seit 1975 in Kraft). Ebenso schließt es das Werbe- und Sponsoring-Verbot für Tabakerzeugnisse in Presse und Internet ein; die Gesetze zum Nichtraucherschutz von 2007 regelten beispielsweise die Anhebung des Mindestalters für den Erwerb von Tabakprodukten auf achtzehn Jahre, Rauchverbote auf Schulgeländen und in öffentlichen Gebäuden, das Rauchverbot in Bahnhöfen, Flughäfen und allen öffentlichen Verkehrsmitteln sowie in Gaststätten unter besonderen Bedingungen. Vgl. Tabakatlas (2009); http://www.dkfz.de/de/tabakkontrolle/Rechtliche_Grundlagen.html, zuletzt geprüft am 25.04.2015.

16 Vgl. Conclusions of the Council and the Ministers for Health, meeting within the Council of 27 May 1993 on the response to the Resolution on banning smoking in places open to the public (Official Journal C 174 vom 25.06.1993). http://eur-lex.europa.eu/legal-content/DE/TXT/?uri=CELEX:41989X0726, zuletzt geprüft am 25.04.2015.

17 Den Diskurs um die Unversehrtheit des Körpers als Zeichen demokratischer Werte ziviler Gesellschaften, in welchem Macht- und Bestrafungssysteme sich des Körpers bemächtigen können, beispielsweise durch Freiheitsentzug, führte Michel Foucault in den 1960er und 1970er Jahren in sozialwissenschaftliche Deutungs- und Analysebezüge ein. Vgl. Foucault, Michel: Überwachen und Strafen. Die Geburt des Gefängnisses. Frankfurt a. M. 1979.

18 Vgl. „Raucher. Verlierer der Nation" von Markus Götting, Stern Nr. 34 vom 16.08.2007, S. 28–40, hier S. 33.

19 Zum Verhältnis von „Volkskultur" und „Massenkultur" am Beispiel neuzeitlicher Mode vgl. Bausinger, Hermann/Jeggle, Utz/Korff, Gottfried/Scharfe, Martin: Grundzüge der Volkskunde. 4. Aufl. Darmstadt 1999, S. 220 ff.

tet. Der Konsum von Tabakerzeugnissen in horizontal differenzierten Gesellschaftsschichten, städtischen oder ländlichen Regionen konnte anhand von Statistiken gut
nachvollzogen und interpretiert werden.[20] Dennoch wird die Handhabung rauchbarer
Tabakprodukte in kulturwissenschaftlichen oder konsumhistorischen Fachpublikati-
onen nicht hinreichend definiert. Offensichtlich wird vorausgesetzt, dass der übliche
Umgang mit dem Rauchgut Zigarette bekannt ist, keinem Wandel unterliegt und daher
keiner Erklärung bedarf. Für diese Arbeit ist es dennoch notwendig, das Rauchen von
Zigaretten unter modalen Gesichtspunkten wissenschaftlicher Operationalisierung zu
definieren. Die Modelldefinition könnte eine (weitere) Grundlage der Annäherung
an ein komplexes Forschungsfeld liefern: *Zigarettenrauchen* bezeichnet daher im Folgenden das vorsätzliche Einatmen von Inhaltsstoffen, die beim Abbrennen rauchbarer
Tabakerzeugnisse entstehen, durch den Mund. Dabei ist zunächst weder relevant, wie
tief der Tabakrauch in die Lungenflügel hinein inhaliert wird, noch wie regelhaft diese
Körpertechnik praktiziert wird. Die Unterscheidung zwischen der „bewussten Imitation des Inhalierens" (Einatmen von Rauchinhalten, die dabei nicht in die Lungenflügel
vordringen) und dem tiefen Inhalieren ist mit Blick auf die Körpertechnik bedeutsam,
soziokulturell zählen beide Techniken zum Rauchen hinzu. Beide Rauchtechniken
sind durch das speziell für diese Arbeit erhobene Quellenmaterial belegt. Andere Arten des Umgangs mit verbrauchbaren Tabakprodukten sind entsprechend kenntlich
gemacht. Der Abrauch, der beim Verglimmen von Tabakerzeugnissen entsteht, verfliegt in der Umwelt und verursacht im Falle der Inhalation durch eine andere Person
einen Vorgang, der als *Passivrauchen* bezeichnet wird.

Die vorliegende Arbeit behandelt ein in mehrerer Hinsicht flüchtiges Forschungsfeld. Zunächst einmal dehnt sich der Rauch einer jeden gerauchten Zigarette in seine
Umluft aus, verfliegt und bleibt als kulturwissenschaftlicher Untersuchungsstoff nach
der materiellen Transformation des Tabak-Papier-Gemisches in Asche wenig fassbar.
Die zweite Fluchtbewegung des Feldes macht sich darin bemerkbar, dass die Anzahl
der rauchenden Bevölkerung im Alter zwischen 25 und 69 Jahren bei Männern wie
Frauen seit 2003 rückläufig ist. Ebenso rückläufig ist der Anteil unter den jugendlichen
Rauchern im Alter zwischen zwölf und 17 Jahren, der von 28% im Jahr 2001 auf 15% im
Jahr 2008 gesunken ist.[21] Eine weitere bemerkenswerte Flüchtigkeit besteht in der Marginalisierung des Zigarettenrauchens durch gezielte Werbeverbote für Tabakprodukte
und den Rauchverboten in öffentlichen Gebäuden in Deutschland. Die Verbannung
des Rauchens aus dem öffentlichen Raum führt gleichzeitig zu einer Marginalisierung
der Rauchenden selbst, die sich während des Rauchens nunmehr in Transitbereichen
wiederfinden, das heißt zwischen gesellschaftlich etablierten Räumen mit wandelba-
ren sozialen Funktionen. Diese drei Fluchtpunkte des Forschungsfeldes lenken den
kulturwissenschaftlichen Blick[22] auf den Menschen und seinen Umgang mit einem

---

20 Vgl. Gilman, Sander/Xun, Zhou (Ed.): Smoke. A Global History of Smoking. London 2004;
   Hengartner, Thomas/Merki, Christoph Maria (Hg.): Genußmittel. Eine Kulturgeschichte.
   Frankfurt a. M./Leipzig 2001.
21 Vgl. Tabakatlas (2009), S. 29.
22 Der kulturwissenschaftliche Blick, der „Kulturen als Texturen oder als Bedeutungsgewebe"
   untersucht, ist Grundbestandteil des gemeinsamen Fachverständnisses von (Empirischer oder
   Vergleichender) Kulturwissenschaft, Europäischer Ethnologie, Volkskunde und Kulturanthropologie. Die in dieser Arbeit verwendeten Fachbezeichnungen werden aufgrund ihrer gemein-

risikobelasteten Gut; lenken den Blick auf studentische Lebensweisen und spezifische Konzeptionen medikaler Logiken im Umgang mit dem Rauchen sowie auf den kulturellen Umgang mit Rauchorten im Kontext von Hochschule.

Exemplarisch soll am Beispiel universitärer Settings gezeigt werden, wie sich das Zigarettenrauchen in urbane, studentische Lebenswelten[23] einer Wissensteilgesellschaft einfügt. Grund für die Auswahl des universitären Forschungsfeldes war zum einen, die Stereotypisierung devianter Verhaltensweisen von Jugendlichen in sozial benachteiligten Milieus nicht weiter verstärken zu wollen. Zigarettenrauchen und Suchtverhalten finden in allen sozialen Milieus statt. Zum anderen war davon auszugehen, dass Studierende einen relativ privilegierten Zugang zu Wissensbeständen (speziellem Fachwissen und Bildungswissen als Ressource) haben und dass daher die Dissonanzen zwischen Wissen und Handeln in den Erzählungen über Erfahrungen in elaborierter (sprachlicher) Kontur erwartet werden konnten.

Die vorliegende kulturwissenschaftliche Forschungsarbeit verfolgt mittels empirisch gewonnener, qualitativer Daten daher das Ziel, Auskunft über Funktionen und Bewertungen des Zigarettenrauchens zu geben und damit folgende Fragen zu beantworten: inwiefern sich medikalkulturelle Orientierungs- und Handlungsmuster in aktuellen Rauchpraktiken abzeichnen; wie die gegenwärtige Praxis des Rauchens im Rahmen studentischen Hochschullebens in Erscheinung tritt. Dokumente und Interviewquellen geben Einblicke in gesundheitsbezogene Logiken, die den kulturellen Umgang mit dem industriellen Kulturgut Zigarette und der Handlung Rauchen im Alltag bestimmen. Da unsere Begegnungsformen mit der Natur, damit sei die individuelle biologisch-materielle Verfasstheit ebenso einbezogen wie die Produktion naturwissenschaftlichen Wissens, bereits als Kultur angesehen werden müssen[24], versucht diese Arbeit den medizinisch-epidemiologischen Diskurs mittels kultureller Deutungsbezüge im Kontext von Medikalisierungstrends zu ergänzen. Sie versteht sich daher als ein Beitrag zur Medikalkulturforschung, da sie ein soziokulturelles Phänomen behandelt, welches von Medikalisierungsprozessen seit Mitte der 1960er Jahre biomedizinisch und seit den 1980er Jahren weiterhin präventionspolitisch überformt wurde.

Die vorliegende Studie ist in vier Teile untergliedert: Im ersten Abschnitt führen Kapitel Eins bis Drei in das Thema ein. Der dritte einführende Abschnitt erklärt neben dem Kulturbegriff im Fach auch dessen Besonderheiten für Lesende anderer Disziplinen. Der vierte Abschnitt stellt die untersuchten Quellen und Methoden vor. Dieser erste Teil schildert die spezifischen Perspektiven der Alltagskulturwissenschaft in Abgrenzung zu historischen und soziologischen Forschungsperspektiven sowie die hier

---

samen inhaltlichen, gedanklichen und theoretischen Orientierung synonym verwendet. Vgl. Zimmermann, Harm-Peer (Hg.): Empirische Kulturwissenschaft – Europäische Ethnologie – Kulturanthropologie – Volkskunde. Leitfaden für das Studium einer Kulturwissenschaft an deutschsprachigen Universitäten. Marburg 2005, S. 8 ff.

23 Vgl. Kaschuba, Wolfgang: Einführung in die Europäische Ethnologie. 3. Aufl. München 2006, S. 125 f.

24 Vgl. zur Konstruktion der Dichotomie von Natur und Kultur Köstlin, Konrad: Kultur als Natur – des Menschen. In: Brednich, Rolf Wilhelm/Schneider, Annette/Werner, Ute (Hg.): Natur – Kultur. Volkskundliche Perspektiven auf Mensch und Umwelt. Münster/New York/München/Berlin 2001, S. 1–10.

angewendeten Methoden. Teil II bietet Einblicke in die Rahmenbedingungen, welche die Realität des Feldes beeinflussen. Die Rahmung legt historische Trends, gesundheitspolitische Ansätze, Gegebenheiten des Hochschulraumes, Gesundheitsdaten Studierender sowie mediale Konstrukte stereotypisierter Körper, konstruierte Eigenschaften und Alltagsroutinen von Rauchern und Nichtrauchern offen. Schwerpunkt in Teil III liegt auf der Diskussion der empirischen Befunde anhand von Narrativen, die mit Hilfe qualitativer Interviews im Feld entstanden. Die thematisch gebündelte Auffächerung des Quellenmaterials ermöglicht einen kulturwissenschaftlich geschärften Blick auf spezifische Muster und Orientierungen, die in Interviews und informellen Gesprächen zutage traten und stellen ebenso konstruierte Repräsentationen von Kultur dar, wie sie auch in „klassischeren" Darstellungsarten ethnografischer Beschreibungen vorkommen.[25] Im darauf folgenden Schlussteil werden die Ergebnisse aus der Diskussion des Quellenmaterials interpretiert und mit vorausgehend besprochenen theoretischen und methodischen Überlegungen zusammengeführt.

---

25   Vgl. Hess, Sabine/Schwertl, Maria: Vom „Feld" zur „Assemblage"? Perspektiven europäischethnologischer Methodenentwicklung – eine Hinleitung. In: Dies. Zusammen mit Johannes Moser (Hg.): Europäisch-ethnologisches Forschen. Neue Methoden und Konzepte. Berlin 2013, S. 13–38, S. 21 ff.; Eggmann, Sabine: „Kultur"-Konstruktionen. Die gegenwärtige Gesellschaft im Spiegel volkskundlich-kulturwissenschaftlichen Wissens. Bielefeld 2009.

I. Konzeptioneller, methodischer und historischer Rahmen

1. Polarisierungen: Kultur – Natur, Krankheit – Gesundheit

Die Oppositionierung und Hierarchisierung von Kultur auf der einen Seite als dem „Menschgemachten", „Veränderlichen" und „Zivilen" und der Natur als dem „*Göttlichmystischen*", „Unveränderbaren" und „Wilden" auf der anderen Seite, wie sie von Descartes für das Individuum oder Rousseau für die französische Gesellschaft entworfen wurden[26], erhielten durch die Herausbildung naturwissenschaftlicher Disziplinen und Gesetzmäßigkeiten deutliche Risse. Jegliche Begegnungsform des Menschen mit dem, was er als Natur oder als natürlich ansieht, ist bereits Teil der Kultur.[27] Vielmehr noch kann diese begriffliche Paarung nicht als Opposition oder gar Ausgangspunkt für allgemeingültige Klassifizierungsmuster herhalten, wie beispielsweise in Ansätzen des Strukturalisten Claude Lévi-Strauss geschehen.[28] Die Verwobenheit von Natur und Kultur bei gleichzeitiger Herstellung von Natur durch Kultur, bildet die Grundlage für das Verständnis dieser Arbeit, die Kultur und Natur ebenso wie Krankheit und Gesundheit oder Sucht und Genuss nicht als unvereinbar oppositionelle Paare versteht, sondern eine Dekonstruktion ebensolcher Polarisierungen verlangt.[29] Dadurch gewinnen die Handhabung von Zigaretten in Rauchsituationen wie auch Erklärungen spezifischer Handlungen durch die Rauchenden an Kontur und bringen kulturelle Logiken und Medikalisierungstrends in einen gemeinsamen Diskurs. Welche historischen Faktoren bilden die Basis des aktuellen Diskurses um Genuss und Sucht im Umgang mit Rauchgütern?

Seit dem frühen 16. Jahrhundert wurde die Tabakpflanze aufgrund ihrer mehrjährigen Blüte und wetterrobusten Eigenschaften in Europa zunächst als Zierpflanze angebaut. Als Kolonialexportware war Tabak jedoch bis Ende des 16. Jahrhunderts wirtschaftlich von geringer Bedeutung.[30] Insbesondere spanische und portugiesische Expeditionen hatten in den amerikanischen Herkunftsregionen beobachtet, dass

---

26   Zur Begriffspolarität Natur – Kultur und dem Naturverständnis von Rousseau vgl. Hirschfelder, Gunther: Europäischer Alltag im Fokus der Kulturanthropologie/Volkskunde. In: Conermann, Stephan (Hg.): Was ist Kulturwissenschaft? Zehn Antworten aus den „Kleinen Fächern". Bielefeld 2012, S. 135–173, S. 148 ff.; sowie Hauser-Schäublin, Brigitta: Von der Natur in der Kultur und der Kultur in der Natur. Eine kritische Reflexion dieses Begriffspaars. In: Brednich/Schneider/Werner: Natur – Kultur (2001), S. 11–20, S. 14.

27   „Die Biologie als Natur der Menschen zu verstehen, ist in unserer Perspektive ein Akt der Kultur." Köstlin, Konrad: Kultur als Natur – des Menschen. In: Brednich/Schneider/Werner: Natur – Kultur (2001), S. 1–10, hier S. 3.

28   Vgl. Hauser-Schäublin: Natur in der Kultur (2001), S. 12.

29   Zum Verhältnis von Natur und Kultur in der Biomedizin vgl. Beck, Stefan: Natur | Kultur. Überlegungen zu einer relationalen Anthropologie. In: Zeitschrift für Volkskunde 104. Jg. (2/2008), S. 161–200.

30   Vgl. Menninger, Annerose: Genuss im kulturellen Wandel. Tabak, Kaffee, Tee und Schokolade in Europa (16.–19. Jahrhundert). Beiträge zur Wirtschafts- und Sozialgeschichte Bd. 102. 2., erweiterte Aufl. Stuttgart 2008, S. 158.

Tabakpflanzen dort in zweierlei Weise Verwendung finden: auf der einen Seite als Genussmittel bei rituellen Zeremonien, auf der anderen Seite als heilender Wirkstoff bei bestimmten Erkrankungen (z. B. Verstopfungen). Die Kontextualisierung von Tabak als Element der Genusskultur und als kulturelle Praxis bei der Behandlung von Krankheiten reicht daher bis in die Zeit vor ihrer Einführung im deutschsprachigen Raum zurück. Jedoch weist Menninger auf Belege hin, die zeigen, dass gerade während des 16. Jahrhunderts, der Einführungsphase von Tabak, Kakao, Tee und Kaffee in Europa, sich die Stoffe bei den Europäern zunächst nicht als Genussmittel hätten durchsetzen können, u. a. da die Konsumform „Heißgetränk" damals unbekannt war und in den Fällen von Tabak und Kaffee der bittere Geschmack abgelehnt wurde. Erst die Wirkweisen ihrer Inhaltsstoffe lenkte das Interesse der Europäer auf die neuartigen Produkte.[31] Vorrangig lösten also Wirkmechanismen die weite Verbreitung der Tabakpflanze und ihrer genussassoziierten Applikationsformen aus. Dies zeigt, dass sich die Bewertung von Tabakprodukten als Genussmittel, Heilmittel oder Suchtmittel vorrangig durch kontextuelle Einflüsse vollzieht und darüber hinaus die praktische Anwendung und der daraus resultierende Nutzen kulturell erlernt sind.

1.1   Perspektiven auf ein „Genussmittel"

Die Bezeichnung von Tabakwaren als Sucht- oder Genussmittel ist grundsätzlich keine natürliche Klassifikation, sondern Resultat eines kulturell konstruierten Gegensatzes. Wie weit die Endpunkte des Gegensatzpaars auseinander liegen, hängt vom kulturellen Zusammenhang ab. Die Bewertung von Tabakkonsum als Gebrauch eines Genussmittels kann sowohl aus politischer Sicht als auch aus einer kulturellen Rahmung heraus unterschiedlich sein. Gesellschaftliche Bewertungsmuster unterliegen zeitlich wie kontextuell soziokulturellen Veränderungen.[32] Die bis heute im deutschsprachigen Raum gebräuchliche Zuordnung zu den Genussmitteln ist auf die Diffusion der ehemaligen Kolonialware Tabak in Europa zurückzuführen, deren einleitend substanzielles Kennzeichen ihre Exklusivität darstellt. Neben Tabak zählen alltagsgeschichtlich auch Kakao, Tee, Kaffee, Opium, Zucker und diverse Gewürze aus vornehmlich historischen Gründen zu den Genussmitteln.[33] Nahrungsmittel und Genussmittel unterscheiden sich dadurch, dass Letztere als Nahrungs-, Sucht- oder auch Heilmittel bewertet werden können und somit mannigfache Bedeutungshorizonte aufreißen. Eine Veränderung in der Zuordnung eines Genussmittels zu einem Suchtmittel kann leicht durch eine „ideologisch-ethisch motivierte prinzipielle Missbilligung von Genuss"[34] erfolgen. Ein weiterhin wichtiges Kennzeichen ist, dass Genussmittel ernährungsphysiologisch nicht notwendig sind, sondern aufgrund ihres Geschmacks oder

---

31   Vgl. ebd., S. 413 f.
32   Vgl. ebd.
33   Weitere Gemeinsamkeiten liegen begründet im Import als Kolonialwaren, dem sinnhaften Bedeutungswandel vom Heilmittel hin zum Suchtmittel, gegebenenfalls stimulierender Wirkweisen etc. sowie disparater physiologischer und kultureller Wirkungsweisen der Mittel (beispielsweise symbolischer Gehalt). Vgl. Hengartner/Merki: Genußmittel (2001).
34   Hengartner, Thomas/Merki, Christoph Maria: Für eine Geschichte der Genußmittel. In: Ebd., S. 9–26, hier S. 14.

ihrer Wirkung auf den menschlichen Körper konsumiert werden.[35] Der „Genusswert" dominiert daher Nähr- oder Heilwerte.[36]

Kann aktuell in Bezug auf Tabak von einer Genusskultur gesprochen werden? Für das Autorenteam Hengartner/Merki stellen Wechselwirkungsweisen von symbolischen Repräsentationsformen und soziokulturelle Praktiken weitere zentrale Aspekte dar, durch die sich die benannten Substanzen von anderen Konsumgütern unterscheiden. Weil Hengartner/Merki die Zielsetzung einer vergleichenden Genussmittelforschung in erster Linie darin sehen, einen wesentlichen Beitrag „zu einem besseren Verständnis der sozialen, ökonomischen und kulturellen Komponenten [von Genussmitteln] und ihres Zusammenwirkens in den Phänomenen Genuss und Konsum"[37] zu leisten, greift dieser Ansatz für eine gegenwartsorientierte Analyse von Rauchpraktiken im Spiegel medikaler Deutungsverzerrungen zu kurz. Er kann eine deskriptive Annäherung im Sinne einer wirtschafts- und sozialgeschichtlichen Mikrohistorie leisten, jedoch die Besonderheiten körperlicher Selbsttechniken im Spannungsfeld zwischen gesundheitlicher Befreiung und Unterwerfung[38] darin nicht entsprechend herausarbeiten. Entscheidende Ursachen dafür liegen im Zugriff auf (historische) Belege für die Konsumforschung. Dieser speist sich vorrangig aus Wirtschaftsdaten und einer Beschreibung des Genussphänomens, dem bislang kein heuristisches Modell zur Seite gestellt wurde.[39] Die Rauchsituation – und folglich der Genuss – dient der ästhetisch angemessenen Ausgestaltung spezifischer Lebensweisen sowie als distinguierendes Zeichen auf Grundlage habitualisierter und inkorporierter Erfahrungen.[40] In Japan beispielsweise etablierten sich seit Mitte der 1970er Jahre, durch staatliche Institutionen gesteuert, zwei Arten des Rauchens: ein „gutes Rauchen" im Gegensatz zum normalen, „schlechten Rauchen".[41] Seither propagiert die Regierung sogar einen

---

35 Zucker bildet eine Ausnahme. Vgl. Menninger: Genuss im kulturellen Wandel (2008), S. 13.

36 Wie schwierig und unscharf die Definition von Genussmittel und Genusswert aus einer kulturhistorischen Perspektive in Abgrenzung zu Suchtmitteln tatsächlich ist, wird im zuvor benannten Text von Hengartner und Merki deutlich. Darin beschreiben die Autoren beispielsweise, dass an der Rohwarenbörse in New York auch Kolagetränke, Kaugummi oder Orangensaft als Genussmittel gehandelt würden, jedoch nicht in ihrer *Geschichte der Genußmittel* berücksichtigt werden konnten. Ebenso blieben „reine Suchtmittel" wie Heroin oder künstlich produzierte Stoffe wie LSD unberücksichtigt. Vgl. Hengartner/Merki: Geschichte der Genußmittel (2001), S. 9–26. In der historischen und ethnologischen Literatur referiert der Begriff Genussmittel daher in der Regel auf einen Kanon von Konsumgütern, dessen Umriss die Kolonialwissenschaften skizzierten und der bis heute nicht ernsthaft infrage gestellt wurde. Vgl. Menninger: Genuss im kulturellen Wandel (2008).

37 Hengartner/Merki: Geschichte der Genußmittel (2001), S. 20.

38 Vgl. Wolff, Eberhard: Moderne Diätetik als präventive Selbsttechnologie: Zum Verhältnis heteronomer und autonomer Selbstdisziplinierung zwischen Lebensreformbewegung und heutigem Gesundheitsboom. In: Lengwiler, Martin/Madarász, Jeannette (Hg.): Das präventive Selbst. Eine Kulturgeschichte moderner Gesundheitspolitik (= Perspektiven empirischer Wissenschaftsforschung, Bd. 9). Bielefeld 2010, S. 169–201, S. 191.

39 Vgl. nochmals Menninger: Genuss im kulturellen Wandel (2008), die sich bei den vier behandelten Stoffen auf eine Definition von Brockhaus (1996–1998) beruft, die Unschärfe in der Definition bezüglich des Nährwerts von Schokolade jedoch einräumt.

40 Konkret spricht Kaschuba von der Wirkung eines „legitimen Geschmacks". Kaschuba: Einführung in die Europäische Ethnologie (2006), S. 234.

41 Vgl. Gilman, Daniel: Smoking in Modern Japan. In: Gilman/Xun: Smoke (2004), S. 172–179.

do (Art-und-Weise) des Rauchens unter Berücksichtigung traditioneller japanischer Höflichkeitsformen:

> „Since it cannot openly endorse smoking, the Government-dominated industry has created a Way of Smoking, which is distinct from normal, bad smoking. This ‚good smoking' is socially responsible, controlled (and thus distinct from addiction), and a cultural and spiritual mode of expression that is modeled after traditional Japanese arts."[42]

Das verantwortungsvolle, kontrollierte Rauchen scheint in diesem Kontext kulturell passfähig zu sein und ist daher besonders erwünscht.

Auch in Europa zeigen sich seit der weiteren Verbreitung des Rauchens von Tabakprodukten in der Bevölkerung auf unterschiedlichen regionalen und zeitlichen Ebenen Interessenskonflikte zwischen der behördlichen Gesundheitsfürsorge, moralischen Anliegen und einer staatlich formulierten (Anti-)Rauchpolitik beziehungsweise den Agrarsubventionen im Tabakanbau. Statistiken belegen, dass Menschen mit tertiärem Bildungsabschluss, relativ zur Gesamtbevölkerung gemessen, weniger rauchen.[43] Im Alter von etwa 20 Jahren erreicht das Tabakkonsumniveau statistisch seinen relativen Höchststand in allen Bevölkerungsgruppen.[44] Die Ökonomisierung, biomedizinische und epidemiologische Verwissenschaftlichung, rechtliche Regulierung und Politisierung des Rauchens, insbesondere des Zigarettenrauchens, haben der Anti-Rauch-Bewegung seit den 1990er Jahren deutlichen Rückenwind beschert – ein Effekt, der auf die Rauchkultur unter Akademikerinnen und Akademikern Einfluss ausübte. Die Perspektiven auf genussvollen und suchtartigen Tabakkonsum, Tabakgenuss und Rauchkultur selbst lassen sich funktional in der kulturhistorischen, gesundheitssoziologischen und kulturwissenschaftlichen Literatur voneinander abgrenzen. Unscharf bleibt bisweilen, nicht zuletzt aufgrund der geringen Anzahl an Fallstudien, was die einzelnen Perspektiven für die gegenwartsorientierte Alltagskulturforschung jenseits historisch-deskriptiver Anschnitte zum kulturellen Umgang mit körperwirksamen Genussgütern zu leisten vermögen.

1.2 Perspektiven auf ein „Suchtmittel"

Im Gegensatz zur Tabakabhängigkeit wird Rauchen in psychologisch-medizinischen Studien nicht als Krankheit diskutiert, obwohl mit dem Genuss von Tabakprodukten lang- und kurzfristig eine Vielzahl von Krankheitssymptomen assoziiert werden. Was heute klar formuliert werden kann, basiert auf einer langen Kette von Erkenntnisprozessen in Bezug auf körperliche Funktionsweisen und der Verknüpfung von Symptomatiken zu Krankheitsbildern. Die Differenzierung zwischen Krankheits- und Gesundheitszuständen fußt auf der Grundlage medizinischer Fachdiskurse der Neu-

---

42 Ebd., S. 179.

43 Vgl. Mielck, Andreas/Bloomfield, Kim (Hg.): Sozial-Epidemiologie. Eine Einführung in die Grundlagen, Ergebnisse und Umsetzungsmöglichkeiten. Weinheim 2001; wie auch Haustein: Tabakabhängigkeit (2001), besonders den Abschnitt Rauchgewohnheiten und Bildungsstand, S. 52 ff.

44 Vgl. Statistisches Bundesamt (Hg.): Leben in Deutschland. Haushalte, Familien und Gesundheit – Ergebnisse des Mikrozensus 2005. Wiesbaden 2006, S. 61 ff.

zeit: Erkenntnisse über die Existenz des Blutkreislaufs oder die exakte Lage einzelner Organe revolutionierten alte Sichtweisen, die auf griechischen und arabischen Wissensbeständen über die menschliche Anatomie beruhten.[45] Erkenntnisse über bio-physiologische Funktionszusammenhänge waren durch die bis dato etablierten Leichensektionen nicht zu gewinnen. Der Zusammenhang zwischen Anatomie, morphologischer Veränderung der Organe und einzelnen Krankheiten bleibt bis in die frühe Neuzeit hinein weitgehend unklar. Genaue Funktionsweisen und Interaktionen zwischen Organen und Körpersekreten, Symptomatiken und ihren Erregern werden erst im 19. Jahrhundert nachhaltig erforscht.[46] Krankheit und Gesundheit werden seither mit Hilfe messbarer Daten festgelegt. Abweichend hiervon plädierte der Berliner Arzt Rudolf Virchow für eine von der Funktionalität der Organe ausgehende Bestimmung von Krankheit oder Gesundheit.[47] Der Trend, isolierte Beweisverfahren als wissenschaftliche Grundlagen anzustreben, verstärkt sich in der klinischen Medizin dieser Zeit. In der ersten Hälfte des 19. Jahrhunderts erreicht die naturwissenschaftliche Grundlagenforschung in der klinischen Medizin mit ihren experimentellen, isolierten Verfahrensweisen und Untersuchungsmethoden einen ersten Höhepunkt:

> „Von der Lokalisation der Krankheit zur lokalen Therapie jener Teile des Körpers, die Träger der Krankheit sind, war es nach Virchow nur ein kleiner, aber revolutionärer Schritt, denn er bedeutete den ,Umsturz der alten Therapie', die durch Aderlass und andere ,ausleerende' Verfahren gekennzeichnet war."[48]

Damit war ein nachhaltiger Grundstein für die Vorherrschaft biomedizinischer Ätiologie und therapeutischer Verfahren der „Schulmedizin" in Forschung und Lehre an den Universitäten gelegt. Diese Entwicklung führte zu einem neuen Krankheitsverständnis durch die Erkenntnis, dass Krankheiten einen erkennbaren Ort im Körper haben mussten.[49] Jütte lokalisiert hier das Ende ganzheitlicher Sichtweisen auf den Körper. Die Teilung des Kranken in verschiedene Teilkrankheiten kennzeichnet den Anstoß zum Wandel des medizinischen Körperbildes – und überträgt sich partiell auch auf das kulturelle Gedächtnis.

Ebenfalls einem kulturellen Wandel unterliegt die Einsicht über das Entstehen von Krankheiten, denn „Krankheit bzw. Gesundheit wurden immer weniger als Schicksal, d. h. als Folge von Umständen oder biologischer Disposition betrachtet, sondern wurden immer mehr der individuellen Verantwortung übertragen."[50] Gesundheitsvorsorgliches Handeln zielt darum auf die Modifikation gesundheitsrelevanter Ver-

---

45   Vgl. Jütte, Robert: Geschichte der Alternativen Medizin. Von der Volksmedizin zu den unkonventionellen Therapien von heute. München 1996, S. 28.

46   Vgl. Broman, Thomas: Bildung und praktische Erfahrung: Konkurrierende Darstellungen des medizinischen Berufes und der Ausbildung an der frühen Berliner Universität. In: Zwischen Wissens- und Verwaltungsökonomie. Zur Geschichte des Berliner Charité-Krankenhauses im 19. Jahrhundert. Jahrbuch für Universitätsgeschichte 3 (2000), S. 19–35.

47   Vgl. Jütte: Geschichte der Alternativen Medizin (1996), S. 28.

48   Ebd., S. 28.

49   Vgl. ebd.

50   Hradil, Stefan: Der theoretische Hintergrund – die Gesundheitslebensstile. In: Gärtner, Karla/ Grünheid, Evelyn/Luy, Marc (Hg.): Lebensstile, Lebensphasen, Lebensqualität. Interdisziplinäre Analysen von Gesundheit und Sterblichkeit aus dem Lebenserwartungssurvey des BiB (Schrif-

haltensweisen ab. Zu Beginn der 1990er Jahre bewiesen Gesundheitssoziologen und Epidemiologen anhand von vier Verhaltensindikatoren (Alkoholkonsum, Rauchen, Ernährungsweise, Bewegung), dass der Anteil der gesundheitsbewussten Frauen in jeder der untersuchten Altersklassen über dem der Männer liegt und die befragten Männer sich weniger an medizinischen Verhaltensempfehlungen orientieren als Frauen.[51] Dem Umgang mit den vier genannten Faktoren kommt eine besondere Bedeutung in der Einschätzung von Risikoverhaltensweisen zu, da eine Wechselbeziehung zwischen ihnen, der individuellen Gesundheit sowie sozial- beziehungsweise milieutypischen Faktoren angenommen wird.

In Anbetracht der Morbiditäts- und Mortalitätsraten beim Tabakverbrauch sprechen gesundheitspolitische Akteure von einer globalen Epidemie.[52] Weltweit sterben etwa zehn Millionen Menschen jährlich an den Folgen des Tabakkonsums. In Deutschland sind es etwa 140.000 Todesfälle, neben weiteren 3.300 Todesfällen, die auf das Passivrauchen zurückgeführt werden.[53] Die Anzahl der infolge von Tabakkonsum vorzeitig zu Tode gekommenen Menschen steigt laut Schätzungen der Weltgesundheitsorganisation (WHO) stetig:

> „Im Jahre 1999 beschließt die WHO die Erarbeitung einer Framework Convention on Tobacco Control (FCTC) und erhöht ihre Schätzung der jährlichen Todesopfer durch Tabak auf 3,5 Millionen (WHA 52.18). 2002 beziffert sie die Zahl auf mehr als 4 Millionen und gibt sie 2004 schließlich mit 4,9 Millionen an (WHO 2004). Für 2020 schätzt die WHO jährlich 8,4 Millionen und für 2030 jährlich 10 Millionen vorzeitige Todesfälle aufgrund von Tabakkonsum."[54]

Um die Sterberate, Morbiditätsrate sowie die dadurch entstehenden Kosten für das Gesundheitssystem einzudämmen, verfolgen Gesundheitsförderorganisationen auf internationaler und nationaler Ebene koordinierte Präventionsstrategien.[55]

Neben der Humanmedizin sind das Rauchen und die Wirkung von Tabak auf Körper und Psyche schon seit den 1950er Jahren Themen, mit denen sich die Epidemiologie intensiv beschäftigt:

> „Since 1950, however, when the acknowledged link between cigarette smoking and lung cancer was one of the first triumphs of the new science of epidemiology, the relationship

---

tenreihe des Bundesinstituts für Bevölkerungsforschung, Band 36). Wiesbaden 2005, S. 65–94, S. 71.

51 Vgl. Marstedt, Gerd/Müller, Uwe: Soziale Ungleichheit im Jugendalter. Geschlecht und Bildungsniveau als Einflussdimension für Gesundheit und kulturelle Normen des Gesundheitsverhaltens. In: Helmert, Uwe/Bammann, Karin/Voges, Wolfgang/Müller, Rainer (Hg.): Müssen Arme früher sterben? Soziale Ungleichheit und Krankheit in Deutschland. Weinheim 2000, S. 187–200, besonders S. 190 f.

52 Grund dafür ist die Akademisierung der epidemiologischen Wissenschaften, Public Health etc. seit den 1980er Jahren.

53 Tabakatlas (2009), S. 44. Die Mortalitätszahl bezieht sich auf das Jahr 2007.

54 Schmidt-Semisch, Henning: Vom Laster zur Modellsucht. Einige Anmerkungen zur Karriere des Tabakproblems. In: Dollinger, Bernd/Schneider, Wolfgang (Hg.): Sucht als Prozess. Sozialwissenschaftliche Perspektiven für Forschung und Praxis (Studien zur qualitativen Drogenforschung und akzeptierenden Drogenarbeit, Band 41). Berlin 2005, S. 123–142, hier S. 131.

55 Vgl. Kolte, Birgitta: Rauchen zwischen Sucht und Genuss. Wiesbaden 2006, S. 47–61.

between smoking, science and medicine has been a central theme in the history of the health of the public."[56]

In der psychologischen Suchtmittelforschung ging es mitunter um Rauchmotivationen, psychosoziale Aspekte des Rauchverhaltens, den kombinierten Konsum von Tabakprodukten mit anderen psychoaktiven Drogen oder Alkohol sowie deren wahrnehmungsverändernde Wirkungen während der Inhalation des Tabakrauchs und Vieles mehr. Andere psychologische Studien beurteilten die Psycholabilität von Raucherinnen und Rauchern oder deuteten die Symbolik der Zigarette innerhalb einer definierten Kultur aus.[57] Von den 35,5% der Männer und 27,8% der Frauen, die den Raucheranteil in der Gesamtbevölkerung 2006 darstellen, werden nicht mehr als ein Fünftel als stark Rauchende bezeichnet.[58] Die Inhaltsstoffe des Tabaks wirken gleichzeitig beruhigend und anregend. Körperliche Entzugserscheinungen treten nicht zwangsläufig während des Nikotinentzugs auf. Starke Raucher sind von dieser Problematik am ehesten betroffen.[59]

Die Weltgesundheitsorganisation WHO nahm 1989 Tabak in die Liste des ICD-10 unter den „Abhängigkeit produzierenden Drogen" auf.[60] Seither wird Tabak von Ärzten und Therapeuten im professionellen Umgang mit Gesundheit und Krankheit als Produzent von Abhängigkeit im Sinne einer psychoaktiven Droge bewertet. Auch diskutiert der Soziologe Schmidt-Semisch das Rauchen selbst bereits vor dem Hintergrund des neuesten biomedizinischen Diskurses als eine Suchtkrankheit:

> „Der grundsätzliche Wandel im tabakpolitischen Diskurs und vor allem im Umgang mit Rauchern wird unmittelbar deutlich: Hatte man bis vor einigen Jahren noch davon gesprochen, dass das Rauchen die körperliche Verfassung des Rauchers schädige und ihn auf Dauer krank mache, so ist heute der Raucher zum Suchtkranken und das Rauchen selbst zur Krankheit geworden, die diagnostiziert, behandelt und der vorgebeugt werden muss."[61]

Tabakprodukte tauchen daher im Gleichklang mit anderen legalen oder illegalen psychoaktiven Substanzen auf[62], deren Konsum statistisch erfasst und deren gesellschaftliche Folgekosten bemessen werden.

---

56 Welshman, John: Smoking, Science and Medicine. In: Gilman/Xun: Smoke (2004), S. 326–331, hier S. 331.

57 Vgl. Kastenbutt, Burkhard: ‚Smoke gets in your eyes': die Zigarette im Fadenkreuz der Seelenkundler. In: Legnaro, Aldo/Schmieder, Arnold (Hg.): Rauchzeichen. Zum modernen Tabakkonsum (= Jahrbuch Suchtforschung Bd. 3, 2002). Münster 2003, S. 79–98.

58 Diese konsumieren mehr als 20 Zigaretten pro Tag. Vgl. Tabakatlas (2009), S. 29.

59 Vgl. Pomerleau, O. F.: Nicotine as a Psychoactive Drug: Anxiety and Pain Reduction. Psychopharmacology Bulletin, 22/1986, S. 865–869.

60 Vgl. Schmidt-Semisch: Vom Laster zur Modellsucht (2005), S. 130 f.

61 Ebd., S. 131.

62 Zur emotionalen Bewertung von Rauschmitteln durch den Begriff „Rauschgift" vgl. Kupfer, Alexander: Die künstlichen Paradiese. Rausch und Realität seit der Romantik. Ein Handbuch. Stuttgart/Weimar 1996, S. 235 ff.

2.   Problemstellung und Thesen

Die Körpertechnik des Tabakrauchens muss im medikalen System der Gegenwart verortet werden, da Wissensbestände über gesundheitliche Risiken von Rauchpraktiken längst ins kulturelle Gedächtnis der Gegenwartsgesellschaft eingedrungen sind.[63] Entsprechende Wissensbestände sind Teil individueller Erfahrungen, Teil des medialen Diskurses, Teil gesellschaftspolitischer und fachwissenschaftlicher Diskussionen und formen deshalb unentwirrbar Beziehungen im Alltag zwischen Mitgliedern unserer Gesellschaft. Augenblicklich gehen präventionspolitische Akteure (staatliche, privatwirtschaftliche oder zivilgesellschaftliche) davon aus, dass Initiativen gegen das Rauchen aufgrund rationaler Kalkulation auf individueller Ebene wirken können. Insbesondere die Erfahrungen in Deutschland seit dem Zweiten Weltkrieg verdeutlichen jedoch, dass die erzielten Ergebnisse derartiger Initiativen weit hinter den Erwartungen zurückblieben. Biomedizinische beziehungsweise psychologische Methoden können kulturelle Logiken[64], lebensweltliche Funktionen und Bedeutungen von Genussgiften[65] offensichtlich nicht umfassend erklären.

Lengwiler und Madarász führen dies auf eine „soziokulturelle Dissonanz"[66] in Bezug auf Präventionsvorstellungen zurück. Hinter dieser generalistischen Feststellung gesellschaftlicher Unstimmigkeiten könnten sich zwei spezifische Kennzeichen verbergen, die eine Erklärung für die Kluft zwischen medizinischem Gefahrenwissen und alltäglicher Handhabung von Drogenstoffen (im pharmazeutischen Sinne) beziehungsweise des eigenen Körpers anbieten: Zum einen könnte der Trend zunehmender Medikalisierung in unserer postmodernen Gesellschaft in Bezug auf die Wertigkeit von gesundheitsorientierten Verhaltensweisen in jugendlichen Kulturen an eine Grenze ihrer Wirksamkeit gestoßen sein. Duttweiler führt die umfassende Aufklä-

---

63   Dabei soll keine künstliche Trennung von medizinischem Fachwissen zu laienmedizinischem Wissen entworfen werden. Alle Wissensbestände und Praktiken der alltagsweltlichen Gegenwart, die Bezüge zum Gesundheitlichen aufweisen, sind Teile medikaler Kulturen.

64   Aus volkskundlicher Sicht wird der Begriff der kulturellen Logik theoretisch und thematisch querbeet (Symboltheorie, Handlungstheorie, Ritualtheorie, Musikgeschmack, Erzählstoffe etc.) verwendet, ohne dass explizit beschrieben wird, unter welchen Voraussetzungen diese Bezeichnung verwendet wird beziehungsweise ob es einen antagonistischen Begriff dazu gibt (deskriptive Phänomenologie o.ä.). Unerfreulich ist, dass der Begriff in empirischen Arbeiten selten konzeptionell operationalisiert wird. In dieser Arbeit gehe ich davon aus, dass kulturelle Logik die Abhängigkeiten zwischen soziokulturellen Faktoren und einzelnen Akteuren eines definierten Raum-Zeithorizontes bezeichnet, also letztendlich einen analytischen Begriff für den Blick auf „Kultur" darstellt beziehungsweise auf Vorkommnisse und Abhängigkeiten, die mit Hilfe naturwissenschaftlicher Methoden nicht angemessen zu erklären sind. Das setzt nicht zwangsläufig einen Grundkonflikt zwischen logisch-rationalem Denken und realen Geschehnissen voraus, zeigt aber an, dass naturwissenschaftliche Vorgehensweisen keine erschöpfenden Ausgangspositionen in der wissenschaftlichen Annäherung an beobachtbare Phänomene des Alltags bereithalten.

65   Wolff, Eberhard: Medikale Landschaften. Das Sanatorium als gedachte und gelebte Gesundheitsgeographie. In: Eschenbruch, Nicholas/Hänel, Dagmar/Unterkircher, Alois (Hg.): Medikale Räume. Zur Interdependenz von Raum, Körper, Krankheit und Gesundheit. Bielefeld 2010, S. 21–42, hier S. 24.

66   Lengwiler, Martin/Madarász, Jeannette: Präventionsgeschichte als Kulturgeschichte der Gesundheitspolitik. In: Dies.: Das präventive Selbst (2010), S. 11–28, hier S. 16.

rung über gesundheitliche Risikofaktoren und die damit einhergehende Formalisierung und Multiplikation gesundheitsbezogener Verhaltensregeln darauf zurück, dass Individuen dazu gezwungen werden, sich in irgendeiner Form gegenüber medizinisch konstruierten Risiken (Errechnung von Wahrscheinlichkeiten) zu verhalten[67] – und sei es durch konsequente Missachtung medizinisch erwünschter Alltagsgestaltung.

Weiterhin stellt die präventionspolitische Responsibilisierung keine Entmündigung, sondern vielmehr eine Ermächtigung von Individuen dar, die aufgefordert sind, verantwortungsbewusst mit den Risiken ihres Handelns umzugehen, um aktiv an der Herstellung ihrer Gesundheit mitzuwirken. Da regelhaftes Rauchen möglicherweise einen unsachgemäßen Gebrauch von Tabakprodukten und folglich einen Faktor gesundheitsschädlicher Exposition darstellt, gilt es zu prüfen, ob gesundheitsorientierte Verhaltensweisen mit dem Ziel der Risikominimierung im Kontext von Rauchkulturen unter Studierenden eine orientierungsgebende Größe sind. Die Untersuchung nimmt bewusst ein traditionell bildungsbürgerliches Milieu in den Fokus, weil Akteuren dieses Feldes Zugang zu allen drei Wissensfeldern (individuelle Erfahrung, medialer Diskurs und fachwissenschaftliche Diskussion) offensteht.[68] Gäbe es dort eine kulturell „richtige" Art des Zigarettenrauchens, die von formalisierten Verhaltensregeln der Präventionspolitik abweicht, würde im untersuchten Feld der gesamtgesellschaftliche Medikalisierungstrend eine nur partielle Wirksamkeit entfalten. Diesem Sachverhalt will die vorliegende Arbeit auf den Grund gehen. Daraus folgend stellt sich zudem die Frage, wodurch die Grammatik der soziokulturellen Dissonanz des Zigarettenkonsums in spezifischen Rauchsituationen nun kulturell erklärt werden kann. Eine bloße Beschreibung der Differenz zwischen expliziten gesundheitlichen Verhaltensregeln und dem tatsächlichen Verhalten im Alltag erklärt das Phänomen nicht adäquat. Ausgehend von der Vermutung, dass die erwähnte Dissonanz sich beim Rauchen von Zigaretten aus mehr als biophysiologischen Funktionen der Sedierung und Anregung generiert, muss im alltäglichen Kontext studentischer Lebensweisen von weiteren Orientierungsprozessen (situationsspezifisch, körperlich, sozial distinguierend, biografisch, rhythmisierend etc.) ausgegangen werden, die implizite Wertvorstellungen der Handlungsmuster kennzeichnen und formieren.

Zum anderen veranlasst die Annahme einer kulturellen endogenen Logik des Rauchens, das situationsbezogen „richtige" Verhältnis zwischen Subjekt und Objekt im Umgang mit dem Rauchgut, im Sinne der Lokalisierung von Handlungsträgerschaften, genauer in den Blick zu nehmen. In Rauchsituationen könnten sich mikrostrukturelle Beziehungen zum Rauchgut, zum Kontext, zu anderen Beteiligten, jedoch auch zum impliziten Wissen über körperliche Vorgänge materialisieren. Spezifische Rauchsituationen wären so gekennzeichnet durch Semantiken ästhetischer und distinktiver Dichte, die in einer relational-materiellen Perspektive kulturwissenschaftlich

---

67   Vgl. Duttweiler, Stefanie: ‚Im Gleichgewicht für ein gesundes Leben' – Präventionsstrategien für eine riskante Zukunft. In: Schmidt-Semisch, Henning/Schorb, Friedrich (Hg.): Kreuzzug gegen Fette. Sozialwissenschaftliche Aspekte des gesellschaftlichen Umgangs mit Übergewicht und Adipositas. Wiesbaden 2008, S. 125–142.

68   Zur Rolle von Wissensabhängigkeit und Wissenschaftsexpansion für die Risikogesellschaft vgl. Wilde, Jessica: Ulrich Beck: Die Risikogesellschaft als Wegbereiter der Wissensgesellschaft? In: Engelhardt, Anina/Kajetzke, Laura (Hg.): Handbuch Wissensgesellschaft. Theorien, Themen und Probleme. Bielefeld 2010, S. 35–42, besonders S. 39 f.

beschreibbar sind. Konkret konzentrierten sich während des Rauchens kulturspezifische Aushandlungsmuster in der Ausgestaltung a) des Zigarettenkörpers, b) des Rauchens selbst, sowie c) in Beschreibungen eigener und fremder Körperlichkeit.

Diese reziproken medikalkulturellen Verhandlungen repräsentieren Grundzüge einer kulturellen Logik, die sich auf einem gedachten Kontinuum zwischen gesund und krank verorten ließen. Die Lokalisierung der Handlungsträgerschaft unter gleichberechtigten Entitäten erfolgt dabei situationsabhängig im Zusammenspiel expliziter und impliziter medikalkultureller Handlungslogik beim Rauchen. Die Komplexität des Phänomens Zigarettenrauchen in studentischen Kulturen könnte entzerrt werden durch beide hier vermuteten Kennzeichnungen: a) die Medikalisierung als Orientierungsgeberin auf drei Ebenen (unbewusst, teils bewusst, explizit) und b) die Perspektive auf spezifische Rauchsituationen. Im Folgenden soll daher die kulturelle Logik des Umgangs mit Zigaretten in studentischen Lebenswelten, insbesondere auf dem Campus, sowie eine körperliche Spezifik für das Rauchen herausgearbeitet werden.

Anders als Hengartner, der kulturhistorische Mikrostudien und den Vergleich von Genussmitteln wie Tabak, Schokolade, alkoholische Getränke, Zucker, Tee etc. für die *Volkskunde der Genussmittel*[69] fordert, verlangt der gegenwartsorientierte Blick auf das Rauchen als Objektivation komplexer Orientierungs- und Handlungsmuster perspektivisch einen erweiterten Zugang. An den Grenzen medikaler Systeme kann beispielsweise ausgehandelt werden, wie Rauchende sich darin selbst als Handelnde wahrnehmen und ob Zigaretten als Repräsentationen ihres Suchtverhaltens verstanden werden. In diesem Sinne muss die Beurteilung über das als richtig empfundene Rauchen eine emische Perspektive einnehmen, um die dissonante Logik aus der Sicht des Feldes zu begreifen.

Das Ziel dieser Arbeit besteht darin, ein bisher unzureichend dechiffriertes medikales Regel- und Orientierungswerk hinter dem Zigarettenrauchen beziehungsweise der damit verbundenen kulturellen Logik freizulegen. Die Untersuchung will zeigen, wodurch Funktionen des Rauchens, insbesondere von Zigaretten, in studentischen Lebensweisen wesenhaft werden und ob sich daraus integrierte Sinnbruchstücke zu konsistenten Sucht-, Genuss- oder Rauschkonzepten zusammenfügen lassen und wie sich diese zum Medikalisierungstrend verhalten. Im Ergebnis der Arbeit soll am Beispiel des Zigarettenrauchens deutlich werden, welche Aushandlungsprozesse der kulturellen Logik im Feld vorliegen, die in spezifischen Formen und Funktionen zur Entwicklung eines endogenen Bedeutungsgewebes von Umgangsweisen und Sinnproduktionen in Bezug auf das Rauchen beitragen. Eine kulturwissenschaftliche Untersuchung des Rauchens bietet die Chance, auf der Ebene einer beobachtbaren Alltagswelt und durch nicht standardisierte Befragungen von Rauchenden zu ihrem Verhalten einen ethnographischen Blick auf mögliche Grenzen medizinischer Deutungsmacht zu werfen und endogene Orientierungs- und Handlungsmuster im Umgang mit gesundheitsriskanten Stoffen freizulegen. Eine Verortung des profanen Tabakrauchens in medikalen Systemen ist im Sinne von Inklusion durch Exklusion erforderlich, da sich präventivpolitische wie biomedizinische Diskurse um das Tabakrauchen seit den

---

69   Hengartner, Thomas: Tabakkonsum und Rauchen. Theoretische Überlegungen zu einer Volkskunde der Genussmittel. In: Ders./Merki, Christoph Maria (Hg.): Tabakfragen. Rauchen aus kulturwissenschaftlicher Sicht. Zürich 1996, S. 113–138, besonders S. 132 f.

1960er Jahren im kulturellen Gedächtnis eingeschrieben haben. Die Untersuchung leistet daher einen Beitrag zur neueren kulturwissenschaftlichen Gesundheits- und Medikalkulturforschung und nutzt die im Fach verankerten kulturtheoretischen Ansätze und Methodenkombinationen.

Das Forschungsfeld wurde mittels themenzentrierter, qualitativer Befragung und teilnehmender Beobachtung im universitären Raum untersucht und um eine systematische Inhaltsanalyse gedruckter Medientexte ergänzt, um einen operationellen Rahmen zur Untersuchung von Verhaltensregeln eines flüchtigen Phänomens zu generieren, von Seiten gesundheitspolitischer Akteure sowie von Seiten der Studierenden. Der Schwerpunkt der Quellenaufbereitung liegt auf Ergebnissen der Interviewbefragung mit rauchenden Studierenden und bietet Einsicht in studentische Rauchverhaltensweisen, Besonderheiten des Erzählens über das Rauchen, Bedeutung von Körperlichkeit und Gesundheit, Biografisierung von Konsummustern und situationsbedingte Besonderheiten im hochschulischen Umfeld.

3.   Alltagskulturelle Perspektiven – zum Forschungsstand

Alltag stellt einen Leitbegriff der Kulturwissenschaften dar; er umfasst Zeiten der Arbeit, arbeitsfreie Zeiten und Festtage ebenso wie täglich wiederkehrende Routinen.[70] Die *Vergleichende Kulturwissenschaft* untersucht Kulturen des Alltags in historischer wie gegenwartsorientierter Perspektive und legt damit die „wirkmächtigsten Ordnungsvorstellungen der Moderne"[71] frei. Obwohl *Kultur* zu einem zentralen Begriff in nunmehr allen Geisteswissenschaften geworden ist, lässt sich eine Vielzahl unterschiedlicher Kultur-„Konzepte" feststellen. Die Vergleichende Kulturwissenschaft eignete sich im Laufe ihrer Fachgeschichte einen „weiten" beziehungsweise „erweiterten" Kulturbegriff an, der sich aus der historischen wie gegenwartsbezogenen Analyse alltäglicher, d. h. geistiger und materieller Kulturen speist.[72]

Anders als beispielsweise die Soziologie versucht Alltagskulturwissenschaft nicht ihre Befunde zu reduzieren, „sondern entwirft anhand ihres Kulturbegriffs eine Form der Erfassung und Vermittlung von Komplexität, die das erforschte, historische, menschliche, soziale und geschlechtliche Andere in einer neuen Sprache für Viele zugänglich und verstehbar macht."[73] Dieses Kulturverständnis will sowohl beobachtbare und wiederkehrende Lebensweisen, wertemäßige Orientierungen (Wissen, Normen, Werte, Glaubensvorstellungen etc.), die die Voraussetzungen für Lebensweisen bil-

---

70   Zum Wandel des Alltagsbegriffs im kulturwissenschaftlichen Diskurs vgl. das Nachwort von Bausinger, Hermann: Volkskunde. Von der Altertumsforschung zur Kulturanalyse. Erw. Aufl. Darmstadt 1999 (Abdruck des Originals von 1971 um ein Nachwort 1999 erweitert), S. 306 ff.; sowie Jeggle, Utz: Alltag. In: Bausinger: Grundzüge (1999), S. 81–126.

71   Aus dem *Call for Papers* zum 38. Kongress der Deutschen Gesellschaft für Volkskunde am 21.–24. September 2011 in Tübingen. In: dgv-Informationen. Mitteilungen der Deutschen Gesellschaft für Volkskunde, Folge 119, Heft 2 (2010), S. 3.

72   Vgl. Hirschfelder: Europäischer Alltag (2012), S. 151, sowie Korff, Gottfried: Kultur. In: Bausinger: Grundzüge (1999), S. 17–80.

73   Eggmann, Sabine: „Kultur"-Konstruktionen. Die gegenwärtige Gesellschaft im Spiegel volkskundlich-kulturwissenschaftlichen Wissens. Bielefeld 2009, S. 252.

den, als auch alle Erzeugnisse (Artefakte, Institutionen, Regelsysteme etc.), die durch gesellschaftliche Lebens- und Denkweisen entstehen, in ihrem Bedeutungsgefüge im Kontext verstehen und verstehbar machen. Basale Interpretationsrahmungen kultureller Entwicklungen bieten die Dimensionen: Zeit, Raum und Gesellschaft. Innerhalb dieser Dimensionen diffundieren kulturelle Prozesse in Spannungsfeldern zwischen dem Individuellen und der Gemeinschaft, zwischen Heimat und der Welt, zwischen der Gegenwart und der Vergangenheit. Die beweglichen Zeichensysteme aller materiellen, mentalen und sozialen Äußerungen werden unter dem erweiterten Kulturbegriff gebündelt. Der Kulturbegriff jedoch steht im innerfachlichen Diskurs in der Kritik[74], gesellschaftliche Ungleichheiten zuzudecken, folklorisierend, reduktionistisch und diskriminierend unterschiedliche kulturelle Handlungssysteme zu werten, zu separieren und nicht hinreichend zu analysieren.[75] Eggmann tritt daher für einen Kulturbegriff als Relationierungsformel ein, die ein wirksames Instrumentarium bietet, weltliche Komplexität in ihrer Vielschichtigkeit zu ordnen und begreifbar zu machen. Ebenso plädiert Moser für die Verwendung eines heuristischen Kulturbegriffs,

> „mit dem wir zu erklären versuchen, erstens wie Menschen Bedeutungen schaffen und ihrerseits wieder von diesen Bedeutungen beeinflusst werden und zweitens wie sie diese Bedeutungen in ihrem täglichen Lebensvollzug – also in der Praxis – bestätigen oder transformieren"[76].

Diese Herangehensweisen verdeutlichen, dass der Begriff ein veränderliches Orientierungs- und Handlungssystem bezeichnet, nicht jedoch eine abgeschlossene Einheit von Alltagskultur. Gleichwohl ist Kultur ein Resultat von Alltäglichkeiten, in welchem sie ordnende Funktionen erfüllt.[77] Denn kulturelle Mechanismen erzeugen das Verhältnis zwischen dem Ich und der Gemeinschaft: die Inklusion oder Exklusion von Personengruppen; sie lassen Symbole, Rituale und Bräuche entstehen; sie strukturieren jeden Raum und jede Minute des Alltags, auf die sie einwirken; sie definieren die Sicht auf den Körper sowie die Techniken, mit denen er sich Kultur aneignet und sich zu einem Produkt von Kultur immer wieder neu formiert. Methodisch gesehen darf sich Alltagskulturwissenschaft des Kulturbegriffs folglich nicht zur Erfüllung deskriptiver, kulturkonstruktivistischer Versprechen aus dem Feld bedienen, sondern muss mittels heuristischer Modellierungen von Kultur um Erkenntnisse und Erklärungen ringen, die uns der Alltag bei nur oberflächlicher Betrachtung verschweigt. Die prozessuale und relationale Orientierung dieses Begriffsverständnisses hat die Alltagskulturforschung in diesem Jahrtausend fortbestehen lassen.

---

74 Ausführlich reflektiert Sabine Eggmann in ihrer diskursanalytischen Arbeit die Irritationen, die die inflationäre Verwendung des Kulturbegriffs im interdisziplinären Feld zwischen Geschichtswissenschaft, Literaturwissenschaften und den eigentlichen Kulturwissenschaften auslöste und die Volkskunde/Kulturanthropologie um ihre „Selbstqualifizierung" bangen ließ. Vgl. ebd., S. 279.

75 Vgl. ebd. sowie Hann, Chris: Weder nach dem Revolver noch dem Scheckbuch, sondern nach dem Rotstift greifen: Plädoyer eines Ethnologen für die Abschaffung des Kulturbegriffs. In: Zeitschrift für Kulturwissenschaft (1/2007), S. 125–146.

76 Moser, Johannes: Volkskundliche Perspektiven. In: Zeitschrift für Volkskunde, 104. Jg. (2/2008), S. 225–243, hier S. 232.

77 Vgl. Hirschfelder: Europäischer Alltag (2012), S. 152.

Entstehungsweisen kultureller Orientierungen und Verhaltensmuster versuchte Korff mit seinem dynamischen Lebensweisenmodell offenzulegen, das die reziproke, prozesshafte Verfasstheit von Kultur und Gesellschaft einfangen will.[78] Ziel dieses Modells ist es, einen Beitrag zum Verständnis komplexer Gesellschaftssysteme zu leisten. Korff verdeutlicht sein Modell anhand des Beispiels der Westerwälder Aufzeichnungen Wilhelm Heinrich Riehls.

Letzterer beschrieb darin den Wandel einer pauperisierten bäuerlichen Bevölkerungsschicht, die sich „auf dem Weg vom Bauern zum Arbeiter"[79] aus ihrem sozialen Herkunftsmilieu herauslöste. Eine wichtige Grundlage in der Entwicklung neuer kultureller Orientierungen sieht Korff in den Veränderungen wirtschaftlich-ökonomischer Lebensumstände. Zur Bewältigung neu aufkommender Lebenslagen entstehen neue Verhaltensmuster, die mit den bewährten Alltagsroutinen brechen müssen, wenn diese sich plötzlich weniger wirksam zur aktiven Gestaltung des Alltags zeigen:

> „Es wird an tradierte Verhaltensformen angeknüpft, denn diese bilden eine wesentliche Voraussetzung für den zielgerichteten Aufbau komplexer Verhaltenssysteme, die als Reaktion auf neue Anforderungen geschaffen werden. [...] Nach Maßgabe der Situationsanforderungen werden die im ‚Set' des kulturellen Angebots vorhandenen Zweckhandlungen ausgewählt und zu neuen Strategien der Lagebewältigung umgeformt und ausgestaltet. Die soziokulturelle Formierung des Alltags stellt sich dabei als ein Ineinander von Erb- und Lernprozessen dar. Mit ‚Erben' ist dabei die Selektionsleistung hinsichtlich der objektiven Kultur, mit dem ‚Lernen' der Konstitutionsprozeß der subjektiven Kultur gemeint."[80]

Im Korffschen Lebensweisenmodell ergänzen formal-strukturalistische Blicke funktionalistische Ansätze und kontextualisieren die Untersuchungsparameter ebenso räumlich wie zeitlich mit dem Ziel, Entstehungsprozesse kultureller Orientierungen im Feld nachzuweisen.

Wissenschaftsgeschichtlich erden Sachkulturforschung sowie ein gemeinschaftsorientierter Alltagsbegriff die Vergleichende Kulturwissenschaft (bis heute) im Feld.[81] Denn als sich die Riehl'sche Land- und Bauernkunde entwickelte, hin zu einer von gegenständlichen Lebensverhältnissen abgelösten „völkischen Wissenschaft"[82], die ihre Ideen auf Grundlage sprachwissenschaftlicher und völkerpsychologischer Ansätze in eine Charakterologie von Volksgemeinschaften leitete, entgrenzten sich wissenschaftliche und politische Konturen nur allzu leicht, um sich der ideologischen Statik des Nationalsozialismus anzupassen.[83] Nach dem Zweiten Weltkrieg wurde daher die

---

78   Vgl. Korff: Kultur (1999), S. 17–80.

79   Riehl nahm dabei eine nostalgisch-kulturpessimistische Perspektive ein, die diesen Wandel nicht adäquat zu bewerten vermochte, da Riehl den Wandel als traditionserodierenden Sittenverfall begreift und nicht als „strukturierte Form der Lagebewältigung" oder „Änderung der Lebensweise und darauf aufbauend als Formierung eines neuen Kulturstils". Ebd., S. 71.

80   Ebd., S. 74.

81   Vgl. Kaschuba: Einführung in die Europäische Ethnologie (2006), S. 115 ff.

82   Siehe Jacobeit, Wolfgang/Lixfeld, Hannjost/Bockhorn, Olaf: Völkische Wissenschaft. Gestalten und Tendenzen der deutschen und österreichischen Volkskunde in der ersten Hälfte des 20. Jahrhunderts. Wien/Köln/Weimar 1994.

83   Utz Jeggle bezeichnet die Volkskunde im Stadium der Entkopplung von Alltag und Objektivationen (Märchen, Sprichworte etc.) als „Anti-Alltags-Wissenschaft". Jeggle: Alltag (1999), hier S. 92. Vgl. Zur Fachgeschichte vor und während des Nationalsozialismus Jacobeit/Lixfeld/

kontextuelle Rückbindung in Alltag und Sachkultur als eine Art methodischer Absicherung in der Lebensrealität produktiv-schöpferischer Bevölkerungsgruppen umso bedeutsamer.[84] Der historisch orientierten *Münchner Schule* um Karl Sigismund Kramer und Hans Moser ist zu verdanken, die Alltagskulturforschung methodisch in die Grenzen der Interpretierbarkeit und damit auf den Boden der Wissenschaftlichkeit zurückgeführt zu haben. Eine Wissenschaft vom Alltag habe aus diesem Grunde, so Jeggle, „die Geschichtlichkeit der Gegenwart zum Ausgangspunkt"[85]. Ähnlich wie die Zeit erst in einer konflikthaften Situation erfahrbar wird, gilt für den Alltag, dass er zu mehr als der zeitlichen Dimension der Kultur emporsteigt, sobald das Gewohnte problematisch wird. Der geteilte Alltag selbst ist es also, der gemeinschaftliche Erfahrungshorizonte in allen denkbaren Mustern lokal und temporal entwirft und zur Produktion und Reproduktion von Gesellschaftsstrukturen beiträgt. Eine differenzierte Alltagswissenschaft kann dabei nicht urteilslos an eine völlig autonome Gestaltbarkeit des Alltags durch Individuen glauben. Praktisch bedeutet dies für den Umgang mit Zigaretten, dass eine Person, die nie in ihrem Leben Tabak konsumierte, erst durch den geteilten Alltag mit Rauchenden zu einem Nichtraucher wird. Darüber hinaus bedienen sich Raucherinnen und Raucher gegenwärtig kulturell legitimierter, geschichtlich vorgeprägter Muster des Tabakkonsums – pluralen Kulturtechniken also, die mit dem psychologischen Erklärungsansatz einer „Suchtbefriedigung" nicht hinreichend erklärt werden können, da vergangene wie rezente Konsumformen die kontextabhängige Verwendung von Tabakprodukten mitgestalten.

3.1 Kulturwissenschaftliche Interessen an Tabak, Zigaretten und Rauchen

Rauchen ist eine Kulturtechnik, die sich in einem engen Gefüge gesellschaftlicher Strukturen und individueller Sozialisation etabliert hat.[86] Dabei ist die Kulturtechnik sozial erlernt. „Novices must […] learn the socially ‚correct' way to hold the cigarette and to exhale the smoke".[87] Ob Zigarettenkonsum als Einnahme eines Genussmittels

---

Bockhorn: Völkische Wissenschaft (1994), sowie Weber-Kellermann, Ingeborg/Bimmer, Andreas/Becker, Siegfried: Einführung in die Volkskunde/Europäische Ethnologie. 3., vollständig überarbeitete und aktualisierte Aufl. Stuttgart/Weimar 2003; Jeggle, Utz: Volkskunde im 20. Jahrhundert. In: Brednich, Rolf Wilhelm (Hg.): Grundriß der Volkskunde. Einführung in die Forschungsfelder der Europäischen Ethnologie. 3., überarbeitete und erweiterte Aufl. Berlin 2001, S. 53–76.

84 Zu Naumanns gesunkenem Kulturgut und der Frage, wer schöpferisch Kultur produziert, vgl. Bausinger, Hermann: Kritik der Tradition. Anmerkungen zur Situation der Volkskunde. In: Zeitschrift für Volkskunde 65. Jg. (1969), S. 232–250.

85 Jeggle: Alltag (1999), hier S. 87.

86 Vgl. Marquardt, Ralf/Merkele, Thorsten: Marlboro-Mann, nicht HB-Männchen: über Distinktionen und Werbebotschaften. In: Legnaro/Schmieder (Hg.): Rauchzeichen (2003), S. 25–52, hier S. 25.

87 Jason Hughes sieht das Erlernen von Geschmacksempfinden als kulturgebundene Technik an, wobei er keine schwerwiegenden Unterscheidungen zwischen dem angeeigneten Geschmacksgefallen von Marihuana oder Austern erkennen kann. Hughes, Jason: Learning to Smoke. Tobacco Use in the West. Chicago 2003, S. 6.

oder als Suchtmittelkonsum anzusehen sei, wird gegenwärtig sowohl in Wirtschafts- und Gesundheitspolitik als auch unter Rauchenden und Nichtrauchenden beziehungsweise Ex-Rauchern und -Raucherinnen diskutiert.[88] Entgegen der Präsenz des Themas – damit ist neben dem Rauchen natürlich auch der Diskurs um den Nichtraucherschutz gemeint – und seiner alltagskulturellen Bedeutung greifen kulturwissenschaftliche Forschungsarbeiten das Thema Zigarettenrauchen relativ selten auf.[89] Ein Grund dafür mag in der schwierigen Operationalisierbarkeit des Rauchens für die Kulturwissenschaft liegen, die durch eine Vielzahl an Formen des Rauchguts, Rauchsituationen und an Rauchgemeinschaftsformen etc. einen unübersichtlichen Interpretationsrahmen erfassen müsste. Auf der anderen Seite befasst sich Alltagskulturwissenschaft mit Traditionen, Diffusions- und Wandlungsprozessen. Eine alltägliche Handlung, die von jedem Mitglied der Gesellschaft in beliebiger Form durchgeführt werden könnte, lässt sich methodisch schon aufgrund ihrer Wiederholungsfrequenz schwierig erklären, da jedes kulturelle Phänomen aus seinem spezifischen Kontext heraus analysiert und interpretiert werden muss.

Rauchen wird häufig von einzelnen Personen ohne Beisein anderer durchgeführt. Einzelne Rauchsituationen, Rauchhandlungen und Bedeutungzuschreibungen indizieren kein konstitutionelles Kriterium kultureller Gemeinschaften. Soziokulturelle Gruppen verbindet mehr als „nur" das Rauchen, da es selbst keine Gemeinschaft[90] braucht, unter Umständen allerdings Gemeinschaften temporär modifiziert oder verstärkt.[91] Der Genuss ehemals exklusiver Substanzen, besser gesagt ehemaliger Kolonialwaren, geht in seiner Bedeutung und der zelebrierten, ritualisierten Form des Konsums über das profane „Zu-sich-Nehmen" eines rauchbaren Stoffes hinaus.[92] Beim Rauchen von Tabak bilden das Ambiente, der lokale, soziale und zeitliche Kontext, in welchem beispielsweise die Zigarette geraucht wird, der Ablauf des Konsums und das Wissen über die Tradition der Konsumform relevante Faktoren für das wissenschaftliche Verstehen von gesundheitsrelevanten Kulturtechniken. Bedeutungzuschrei-

---

88 Siehe dazu Kolte: Rauchen (2006), S. 36 ff.

89 Verbreitet sind regionalhistorische Untersuchungen, in denen der Anbau und der Konsum von Tabak neben anderen Waren wie Kaffee oder Zucker behandelt wird. Vgl. Hochmuth, Christian: Globale Güter – lokale Aneignung: Kaffee, Tee, Schokolade und Tabak im frühneuzeitlichen Dresden (= Konflikte und Kultur – historische Perspektiven 17). Dresden 2008; Menninger: Genuss im kulturellen Wandel (2008).

90 Der Terminus *Gemeinschaft* wird in Kultur- und Sozialwissenschaften seit langer Zeit kontrovers diskutiert. Zunächst als ontologischer Gegenpart zum modernen Gesellschaftsverständnis, weiterhin als anatomische Zustandsform mangelnder sozialer oder kultureller Ordnung. In Anlehnung an die Ethnologie findet der Begriff Verwendung bei der Erforschung von Riten und Symboliken, wobei er dort die Orientierung in kulturellen Bewältigungsstrategien umschreibt und nicht auf gesamtgesellschaftliche oder nationale Vergemeinschaftung rekurriert. Vgl. Kaschuba: Einführung in die Europäische Ethnologie (2006), S. 54 ff. und 70 f.; Gertenbach, Lars/ Laux, Henning/Rosa, Hartmut/Strecker, David: Theorien der Gemeinschaft zur Einführung. Hamburg 2010.

91 Dies gilt laut Niekrenz insbesondere für kollektive Rauscherfahrungen, die gemeinschaftsbetonend den Gruppenerfahrungen eine „intensive rituelle Rahmung" erlauben. Vgl. Niekrenz, Yvonne: Rausch als körperbezogene Praxis. Leibliche Grenzerfahrungen im Jugendalter. In: Dies./Witte, Matthias (Hg.): Jugend und Körper. Leibliche Erfahrungswelten (= Jugendforschung). Weinheim/München 2011, S. 208–222, insbesondere S. 217.

92 Vgl. Hengartner/Merki: Geschichte der Genußmittel (2001), S. 9.

bungen dieser Praxis können am treffendsten von den Rauchenden selbst vermittelt werden.

In kulturwissenschaftlichen Studien wurde bislang das Rauchen von Tabakwaren am gründlichsten in historischer Perspektive für das 19. Jahrhundert, „das Zeitalter des Rausches"[93], nachvollzogen.[94] Zigarettenkonsumformate behandeln sie vergleichsweise selten; noch seltener sind empirische Arbeiten über das Zigarettenrauchen.[95] Die Thematisierung des Rauchformats Zigarette lässt sich in drei kulturwissenschaftlichen Forschungsrichtungen nachweisen: zunächst als Topos in der regionalhistorischen Konsumgeschichtsschreibung[96], zu der ich an dieser Stelle auch eine Unternehmung zur Kulturraumkartographie sowie Ausführungen über horizontale und vertikale Diffusionsbewegungen zähle.[97] Regelhaft Teil der Konsumgeschichtsschreibung ist eine Beschreibung der De-Normalisierung des Tabakkonsums zu Beginn des 20. Jahrhunderts, die mit einer Neubewertung des Rauchens vom Laster hin zu einer ernsthaft krankheitsförderlichen Konsumtechnik einhergeht.[98] Ferner entwickelte sich Mitte der 1990er Jahre im Rahmen volkskundlich-funktionalistischer Nahrungsforschungen ein ertragreicher Ansatz zur Erforschung von Genussmitteln für die Vergleichende Kulturwissenschaft.[99] Und schließlich ist die neueste Entwicklung zum Thema in

93 Kupfer, Alexander: Göttliche Gifte. Kleine Kulturgeschichte des Rausches seit dem Garten Eden. Stuttgart, Weimar 1996, S. 39.

94 Siehe u. a. Baumgartner, Melanie: Rauchen in Österreich nach 1945. Wirtschaft, Gesellschaft, Kultur (Diplomarbeit, Universität Wien). Wien 2009; Schivelbusch, Wolfgang: Das Paradies, der Geschmack und die Vernunft. Eine Geschichte der Genußmittel. 6. Aufl. Frankfurt a. M. 2005.

95 Dennoch eine ausführliche Behandlung von Zigarettenprodukten lassen sich bei den folgenden Autoren finden: vgl. Brandt, Allan M.: The Cigarette Century: the Rise, Fall and deadly Persistence of the product that defined America. New York 2009; Legnaro/Schmieder (Hg.): Rauchzeichen (2003); Dieterich, Claus-Marco: Dicke Luft um blauen Dunst. Geschichte und Gegenwart des Raucher/Nichtraucher-Konflikts. Marburg 1998. Eine Interviewstudie unter Zigarettenrauchenden führte Birgitta Kolte in Bremen durch. Vgl. Kolte: Rauchen (2006).

96 Vgl. dazu Menninger: Genuss im kulturellen Wandel (2008); Hengartner: Tabak. In: Ders./Merki, Christoph Maria (Hg.): Genußmittel. Eine Kulturgeschichte. Frankfurt a. M./Leipzig 2001, S. 191–220, S. 207 f.

97 Vgl. Trümpy, Hans: Volkskundliche Überlegungen zum Rauchen. In: Therapeutische Umschau, Wochenzeitschrift für praktische Medizin, Jg. 40 (2/1983), S. 165–168; Menninger: Genuss im kulturellen Wandel (2008).

98 Vgl. Sandgruber, Roman: Bittersüße Genüsse. Kulturgeschichte der Genußmittel. Wien/Köln/Graz 1986, S. 168 ff.

99 Insbesondere dem Autorenteam Hengartner und Merki ist diese Entwicklung zu verdanken. Siehe: Hengartner/Merki: Tabakfragen (1996). Siehe auch Hirschfelder, Gunther: Die Betäubung der Sinne. Die Suche nach dem Rausch zwischen kulturellem Zwang und individueller Freiheit. In: von Engelhard, Dietrich/Wild, Rainer/Neumann, Gerhard/Pudel, Volker/Wielacher, Alois (Hg.): Geschmackskulturen. Vom Dialog der Sinne beim Essen und Trinken. Frankfurt a. M./New York 2005, S. 218–237. Gegenwartsorientierte Fragestellungen finden sich weitaus seltener: Seit 2006 läuft ein Promotionsprojekt an der Universität Graz, in dem gesellschaftliche Einstellungen zu Raucher/-innen in verschiedenen Zeiten und Kulturen untersucht werden (Thema vergeben 2006, bisher nicht erschienen); 2007 erstellte Clemens Wollten am Institut für Kulturanthropologie/Europäische Ethnologie der Universität Göttingen eine Magisterarbeit zum veränderten Umgang mit dem Tabakkonsum im Alltag (bislang ebenfalls unveröffentlicht; Stand: 12.11.2012). Die gewählten gegenwartsbezogenen Ansätze nehmen das Rauchen im Alltag in den Blick und zeigen einen veränderten Ansatz, sich dem Rauchen anzunähern: indem der

den Arbeiten der US-amerikanischen Kulturanthropologen Stromberg, Mimi Nichter und Mark Nichter zu finden, die 2007 Ergebnisse einer bilokalen ethnographischen Studie zum Rauchverhalten von College-Studenten veröffentlichten.[100] Dieser Ansatz ist für die vorliegende Untersuchung die aktuellste kulturanthropologische Referenz, da dieser methodische, theoretische wie inhaltliche Anhaltspunkte bietet, Funktionen und Bedeutungen des Rauchens unter Studierenden in einem sozialräumlichen Setting zu analysieren, interpretieren und theoretisieren.

Daten über das Verbrauchsformat Zigarette wurden zu Beginn des 20. Jahrhunderts in einem kartographischen Forschungsansatz in der Schweiz für kulturwissenschaftliche Zwecke erstmals erhoben. Für den Atlas der Schweizerischen Volkskunde (ASV)[101], der in den frühen 1930er Jahren in Basel entstand, befragten geschulte Exploratoren lokale Gewährsleute zu ihrer örtlichen Alltagskultur: Bestandteil des Fragenkatalogs war Tabakkonsum. Die Befunde zeigen die Verbreitung unterschiedlicher Tabakkonsumformen: Tabakpfeife, Stumpen, Tabakkauen und die 1936 in allen Regionen der Schweiz verbreitete Zigarette.[102] Mit insgesamt 19 Fragen widmet sich das erste Heft des Schweizerischen Projektes dem Grüßen, Essen und Rauchen; untergliedert in Verbreitung des Rauchguts, Bezeichnung, Material, Häufigkeit des Rauchens, Geschlechterdifferenzen sowie den rauchenden Personen selbst.[103] Dem explorativen Charakter des ASV ist es geschuldet, dass die weite Verbreitung des Zigarettenrauchens in städtischen wie ländlichen Milieus für die Schweiz Mitte der 1930er Jahre nachgewiesen werden konnte. Weiss zählt das Rauchen wie auch Formen der Tabakpfeifen der Tracht zugehörig:

> „Zur Tracht im weiteren Sinn sind natürlich auch die Haartracht (Barttracht, Frisuren), sowie der Schmuck (Ohrringe, Fingerringe, Uhrketten) zu rechnen, neben dem Hautfärben,

---

Kontext des Rauchens in den Interessensmittelpunkt rückt. Auch die hier vorliegende Arbeit verfolgt diese Herangehensweise.

100 Zur Analyse von Rauchkontexten bezieht sich das Autorenteam auf Clifford Geertz' und Victor Turners Arbeiten zu Struktur und Anti-Struktur ritueller Symbolhandlungen und wendet sie auf profane Alltagssituationen an. Vgl. Stromberg, Peter/Nichter, Mark/Nichter, Mimi: Taking Play Seriously: Low-level smoking among College Students. In: Culture, Medicine and Psychiatry: an International Journal of cross-cultural Health Research (31/2007), S. 1–24.

101 Verantwortlich für Inhalt, Durchführung und Art der Befragung zeichneten Paul Geiger (1887–1952) und Richard Weiss (1907–1962). Vgl. Escher, Walter: Der Atlas der Schweizerischen Volkskunde (ASV). In: Schweizer Volkskunde. Korrespondenzblatt der Schweizerischen Gesellschaft für Volkskunde (79/1989), S. 1–15.

102 Vgl. Lipinsky, Anke: Rauchen – zwischen Krankheit und Kultur. In: Alsheimer, Rainer/Weibezahn, Roland (Hg.): Körperlichkeit und Kultur 2005. Geschichtliches, Normen, Methoden (= Volkskunde & Historische Anthropologie 12), S. 161–170; Hengartner: Tabakkonsum und Rauchen (1996), S. 113–138, besonders S. 124.

103 Weiss, Richard: Einführung in den Atlas der Schweizerischen Volkskunde. Basel 1950, S. 61: Aus dem Frageheft: „16. Ist das Rauchen bei Männern allgemein verbreitet, häufig oder selten? Was wird geraucht? Wenn Pfeife geraucht wird, sind Form (Zeichnung, Photo), Name, Material und Herkunft anzugeben. Allfällige Unterschiede zwischen Sonntag und Werktag, älteren und jüngeren Leuten, Arbeitern und Bauern usw. sind besonders zu erfragen. 17. Kommt das Tabakkauen vor? Wie nennt man es? Ist es häufig? Wer tut es? Bei welchen Arbeiten ist es üblich? 18. Kommt das Schnupfen vor? Wie nennt man es? Ist es häufig? Was schnupft man? 19. Rauchen auch Frauen? Ist dies häufig? Sind es mehr die älteren oder die jüngeren, welche rauchen und welchen Ständen gehören sie an? Was rauchen sie? Wie beurteilt man das Rauchen bei Frauen?".

dem Schminken, auch der Hautstich, das Tätowieren, das ebenfalls für bestimmte Berufe oder soziale Schichten und ihre Überlieferung zeugt, und schließlich das Rauchen mit den landschaftlich gebundenen Pfeifenformen."[104]

Das Zigarettenrauchen findet hierin keine Erwähnung, dennoch entstanden beispielsweise die Karten I 47 und I 48. Sie zeigen die unterschiedliche Verbreitung des Pfeife- und Zigarettenrauchens von Frauen. Es wird offensichtlich, dass Frauen selten Tabakpfeife rauchen (fehlende Angabe über die Häufigkeit pro Tag); das Zigarettenrauchen hingegen scheint bei Frauen wesentlich verbreiteter, wird jedoch häufig vom sozialen Umfeld, genauer: von den Gewährspersonen der Exploratoren moralisch abwertend beurteilt.[105] Diese kulturräumliche Erhebung belegt, dass zum Zeitpunkt der Befragung das Zigarettenrauchen zweifellos zu einer gängigen Kulturpraktik in weiten Teilen der schweizerischen Bevölkerung gehörte.

Ein theoriegebendes Konzept zur Analyse des Rauchens entwarf schließlich der Volkskundler Hengartner im Rahmen eines funktionalistisch-nahrungsethnologischen Ansatzes. Mitte der 1990er Jahre veröffentlichte er programmatische Grundzüge einer *Volkskunde der Genussmittel*.[106] Neben der Anknüpfung an vorhergehende Arbeiten zur Konsumgeschichte des Tabaks in Europa entstand hier erstmalig der Integrationsversuch des „metakulinarischen"[107] Rauchens in das nahrungsethnologische Konzept der Mahlzeit[108]. Die Mahlzeit stellt in der kulturanthropologischen Nahrungsforschung eine grundlegende Untersuchungskategorie dar, die den Ausgangspunkt der Betrachtungsweise auf ein strukturiertes soziales Geschehen bildet.[109] Hengartner

---

104 Weiss, Richard: Volkskunde der Schweiz, Grundriss. Erlenbach/Zürich 1946, S. 146 f.

105 Aufgrund der demografischen Daten der Gewährspersonen, die von geschulten Exploratoren des Atlasausschusses befragt wurden, müssen diese bewertenden Fragen kritisch betrachtet werden. Rund 52% der befragten Schweizer Hauptgewährsleute waren zwischen 50 und 70 Jahren alt, zudem sind knapp mehr als 80% der Hauptgewährsleute männlichen Geschlechts. Die häufigsten Berufsgruppen waren Lehrer (130 Befragte), Bauern (83), Beamte (62), Hausfrauen (43 – nahezu alle befragten Frauen waren Hausfrauen) und Bauern mit Nebenbeschäftigung (Postbote o. ä. (35)).

106 Daneben arbeiteten Kulturwissenschaftler an Reformhochschulen mit sozialpolitisch-aufklärerischen Ansätzen, wie Rainer Alsheimer an der Universität Bremen, zu Beginn der 1990er Jahre wieder an der Thematik. Vgl. Alsheimer, Rainer: Drogenkonsum und Stadtkultur. Das Beispiel Bremen. In: Zeitschrift für Volkskunde 91. Jg. (1995), S. 169–201. Thomas Hengartner veröffentlichte 1996 den programmatischen Artikel zu Wissensstand und theoretischer Perspektive einer solchen Forschungsrichtung und etablierte zusammen mit dem Schweizer Christoph Maria Merki eine Rauchkulturforschung. Hengartner: Tabakkonsum und Rauchen (1996), S. 113–138.

107 Lévi-Strauss, Claude: Mythologica II. Vom Honig zur Asche. Frankfurt a. M. 1976, S. 13.

108 Kern der Mahlzeit ist die Verzehrsituation, in ihr sind Werthaltungen und Kommunikation institutionalisiert. In Frankreich prägten Claude Lévi-Strauss und Yvonne Verdier diesen Ansatz; in England forschen M. A. K. Halliday und Mary Douglas von diesem Standpunkt der Mahlzeit als „structured social event" aus. In Deutschland wird dieser Ansatz u. a. von Günther Wiegelmann und Gunther Hirschfelder vertreten. Vgl. Tolksdorf, Ulrich: Nahrungsforschung, aktualisiert von Brigitte Bönisch-Brednich. In: Brednich: Grundriß (2001), S. 239–254; Hirschfelder, Gunther: Europäische Esskultur. Eine Geschichte der Ernährung von der Steinzeit bis heute. Frankfurt a. M./New York 2001; Ploeger, Angelika/Hirschfelder, Gunther/Schönberger, Gesa (Hg.): Die Zukunft auf dem Tisch. Analysen, Trends und Perspektiven der Ernährung von morgen. Wiesbaden 2011.

109 Vgl. Tolksdorf: Nahrungsforschung (2001); Hirschfelder: Europäische Esskultur (2001).

zeigt in seinem Entwurf theoretische und methodische Beziehungen auf, die aus kulturwissenschaftlicher Sicht zukünftig thematisiert werden könnten.[110] Zielstellung sei es, potenzielle Umgangsweisen mit dem „Phänomen Tabak in seiner Alltäglichkeit" zu erforschen. Weiterhin schlägt Hengartner vor, die Makro-Perspektive auf synchrone Tabakkonsummuster in einem zweiten Schritt in Richtung Tabakkonsumformen zu verengen, wobei jeder Zeitschnitt in einen exemplarischen Interpretationszusammenhang zu integrieren sei.[111] Bei Genussmitteln dominiere der „Genusswert über den Nähr- und den Heilwert, ja viele Genussmittel besitzen überhaupt keinen Nährwert"[112]. Differenzierungsgrundlage zwischen Nahrungsmittel, Heilmittel und Genussmittel stellt in diesem Zugang der kulturelle Wert des Konsumproduktes dar. Genussmittel bilden kulturspezifische Konsummuster aus, wie etwa die britische *tea time* oder die bürgerlichen Raucherzimmer im ausklingenden 19. Jahrhundert. Neben symbolischen Zuschreibungen können Genussmittel zum „Ausdruck gemeinschaftsbildender Prozesse"[113] werden, indem die gemeinsame Konsumsituation eine zeitlich begrenzte Kohärenz einer sozialen Gruppe bekräftigt. Das Feuergeben beim Rauchen könne als Signal verstanden werden[114], sich einer Person anzunähern.

Eine grundlegende Voraussetzung für die Untersuchung kulturspezifischer Konsummuster ist die Unterscheidung zwischen der Verbreitung der Tabakpflanze und der Ausbreitung des Tabakkonsums seit der Frühen Neuzeit. Da Tabak sich in Form von Zigarren, Pfeifentabak oder Zigaretten spätestens seit den 1950er Jahren in nahezu allen Wirtschaftssystemen Europas etablierte, im 17. und 18. Jahrhundert jedoch Verwendung als exklusive Heil- und Medizinalpflanze fand, folgt das Verbreitungsmuster der Tabakpflanze dem Paradigma des gesunkenen Kulturgutes.[115] Die Verbreitungsmuster des Tabakkonsums sind hingegen weniger eindeutig nachzuvollziehen, da der Konsum des Tabaks in unterschiedlichen Formen und „doch wohl auf mehreren Wegen und Kanälen, *auch* von unten nach oben, Eingang in weite Bevölkerungskreise gefunden"[116] hat. Gründe dafür sieht Hengartner in Rauchverboten von Seiten der Regierungen zu verschiedenen Zeiten der Konsumgeschichte, in der Verwendung des Tabaks als medizinisches Heilmittel sowie in der sprachlichen Parallelisierung des Tabakkonsums mit dem Alkoholkonsum „Tabaksaufen"[117]:

„In Anlehnung an die strukturalistische Nahrungsforschung scheint mir aber auch für den Tabakkonsum eine immanente Struktur vorgegeben, die es erlaubt, volkskundliche Einzelanalysen in ihrem Stellenwert und in ihrer Bedeutung für das Tabakkonsumsystem zu bestimmen. Die Parallelsetzung zur Nahrungsforschung geschieht unter der Annahme, dass

110 Hengartner: Tabakkonsum und Rauchen (1996), S. 133 f.

111 Ebd., S. 114.

112 Hengartner/Merki: Geschichte der Genußmittel (2001), S. 15.

113 Ebd., S. 15.

114 „Rauchen kann kleine Gemeinschaften stiften", Interview mit Thomas Hengartner von Timo Großpietsch für tagesschau.de am 09.09.2006, abgerufen unter http://www.tagesschau.de/inland/meldung98024.html, letztmals geprüft am 25.04.2015.

115 Vgl. Hengartner: Tabakkonsum und Rauchen (1996), S. 115.

116 Hengartner: Tabakkonsum und Rauchen (1996), S. 117. Hengartner bekräftigt diese Ansicht 2001 in seinem Beitrag: Hengartner, Thomas: Tabak. In: Ders./Merki, Christoph Maria (Hg.): Genußmittel. Eine Kulturgeschichte. Frankfurt a. M./Leipzig 2001, S. 191–220, S. 198 f.

117 Sandgruber: Bittersüße Genüsse (1986), S. 92.

Tabakkonsum als Genussmittelkonsum im weiteren Sinne Bestandteil des Ernährungsgefüges ist."[118]

Zur Ermittlung des kulturellen Gehaltes beim Tabakkonsumvorgang schlägt Hengartner ein strukturalistisches Modell vor, welches den Rauchvorgang auf der einen Seite in Konsumgut (Objekt) und auf der anderen Seite in soziale Situation (Ort, Zeit, Gruppe) differenziert. Auf der Untersuchungsebene des Objektes bilden die Konsumform, die Konsumart, Konsumtechnik (Darreichungsform), der gesellschaftliche Wert der Konsumformen sowie der gesellschaftliche Wert der Konsumart die Unterpunkte der Analyse. Auf der Untersuchungsebene der sozialen Situation komplettieren Raum und Zeit sowie der jeweilige gesellschaftliche Wert des sozialen Raumes und der sozialen Zeit als Kategorisierungshilfen das strukturalistische Modell der Untersuchung des Tabakkonsumvorgangs. Ziel dieser modellhaften Beschreibungsform ist die Verbindung von phänomenologischer Ebene und Bedeutungsebene.

Fünf Jahre nach dieser Grundlegung benennt Hengartner dann vier weitere wesentliche „Ebenen der Bewertung des Tabakkonsums"[119]. Dazu zählen: die Veralltäglichung und Entalltäglichung des Tabakkonsums, d. h. die Etablierung des Rauchens im Alltag sowie die spätere Verdrängung des Rauchens durch Sanktionierungen – ein Prozess, der im 20. Jahrhundert stattfand –; Genderaspekte, die kulturelle Demarkationslinien entlang der Geschlechtergrenzen verdeutlichen; die Rauchwaren selbst in der Betrachtungsweise als kulturelle Dinge; und Gesundheitsfragen, die zu einer Neubewertung des Tabaks zum Suchtmittel aufgrund von biomedizinischen Diskursen (u. a. über Krebs) führten. Hengartners Ideen sind im vorliegenden Text ausführlich beschrieben, weil aufgrund des Perspektivenspektrums, den seine Grundideen bieten, eine trennscharfe Abgrenzung zur kulturwissenschaftlichen Medikalkulturforschung nicht gelingen kann – und auch nicht notwendig ist.[120] Denn Letztere arbeitet nicht nur mit den gleichen Grundlagentheorien des Faches, sondern ist inhaltlich, methodisch und theoretisch selbst ebenso ausgeprägt integrationsfähig. In diesem Sinne ist die vorgelegte exemplarische Studie der kulturwissenschaftlichen Medikalkulturforschung zuzuordnen, die Hengartners Grundlagen hierin erweitern und in einem gegenwartsorientierten Forschungsdesign anwenden.

Die hier idealtypisch skizzierten Bewertungsebenen verdeutlichen die Komplexität und Heterogenität möglicher perspektivischer Schwerpunktsetzung in der Forschungspraxis zur modernen Rauchkultur. Insbesondere die Bewertung des kulturellen Gehaltes des Tabakkonsumvorganges stellt sich aufgrund der Vielzahl der möglichen sozialen Situationen als Herausforderung dar. „Gerade die Bewertung des Zigarettenkonsums zeichnet sich durch heterogene Muster und schnelle Wechsel ab und ist keineswegs eindeutig und einheitlich."[121] Ein Beispiel für den schnellen Wandel kultureller Wertigkeit ist die Zigarettenmarke *F6*, einer ostdeutschen Zigarettenmarke, die rund 20 Jahre nach der deutschen Wiedervereinigung neben anderen Verbrauchsgütern wie z. B. der Spreewaldgurke zum Symbol einer DDR-Nostalgie ge-

118 Hengartner: Tabakkonsum und Rauchen (1996), S. 132.
119 Hengartner: Tabak (2001), S. 201.
120 Vgl. Wolff, Eberhard: Volkskundliche Gesundheitsforschung, Medikalkultur- und „Volksmedizin"-Forschung. In: Brednich: Grundriß (2001), S. 617–636, besonders S. 618 f.
121 Hengartner: Tabak (2001), S. 204.

worden war.[122] Eine getrennte Darstellung von Konsumgut und Rauchsituation bringt darüber hinaus für die kulturanalytische Betrachtung unvermeidbare Unschärfen mit sich. Zudem führt die Manifestierung eines Gegensatzes von Genussmittel und Suchtmittel ohne eine kritische Diskussion der Begriffe im Hinblick auf ihre bereits bewiesene Bewertungsflexibilität auf der Suche nach einer kulturimmanenten Logik nur zu unbefriedigenden Erträgen.[123]

Einen funktionalistischen Ansatz verfolgen auch neuere Untersuchungsansätze aus den USA. Jedoch liegt im konkreten Fall der Schwerpunkt auf der Analyse sozialer Interaktionsweisen in spezifischen Rauchsituationen. Mimi und Mark Nichter untersuchten zusammen mit Stromberg das Rauchverhalten von Studierenden an den zwei Hochschulen (Colleges) Tulsa und Arizona.[124] Über die Verbreitung des Tabakkonsums in den Vereinigten Staaten waren zuvor kulturhistorische Studien angefertigt worden[125], die jedoch kaum Auskunft über Rolle und Bedeutung von Zigaretten im Leben von Studierenden in sozialen Interaktionskontexten gaben oder klären konnten, inwiefern der Zigarettengebrauch unter Studierenden als Ressource beziehungsweise Moderator sozialer Interaktivität dient.[126] Die Autoren identifizieren in dieser Studie drei hauptsächliche Situationen, in denen das Zigarettenrauchen als gestaltendes Mittel eingesetzt wird: Zigarettenrauchen modifiziere Partys, Stresssituationen und Langeweile im Studierendenalltag, verändere die Konsumsituationen alkoholischer Getränke, erwirke eine Abspaltung von Teilgruppen und verändere den Gesprächsfluss innerhalb sozialer Situationen:

„The stories our informants told us suggest that cigarettes serve a variety of utility functions in the party setting. First, cigarette smoking is strongly associated with alcohol consumption. For those students who described themselves as smoking once in a while but not really being smokers, drinking lowered inhibitions enough to let them smoke without feeling self-conscious. Some informants noted that tobacco enhances the effects of alcohol, or in the words of our informant, ‚brings on the buzz‘. Other students explained that having a cigarette was ‚useful‘ while drinking, as it provided a break from drinking – a few moments ‚to straighten out your head‘. A benefit from smoking in this context was that the rhythm of smoking provided one with an opportunity to pause and plan one's statement (a particular advantage if one has been drinking). After a break, one could return to drinking with renewed vigor. While some students smoked to enable heavier drinking, others described the use of cigarettes as a means to drink less because smoking gives one something else to do other than drink. [...] Like refilling one's drink, the cigarette gives one an excuse to take leave of one group or location and enter another.“[127]

122 Vgl. Hirschfelder: Europäische Esskultur (2001), S. 241.

123 Birgitta Kolte vergleicht in ihrer Forschung zum *Rauchen zwischen Sucht und Genuss* Rauchverhalten und Rauchbedeutung zwischen starken und *low-level* Rauchenden. Sie beweist, dass das Suchtparadigma in der Lage ist, Rauchverhalten zu stabilisieren. Inwieweit sich die Legitimationsstrategie „Sucht" als ein kulturelles Muster von etablierten psychologischen Erklärungsmodellen (Selbstwirksamkeitserwartung) abgrenzt, zeigt die Bewertung ihrer Ergebnisse leider nicht auf. Vgl. Kolte: Rauchen (2006).

124 Vgl. Stromberg/Nichter/Nichter: Taking Play Seriously (2007), S. 1–24.

125 Vgl. Brandt: Cigarette Century (2009); Corrigan, Patrick: Marlboro Man and the Stigma of Smoking. In: Gilman/Xun: Smoke (2004), S. 344–354; Hughes: Learning to Smoke (2003).

126 Vgl. Stromberg/Nichter/Nichter: Taking Play Seriously (2007), hier S. 2.

127 Ebd., S. 8 f.

Neben situationsmodifizierenden Funktionen stellen die Autoren heraus, dass Zigarettenrauchen zur Kontaktanbahnung ebenso eingesetzt werde wie zur Selbstdarstellung: „At a party, one may find oneself unoccupied, with no one to talk to or to dance with. This opens up the possibility of being bored at the party or, worse, of being perceived as a person who is boring."[128] Ersteres klassifiziert Stromberg mit der Terminologie Turners „extrastructural situations"[129]. Langeweile sei in diesem Zusammenhang ein Zustand leerer, passiver Langeweile.[130] Die Autoren fassen die Ergebnisse ihrer Studie unter Studierenden in zwei grobe Funktionskategorien zusammen: Das Zigarettenrauchen stellt erstens ein Hilfsmittel dar, um außerstrukturale oder ungewisse Situationen zu strukturieren. Zweitens fördert das Zigarettenrauchen in mehrfacher Hinsicht soziale Interaktionen, indem es zu einer Atmosphäre egalitärer Kameradschaft („egalitarian camaraderie") beiträgt, die der von Turner beschriebenen *Communitas* nahe steht.[131] Strombergs, Nichters und Nichters Hypothese ist, dass Gelegenheitsrauchen ein spielerisches Andeuten von gewohnheitsmäßigem Rauchen darstellt: „It was common for students to tell us that they did not want to become ‚real‘ or ‚regular‘ smokers."[132] Die befragten Studierenden unterschieden also zwischen sich selbst und „echten Rauchern", zu denen sie sich nicht zählen wollen. Stromberg vermutet in dieser frühen Phase des Rauchens daher ein situatives Spiel, weil die Rauchenden sich nicht in ihrer „normalen" Rolle sehen.[133] Die Autoren gehen deshalb davon aus, dass das Zigarettenrauchen die Aneignung und das Ausleben unterschiedlicher Rollen moderiert. Es ermögliche ein Spiel mit unterschiedlichen (Selbst-)Bildern. Stromberg, Nichter und Nichter schreiben die moderierenden Funktionen allein der Zigarette, nicht aber unterschiedlichen Rauchtechniken beziehungsweise Situationen zu. „The cigarette facilitates the assumption of different roles."[134] Es gilt zu prüfen, ob unterschiedlichen Rauchtechniken beziehungsweise Situationen des Zigaretten*rauchens* eine ebensolche Funktion zugesprochen werden kann.

Die gezeigten methodischen und theoretischen Ansätze sind von grundlegender Bedeutung für die Verortung dieser Arbeit. Die Strukturierung des zu einem späteren Zeitpunkt vorgestellten Quellenmaterials orientiert sich in wesentlichen Teilen an Hengartners Ausführungen, wobei der spezielle Blick auf Gesundheitsfragen im Sinne von Präventionsvorstellungen seine Forderungen weitertreibt. Die Fallstudie von Stromberg, Nichter und Nichter hilft bei der Betrachtung der Befunde und ihrer Interpretation, obwohl die vorliegende Untersuchung neben dem Gelegenheitsrauchen auch andere Konsummuster behandelt.

---

128   Ebd., S. 9.

129   Ebd., S. 9.

130   „Described in terms of nothingness (nothing to do) or emptiness". Ebd., S. 12.

131   Vgl. Turner, Victor: Das Ritual. Struktur und Anti-Struktur. Frankfurt a. M./New York 1989, Neuauflage 2005; Stromberg/Nichter/Nichter: Taking Play Seriously (2007), S. 9. Im Gegensatz dazu steht die von Hughes beschriebene gesamtgesellschaftliche Entwicklung des 18. Jahrhunderts: von einer Rauchgemeinschaft, in der Rauchen eine öffentliche, gemeinschaftliche und soziale Praktik darstellt, hin zu einer Rauchgesellschaft (seit Mitte des 20. Jahrhunderts), die das Rauchen als private, individuale und singuläre Aktivität versteht. Vgl. Hughes: Learning to Smoke (2003), S. 128 ff.

132   Stromberg/Nichter/Nichter: Taking Play Seriously (2007), S. 15.

133   Vgl. ebd., S. 16.

134   Ebd., S. 17.

3.2 Körperlichkeit in der gegenwartsorientierten Kulturwissenschaft

Der Körper ist der wichtigste kulturelle Ausdruck in sozialen Interaktionen.[135] Er trägt von der Geburt bis zum Tod kulturelle Bedeutungen auf die Bühnen des Alltags.[136] Die Thematisierung von Körperlichkeit ist in der Vergleichenden Kulturwissenschaft in ihren zwei perspektivischen Verankerungen – der historischen und der gegenwartsorientierten Analyse – uneinheitlich ausgeprägt, wobei die Körpergeschichtsschreibung ein deutlich gebündelteres Forschungsaufkommen erkennen lässt als gegenwartsorientierte Untersuchungen, die häufig querschnittlich den Fachkanon durchzieht und interdisziplinäre Ansätze verfolgt.[137] In den letzten 30 Jahren tragen körperbezogene Performanztheorien, Geschlechtsrollenmodelle, Blicke auf *falsche Körper*[138], Körperkonzepte etc. damit verstärkt zu einer Thematisierung von Körpergeschichte als Indikator für kulturellen Wandel bei. Die oben angeführten Perspektiven auf den Körper werden in Nachbarfächern wie der Soziologie und der medizinischen Ethnologie ergänzt um eine körperpolitische Perspektive, die Körper als Objektivation sozialer und politischer Kontrollmechanismen in den Blick nimmt.[139] Die Unterscheidung zwischen Körper, dem formbaren Darstellungs- und Interaktionsmedium, und dem Leib, dem eigenen sinnlichen Erfahrungsmoment, setzte sich seit den 1990er Jahren in vielen Kultur- und Sozialwissenschaften durch.[140] Körper und Leib definieren seither zwei grundlegende Perspektiven auf die primäre menschliche Materialität. Obgleich Köstlin noch 1996 einzig die Bezeichnung Körper (nicht Leib) verwendet und seine Perspektivierung als „autonomes Subjekt" begründet, den „Ort der Verwirklichung unserer Identität", durch welchen dieser eine schöpferische Aneignung der Lebens-

---

135 Grundlegend zum Körper als elementares Symbolsystem vgl. Douglas, Mary: Ritual, Tabu und Körpersymbolik. Sozialanthropologische Studien in Industriegesellschaft und Stammeskultur. Frankfurt a. M. 1981.

136 Vgl. Goffman, Erving: Wir alle spielen Theater. Die Selbstdarstellung im Alltag. 3. Aufl. München 2003, insbesondere S. 48–54 und S. 227–230.

137 Ein Grund dafür kann in der Konjunktur von Körpergeschichte in den Nachbarwissenschaften Soziologie, Gender Studies, Geschichtswissenschaft und Ethnologie seit den 1970er Jahren liegen. Vgl. Lipp, Carola: Geschlechterforschung – Frauenforschung. In: Brednich: Grundriß (2001), S. 329–362; Douglas: Ritual, Tabu und Körpersymbolik (1981); van Dülmen, Richard (Hg.): Körper-Geschichten. Frankfurt a. M. 1996. Vgl. ebenso den fachgeschichtlichen Beitrag zu volkskundlichen Körperverständnissen von Uli Linke. Linke, Uli: Volks-Körper-Kunde. Überlegungen zu einer wissenschaftlichen Amnese. In: Maase, Kaspar/Warneken, Bernd Jürgen (Hg.): Unterwelten der Kultur. Themen und Theorien der volkskundlichen Kulturwissenschaft. Köln/Weimar/Wien 2003, S. 65–94.

138 Vgl. Hagner, Michael (Hg.): Der falsche Körper. Beiträge zu einer Geschichte der Monstrositäten. 2. Aufl. Göttingen 2005.

139 Vgl. Foucault: Überwachen und Strafen (1979); Ders.: Sexualität und Wahrheit. Frankfurt a. M. 1977; Hsu, Elisabeth: Die drei Körper – oder sind es vier? Medizinethnologische Perspektiven auf den Körper. In: Lux, Thomas (Hg.): Kulturelle Dimensionen der Medizin. Ethnomedizin - Medizinethnologie – Medical Anthropology. Berlin 2003, S. 177–189.

140 Vgl. zur historischen Dimension des Spannungsfeldes zwischen Körper und Leib Tanner, Jakob: Wie machen Menschen Erfahrungen? Zur Historizität und Semiotik des Körpers. In: Bielefelder Graduiertenkolleg Sozialgeschichte (Hg.): Körper Macht Geschichte - Geschichte Macht Körper. Körpergeschichte als Sozialgeschichte. Bielefeld 1999, S. 16–34.

welt verwirklicht, bemerkt er einerseits eine steigende Anzahl körperlicher Repräsentationsformen, die andererseits eine defizitäre Wahrnehmung von Körpergefühl
und -wissen verursachten.[141] Die Soziologin Villa spricht in ähnlicher Weise von der
Paradoxie der „Leibvergessenheit" und der gleichzeitigen „Körperbesessenheit" in
medialen Kommunikationsformaten, die vortäuschten, der Körper sei rohstoffartig
behandelbar wie eine „beliebige unbelebte Materie"[142]. In erster Linie führten „Kör-
perschwierigkeiten" in intellektuellen Kreisen, so Jeggle 1980 in seinen *Vorüberlegungen zu einer Volkskunde der Körperlichkeit*, zu einer wissenschaftlichen Theoretisie-
rung des Körpers, die „Ausdruck eines neuen Körpergefühls der Intellektuellen"[143] sei.
Kernthemen volkskundlicher Körperforschung sollen die Verbindungslinien zwischen
Körper, Kultur und sozialem Leben beziehungsweise das „Verhältnis des Körpers im
menschlichen und gesellschaftlichen Ensemble ebenso […] wie die eigene Betroffen-
heit" der Forschenden bilden.[144] Jeggle skizziert die Betrachtung des Körperlichen als
querschnittliche Erfahrungsebene kulturwissenschaftlicher Analysetätigkeit. Eine Ka-
nonisierung des Körperthemas sei daher nicht angemessen. Im Verhältnis zwischen
Körpern und Dingen sieht Jeggle bereits etwas Wechselseitig-Materielles: Einerseits
sei es bestimmt durch Formgebungen durch Dinge beziehungsweise ihr Einwirken
auf den Körper, andererseits durch den körperlich-schöpferischen Prozess durch den
Körper bei der Herstellung von Artefakten.

Neuere Ansätze gestehen Dingen nicht nur einen deutlich weitreichenderen Ein-
wirkungsgrad auf Leib und Körper zu, sie weiten auch das Verständnis des Sozialen
beziehungsweise das Spektrum sozialer Interaktionsfähigkeit auf Körper-Ding-
Verbindungen aus.[145] Latours relational-materielle Betrachtungsweise auf das Ding-
Mensch-Verhältnis erklärt die Verbindung zwischen Dingen und Menschen zu einem
Wechselspiel auf Augenhöhe. Gradmesser der sozialen Interaktionsfähigkeit ist darin

---

141 Utz Jeggle spricht 1980 davon, dass sich eine gewisse Vergesslichkeit den Körper betreffend in
     der Kulturanthropologie eingestellt habe. Die Vielzahl an perspektivischen Angeboten Köstlins
     legt nahe, dass Körperlichkeit ein sozio-kulturelles Querschnittsthema ist und eine „Volkskun-
     de der Körperlichkeit", wie sie Utz Jeggle 1980 skizzierte, sich in der gegenwartsorientierten
     Forschungspraxis wenig entwickelt hatte, obschon die Relevanz körperlicher Perspektivierung
     auf Kultur unbestritten schien. Köstlin, Konrad: Körper-Verständnisse. In: Hessische Blätter für
     Volks- und Kulturforschung, N. F. der Hessischen Blätter für Volkskunde, Bd. 31 (1996), S. 9–22,
     insbesondere S. 18 f.; sowie Jeggle, Utz: Im Schatten des Körpers. Vorüberlegungen zu einer
     Volkskunde der Körperlichkeit. In: Zeitschrift für Volkskunde, 76. Jg. (1980), S. 169–188, beson-
     ders S. 169. Zur Genese volkskundlicher Körpererforschung vgl. Linke: Volks-Körper-Kunde
     (2003), S. 65–94.
142 Villa, Paula-Irene: Der Körper als kulturelle Inszenierung und Statussymbol. In: SoFid Kul-
     tursoziologie und Kunstsoziologie 2007/2, S. 9–18, hier S. 10; sowie Dies.: Mach mich schön!
     Geschlecht und Körper als Rohstoff. In: Viehöver, Willy/Wehling, Peter (Hg.): Entgrenzung der
     Medizin. Von der Heilkunst zur Verbesserung des Menschen? Bielefeld 2011, S. 143–162.
143 Jeggle: Im Schatten des Körpers (1980), S. 169. Vgl. ebenso Ders.: Der Kopf des Körpers. Eine
     volkskundliche Anatomie. Weinheim 1986.
144 Jeggle: Im Schatten des Körpers (1980), S. 171.
145 Vgl. Latour, Bruno: Eine neue Soziologie für eine neue Gesellschaft. Frankfurt a. M. 2007, be-
     sonders S. 111 ff.; ders.: On Actor-Network Theory. A few clarifications. In: Soziale Welt. Zeit-
     schrift für sozialwissenschaftliche Forschung und Praxis. 47. Jg. (1996), S. 369–381.

die Verteilung von Handlungsträgerschaft in Akteur-Netzwerken[146]. Die Akteur-Netzwerk-Theorie (ANT) dient nicht allein der Beschreibung einer Relation, sondern versucht gleichermaßen eine Erklärung von Kausalitätskonstruktionen in Narrativen.[147] Im Bereich der Medizin (Körperteile, Implantate und Prothesen, Medikamente etc.) nimmt sie eine außergewöhnliche Spezifik des relational-materiellen Verhältnisansatzes an. Diese Perspektive findet in Verbindung mit Lehmanns Arbeiten über Erfahrungserzählungen im Rahmen der Quellenanalyse Anwendung.

Im sozialhygienisch-gesundheitswissenschaftlichen Fachdiskurs sind messbare Körperdaten undurchdringlich mit dem biologischen Leib verwoben. Sie „erfinden" die Grundlage der Normalität.[148] Diese Sichtweise etablierte sich dort in der zweiten Hälfte des 20. Jahrhunderts durch die Bemessung und Vorhersage gesundheitlicher Risikofaktoren und Krankheitswahrscheinlichkeiten.[149] Denn das „Ziel epidemiologischer Studien ist es, Risikofaktoren für Krankheiten zu definieren"[150], welche alltäglichen Praktiken oder der Lebensumwelt entstammen. Naturwissenschaftliche und biomedizinische Wissensbestände wirken folglich entscheidend auf Körperkonstruktionen und kulturelles Körperwissen beziehungsweise die Wahrnehmung körperlicher Phänomene ein:

„Paradoxerweise scheint sich gerade jene Ausrichtung zum perfekten Idealkörper im alltäglichen Umgang mit Leiblichkeit verankert zu haben: Bodybuilding, Fitnesstraining und Körperkultur gehören heute zum gesunden Lebensstil; die Vergesellschaftung einer elitären Schönheitsästhetik (jünger, schlanker, potenter) wird kontinuierlich von der Traumfabrik der Massenmedien, den chirurgischen Kunstgriffen und der pharmazeutischen Industrie vorangetrieben."[151]

Was ein gesunder Körper ist, wie er ausschaut oder funktioniert, bildet einen normierten Wissensbestand, der wissenschaftlich produziert, sich jedoch nicht nur in biomedizinischen Wirkungsstätten wie Klinik oder Labor festigt, sondern durch un-

146 Vgl. Latour: Eine neue Soziologie (2007); Ders.: Die Hoffnung der Pandora. Untersuchungen zur Wirklichkeit der Wissenschaft. Frankfurt a. M. 2002; Kontopodis, Michalis/Niewöhner, Jörg: Technologien des Selbst im Alltag. Eine Einführung in relational-materielle Perspektiven. In: Dies. (Hg.): Das Selbst als Netzwerk. Zum Einsatz von Körpern und Dingen im Alltag. Bielefeld 2011, S. 9–24.

147 Vgl. Ponti, Marisa: Uncovering Causality in Narratives of Collaboration: Actor-Network Theory and Event Structure Analysis. In: Forum Qualitative Sozialforschung, FQS (13/1), Art. 11, Januar 2012.

148 Vgl. Lutz, Petra/Macho, Thomas/Staupe, Gisela/Zirden, Heike (Hg.): Der [im-]perfekte Mensch. Metamorphosen von Normalität und Abweichung. Köln 2003.

149 Vgl. Beck, Stefan: Objektivierung des Körpers. Anmerkungen zu einer vergleichenden Perspektive. In: Binder, Beate/Göttsch, Silke/Kaschuba, Wolfgang/Vanja, Konrad (Hg.): Ort. Arbeit. Körper. Ethnographie Europäischer Modernen (= Schriftenreihe Museum Europäischer Kulturen, Bd. 3). Münster 2005, S. 385–394.

150 Holmberg, Christine: Die Interdependenz von Statistik und Krankheitserfahrung als Gegenstand der Europäischen Ethnologie. In: Binder/Götsch/Kaschuba/Vanja: Ort. Arbeit. Körper (2005), S. 413–420, hier S. 413.

151 Linke: Volks-Körper-Kunde (2003), hier S. 74.

terschiedliche Leibeserfahrungen und mediale Vermittlungsformen die Alltagswelt differenzierter Milieus erreicht.[152]

Die Betrachtung von Körperlichkeit, Gesundheit und Kultur lässt drei wichtige Medikalisierungstendenzen festhalten: erstens die Permeabilisierung des Körpers, der seine individuelle Leiblichkeit zugunsten gesellschaftlicher Informationsbedarfe verdinglicht und Verbindungen mit nicht menschlichen Artefakten eingeht.[153] Körper generieren während diagnostischer und therapeutischer Verfahren Daten zur Krankheitsdefinition, sogar dann, wenn sie beschwerdefrei zum Zweck der Vorsorge oder Entwicklungsbewertung untersucht werden (U1–3, Musterung, Gesundheitszeugnis etc.). Die informationsgenerierte Durchdringung lässt einen containerhaft wirkenden Körperträger zurück. Zweitens erodiert die Bedeutung der „zweiten Haut" durch Wissen über Vorgänge unter der „ersten Haut". Bildgebende Techniken erfassen biophysiologische Vorgänge (Kurzsichtigkeit, Bluthochdruck, Schwangerschaft etc.).[154] Dadurch werden sie in medizinischen Datenblättern kartierbar, rationalisierbar, therapierbar. Der Körper gewinnt dadurch eine weitere Dimension seiner Repräsentationsfähigkeit sozialer Ordnungsmuster hinzu. Er kapitalisiert damit seine gesundheitsbezogenen Funktionen als Subsistenzgrundlage. Die dritte Feststellung für das Dreiecksverhältnis Körper/Gesundheit/Gesellschaft ist, dass die antizipierten Gegensätze von körperlich/geistig oder krank/gesund keine wirklichen Dichotomien bilden, sondern Endpunkte eines gedachten Kontinuums. Das Kontinuum ist Spielwiese und Objekt fortwährender kultureller Aushandlungen.[155] Hinzu kommt, dass das gedachte Kontinuum von seiner Brüchigkeit lebt, es also kein reales Kontinuum gibt, sondern vielmehr über integrierte Sinnbruchstücke verhandelt wird. Der Versuch des Sinnverstehens körperlicher Praktiken im Umgang mit einem „Genussgift" zielt nicht darauf ab, Befunde in einem linear gedachten Kontinuum platzieren zu wollen, sondern versucht, die gefundenen, vielleicht widersprüchlich erscheinenden Bruchstücke gesundheitlicher Orientierung kaleidoskopisch zueinander in Beziehung zu setzen.

---

152 Vgl. Liebsch, Katharina/Manz, Ulrike (Hg.): Leben mit den Lebenswissenschaften. Wie wird biomedizinisches Wissen in Alltagspraxis übersetzt? Bielefeld 2010. Für das letzte Jahrhundert sei der Wandel, was ein „Normalgewicht" darstelle, hier stellvertretend genannt. Vgl. Spiekermann, Uwe: Übergewicht und Körperdeutungen im 20. Jahrhundert – Eine geschichtswissenschaftliche Rückfrage. In: Schmidt-Semisch, Henning/Schorb, Friedrich (Hg.): Kreuzzug gegen Fette. Sozialwissenschaftliche Aspekte des gesellschaftlichen Umgangs mit Übergewicht und Adipositas. Wiesbaden 2008, S. 35–56.

153 Vgl. Viehöver, Willy: *Häute* machen Leute, *Leute* machen Häute. Das Körperwissen der ästhetisch-plastischen Chirurgie, Liminalität und der Kult der Person. In: Keller, Rainer/Meuser, Michael (Hg.): Körperwissen. Wiesbaden 2011, S. 289–313.

154 Vgl. Schinzel, Britta: Körperbilder der Biomedizin. In: Frei Gerlach, Franziska/Kreis-Schinck, Anette/Opitz, Claudia/Ziegler, Beatrice (Hg.): KörperKonzepte/Concepts du corps. Interdisziplinäre Studien zur Geschlechterforschung. Münster/New York/München/Berlin 2003, S. 245–264.

155 Gleiches gilt beispielsweise für das Aushandeln von Geschlechtsidentitäten männlich/weiblich, die spielerisch oder nachdrücklich kulturell definierte Geschlechterrollen aufbrechen. Dies wird in den amerikanischen Gender Studies *Negotiating Gender* (Judith Butler) bezeichnet. Zum Kontinuum zwischen Risiko- und Krankheitserfahrung am Beispiel Brustkrebs(-vorsorge) vgl. Aronowitz: Vermengung (2010), S. 355–383.

3.3   Gesundheits- und Medikalkulturforschung

Im Gegensatz zu den lebenswissenschaftlichen Disziplinen konstruiert die Medikalkulturforschung keine statistische Gegensätzlichkeit zwischen Gesundheit und Krankheit. Bei der Erforschung medikaler Kulturen gilt das Hauptinteresse den im Feld konkurrierenden endogenen Logiken aus Wissen, Vorstellungen, Praktiken und Politiken aller Akteursgruppen. Dennoch liegt auf dem Kontinuum des menschlichen Befindens alles, womit sich die interdisziplinäre Gesundheits- und Medikalkulturforschung beschäftigt.[156] Deutlich enger gefasst war die Ausrichtung der volkskundlichen *Volksmedizin*forschung bis in die späten 1990er Jahre, die sich definitionsgemäß mit medikalen Praktiken des „Volkes" jenseits der *Schulmedizin* befasste.[157] Die dadurch konstruierten diametralen Positionen volksmedizinischer beziehungsweise schulmedizinischer Parameter führten zu einer künstlichen Polarisierung medikaler Praktiken. Dornheim und Schenda kritisierten die Verstärkung dieser Gegenpole von Schul- und Volksmedizin, befeuert durch volkskundliche Regionalstudien laienmedizinischer Praktiken, bereits 25 Jahre vor der Umbenennung der Volksmedizinforschung in Gesundheits- und Medikalkulturforschung.[158] Diese Kritik wirkte jedoch nur sehr langsam auf Studien im Feld der Kulturwissenschaft ein. Einen größeren Effekt auf die konzeptionelle Umorientierung erzielte der Wandel im Forschungsfeld selbst, u. a. durch die Popularisierung biomedizinischer Wissensbestände in weiten Bereichen des Alltagslebens[159], einem Trend der 1980er Jahre, der bis heute anhält und die künstliche Differenzierung zwischen Ärztewissen und Laienwissen aufhebt.

Schmelzpunkte des Wissenstransfers stellen besonders Gesundheitsratgeber unterschiedlichster Formate (Printmedien, Radiosendungen, virtuelle Beratungsforen, Workshops etc.) dar.[160] Die Vervielfachung der Informationsquellen entspricht dem

---

156   Einen Überblick bietet mehrfach Wolff, Eberhard: Wandel einer Nachbardisziplin. Volkskundliche Gesundheitsforschung jenseits der „Volksmedizin". In: Lux, Thomas (Hg.): Kulturelle Dimensionen der Medizin (2003), S. 31–56; Wolff: Volkskundliche Gesundheitsforschung (2001), S. 617–635. Vgl. dazu die Entwicklungsparallele in der medizinischen Ethnologie: Hauschild, Thomas: Ethnomedizin, medizinische Ethnologie, Medizinanthropologie: Erfolge, Misserfolge und Grenzen. In: Dilger, Hansjörg/Hadolt, Bernhard (Hg.): Medizin im Kontext. Krankheit und Gesundheit in einer vernetzten Welt. Frankfurt a. M./Berlin/Bern/Brüssel/New York/Oxford/Wien 2010, S. 431–439.

157   Vgl. Wolff, Eberhard: „Volksmedizin" – Abschied auf Raten. Vom definitorischen zum heuristischen Begriffsverständnis. In: Zeitschrift für Volkskunde, 94. Jg. (1998), S. 233–257; Unterkircher, Alois: „Medikale Kultur" – zur Geschichte eines Begriffes und zur Einführung in diesen Band. In: Unterkircher, Alois (Hg.): Medikale Kulturen (= Bricolage 5, Innsbrucker Zeitschrift für Europäische Ethnologie, 2008), S. 7–23; sowie Wolff: Wandel einer Nachbardisziplin (2003).

158   Zur konzeptionellen Reform des Volksmedizinbegriffs vgl. Dornheim, Jutta: Zum Zusammenhang zwischen gegenwarts- und vergangenheitsbezogener Medikalkulturforschung. Argumente für einen erweiterten Volksmedizinbegriff. In: Heilen und Pflegen. Internationale Forschungsansätze zur Volksmedizin (= Hessische Blätter für Volks- und Kulturforschung, Neue Folge Bd. 19, 1986), S. 25–42.

159   Vgl. dazu Simon, Michael: Laienätiologien und die Popularisierung medizinischer Diskurse – zwei sinnvolle Konzepte der Medikalkulturforschung? In: Unterkircher: Medikale Kulturen (2008), S. 39–52.

160   Vgl. Linke: Volks-Körper-Kunde (2003). Vgl. dazu ebenso Simon: Laienätiologien und Popularisierung (2008); sowie Heimerdinger, Timo: Alltagsanleitungen? Ratgeberliteratur als Quelle

modernen, gesellschaftlichen Legitimations- und Beratungsbedarf und wirkt folglich auf medikales Wissen und Handeln ein. Wolff führte 1998 in seinem Plädoyer für ein heuristisches Verständnis von Volksmedizin neben naturkonstruktivistischen auch professionssoziologische Gründe an[161], die im gesundheitskulturellen Forschungsfeld eine unhaltbare Dichotomisierung nachweisen. Wichtig in der neueren Gesundheits- und Medikalkulturforschung sind Themen, die mit Medizin, Gesundheit und Krankheit in Verbindung gebracht werden können.[162] Eine

> „Untersuchung von medikaler Kultur in diesem Sinne beinhaltet dann die Frage nach Vorstellungen, Erwartungen, Umgangsweisen, Verhaltens- und Denkmustern und Deutungen, Logiken, Praktiken in Bezug auf Gesundheit, Krankheit und Medizin im weitesten Sinne – nicht allein beim so genannten ,Volk' oder der Patientenschaft, sondern bei allen beteiligten Gruppen, denn auch Ärzte und Ärztinnen oder die von der Medizin beanspruchten Wissenschaften können und sollen in ihrer kulturellen Geprägtheit untersucht werden."[163]

Aktuell zeigt sich die Gesundheits- und Medikalkulturforschung in ihrem Kanon offen für Untersuchungen des kulturellen Umgangs mit gesundheitlichen Risiken, Bewältigungsstrategien chronischer Krankheitsverläufe, Ratgeberliteratur, der Akzeptanz von *medical enhancement* in medikalen Räumen und Landschaften, gesundheitlichen Aufklärungsangeboten nicht-medizinischer Akteure, u. v. a. m.[164] – das Themenspektrum dehnt sich in Breite und Tiefe ebenso schnell aus wie das Fortschreiten medikalisierender Orientierungen und Praktiken in globalisierten, diversifizierten, gesellschaftlichen Milieus und Lebensstilen. Gegenwartsorientierte Arbeiten behandeln beispielsweise Räume professionalisierter und laienhafter Therapieformen[165], medizinische Diagnostiken[166], Heilungsprozesse und symbolische Anzeichen körper-

---

für die volkskundliche Forschung. In: Rheinisch-westfälische Zeitschrift für Volkskunde, (51/2006), S. 57–72.

161 Wolff weist sehr hilfreich auf die historische Konstruktion der Medizin als „exakte Wissenschaft" hin, stellt die Akzeptanz des professionspolitischen Autoritätsanspruchs über Gesundheit infrage und problematisiert darüber hinaus die Schwierigkeiten, die sich aus der Zuordnung naturheilerischer Therapien (Kneip) ergeben. Vgl. Wolff: „Volksmedizin" – Abschied auf Raten (1998), S. 233–257.

162 Vgl. u. a. Unterkircher: „Medikale Kultur" (2008), S. 7–23; Wolff: Volkskundliche Gesundheitsforschung (2001), hier S. 620 f.; Welz, Gisela/Heinbach, Gesa/Losse, Nadja/Lottermann, Annina/Mutz, Sabrina (Hg.): Gesunde Ansichten. Wissensaneignung medizinischer Laien (= Kulturanthropologie Notizen. Die Schriftenreihe des Instituts für Kulturanthropologie und Europäische Ethnologie der Universität Frankfurt am Main, Bd. 74, Oktober 2005). Rauchen zählt zwar zu gesundheitsriskanten alltäglichen Handlungen, die Unmittelbarkeit von Krankheit ist jedoch nicht gegeben, da das Rauchen nicht als eigentliche „Krankheit" klassifiziert werden kann (und soll), sondern häufig zur Ausprägung spezifischer Krankheitssymptome beiträgt.

163 Wolff: Volkskundliche Gesundheitsforschung (2001), hier S. 630.

164 Den Forschungsboom an transdisziplinären-medikalkulturellen Themen hat nun eine Welle der Forschungsliteratur eingeholt. Vgl. Kontopodis/Niewöhner: Das Selbst als Netzwerk (2011); Viehöver, Willy/Wehling, Peter (Hg.): Entgrenzung der Medizin. Von der Heilkunst zur Verbesserung des Menschen? Bielefeld 2011; Eschenbruch/Hänel/Unterkircher: Medikale Räume (2010); Lengwiler/Madarász: Das präventive Selbst (2010).

165 Vgl. Eschenbruch/Hänel/Unterkircher: Medikale Räume (2010), S. 11 f.

166 Vgl. Manzei, Alexandra: Zur gesellschaftlichen Konstruktion medizinischen Körperwissens. Die elektronische Patientenakte als wirkmächtiges und handlungsrelevantes Steuerungsinstrument

licher oder geistiger Transformation[167], das Verhältnis zwischen Ärzten und Patienten, Politiken präventiven Handelns[168], medizinische Techniken zur Verbesserung körperlicher Fähigkeiten[169], „magische" Bewältigungsansätze, leiblichen Störungen beizukommen[170], oder kulturelle Formungen von Biosozialität[171]. Die Aufzählung möglicher Themen und Fragestellungen könnte ohne Zweifel mühelos über die nächsten Seiten fortgeführt werden, da gerade seit dem Jahrtausendwechsel ein vergleichsweise hohes Forschungsaufkommen im Themenfeld zu verzeichnen ist.

Ein Blick über den disziplinären Tellerrand hinaus in die Ethnologie weist hin auf eine lange Forschungstradition zu medizinischen wie heilerischen Fragestellungen in außereuropäischen Kulturen sowie eine fruchtbare Verbindung zwischen Ethnologie und Vergleichender Kulturwissenschaft, die bereits vor der Neuausrichtung der Gesundheits- und Medikalkulturforschung bestand. Grundlegende Lehrwerke der medizinischen Ethnologie wie die *Einführung in die Medizinethnologie*[172] legen medizinische Konzepte und Begriffe dar, die wiederum in der Vergleichenden Kulturwissenschaft verwendet wurden und werden.[173] Die Fragerichtungen der Medizinethnologie formuliert Bichmann in seinem Vorwort als „Betrachtung und Analyse der medizinischen Systeme als Dienstleistungs- und Versorgungssysteme ebenso wie auch von Gesundheitsverhalten"[174], ähnlich wie Wolff dies 2001 bereits für die Fragerichtungen der volkskundlichen Gesundheits- und Medikalkulturforschung programmatisch im *Grundriss der Volkskunde*[175], feststellt. Fragestellungen und Themen der kulturwissenschaftlichen Gesundheitsforschung sind dabei ebenso differenziert wie die Forschungsbereiche der Medizin und gehen weit darüber hinaus. Krankheitsvorstellungen oder Heilungsprozesse sind, wie auch alle anderen kulturspezifischen Äußerungen, auf komplementären Ebenen beforschbar.[176] Diese Ebenen setzen sich

---

in der (Intensiv-)Medizin. In: Keller, Reiner/Meuser, Michael (Hg.): Körperwissen. Wiesbaden 2011, S. 207–228.

167 Vgl. Kleber, Jutta Anna: Krebstabu und Krebsschuld. Struktur – Mensch – Medizin im 20. Jahrhundert (= Reihe Historische Anthropologie, Bd. 33). Berlin 2003.

168 Vgl. Wolff: Moderne Diätetik (2010), S. 169–201.

169 Vgl. Viehöver/Wehling: Entgrenzung der Medizin (2011).

170 Vgl. Hauschild, Thomas: Körpersprache, Magie und medizinische Heilserwartung. In: Imhof, Arthur E. (Hg.): Der Mensch und sein Körper. Von der Antike bis heute. München 1983, S. 103–117.

171 Vgl. Beck, Stefan: Knochenmarkspende als Volksabstimmung – oder: die Politisierung des Organischen und die Moralisierung der Medizin in Zypern. In: Niewöhner, Jörg/Kehr, Janina/Vailly, Joëlle (Hg.): Leben in Gesellschaft. Biomedizin – Politik – Sozialwissenschaften (= Perspektiven empirischer Wissenschaftsforschung, Bd. 13). Bielefeld 2011, S. 54–82.

172 Greifeld, Katarina (Hg.): Ritual und Heilung. Eine Einführung in die Medizinethnologie. 3., grundlegend überarbeitete und erweiterte Aufl. Berlin 2003.

173 Vgl. Dilger, Hansjörg/Hadolt, Bernhard: Medizin im Kontext. Überlegungen zu einer Sozial- und Kulturanthropologie der Medizin(en) in einer vernetzten Welt. In: Dies.: Medizin im Kontext (2010), S. 11–29; Lux, Thomas: Viele Namen für dieselbe Sache? Ethnomedizin, Medizinethnologie und Medical Anthropology. In: Ders.: Kulturelle Dimensionen der Medizin (2003), S. 10–30.

174 Bichmann, Wolfgang: Vorwort. In: Greifeld: Ritual und Heilung (2003), S. 7–10, hier S. 8.

175 Wolff: Volkskundliche Gesundheitsforschung (2001), S. 617–636.

176 Die Untersuchung kulturgebundener Krankheitsbilder erlangte um 1982 eine erste Konjunktur in der Medizin, wie in der medizinischen Anthropologie in den Vereinigten Staaten am Beispiel

zusammen aus: der körperlich-materiellen Ebene; der Ebene der Interaktionen, persönlich oder institutionell; der Ebene der kausalen Vorstellungswelt und deren Beziehungen, von dem, was beispielsweise eine Krankheit ausgelöst hat oder welches Mittel das Wohlbefinden wieder herzustellen vermag; der Ebene der Bedeutung von Einzelphänomenen innerhalb einer Kultur und der vergleichenden Ebene zwischen einzelnen medikalkulturellen Systemen, die sich innerhalb einer Gesellschaft wie auch in unterschiedlichen Gesellschaftsformen etablieren.[177]

Konzeptionen von Gesundheit und Krankheit sind im Kontext von Alltagshandeln wahrnehmbar. Die präventionsmedizinische Kontextualisierung von Tabak- und Alkoholkonsum, Ernährungsverhalten und Sport in vier Säulen der Präventionsarbeit drängt sich im Falle des Tabakkonsums seit der Mitte des 20. Jahrhunderts in den Vordergrund des öffentlichen Diskurses. Seit der Rezeption des Terry-Berichts[178] von Seiten der öffentlichen Gesundheitspolitik wird Rauchen auch in Deutschland als gesundheitliches Risikoverhalten beziehungsweise Risikofaktor verstanden und problematisiert.[179] Die kulturelle Lücke zwischen individuellem Wissen über gesundheitliche Risiken und dem alltagsbezogenen Umgang mit ihm stellt einen komplexen Interaktionsprozess zwischen sozialen Zwängen, limitierten Wahlmöglichkeiten, Normen und Gruppeneinflüssen dar: „The interaction between knowledge of a risk and subsequent action is seen as more complex, affected by constraints on personal choice, limited opportunities to act otherwise, group norms and influences."[180] Die interdisziplinäre Medikalkulturforschung widmet sich erst seit kurzer Zeit dem Thema Gesundheitsrisiken. Gerade die Untersuchung präventionsmedizinischer Diskurse bietet vielversprechende Themen, jedoch lassen sich bisher nur wenige deutschsprachige

---

der Fettleibigkeit. Vgl. Ritenbaugh, Cheryl: Obesity as a culture-bound syndrome. In: Culture, Medicine and Psychiatry 6 (1982), S. 347–361. Ermöglicht wurde dieser Trend erstens durch eine Definition des Begriffs, welcher auf eine große Anzahl an Krankheitsbildern anwendbar war, und zweitens durch die Anwendung des Konzeptes der kulturgebundenen Krankheiten auf die eigene Kultur. Damit wurde die US-amerikanische Medical Anthropology zu einer Leitwissenschaft der Ethnomedizin, die jedoch erst zum Jahrtausendwechsel in der deutschsprachigen „Volksmedizinforschung" angekommen war und sich in der Umbenennung der Teildisziplin bemerkbar machte.

177 Vgl. Wolff: Volkskundliche Gesundheitsforschung (2001); Simon: Laienätiologien und Popularisierung (2008). Die genannten fünf Ebenen erheben keinen Anspruch auf Vollständigkeit, sondern dienen lediglich als hermeneutische Kategorien. Sie erleichtern einen abgrenzenden Zugang zur Analyse bestimmter Phänomene und bieten einen hilfreichen Ansatz, untersuchte Phänomene erklärend zu beschreiben.

178 Veröffentlicht 1964 im Auftrag des US-amerikanischen Ministeriums für Gesundheit.

179 Wie es zur Umsetzung internationaler Konventionen in Deutschland kam vgl. Schmidt-Semisch: Vom Laster zur Modellsucht (2005), S. 127 ff. Seit 2005 ist ein internationales Rahmenabkommen zur Tabakkontrolle (FCTC) in Kraft getreten, dessen Ziel es ist, „heutige und künftige Generationen vor den verheerenden gesundheitlichen, gesellschaftlichen, ökologischen und wirtschaftlichen Folgen des Tabakkonsums und des Passivrauchens zu schützen". Tabakatlas (2009), S. 78.

180 Boeck, Thilo/Fleming, Jennie/Kemshall, Hazel: The Context of Risk Decisions: Does Social Capital Make a Difference? In: Forum Qualitative Sozialforschung / FQS, 7 (1/2006), Art. 17, erhältlich über http://www.qualitative-research.net/index.php/fqs/article/view/55, zuletzt geprüft am 25.04.2015.

gegenwartsorientierte, qualitative Studien zum Zigarettenrauchen finden.[181] Die einzige deutschsprachige Interviewstudie der letzten Jahre zum Zigarettenrauchen richtet den Blick auf die Dichotomie von Sucht und Genuss, ohne eine Dekonstruktion dieser Konzepte abseits medizinischer Normierungen zu wagen.[182] Der Volkskundler und Medizinhistoriker Eberhard Wolff machte 2010 auf die gesellschaftlich konstruierten und veränderbaren Klassifizierungen von Kaffee-, Alkohol- oder Tabakkonsum am Beispiel der Ordnungslehre des schweizerischen Diätetikers Bircher-Benner aufmerksam.[183] Im Vergleich zu gesundheitsorientierten Ernährungsweisen bezeichnet Wolff Tabak als „Genussgift" und „symbolischen Antipoden" präventivpolitischer Ziele einer gesundheitsorientierten Lebensführung.[184] Dem situationsspezifischen Umgang mit Zigaretten sowie der Ausdeutung des Umgangs mit Zigaretten stehen kulturelle Indikatorenfunktionen zu, die gesundheitsorientiertes Verhalten beziehungsweise „Devianzverhalten" bewerten können, insbesondere dann, wenn das Rauchen im Zusammenhang mit körperlichen Zustandsbeschreibungen und Deutungsmustern analysiert und im Kontext gesundheitsbezogener Handlungsweisen und Umweltfaktoren betrachtet wird. Disziplinierungstechniken des Selbst und des Körpers sind im Feld gesundheitsorientierter Lebensweisen verbreitete, kollektive Handlungs- und Orientierungsmodelle. Das institutionelle Gesundheitsverständnis, ausgehend von einer passiven Disposition zu einer aktiven, persönlichen Gestaltbarkeit von Gesundheit geworden, ist essentiell auf den Verzicht auf Rauchen angewiesen und findet durch die Praxis der gesundheitsorientierten Lebensführung ihren Raum im Alltag:

> „Wenn heute immer mehr Menschen in den Fußstapfen Madonnas wandeln und versuchen, an Leibesumfang abzunehmen oder sich das Rauchen abzugewöhnen, [...] dann sind sie aus gouvernementalitätstheoretischer Sicht Teil und Ausdruck einer allgemeinen gesellschaftlichen Entwicklung hin zur Gegenwart, in der Individuen sich mittels Selbsttechnologien zunehmend eigenständig regieren und disziplinieren. [...] entscheidend ist allerdings, dass die Bewegungen in großen Teilen gerade ohne direkten Zwang auskommen, mittels Schaffung öffentlichen Bewusstseins und auf der Basis freiwilligen Mitmachens."[185]

Eine freiwillige Unterwerfung zur Vermeidung von Risikoeinflüssen repräsentiert in diesem Zusammenhang eine überindividuelle Orientierung und ein präventivpolitisches Ideal, die dem Individuum Gesundheit als gestaltbare Aufgabe zuweist.[186] Es handelt sich daher nicht um individuelle Handlungsentscheidungen, aktiv gesünder leben zu wollen als zuvor, sondern um kollektive und institutionell gerahmte Handlungsoptionen[187], die in individualisierten Gesellschaften Verantwortung und Gesund-

181 Vgl. Kolte: Rauchen (2006); Baumgartner: Rauchen in Österreich (2009).

182 Vgl. Kolte: Rauchen (2006), S. 65 ff.

183 Vgl. Wolff: Medikale Landschaften (2010), S. 24.

184 Konkret spricht Wolff vom Rauchen als „Negativsymbol", da die rechtlichen Zwangsmaßnahmen zum Nichtraucherschutz auf „bemerkenswerte gesellschaftliche Zustimmung" stießen. Wolff: Moderne Diätetik (2010), S. 170; sowie Wolff: Medikale Landschaften (2010), S. 24.

185 Wolff: Moderne Diätetik (2010), hier S. 181.

186 Vgl. Beck-Gernsheim, Elisabeth: Gesundheit und Verantwortung im Zeitalter der Gentechnologie. In: Beck, Ulrich/Dies.: Riskante Freiheiten. Individualisierung in modernen Gesellschaften. Frankfurt a. M. 1994, S. 316–335.

187 Vgl. Wolff: Moderne Diätetik (2010).

heit zu Leitwerten haben werden lassen.[188] Im Kontext der Individualisierung ist die Frage nach einer kulturellen Logik im Umgang mit rauchbaren Tabakwaren besonders interessant, da sich ein mehrdimensionales Spannungsfeld zwischen den beiden Leitwerten Gesundheit und Verantwortung andeutet, das sich in subkulturellen Milieus in alltäglichen Situationen zwischen Genuss-, Sucht- und Rauscherlebnis manifestiert.

3.4 Jugendkultur und studentische Lebensweisen

Die Lebensphase der Jugend stellt neben einem biografisch-zeitlichen Bindeglied zwischen Kindheit und Erwachsenenalter auch biophysiologisch eine Transformation zwischen diesen beiden Phasen dar, während der *doing gender* ebenso relevant für den eigenen Körper wird wie die soziokulturelle *Bricolage* leiblicher Symboliken.[189] Historische wie gegenwärtige Studien ordnen studentische Kulturen grundsätzlich jugendlichen Kulturen zu beziehungsweise den Kulturen des Übergangs zwischen kindlichem und erwachsenem Lebensalter.[190] Eine Veränderung lässt sich jedoch in der modernen Bewertung der Jugendphase selbst feststellen. Eingliederung in Prozesse der Arbeitswelt war eine bedeutende Funktion der Jugendzeit. Das gesellschaftliche Jugendbild veränderte sich jedoch vor dem Hintergrund des politischen, sozioökonomischen und kulturellen Wandels seit der Biedermeierzeit durch reformpädagogische Ideen hin zu einer Lebensphase der Selbsterprobung und Identitätsfindung.[191]

Im Gegensatz zur basalen Orientierung an biografischen Lebensphasen scheint, abgesehen vom amtlichen Status der immatrikulierten Studierendenschaft[192], die Komplexität moderner Gegenwartsgesellschaften nur wenige greifbare Anhaltspunkte für eine spezifischere Kategorisierung studentischer Kulturen zu bieten, die diese prägnant von anderen jugendlichen Kulturen abzugrenzen vermag.[193] Gründe dafür liegen in den vielschichtigen Flexibilisierungs-, Pluralisierungs- und Globalisierungsprozessen der Gegenwart, die die Kennzeichnungen traditioneller Klassen- und Schichtstrukturen in ihrer gesellschaftlichen Statik ablösten. Diese gesamtgesellschaft-

---

188 Vgl. Beck-Gernsheim: Gesundheit und Verantwortung (1994), S. 317.

189 Vgl. Luig, Ute/Seebode, Jochen: Ethnologie der Jugend: Soziale Praxis, moralische Diskurse und inszenierte Körperlichkeit, in: Dies. (Hg.): Ethnologie der Jugend. Soziale Praxis, moralische Diskurse und inszenierte Körperlichkeit (= Band 5: Jugendsoziologie hgg. von Hartmut M. Griese). Münster/Hamburg/London 2003, S. 9–40.

190 Die Arbeit von Braun und Liermann zur frühneuzeitlichen Studentenkultur in Freiburg beziffert das Lebensalter der Studienanfänger mit „jünger als 14 Jahre", was unter Einbeziehung der allgemeinen Lebenszeitverlängerung nicht dem Immatrikulationsalter heutiger Studierender entspricht, auf die Lebensphase bezogen jedoch sehr wohl vergleichbar erscheint. Vgl. Braun, Tina/Liermann, Elke: Feinde, Freunde, Zechkumpane. Freiburger Studentenkultur in der Frühen Neuzeit. Münster 2007, S. 20.

191 Vgl. Bauer, Katrin: Jugendkulturelle Szenen als Trendphänomene. Geocaching, Crossgolf, Parkour und Flashmobs in der entgrenzten Gesellschaft. Münster/New York/München/Berlin 2010, S. 26 ff.

192 Eine bestehende Immatrikulation war bei der Auswahl meiner Interviewpartnerinnen und -partner ausschlaggebend.

193 Vgl. Lucke, Doris: Behind the Scenes. Anmerkungen aus dem Off. In: Dies. (Hg.): Jugend in Szenen. Lebenszeichen aus flüchtigen Welten. Münster 2006, S. 7–24.

lichen Prozesse schließen auch logische Brüche und Gegenbewegungen zu den dominierenden Trends mit ein.[194]

Ein weiterer Grund für die Hybridisierung studentischer Lebensstile kann in den
dramatischen Veränderungen der Altersstruktur postmoderner Gegenwartsgesellschaften liegen. Medien sprechen bereits von einer „Überalterung" der Bevölkerung
in Deutschland.[195] Mit beginnender Verschiebung der Alterspyramide in der zweiten
Hälfte des 20. Jahrhunderts setzte ein gegenläufiger Trend ein, die verstärkte Überhöhung der Jugendphase beziehungsweise die „Verjugendlichung" fortgeschrittener
Lebensalter.[196] Hinzu kommt, dass im Nebeneinander jugendlicher und postadoles-
zenter Kulturformen traditionelle Übergangsrituale zwischen Kindheit und Erwachsenenalter in den Hintergrund treten. Jugendweihe oder Konfirmation haben ihre
Alleinstellung als Kennzeichen eines Übergangs in das Erwachsenenleben in weiten
Kreisen jugendlicher Kulturen verloren. Stabilisierende Funktion in lose organisierten, szenisch orientierten Vergemeinschaftungsformen, in denen keine scharfen Al-
tersgrenzen gelten, besitzen Spezialwissen, Konsum und soziale Praktiken.[197] Diese
Neubewertung, die Jugend explizit nicht auf eine biografische Lebensphase vor der
Erwerbstätigkeit beschränkt, sondern soziokulturelle Faktoren (Wissen und Prakti-
ken) einschließt, eröffnet die Möglichkeit der gesellschaftlichen Positionierung durch
das Ausleben von Jugendlichkeit im Alltag ohne Altersbeschränkung nach oben. Zum
Zwecke der Selbstpositionierung im Komplex postmoderner Gesellschaften entschei-
det ein Studierender folglich selektiv aus einer übergroßen Anzahl von Wissens-,
Praxis- und Konsumoptionen: Taktgebend sind dabei ökonomische Ressourcen und
Wertemuster (Individualisierung, Grenzerfahrungen etc.). Mittel und gleichzeitig
Resultat der Positionierung ist eine selbstschöpferische Lebensweise, die sich wech-
selwirksam durch den alltäglichen Lebenskontext reproduziert und verändert. Der
Soziologe Hitzler spricht in diesem Zusammenhang von Chancen und Risiken der
gesellschaftlichen Individualisierung: von Chancen auf eine „Vermehrung an Hand-
lungsressourcen und Handlungsalternativen für jene Akteure, die die Kompetenzen
haben, die zunehmende Komplexität des (‚globalisierten') sozialen Lebens für sich
zu nutzen"[198]. Daher wirken Auswahl und Kombination von Konsumgütern, Wissensaneignung beziehungsweise -selektion und gemeinschaftliche Praxis aufgrund

---

194 Vgl. Hitzler, Ronald/Niederbauer, Arne: Leben in Szenen. Formen juveniler Vergemeinschaftung heute (= Erlebniswelten Bd. 3). 3., vollständig überarbeitete Aufl. Wiesbaden 2010, S. 11 ff.

195 Das Schlagwort „Überalterung" steht im Kontext der öffentlichen Debatte um sozialstaatliche
Reformen, die das finanzielle Verhältnis zwischen gesellschaftlichen Leistungsträgern und
Leistungsempfängern aufgrund der erhöhten Lebensdauer der Mitglieder eines Sozialsystems
problematisieren. „Die Verlierer der Überalterung" von Philipp Alvares de Souza Soares in:
Zeit Online am 25.04.2012. http://www.zeit.de/gesellschaft/2012-04/demografie-deutschland-
regierung, zuletzt geprüft am 25.04.2015.

196 Bauer: Jugendkulturelle Szenen (2010), S. 40. Künstliche Verjüngungspraktiken beispielsweise
durch Hormontherapie wurden jedoch schon Mitte des 19. Jahrhunderts getestet. Dem entgegen
entstanden im Kontext der Lebensreformbewegung Praktiken, die den menschlichen Körper
auf natürliche Weise verjüngen sollten.

197 In speziellen Szenen können weitere stabilisierende Faktoren wie Events oder die Kommerziali-
sierung szenischer Inhalte hinzu kommen. Vgl. ebd.

198 Hitzler/Niederbauer: Leben in Szenen (2010), S. 12.

ihrer Selbstorganisation stilbildend.[199] Integrale Bestandteile dieser Stilbildung stellen körperliche Grenzerfahrungen dar, individualisierend wirkende Rauschzustände, in denen Jugendliche den Kontrollverlust erproben.[200] Die Kulturwissenschaftlerin Bauer bezeichnet Jugendliche in diesem Sinne als „Seismographen für gesellschaftliche Umgestaltung"[201].

Mitglieder gesellschaftlicher Milieus nutzen mittels Aneignung und Selektion von Wissen, Gütern und Praktiken ihre Gestaltungsmacht, ihre Lebensräume und -weisen im Alltag stilbildend zu formen. Andererseits wirken Lebensräume und Lebensweisen in ihrer stetigen Entwicklung ebenso auf kulturelle Auswahl- und Kombinationsmuster ein. Gewissheit über die eigene Realität, die eine Voraussetzung für eine Orientierung und Bewertung der eigenen Alltagswirklichkeit darstellt, gewinnt das Individuum deshalb durch Interaktionen in seiner Umwelt sowie durch Diversifizierung der Interaktionspartner und Interaktionsmuster.[202] Lebensweisen entstehen in zeitlich und örtlich lokalisierbaren Rahmungen mittels sozialer Kontakte, Beziehungen und Verhältnisweisen. Um die Wirksamkeit des eigenen Handelns, die Überschaubarkeit der Situationen und der zwischenmenschlichen Interaktion zu bewahren, sind Auswahl und Reduktion der umgebenden Vielfalt unumgänglich.[203] Selektions- beziehungsweise Reduktionsmechanismen wirken durch Wissen, Vermittlung und Interaktion mit spezifischen Zeichen und Praktiken. Sie dienen der individuellen und szenebezogenen Stabilisierung, Modifikation und Transformation im Milieu. Szenespezifisches Strukturwissen, verstärkt durch Praxiserfahrungen, hilft gemeinschaftliche Aktivitäten und Interaktionen zu strukturieren und dient der Elitenbildung in diesen Akteursnetzen.[204] Letztendlich bleiben es Selbstselektion und Selbstzuschreibung, die eindeutig Auskunft über Zugehörigkeit zu einer jugendkulturellen Szene geben.

Da studentische Kulturen aufgrund jugendkultureller Strukturentwicklungen in szenischer Form organisiert sein können[205], stellt sich die Frage nach Bezugs- und Beziehungsfeldern von Akteuren im studentischen Hochschulraum. Für die Konstruktion studentischer Alltagsrealitäten bieten hochschulische Einrichtungen (Campus, Institute, Cafeterien, Mensen, Bibliotheken, Labore etc.), halbjährliche Semesterstrukturen, der Studienplanverlauf, das hierarchische Gefüge unter Hochschulangehörigen, die Ausstattung einzelner akademischer Fächer etc. institutionelle wie soziale Rahmungsfelder. Teilhabe an dieser Lebenswelt begünstigt den Erwerb von rollenspezifischem Wissen: studienbezogenem Fachwissen und kontextuellem Wissen über die Institution Hochschule. Trends der Vereinzelung und Anonymität unter Studierenden

---

199 Hitzler geht davon aus, dass die Präferenz von Erlebnissen oder Konsumoptionen nicht nur eine Beteiligung an der Formation von Lebensstilen anzeigt, sondern diese ebenso an „‚Szenen' korreliert". Ebd., S. 13.

200 Vgl. Niekrenz: Rausch als körperbezogene Praxis (2011).

201 Bauer: Jugendkulturelle Szenen (2010), S. 40.

202 Vgl. Salein, Kirsten/Winnat, Anne: Alltagswirklichkeit und Identität. In: Greverus, Ina-Maria (Hg.): StudentinSein. Station Uni Frankfurt/M. (= Kulturanthropologie Notizen, Bd. 43). Frankfurt a. M. 1993, S. 127–170, hier S. 128.

203 Vgl. ebd., S. 129.

204 Hitzler/Niederbauer: Leben in Szenen (2010), S. 15 ff.

205 Vgl. Lucke: Behind the Scenes (2006).

kann die Institution Hochschule nicht auffangen.[206] Institute und Bibliotheken bieten hingegen (manchmal) Gestaltungsräume für studentische, hochschulpolitische, fachschaftliche Aktivitäten. Zeitliche und räumliche Abläufe im Kulturraum Hochschule bleiben stark von den Erfordernissen der örtlichen Studiengangstruktur geleitet. Studienpläne bestimmen während des Semesters, welcher Akteur sich an welchem Ort zu welchem Zeitpunkt in welcher Rolle aufhalten sollte: im Seminarraum als Vortragender, im Vorlesungssaal als kritischer Zuhörer, im Labor als aktiv Übender, am Schreibtisch oder in der Bibliothek zum Selbststudium etc. Dies gilt für interessengeleitete wie für berufsorientierte Studiengänge gleichermaßen. Die Anwesenheitszeiten auf dem Universitätsgelände werden typischerweise unterbrochen durch Erwerbsarbeit[207], Praktika, Auslandsaufenthalte, Besuch des Heimatorts, Festlichkeiten oder Ähnliches, die Teil dieser studentischen Lebensorganisation sind.

4.   Methoden und Quellen

Die Vergleichende Kulturwissenschaft stellt sich dem gesellschaftlichen Auftrag, die Komplexität von Kultur zu erfassen und zu vermitteln, d. h. das

> „erforschte, historische, menschliche, soziale und geschlechtlich Andere in einer neuen Sprache für Viele zugänglich und verstehbar zu machen. Die starke Betonung der Empirie als Fundament und Horizont des volkskundlichen Arbeitens findet darin gleichzeitig ihre Potenz, Legitimität und Autorität."[208]

Seit Ende der 1960er Jahre etablierten sich neben den historisch-bewahrenden, befragenden und kulturgeografischen Methoden besonders jene Vorgehensweisen im Kanon, die eine kritische Analyse der empirischen Erforschung des Alltagslebens erlaubten.[209] Diese paradigmatische Wende in der Methodenlehre bedeutete keinen Verlust des spezifisch emischen Blickwinkels, sondern drückte eine Modernisierung qualitativer Feldarbeit aus[210], die den induktiven Wert kultureller Phänomene in jeweils spezifischen Kontexten kritisch hervorhebt. Indikatoren kultureller Muster, gesellschaftlicher Zusammenhänge und sozioökonomischer Entwicklungen fanden sich nicht nur in Sachgegenständen, Archivalien oder Erzähltexten, sondern ebenfalls in der Betrachtung ihrer Bedeutungszusammenhänge. Damit einhergehend entwickelte

---

206 Die Frage nach der Zwangsläufigkeit von Vereinzelungsprozessen im Massenbetrieb Universität formulieren Salein/Winnat visionär mit „Ist Marginalität eine notwendige Eigenschaft des Wissenschaftlers?", wobei sich eine frühe fachliche Spezialisierung und ökonomische Präkarisierung gegenseitig verstärken. Salein/Winnat: Alltagswirklichkeit und Identität (1993), hier S. 169.

207 Vgl. Günther, Mario: Studieren als Part-time-Job. In: Hoppe, Jens/Schimek, Michael/Simon, Michael (Hg.): Die Volkskunde auf dem Weg ins nächste Jahrtausend. Ergebnisse einer Bestandsaufnahme (= Münsteraner Schriften zur Volkskunde/Europäischen Ethnologie Bd. 1). Münster 1998, S. 157–162.

208 Eggmann: „Kultur"-Konstruktionen (2009), S. 252.

209 Vgl. Brednich, Rolf Wilhelm: Quellen und Methoden. In: Ders: Grundriß (2001), S. 77–100.

210 Vgl. Helfferich, Cornelia: Die Qualität qualitativer Daten. Manual für die Durchführung qualitativer Interviews. 4. Auflage. Wiesbaden 2011.

sich eine hermeneutische Methodik[211] im Feld oftmals auf eine dialogische Art und versetzte die Forschenden in die Lage, Besonderheiten und Lebensumstände aus der Sicht der Akteure im Feld zu verstehen. Kennzeichnend für qualitativ forschende Disziplinen ist die erkenntnisorientierte Legierung qualitativer Methoden. Die Kombination etablierter Methoden birgt den Vorteil, das Subjekt der Forschung von mehreren Blickrichtungen aus, unter Einbezug verschiedener Quellengattungen, betrachten zu können. Wie nähert sich eine kulturwissenschaftliche Arbeit über das Zigarettenrauchen methodisch den ausgesprochen flüchtigen Gegebenheiten, die das Forschungsfeld bestimmen, umrahmen, begrenzen, ihm eine Bühne geben?

Rauchen stellt ein alltägliches Phänomen dar, dessen soziokulturelle Erscheinungsform und körperliche Ausführungsart aktuell durch einen medizinisch-gesundheitspolitischen Diskurs überformt sind. Dabei stellen populäre epidemiologische, psychologische und medizinische Wissensbestände den autoritären Nexus ihrer Zeit dar, der den soziokulturellen Umgang mit Tabakprodukten beeinflusst.[212] Ein Zugang zur soziokulturellen Semantik des Rauchens[213] kann folglich durch Befragung von Akteuren in Rauchsituationen und Beobachtung von Mensch-Ding-Netzwerken in Rauchsituationen gelingen, muss jedoch Quellen des medizinisch-gesundheitspolitischen Diskurses berücksichtigen. Dazu eignen sich Alltagsmaterialien, die diesen Diskurs für die rauchenden Akteure spürbar und erfahrbar werden lassen.[214]

Für die vorliegende Arbeit war folglich eine Kombination von Quellen und Instrumenten des explorativen Methodenspektrums nützlich. Kulturgeschichtliche Arbeiten über Tabak und seine Konsumformen[215], neuerdings auch über das Rauchen und die Rauchenden[216], die das gegenwärtige Geschehen rund um die Zigarette erklären und relativieren sollten, erschienen ebenso nützlich zur Begrenzung des Untersuchungsfeldes wie historische und statistische Rahmendaten. Die beiden wichtigsten Quellengruppen dieser Arbeit jedoch bilden gesundheitspolitische Ratgeber und themenzen-

---

211 Vgl. Kaschuba: Einführung in die Europäische Ethnologie (2006), S. 99 f.; sowie Thon, Caroline: Feldforschen unter freundschaftlichen Bedingungen – eine Exploration in die Rolle von Freundschaft und Vertrauen in der ethnographischen Forschung. In: Interaktion im Feld (= Ethnoscripts. Analysen und Informationen aus dem Institut für Ethnologie der Universität Hamburg, Jg.8/2006, Heft 2), S. 159–172.

212 Dies ist im Sinne einer kulturhistorischen Zäsur oder eines Ausgangspunktes für Wandlungsprozesse im gesellschaftlichen Umgang mit Tabak gemeint.

213 Die soziale Semantik beschreibt zwei untersuchenswerte Praxen im Umgang mit Gegenständen: die ästhetische Dimension (Dinge, die formal und stilistisch als passend empfunden werden) und die distinktive Dimension (die Gegenstände dienen in dieser Sichtweise der Abgrenzung zum Anderen). Die soziale Semantik umfasst also äußere Zeichen als symbolische Mittel und Praktiken. Vgl. Kaschuba: Einführung in die Europäische Ethnologie (2006), S. 232 ff.

214 Zur Spezifik der Ratgeberliteratur als wissenschaftlicher Quelle vgl. Heimerdinger: Alltagsanleitungen (2006), besonders S. 59 f. und 68 f.

215 Vgl. Brandt, Allan M.: Engineering Consumer Confidence in the Twentieth Century. In: Gilman/Xun: Smoke (2004), S. 332–343; Corrigan: Marlboro Man (2004), S. 344–354; Hengartner/Merki: Genußmittel (2001); Hengartner/Merki: Tabakfragen (1996); Legnaro/Schmieder: Rauchzeichen (2003); Precht, Kai/Baumgartner, Hansjakob: Tabak. Gewohnheiten. Konsequenzen. St. Gallen/Berlin/São Paulo 1993; Sandgruber: Bittersüße Genüsse (1986); Schivelbusch: Das Paradies (2005).

216 Vgl. u. a. Kolte: Rauchen (2006), S. 65 ff.; Koppenhöfer, Eva: Über die Ambivalenz des Rauchens bei Frauen. In: Legnaro/Schmieder: Rauchzeichen (2003), S. 53–78, besonders S. 54 f.

trierte qualitative Interviews, die ich mit studierenden Raucherinnen und Rauchern in zwei Erhebungsphasen 2005–2007 und 2010 durchführte. Zwischenergebnisse aus den Quellenauswertungen sollen abschließend einander gegenübergestellt, aufeinander bezogen und in ihrer Gestaltungswirkung auf das Phänomen Rauchen bewertet werden. Dabei stehen soziale und kulturelle Vorgänge in ihrem jeweiligen Kontext, um gegenwärtige Mechanismen transparent aus Sicht der beteiligten Akteure zu schildern.

4.1   Medientextanalyse

Die erste strukturierte Annäherung an das Themenfeld des Zigarettenrauchens in medikalen Systemen studentischer Kulturen soll in dieser Arbeit durch eine systematische Inhaltsanalyse geschehen,[217] deren Kern die induktive Kategorienbildung ist. Die zur Analyse herangezogenen Dokumente repräsentieren ein aufklärerisches, institutionell gesteuertes Gesundheitsethos.[218] Ziel dieses Einstiegs war es aufzuzeigen, durch welche gestalterischen Schritte und textlich-bildlichen Motive die Herausgeber mit dem Thema Zigarettenrauchen umgehen. Institutionen der Gesundheitsfürsorge (staatliche Behörden, öffentliche und private Krankenkassen) agieren interessengeleitet. Da das Zigarettenrauchen und auch das Passivrauchen in Deutschland aktuell eine hohe mediale Präsenz aufweisen, ging ich davon aus, dass die Informations- und Selbsthilfematerialien deutlich gesundheitspolitisch überformt sind und ein positives Bild des Nichtrauchens transportieren. Doch sollten die Vermittlungstexte keinesfalls als homogener Korpus wahrgenommen werden, obwohl dies zum Teil durch ihre mediale Präsenz suggeriert wird. Formen und Inhalte gesundheitsfördernder Konzepte wurden im Rahmen dieser Studie anhand von Ratgebermaterialien ausgewertet. Jedoch bleiben gesamtgesellschaftliche Effekte einzelner Informationsmedien aufgrund der großen Anzahl an Informationsangeboten im Unklaren. Den Charakterisierungen und Darstellungen von Rauchern und Raucherinnen, von Nichtrauchenden sowie von ehemals Rauchenden galt besondere Aufmerksamkeit.

---

217 Vgl. Mayring, Philipp: Neuere Entwicklungen in der qualitativen Forschung und der Qualitativen Inhaltsanalyse. In: Ders./Gläser-Zikuda, Michaela: Die Praxis der qualitativen Inhaltsanalyse. Weinheim/Basel 2005, S. 7–19.

218 Im Gegensatz zu Gesundheitsversprechen aus der Werbung, worin ein Konsum „gesunder" Bonbons oder Joghurt einen verbesserten Gesundheitsstatus bewirkt, bedienen sich die von mir herangezogenen Materialien anderer Steuerungsideen. Nicht durch den „unschädlichen" Konsum, sondern vollständigen Verzicht auf Tabak (und Alkohol) sollen die Adressaten eine Verbesserung ihres Gesundheitsstatus erreichen. Dadurch, dass Gesundheit bei der Tabakentwöhnung nicht direkt konsumierbar ist, unterscheidet sich das Präventionsanliegen der Tabakentwöhnung von dem der Gesundheitsförderung durch „richtige Ernährung". Vgl. Zick-Varul, Matthias: Geld und Gesundheit. Konsum als Transformation von Geld in Moral. Berichte aus dem DFG-Graduiertenkolleg Lebensstile, Soziale Differenzen, Gesundheitsförderung. Berlin 2004, S. 59 ff.

Die ausgewerteten „Antwortgeber auf lebenspraktische Fragen"[219] gehören zur Quellengruppe der popularen Medientexte.[220] Sie bestehen aus dem Trägerstoff Papier, wurden im Auftrag einer institutionellen Einrichtung mit dem Ziel angefertigt, eine Botschaft an den Adressatenkreis zu vermitteln. Zu den Kernaufgaben der Herausgeber zählen aufklärende und informationsvermittelnde Tätigkeiten. Über Aktualität der Botschaften entscheiden bei kostenfrei erhältlichen Medientexten – wie in diesem Fall Informations- und Selbsthilfematerialien zur Gesundheitsförderung von Rauchenden – inhaltliche, politische oder kontextuelle Zusammenhänge darüber, ob und wann die Herausgeber ihre Botschaften aktualisieren. Köck weist in diesem Zusammenhang darauf hin, dass „die Geschwindigkeit der Medienherstellung mit dem Aktualitätswert der Botschaften korrespondiert"[221]. Die farbig gedruckten Informations- und Selbsthilfematerialien zählen zu den monomedialen Quellen, da die Vermittlungsformen auf Fotografien, Grafiken und Texte reduziert sind.[222] Über den Umgang der Adressaten mit dieser Art Ratgeberbroschüre kann wenig gesagt werden. Die Hefte bieten in Form von Tests oder tagebuchartigen Eintragungen zum Rauchverhalten der Adressaten einen aktiven Umgang an. Eine Wechselseitigkeit zwischen Sender und Empfänger der Nachricht stellt sich bei dieser Art der Handhabung nicht ein. Daher kann in diesem Kontext von *einer* Art der Quellengattung gesprochen werden.

Die aktuelle kulturwissenschaftliche Medientextanalyse von Beratungsmedien verfolgt nicht das Ziel, durch statistische Auswertungsverfahren eine soziale Wirklichkeit aus den Botschaften heraus zu konstruieren. Sie fragt nach strukturellen Merkmalen der Medien, nach sozialen Situationen, die Texte und Kontexte miteinander verbinden, und nach „gesellschaftlichen Funktionen von Medien" und ihrer Botschaften.[223] Köck entwirft in seinem Beitrag einen idealtypischen Quellenzugang, der bereits als schematisch erscheinendes Arbeitsmodell, wie er selbst anmerkt, im vorgeschlagenen Ablauf und in seiner Gänze nicht durchführbar ist. Hilfreich jedoch für den Umgang mit Druckerzeugnissen sind Standards, die sich im Umgang mit archivalischen Quellen der historisch arbeitenden Kulturwissenschaft etablierten. Im Vordergrund stehen hier alltagsweltliche „Wahrnehmung, Deutung und Aneignung, insbesondere die kulturellen Austauschprozesse zwischen den gesellschaftlichen Schichten, die sozialen

---

219 Vgl. Jeggle, Utz: Trost und Rat: was lehren uns Ratgeber. In: Brunold-Bigler, Ursula/Bausinger, Hermann (Hg.): Hören Sagen Lesen Lernen. Bausteine zu einer Geschichte der kommunikativen Kultur. Frankfurt a. M. 1995, S. 341–358, S. 342.

220 Vgl. Köck, Christoph: Kulturanalyse popularer Medientexte. In: Göttsch, Silke/Lehmann, Albrecht (Hg.): Methoden der Volkskunde. Positionen, Quellen, Arbeitsweisen der Europäischen Ethnologie. 2., überarb. u. erw. Aufl. Berlin 2007, S. 343–363, hier S. 343 ff.

221 Ebd., S. 345.

222 Drei der untersuchten Dokumente verwiesen auf eine Internetseite, auf der zusätzliche Informationen abrufbar waren beziehungsweise es nach einer Registrierung weitere Online-Module gab, die der rauchenden Person eine Hilfe beim Übergang zum Nichtrauchen bieten sollten. Die Online-Angebote flossen nicht in meine Untersuchung ein, da das vorliegende reichhaltige Druckmaterial meine Forschungsfragen erschöpfend beantwortete und sich die wenigen Online-Angebote medial äußerst verschiedenartig präsentierten, sodass eine erweiterte Auswertung nicht zielführend erschien.

223 Vgl. Köck: Kulturanalyse popularer Medientexte (2007), S. 350 f.

Praktiken und die Auswirkungen von Herrschaftsverhältnissen"[224] im weitesten Sinne. Es handelt sich bei historischen wie rezenten Informations- und Selbsthilfematerialien um vertextlichte Repräsentationsformen kultureller Praktiken und Konstrukte sozialer Lebenswelten. Daher zeigen sich in diesen Materialien Darstellungen gesundheitspolitisch erwünschter Körperpraktiken beziehungsweise Schilderungen sozialer Situationen, die aus der Sicht präventionsmedizinischer Akteure mit dem Rauchen in Verbindung gebracht werden.

Zu Planungsbeginn dieser Studie bat ich Krankenkassenvertretungen in Bonn um Überlassung ihrer Informationsmaterialien zum Thema Rauchen beziehungsweise Nichtrauchen. Auf die Suche nach Informationsmaterialien und Kontaktanschriften zum Thema folgte ein Anschreiben (teils postalisch, teils per E-Mail) an Herausgeber derartiger Broschüren mit der Bitte um Zusendung von Materialien. Die so gewonnenen Quellen wurden von mir anhand der Eigenschaften des Materials kategorisiert und anschließend reduziert (Ausschluss gewerblicher Anbieter von Nikotinersatzprodukten). Ebenso relevant war bei der Aufnahme in das Auswertungssample, dass die Adressaten der Dokumente keine definierte Berufsgruppe wie Lehrer, Pädagogen oder Personalverantwortliche darstellten, sondern die Zielgruppe Raucherin beziehungsweise Raucher direkt angesprochen wurde. Zur Auswertung wurden 31 Broschüren zu Selbsthilfe- und Informationszwecken mit unterschiedlichem Seitenumfang, herausgegeben von Krankenkassen, der *Bundeszentrale für gesundheitliche Aufklärung*, der *Deutschen Hauptstelle für Suchtfragen* sowie dem *Deutschen Krebszentrum in Heidelberg*, in einem Sample zusammengestellt. Die Dokumente waren in den Jahren 2006 und 2007 bei den genannten Institutionen erhältlich und thematisieren das Zigarettenrauchen beziehungsweise dessen Nachteile aus Sicht der herausgebenden Institutionen.[225] Die Prospekte und Broschüren sind gegenständliche Zeugnisse (Objektivationen) eines gesundheitspolitischen Diskurses, der auf verschiedenen Ebenen (örtlicher, situativer, personaler, institutioneller, landes- und bundespolitischer Ebene etc.) geführt wird und zur gesellschaftlichen Sinndeutung des Zigarettenrauchens dienen. Sie sind gedruckten popularen Medientexten zuzurechnen.[226] Nach der Auswahl der Quellen erfolgte eine Anordnung nach Zeit, Ort und Anlass der Veröffentlichung (externe Analyse) und im Anschluss eine pragmatische, am Material orientierte Interpretation (interne Analyse) der beschriebenen oder dargestellten Vorgänge und ihrer Funktionen im Kontext des Heftes sowie eine quellenkritische Betrachtung der Dokumente in Hinsicht auf die Grenzen der Interpretierbarkeit.[227]

---

224 Göttsch, Silke: Archivalische Quellen und die Möglichkeiten ihrer Auswertung, in: Dies./Lehmann: Methoden der Volkskunde (2007), S. 15–32, S. 24.

225 Die Bundeszentrale für gesundheitliche Aufklärung, die Deutsche Hauptstelle für Suchtfragen und das Deutsche Krebszentrum Heidelberg stellen Ratgeber und Printmaterialien auf ihren Internetseiten zur Verfügung, sodass inhaltlich von konsistenten Motiven in der letzten Dekade auszugehen ist. Vgl. das von der Bundeszentrale für gesundheitliche Aufklärung betriebene „rauchfrei"-Onlineportal http://www.rauchfrei-info.de/informieren/; „Basisinformationen Tabak" auf http://www.dhs.de/suchtstoffe-verhalten/tabak.html und „Passivrauchen und gesundheitliche Folgen" auf http://www.dkfz.de/de/tabakkontrolle/Passivrauchen_und_gesundheitliche_Folgen.html, zuletzt geprüft am 25.04.2015.

226 Vgl. Köck: Kulturanalyse popularer Medientexte (2007), S. 343–363, sowie Brednich: Quellen und Methoden (2001), insbesondere S. 83 ff.

227 Vgl. ebd., S. 83 ff. Siehe dazu auch Göttsch: Archivalische Quellen (2007), S. 15–32.

Der Untersuchungsschwerpunkt liegt auf schriftlichen Darstellungen von Rauchenden, ehemals Rauchenden und Nichtrauchenden. Dabei wurde bewusst auf eine Analyse kontrastierender Darstellungen geachtet, um die im Material aufgezeigten charakteristischen Unterschiede zwischen Rauchenden und Nichtrauchenden systematisch herauszuarbeiten.[228] Grundlegend für diesen Zugang war das Interesse, die Strukturen der systematischen Überformung des Anti-Raucher-Diskurses offenzulegen und nach typischen kulturspezifischen Vermittlungs- und Darstellungsweisen zu suchen, welche verdichtet in Form der Informations- und Selbsthilfematerialien auf wenigen Seiten ihre zentrale Botschaft „gegen das Rauchen" ihren Lesern übermitteln.

4.2   Themenzentriert befragen

Erzählungen über alltägliche Dinge und Erfahrungen zählen in der Vergleichenden Kulturwissenschaft zu den wichtigsten empirischen Quellengattungen, die subjektive Sichtweisen beziehungsweise den Sinn des Erlebten rekonstruiert.[229] Sie erlauben mit Hilfe spezialisierter Erhebungsinstrumente Einsichten in immaterielle Kultursysteme:

> „Die Menschen werden, wenn sie das Chaos ihrer Kultur bei Verstand erleben und wenn es so etwas wie einen Alltag im Durcheinander noch gibt, gewiss Formen finden, in denen sie ihr eigenes Schicksal, das Leben ‚überhaupt' kommentieren. Von jeder Welt gibt es in jeder Zeit Geschichten zu erzählen, in denen die Menschen sich mitteilen, was sie von sich denken und was sie erreichen wollen."[230]

Eine qualitative Befragungsform kann nicht nur besondere kulturimmanente Praktiken des Erzählens (wie in der Erzählforschung) zutage bringen, sondern auch Auskunft über Erfahrenes, Bedeutungszusammenhänge und Sinnzuschreibungen alltagsweltlicher Erfahrungen geben. Festzuhalten ist, dass beim Erzählen über Erfahrungen von den Erzähler/-innen häufig nicht zwischen Erfahrungen aus erster und zweiter Hand unterschieden wird und Narrationen über alltägliche Routinen „Erfindungen"[231] darstellen, deren Herkunft nicht auf eine exakte Erfahrung zurückgeht. Fiktionale Erzählungen kommen grundsätzlich in dialogischen Gesprächssituationen über eigene Erfahrungen vor, da sich die anderen beiden Bereiche im Raum der individuellen Interpretationen befinden. Stärken qualitativer Forschungsansätze sieht Schmidt-Lauber in einer grundsätzlich situativen, kontextuellen und prozessualen Methodenausrichtung, die sich systematisierend Deutungs- und Handlungsmuster

---

228   Die Kategorisierung der Unterschiede bezog sich auf die Kerndefinition der WHO von Gesundheit als Einklang von körperlichem, seelischem und sozialem Wohlbefinden. Da eine komplementäre Definition von „Krankheit" *ex negativo* von der Definition von Gesundheit abzuleiten ist, galten Darstellungen von körperlichen Veränderungsprozessen oder deviantem Sozialverhalten als Unterscheidungskriterien.

229   Vgl. Helfferich: Qualität qualitativer Daten (2011), S. 21.

230   Lehmann, Albrecht: Reden über Erfahrung. Kulturwissenschaftliche Bewusstseinsanalyse des Erzählens. Berlin 2007, S. 225.

231   Vgl. Lehmann, Albrecht: Bewusstseinsanalyse, in: Göttsch/Ders.: Methoden der Volkskunde (2007), S. 271–288 besonders S. 273 ff.

von subjektiven Lebensentwürfen durch die „Alltagstechniken"[232] des Beobachtens und Befragens aneignen. Interviewbefragungen sind folglich in den qualitativ arbeitenden Disziplinen wichtige Erhebungsinstrumente. Sie öffnen den Zugang zur emischen Perspektive des Feldes, „zur Konstruktion von Realität aus der Sicht der Akteure, und zu subjektiver Sinngebung"[233]. In strukturierten Gesprächen erfahren Forschende komplexe kulturelle Bedeutungsgewebe aus den Perspektiven und Erfahrungen der Befragten. Das themenzentrierte Interview kann Fragekomplexe in einer systematischen oder sinnvollen Abfolge beinhalten, ist jedoch nicht mit einem strengen Leitfadeninterview gleichzusetzen. Ein themenzentrierter Frageansatz schien für die Untersuchung von Sinnzusammenhängen im Feld adäquat.[234] Methodisch ist es bei allen Interviewformen notwendig, die Konsistenz der Erzählinhalte während der systematischen Auswertung der Gespräche zu überprüfen. Grundsätzlich sind qualitative Interviews gekennzeichnet durch Empathie und prinzipielle Offenheit ungeachtet des theoretischen Konzeptes, auch um neue Fragen und Perspektivenwechsel während der Erhebungsphase zu ermöglichen. Das selbstverständliche Handeln und subjektive Erleben der Interviewten stand während der durchgeführten Interviews im Mittelpunkt der Gesprächsinhalte. Damit stellt das qualitative Interview eine besondere „Nähe zu den Forschungssubjekten"[235] her und bietet einen situativen, kontextuellen oder prozessualen Zugang zur Lebenswirklichkeit der Erforschten. Die multidisziplinären Verwertungsmöglichkeiten weicher Methoden verweisen nicht nur auf ihr großes Erkenntnispotenzial, sondern ebenso auf sensible Qualitätsstandards, die bei der Anwendung und Durchführung von Interviews bedacht werden sollten. Das Agieren und Navigieren im Feld ist durch Erzählungen allein kaum zu entschlüsseln:

> „Alltägliche Ausdrucksweisen und Handlungsmuster sind gewöhnlich nicht über Interviews eruierbar, weil diese stets die Reflexion, die bewusste, kommunikativ auf das Gegenüber zugeschnittene Erörterung eines Sachverhalts auszeichnet. Ein qualitatives Interview vermag Deutungen, Meinungen und subjektive Aussagen zutage zu fördern, kann jedoch nicht als Quelle realen Verhaltens im Alltag dienen."[236]

Trotz dieser methodischen Grenzen der Interviewbefragung, die neben Feldbeobachtungen steht, bietet dieser Erhebungsweg einen angemessenen und guten Zugang zu den Fragen nach persönlichen und subjektiven Erlebnishorizonten, Werten und Bedeutungszuschreibungen. Denn die handlungsimmanenten Sinnstrukturen und Normierungsgeflechte können nur in der Form der offenen Befragung erfasst werden.[237] Eine weitere Grenze der Interpretierbarkeit liegt in der Selektivität des Gesagten.[238] Die Äußerungen über Erlebtes beziehen sich auf ein in der Vergangenheit liegendes

---

232 Schmidt-Lauber, Brigitta: Das qualitative Interview oder: Die Kunst des Reden-Lassens. In: Göttsch/Lehmann: Methoden der Volkskunde (2007), S. 169–188, hier S. 169.

233 Schlehe, Judith: Formen qualitativer ethnographischer Interviews. In: Beer, Bettina (Hg.): Methoden ethnologischer Feldforschung. 2. Aufl. Berlin 2008, S. 119–142, hier S. 121.

234 Vgl. Helfferich: Qualität qualitativer Daten (2011), S. 35 ff.

235 Schmidt-Lauber: Das qualitative Interview (2007), hier S. 169.

236 Ebd., S. 171 f.

237 Vgl. Helfferich: Qualität qualitativer Daten (2011), S. 21.

238 Zur Selektivität von Erinnerungen in strukturierten Erzählformen vgl. Lehmann: Reden über Erfahrung (2007), S. 50 ff.

Ereignis (auch wenn es am Morgen desselben Tages geschehen war), welches im Hier und Jetzt, das heißt in der Gesprächssituation selbst wiedergegeben wurde. Zur Untersuchung eines kulturellen Phänomens ist daher eine methodische Kombination von Beobachtung und Befragung sinnvoll.

Die hier vorgestellten Narrative wurden mittels themenzentrierter Interviews mit rauchenden Studierenden in rheinischen Universitätsstädten in zwei Erhebungsphasen in den Semestern 2005/2006 bis Sommersemester 2007 und dem Wintersemester 2009/2010 erhoben.[239] Bis auf einen Studenten der Volkswirtschaftslehre besuchten alle Befragten durchgängig während der Mittel- und Oberstufe eine Schule in Deutschland. Daher ist davon auszugehen, dass sie während ihrer Schulzeit durch Anti-Tabakkonsum-Kampagnen über gesundheitliche Nachteile des Rauchens informiert wurden.[240] Die Befragten lebten zum Zeitpunkt der Erhebung in einem urbanen Milieu und standen in einer Beziehung zu einer Hochschule, waren Absolvent/-innen im Promotionsstudium, teils gleichzeitig Angestellte einer Hochschule oder wurden im Erststudium an der Universität ausgebildet. Das Spektrum der Studienfächer meiner Interviewpartner/-innen umfasst die Fakultäten der Naturwissenschaften und Geisteswissenschaften, Pädagogische Fakultäten und Wirtschafts- und Sozialwissenschaftliche Fakultäten. Die Interviewten lernte ich durch das für das Themenfeld ergiebige Schneeballverfahren kennen, wobei besonders auf eine Streuung der Studienfachzugehörigkeit geachtet wurde, um einem potenziellen Verzerrungseffekt durch die Schneeballrekrutierung entgegen zu steuern. Die Kontaktaufnahme zu den Interviewpartner/-innen erleichterten mir einige bereits Befragte durch eine Bereitschaftsanfrage und Weitergabe meiner Kontaktdaten. So konnte ich außerdem beim ersten persönlichen Treffen auf einen gemeinsamen Bekannten zu sprechen kommen, was den Einstieg in das Gespräch in einigen Fällen erleichterte und mir einen Vertrauensvorschuss gab. Drei der Interviewten waren mir vor der Gesprächsanbahnung aus einem anderen Kontext aus der Hochschule persönlich bekannt. Gespräche fanden zu Hause bei den Interviewten, auf einem Universitätsgelände (in Köln, Bonn, Düsseldorf und Mainz), in zwei Fällen in der Wohnung der Interviewerin statt.

Die Interviews wurden mit Hilfe eines digitalen Aufnahmegerätes (Diktiergerät) beziehungsweise zu Beginn der ersten Erhebungsphase mit Hilfe eines kleinen Notebooks mit digitalem Mikrofon aufgenommen. Die Aufnahmegeräte standen auf Schreib-, Beistell- oder Wohnzimmertischen. Ziel der Interviewbefragung war es, die erfahrbare Lebenswirklichkeit der Interviewten, ihr selbstverständliches Handeln und Erleben aus ihrer eigenen Perspektive, den eigenen Formulierungen zu erfahren.[241] Daher orientiert sich die Auswertung am gesprochenen Wort. Die Verschriftlichung erfolgte in Standardorthografie. Nonverbale Äußerungen wie Lachen, Husten und si-

---

239 Abschnitt III, medikale Logik und kulturelle Praxis gibt weitere Details über Rahmendaten der Feldstudie. Eine Tabelle (Anhang) bietet eine Übersicht über Alter, Geschlecht, Wohnsituation, Erwerbssituation, Studienfächer und Tabakkonsum der Befragten zum Gesprächszeitpunkt.

240 Seit 1968 der prominente Terry-Report erschien, wurde der politische Entschluss gefasst, die Aufklärung über kurz- und langfristige gesundheitliche Gefährdungen, die der Konsum von Tabakwaren nun nachweislich verursachte, in deutschen Bildungseinrichtungen zu etablieren. Gesundheitsbezogene Aufklärungskampagnen gegen das Rauchen wurden später Teil schulischer Curricula in allen westdeutschen Bundesländern.

241 Vgl. Schmidt-Lauber: Das qualitative Interview (2007), S. 172 und S. 183.

tuations- oder aussageverändernde Störungen wie beispielsweise das Hinzukommen einer dritten Person oder eine ironische Verkehrung der Aussage wurden durch die Aufnahme beziehungsweise in Form von Notizen erfasst und in die Transkriptionen eingewoben. Sprechimmanente Verballaute („äh", „hm" etc.), Wortwiederholungen ohne semantische Bedeutung oder Satzfragmente, die von den Interviewpartnern im Folgesatz selbst korrigiert wurden, sind zugunsten des besseren Leseflusses gelöscht und im letzteren Fall als Auslassungen gekennzeichnet. Die Narrative wurden in thematische Schwerpunkte zerlegt, um eine Gegenüberstellung der Aussagen für jeden Themenschwerpunkt zu ermöglichen. Wichtigste Grundlage der vergleichenden Auswertung der Interviews bilden die Gesprächsverläufe, zusätzliche Gedächtnisprotokolle sowie die Randnotizen zur Gesprächssituation, Stimmungslage etc. Je nach Themenkomplex waren dabei persönliche Besonderheiten der Interviewten zu beachten. Bei fortschreitender Befragungstätigkeit stellten sich aus den zuvor ausgewerteten Gesprächen einige Aspekte heraus, die ich anschließend in die noch ausstehenden Interviews einbezog. Die Arbeitsschritte von formeller und inhaltlicher Planung der Erhebung, die tatsächliche Datengewinnung wie die Phase der Auswertung des Materials befanden sich dadurch in einem fruchtbaren Austausch und wechselseitigem Inspirationsfluss[242].

Die Einsicht in biografische Prozesse, die nicht im Mittelpunkt des Gesprächs standen, werden in der Besprechung der Befunde nur in Bezug auf das Rauchverhalten dargestellt. So rückten auch bei biografischen Erzählsträngen die Zigarette und das Rauchen ungehindert ins Zentrum der Schilderungen. Meine Interviewpartner/-innen rauchten zum Zeitpunkt der Erhebung seit mindestens fünf Jahren. Aus medizinischer Sicht ist ein Konsum von zehn oder mehr Zigaretten pro Tag bislang als Schwelle vom Gelegenheits- zum Gewohnheitsraucher gehandelt worden, wobei vielfältige Klassifizierungen von Rauchertypen aktuell nebeneinander bestehen. Eine weitere Einschränkung der zu befragenden Personen anhand ihres täglichen Tabakkonsumvolumens wurde nach ersten informellen Gesprächen im Feld verworfen, da Konsumunregelmäßigkeiten zu den endogenen Gebrauchsmustern des Feldes zählen. Dennoch stellt der Zigarettenkonsum für die Teilnehmer/-innen der strukturierten Befragung einen erkennbaren und damit auch erforschbaren Faktor in ihrem Alltagsgeschehen dar.

4.3 Teilnehmend beobachten

Die teilnehmende Beobachtung erdet die qualitative, empirische Forschung, wie auch andere *field sciences*[243], im induktiven Methodenspektrum der Wissensgenerierung aus dem „Feld", da sie einen anschaulichen Zugriff auf soziokulturelle Praktiken im unmittelbaren situativen Kontext ermöglicht. Eine kritische Methodenreflexion im

---

242 Vgl. ebd., S. 171.

243 Davidovic-Walther unterscheidet experimentelle Wissenschaften von den Feldwissenschaften, zu denen sie neben der Kulturanthropologie beispielsweise die Soziologie, Archäologie, Geografie, Zoologie und weitere zählt und die das Merkmal der Bewegung in ein Forschungsfeld hinein kennzeichnet. Vgl. Davidovic-Walther, Tonia: Die Herstellung archäologischen Wissens. Praxen und Interaktionen. In: Zeitschrift für Volkskunde, 107. Jg. (1/2011), S. 49–64.

Fach schlägt sich in Lehr- und Forschungspublikationen seit den späten 1960er Jahren nieder und blieb nicht auf die originären *field sciences* beschränkt. Unumstritten ist, dass wissenschaftliche Felddaten sowie das daraus generierte Wissen sich „nicht auf interpretationsloser Beobachtung gründet, sondern im Zuge komplexer sozialer und kultureller Prozesse und in Auseinandersetzung mit materieller Umwelt"[244] generiert. Die teilnehmende Beobachtung fordert die Forschenden zur schriftlichen Offenlegung der Praxis auf, durch die Wissen generiert werden kann, und der damit verbundenen Aktivitäten und Interaktionen zwischen den Akteuren, zu denen auch die teilnehmend Forschenden im Feld selbst zählen.[245] Forschende sind immer Teil des beforschten Systems und beeinflussen durch die situative Umgebung und das Forschungsfeld. Sie sind daher zu Reflexion von Interaktionen und Kontexten angehalten, zur Darstellung des Eigenen und des Ganzen während der Erhebungsphase.[246] Die Methode gewährt unmittelbare Erkenntnisse aus dem monolokalen, polylokalen oder auch virtuellen Forschungsfeld.[247] Schmidt-Lauber bezeichnet diese Einzigartigkeit als eine innenperspektivische Suche des verstehenden „Zugang[s] zu gegenwärtigen Alltagskulturen, zu den Orientierungs- und Praxisformen von Subjekten in ihren jeweiligen Lebenszusammenhängen"[248], wodurch die Methode wie eine soziokulturelle Praxis im Feld funktioniert. „Denn teilnehmende Beobachtung versteht sich als ein ‚ganzheitliches' Verfahren, das versucht, Werte, Regeln, Formen und Praxen einer Gruppe oder Situation möglichst ,total' zu erfassen."[249] Dass eine hier geforderte ganzheitliche Erfassung den theoretischen Idealfall darstellt, ist allen Feldforschenden bewusst. Ebenso dass die alleinige Gegenwart des Forschenden im Feld das Vorgehen unzutreffend karikiert, denn Wissensproduktion setzt aktive Teilnahme im Feld voraus. Umso wichtiger wird daher eine kritisch-reflektierte Haltung gegenüber ihrer Leistungsfähigkeit und Grenzen bei der Konstruktion des Forschungsfeldes.

Begründet wurde das methodische Vorgehen der teilnehmenden Beobachtung, deren Neuerung die Schöpfung eigener Quellen am Ort ihrer Entstehung bildete, während der „empirischen Wende" der angelsächsischen Ethnologie in den 1920er Jahren.[250] Seither ist der Forschende selbst Teil der Produktion von wissenschaftlich auswertbaren Quellen, entscheidet und reflektiert Gesehenes über dessen schriftliche Darstellung. Vor- und Nachteile dieser Technik liegen auf der Hand. Eine obskure Wahrhaftigkeit des erhobenen Materials, unsystematische Erhebungstechniken und mangelnde Wiederholbarkeit des Forschungsvorganges ließen diese empirische

---

244 Ebd., S. 50.

245 Vgl. Deißner, Vera: Die Volkskunde und ihre Methoden. Perspektiven auf die Geschichte einer ,tastend-schreitenden Wissenschaft' bis 1945 (= Studien zur Volkskultur in Rheinland-Pfalz, 21). Mainz 1997.

246 Vgl. Schmidt-Lauber: Das qualitative Interview (2007), S. 172 ff.

247 Vgl. Hannerz, Ulf: Studying Down, Up, Sideways, Through, Backwards, Forwards, Away and at Home: Reflections on the Field Worries of an Expansive Discipline. In: Coleman, Simon/ Collins, Peter (eds.): Locating the Field. Space, Place and Context in Anthropology (= ASA monographs, no. 42). Oxford/New York 2006, S. 23–42.

248 Schmidt-Lauber, Brigitta: Feldforschung. Kulturanalyse durch teilnehmende Beobachtung. In: Göttsch/Lehmann: Methoden der Volkskunde (2007), S. 219–248, hier S. 219; vgl. auch Davidovic-Walther: Die Herstellung archäologischen Wissens (2011).

249 Kaschuba: Einführung in die Europäische Ethnologie (2006), S. 208.

250 Vgl. ebd., S. 66 f.

Methodik qualitativer Forschung bald in einem kritikwürdigen Licht erscheinen. In der Kulturwissenschaft/Volkskunde setzte sich die teilnehmende Beobachtung mit den Prinzipien der Feldforschung nach ethnologischem Vorbild erst in den späten 1950er Jahren durch, wobei es galt, methodische Anpassungen zu versuchen, die den Rahmenbedingungen von Industriegesellschaften entsprachen.[251] Eine Forschung in einem lokalen Feld verleitet beim Arbeitsschritt der Verschriftlichung der Beobachtungen, unter Berücksichtigung der wissenschaftlichen Leserschaft, Fachbegriffe und Theorien, zu einer Wesenszuschreibung „kultureller Differenz" zwischen Forschungssubjekten und Adressaten. Gottowik löst das Problem der artifiziellen Distanzierung mit der Forderung auf, nicht nur die Repräsentationen, sondern auch die „selbstinterpretative Sicht"[252] der Beteiligten bei der Produktion von Wissensbeständen zu berücksichtigen. Diese Aufgabe ist nur vom Forschenden selbst im Bewusstsein über den Kontext des erhobenen Quellenmaterials und durch einen offenen Umgang mit seiner Rolle im Feld zu lösen, u. a. indem eine aktive Teilnahme im Feld gelebt sowie die Grenzen der anderen Akteure respektiert werden.[253] Der Wunsch nach Objektivierbarkeit der durch Feldforschung gewonnenen wissenschaftlichen Befunde fand Ausdruck in einem *Good-practice*-Regelwerk, welches „methodologische Vorbedingungen einer systematischen Ethnographie"[254] darstellt. Dies gilt heute mitunter als konventionelle, aus der Ethnologie entlehnte Herangehensweise an das Feld, welche dennoch nicht in allen Forschungsfeldern Anwendung findet, insbesondere dann nicht, wenn sich das zu beforschende Feld als lose und flüchtige, polylokale Vergemeinschaftung darstellt. Der schwedische Anthropologe Hannerz forderte daher die Flexibilisierung kulturwissenschaftlicher Feldforschungskonzepte, nicht zuletzt um sie auf neu aufkommende Untersuchungsfelder und Forschungsfragen anzuwenden:

> „I have elsewhere tried to show why multi-site field studies are mostly not, as it is apparently sometimes misunderstood, a matter of somehow squeezing several conventionally defined local field studies into one single ethnographic package [...]. They tend not to involve the same kind of social units and relations as classic single-site fields. We should be wary of allowing the routine assumptions from established styles of fieldwork to carry over into and dominate arguments about newly emerged styles. And instead of dismissing some ways of being in the field only as deficient with regard to true field experience, we could ask what would be the long-term consequences for anthropology if conceptions of field and fieldwork were not allowed to vary and change."[255]

Den variantenreichen Verwendungen des Begriffes der Feldforschung, der häufig synonym mit der teilnehmenden Beobachtung verwendet wird, öffnet Schmidt-Lauber

---

251 Vgl. ebd., S. 197 f.

252 Gottowik, Volker: Konstruktion des Anderen. Clifford Geertz und die Krise der ethnographischen Repräsentation. Berlin 1997, S. 249.

253 Vgl. Kaschuba: Einführung in die Europäische Ethnologie (2006), S. 206 f.

254 Ebd., S. 67. Bronislaw Malinowski, einer der wichtigsten Ethnologen dieser Zeit, zielte mit seiner Methodenbeschreibung darauf ab, die Sicht der Beforschten auf ihren Alltag und ihre Lebenswelt zu erfassen. An der posthumen Veröffentlichung des privaten Tagebuchs Malinowskis entzündete sich jedoch eine Diskussion über Methodik und Befunde aus dessen Feldforschungsarbeit, da diese darin in einem völlig anderen – nicht vorurteilsfreien – Licht erschienen. Vgl. hierzu ebd., S. 201 f.

255 Hannerz: Studying Down (2006), S. 35 f.

durch die folgende Definition ein multimethodisches Zugangsrepertoire, dessen hauptsächliche Zielsetzung das Verstehen von Sinn und Wirklichkeitszusammenhängen darstellt und an den sich die vorliegende Arbeit anlehnt:

> „Spezifik der Feldforschung ist […] ein perspektivenreicher, meist multimethodischer Zugang, der auf der aktiven, beobachtenden Teilnahme am alltäglichen Leben der Beforschten zum Ziel des sinnverstehenden Miterlebens und Nachvollziehens von Wirklichkeitszusammenhängen basiert.“[256]

Implizit ist diesem Begriffsverständnis eine Fokussierung auf den kulturell aktiv schöpferischen Menschen, der in seinem Denken und Tun ein Mitglied sozialer und kultureller Zusammenhänge ist. Das Ziel der teilnehmenden Beobachtung im engeren Sinne besteht neben der Beantwortung einer spezifischen Forschungsfrage darin, emische Zugänge zu Realitäten von Akteuren zu ermöglichen.[257] Für die Frage nach alltäglichen Handlungen wie dem Rauchen und dem Umgang mit dem Kulturgut Zigarette verheißt diese Vorgehensweise einen vielversprechenden Zugang zu Rauchkultur(en). Mittlerweile herrscht Einigkeit darüber, dass „Interaktionen und zumal sogenannte ‚Störungen‘ im Feld nicht außergewöhnliche Irritationen sind, die es zu vermeiden gilt, sondern dass sie sehr oft wichtige Erkenntnisse eröffnen und als heuristisch nutzbare Informationen Eingang in die Untersuchung finden sollten“[258]. Neben der klassischen Zugangsmöglichkeit zum Feld in Form schriftlicher Darstellungen oder Beobachtungen schlägt Bendix eine Reflexion der eigenen körperbezogenen Erfahrungen während der Feldforschung vor.[259] Nach Möglichkeit fließen so viele Sinneseindrücke wie möglich in die Forschungstätigkeit und deren Darstellung ein.[260] Die Bewertung ethnografischer Texte wandelt sich seit der *Writing-culture*-Debatte[261] in der wissenschaftlichen Rezeptionspraxis erheblich. Als mehrfach gefilterte Repräsentationen geben sie keine authentischen Situations-, Handlungs- und Personenbeschreibungen wieder. Für die vorliegende Arbeit beschreibt die Hannerz'sche Terminologie *„studying sideways and at home“*[262] zutreffend das Verhältnis zwischen dem Feld und der Forschenden.

Der vorliegende Untersuchungsfall stellt im modernen Verständnis feldforscherischer Methodik eine Untersuchung polylokaler, räumlich verdichteter Raucherkulturen im Bezugsrahmen universitärer Tabakkonsumlandschaften dar. Zu Beginn der

---

256 Schmidt-Lauber: Feldforschung (2007), S. 219. Die benannte Spezifik gilt für die Methoden der Feldforschung im weiteren Sinne genauso wie für die teilnehmende Beobachtung im engeren Sinne. Da die Begriffe Feldforschung und teilnehmende Beobachtung oftmals gleichgesetzt werden, wird die zentrale Bedeutung Letzterer für ethnologisch-volkskundliche Forschungen deutlich. Vgl. ebd., S. 220 f.

257 Das Forschungsfeld erstreckt sich je nach Fragestellung über geografische, kulturelle und/oder soziale Einheiten. Vgl. hierzu u. a. Beer: Methoden ethnologischer Feldforschung (2008). Hess/Schwertl: Vom „Feld“ zur „Assemblage“? (2013).

258 Schmidt-Lauber: Feldforschung (2007), S. 233.

259 Vgl. Bendix, Regina: Was über das Auge hinausgeht: Zur Rolle der Sinne in der ethnographischen Forschung. In: Schweizerisches Archiv für Volkskunde, Band 102 (2006), S. 71–83.

260 Vgl. ebenso Schmidt-Lauber: Feldforschung (2007), S. 233 f.

261 Zusammenfassend zur Debatte um *writing culture* vgl. ebd., S. 238 ff.

262 Vgl. Hannerz: Studying Down (2006).

Beobachtungen war davon auszugehen, dass studentische Raucher/-innen aufgrund ihres Umgangs mit dem Rauchgut Zigarette keine Subkultur, keine homogene soziale Gruppe und auch keine feste Ritualgemeinschaft bilden. Um jedoch die Praxis des Rauchens in seiner körperlichen Dimension darstellen zu können, war eine teilnehmende Beobachtung an Orten des Rauchens folgerichtig. Zu diesen Orten zählen beispielsweise Haupt- und Nebeneingänge zu Gebäuden, Gebäudevorplätze, Grünanlagen auf dem Campus, Treppenanlagen auf dem Campus, aber auch der studentische Wohnraum (eine besondere Bedeutung kommt hier dem Balkon zu, vgl. Kapitel sechs und sieben) und Orte des Feierns. Schwerpunkte meiner Beobachtungen waren in den Jahren 2006 bis 2008 die Universitätsgelände in Bonn, Köln und Düsseldorf.[263] Nach Begehung der Geländeflächen und ersten informellen Kontakten zu Rauchenden an den genannten Hochschulen fokussierte die Untersuchung vorrangig ortsfeste Rauchsituationen[264], an denen überhaupt eine lokale Teilnahme möglich war. Eine Teilnahme an sozialen Formationen in ortsfesten Rauchräumen verlangte eine weitere Legitimation abseits des Forschungsinteresses, da rauchenden Gemeinschaften eine Hierarchie innewohnt, die nicht aus der Konsumsituation selbst, sondern aus dem Studium hervorgeht. Mit Hilfe von *Gatekeepern* erhielt ich Zugang zu Kommunikationssituationen und zahlreichen Mitgliedern loser Rauchgemeinschaften, wodurch mittels Notizen und informeller Gespräche weitere Daten gewonnen wurden. Die Ergebnisse der teilnehmenden Beobachtung sind im Folgenden in der Diskussion mit den Interviewquellen zusammengeführt, da die Handlungen gemeinsam mit den Sinnzuschreibungen der Rauchenden dargestellt und interpretiert werden sollen. Besonders erkenntnisreich hinsichtlich medikaler Logiken war dabei ein Blick auf zeitlich-räumliche Strukturierungen des Tabakkonsums, auf Rauchsituationen in Gemeinschaft und alleine sowie auf die Dimension des Körpers. Ein letzter methodischer Schritt nach Erhebung, Auswertung, Systematisierung der Befunde und ihrer Interpretation besteht nun in der Verschriftlichung der Ergebnisse.

---

263 Durch die landesrechtliche Verankerung von Rauchverboten in Gebäuden öffentlicher Trägerschaft bot sich die Fokussierung auf ein Bundesland an. Dort war von vergleichbaren Rahmenbedingungen für studentische Rauchsituationen auf dem Hochschulgelände auszugehen. Neben den rechtlichen Rahmenbedingungen sprach die Größe der Studierendenschaft für die genannten Universitäten. Ein hohes Potenzial an Rauchenden (Interviewpartner/-innen) und beobachtbaren Rauchsituationen war aufgrund der Hochschulgrößen zu erwarten.

264 Zur Unterscheidung verschiedener ortsfester Rauchsituationen vgl. Kapitel III.2.3 Rauchinseln, *Spacing* und Raumorientierungen.

II. Rahmung der empirischen Erhebung

1. Zigaretten: ein kulturhistorischer Aufriss

Das Konsumformat Zigarette stellt die am weitesten verbreitete Produktform auf dem Tabakmarkt dar. Daher ist ein Blick zurück auf Verbreitungswege des Tabaks in Europa, insbesondere in Deutschland, zur Begründung des aktuellen Ausmaßes des Gebrauchs von Zigaretten notwendig. Befördert wurde die Verbreitungsdynamik auf dem europäischen Kontinent im 19. und 20. Jahrhundert durch die Mechanisierung der Zigarettenherstellung, Werbung für Tabakprodukte wie auch durch die staatliche Förderung der Tabakproduktion, welche höhere Steuereinnahmen erwarten ließ.[265] Verantwortlich für die schnelle Akzeptanz des Produktformats Zigarette in verschiedenen Bevölkerungsmilieus waren mehrere parallel verlaufende kulturelle, politische und industrielle Entwicklungen, die den Tabakgebrauch zu einem Indikator für die Analyse kultureller Veränderungsprozesse werden lassen.[266]

Noch vor der Einführung von Tee, Kaffee oder Zucker war Tabak „das erste außereuropäische Genußmittel, das sich in den europäischen Kulturen etablieren konnte"[267]. Seit dem frühen 16. Jahrhundert gelangte die kulturelle Praxis des Rauchens, wie zuvor bereits die Tabaksamen zur Pflanzenaufzucht, mit Hilfe spanischer und portugiesischer Seefahrer aus Mittel- und Südamerika nach Nord- und Osteuropa, später nach Zentralasien und schließlich nach Afrika.[268] Ob in dieser Zeit Tabak nach amerikanischem Gebrauchsmuster konsumiert wurde oder Bild- und Schriftquellen spanischer Eroberer als Vorlage für europäische Konsumformen oder Konsumsituationen dienten, ist zweifelhaft.[269] Analog zu anderen importierten Pflanzen wie z. B. dem Hanf wurde die Tabakpflanze zunächst medizinisch genutzt.[270] Tabak diente der adeligen Oberschicht als wirksames Brech- oder Abführmittel und wurde bei Wundbehandlungen sowie gegen Kopfschmerzen eingesetzt.[271] Der heilenden Wirkung der Tabakpflanze ist auch

---

265 Vgl. Briesen, Detlef: Das gesunde Leben. Ernährung und Gesundheit seit dem 18. Jahrhundert. Frankfurt a. M. 2010, S. 216.

266 Vgl. Hirschfelder, Gunther: Alkoholkonsum am Beginn des Industriezeitalters (1700–1850). Vergleichende Studien zum gesellschaftlichen und kulturellen Wandel, Band 2: Die Region Aachen. Köln/Weimar/Wien 2004, S. 250.

267 Dieterich: Dicke Luft (1998), S. 11.

268 Vgl. Sandgruber: Bittersüße Genüsse (1986), S. 91; sowie Dieterich: Dicke Luft (1998), S. 11 f.

269 Vgl. Hengartner: Tabak (2001), S. 195 ff.

270 Bis ins 19. Jahrhundert hinein nutzten Ärzte Tabak und Hanfprodukte zur Behandlung von Krankheiten, die in Teilen noch als Resultat einer Säftestörung nach humoralpathologischem Verständnis gedeutet wurden. Vgl. Tanner, Jakob: Rauchzeichen. Zur Geschichte von Tabak und Hanf. In: Hengartner/Merki: Tabakfragen (1996), S. 15–42, insbesondere S. 26 f. Die Verwendung von Tabak- und Hanfprodukten zu therapeutischen Zwecken ist bis in das Jahr 2012 belegt. Im Tabakgesetz von 2009 sind konkrete Ausnahmen formuliert, welche nikotinhaltige Heilmittel nicht unter die Restriktionen der Tabakgesetzgebung fallen lassen. Zudem ist Patient/-innen in geschlossenen Nervenheilanstalten zum Teil das Rauchen in der Klinik erlaubt. Vgl. Gesetz zum Schutz von Nichtraucherinnen und Nichtrauchern in Nordrhein-Westfalen (Nichtraucherschutzgesetz NRW – NiSchG NRW) §3(3), http://www.mgepa.nrw.de/mediapool/pdf/gesundheit/Nichtraucherschutzgesetz_Juli_2009.pdf, zuletzt geprüft am 25.04.2015.

271 Vgl. Hengartner: Tabak (2001), S. 196.

die Benennung ihres Wirkstoffes nach Jean Nicot (1530–1604) geschuldet, der sie von Portugal aus nach 1560 an den französischen Hof brachte, um die Tabakpflanze als „Heil- und Medizinalpflanze"[272] am Hof zu etablieren. Die Bezeichnung *Herba Nicotiana* setzte sich noch vor Ende des 16. Jahrhunderts in gelehrten Kreisen der Chemie und Medizin in Europa durch.[273] Das neue Heilmittel Tabak fand auch im deutschsprachigen Raum Anwendung.

Der Einsatz von Tabak als Genussmittel fasste zunächst am Ende des 16. Jahrhunderts in England Fuß, was die Briten noch vor Mitte des 17. Jahrhunderts „zu europäischen Pionieren der neuen Mode"[274] des Genussrauchens machte. Sogar von Lehrern der Rauchkunst wird berichtet, und gleichzeitig von der Verbreitung erster Pamphlete gegen das Genussrauchen.[275] Im 17. Jahrhundert verbreiteten sich der Anbau von Tabakpflanzen sowie das Genussrauchen in Europa geographisch wie auch in sozialen Milieus derart schnell, dass von einer „Drogenkrise" gesprochen wurde, die staatliche Stellen zu kontrollieren versuchten.[276] Im 17. und 18. Jahrhundert finden sich schließlich über den Gebrauch und Genuss von Tabak nahezu in allen Ländern Europas Belege, die nicht auf eine Restriktion auf obere oder untere Gesellschaftsschichten schließen lassen. Neben dem eingerollten Tabakblatt (Zigarrenform) und dem Tabakschnupfen in französischen Adelskreisen war die Konsumform Pfeifentabak zwischen dem 17. und 19. Jahrhundert populär. Der Gebrauch von Rauchtabakprodukten unterstand bis 1848 obrigkeitlichen Reglementierungen, denn die Zigarre war zum Symbol bürgerlicher Subversion geworden. An der Universität Bonn ist beispielsweise das Pfeiferauchen von Studenten in einer Juravorlesung aus dem Wintersemester 1822/23 belegt.[277] Obwohl der Senat der Universität 1819 entschieden hatte, dass weder in den Fluren noch in den Vorlesungsräumen geraucht werden dürfe, widersetzten sich die Jurastudenten, was zu einem Eklat samt Eintrag in die Universitätsakten führte. Erst die Revolution von 1848 brachte fast überall in Deutschland die Rauchfreiheit.[278] Die Rauchfreiheit bahnte Mitte des 19. Jahrhunderts, angetrieben durch die industrielle Revolution, den Weg, das Genussrauchen durch ein neues Tabakproduktformat im großen Stil zu kommerzialisieren.

Vor der Einführung der maschinell gefertigten Zigarette im letzten Viertel des 19. Jahrhunderts war Tabak in ähnlicher Gebrauchsform auf dem europäischen Kontinent bekannt: Das Rauchen der „kleinen Zigarre", der aus Tabakabfällen in Papier

---

272 Ebd., S. 197. Vgl. Dieterich: Dicke Luft (1998), S. 12 f.

273 Vgl. Precht/Baumgartner: Tabak (1993), S. 17; sowie Conte Corti, Caesar Egon: Die Geschichte des Rauchens. Frankfurt a. M. 1986. Nachdruck des Originals aus Leipzig 1930. Conte Corti war offensichtlich seit 1937 Mitglied des national-sozialistischen Bundes deutscher Schriftsteller. Die Quelleninterpretationen und historischen Verbindungen, die er in der Geschichte des Rauchens darlegt, sind daher mit entsprechendem Blick auf die Lebensumstände des Autors zur Kenntnis zu nehmen.

274 Hirschfelder: Alkoholkonsum (2004), S. 280.

275 Zur Rolle von Sir Walter Raleigh und der Popularisierung des Genussrauchens im 17. Jahrhundert vgl. Dieterich: Dicke Luft (1998), S. 14 f.

276 Ebd.

277 Müller, Jens-Peter: Mit Porzellanpfeife und Hund im Hörsaal. In: Forsch. Bonner Universitäts-Nachrichten. Nov. 2007, S. 36.

278 Vgl. Menninger: Genuss im kulturellen Wandel (2008), S. 304 ff.; Briesen: Das gesunde Leben (2010), S. 216 f.

umwickelten französischen *Cigarette,* verbreitete sich in der zweiten Hälfte des 19. Jahrhunderts insbesondere unter britischen, französischen und russischen Soldaten, die während des Krimkrieges milde, orientalische Tabaksorten kennengelernt hatten. Neben dem Import von Tabak sorgte der Anbau von Tabakpflanzen in kleinen Mengen für einfachen Zugang zum Rauchgut, Belege des Tabakanbaus finden sich beispielsweise in der Schweiz und in Österreich.[279] Verschiedenartige Verbreitungswege, die zu einer einfachen Beschaffung von Tabak und niedrigen Kosten führten, sind daher wahrscheinlich. Auf der Weltausstellung von 1867 in Paris präsentierte schließlich das Unternehmen *Susini* eine Zigarettenmaschine, deren stündliche Produktionsleistung bei 3.600 Zigaretten (60 pro Minute) lag.[280] Die Grundlage für die industriell hergestellte „gedrehte" Zigarette stammte von James Albert Bonsack (1859–1924), der seine Zigarettenrollmaschine mit dem Produktionsvolumen von 200 Zigaretten pro Minute 1881 in den Vereinigten Staaten patentieren ließ.[281] Im Zuge der Industrialisierung veränderten sich die Lebensgewohnheiten und Rahmenbedingungen der Menschen stark. Auch wenn Zigaretten im ausgehenden 19. Jahrhundert noch keinen substanziellen Anteil auf dem Tabakmarkt ausmachten, galten Zigarren jedoch bereits als ein Symbol für „bürgerliche Behäbigkeit und Reichtum"[282]. Im späten 19. Jahrhundert veränderten sich folglich die Produktionswege der Tabakverarbeitung, die wesentlich zur Standardisierung des Rauchgutes Zigarette sowie zur Etablierung moderner Konsummuster beitrugen.[283] Das Rauchgut selbst war nunmehr zu einem industriellen Produkt geworden, welches mit seinem Produktdesign in unterschiedlichste Kulturen und Subkulturen vordringen und sich aufgrund einer verkürzten Konsumdauer in verschiedenartigen Situationen etablieren konnte.[284]

Ende des 19. Jahrhunderts war die technisierte Zigarettenproduktion soweit etabliert, dass es mit einem täglichen Produktionsvolumen von über 100.000 Zigaretten möglich war, die Verkaufspreise trotz steigender Steuern und der Import- oder Exportkosten relativ gering zu halten.[285] Die Einführung industriell gefertigter Zigaretten führte nicht überall zu einer schnellen Revolution der Rauchgewohnheiten. Dies trifft für Deutschland vor 1900 insbesondere auf die relativ konstanten Marktanteile von Zigarren und Pfeifentabak zu.[286] Das Angebot kostenfreier Tonpfeifen mit einem

---

279 Traxler-Gerlich, Nadja: Tabakanbau in Österreich. In: Wiener Journal, No. 21 vom 28. Mai 2005, S. 12–13. Tabakanbau ist für viele Regionen belegt, in Schweden wurde der Anbau von Tabak in den späten 1960er Jahren verboten. Etwa 3000 Hektar landwirtschaftlich genutzter Fläche wurden 2007 für den Anbau von Tabakpflanzen in Deutschland genutzt. Der Tabakanbau wird bis zum Jahr 2013 von der Europäischen Union subventioniert. Vgl. Tabakatlas (2009), S. 66.

280 Vgl. Precht/Baumgartner: Tabak (1993), S. 29.

281 Vgl. Brandt: Cigarette Century (2009), S. 27.

282 Kolte: Rauchen (2006), S. 24.

283 Die frühen Zigarettenfabrikate unterschieden sich in Aussehen und Inhalt wenig von dem heute als Zigarette bezeichneten Rauchgut. Daher rührt auch die Einschätzung Kai Prechts, dass die maschinell hergestellte Zigarette zu Beginn des 20. Jahrhunderts als beispielhaft für die Beschleunigung aller alltäglichen Vorgänge angesehen werden kann. Als Ausdruck schnelllebiger Modernität steht das Zigarettenrauchen dem Zigarren- und Pfeiferauchen gegenüber. Vgl. Precht/Baumgartner: Tabak (1993).

284 Vgl. Brandt: Engineering Consumer Confidence (2004).

285 Vgl. Marquardt/Merkele: Marlboro-Mann (2003), hier S. 28.

286 Vgl. Briesen: Das gesunde Leben (2010), S. 221 f.

Getränk im Public House war auf den Britischen Inseln in der zweiten Hälfte des 19. Jahrhunderts noch ein Zeichen von Gastfreundschaft.[287] Industriell gefertigte Zigaretten wurden hingegen in weniger gastlichen Situationen, an öffentlichen Orten auf der Straße konsumiert.[288] Weite Verbreitung fanden zu Beginn des 20. Jahrhunderts Orientzigaretten, „die unter exotisch klingenden Namen wie *Sulima, Yendize, Harem* und *Nil* angeboten wurden"[289]. Resultat der Verbilligung von Tabakprodukten durch die Form der Zigarette war ein vereinfachter Produktzugang, der auch Heranwachsenden oder schlecht bezahlten Arbeitern den Konsum von Zigaretten ermöglichte. Durch den einfachen Zugang und die einfache Anwendung des Fertigprodukts Zigarette symbolisierte das Zigarettenrauchen unter Jugendlichen schnell den Einstieg ins Erwachsenenalter.[290] Das Zigarettenrauchen erfuhr während der ersten Frauenbewegung gerade deshalb eine symbolische Aufladung, da Frauen zuvor von Orten des Rauchens, den bürgerlichen Herrenzimmern oder Klubs, ausgeschlossen waren, was die Rauchkultur in dieser Zeit maskulin prägte.[291] Gleichzeitig setzt ein Trend der Veralltäglichung des Rauchens ein: angestoßen zunächst durch das Rauchen von Zigarren „in fast allen alltäglichen Situationen"[292], dann nochmals beschleunigt durch die kurze Verbrauchsdauer der Zigarette. Die erste industriell hergestellte Zigarette des *American Blend,* die Marke *Camel,* wurde 1913 auf dem US-amerikanischen Markt eingeführt[293], immerhin drei Jahre nachdem SEITA in Frankreich die beiden Markenfabrikate *Gitanes* und *Gauloises* gründete.[294]

---

287 Vgl. Hilton, Matthew: Smoking and Sociability. In: Gilman/Xun: Smoke (2004), S. 126–133, hier S. 129 f.

288 Vgl. Ebd., S. 130.

289 Precht/Baumgartner: Tabak (1993), S. 30.

290 Vgl. Hengartner: Tabakkonsum (1996), hier S. 121.

291 Die Maskulinität der Rauchkultur ist seither wiederholt untersucht und belegt worden. Eine britische Studie, die während des Zweiten Weltkrieges die Rauchgewohnheiten in der Arbeiterschicht in England untersuchte, stellte fest, dass das Zigarettenrauchen mit aggressivem Sprachgebrauch einhergehe und daher einen speziellen Ausdruck der „masculine culture among working-class smokers" darstellt. Hilton: Smoking and Sociability (2004), S. 131; Hilton, Matthew: Der Konsum des Unschicklichen. Raucherinnen in Großbritannien 1880–1950. In: Siegrist, Hannes/Kaleble, Hartmut/Kocka, Jürgen (Hg.): Europäische Konsumgeschichte. Zur Gesellschafts- und Kulturgeschichte des Konsums (18. bis 20. Jahrhundert), Frankfurt a. M./ New York 1997, S. 495–526. Als weiterer Ausdruck der Maskulinität des Rauchens kann die Feminisierung des Konsumproduktes Zigarette angesehen werden. Um die Wende zum 20. Jahrhundert belegen Prosa und Lyrik diesen Trend durch die Bezeichnungen „Verführerin" und „Geliebte". Bekanntestes Beispiel ist der Buchtitel „My Lady Nicotine" des Autors von Peter Pan, James Barries, aus dem Jahr 1896. Vgl. Umberger, Eugene: In Praise of Lady Nicotine: A Bygone Era of Prose, Poetry ... and Presentation. In: Gilman/Xun: Smoke (2004), S. 236–247.

292 Hengartner: Tabak (2001), S. 204.

293 Die Produktbezeichnung „Camel" verweist auf die Wichtigkeit orientalischer Tabaksorten während der Einführung der Tabakmischung American Blend. Die Entwicklung des Zigarettentabakkonsums auf dem US-amerikanischen Markt ist im Gegensatz zu Europa oder konkret Deutschland seit dem Zweiten Weltkrieg umfangreich aufbereitet worden. Vgl. Brandt: Cigarette Century (2009).

294 Die Fabrikationsgesellschaft Societé d'Exploitation Industrielle des Tabacs et Allumettes (SEITA) wurde 1811 gegründet und gehörte bis 1990 dem französischen Staat. Beide Markenfabrikate bestanden aus gewöhnlichem Caporal (Gauloises) gemischt mit mildem Caporal und

„Ein Quantensprung für die Tabakindustrie […] als der American Blend Tabak entwickelt wurde: hergestellt aus einer Mischung amerikanischer und orientalischer Tabake und durch ein spezielles Verfahren getrocknet, war diese Tabaksorte sehr viel milder und enthielt weniger Nikotin."[295]

Der Gebrauch französischer beziehungsweise ungarischer Zigaretten verbreitete sich vor und während des Ersten Weltkrieges; in Deutschland stießen die *Gauloises*, deren Name einen nationalistischen Entstehungskontext augenfällig machte, auf Ablehnung.[296] Die ersten Filterzigaretten gelangten mit dem Versprechen eines kurzweiligen Rauchvergnügens in den 1930er Jahren auf den Markt.[297] Die kleine und milde Filterzigarette erreichte im ersten Drittel des 20. Jahrhunderts zudem eine weitere Konsumentengruppe: die Raucherinnen.

Kultur- und konsumhistorische Studien weisen außerdem immer wieder auf „das oral-erotische Element" des Zigarettenrauchens „als spezifischen Ausdruck der Periode zwischen 1890 und 1930"[298] hin. Möglicherweise ist dies der Parallelität des Aufkommens freudianischer Interpretationsversuche[299] und dem Phänomen der rauchenden Frauen geschuldet. Eine weitere Erklärung für die Ausdehnung des Zigarettenrauchens liegt in den veränderten Aufgabenbereichen der Frauen nach dem Ersten Weltkrieg. „Der mit dem Krieg verbundene Zusammenbruch äußerer Konventionen und scheinbarer innerer Werte schuf einen Freiraum, der das Rauchen der Frau auch in der Öffentlichkeit kaum mehr als außergewöhnlich erscheinen ließ."[300] Sie wurden als Arbeitskräfte benötigt und trugen einen Teil zum Einkommen der Familie bei, wenn sie nicht sogar vollständig für das Auskommen der Familie sorgten. Tabakkonzerne nahmen diese veränderte Konsumnachfrage aufgrund ökonomisch-soziokultureller Entwicklungen auf und brachten in der Zwischenkriegszeit Zigaretten wie *Our little Beauties* oder *Herbe de la Reine* auf den Markt[301], deren Namen insbesondere Frauen ansprechen sollten. Die Praxis der neuen Zielgruppe führte in Zeitungen und Journalen mitunter zu karikierenden Darstellungen „emanzipierter Frauen" mit Pfeife oder Zigarette in der Hand posierend.[302] Gerade deshalb eignete sich die kleine, schlanke und weiße Zigarette zum symbolischen Ausdruck des Einverleibens einer männlich konnotierten Kulturpraxis. Im Zuge der Emanzipationsbewegungen[303] griffen Frauen auch in Deutschland das Symbol der Zigarette in der Öffentlichkeit auf. Daneben er-

---

Maryland Tabak (Gitanes). Vgl. Goodman, Jordan (Hg): Tobacco in History and Culture: an Encyclopedia. Farmington Hills 2005, S. 248 f.

295 Marquardt/Merkele: Marlboro-Mann (2003), S. 28 f.

296 Vgl. Goodman: Tobacco in History (2005), S. 248 f.

297 Vgl. Hengartner: Tabak (2001), S. 204 f.; sowie Brandt: Engineering Consumer Confidence (2004), S. 332–343.

298 Schivelbusch: Das Paradies (2005), S. 137.

299 Vgl. Kastenbutt: Smoke gets in your eyes (2003), S. 79–98, besonders S. 85.

300 Precht/Baumgartner: Tabak (1993), S. 31.

301 Die beiden Zigarettenprodukte waren auf dem US-amerikanischen Markt erhältlich und sprachen laut Precht besonders Damen der Mittelschicht aus dem Osten der Vereinigten Staaten an. Vgl. ebd.

302 Vgl. Schivelbusch: Das Paradies (2005), S. 128 ff.

303 Seit der Einforderung des Frauenwahlrechts von 1919 wie auch in der folgenden Frauenbewegung seit den 1960er Jahren.

laubten sich kunstschaffende Vertreterinnen seit der Jahrhundertwende das Rauchen von Zigaretten vor allem in halbweltlichen Kontexten und unter frankophilen Intellektuellen: unter Schriftstellerinnen, in den Darstellenden Künsten des Theaters und Lichtspiels, in den Bildenden Künsten.[304] Abseits gesellschaftlicher und kultureller Übereinkünfte benötigten Filmfiguren keine männliche Begleitung, um die Identität ihrer Kunstfiguren zu bestätigen. „The curtain of smoke they created between themselves and the camera signified their aloofness from the world, their separateness from the rules and conventions of society and culture."[305]

Ein Rückgang im Tabakkonsum trat mit Aufkommen des Nationalsozialismus in Deutschland ein. Die Assoziation von Tabakkonsum mit Gesundheitsrisiken beginnt in dieser Zeit. In den 1930er Jahren etablierten sich nationalsozialistische Normvorstellungen von Rassenhygiene und körperlicher Natürlichkeit, die verglichen mit anderen industrialisierten Ländern zu einer Sonderentwicklung im weiblichen Konsum von Zigaretten führte.[306] Galt während der Weimarer Republik das Rauchen im städtischen Milieu noch als ein Zeichen bürgerlicher, demokratischer Gesinnung, im Film der Weimarer Zeit als Signum bourgeoisen Vergnügens[307], wurde die Zigarette durch die nationalsozialistische Ideologisierung zu einem unweiblichen Attribut.[308] Die NS-Propaganda der 1930er und 1940er Jahre argumentierte rassisch und gesundheitlich gegen den Tabakkonsum.[309]

Erst nach dem Zweiten Weltkrieg ließ die US-amerikanische Zigarette des *American Blend* die Orientzigaretten auf dem deutschen Markt in Vergessenheit geraten, da Erstere in Zeiten der „Tabaknot"[310] zum wichtigsten Tauschmittel der Schattenwirtschaft aufstieg. Nach dem Zweiten Weltkrieg bauten Kleinpflanzer, die dazu in der Lage waren, Tabak an.[311] Zigaretten erhielten in den Sektoren eine wichtige Funktion als Tauschmittel und Ersatzwährung. Schlechte Gesundheitslage und Lebensmittelknappheit beschleunigten den kleinzelligen Tabakanbau. Denn „die Menschen wurden nicht in erster Linie krank, weil sie eigenen und schlechten Tabak rauchten; sie rauchten umgekehrt selbst minderwertigen Tabak, weil sie nur so die katastrophale Ernährungs- und Gesundheitslage aushalten zu können glaubten"[312]. Zigaretten galten als wertstabil und versprachen im Vergleich zur Geldwährung eine zuverlässige

304 Vgl. Isenberg, Noah: Cinematic Smoke: From Weimar to Hollywood. In: Gilman/Xun: Smoke (2004), S. 248–255; Koppenhöfer: Ambivalenz des Rauchens (2002), S. 53–78.

305 Hilton: Smoking and Sociability (2004), hier S. 126.

306 Vgl. Welshman: Smoking, Science and Medicine (2004), besonders S. 328.

307 Vgl. Isenberg: Cinematic Smoke (2004).

308 Rassistische Propaganda während des Naziregimes bezog alltägliche Verhaltensweisen mit ein. Pseudowissenschaftliche Studien zum Rauchverhalten der jüdischen Bevölkerung versuchten nachzuweisen, dass Juden den Anforderungen des modernen Lebens in Deutschland oder Österreich nicht gewachsen seien und daher ihre „Nervosität" durch die Nervenstimulation mit Zigarren zu beruhigen suchten. Vgl. Gilman, Sander L.: Jews and Smoking. In: Ders./Xun: Smoke (2004), S. 278–285, besonders S. 284 f.

309 Vgl. ebd.

310 Merki, Christoph Maria: Die amerikanische Zigarette – das Maß aller Dinge. Rauchen in Deutschland zur Zeit der Zigarettenwährung (1945–1948), in: Hengartner/Ders.: Tabakfragen (1996), S. 57–82, S. 64.

311 Ebd.

312 Ebd., S. 65.

Handelsbasis. Dieses umfassende Diffusionsmuster ließ die Anzahl von Raucherinnen und Rauchern in Mitteleuropa ansteigen.[313] Die Wohlstandsjahre der Wirtschaftswunderzeit brachten schließlich ein Rollenmodell der Mutter und Hausfrau hervor, welches das halbweltliche Image der rauchenden Verführerin, wie es zwischen den Weltkriegen von Schauspielerinnen und Tänzerinnen repräsentiert worden war,[314] ablöste durch das einer modernen, emanzipierten und erwerbstätigen Raucherin.

Geschichtlich betrachtet zeigt die Entwicklung rauchbarer Tabakwaren, insbesondere durch die schnelllebige Gebrauchsform der Zigarette, ein immer weiter beschleunigtes Konsumformat.

> „Beschleunigung ist vielleicht *das* Phänomen der Moderne überhaupt. Die Industrie produziert immer mehr Waren in immer kürzeren Zeiträumen, und die Menschen konsumieren diesen anschwellenden Warenstrom in entsprechend zunehmender Schnelligkeit und Dichte.“[315]

Die beschleunigte Abfolge der häufigsten Gebrauchsformen des Tabaks von der Pfeife im 17. und 18. Jahrhundert zur Zigarre seit Beginn des 19. Jahrhunderts und schließlich zur Zigarette in der zweiten Hälfte des 19. Jahrhunderts trägt daher eindeutige Züge eines Indikators für kulturelle Veränderungsprozesse. Die Form der Waren ist in immer kürzerer Zeit für den Konsumenten verbrauchbar und enthält durch Beimischungen und Geschmacksstoffe weniger hochwertige Tabaksorten als andere rauchbare Tabakprodukte. Zum Rauchen einer Zigarette ist ein geübter Umgang mit Rauchutensilien keine Voraussetzung, ebenso wenig wie ein Spezialwissen um die Handhabung der Gerätschaften, die beispielsweise für das Rauchen von Pfeifentabak notwendig ist. Pfeife und Zigarre, die im 20. Jahrhundert demonstrativ, nahezu symbolisch, dem Beschleunigungstrend der Epoche trotzen[316], verlieren im Vergleich mit der Zigarette seither Anteile auf dem Produktionsmarkt. Schnell Produziertes und schnell Konsumiertes formen die Anzeichen der post-industrialisierten Moderne.

Amerikanische Wissenschaftler belegten 1950 nochmals die kausalen Zusammenhänge zwischen Lungenkrebs und Tabakkonsum. Kurze Zeit später setzte in Westdeutschland die „Fresswelle“ ein, die den Alkohol- und Zigarettenverbrauch zwischen 1950 und 1960 jeweils um über 300 Prozent anhob.[317] Gründe für diese Steigerungsrate sieht Briesen im vermehrten Wohlstand großer Bevölkerungsteile wie auch in der Säkularisierung der Festkultur seit der Nachkriegszeit. Feste oder Partys werden seither im Freundes- und Bekanntenkreis gefeiert, was nicht zuletzt die Struktur der Festgesellschaften (Feieranlass, Altersstruktur, Form der Feste etc.) veränderte. In der veränderten Festkultur zeichnet sich ein langfristiger Trend „zur Veränderung von Gesundheit und Konsum im Rahmen einer nun modernen Massenkonsumgesellschaft“[318]

---

313 Vgl. Precht/Baumgartner: Tabak (1993), S. 34 f.

314 Vgl. Koppenhöfer: Ambivalenz des Rauchens (2003), hier S. 55 f.

315 Schivelbusch: Das Paradies (2005), S. 123.

316 Vgl. ebd., S. 127.

317 Die Steigerungsrate bezieht sich pro Kopf auf die gemeldete Einwohnerzahl in Westdeutschland. Vgl. Briesen: Das gesunde Leben (2010), S. 209.

318 Ebd., S. 209.

ab.[319] Das präventionspolitische Aktivitätsfeld musste daher von Politik und Medizin neu abgesteckt werden. In den folgenden zehn Jahren erreichen jedoch nur zögerlich Informationen über die Risiken und Folgen des Tabakkonsums die Öffentlichkeit.[320] Großangelegte medizinische Kohortenstudien der späten 1960er Jahre erinnerten die öffentliche Gesundheitspflege daran, dass Zigarettenrauchen eine ernst zu nehmende Gefahr darstellt.[321] In den 1970er und 1980er Jahren griffen deutsche Gesundheitsbehörden zunächst mittels freiwilliger Richtlinienvereinbarungen in das Marktgeschehen der Tabakindustrie ein (Werbung etc.).[322] Eine Kultur des Rauchstopps begann als historisch dokumentiertes Novum zu Beginn der 1960er Jahre, in denen ebenfalls erste Studienergebnisse über gesundheitliche Schädigungen durch das Rauchen von den Medien und einzelnen Bevölkerungsschichten rezipiert wurden. „Smokers helped, cajoled and supported friends' and colleagues' efforts to quit, while they were ready to forgive and forget the failed attempts."[323]

Die vorerst letzte Wende in der Bewertung des Zigarettenrauchens von einer krankheitsbefördernden Genusspraktik hin zum Suchthandeln lässt sich in das Jahr 1982 datieren. Bis dato hatte sich das wissenschaftlich belegte Spektrum der durch das Rauchen verursachten Erkrankungen zu einem „regelrechten Horrorkabinett"[324] ausgeweitet. Nach zahlreichen Studien, die den ursächlichen Zusammenhang zwischen Tabakkonsum, verschiedenen Krebsarten sowie koronaren Herzerkrankungen etc. belegten, nannte der oberste US-amerikanische Gesundheitspolitiker Charles Everett Koop das Rauchen die größte singuläre vermeidbare Todesursache in der Gesellschaft

---

319 Zusätzlich zu diesem Trend bleibt festzuhalten, dass sich die staatliche Gesundheitspolitik aus dem Geschäft der Prävention herauszuziehen begann. Die präventionspolitischen Ansätze der Nachkriegszeit, wenn man diese so bezeichnen kann, bedurften nach dem volksgesundheitlichen und rassenhygienischen Dogma der Nationalsozialisten einer grundlegenden Neuausrichtung. Jedoch fielen in dieser Zeit präventive Ansätze aus dem Reformfokus der Neugestaltung des öffentlichen Gesundheitswesens der jungen Bundesrepublik heraus. Lebensweltliche (Trinkwasser, Sanitätswesen u.a.) und hygienische (Impfungen, Körper- und Sexualhygiene) Ansätze aus dem späten 19. Jahrhundert wurden hingegen aufgegriffen, was bis in die 2. Hälfte des 20. Jahrhunderts hinein entscheidend zur Verbesserung der Morbiditäts-/Mortalitätsraten führte. Vgl. ebd., S. 229.

320 Vgl. Imbusch, Peter: „Enjoy Smoking" – Die Zigarettenindustrie und ihre Abwehrschlachten. In: Ders./Rucht, Dieter (Hg.): Profit oder Gemeinwohl? Fallstudien zur gesellschaftlichen Verantwortung von Wirtschaftseliten. Wiesbaden 2007, S. 69–108.

321 Bereits im 19. Jahrhundert hatte es restriktive Politiken gegen den Genuss von Rauschmitteln im Allgemeinen und gegen das Rauchen im Speziellen gegeben. Der politische Diskurs um Rausch- beziehungsweise Genussmittel (später Drogen) und die Volksgesundheit sind daher kein Phänomen, welches erst durch den wissenschaftlichen Beleg über den Zusammenhang von Erkrankungen und Rauchen entstand. Hingegen die Qualität der Beweisgenauigkeit (ohne Widersprüchlichkeit oder moralischen Hintergrund) ließ den Antagonisten aus der Tabakindustrie wenig Argumentationsspielraum. Zur historischen Entwicklung des Drogendiskurses vgl. Lindenberg, Michael/Schmidt-Semisch, Henning: „Aber bitte nicht hier!" Zur Zukunft des Umgangs mit riskanten Substanzen. In: Hengartner/Merki: Tabakfragen (1996), S. 185–202.

322 Schon 1967 wurde Zigarettenwerbung im britischen Fernsehen verboten, und zwischen 1965 und 1971 verpflichteten Großbritannien und die Vereinigten Staaten die Zigarettenindustrie dazu, Warnhinweise auf Zigarettenpackungen anzubringen. Zeitgleich mit den ersten Verboten und Warnhinweisen trat eine neue Form mit dem Rauchen verbundener Soziabilität zutage.

323 Hilton: Smoking and Sociability (2004), hier S. 132.

324 Briesen: Das gesunde Leben (2010), S. 242.

und das größte Problem der Gesundheitsvorsorge unserer Zeit.[325] Diese Bewertung des Rauchens als größtes Problem der Gesundheitsfürsorge markierte für die internationale Gesundheitspolitik eine unmissverständliche Handlungsaufforderung, deren Einführung in Deutschland von der Tabakindustrie in beträchtlichem Ausmaß verzögert wurde.[326] Deutschland und Griechenland sind die einzigen Länder der Europäischen Union, in denen Außenwerbung, z. B. auf Plakaten, für Tabakprodukte noch erlaubt ist.[327] Die Bewertung des Rauchens vom Heilmittel über ein Genussmittel hin zum Suchtmittel zeigt aus der kulturellen Rahmung heraus verschiedenartige Ausformungen, da sie zeitlich und kontextuell einem Wandel unterliegt.

2.   Gesundheitspolitische Initiativen gegen das Rauchen

Die Verantwortlichkeiten für die Gesetzgebung beziehungsweise Initiation und Umsetzung tabakpräventiver Maßnahmen werden auf unterschiedlichen internationalen, europäischen und nationalen Ebenen subsidiär geregelt: in Deutschland bei Bund, Ländern und Kommunen; und schließlich liegt die Verantwortung bei den einzelnen Arbeitgebern, im Fall einer Universität also bei der Hochschulleitung, die sich an den Vorgaben des jeweiligen Landes (Hochschulträger) orientiert.[328] Sozialgesetzgebung, Arbeitnehmerschutz, Arbeitssicherheit und Gesundheitsgesetzgebung unterbauen dabei spezifische Maßnahmen[329], die wechselseitig durch regulative Eigenschaften neue soziale und semantische Zusammenhänge, Interdependenzen und Wissens- und Machtsysteme festigen oder neu entstehen lassen.[330] Auf Bundesebene befassen sich das Bundesministerium für Gesundheit (BMG), die Bundeszentrale für gesundheitliche Aufklärung (BZgA) und die Deutsche Hauptstelle für Suchtfragen (DHS) mit der Ta-

---

325 Koop war U.S. Surgeon General (U.S. Department of Health and Human Services, 1982) und leitete die oberste Gesundheitsbehörde der Vereinigten Staaten.

326 Nachdem das „Forschungsinstitut der Zigarettenindustrie" in Hamburg von den beteiligten Förderern geschlossen worden war, berief die Tabakindustrie den „Forschungsrat Rauchen und Gesundheit" aus dem Umfeld des Instituts ins Leben. Diese wurden noch 1985 zu einer Anhörung in den Deutschen Bundestag als Experten geladen. Daneben finanzierte die Tabakindustrie juristische Gutachten, die zu ihren Gunsten argumentierten. Vgl. Briesen: Das gesunde Leben (2010), S. 299 ff.

327 Siehe Tabakatlas (2009), S. 98 ff.

328 Die Föderalismusreform 2006 übertrug den Bundesländern entsprechende Kompetenzen, den Nichtraucherschutz an den Hochschulen im Land zu regeln. An Hochschulen des Bundes gelten entsprechende Bundesregelungen. Privatrechtliche Hochschulen können über Raucherlaubnis oder Rauchverbote kundenorientiert regulieren. Vgl. Buchner, Benedikt: Nichtraucherschutz an Hochschulen, o. J. Online-Dokument: http://www.rauchfreistudieren.de/resorcen/3/Buchner-Expertise.doc, zuletzt geprüft am 25.04.2015.

329 Vgl. Suchtprävention in der Bundesrepublik Deutschland. Grundlagen und Konzeption (Forschung und Praxis der Gesundheitsförderung, Bd. 24), hgg. von der Bundeszentrale für gesundheitliche Aufklärung, Köln 2004, S. 21 ff. Der gesetzliche Auftrag einzelner Einrichtungen ist in den betreffenden Rechtsakten (Arbeitsstätten, Arbeitsschutz, Hochschul- und Hochschulrahmengesetz, Beamtenschutz und Bürgerliches Gesetzbuch) definiert.

330 Vgl. Shore, Cris/Wright, Susan: Conceptualising Policy: Technologies of Governance and the Politics of Visibility. In: Dies./Però, Davide (Hg.): Policy Worlds. Anthropology and the Analysis of Contemporary Power. New York/Oxford 2011, S. 1–25, besonders S. 1 ff.

bakprävention. Dabei koordiniert die BZgA Abstimmung über Maßnahmen und Programme zwischen Bund und Ländern, indem sie zwischen Fachbeamten, Fachstellen und gemeinnützigen Trägern vermittelt. Für das Bundesministerium für Gesundheit ist Präventionspolitik ein wichtiges Handlungsfeld im staatlichen Gesundheitssystem, wodurch sie quasi zu einer institutionalisierten Überwachungsinstanz von Lebensstiloptionen wird.[331] Ein ganzes Bündel an Informations- und Aufklärungsinitiativen, gesetzlichen Regelungen zum Nichtraucherschutz sowie Altersbeschränkungen[332] für den Erwerb von rauchbaren Tabakwaren betrifft die Zigarette. Massiv reguliert die EU in Deutschland seit 2003 die Produktbewerbung und Produktpräsentation von Zigaretten und anderen rauchbaren Tabakprodukten.[333] Die Mitgliedsstaaten der EU verständigten sich 2007 auf eine gemeinsame Richtlinie „Für ein rauchfreies Europa"[334], welche die zentralen Handlungsfelder ihrer Tabakpolitik festlegt. Das europaweit koordinierte Anliegen begrenzt Teer und Nikotingehalt in industriell produzierten Tabakprodukten, stimmt Maßnahmen gegen den Tabakschmuggel unter den Mitgliedsstaaten ab und regelt die Einrichtung rauchfreier Arbeitsplätze. Als Oberbehörde des Bundes sorgt die BZgA für die Umsetzung europäischer Leitlinien. Rauchprävention ist einer der Aufgabenschwerpunkte der BZgA mit Sitz in Köln, die seit den 1970er Jahren bundesweite Studien und Kampagnen gegen das Rauchen durchführt. Seit 2001 zählt dazu die *rauchfrei*-Kampagne gegen den Tabakkonsum, in der es spezielle Angebote für Jugendliche gibt.[335] „Zentrales Ziel suchtpräventiven Handelns ist es, die mit dem schädlichen Gebrauch von legalen und illegalen Substanzen assoziierten Krankheiten und vorzeitigen Todesfälle so weit wie möglich zu verringern."[336] Die durch das Rauchen und seine Begleiterscheinungen verursachten Kosten beziffert die BZgA für das Jahr 2000 mit etwa 17 Milliarden Euro, dieser Summe stehen rund 80 Millionen Euro[337] Budget für Werbeausgaben der Tabakindustrie gegenüber.[338] Bei einem durchschnittlichen Zigarettenverbrauch von zehn Zigaretten pro Tag kostet der regelmäßige Verbrauch von Filterzigaretten bei einem Preis von knapp fünf Euro für 19 Zigaretten etwa 26 Cent pro Zigarette, 2,63 Euro pro Tag, etwa

---

331 Vgl. Beck-Gernsheim: Gesundheit und Verantwortung (1994), hier S. 331.

332 Am 01.09.2007 wurde die Altersbeschränkung für den Erwerb von Tabakwaren in Deutschland von 16 auf 18 Jahre angehoben.

333 Vgl. Vorschlag für eine Empfehlung des Rates zur Prävention des Rauchens und für Initiativen zur gezielteren Bekämpfung des Tabakkonsums (KOM/2002/0303 endg.): http://eur-lex.europa. eu/LexUriServ/LexUriServ.do?uri=CELEX:52002PC0303:DE:HTML, zuletzt geprüft am 25.04.2015.

334 Vgl. Grünbuch: Für ein rauchfreies Europa: Strategieoptionen auf EU-Ebene, COM (2007) 27 endgültig, S. 24, unter: http://eur-lex.europa.eu/LexUriServ/LexUriServ.do?uri=COM:2007:00 27:FIN:DE:PDF, zuletzt geprüft am 25.04.2015.

335 Das Ausstiegsprogramm für Erwachsene umfasst 21 Tage, für Jugendliche sind es 30 Tage. Die Zielstellung ist „vor allem das Erkennen persönlicher Risikosituationen und die Entwicklung individueller Kontrollstrategien, die für die Realisierung der eigenen Zielsetzung erfolgversprechend sind". Drogen- und Suchtbericht der Drogenbeauftragten der Bundesregierung, April 2008, S. 45.

336 Suchtprävention in der Bundesrepublik Deutschland (2004), S. 10.

337 Drogen- und Suchtbericht der Drogenbeauftragten der Bundesregierung. April 2008, S. 51. Die Angabe zum Werbebudget bezieht sich auf das Jahr 2006.

338 Das Tabakforum beispielsweise vergibt seit 1969 jährlich den Titel „Pfeifenraucher des Jahres", darunter an Helmut Kohl (1975), Norbert Blüm (1984) oder Wolfgang Schäuble (1990).

79 Euro im Monat und über 940 Euro pro Jahr.[339] Tabakprävention zählt auf kommunaler Ebene zu den Aufgaben der öffentlichen Kinder- und Jugendhilfe. Kommunale Fach- und Beratungsstellen bieten lokale Fortbildungsmaßnahmen an oder führen eigenständige Projekte zur Suchtvorbeugung durch.[340]

In den 1980er Jahren veränderten sich die Methoden der staatlichen Suchtprävention, da Aufklärung und Information über die Schädlichkeit und Wirkung des Tabakkonsums allein nicht als verhaltenssteuernd gelten konnten.[341] Die Entwicklung medizinisch-epidemiologischer Risikofaktorenmodelle führte zu einer strategischen Differenzierung von Verhältnisprävention (Umwelt- und kontextbezogene Maßnahmen) und Verhaltensprävention (das individuelle Handeln betreffend).[342] Zunächst richtete sich der Fokus auf die Ursachen süchtigen Verhaltens. Risikofaktoren gelangten ebenso in den Blickpunkt der Präventionskonzepte wie die Schutzfaktoren[343], welche die identifizierten Risikofaktoren ausbalancieren sollten. Monokausale Modelle zur Erklärung von Suchtverhalten wurden schließlich abgelöst von multidimensionalen Lerntheorien der sozialen Einflussnahme, des Risikoverhaltens und der Kompetenzförderung im Umgang mit gesundheitsschädlichen Suchtstoffen. Diese bilden „die zentralen Fundamente gängiger Suchtpräventionskonzepte"[344]. Ein weiterer Schritt in der Geschichte der Rauchprävention stellt der Versuch dar, Präventionsmaßnahmen und -kampagnen in Alltagszusammenhängen zu verorten und dadurch besondere Zielgruppen anzusprechen:

> „Angebote der Suchtprävention sind heute vielfach Bestandteil der schulischen Curricula; in Abstimmung mit den Kultusbehörden der Länder hat die BZgA für alle Schulstufen Unterrichtsmaterialien und Medienpakete zur Suchtprävention entwickelt. Oft werden Präventionsmaßnahmen in Form von Projektwochen in den Klassenstufen 8 bis 10 durchgeführt."[345]

Spezifische Angebote für Studierende hält die BZgA bislang nicht vor.[346] In Hinblick auf die Tabakentwöhnung lassen sich zwei Hauptzielgruppen präventiver Maßnah-

---

339 (Eigene Berechnung, Stand: November 2012).

340 Vgl. Bundeszentrale für gesundheitliche Aufklärung: Suchtprävention (2004), S. 27.

341 Das Wahlprogramm der SPD von 1980 verspricht „verstärkte Anstrengungen auf den Gebieten der Vorsorge, Früherkennung und Rehabilitation" und benennt damit eine Verstärkung ihrer präventiven Gesundheitspolitik. Vgl. Sicherheit für Deutschland, Wahlprogramm der SPD 1980, S. 25. Das Wahlprogramm der CDU/CSU von 1983 nimmt auf deren gesundheitspolitische Zielstellungen keinen Bezug. Vgl. Wahlprogramm der CDU/CSU zur Bundestagswahl am 6. März 1983 „Wir werden Deutschland in Ordnung bringen".

342 Zur Entwicklung der Präventionspolitik in Deutschland siehe Lengwiler/Madarász: Präventionsgeschichte (2010), S. 11–28.

343 Bundeszentrale für gesundheitliche Aufklärung: Suchtprävention (2004), S. 11. Unter Schutzfaktoren verstehen sich psychische wie soziale Ressourcen sowie eine allgemeine Lebenskompetenz.

344 Ebd., S. 11.

345 Ebd., S. 29. Beispielsweise wurden die Programme *ALF*, *Lions Quest* oder *Step by Step* auf der einen Seite für den Unterricht mit Materialien, auf der anderen Seite für Lehrer zur Früherkennung von Suchtverhalten entwickelt.

346 Grund dafür ist die schwierige Statuszuweisung von Studierenden, da keine Meldepflicht im Krankheitsfall gegenüber den Krankenkassen oder der Hochschule besteht. Auch können Studierende über ihre Eltern freiwillig privat oder gesetzlich versichert sein und müssen als studen-

men unterscheiden: Kinder und Jugendliche auf der einen, Erwachsene auf der anderen Seite. Zu den zentralen Kampagnen der Suchtprävention zählt an erster Stelle die *rauchfrei*-Kampagne, die den „Einstieg in das Rauchen zu verhindern, den Ausstieg aus dem Rauchen zu fördern und Nichtraucher – vor allem Kinder – vor Passivrauchen zu schützen"[347] sucht. Wichtige Informationsmittel dieser Kampagne sind Unterrichtsmaterialien, Broschüren und Beratungsleitfäden für unterschiedliche Beratungsstellen (Gemeinden, Schulen, Gesundheitswesen etc.), neben einer Telefonberatungsstelle für Tabakfragen. Weiterhin gibt es Mitmach-Angebote für Kinder und Jugendliche im Alter von etwa zwölf bis 14 Jahren durch den europaweiten Wettbewerb *Be smart – don't start*; Raucher/-innen im Erwachsenenalter sollen kraft der weltweiten Aktion *Quit and Win* zum Rauchstopp bewegt werden; Ausstellungen wie beispielsweise *SehnSucht* informieren über Suchtentwicklung, Hintergründe, Risiko- und Schutzfaktoren.[348]

In der Konkurrenz zwischen präventiven, kurativen und rehabilitativen Ansätzen der Gesundheitsförderung erfuhr die Prävention gegenüber der kurativen Medizin und der Rehabilitation in den vergangenen Jahren in Deutschland eine signifikante Aufwertung. Begleitet wird diese politische Entwicklung durch neoliberalisierte Präventionskulturen[349], in denen aufgeklärte, individuelle Akteure mit Hilfe disziplinierender Techniken gefordert sind, ihre Gesundheit zu erhalten beziehungsweise an einer Verbesserung ihres Gesundheitszustands aktiv mitzuwirken. Die Wirksamkeitsbewertung von Anti-Raucher-Initiativen in Deutschland zeigt, dass eine strengere Regulierung von Handel, Vertrieb und Bewerbung von Tabakwaren in der Vergangenheit offensichtlich weniger aussichtsreich erschien als eine Förderung der Disziplinierung von Raucherinnen und Rauchern selbst, die durch staatlich finanzierte Kampagnen dazu bewegt werden sollten, das Rauchen aufzugeben. Seit der Wende zum 21. Jahrhundert greifen Regelungen und Kontrollen beispielsweise beim Verkauf von Zigaretten an Automaten etc. ein, um Kinder und Jugendliche aus gesundheitlichen Gründen vor rauchbaren Tabakprodukten (als Konsumenten und vor passiver Exposition) zu schützen. Restriktionen der Verbreitung von Zigaretten waren hingegen im vorausgehenden Jahrhundert eher von handels- und steuerpolitischer Natur. Maßnahmen in der Steuerpolitik sowie Beschränkungen des Tabakmarktes zusammen mit der Gesundheitspolitik zielen nun darauf ab, den Entschluss des Europäischen Parlaments *Für ein rauchfreies Europa* umzusetzen und somit den „größten Nutzen für die Volksgesundheit"[350] zu erbringen. Diese Neuerung lässt Rückschlüsse auf den gesellschaftlichen Wert von Gesundheit zu, da es sich um eine präventionspolitische Entscheidung zur Marginalisierung einer spezifischen Kulturtechnik handelt, die auf

tische Beschäftigte erst ab einem Monatseinkommen von über 400 Euro von ihrem Arbeitgeber angemeldet werden.

347 Bundeszentrale für gesundheitliche Aufklärung: Suchtprävention (2004), S. 43.

348 Vgl. ebd., S. 46 (Stand 2004).

349 Vgl. Lengwiler/Madarász: Präventionsgeschichte (2010), S. 17 f.

350 „Mit Hinblick auf die unzweideutige wissenschaftliche Feststellung, dass Passivrauchen zu gesundheitlichen Schäden führt, und unter Berücksichtigung der Tatsache, dass die Maßnahmen für saubere Innenraumluft insgesamt zu einem Rückgang des Tabakkonsums geführt haben, ist die Kommission der Ansicht, dass die Strategie mit dem breitesten Anwendungsbereich den größten Nutzen für die Volksgesundheit bringt." Grünbuch: Für ein rauchfreies Europa: Strategieoptionen auf EU-Ebene, COM (2007) 27 endgültig, S. 24. Zuletzt geprüft am 25.04.2015 unter: http://eur-lex.europa.eu/LexUriServ/LexUriServ.do?uri=COM:2007:0027:FIN:DE:PDF.

eine individuelle Handlungsebene abzielt, bei der keine Unterscheidung zwischen der konsumierten Tabakmenge beziehungsweise zwischen Genuss- und Suchtrauchen getroffen wird. Ausschlaggebend für die rechtlichen Regulierungen des Tabakkonsums ist der Schutz der Gesundheit von Nichtrauchenden, nicht der Schutz der Gesundheit von Raucher/-innen. Letztere finden sich daher wieder in einer Rolle eines aufgeklärten, mündigen und responsibilisierten Akteurs in einem medikalen System, welches medizinisches Wissen, staatliche Vorschriften und tradierte Techniken ineinander verwebt und multiple Handlungsoptionen bereit hält. Orientierung in diesem komplexen System gibt allein der lokalisierbare, erfahrungsbasierte, individuelle Zusammenhang – im vorliegenden Fall also der Alltag in studentischen Kulturen.

3. Rauchen und Nichtrauchen im Spiegel institutioneller Medientexte

Mitte der 1980er Jahre forderte Dornheim eine fortschrittlichere Herangehensweise an die Erforschung „medikaler Kulturen"[351]. Darin schloss sie in diesen bis heute wegweisenden Ansatz öffentliche Diskurse und die daran beteiligten Institutionen und Gruppierungen mit ein. Seit ihrer Gründung im Jahr 1967 führt die Kölner Bundesoberbehörde BZgA Kampagnen zur Aufklärung über verschiedene epidemiologisch relevante Themen durch. Einzelne gesetzliche wie privatwirtschaftliche Krankenkassen veröffentlichen ebenfalls Broschüren und Informationsmaterialien zur Aufklärung und zu Präventionszwecken. Damit unterstützen sie den Wissenstransfer zwischen Versicherern und Versicherten über gesundheitsriskante Verhaltensweisen und ihre Versicherungsleistungen. Die medialen Strategien in den Aufklärungs- und Präventionskampagnen „zum Wohle der Volksgesundheit" ähneln in ihren Zügen denen privatwirtschaftlicher Märkte, die im Sinne einer „Offenheit des ,Marktes'"[352] das laienmäßige Verständnis von Gesundheit und Krankheit formen.

Eine Untersuchung dieser Regulierungsprozesse im Gesundheitswesen ermöglicht „to observe the way fragments of culture and society are brought into new alignment with each other to create new social and semantic terrains"[353]. Die Kampagnen und weiteren Angebote können aus einem Maßnahmenportfolio bestehen wie Tagungen, regionalen Kursangeboten, Einzelveranstaltungen, Internetseiten oder interaktiven Internetportalen, Plakatierungsaktivitäten[354], Anfertigung von Studien im Rahmen einer Kampagne, der Verteilung von Aufklebern, Aufstellern, Flyern, Broschüren oder anderen Public-Relations-Materialien in Schulen, pädagogischen Einrichtungen oder zu bestimmten Anlässen. Gedruckte Medientexte wie Broschüren oder Faltblätter können unter Umständen Teile größerer Kampagnen sein. Diese Dokumentenart kann

---

351 Dornheim: Zwischen gegenwarts- und vergangenheitsbezogener Medikalkulturforschung (1986), S. 25–41.

352 Simon: Laienätiologien und Popularisierung (2008), S. 47.

353 Shore/Wright: Conceptualising Policy (2011), S. 2.

354 Beispiel von der Uni Köln im Januar 2004.

mit Einschränkungen als gesundheitsbezogene Alltagsanleitung[355] bezeichnet werden, da Leser/-innen anhand des Materials entweder ein Ausstiegsprogramm durchlaufen wollen und sollen oder zusätzliche Informationen über Nikotinsubstitute oder organisierte Selbsthilfegruppen durch das Material erhalten. Eine Analyse der Medienaneignung ist im Falle von Tabakpräventionsratgebern aus kulturwissenschaftlicher Sicht bislang nicht durchgeführt worden. Unterstützende Maßnahmen zur Selbsthilfe sind generell zu unterscheiden von Behandlungsmaßnahmen,[356] da es sich nicht um ein therapeutisches oder beratendes Angebot handelt, wie es beispielsweise in Entwöhnungsgruppen durch professionell geschultes Personal angeboten wird.

Gesundheitsbezogene Selbsthilfe ist ein gesellschaftliches Phänomen mit vielen Facetten.[357] Im Durchschnitt rauchen in Deutschland im Jahr 2013 29% der Männer (2005: 32% der Männer) und 20% der Frauen (2005: 22%) im Alter über 15 Jahren.[358] Während mit zunehmendem Alter Gelegenheitsraucher/-innen immer seltener zur Zigarette greifen, liegt die Hochphase des Zigarettenverbrauchs bei Männern (ca. 42%) wie Frauen (30%) im Alter zwischen 25 und 34 Jahren. Von allen konsumierten Rauchprodukten machen im Jahr 2005 wie auch 2013 Zigaretten rund 97% des Tabakkonsums aus, Zigarren und Zigarillos liegen bei etwa zwei Prozent und Pfeifentabak bei einem Prozentpunkt des Tabakverbrauchs. Über drei Viertel der Tabakkonsumenten rauchen weniger als 20 Zigaretten pro Tag.[359] Der Anteil der starken Raucher/-innen, mit einem durchschnittlichen Tagesverbrauch von mehr als 20 Zigaretten, liegt bei etwa 16%.

Die kulturwissenschaftliche Analyse populärer Medientexte, d. h. bedeutungstragender medialer Repräsentationsformen als Objektivationen kultureller Praxis[360], ge-

---

355   Die Ratgebertexte stellen „Vorbild und Abbild der gelebten Wirklichkeit" dar, obwohl, beziehungsweise gerade weil ihre Handlungsempfehlungen von der Praxis abweichen. Heimerdinger: Alltagsanleitungen (2006), S. 59.

356   Vgl. Kröger, Christoph: Raucherentwöhnung in Deutschland. Grundlagen und kommentierte Übersicht. (Gesundheitsförderung Konkret Band 2, hgg. von der Bundeszentrale für gesundheitliche Aufklärung BZgA, 2000) [o. O.].

357   In der volkskundlichen Literatur sind in den letzten zehn Jahren einige Arbeiten zum Thema gesundheitsbezogene Selbsthilfe entstanden, beispielsweise durch Untersuchungen von Selbsthilfegruppenkultur oder Beratungsformen in Zeitschriften. Beispielsweise Orgs, Stefanie-Dorothee: Gesundheitsselbsthilfe. Eine Felduntersuchung am Beispiel Göttingens. Göttingen 2004; Deichmann, Inke: „An Dr. Sommer und Co ..." Illustrierte als medizinische Ratgeber. Münster 1997.

358   Der Gesamtanteil der Rauchenden lag 2005 bei 27 Prozent, vier Prozent davon bezeichnen sich als Gelegenheitsraucher. Der Mikrozensus 2013 erfasst nur noch 24.5 Prozent an Rauchenden insgesamt, wovon wiederum fast vier Prozent zu den Gelegenheitsrauchern zählen. Alle statistischen Angaben dieses Abschnitts entstammen dem Mikrozensus 2013 „Fragen zur Gesundheit – Rauchgewohnheiten der Bevölkerung" sowie dem Bericht: Leben in Deutschland – Ergebnisse des Mikrozensus 2005, abgerufen von der Seite des Statistischen Bundesamts: https://www.destatis.de/DE/PresseService/Presse/Pressekonferenzen/2006/Mikrozensus/Pressebroschuere.pdf?__blob=publicationFile sowie https://www.destatis.de/DE/Publikationen/Thematisch/Gesundheit/Gesundheitszustand/Rauchgewohnheiten5239004139004.pdf?__blob=publicationFile, zuletzt geprüft am 25.04.2015. Die Verteilung von Raucherinnen und Rauchern unter der Gesamtbevölkerung ist damit in den letzten zehn Jahren leicht gesunken. Vgl. Leben in Deutschland – Ergebnisse des Mikrozensus 2005, S. 61.

359   Ebd.

360   Vgl. Köck: Kulturanalyse populärer Medientexte (2007), besonders S. 344.

hört fachgeschichtlich zur Untersuchung populärer Lesestoffe und damit zu den originären Arbeitsgebieten der Alltagskulturforschung.[361] Diffus verbreitete Formen und Stoffe medialer Medientexte zählen zu den alltagskulturwissenschaftlich erforschbaren Quellengattungen[362], vergleichbar mit Quellen der Dokumentenformate Broschüre, Prospekt, Einblatt. Die im Rahmen dieser Arbeit untersuchten Informations-, Aufklärungsbroschüren und Selbsthilfedokumente sind Teil eines medizinisch-gesundheitspolitischen Diskurses um ein gesundheitsriskantes Alltagshandeln, da sie die kulturell wandelbare Ordnung der Dinge widerspiegeln. In Aufklärungs- und Präventionsmaterialien gegen das Rauchen verdichtet sich der Diskurs unter gesundheitspolitischen und medizinisch-wissenschaftlichen Akteuren, die handlungsbezogen in den Alltag ihrer Zielgruppen hineinwirken wollen. Ähnlich wie eine Werbebeilage einer Zeitung handelt es sich bei den von mir untersuchten Druckerzeugnissen um industriell erstellte Informationen, die ihre Herausgeber zur Erfüllung eines bestimmten Zwecks anfertigen lassen. Die Ratgebertexte zur Raucheraufklärung und -entwöhnung wollen Leser/-innen emotional ansprechen und folgen daher absichtlich den „Regeln der Werbung"[363], um sich kommunikativ bei der Zielgruppe durchzusetzen.

Das Interesse während der Auswertung der Medientexte galt nicht der Effektivität der gesamten Maßnahmen, sondern den personen- und körperbezogenen Darstellungsarten von Raucher/-innen, im Gegensatz zur körperlichen beziehungsweise körperbildlichen Darstellung von Nichtraucher/-innen. Ebenso wertete ich Beschreibungen des Rauchens und des Nichtrauchens als konstruierte Repräsentationsformen körperlicher Techniken aus, welche Produkte institutionalisierter Wissensbestände und Kompetenzen in einer medientextlich konstruierten Alltagswelt darstellen. In dieser Eigenschaft reflektiert das Material „Normenkomplexe", die einen idealtypischen, jedoch „real existierenden Wertekosmos" im Sinne eines gesellschaftlichen Leitbildes vermitteln.[364] Weiterhin flossen Text-Bild-Kombinationen als Analyseeinheit in die Untersuchung ein, deren Aussage sich in allen Fällen gegenseitig verstärkte.[365] Jedes Dokument erhielt während der Aufnahme in eine Datenbank einen Code. So konnten bildliche und textliche Darstellungen, Inhalte und die Art der Darstellungen mit jeweiligen symbolischen und funktionalen Eigenschaften aufgenommen und anschließend gemäß funktionalen und inhaltlichen Kriterien einander gegenüber gestellt wer-

361 Zur Entwicklung populärer Lesestoffforschung und der Diskussion, ab wann Medientexte beziehungsweise Lesestoffe gemessen an ihrem Verbreitungsgrad als populär gelten können, vgl. Schenda, Rudolf: Leser- und Lesestoff-Forschung. In: Brednich: Grundriß (2001), S. 543–562, besonders S. 547 ff.

362 Die Medienforschung befasst sich mit Produkten und Apparaturen massenhaft und diffus verbreiteter Kommunikationsmittel. Zu den Quellen zählen Bilder, Filme, Radiosendungen, Geräusche und vieles mehr, dessen Rezeption und Wirkung kulturell organisiert ist. Zum Verhältnis von Massenmedien und Alltagswirklichkeit siehe Schilling, Heinz: Medienforschung. In: Brednich: Grundriß (2001), S. 563–586.

363 Vgl. Kommunikationsstrategien zur Raucherentwöhnung. Ein Überblick über die wissenschaftliche Literatur zu diesem Thema (Forschung und Praxis der Gesundheitsförderung, Bd. 18), hgg. von der BZgA, Köln 2002, S. 55.

364 Heimerdinger: Alltagsanleitungen (2006), hier S. 60.

365 Vgl. Bringéus, Nils-Arvid: Bild und Text. Einführung in ein Problemfeld. In: Petzoldt, Leander/Schneider, Ingo/Streng, Petra (Hg.): Bild und Text (= Beiträge zur Europäischen Ethnologie und Folklore, Reihe B: Tagungsberichte und Materialien, Bd. 5). Frankfurt a. M. 1995, S. 26–36.

den. Zur Auswertung gelangen ausschließlich gedruckte Informationsmaterialien in Form von Broschüren, Prospekten und Faltblättern, die sich direkt an eine Zielgruppe von Laien wandten, die zu einer Aufgabe des Rauchens bereit ist oder präventiv über die schädlichen Auswirkungen des Rauchens aufgeklärt werden sollte. Informationsmaterialien, die sich an Personen richteten, die aus professionellen Gründen oder in professionell beratender Tätigkeit mit Rauchenden in Verbindung treten, wie etwa Pädagogen, Mediziner oder andere Berufsgruppen, wurden nicht in die Auswertung aufgenommen. Ein *Ratgeber für Mütter und Väter*[366] floss demnach in die Auswertung mit ein, nicht jedoch ein *Leitfaden für Kinderärzte*[367]. Die auf eine professionell beratende Zielgruppe ausgerichteten Medien erschienen von Inhalt und Zielrichtung her für einen direkten Vergleich der Ratgebertexte zu unterschiedlich. Die systematische Auswertung von Struktur, Repräsentationsformen und Inhalten dieser Medien für eine Zielgruppe medizinischer Laien ist daher exemplarischer Natur.

Alle in Nordrhein-Westfalen vertretenen, teils bundesweit agierenden Krankenkassen sowie die BZgA habe ich per Post, E-Mail oder Online-Formular mit der Bitte angeschrieben, mir aktuelle Broschüren und Prospektmaterial zum Thema Rauchen zukommen zu lassen. Zur Auswertung gelangte das eingegangene Material: zwei- bis mehrseitige Ratgeber, welche eine Kombination von Text- und Bildkomponenten kennzeichnet und am Rücken geheftet, geklebt oder durch Falzung gefaltet und beidseitig bedruckt waren. Bei der Hälfte der Quellen handelt es sich um Ratgebertexte, die über die gesundheitsschädigende Wirkung von rauchbaren Tabakprodukten informieren, z. B. für werdende Eltern; der übrige Quellenbestand setzt sich zusammen aus Informationsangeboten mit integrierten Selbsthilfeprogrammen (Ausstiegsprogramm).

Einige der Broschüren warben darüber hinaus für weitere Angebote der Krankenkassen z. B. Tabakentwöhnungskurse. Das Spektrum der Zielgruppen reicht von rauchenden Jugendlichen und Erwachsenen, Arbeitnehmer/-innen, Schwangeren, jungen Müttern und Vätern, starken Raucher/-innen bis hin zu Nichtraucher/-innen, die mit Tabakrauch im Alltag konfrontiert werden. Die Ratgeber wenden sich aber vor allem an Tabakkonsumenten, die das Rauchen aufgeben wollen. Als Teil von Selbsthilfeangeboten zielen die gedruckten Texte darauf ab, die Rezipienten zu einer aktiven Handhabung der Broschüren und Prospekte einzuladen.[368] Die Bundeszentrale für gesundheitliche Aufklärung stellt auf ihrer Homepage weitere Ausstiegshilfen und Informationsmaterial mit einer kurzen Inhaltsangabe samt Angabe der Zielgruppe des Dokuments zur Verfügung. Beispielsweise richtet sich das kostenfreie und auch im In-

---

366 BZgA (o. J.): Rauchfrei – nach der Geburt. Das Baby ist da! Ratgeber für Mütter und Väter.

367 Beispielsweise BZgA (o. J.): Rauchfrei – Gesund aufwachsen in rauchfreier Umgebung. Leitfaden für Kinder- und Jugendärzte, Hebammen und Präventionsassistenten.

368 In Zeitschriften oder Werbeprospekten ist diese Überschreitung der üblichen Handhabung von Druck-Erzeugnissen beispielsweise bei Werbung für Kosmetika oder Parfum beliebt. Das Aufklappen einer Falzung offenbart eine Brise des beworbenen Dufts oder auf dem Druck ist eine Produktprobe angebracht. Beide hier beschriebenen Varianten durchbrechen die Handhabung des „Umblätterns" eines Prospekts, indem sie den Handhabenden zur Interaktion herausfordern. Zielgruppen der Materialien werden in Abschnitt II.3.1 Abbilder von Raucherinnen und Rauchern benannt.

ternet abrufbare Informationsmaterial der *rauchfrei*-Kampagne *Stop Smoking – Boys*[369] an jugendliche Gelegenheitsraucher, regelmäßige Raucher, Gewohnheitsraucher und starke Raucher, die bereit sind, mit dem Rauchen aufzuhören:

> „Die ‚rauchfrei'-Kampagne der BZgA zur Tabakprävention bei Jugendlichen umfasst die Ziele ‚Einstieg verhindern', ‚Ausstieg fördern' und ‚Schutz vor Passivrauchen'. Die Broschüre ‚Stop smoking – Boys' regt dazu an, das eigene Rauchverhalten zu überdenken, den Ausstieg zu planen und erfolgreich durchzuführen. […] Die Leser können ausgehend von ihrer Entscheidung, mit dem Rauchen aufzuhören, ihre persönliche Ausstiegsmotivation überprüfen, den passenden Ausstiegsweg wählen und entsprechende Vorbereitungsmaßnahmen treffen."[370]

Neben jugendlichen Raucher/-innen, die offensichtlich eine spezielle Zielgruppe der *rauchfrei*-Kampagne darstellen, sind comicartige Zeichentrickbroschüren, beispielsweise *Rauchen – Mit mir nicht!*[371] erhältlich, die durch ihre mediale Aufbereitung offensichtlich eine deutlich jüngere Zielgruppe ansprechen.

Über die Rezeption der Quellen soll aufgrund unklarer Diffusionsprozesse und der relativ unspezifischen Zielgruppen (ausgenommen Lebensalter und Elternschaft) nicht spekuliert werden. „Aus der Ratgeberliteratur selbst lässt sich die Alltagspraxis schlichtweg nicht ablesen."[372] In Teilen bieten die Medientexte eine Möglichkeit des interaktiven Umgangs in Form von Rauchertyp-Tests, Abhängigkeitsgrad-Tests, Rauchertagebüchern, Bewertungstabellen der Vor- und Nachteile des Rauchens sowie des Nichtrauchens etc. an. Diese Handlungsangebote kennzeichnen diesen Typus der broschierten Gesundheitsratgeber gegen das Rauchen. Sie offerieren scheinbar personalisierte Handlungsangebote und wollen dadurch die Verbindung zwischen Sender und Empfänger der Botschaft verstärken. Als Repräsentationsform unserer Zeit transportieren die Texte kollektive Bilder des Rauchens sowie des Nichtrauchens und konstruieren gleichzeitig Gesundheits- und Krankheitsbilder.

Der Aufbau der Ratgeber ist in allen Fällen, ungeachtet des Seitenumfangs, in drei Teile strukturiert. Im ersten Teil erfolgt die Ansprache der Zielgruppe durch die Darlegung von Gründen, warum Menschen, meist im Jugendalter, mit dem Rauchen beginnen. Dies erfolgt in Form von Motivationsdarstellungen: Erklärungen, warum angehende Raucher/-innen die folgenschwere Entscheidung zu Beginn ihrer „Raucherbiografie" nicht erkennen könnten. Die besondere Laufbahn der Konsumkarriere wird dann in Stufen ansteigenden Zigarettenkonsums nachvollzogen: die Biografie gerät zur Pathografie. Mit Hilfe von Verbrauchsmustern oder persönlichkeitsbezogenen Typen konstruieren die Medientexte eine chronologische Abfolge einzelner (Sucht-) Stadien[373], bevor sie Argumente gegen das Rauchen einführen. Dies kann in Form

---

369 https://www.rauch-frei.info/app//home;jsessionid=CC85953585334E85C880EDFE2DC5CDB5, zuletzt geprüft am 25.04.2015.

370 Inhaltsbeschreibung der Broschüre „Stop Smoking – Boys" auf der Internetseite der BZgA http://www.bzga.de/?uid=89611ba407 f.9e48a9dda3b5343e73ba1&id=medien&sid=77&idx=1011, zuletzt geprüft am 25.04.2015.

371 Von der lokalen Allgemeinen Ortskrankenkasse AOK.

372 Heimerdinger: Alltagsanleitungen (2006), S. 70.

373 In den meisten hier belegten Fällen beinhalten die Broschüren den Fagerström-Fragebogen, der den Grad der Nikotinabhängigkeit bei rauchenden Jugendlichen und Erwachsenen auf

von statistischen Morbiditäts- oder Mortalitätsraten geschehen, die auf das Rauchen zurückzuführen sind, durch klare und prägnante Äußerungen wie „Rauchen tötet!“[374] oder in einer interrogativen Form „Warum sollte ich mit dem Rauchen aufhören?“[375], auf die schließlich ein personalisierbares Einschreibemodul zum Ankreuzen folgt.

Nachdem gute Gründe gegen das Rauchen und für das Nichtrauchen dargelegt wurden, schlagen die Broschüren Motivationshilfen oder praxisorientierte Hilfsangebote vor, die den Ausstieg aus dem Rauchen erleichtern sollen. Durch ein Rauchertagebuch, Tipps und Tricks, schriftlich zu fixierende Handlungsalternativen zum Rauchen, einen Nichtrauchervertrag oder einen zur Seite gestellten Buddy aus dem Freundeskreis sollen die Rauchstoppwilligen auf den ersten Tag als Ex-Raucher/-innen, den *Tag X*[376] vorbereitet werden. Den Tag X gilt es richtig zu gestalten, indem gesundheitsriskante Handlungen im Alltag durch gesundheitlich unbedenkliche beziehungsweise gesundheitsfördernde Handlungen (Sport, Wasser trinken, Obst essen etc.) ersetzt werden. In den Broschüren finden sich konjunktivierte Verhaltensvorschläge für diesen Tag wie auch die Zeit danach. Einige Quellen halten darüber hinaus abschließende Literatur- und Kontakthinweise zu Beratungsstellen bereit. Dieser dreiteiligen Struktur: a) Raucheinstiegs- oder Raucherbiografie, b) Aufnahme des aktuellen Rauchstatus mit dem Abwägen der Gründe, die dazu führten, bis hin zu c) Vorbereitung des Tag X und Hilfen für die Zeit danach, folgen alle hier untersuchten Medien in mehr oder weniger ausführlichem Seitenumfang.

Keine einzige der Quellen wendet sich gegen das Rauchen von Pfeifentabak oder Zigarren, ein Tabakkonsumformat, das statistisch 3% des Tabakverbrauchs ausmacht. Da die Broschüren und Prospekte des Samples entweder von der herausgebenden Institution beziehungsweise einer *Public-Relations*-Abteilung der Krankenkasse in Zu-

---

einer Skala von 0–10 Punkten bestimmt. In sechs Fragebogen-Items fragt der Test nach dem Zeitpunkt der ersten Zigarette pro Tag, der Neigung, auf das Rauchen zu verzichten (zwei Fragen), der Menge des täglichen Zigarettenkonsums, nach der Rauchhäufigkeit am Morgen im Vergleich zum Zigarettenkonsum des Tages und nach dem Rauchen während Krankheitszeiten. Die Auswertung der Punktzahlen verdeutlicht den Schweregrad der Abhängigkeit vom Nikotin, wobei das Rauchen der ersten Zigarette am Tag innerhalb von fünf Minuten nach dem Aufstehen und der allgemeine Konsum von 31 oder mehr Zigaretten pro Tag am deutlichsten für ein Suchtverhalten auf der Skala zu Buche schlagen. Andere Typisierungen kategorisieren nicht den Abhängigkeitsgrad, sondern orientieren sich an der Konsumhäufigkeit: Gelegenheitsraucher/-in, regelmäßige/r Raucher/-in, Gewohnheitsraucher/-in, starke/r Raucher/-in etc., oder an Rauchmotivationsmodellen: Identitätsraucher/-in, Genussraucher/-in, Gewohnheitsraucher/-in, Entlastungs- oder Stressraucher/-in. Analoge Modelle existieren zu den Stadien, in denen sich Rauchende auf das Nicht(mehr)rauchen vorbereiten.

374 *Aufatmen. Erfolgreich zum Nichtraucher* (Präventionsratgeber 4), Ausgabe 3/2005, Deutsche Krebshilfe e. V., S. 14: „Aufatmen. Erfolgreich zum Nichtraucher.“

375 *Zug um Zug auf null … (Nicht-)Rauchen im Alltag und am Arbeitsplatz*, Deutsche Angestellten Krankenkasse DAK (Autor: Christoph Kröger), W 406–4054/11.03.

376 Drogen- und Suchtbericht der Drogenbeauftragten der Bundesregierung, April 2008, S. 46. Der „Tag X“ bezeichnet im militärischen Jargon einen definierten Zeitpunkt, dessen Datum nicht feststeht. Beispielsweise bezeichnete die Sozialistische Einheitspartei Deutschlands (SED) den Bürgeraufstand des 17. Juni 1953 rückblickend auf einem Propagandaplakat als Tag X, indem sie an diesem Datum den „Zusammenbruch der faschistischen Kriegsprovokation“ ausrief, welche dank der Roten Armee niedergeschlagen worden sei. Vgl. Haus der Geschichte Bonn, Plakat: Der Tag X. Der Zusammenbruch der faschistischen Kriegsprovokation des 17. Juni 1953.

sammenarbeit mit einer Werbeagentur erstellt worden sind, bleibt ungeklärt, welche Arbeitsschritte bei der Herstellung der Materialien in wessen Verantwortung lagen. Für die Analyse von Normenkomplexen in Bezug auf den Tabakgenuss ist jedoch entscheidend, dass es zur Herausgabe der Materialien in der vorliegenden Form kam, d. h. eine Abnahme durch die verantwortliche Institution erfolgte und der Medientext die gesundheitspolitische Linie der Institution in einer angemessenen Art (zielgruppenspezifisch) widerspiegelt.

Am Material orientiert entstanden die ersten Thesen zu Normierung und Konstruktion von Aussehen, Verhalten und Alltag von Rauchenden und Nichtrauchenden. Thematische Analyseeinheiten erschlossen sich nach der Verschlagwortung der Quellen. Beispielsweise implizieren Begriffe wie: „Entzugserscheinungen", „Rauchertyp", „Hilfe zur Bekämpfung ihres Rauchbedürfnisses", „Rauchverhalten", „Tabakabhängigkeit", „Raucherkarriere", „Raucherstadien", „Wille zum Erfolg", „Willenskraft", „Passivrauchen", „Tod", „Invalidität", „Rauchstopp", „Rauchverführungen", „fit werden", „gesünder leben", „Abhängigkeit", „Gesundheitsschäden", „Nichtrauchen gleich Freiheit" oder „Entwöhnungsstrategien" eine spezifische Bedarfslage der Rezipienten und sprechen die Zielgruppen in Antizipation ihres Alltags und stereotyper Alltagssituationen von Rauchenden an. Die Schlüsselbegriffe dienten als Indikatoren für die Untersuchung zentraler Attributierungen von Rauchenden und Nichtrauchenden. Das Auswertungssample umfasst 31 Einzeldokumente mit einem Gesamtkorpus von 658 Seiten, von denen 269 Bild-Text-Entitäten (231 Text-*Items* und 38 Bild-*Items*) in eine Datenbank aufgenommen wurden und in die Untersuchung einflossen. Einige Textpassagen kamen in den Dokumenten, beispielsweise in zwei Broschüren eines Herausgebers, mehr als einmal im gleichen Wortlaut vor.[377] Diese Doppelungen flossen nur ein Mal in die Auswertung ein. Die Belegstellen konnten in der Datenbank nach den entwickelten Themenkreisen oder Schlüsselbegriffen sortiert und gefiltert werden. Die folgenden drei Unterkapitel gewähren detailliert Einblick in die Quellen. Die Ergebnisse sind im letzten Abschnitt dieses Kapitels zusammengefasst und werden in der abschließenden Betrachtung mit weiteren Quellen nochmals diskutiert.

3.1   Abbilder von Raucherinnen und Rauchern

> „There is something inherently *personal* about both the Marlboro Man and the malodorous mope. In each case, the message extends beyond describing a simple behavior – ‚smoking tastes good and is fun' or ‚smoking makes you smell and leads to cancer' – to a description of a person."[378]

Die Ratgeber führen in das Thema ein, indem sie zunächst auf den Beginn des Rauchens, der „Raucherkarriere" eingehen. Die Leser/-in erfährt, wie „typische" Konsumkarrieren beginnen und wie sich eine Gewöhnung an Rauchsituationen einstellt, die zur Nikotinabhängigkeit führt. Textliche und bildliche Konstruktionen verdeutlichen

---

377 Dies betrifft z. B. die Schilderungen der körperlichen Vorteile des Nichtrauchens oder Passagen über Motivation, das Rauchen zu beginnen oder aufzugeben. Diese Passagen waren im gleichen Wortlaut mehrfach abgedruckt.

378 Corrigan: Marlboro Man (2004), S. 344.

kontext-, körper- und persönlichkeitsbezogene Eigenschaften, die für Rauchende (Männer wie Frauen) besonders normiert dargestellt sind.[379] Die zuvor genannten Adressatenkreise der Broschüren: Jugendliche, Schwangere, rauchende Eltern, Arbeitnehmer/-innen sowie aufhörwillige Gewohnheitsraucher/-innen tauchen in diesen körper- und situationsbezogenen Skizzierungen wieder auf.

Der Startpunkt „Kein Mensch wird als Raucher geboren"[380] ist ein erstes Anzeichen eines idealisierten Normenkomplexes, der das Rauchen, vielmehr noch die Rauchenden, zwischen Naturalisierung und Zivilisationspessimismus verhandelt. Rauchenden wird unterstellt, dass sie zum Zeitpunkt ihrer Geburt über einen unbelasteten, rauchfreien und natürlichen Körperzustand verfügen konnten, den sie im Verlauf ihrer fortschreitenden Raucherbiografie unnötigen Risikofaktoren aussetzten. Ein De-Naturalisierungsprozess schreibe sich in den Körper des Rauchers immer weiter ein, je mehr der Tabakkonsum alltägliche Situationen mitgestalte. Angehende Raucher/-innen durchlebten körperliche wie soziale Statuspassagen während ihrer Raucherkarriere, die sie das Rauchen erst erlernen ließen und bei regelmäßigem Konsum zu einem gewohnheitsmäßigen Suchtraucher machten. Eine individuelle Tabakkonsumgeschichte erhält dabei die Form einer lebensgeschichtlichen Pathografie. Kennzeichen jugendlichen Rauchens sehen die Ratgeber in einer grundsätzlichen Unsicherheit, in problembelasteten Beziehungen im sozialen Umfeld und in impulsiver psychischer Verfasstheit (Verärgerung und Nervosität):

> „Es hat einmal ganz harmlos angefangen. Verwirrungen, Unsicherheit, Gefühle, Geheimnisse, Lebensdrang, Dazugehören: Erwachsenwerden. Irgendwann kam dabei fast zwangsläufig die Zigarette ins Spiel."[381]

> „Rauchende Jugendliche sind mehr allgemeinen Problemen und Belastungen ausgesetzt. Sie rauchen bei Ärger, Problemen und aus Nervosität."[382]

Rauchende Jugendliche, ungeachtet des Geschlechts, begännen das Rauchen inmitten einer biografischen Transformationsphase, die sie überfordere. Die Quellen sehen das Rauchen als eine symbolische Handlung Älterer an, deren Selbstsicherheit sich Jugendliche während der Pubertät aneignen wollten. Körperlich seien Rauchanfänger von Husten und Übelkeit in ihrem Streben nach Anerkennung durch erfahrungsältere Raucher und im Streben nach Rauchgenuss beeinträchtigt. Rauchgenuss sei darüber hinaus ein Zeichen nachlassender Entzugserscheinungen:

> „Die meisten Raucherinnen und Raucher erinnern sich noch heute daran, wie ihr Körper den ungewohnten Genuss ablehnte, wie ihnen schwindelig oder schlecht wurde, sie husten mussten und den Gang zur Toilette oder hinter einen Baum gerade noch schafften."[383]

---

379 Einige Abbildungen zu den hier vorgestellten Texten befinden sich im Anhang dieser Arbeit.
380 T-3–9–1-ksg.
381 T-3–7–1-s.
382 T-13–7–1-s.
383 T-6–7–1-k.

„Aber schließlich fühlt man sich mit der Zigarette in der Hand akzeptiert, Unentschlossenen überlegen und scheinbar Überlegenen gleichberechtigt."[384]

„Dein Körper reagiert sofort auf jede Zigarette. Der Pulsschlag beschleunigt sich, die Atmung wird flacher und der Kreislauf schwächer. Also purer Stress! Das Gefühl der Entspannung, das Raucher oft empfinden, beruht nur auf den nachlassenden Entzugserscheinungen nach den ersten Zügen an der Zigarette."[385]

Ein Akzeptanzstreben gilt als hauptsächliches Motiv für den beginnenden Tabakkonsum. Anerkennung ist eine der wenigen Motivationen, die rauchbeginnenden Jugendlichen in den Broschüren zugeschrieben wird. Neben dem Wunsch nach Gleichberechtigung ist der symbolische Umgang beziehungsweise die Überforderung mit Problemlagen und Konfliktsituationen in den Quellen benannt.

Einen differenzierteren Blick auf Körperlichkeiten bei Mädchen und Jungen im Alter ab zehn Jahren erlauben die zielgruppenorientierten Ratgeber *Stop smoking Boys* beziehungsweise *Stop smoking Girls*. Darin treffen normierte Erotik- und Hygienevorstellungen auf eine Stigmatisierung „tabaknormierter" Körperlichkeit:

„Rauchen ist out: Mundgeruch – nicht jedes Mädchen küsst gerne einen Raucher, gelbe Finger und Zähne, stinkende Klamotten, Gefahr von Krankheiten: über 70 Stoffe in der Zigarette stehen unter dem Verdacht, krebserregend zu sein; Rauchen macht abhängig; unreine Haut: Durch das Rauchen wird die Haut nicht mehr so gut durchblutet, sie wird grau und pickelig; Rauchen ist teuer; Rauchen verkürzt die Lebenserwartung. Jede Zigarette kostet knapp 6 Minuten Leben."[386]

Ein weiteres Anzeichen für medizinische Überformungen des Diskurses um Rauchen und Passivrauchen beinhaltet das Thema Reproduktionsfähigkeit. In sechs Quellen wurde vor einer durch das Rauchen verursachten Impotenz infolge mangelnder Durchblutung gewarnt. Der Themenkomplex Aussehen und Attraktivität spielt bei der Zielgruppe Frauen in den Bereich Reproduktion herein. Bereits bei der Ausrichtung auf junge Mädchen thematisieren die Texte Verhütungsmethoden „Rauchen macht die Pille unsicher"[387] und Schwangerschaft „Rauchen in der Schwangerschaft steigert das Risiko einer Früh- oder Fehlgeburt"[388] in Zusammenhang mit dem Rauchen. Im Themenfeld Reproduktion tritt das Argument der gesundheitlichen Fürsorgepflicht für die unbelastete Entwicklung des Fötus in den Vordergrund, die textliche Ansprache der Zielgruppe nimmt die Form authentischer Fallbeispiele an. Die Ratgeberfunktion wird in einigen Fällen durch eine Ich-erzählende Form der Erfahrungsweitergabe (von Frau zu Frau) wahrgenommen, um die Lücke der „technisch organisierten Indirektheit"[389] zwischen Massenkommunikation und direkter Kommunikation zu überbrücken:

---

384 T-3–7–2-s.
385 T-15–10–1-k.
386 T-21–8–1-km.
387 T-22–7–1-kku.
388 T-22–7–2-kku.
389 Schilling: Medienforschung (2001), hier S. 568.

„Als ich mein erstes Kind erwartet habe, meinte mein Arzt, ich sollte besser mit dem Rauchen aufhören. Das habe ich leider damals nicht eingesehen. Ich war mir irgendwie sicher, es passiert schon nichts. Schließlich hatten in meinem Bekanntenkreis auch einige Frauen während der Schwangerschaft geraucht und ihre Kinder waren trotzdem bei der Geburt völlig gesund. Während der gesamten Schwangerschaft ging es mir dann aber nicht gut. Ich fühlte mich die ganze Zeit müde. Die Geburt war einen Monat früher als geplant. Mein Sohn kam untergewichtig und verhältnismäßig klein zur Welt. Seine Lungen waren nicht vollständig entwickelt. Er musste noch einige Wochen im Krankenhaus bleiben. Als ich ihn endlich zu Hause hatte, war er oft krank. Mittlerweile ist er gesund, aber ich war doch ziemlich betroffen."[390]

Erfahrungswerte aus der epidemiologischen und medizinischen Statistik werden hier zielgruppenorientiert in der Erzählform eines appellativen Rats aus eigener Erfahrung verdichtet. Die Anweisung des fachkompetenten Arztes ignoriert die Erzählerin zugunsten der Erfahrungen aus ihrem Bekanntenkreis, in dem andere Frauen während der Schwangerschaft ebenfalls rauchten. Die Situation der Geburt ihres Sohnes sowie die Wochen im Krankenhaus danach sind rückblickend reumütig erzählt. Der „körperlich normale" und natürliche Zustand des Neugeborenen sei infolge der Imitation von Verhaltensweisen aus dem Bekanntenkreis während der Schwangerschaft verhindert worden. Neben der Verantwortung für die Gesundheit von Mutter und Kind konstruiert das Quellenmaterial eine (kulturell adaptierte) Norm von Weiblichkeit nach der Geburt eines Kindes:

„– Ich möchte meinem Baby den besten Start in das Leben geben. – Ich möchte gut aussehen. – Ich bin es leid, dass ich vom Rauchen abhängig bin. – Ich möchte gesund bleiben. – Ich will mein Geld lieber für neue Sachen für mich und das Baby ausgeben. – Ich will gemeinsam mit meinem Kind rauchfrei sein und bleiben."[391]

Der Erhalt von Attraktivität, freien Entscheidungen, Gesundheit, finanziellen Ressourcen und die Dauerhaftigkeit dieser Faktoren scheinen besonders erstrebenswert. „Gerade jene [Frauen], denen eine schlanke Figur besonders wichtig ist, rauchen häufig. Sie glauben, damit könnten sie ihr Gewicht kontrollieren – eine denkbar ungesunde Art der Gewichtskontrolle."[392] Es ist noch eine ganze Reihe von Argumenten angeführt, die ein medizinisches Wertesystem in Hinblick auf Gesundheit, Attraktivität und Lebensführung von Frauen mit jungen Kindern verdeutlichen. Die unspezifisch skizzierten Frauenbilder relativieren Argumente zu Krankheiten und Gesundheitsrisiken, die die Reproduktionsfähigkeit der Frauen im gebärfähigen Alter betreffen. Die augenscheinlichen Einbußen bei Attraktivität und Reproduktionsfähigkeit setzen sich in anderen körperlichen und lebensweltlichen Formen des Leistungsverlustes fort:

„Bei Raucherinnen fällt auf: Sie kommen durchschnittlich früher in die Wechseljahre. Auch kann Rauchen die weibliche Libido beeinträchtigen. In Verbindung mit der Pille steigt die Gefahr von Gefäßverschlüssen (Thrombosen). Rauchen kann aber auch zu Unfruchtbarkeit führen."[393]

---

390 T-19–2–1-kug.
391 T-19–6–1-kukm.
392 T-5–20–1-kmku.
393 T-11–9–2-gk.

Im Gegensatz zu den schwerwiegenden gesundheitlichen Gefahren werden für beide Geschlechter gleichermaßen positive Effekte wie Leistungssteigerungen und emotionale Regulation als funktionaler Nutzen des Tabakkonsums benannt:

> „Immer ist die Zigarette der treue Begleiter, mit dem der Raucher positive Eindrücke wie Entspannung, Genuss, gesteigerte Konzentrationsfähigkeit oder Stressabbau verbindet."[394]

Es überwiegen jedoch, wie bereits erwähnt, schon aufgrund der prinzipiellen Ausrichtung der Dokumente die Schilderungen physisch und psychisch problematischer Eigenschaften der Rauchenden. In sozialen und emotionalen Situationskonstrukten verbinden die Ratgeber den funktionalen Gebrauch von Tabakprodukten mit emotionalen Disziplinierungstechniken. Die Beschreibung von Rauchern und Raucherinnen bewegt sich dabei zumeist auf einer geschlechts-, alters- und situationsunspezifischen Ebene, sodass eine breitestmögliche Gruppe potenzieller Rezipienten sich direkt angesprochen fühlen kann. Es bleibt festzuhalten, dass die Broschüren ein Persönlichkeitsprofil von rauchenden Jugendlichen und Erwachsenen zeichnen, welches durch emotionale Konflikte und Problemsituationen im Privaten wie im Arbeitsleben gekennzeichnet ist. Darüber hinaus tritt die stark personenbezogene Präventionsstrategie der Responsibilisierung Einzelner in den Vordergrund und rechtfertigt die Bezeichnung der Ratgeber als „Anti-Raucher"-Broschüren, denn die Kulturtechnik des Rauchens, die Handhabung von rauchbaren Tabakwaren in sozialen Situationen etc. steht nicht im Fokus dieses Genres. Vielmehr reflektieren Erscheinungsbilder und Verhaltensweisen mediale Repräsentationsformen medizinischer Normierungen. Dieser Ansatz ist daher weit davon entfernt, im Zigarettenrauchen Muster soziokultureller Devianzkulturen zu erkennen. Er verortet den Suchtstoff Nikotin in biophysikalischen Prozessen im Körper des Rauchenden, der Tabakprodukte funktional zur Relativierung körperlicher und sozialer Ungleichheiten missbraucht.[395]

Die deutliche persönlichkeitsorientierte Darstellung von Rauchenden, die das Rauchen zu einer Äußerung innerer Konflikte und Probleme werden lässt, erinnert an eine Tendenz gesellschaftlicher Bewertungsmechanismen, die Susan Sontag am Beispiel der Krebserkrankung in *Illness as Metaphor* erklärte.[396] Die Fokussierung auf die Persönlichkeit, nicht auf die Handlungen impliziert, dass diejenigen Personen zu Rauchern werden, die emotionale oder soziale Konfliktlagen nicht auf eine andere Weise bewältigen können und deshalb zur Zigarette greifen, die ihnen sozial ein anderes Verhalten beziehungsweise die Einnahme einer anderen Rolle ermöglicht. Im Gegensatz zur Metaphorik der Krebserkrankung zeigt die Raucherpersönlichkeit nicht nur ihre vermeintliche psychische Unfähigkeit des *Copings*, sondern rhythmisiert die

---

394 T-3–19-1-k.

395 Es steht außer Frage, dass Nikotin ein wirksames und suchtauslösendes Nervengift ist. Die Tatsache der Sucht erklärt jedoch nicht die kulturspezifische Emergenz, Symbolik, Alltagsrelevanz oder die sozialen und rituellen Dimensionen des Rauchens.

396 Susan Sontag ging es in ihrer Publikation *Illness as Metaphor* 1978 darum zu zeigen, wie Krebspatienten im öffentlichen Diskurs für ihre Krebserkrankung verantwortlich gemacht werden, indem die Krebserkrankung als Ausdruck der Unfähigkeit des Umgangs mit Gefühlen und inneren Konflikten bewertet wurde, die Erkrankten also ihren Krebs mit verursacht hätten.

zeitliche Alltagsstruktur aus Langeweile zu einer schnelleren Abfolge anregender Sequenzen, die an den Nerven kitzeln.

> „Das Rauchen zielt auf Nervenkitzel, es dient dem Heraustreten aus gewöhnlichen Zwängen, aus eingefahrenem langweiligen Verhalten und damit einer Dramatisierung des als leer und langweilig erlebten Alltags."[397]

Neben den inneren Konflikten, unpassenden Problemlösungsstrategien und schlichter Langeweile kommt hier ein weiterer Aspekt hinzu: Rauchenden wird Risikobereitschaft unterstellt, um sich vom Gewöhnlichen abzuheben. Das deviante Verhalten erscheint als ein bewusster Gegenentwurf zu konformem Verhalten in bestimmten Situationen des Alltags. Gesteuert wird das Verhalten in diesem Raucherbild eindeutig von der stereotypen Raucheridentität, die sogar in der Beschreibung von Rauchertypen durch den „Identitätsraucher" gespiegelt wird. „Sie rauchen, um sich sicher zu fühlen und Selbstbewusstsein auszustrahlen. Vor allem Jugendliche und Frauen gehören zu diesem Typ."[398] Daneben summieren die Quellen körperbezoge Raucher-Phänotypen, die von außen, d. h. von den Mitmenschen wahrgenommen werden können und daher eine Signalwirkung ausstrahlen. Diese Phänomenologie der Rauchenden stellt sich in den untersuchten Materialien, wie zu erwarten war, in einer übersteigerten Form dar, die an ein körperliches und psychisches Entfremden des „normalen" Körpers bis hin zu Schilderungen eines nahezu monströsen Zustandes geht:

> „Bestenfalls können Aspekte wie schlechter Atem, gelbe Zähne und stinkende Kleidung als negative Begleiterscheinungen akzeptiert werden."[399]

> „Ebenso selbstverständlich hat man gelernt, mit den Begleiterscheinungen des Rauchens zu leben: mit dem morgendlichen Husten, den gelben Fingern, den Stichen in der Brust."[400]

Die körperlichen Zustandsbeschreibungen erinnern an Stigmatisierungen des „Monströsen"[401], körperlicher Differenz und Andersartigkeit, abweichend von der Norm „physischer und psychischer Leistung"[402], in deren Folge das Individuum seinen sozialen Status neuerlich in der Gesellschaft verorten muss. Das selbstverursachte Monströse schildern die Quellen als eine Folge eines medizinischen (sozialen und psychischen) Fehlverhaltens. Dies tritt in besonderer Deutlichkeit bei Broschüren zu Tage, die sich an Jugendliche wenden.

---

397 T-6–8-2-s.

398 T-5–15-2-sg.

399 T-13–10-1-k, siehe Anhang, Abbildung 1: „Die Einstiegsphase".

400 T-3–7-3-k.

401 Zur Konstruktion von „Monstern" als legitimierendes Mittel gesellschaftlicher Ausgrenzungsmechanismen vgl. Hänel, Dagmar: Überlegungen zur Bedeutung des Monströsen. Zur Normalität des gesunden Körpers und dem Umgang mit Normbrüchen. In: Alsheimer/Weibezahn: Körperlichkeit und Kultur (2005), S. 59–76, besonders S. 69 f.

402 Hagner, Michael: Monstrositäten haben eine Geschichte. In: Ders. (Hg.): Der falsche Körper. Beiträge zu einer Geschichte der Monstrositäten. 2. Aufl. Göttingen 2005, S. 7–20, hier S. 18.

„Raucher erkennt man an gelben Zähnen und schlechter Haut. Denn ihre Haut wird weniger durchblutet. So bekommt sie eher Falten und altert früher. Frankenstein lässt grüßen."[403]

Diese sichtbaren und riechbaren hygienischen und ästhetischen Verfehlungen dienen der Stigmatisierung, sie sind Zeichen einer Andersartigkeit, die aus medizinischer und gesundheitspolitischer Sicht unerwünscht ist. Die Stigmatisierung des Monströsen wird an entscheidender Stelle beispielsweise auch als Motivationshilfe eingesetzt, um Rauchende von ihrem Laster abzubringen:

„Listen Sie Ihre persönlichen Gründe, weshalb Sie aufhören wollen (morgendlicher Raucherhusten, gelbe, unreine Haut, gelbe Zähne, stinkende Kleidung etc.), auf einem Blatt Papier auf und hängen Sie es gut sichtbar auf. Das motiviert."[404]

Das Andersartige zeigt sich nicht nur in einer andersartigen, noch nicht erkrankten, Körperlichkeit der Rauchenden. Es wird ebenso deutlich in der Unfreiheit des individuellen Willens geschildert. Grundsätzlich unterstellen die Broschüren den Rauchenden (ohne Differenzierung von Alter oder Geschlecht) einen schwachen Willen. Jugendliche sind nicht ausreichend willensstark, sich nicht von Rauchenden beeindrucken zu lassen, erwachsene Raucher sind nicht willens genug, ihr Rauchen in den Griff zu bekommen, und benötigen daher Entscheidungshilfe durch gesundheitspolitische Maßnahmen.

Die Ratgeber beschreiben eine Kultur der Rücksichtnahme. Raucher/-innen bezeichnen sich darin selbst als kooperativ, was den Ort des Rauchens beziehungsweise Rauchverzichts angeht. Das Konstrukt der „Rücksichtnahme" reicht von situationsbedingter Besonnenheit am Arbeitsplatz, über wissenschaftliche Informationen zur Schädlichkeit des Passivrauchens, bis hin zu Ich-Erzählungen, in denen Rauchende rücksichtsvolles Verhalten in bestimmten Situationen kommentieren:

„Wenn mein Gegenüber ein Gesicht zieht, dann rauche ich nicht. Auch auf U-Bahnhöfen mache ich z. B. die Zigarette aus. Ich sehe es schon als eine riesige Belästigung. Aber ich verabscheue auch die Leute, die mit den Rauchern völlig unkooperativ sind und ständig Druck verbreiten.'"[405]

Wiederum geben die Medientexte Rat zu rücksichtsvollem Verhalten und spiegeln damit eine Verhaltensnorm im Konfliktfeld zwischen Rauchern und Nichtrauchern. Da Rauchende zum Rauchstopp bewegt werden sollen, stellt die Schilderung des raucherbiografischen Wendepunktes, der Entwicklung eines Leidensdrucks im Zusammenhang mit dem Rauchen einen zentralen Bestandteil der Darstellungen und ein zentrales Argumentationsinstrument dar:

„Sie denken offensichtlich über eine mögliche Veränderung Ihres Rauchverhaltens nach! Was war denn der Auslöser dafür, jetzt über einen Ausstieg nachzudenken? Hat jemand aus Ihrem Bekanntenkreis vor kurzem aufgehört zu rauchen? Wurden Sie auf Ihre persönlichen Gesundheitsrisiken aufmerksam gemacht? Haben Sie festgestellt, dass Ihre körperliche

---

403 T-15–11–1-kku.
404 T-11–11–1-kku.
405 T-6–17–1-simsg.

Leistungsfähigkeit nachgelassen hat? Gab es in letzter Zeit häufiger Konflikte wegen des Rauchens? Sind Sie es leid, Monat für Monat fast 150 € für Zigaretten aufzubringen? Gab es eine schwere, rauchbedingte Erkrankung oder gar einen Todesfall in Ihrem Umfeld? Passt das Rauchen nicht zu Ihrer Rolle in Familie oder Beruf?"[406]

Wie die Abbilder von Einstiegssituationen im Jugendalter stellt auch der dargestellte Leidensdruck, der zum Entschluss führen soll, das Rauchen aufzugeben, die Konstruktion eines rauchbiografischen Wendepunktes dar. Es ist der Abschied aus der Raucherbiografie, das Ende der „Raucherkarriere" – obwohl einige Quellen von missglückten Ausstiegsversuchen berichten und die Gescheiterten wiederum motiviert werden, das Rauchen aufzugeben. Insofern kann der wiederkehrende Abschied von der Raucher/-innenrolle als fester Bestandteil eines Konsumstopp-Ratgebers angesehen werden. Die Vorbereitung auf den Tag X, an dem das gesundheitlich richtige Wertesystem im Alltag der Rezipienten umgesetzt werden soll, taucht in normierter Weise in jeder dargestellten Konsumkarriere auf.

3.2   Nach dem Tag X

Die Planung einer Lebensphase ohne Zigaretten und der Rauchstopp sind laut der Aufklärungs- und Informationsmaterialien ein fester Bestandteil einer Raucherkarriere. „Etwa ein Drittel der Menschen, die einmal regelmäßig geraucht haben, sind mit 40 Jahren wieder Nichtraucher."[407] In den Quellen fanden sich insgesamt 90 Items, die das Erreichen des Rauchstopps und die Transformation vom Raucher zum Ex-Raucher beschrieben. Die untersuchten Dokumente arbeiten darauf hin, dass Leserinnen und Leser den Tag X in naher Zukunft realisieren. „Leg einen Tag fest, an dem du dir sagen wirst ‚Heute rauche ich meine letzte Zigarette.' Es ist günstig, eine Zeit ohne besonderen Stress auszuwählen."[408] Die Vorbereitung dieses speziellen Zeitpunkts verlangt den Rauchenden bereits ein bewusstes, kontrolliertes und geplantes Vorgehen ab. Ratgeber schlagen entsprechende „Regeln zur Verhaltenskontrolle"[409] vor. Das nachstehende Beispiel der direkten informellen Ansprache in der zweiten Person Singular findet sich ausschließlich in den Broschüren, die sich an jugendliche Raucherinnen und Raucher richten. Die Vorbereitung des Transformationszeitpunktes erfolgt bis ins Detail:

---

406 T-16-2-1-gkku. Die Angabe der monatlichen Kosten antizipiert einen Zigarettenkonsum von etwa einer Schachtel (19 bis 25 Zigaretten) pro Tag.

407 *Rauchfrei am Arbeitsplatz. Informationen für rauchende und nichtrauchende Arbeitnehmer,* BZgA, S. 61.

408 T-14-12-1-si.

409 Siehe Anhang, Abbildung 2: „Regeln zur Verhaltenskontrolle".

„Tipps für die letzten Tage als Raucher
- Gehen Sie auch mal ohne Zigaretten aus dem Haus.
- Leeren Sie die Aschenbecher nicht mehr in den Müll. Legen Sie stattdessen ein ‚Kippenmuseum' an, in dem Sie die abgerauchten Kippen[410] in einem durchsichtigen Glas sammeln.
- Vereinbaren Sie einen Zeitrahmen – mindestens zehn Tage – mit sich selbst, wo Sie etwas ‚mehr Leidensbereitschaft' aufbringen.
- Am Vorabend des ersten rauchfreien Tages: Rauchutensilien wie Zigaretten, Aschenbecher oder Feuerzeuge vernichten, wegwerfen, verschenken oder vergraben.
- Vereinbaren Sie jetzt schon einen Termin beim Zahnarzt, um sich die Zähne reinigen und polieren zu lassen."[411]

Vor Erreichen des Tag X und der darauf folgenden Erschaffung eines neuen Daseins, einer Nichtraucher-Identität, steht jedoch ein harter Weg, der den Aufhörenden „viel Einsatz" und „harte Arbeit" in „schwierigen Situationen" abverlangt. In einigen Fällen werden die Aufhörwilligen dazu aufgefordert, sich im Voraus einen alternativen Handlungsplan zu erstellen, auf den sie in Situationen mit Rauchbedürfnis zurückgreifen können.

> „Der Versuchung zu widerstehen ist teilweise nach Jahren noch hart. Während beim Abnehmen ein Stückchen Schokolade nicht die ganze Diät gefährdet, bedeutet beim Rauchstopp eine Zigarette meistens ein Rückfall. Schlagen Sie daher alle angebotenen Zigaretten aus. Denn alle Ex-Raucher sind sich darin einig: Keine ist auf jeden Fall leichter als eine."[412]

> „Es kann harte Arbeit und viel Einsatz erfordern, dauerhaft mit dem Rauchen aufzuhören. Natürlich werden Sie langfristig erleben, wie gut es Ihnen tut."[413]

> „Wenn es Ihnen gelingt, drei Ihrer schwierigsten Situationen zu beschreiben und dazu passend jeweils zwei oder drei geeignete Alternativen zu finden, sind Sie für spätere Rückfallgefahren in diesen Situationen gut gerüstet."[414]

Wie zuvor angedeutet, schlagen die Ausstiegsvorbereitungen in den Broschüren Verhaltensalternativen vor, die von den Akteuren in ihrem Alltag umgesetzt werden sollen. Bei diesen Vorschlägen handelt es sich um Repräsentationen eines impliziten Ideals gesundheitsbezogener Werte und Normen. Eng verbunden skizzieren implizite gesundheitliche Verhaltenskonjunktive (Soll-Vorstellungen) Ausgewogenheiten hinsichtlich des Essverhaltens, Energetisierung, sportlicher Aktivitäten und Entspannungsmethoden:

> „Wenn Sie Ihre Aufmerksamkeit auf etwas anderes gelenkt haben, können Sie ein Bewältigungsverhalten Ihrer Wahl ausführen: eine kurze Entspannungsübung, ein Stück Gemüse

---

410 Das Wort Kippe stammt aus dem Niederdeutschen und bedeutet umgangssprachlich „Zigarettenspitze", welches vermutlich auf das lateinische Wort cippus „Pfahl" zurückgeht. Vgl. Kluge, Friedrich: Kippe. In: Etymologisches Wörterbuch (1989), S. 371.

411 *Ja, ich werde rauchfrei!*, BZgA, (10/08), S. 48.

412 T-11-13-1-ks, siehe Anhang, Abbildung 3: „Keine Einzige".

413 T-3-50-1-kug.

414 T-3-38-1-kssi.

knabbern, einen Schluck trinken, mit jemand über das Nicht-Rauchen reden oder an den nächsten Urlaub denken."[415]

Das zentrale Anliegen ist es, verhaltensmäßige Ausgewogenheit innerhalb von Lebensstiltypen zu erreichen. Dies verdeutlicht in diesem Zusammenhang die gesundheitsfürsorgliche Herangehensweise der Broschüren an einen „ganzheitlich wahrgenommenen" Menschen. Ganzheitlichkeit beziehungsweise das holistische Gesundheitssystem ist ein Konzept alternativmedizinischer Lebensempfehlungen, wie sie auch in den Handlungsanweisungen im Kontext von *Wellness* und *Anti-Aging* im Vordergrund stehen.[416] Seine Repräsentationsformen zeigen sich dort in einem alternativmedizinischen Konstrukt „weicher" Interventionen zur Vorbeugung von Krankheiten und beinhalten eine umfassende Programmatik alltagsbezogener Regeln. Da das Rauchen selbst nur in Ausnahmefällen als Suchtkrankheit dargestellt wird, beschreiben die Quellen keine schulmedizinischen Behandlungsmethoden, welche die Rauchenden von ihrer Sucht kuriert.

Stattdessen repräsentiert die auf bewusste, ausgewogene und ganzheitliche Umgangsweisen ausgerichtete Darstellung ein Ideal des durch Umwelteinflüsse unbelasteten Menschen. Wie die Beschreibungen der Raucherinnen und Raucher eine persönlichkeits- und umweltbedingte De-Naturalisierung durch die individuelle Raucherbiografie konstatiert, wird der Ex-Raucher, die Ex-Raucherin auf eine holistische Weise zurückgeführt in einen „natürlichen Zustand". Hatte zuvor das Rauchen einen regulierenden Effekt auf Emotionen und den Körper, tritt nach dem Tag X ein gesundheitsorientiertes Regelwerk an diese Stelle:

> „Das Rauchen hat Ihnen geholfen, sich emotional zu regulieren. Durch das Rauchen einer Zigarette konnten Sie Ihre gefühlsmäßige Verfassung in eine angeblich positive Richtung verändern. Sie hatten den Eindruck, dass unangenehme Gefühle wie Angst, Ärger, Aggressivität, Langeweile, Unruhe, Wut, Trauer oder Unsicherheit durch den Griff zur Zigarette etwas abgeschwächt wurden. Vielleicht haben auch positive Gefühle wie Freude, Aufregung, Stolz, Gemütlichkeit die Lust auf eine Zigarette erzeugt. Schönes wurde vermeintlich noch schöner, wenn dazu geraucht wurde. Aber: Gefühle müssen nicht durch die Droge Nikotin reguliert, sondern wollen erlebt werden! Manchmal will ein unangenehmes Gefühl einfach nur ausgehalten werden, und unsere Aufgabe besteht darin, dieses unangenehme Gefühl vorbeigehen zu lassen. Ein angenehmes Gefühl wie Freude oder Stolz müssen Sie nicht mit einer Zigarette vernebeln, sondern können es ausleben, beispielsweise indem Sie sich mitteilen, das Gefühl beschreiben, jemanden umarmen usw."[417]

Der Tag X ist nicht nur der Endpunkt einer gesundheitlich riskanten Verhaltensweise, sondern wird in den Quellen durch eine Referenz auf lebensstilistische und alltagsweltliche Faktoren überhöht, sodass eine erfolgreiche Transformation in eine

---

415 T-16-63-1-gkum.

416 Vgl. zum Begriff der Ganzheitsmedizin Jütte: Geschichte der Alternativen Medizin (1996), S. 28 f. Melanie Wooßmann zeigte in ihrer Magisterarbeit zu Altersbildern im Bereich Anti-Aging, wie eine umfassende Verjüngungsprogrammatik in der Ratgeberliteratur alle Lebensbereiche der Akteure restringiert. Vgl. Wooßmann, Melanie: „Älter werde ich später" – Anti-Aging oder die Suche nach der ewigen Jugend. Populärmedizinische Ratgeber aus volkskundlicher Sicht. [unveröfftl. Magisterarbeit, Univ. Bonn, 2006].

417 T-16-72-1-skg.

Ex-Raucher-Persönlichkeit einer Wiedergeburt gleichkommt. Anti-Raucher-Hefte werben für die Phase nach dem Rauchstopp als eine Zeit, die von Entgiftung, wiedererlangter Energie, bewusster Entspannung und sportlicher Bewegung geprägt ist: „voller Vitalität und Lebensfreude."[418]

Das körperliche Rauchstoppszenario konstruieren die Quellen in gleicher Logik wie das Einstiegsszenario zu Beginn einer Raucher/-innenkarriere. Auf der einen Seite wird ein chronologischer Aufstieg durch eine immer höher werdende Zufuhr von Nikotin in der Typenabfolge von *Nichtraucher/-in, Gelegenheitsraucher/-in, Gewohnheitsraucher/-in, Suchtraucher/-in* dargestellt, auf der anderen Seite werden die körperlichen Folgen des Ausstiegs ebenfalls in Etappen gesundheitlicher Verbesserungszustände verdeutlicht. Am vorläufigen Ende des körperlichen Entgiftungsprozesses, der durch das Aufgeben der Rauchpersönlichkeit eingeleitet wurde, steht ein völlig neuer Mensch. Eine ehemalige Raucherpersönlichkeit, die nun eine Vorbildfunktionen ausfüllt, sich gesund ernährt, Sport treibt, die sich in Konfliktsituationen initiativ um Problemlösungen kümmert: ehemals Rauchende, die sich der gesundheitlichen Fürsorge im Alltag freiwillig widmen. Die Re-Naturalisierung gleicht einer Wiedergeburt durch die Wiederaufnahme in das Konstrukt einer Wertegemeinschaft der mental und körperlich Gesunden:

> „Es kann ein wenig unangenehm sein, wenn das Verhalten und das eigene Selbstbild nicht zusammenpassen. Es gibt grundsätzlich zwei Möglichkeiten, diese Widersprüchlichkeit aufzulösen. Die eine Möglichkeit besteht darin, sich wie ein genesener Süchtiger zu fühlen, der jederzeit wieder rückfällig werden kann. Das Selbstbild entspricht hierbei dem eines stets wachsamen Exrauchers, der die Anspannung des Nichtrauchens mehr oder weniger als Dauerstress akzeptiert. Die andere Möglichkeit: Sie legen sich ein Selbstbild als Nichtraucher zu, der die Unbehaglichkeit des Nichtrauchens als vorübergehenden Genesungsprozess betrachtet. Das Ziel dieses Programms ist, Sie dabei zu unterstützen, sich als richtiger Nichtraucher zu sehen, für den Rauchen keine wählbare Möglichkeit mehr darstellt und der sich daran auch nicht stört. Die Nachbetreuung hier in diesem Programm dient also nicht nur der Stabilisierung der Abstinenz, sondern auch dem Erwerb des neuen Nichtraucher-Selbstbildes."[419]

Die Wiedergeburt des Rauchers als Nichtraucher entspricht dem damit einhergehenden neu angenommenen Wertesystem und stellt das erklärte Ziel der Informations- und Aufklärungsbroschüren gegen die Raucher dar. Auf der einen Seite viktimisieren Ratgebertexte Rauchende als Opfer der Tabakindustrie, die durch Präventivmaßnahmen befreit werden sollen; auf der anderen Seite argumentieren die Quellen mit identitäts- und persönlichkeitsbezogenen Regelwerken, in welchen sie Raucherinnen und Raucher dazu auffordern, ihre Identität durch Willensstärke und normadäquates Verhalten neu zu definieren:

> „Noch etwas kann Ihnen helfen, auch auf der ‚Langstrecke' Nichtraucher zu bleiben: Bauen Sie Ihre neue Identität auf. Definieren Sie sich selbst als Nichtraucher."[420]

---

418 T-2–3-2-k.
419 T-16–96-1-skm.
420 T-3–63-4-gm.

Letztendlich bedeutet das forcierte Ende der Raucherpersönlichkeit das Ende eines angeeigneten Lebensstils: Die erlangte Kaufkraft, körperliche Ressourcen, soziale Ressourcen, das Ideal der Freiheit und Unabhängigkeit, des freien Willens sind Gründe und Bausteine des neuen Lebensstils.[421] Dabei schildern die Quellen, neben den körperlichen Entzugserscheinungen und schwierigen Situationen, in denen ein Raucher auch nach jahrelangem Nichtrauchen rückfällig werden kann, in erster Linie positive Aspekte, die das Nichtrauchen lohnenswert erscheinen lassen: „Nichtrauchen macht unabhängig"[422], „Nichtrauchen bringt mir mehr Leben"[423], „Rauchfrei gebe ich mein Geld für richtig schöne Dinge aus"[424]. Das präsentierte Regelwerk zur Erlangung eines gesunden Lebensstils ist zeitlich unbefristet.[425] Die Nichtrauchenden sollen sich selbst für ihren Durchhaltewillen und einzelne Etappenerfolge belohnen. Nicht nur die Selbsthilfe liegt in der Hand der Akteure, auch die Belohnung für den Erfolg wird in diesen Ratgebern zur eigenen Sache, die eine Rückführung des Rauchers in die konstruierte Gesellschaft der gesundheitlich richtigen Lebensstile anbietet. Das Wiedereingliederungsszenario repräsentiert das *Happy End* im institutionellen Anti-Raucher-Narrativ. Der Slogan „Ich leb' mein Leben ohne Zigarette."[426] verdichtet diese Norm. Dadurch entsteht in den Quellen ein gesellschaftliches Leitbild einer gesundheitsbewussten Käuferschicht, die ihr alltagsästhetisches Handeln am Erhalt ihrer Kaufkraft orientiert und ihre Konsumfreude entsprechend in andere marktwirtschaftliche Bahnen lenkt.

3.3   Darstellungen von Nichtrauchenden und Passivrauchenden

Im gesundheitspolitischen Diskurs unterscheiden Institutionen zwischen *Nie-Rauchern* und *Ex-Rauchern*. Nichtrauchen stellt in den Repräsentationen des Anti-Tabakrauch-Diskurses den „naturgemäßen" Zustand eines Menschen dar. Die Klassifizierung Nichtraucher bezeichnet daher den aktuellen Ist-Stand und keinen Prozess. Der Typus Nie-Raucher hat nie aktiv Tabakprodukte geraucht; der Typus Ex-Raucher hingegen hat zwei Entwicklungen bereits durchlaufen: Den Prozess der Aneignung einer kulturellen Technik, die ihn zu einer Raucherpersönlichkeit werden ließ, und das anschließende Ablegen dieses Status. Nichtraucher und Nichtraucherinnen werden in den Informationsbroschüren in den meisten Fällen in der Rolle der Passivrauchenden dargestellt. Es fanden sich in den Quellen 18 Belegstellen, die soziale, körperliche und psychische Eigenschaften von Nicht- oder Passivrauchenden konstruierten. Dabei

---

421   Der Spiegel berichtete 2010 über eine neue „Generation von Shoppisten", die sich vermehrt über Stil und Markenprodukte definiert als über Kennzeichen lokalisierbarer Milieus (Wohnort, Sprache etc.). Siehe „Weltreligion Shoppen" von Martin Müller und Thomas Tuma, in: Der Spiegel Nr. 50, vom 13.12.2010, S. 56–66, hier S. 63. Auch wenn diese journalistische These wissenschaftlich noch zu beweisen wäre, bewegen sich die untersuchten Quellen doch im skizzierten Dreieck zwischen Tabakkonsum, Lebensstil und Identitätskonstruktion.

422   T-16–29-1-g.

423   T-16–29-2-g.

424   T-16–29-3-gku.

425   Vgl. Hradil: Der theoretische Hintergrund – Gesundheitslebensstile (2005).

426   Vgl. *Let's talk about smoking*.

handelt es sich um 1) Konfliktpotenziale beziehungsweise Verhandlungen über Formen der Rücksichtnahme zwischen Rauchern und Nichtrauchern; 2) positive Charakterisierungen von Nichtrauchern sowie ihrer sozialen und körperlichen Eigenschaften; und 3) um die Darstellung von Nichtrauchenden als gesundem Gegenentwurf einer Wertegemeinschaft, in die der Rauchende nach dem Tag X reintegriert werden kann.

Körperliche Befindlichkeitszustände werden mit sozialem Verhalten parallelisiert. Dies wird am Beispiel von sozialen Spannungen am Ort des Rauchens beziehungsweise des Passivrauchens entfaltet. Nichtrauchende konkurrieren in nur wenigen Belegstellen mit Rauchern um einen Ort, an dem sie rauchfreie Luft einfordern müssen. Die erste Front, an der die nichtrauchende Leserschaft der Broschüren aufgefordert wird, Rauchende in die Schranken zu weisen, ist die eigene Wohnung:

> „Weisen Sie auch Ihre Gäste darauf hin, dass Ihre Wohnung rauchfrei ist. Argumentieren Sie ruhig und sachlich, wenn Sie erklären, warum bei Ihnen nicht geraucht wird: Die meisten Raucher wissen einfach nicht, wie sehr sie anderen mit dem Tabakqualm schaden."[427]

Weiteres Konfliktpotenzial wird im Rahmen der Arbeitswelt dargestellt, obwohl eventuell aufkommende Konflikte einvernehmlich gelöst werden können, insofern die rauchenden Kollegen ein klares Gesundheits- und Umweltbewusstsein haben. Ist dies nicht der Fall, muss sich der Nichtraucher auf den Unwillen seiner Kollegen einstellen, wenn er sein „gutes Recht" auf „gute Luft" einfordert.

> „Wer eine rauchfreie Umgebung einfordert, wird gerne einmal als Störenfried bezeichnet oder der Intoleranz bezichtigt. Das ist eine Erfahrung vieler Beschäftigter."[428]

Nichtraucher werden als körperlich fit und genussorientiert präsentiert: „Nichtrauchen ist in: gut aussehen, gesunde Haut, mehr Geld für andere Dinge, weniger Stress mit dem Umfeld, eigene Entscheidung treffen, fit sein, unabhängig sein, stärker sein als die Zigarette."[429] Der Gegenentwurf geht sogar so weit, dass Nichtrauchern Beschwerdefreiheit von Krankheiten unterstellt werden wie auch ein angemessener Umgang mit Stress und Konflikten. Beide Gruppen, Raucher und Nichtraucher, erfahren individuelle Charakterisierungen durch die Aufklärungs- und Informationshefte. Jedoch beschränkt sich die Darstellung nicht auf eine Konstruktion von Raucher- und Nichtraucherpersönlichkeiten, sondern bezieht den Lebensstil ein. Rauchfreiheit zeigt sich beispielsweise in Begriffen wie „sportlich, unabhängig, natürlich, umweltbewusst, rücksichtsvoll, kinderfreundlich, kostenlos"[430], die an dieser Stelle von der gesundheitspolitisch-medizinisch normierenden Seite des Diskurses als wünschenswert gelten.

---

427 T-17–1-1-gsi.
428 T-5–46-1-msi.
429 T-14–9-2-kkug.
430 *Zug um Zug auf null … (Nicht-)Rauchen im Alltag und am Arbeitsplatz*, DAK, S. 4 f., siehe Anhang, Abbildung 4: „Nichtrauchen ist in – Rauchen ist out".

3.4   Ergebnisse der Medientextanalyse

Informations- und Aufklärungsbroschüren gegen den Tabakkonsum bilden ein gesundheitspolitisches, medizinisch geformtes Normensystem im aktuellen Diskurs gegen das Rauchen *und* gegen ein Kollektiv von Rauchenden ab. Die Argumente sprechen in erster Linie individualisierte Milieus an, die aktiv Verantwortung für ihre Gesundheit und für den eigenen Körper übernehmen und gesundheitsfürsorglich handeln sollen. In diesem Sinne sind die Quellen kulturelle Objektivationen, an denen sich der Responsibilisierungstrend[431] im medikalen System abzeichnet. Bei Schwangerschaft oder Elternschaft weitet sich die Gesundheitsverantwortung aus auf das noch ungeborene beziehungsweise kleine Kind. Eine zweite Ausweitung der Gesundheitsverantwortung (im Sinne der Responsibilisierung) bilden die hier behandelten Quellen im Raucher-Nichtraucher-Konflikt ab.

Die Intentionen der Hefte fächern sich in drei Zielstellungen auf: 1) vom Beginn eines regelmäßigen Konsums von Zigaretten abhalten, 2) Rauchende vom Aufgeben des Zigarettenrauchens überzeugen, und 3) über die Risiken des Passivrauchens aufklären (Stichwort: Nichtraucherschutz), über rechtliche Bestimmungen zum Rauchen am Arbeitsplatz informieren. Bei den medientextlichen Konstruktionen von Rauchenden und Nichtrauchenden war davon auszugehen, dass es sich um medizinisch-gesundheitspolitisch überformte Charakterisierungen handeln würde. Die Auswertung sollte zeigen, wie Rauchende, Ex-Rauchende und Nichtrauchende in der angesprochenen Quellengattung textlich und bildlich attribuiert und dargestellt werden. Die Quellen beschreiben Eigenschaften und Verhaltensweisen von Rauchenden, Nichtrauchenden und Ex-Rauchenden textlich wie bildlich normiert, teilweise stigmatisiert und verorten sie in einem alltäglichen Kontext. Tabakkonsumenten rauchen in den Repräsentationen der Ratgebertexte aufgrund innerer Konflikte, Aggression und unbewältigter Probleme. Sie sind dort grundsätzlich risikobereit und nutzen ihr „deviantes" Verhalten, um sich aus gewöhnlichen Zwängen ihrer sozialen Rolle zu befreien und der Langeweile des Alltags zu entgehen. Der Konsum von Zigaretten zeichnet sich in den Ratgebern als ein Bruch mit gesellschaftlich geltenden Normen ab. Die Quellen überzeichnen körperliche und verhaltensbezogene Normen, um Rauchende in den Niederungen der gesellschaftlichen Ordnung zu platzieren und sie zur Neupositionierung durch eine Verhaltenskorrektur zu ermuntern.

In den Ratgebern tritt eine holistische Programmatik von Ernährungs- und Verhaltensregeln insbesondere in der Funktion der (Selbst-)Hilfestellungsmaßnahmen beim Rauchstopp in Erscheinung. Im Gegensatz zu den holistischen Gesundheitsregelwerken der Traditionellen Chinesischen Medizin oder des Ayurveda bedient sich der Ansatz der Anti-Raucher-Programmatik aus dem Fundus der alltagsnahen Handlungsalternativen (Treppensteigen, Gemüse knabbern, Konflikte verbalisieren und lösen) und nutzt das Paradigma der Wiedergeburt zur Rechtfertigung einer notwendigen neuen Selbstdefinition als Nichtraucher.

In den Darstellungen der Ratgeberbroschüren fällt auf, dass der aktiv gestaltete Raucheinstieg im jungen Erwachsenenalter verortet und biografisiert wird. Jugend-

---

431   Vgl. zu Gesundheit und Verantwortung als zwei Leitwerte in individualisierten Gesellschaften, Beck-Gernsheim: Gesundheit und Verantwortung (1994).

liche, die mit dem Rauchen beginnen, lassen während des Heranwachsens nicht nur den Alltag eines Kindes hinter sich, sondern auch ihren kindlichen Körper. Der Beginn des Rauchens wird in den Quellen als Abkehr von Leistungsprinzipien und Gesundheitswerten in einer leistungsorientierten Gesellschaft diskutiert. Zum Abschluss des Selbsthilfeprogramms sollen Ex-Rauchende lernen, sich selbst auf eine andere, ausgewogene und natürlichere Art zu belohnen. Wie der Beginn der Rauchkarriere ist in einigen Darstellungen auch das Ende der Raucher/-innenbiografie entweder mit dem Tod (einer nahe stehenden Person) oder einem neuen sozialen Status beispielsweise durch eine Schwangerschaft verbunden. Während der Schwangerschaft beziehungsweise bei beginnender Elternschaft erweitert sich die Gesundheitsverantwortung der Rauchenden auf andere Menschen aus. Hier kann von einer erweiterten Responsibilisierung gesprochen werden.

Die Quellen argumentieren hauptsächlich aus drei Spannungsverhältnissen: dem des Machtgefüges zwischen individuellem Willen und den ökonomischen Interessen der Tabakindustrie; dem der Leistungsbereitschaft zwischen Reproduktionsfähigkeit und Körperhygiene beziehungsweise gegengeschlechtlicher Attraktivität; sowie dem eines bedrohten und „de-naturalisierten" biologischen Kapitals, welches durch das Tabakrauchen abnimmt, durch den rechtzeitigen Rauchstopp jedoch schnell wieder hergestellt werden könnte.

Falls die gedruckten Texte Bestandteil eines Ausstiegsprogramms sind, d.h. als Ratgeber zur Selbsthilfe dienen, was für die Mehrzahl der Quellen zutrifft, verfolgen sie das Ziel, die angestrebte Rezipientengruppe durch einen konstruierten Aktionsplan von einem „Leiden" zu befreien. Sie fordern die Leidenden zunächst auf, ihr Rauchverhalten zu reflektieren und typische Stimmungen, Schlüsselsituationen und Momente zu bewerten, in denen sie typischerweise zur Zigarette greifen. Durch einen Wendepunkt in der Pathografie soll eine neue Nichtraucher/-innenpersönlichkeit, ein neuer Lebensstil im Alltag der Rezipienten etabliert werden. Der holistische Prozess der „Wiedergeburt des Natürlichen" ist besonders Erfolg versprechend, wenn sich Raucher/-innen von Schlüsselsituationen fernhalten, sich gesund und abwechslungsreich ernähren und Sport an der frischen Luft treiben. Der letzte Schritt der Entwöhnungshilfe konstruiert den Wiedereintritt des „sozial randständigen Rauchers" in eine gesundheitsbewusste und -fürsorgende Wertegemeinschaft. Die Wiedereingliederung ehemaliger Rauchender in das medizinisch richtige Wertesystem körperlicher und gesundheitlicher Normen verspricht letztendlich eine Steigerung der Lebenserwartung. Die eigene Lebenszeit zeigt sich durch Raucher/-innen selbst bestimmbar, ein post-modernes Heilsversprechen, welches in christlichen Traditionen eine mythologische Parallele findet.[432] Profanisierung des Rauchens, Abwendung von geltenden Gesundheitsnormen durch eine Veralltäglichung von Zigaretten, Biografisierung von Tabakkonsummustern und Responsibilisierung für die eigene Gesundheit formen die durchschlagenden Entwicklungen, deren Repräsentationen in körperliche, psychische und alltagsweltliche Konstruktionen dieser Ratgeberliteratur münden.

---

432 Vgl. Hänel: Überlegungen zur Bedeutung des Monströsen (2005), hier S. 68.

4. Rauchen und Nichtrauchen im Hochschulraum

Als „Agenturen der Sozialisation"[433] sollen Hochschulen und Universitäten wissenschaftliche, ökonomische sowie gesellschaftliche Innovationen hervorbringen. Ihr gesellschaftlicher Auftrag zu Lehre und Forschung steht in ihrer Verantwortung und wird durch interne Regeln der akademischen Selbstverwaltung ausgestaltet.[434] Studierende sind, genauso wie wissenschaftliches und nichtwissenschaftliches Personal, Mitglieder der Hochschule. „Der Raum Universität mit seiner dinglichen Ausstattung ist Erfahrungs- und Gestaltungsraum, in den man seine persönlichen und gesellschaftlichen Orientierungen einbringt und in dem man sie weiterentwickelt."[435] Physisch repräsentiert die Institution Hochschule neben sozialen Räumen des Lernens, der Lehre und der Forschung eine Bühne sozialer Interaktionen.[436]

Kommunikation und Interaktion findet zwischen akademischen Statusgruppen sowie innerhalb dieser Gruppen statt, die fachkulturell oder nach Präferenzen für Lebensweisen und Vergemeinschaftungsformen differenziert werden können. Greverus entwickelte in Frankfurt für die kulturwissenschaftliche Forschung ein vierdimensionales Raumorientierungsmodell, welches menschliche Lebensbedürfnisse an den Raum differenziert.[437] Ziel des Konzepts ist, eine systemische Ordnung von Faktoren mit Blick auf Bedürfnisse im Raum zu dekonstruieren. Das Modell richtet sich aus an der Befriedigung von Bedürfnissen instrumentaler, kontrollierender, soziokultureller und symbolischer Raumorientierungen. Die vier Grundorientierungen sind darin mit kollektiven wie individuellen Konflikten der Raumnutzenden verbunden. Handlungen zur materiellen Sicherung der Existenz genauso wie Möglichkeiten der Mitbestimmung, der Kontrolle und der Gestaltung der Umwelt sowie soziale und kulturelle Entfaltungsaussichten beeinflussen das räumliche Orientierungsverhalten. In diesem Modellansatz gewinnt der Raum für die (Re-)Konstruktion von Identitäten an Bedeutung: Identitäten festigten sich zunächst durch bestätigende Interaktionen,

---

433 Hitzler/Niederbauer: Leben in Szenen (2010), S. 14.

434 Vgl. Eggmann: „Kultur"-Konstruktionen (2009), hier S. 23 f.

435 Stoltenberg, Ute: Raum-Bildung, Konsum-Muster und Kommunikation für eine nachhaltige Entwicklung. In: Dies. (Hg.): Lebenswelt Hochschule. Raum-Bildung, Konsum-Muster und Kommunikation für eine nachhaltige Entwicklung (= Innovation in den Hochschulen: Nachhaltige Entwicklung Bd.2). Frankfurt a. M. 2000, S. 9–12, hier S. 9.

436 Insofern lehnt sich die Verwendung des Begriffs des sozialen Raumes in diesem Sinne an die Arbeiten Bourdieus an, der damit eine Lebenswelt Einzelner bezeichnet, in der jeder seinen Platz findet und handelt. Der weiteren Terminologie Bourdieus, die nahe oder ähnliche Positionen von Individuen im sozialen Raum zu einer Klasse formiert, möchte ich in dieser Arbeit nicht folgen. Grund dafür ist die qualitative methodische Ausrichtung meiner Arbeit, in der keine quantitativen Daten erhoben werden, um Aussagen über gesellschaftliche Makrostrukturen zu treffen. Vgl. Bourdieu, Pierre: Sozialer Raum und „Klassen". Frankfurt a. M. 1985.

437 Vgl. Greverus, Ina-Maria: Universität als lokale Öffentlichkeit? Räume verstehen, gestalten, nutzen. In: Stoltenberg: Lebenswelt Hochschule (2000), S. 13–28; Greverus, Ina-Maria: Kulturökologische Aufgaben im Analyse- und Planungsbereich Gemeinde. In: Wiegelmann, Günther (Hg.): Gemeinde im Wandel. Volkskundliche Gemeindestudien in Europa. Münster 1979, S. 87–99; sowie: Greverus, Ina-Maria: Menschen und Räume. Vom interpretativen Umgang mit einem kulturökologischen Raumorientierungsmodell. In: Steiner, Dieter (Hg.): Menschen und Lebensraum. Fragen zu Identität und Wissen. Opladen 1997, S. 121–145.

mittels Identifikationen sowie Interessensausrichtung in spezifischen Räumen – da Menschen sich ihren Raum im Alltag aneignen.[438]

Neben qualitativen Untersuchungsmethoden (teilnehmender Beobachtung und Interviewbefragungen) in ländlichen und urbanen Räumen bieten standardisierte Fragebögen quantitative Zugänge zu Raumnutzungsdaten. Die erste Studie, die das Tabakrauchen von Studierenden hinsichtlich einer Raumnutzung untersuchte, ist eine soziologische Begleitstudie an der Universität zu Köln, welche die Akzeptanz von Raucherbereichen an der Humanwissenschaftlichen Fakultät untersuchte.[439] 1997 wurden dort die Einstellungen Studierender zu Rauchverboten auf dem Campus erforscht, da zwei Jahre zuvor die Veränderung der Rechtsgrundlage zum Nichtraucherschutz eine Einführung spezieller Raucherbereiche an der Humanwissenschaftlichen Fakultät ermöglicht hatte. Die Hochschulleitung ließ die Pilotphase des Rauchverbots begleiten:

> „The College of Education at the University of Köln (Cologne) pursued the spirit of the directive in 1995 by restricting smoking at college facilities to specific areas. In all cases, these areas were rooms next to the foyer or main hallway, central locations that made them easily accessible. The smoking areas contained tables, chairs, and ashtrays. Ashtrays were also placed at each building entrance, but were removed from all areas that had been declared smoke free. Signs and posters were hung on walls and near doorways throughout the buildings. Posters explaining the policy change and the rationale for the change were also placed at each building entrance."[440]

Durch die Einrichtung von Raucherbereichen erwartete die Universitätsleitung einen positiven Effekt in Bezug auf eine höhere Gesundheitsorientierung unter den Studierenden. Das Rauchverbot auf dem Universitätsgelände betraf alle Mitglieder der Hochschule, obgleich die Umfrage allein auf die Akzeptanz der Maßnahme unter Studierenden, der größten Statusgruppe, abzielte. Unter Lehramtsstudierenden wurde aufgrund ihrer späteren Vorbildfunktion qua Berufsrolle auf Verständnis gegenüber der Einschränkung gehofft:

> „Because the College of Education is a teacher-training center and teachers have this respected status as role models, the policy of limiting smoking to designated areas was viewed as a philosophical statement as well. Assessing the attitudes of future education professionals regarding their own health, as well as that of their peers, was considered of great importance. Professors, other staff members and students were equally subject to the restrictions imposed by the policy."[441]

---

438 In Abgrenzung zur volkskundlichen Gemeinde- und Stadtteilforschung löst Greverus ihr Orientierungsmodell ab von kulturräumlich etablierten Formen und richtet den Blick auf Mechanismen der Raumaneignung.

439 Apel, Michael/Klein, Klaus/McDermott, Robert J./Westhoff, Wayne W.: Restricting Smoking at the University of Köln, Germany: A Case Study (= Journal of American College Health 45/5, 1997), S. 219–223. Aufgrund des Alters der Studie sind die Raucheranteile von 34% der Studentinnen und 41% der Studenten an der Humanwissenschaftlichen Fakultät der Universität zu Köln nicht mit aktuellen Anteilszahlen vergleichbar.

440 Ebd., S. 219f.

441 Ebd., S. 220.

Tatsächlich berichteten im Rahmen der Umfrage etwa ein Drittel der Raucher/-innen von einer Reduktion ihres Zigarettenkonsums auf dem Campus als kurzfristigen Effekt.[442] Unter den Befragten gaben 84% an, sich freiwillig an die neue Vorschrift zu halten und die vorgegebenen Rauchräume aufzusuchen. Jedoch kritisierten etwa 70% der rauchenden Studierenden, dass die Räume (etwa zehn Quadratmeter) zu klein für den anvisierten Nutzen seien und dass es nur einen Raucherraum pro Gebäude auf dem Fakultätsgelände gab.[443] Soziale Kontrolle über das Rauchverhalten anderer Hochschulangehöriger lehnen Rauchende wie Nichtrauchende ab. Die Studie weist auf eine fehlende Bereitschaft unter Nichtraucher/-innen wie Raucher/-innen hin, Rauchende auf die rauchfreie Gebäude und Gelände des Campus hinzuweisen.[444] Die Studie zeigt, wie die Leitung der Universität zu Köln bei der Einführung von Rauchverboten auf dem Hochschulgelände vorging, und legt Konfliktlinien zwischen dem Anliegen der Hochschulleitung und den Hochschulmitgliedern bei der Einführung der Rauchverbote frei. Darüber hinaus weisen die Ergebnisse auf eine zumindest indifferente Haltung der Nichtraucher/-innen hin, zu deren Schutz das Rauchverbot eingeführt wurde. Weder waren diese dazu bereit, den Schutz vor Passivrauchen bei den Rauchenden aktiv einzufordern, noch hielten sich Nichtrauchende von den Raucherräumen fern, sondern begleiteten ihre Kommilitonen in diesen neuen, aber „zu kleinen" sozialen Raum.

Ethnographische Beschreibungen räumlicher Nutzungsmuster von Universitätsgeländen sind bis heute überaus selten. Das Autorenteam Bryant, Matthews und Walton präsentierte 2009 eine Untersuchung zur Raumnutzung von Studierenden an der Bibliothek der Loughborough-Universität in Großbritannien.[445] Die dritte Etage der Bibliothek war nach einer Renovierung[446] als hybrider Lern-, Informations- und Aufenthaltsraum konzipiert, in dem keine Stille gewahrt werden musste wie in anderen Bereichen des Gebäudes und an dessen Arbeitsplätzen der Verzehr von Nahrungsmitteln erlaubt war. Hauptsächlich interessierte bei der Durchführung der Studie die Nutzung von Gemeinschaftsarbeitsräumen, Einzelarbeitsräumen, Umgang mit Störungen, Nutzung vorhandener Technologien, Raumorganisation usw.[447] Das Angebot dieses Hybridraumes sollte Bedürfnisse nach sozialen Interaktionsformen in die Nutzung von Informationsangeboten (analoge wie digitale Medien) integrieren und darüber hinaus die Rolle der Universitätsbibliothek als wichtiges Zentrum sozialen wie informationellen Austauschs auf dem Universitätsgelände festigen. Die

---

442 Zigarettenautomaten blieben auf dem Gelände der Universität installiert.

443 Gründe für diese Bewertung werden in der Studie nur knapp umrissen. Eine Erklärung dieser Bewertung mögen soziale und kommunikative Faktoren in Rauchsituationen bieten, die häufig auch Nichtraucher/-innen an Rauchsituationen teilhaben lassen. Es kann sich somit um eine beabsichtigte Verknappung der Teilhabe an sozial-strukturierten Rauchsituationen handeln.

444 Vgl. Apel/Klein/McDermott/Westhoff: Restricting Smoking (1997).

445 Vgl. Bryant, Joanna/Matthews, Graham/Walton, Graham: Academic libraries and social and learning space: A case study of Loughborough University Library (= UK Journal of Librarianship and Information Science 41 (1/2009)), S. 7–18.

446 Da die Informationsverwaltung und Informationsnutzung an Universitäten sich im Zuge der Digitalisierung wissenschaftlichen Wissens in den letzten Jahren stark veränderte, unternahmen zahlreiche Universitätsbibliotheken Anstrengungen, um ihr Informationsangebot den neuen Nutzungsbedürfnissen von Studierenden und Forschenden anzupassen.

447 Vgl. Bryant/Matthews/Walton: Case study of Loughborough (2009), S. 7.

Befunde aus Loughborough weisen auf ein tageszeitabhängiges Nutzungsverhalten, unterschiedliche Verteilung von Nutzungsgruppen und Selbstregelungsmechanismen unter Studierenden im Umgang mit gemeinschaftlich genutzten Räumen hin. Diese Mechanismen beinhalten etwa die gemeinschaftlich geduldete Lautstärke im Raum (eher laut in den Abendstunden). Obwohl das Telefonieren mit Mobiltelefonen in *Open3* nicht untersagt war, telefonierten die Nutzer/-innen nur im unruhigen, lauten Eingangsbereich:

> „In addition to learning-related activities, users were also observed socializing with friends. [...] These unplanned meetings and social gatherings occurred regularly [...] The social gatherings [...] imply that further to its purpose of supporting academic activities, the library, and Open3 in particular, has become an important place for social activity within the university community."[448]

Hauptsächliche Nutzer des neuen hybriden Arbeitsraumes waren männliche Studierende vor ihrem ersten akademischen Abschluss (Bakkalaureat) in der Altersspanne zwischen 18 und 25 Jahren, was die Autoren durch eine Integrationsorientierung der Studierenden in den neuen Arbeitskontext erklären. Auch ausländische Studierende nutzen die offene Gestaltungsmöglichkeit der Arbeitsatmosphäre im Gegensatz zu Studentinnen und Lehrenden der Universität häufig.[449] Letztere nutzten bevorzugt Informationsdienste der Einrichtung.

Deutlich wird an diesem Beispiel sozialer Raumnutzung unter Studierenden, dass Nutzungs- und Orientierungsmuster auf dem Hochschulgelände von zweierlei Seiten gestaltet werden: durch die Institution Hochschule sowie die spezifischen Bedürfnisse der Studierenden an ihren Lebensraum. Die „Sozialisationsagentur" Universität versucht, sich den sich schnelllebig ändernden Wünschen und Bedürfnissen Studierender anzupassen, neue Raumformate zu etablieren und die Entgrenzungen zwischen sozialer Interaktion, Lernen und wissenschaftlichem Arbeiten zu modernisieren. Raumgestalterische Planungen von Gebäuden und Gestaltungsräumen inkludieren oder exkludieren soziokulturelle Praktiken studentischen Lebens. Rauchende Student/-innen, Forschende und Lehrkräfte gestalten Interaktionen im sozialen Raum der Hochschule mit, da sie ihre alltäglichen Bedürfnisse in diesem Raum erleben. Zugleich gestalten Hochschulräume Identifikationen und Identitäten ihrer Akteursgruppen, sie schaffen neben einer Bildungsfunktion Identifikation, formen und (re-) konstruieren studentische Identitäten.[450] Die Betrachtung sozialräumlicher Gefüge unter kulturwissenschaftlicher Perspektive ist gerade deshalb bedeutsam, da sie über Fragen nach der Ausgestaltung sozialer Beziehungen in diesem Raum hinaus geht und die Lokalität gestaltender Faktoren berücksichtigt. Mitunter offenbart die Begrenzung

---

448 Ebd., S. 11 f.

449 Geschlechterunterschiedliche Nutzungsstile in Bezug auf den Umgang mit und die Nutzung von digitalen Lernangeboten stellten Remmele und Stingl in ihrer Untersuchung 2001–2003 an deutschen Hochschulen fest. Vgl. Remmele, Bernd/Stingl, Benjamin: Geschlecht und Informationstechnologie. Eine einflussreiche Beziehung für das mediengestützte Lernen an der Hochschule. In: Hirschfelder, Gunther/Huber, Birgit (Hg.): Die Virtualisierung der Arbeit. Zur Ethnographie neuer Arbeits- und Organisationsformen. Frankfurt a. M./New York 2005, S. 217–235, insbesondere S. 228 ff.

450 Vgl. Greverus: Universität als lokale Öffentlichkeit? (2000).

durch Raumnutzungsmuster einen virtuellen oder polylokalen Analyserahmen für soziokulturelle Spannungsfelder und Beziehungen.[451] Einen Ausschluss des Tabakrauchens aus Universitätsgebäuden und vom Campusgelände zeigt nicht nur das Macht- und Kontrollbedürfnis der Hochschulleitung, sondern ebengleich eine symbolische Orientierung einer protektiven Gestaltung von Lebens- und Arbeitsbedingungen.

An den drei Universitäten Bonn, Köln und Düsseldorf, an denen ich meine Untersuchung schwerpunktmäßig durchführte, studierten im Wintersemester 2005/2006 insgesamt 94.571 Studierende, im Wintersemester 2009/2010 waren es 85.243 Studierende.[452] Die Campusuniversität Düsseldorf liegt im südlichen Stadtgebiet der Landeshauptstadt Nordrhein-Westfalens. Die Universitäten Köln und Bonn hingegen sind über mehrere Stadtviertel verteilt. Da die Hochschulen nach geltendem Landesrecht über die Einführung von Maßnahmen zum Nichtraucherschutz selbst verfügen können, ist derzeit Rauchen allein an Hochschulen in Berlin und Sachsen noch erlaubt.[453] Universitäten und Hochschulen in Bayern, Hessen, Nordrhein-Westfalen und Sachsen-Anhalt ist es erlaubt, abgetrennte Raucherräume oder Rauchbereiche auf dem Gelände bereitzustellen. Die Universität zu Köln ist Mitglied des *Arbeitskreises Gesundheitsfördernde Hochschulen* und zählt seit Januar 2004 als erste Universität NRWs zu den *Rauchfreien Hochschulen*[454]:

> „Aufgrund von Beschwerden seitens der Beschäftigten und Studierenden bezüglich der Rauchbelästigung und des Mehraufwandes bei der Reinigung und Instandhaltung der Gebäude wurde der Beschluss des Rektorates erlassen, ein generelles Rauchverbot in allen öffentlich zugänglichen Bereichen ab dem 01.01.2004 durchzusetzen. Die Einführung dieses Verbotes erfolgte im Rahmen einer Aktionswoche (12. bis 16.01.2004) in der Zentralmensa. Inhaltlich standen vor allem die Sensibilisierung für gesundheitliche Folgen und Stärkung gegenseitiger Rücksichtnahme durch umfassende Informationsmöglichkeiten im Mittelpunkt. Im Anschluss daran wurden Plakataktionen, die sich vorrangig an die Studierenden richteten, durchgeführt. Es wurden Raucherzonen im Außenbereich eingerichtet. Weiterhin besteht die Möglichkeit der Teilnahme an Raucherentwöhnungskursen."[455]

Durch die Beteiligung Studierender der Universitäten Bonn und Düsseldorf an einer Erhebung zum subjektiven Gesundheitsstatus von Studierenden – die Datenerhebung fand 2006 und 2007 statt – können grobe Aussagen zum Gesundheitszustand der Studierendenschaft während der sukzessiven Einführung von Rauchverboten an Hochschulen in Nordrhein-Westfalen getroffen werden.[456]

---

451 Vgl. Hannerz: Studying Down (2006), hier S. 29.

452 Nach Angabe des Statistischen Bundesamts besuchten in den Wintersemestern 2005/2006, (2009/2010) Studierende die Universität Bonn: 30.265 (26.312); Universität Düsseldorf: 17.639 (16.794) und die Universität zu Köln: 46.667 (42.137).

453 Stand 2008.

454 Der Arbeitskreis Gesundheitsfördernde Hochschulen ist ein hochschulpolitisches Netzwerk. Zielsetzung des Arbeitskreises ist es u. a., die Rauchfreiheit von Hochschulen zu fördern. http://www.gesundheitsfördernde-hochschulen.de/G_Themen/Go_Themen1.html, zuletzt geprüft am 25.04.2015.

455 www.uni-koeln.de/uni/rauchfrei, zuletzt geprüft am 25.04.2015.

456 Gesundheitssurvey für Studierende in NRW, Projektbericht von Sabine Meier, Simone Milz, Alexander Krämer, Fakultät für Gesundheitswissenschaften der Universität Bielefeld, Dezember

5.   Gesundheitsorientierung und Tabakkonsumdaten Studierender

Da die Feldarbeit der vorliegenden qualitativen Studie schwerpunktmäßig an Hochschulen in NRW durchgeführt wurde, stellt dieser Abschnitt dem erhobenen Quellenmaterial eine quantitative Übersicht zum Gesundheitszustand der Studierendenschaft in Nordrhein-Westfalen aus dem Jahr 2007 voran. Verlässliche Datenzugänge zum gesundheitlichen Zustand Studierender sind nur durch empirische Erhebungen zu gewinnen, da Studierende aufgrund ihres Status nicht der Krankenmeldpflicht gegenüber ihrer Hochschule unterliegen. Die quantitative Erhebung des *Gesundheitssurveys für Studierende* befragte über 3000 Studierende (n=3007) an zwölf Universitäten und vier Fachhochschulen in NRW mit Hilfe eines Bewertungsbogens zu ihrem Studium, ihrer allgemeinen Gesundheit, Beschwerden und Krankheiten, Gefühlen, Verhalten, Einstellungen sowie zu erlebten Unfallgeschehen in ihrem Studienalltag.[457] Insgesamt schätzen Studierende ihren subjektiven Gesundheitszustand mehrheitlich als „ausgezeichnet" bis „gut" ein. Studentinnen schätzen ihre Gesundheit insgesamt signifikant schlechter ein als Studenten. Die Einschätzung des subjektiven Gesundheitszustandes wie auch die Angaben von Beschwerden in den letzten zwölf Monaten zeigen ein leichtes Nord-Süd-Gefälle, wobei die Studierenden aus dem Süden Nordrhein-Westfalens sich gesünder fühlten und über weniger gesundheitliche Beschwerden klagten. Unter den angegebenen Beschwerden wurden Nacken- und Schulterschmerzen, Kreuz- und Rückenschmerzen, Kopfschmerzen, Konzentrationsschwierigkeiten, Nervosität und Unruhe deutlich häufiger von Studentinnen genannt als von Studenten. Ebenso erzielten Studentinnen im Geschlechtervergleich bei allen abgefragten Beschwerdearten einen höheren Zustimmungswert.[458] Keinen signifikanten Unterschied zwischen den Geschlechtern ergab die Frage nach dem aktuellen Raucherstatus: 22% der Studentinnen und 22,4% der Studenten an nordrhein-westfälischen Hochschulen rauchten.[459] Raucher waren besonders häufig unter den Studierenden zu finden, die während ihrer Studienzeit zur Finanzierung ihres Lebensunterhalts (hinzu-)verdienen mussten sowie bei Studierenden mit Migrationshintergrund. Hingegen wies die Umfrage eine klare Geschlechterdifferenz beim Alkoholkonsum nach: Bei 11,2% der Studentinnen und 29,2% der Studenten fiel das *Screening* zum Alkoholmissbrauch positiv aus.[460] Unter Studierenden scheint der Konsum von Alkohol negativ mit dem Übergewicht zu

---

2007, online verfügbar unter www.gesundheitsfördernde-hochschulen.de, zuletzt geprüft am 25.04.2015.

457   Ebd.

458   Einzige Ausnahme ist das Zittern der Hände. Darunter leiden genauso viele Männer wie Frauen (8%). Vgl. ebd., S. 10.

459   Interessant auch, dass das Interesse der Studierenden (beiden Geschlechts) am Thema Raucherentwöhnung im Vergleich zu den anderen Themen am geringsten ist. Nur 5–7% der Studierenden äußern Interesse an einem Kursangebot, einer Einzelberatung oder einem Vortrag zum Thema Rauchentwöhnung. Angebote der Stressbewältigung (46% Studentinnen), Bewegungsprogramme (51% Studentinnen; 25% Studenten) und zur gesunden Ernährung (25% Studenten) erhalten hingegen den höchsten Zuspruch.

460   Eine medizinische Kategorisierung deutete auf einen Alkoholkonsum hin, der als missbräuchlich eingestuft wurde.

korrelieren.[461] Weiterhin gaben über die Hälfte der männlichen Studenten an, mindestens dreimal in der Woche körperlich aktiv zu sein, bei den Studentinnen traf dies nur für ein knappes Drittel zu.[462] 81% der männlichen und 73% der weiblichen Befragten befürworten ein generelles Rauchverbot in Hochschulgebäuden. Im regionalen Vergleich sind an Hochschulen im Süden Nordrhein-Westfalens die wenigsten Raucher (18,9%) zu finden. An Hochschulen im Ruhrgebiet und in Düsseldorf gibt es die meisten Raucher (25,4%) unter den Studierenden.[463] Zwischen Rauchen, gesundem Essen (konkret benannt: Gemüse) und Übergewicht (gemessen nach der Klassifikation des *Body-Mass-Index*) konnte die Studie keine Wechselbeziehung herstellen. Stress im Studium, Hektik und fehlende Rückzugsmöglichkeiten im Hochschulgebäude schienen sich insgesamt negativ auf das Wohlbefinden der Studierenden auszuwirken. Eine volkskundliche Studie zum Ernährungsverhalten (Einkaufen, Kochen und Essen) von Studierenden in Bayern zu Beginn der 1990er Jahre zeigte, dass es eine „typische" studentische Ernährungsweise (weder Gericht noch Nahrungsmittel) nicht gibt.[464] Deutliche Unterschiede zeigten männliche und weibliche Studierende dahingehend, dass Studenten seltener kochen, eher das Essensangebot der Mensa nutzten oder sich beim Besuch der Eltern versorgten als gleichaltrige Studentinnen, die eine deutlichere Gesundheitsorientierung zeigten. Für beide Geschlechter war das Essensverhalten durch einen relativen Mangel an Zeit und Geld gekennzeichnet. Daneben stellt sich die Spezifik studentischer Ernährungsweisen in den sozialen Räumen und sozialen Zeiten des Essens dar (Mensa, Cafeterien, Universitätsgelände, Wohnheimküchen etc.). Das bis heute bekannte Studentenfutter sei bereits im 18. und 19. Jahrhundert mit Mandeln versetzt worden, da diese als wirksames Mittel gegen Rausch galten.[465]

Maßnahmen zur Krankheitsvorsorge sind inzwischen für spezifische Gruppen und spezifische soziale Räume entstanden, jedoch sei der Bedarf an Interventionen zur Gesundheitsförderung an Hochschulen in Deutschland etwa Anfang der 1990er Jahre von der öffentlichen Gesundheitspflege erkannt worden.[466] Parallel dazu ist eine veränderte Herangehensweise an sozialwissenschaftliche Fragestellungen zum Ge-

461 Eißner, Romy/Exner, Anne-Kathrin/Zanuzdana, Arina: Associations of Body Mass Index with sociodemographic factors and health behaviour of students in North Rhine-Westfalia. Abgerufen unter http://www.gesundheitsfoerdernde-hochschulen.de/Inhalte/F_Gesundheitssurvey_NRW/Poster/Poster_BMI.pdf, zuletzt geprüft am 25.04.2015.

462 Die Frage lautete „Wie oft üben Sie in einer normalen Woche körperliche Aktivitäten aus, die mindestens 20 Minuten dauern, Sie stärker atmen lassen und Ihren Puls deutlich erhöhen?" Konkrete sportliche Aktivitäten wurden hier nicht erfragt. Vgl. ebd., S. 13.

463 Hier muss kritisch angemerkt werden, dass Studien zum Gesundheitsverhalten in unterschiedlichen Bildungsschichten belegt haben, dass sich beispielsweise rauchende Medizinstudenten nicht als Raucher bezeichnen, auch wenn faktisch Tabak konsumiert wird. Vgl. Braks, Elke: Gesundheitsverhalten und Einstellungen zum Rauchen bei Studienanfängern der Universität Freiburg im Breisgau (Dissertation aus der Abteilung für Medizinische Soziologie der Universität Freiburg) 1994, S. 67 f.

464 Gajek, Esther/Götz, Irene: „Studentenfutter" Was Studenten einkaufen und wie sie (miteinander) kochen und essen (= Münchner Beiträge zur Volkskunde. Sonderheft, Bd. 1). München 1993, S. 56 f.

465 Vgl. Ebd.

466 Vgl. Stock, Christiane/Wille, Lutz/Krämer, Alexander: Gender-specific health behaviors of German university students predict the interest in campus health promotion (= Health Promotion International, 2001; 16/2), S. 145–154.

sundheitsverhalten auf dem Campus seit dem letzten Jahrtausendwechsel eingetreten: Behandelten Studien der 1980er und 1990er Jahre noch vorrangig das Risikoverhalten unter Studierenden an Hochschulen, zeigte 2001 eine Studie von der Universität Bielefeld geschlechtsspezifische Einstellungen und Interessen hinsichtlich zielgruppenorientierter Informationsangebote zur Gesundheitsförderung auf Grundlage einer Bedarfsanalyse unter Studierenden im ersten Semester, die sich an Variablen der Lebensstilforschung orientierte.[467] Seither ist eine immer stärkere Ausdifferenzierung zwischen qualitativ forschenden und quantitativ forschenden Disziplinen in diesem Bereich auszumachen. Daher sind repräsentative Studien, z. B. zur *Suchtproblematik bei Studierenden an deutschen Hochschulen* oder der *Gesundheitssurvey für Studierende in NRW*[468], deren Ergebnisse große Kohorten umfassen und in der Regel zu wissenschaftsbasierten Empfehlungen der Ausgestaltung von Gesundheitspolitik dienen, für die Tabakprävention von besonderem Interesse. Qualitative Untersuchungsmethoden tragen zum besseren Verständnis medikalkultureller Sinnstrukturen im Feld bei, sind jedoch bis dato selten. Daher erscheint es angemessen, die quantitativen Daten hier als Hintergrundschablone zum besseren Verständnis qualitativer Fallstudien ausführlich vorzustellen.

Gesundheitsverhalten und Rauchverhalten unter Studierenden der Medizin wurde quantitativ in zahlreichen internationalen Studien während der letzten 30 Jahre, im Gegensatz zum Raucherstatus Studierender anderer Fachgebiete, intensiv untersucht.[469] Im europäischen Vergleich ist in studentischen Kulturen stets ein ähnliches Verhältnis von rauchenden Studentinnen zu Studenten feststellbar. Generell war in der deutschen Stichprobe zu Beginn der 1990er Jahre das Rauchen häufiger anzutreffen (24,5%) als in US-amerikanischen Vergleichsgruppen (etwa 15% Raucheranteile)[470]:

„From the current review it appears that smoking rates among male medical students range from 3% in the Unites States and 58% in Japan. [...] While the smoking prevalence rate among female medical students was generally lower than their male counterparts at the same medical school across a range of studies, at least seven investigations reported not having any female smokers at all. This particular phenomenon was evident in China, India, Malaysia and Thailand. It has been previously suggested that smoking may be regarded as inappropriate behavior for women in certain countries."[471]

Kulturelle Rahmenbedingungen spielen eine entscheidende Rolle dabei, ob Studierende das reale Quantum ihres Tabakkonsums bei einer Befragung benennen oder in sozial erwarteter Weise antworten. Während ein gegenläufiger Trend einsetzt, der

---

467 Ebd.

468 Vgl. Pauly, Anne: Lustig ist das Studentenleben. Suchtverhalten im Studium. Köln 2005; Gesundheitssurvey für Studierende in NRW, Projektbericht von Sabine Meier; Simone Milz; Alexander Krämer, Dezember 2007, online abrufbar unter www.gesundheitsfördernde-hochschulen.de, zuletzt geprüft am 25.04.2015.

469 Eine Meta-Analyse der Studien zum Rauchverhalten von Medizinstudierenden weltweit veröffentlichten Derek Smith und Peter Leggat 2007. Vgl. Smith, Derek/Leggat, Peter: An international review of tobacco smoking among medical students. In: Journal of Postgraduate Medicine 53/1 2007, S. 55–62.

470 Vgl. Stock/Wille/Krämer: Gender-specific health behaviors (2001), S. 152 f.

471 Smith/Leggat: An international review of tobacco smoking (2007), S. 58.

in Langzeitstudien unter Medizinstudierenden beziehungsweise jungen Ärzten in Australien, Indien, Irland, Japan und der Türkei zeigt, dass in Langzeitperspektive die Raucheranteile unter den befragten Studierendengruppen stetig absanken, d. h. im diachronen Vergleich der letzten dreißig Jahre das Rauchen unter Medizinstudierenden aktuell am wenigsten etabliert ist[472], zeigt eine Meta-Analyse zum Rauchverhalten unter Medizinstudierenden, dass die meisten Veröffentlichungen zum Rauchstatus von Medizinstudierenden einen Anstieg im Tabakverbrauch vom ersten bis zum letzten Studienjahr nachweisen.[473] Eine repräsentative Studie zum Rauchverhalten von Studierenden an österreichischen Universitäten kam 2007 zu dem Ergebnis, dass 34% der Studierenden rauchten, es sich bei 16% der aktuell 66% Nichtraucher um Ex-Rauchende handelt und nur 1% der Studierenden zu den „starken Rauchern" mit einem Konsum von mehr als 20 Zigaretten pro Tag gezählt werden kann.[474] Der Anteil der studierenden Raucher und Raucherinnen entspricht etwa dem Anteil der Rauchenden in der österreichischen Gesamtbevölkerung im Alter ab 15 Jahren. Der Anteil an Rauchenden, die weniger als zehn Zigaretten pro Tag als durchschnittlichen Wert angaben, sogenannte *Tobacco Chippers*[475], machte den größten Anteil unter rauchenden Studierenden aus.[476] Unter Studierenden medizinischer Hochschulen fanden sich die wenigsten Raucherinnen und Raucher (27%). Ebenso zeigen sich signifikante Unterschiede bei der Berechnung der Stichproben nach Geschlecht: Unabhängig von der

---

472 Ebd. Die Studiendaten stammen aus den letzten dreißig Jahren, ab Mitte der 80er Jahre und reichen bis in das Jahr 2002.

473 Gründe dafür wurden zumeist in quantitativ angelegten Studien der Gesundheitswissenschaften im deutschsprachigen Raum wie auch für US-amerikanische Universitäten und Colleges gesucht. Vgl. Glawischnig, Markus/Reichmann, Gerhard/Sommersguter-Reichmann, Margit: Austrian Students and Smoking: Prevalence and Characteristics (= College Student Journal 43/2, 2009), S. 514–526; Brenner, Hermann/Scharrer, Sigrid B.: Parental smoking and socio-demographic factors related to smoking among German medical students (European Journal of Epidemiology, 12, 1996), S. 171–176; Stock/Wille/Krämer: Gender-specific health behaviors (2001), S. 145–154; Zhu, Tong/Feng, Buoling/Wong, Shiushing/Choi, Won/Zhu, Shu-Hong: A comparison of smoking behaviors among medical and other college students in China (= Health Promotion International 19/2, 2004), S. 189–196; Moran, Susan/Wechsler, Henry/Rigotti, Nancy: Social Smoking among US college students (Pediatrics 114, 2004), S. 1028–1034; Colder, Craig R./Lloyd-Richardson, Elizabeth E./Flaherty, Brian P./Hedeker, Donald/Segawa, Eisuke/Flay, Brian R.: The natural history of college smoking: Trajectories of daily smoking during the freshman year (Addictive Behaviors 31, 2006), S. 2212–2222; Dumeige, Victor: Comparison of Attitudes toward Smoking between American and French University Students (Journal of Psychological Inquiry, 11/2, 2006), S. 69–74.

474 Vgl. Glawischnig/Reichmann/Sommersguter-Reichmann: Austrian Students and Smoking (2009); sowie zuvor Reichmann, Gerhard/Sommersguter-Reichmann, Margit: Zum Rauchverhalten von Studierenden in Österreich – Ein empirischer Befund (Gesundheits- und Sozialpolitik, 61. Jg. 2007, Heft 11/12), S. 61–71.

475 Der Begriff geht auf Saul Shiffman (1990er Jahre) zurück, der damit Raucherinnen und Raucher bezeichnete, die aus unbekannten Gründen keine starke Tabakabhängigkeit entwickelten und keine starken Tabakentzugserscheinungen zeigten. Vgl. Goodman: Tobacco in History (2005), S. 469.

476 Die Gesamtsumme 34% rauchender Studierender verteilt sich auf 22% der Studierenden, die bis zu zehn Zigaretten täglich rauchen, 11% der Studierenden, die zwischen elf und 20 Zigaretten pro Tag rauchen, und 1% der Studierenden mit einem Zigarettenkonsum von mehr als 20 Zigaretten pro Tag. Vgl. ebd.

fachlichen Zuordnung lagen die Anteile der rauchenden Studentinnen unter denen der Studenten. Anders als in US-amerikanischen Studien konnte für Studentinnen kein funktionaler Einsatz des Zigarettenrauchens als Hilfsmittel zur Gewichtsregulierung abgeleitet werden.[477]

Eine Untersuchung von 1996 unter Medizinstudierenden an der Universität Ulm kam zu dem Ergebnis, dass es eine positive Korrelation zwischen dem Rauchverhalten von Studierenden mit dem Rauchstatus der Mutter gibt.[478] Die Daten zeigen, dass lediglich 17,6% der Studentinnen, jedoch 29,2% der Studenten zum Befragungszeitpunkt regelmäßig Tabak konsumierten.[479] Studierende mit einem rauchenden Elternteil zählten signifikant häufiger zur Gruppe der Rauchenden. 45% der rauchenden Studierenden gaben an, dass mindestens ein Elternteil raucht. Keine statistisch signifikante Aussage konnte hingegen bezüglich des Rauchstatus des Vaters getroffen werden. Weiterhin war kein Zusammenhang zwischen Bildungsstatus der Eltern und dem Rauchverhalten der studierenden Kinder aus den Daten abzuleiten. Eine schweizerische Studie belegte hingegen, dass sich Jugendliche mit einem höheren Bildungsgrad stärker an Rauchmodellen innerhalb ihrer Familie orientieren als Jugendliche mit einem niedrigeren Bildungsstand.[480] Studierende, deren Eltern einen höheren Bildungsabschluss aufwiesen, zählten proportional gleich häufig zu den Rauchenden wie Studierende, deren Eltern einen niedrigen Bildungsabschluss erreicht hatten. Dies stellt eine besondere Eigenheit der Studierendenpopulation dar, denn in anderen jugendlichen Statusgruppen zeigte sich stets ein statistisch signifikanter Zusammenhang zwischen dem Bildungsstatus der Eltern und dem Rauchstatus der untersuchten Gruppe von Heranwachsenden.[481]

Häufigste Gründe für das Rauchverhalten Studierender benennen diese mit Gewohnheit (70%) und Entspannung (68%). Ehemalige Raucher/-innen entschieden sich gegen das Rauchen aus gesundheitlichen (88%) oder aus Kostengründen (62%). Glawischnig, Reichmann und Sommersguter-Reichmann stellten keinen Zusammenhang zwischen der Dauer der individuellen Tabakkonsumgeschichte und Plänen zum Rauchstopp fest.[482] Quantitative wie qualitative Studien beschreiben die Anziehungskraft zwischen Alkohol und Zigarettenkonsum auf studentischen Partys.[483] Die vorgestellten Studienergebnisse aus Österreich, den USA, aus deutschen Hochschulen und aus Nordrhein-Westfalen geben eine quantitative, aber dennoch oberflächliche Übersicht über Vorkommen, Motivationen und Begleitumstände des Zigarettenrauchens seit der Jahrtausendwende. Die Grenzen quantitativer Datenaggregate zeigen: Mittelwerte zum täglichen Tabakkonsum spiegeln weder den realen, tageszeitlich oder situationsspezifisch unterschiedlichen Zigarettenverbrauch wider, können keine Aus-

---

477 Vgl. Stock/Wille/Krämer: Gender-specific health behaviors (2001); Smith/Leggat: An international review (2007); Moran/Wechsler/Rigotti: Social Smoking (2004).

478 Vgl. Brenner/Scharrer: Parental smoking (1996).

479 Ebd.

480 Vgl. Niederberger, Josef Martin: Rauchen als sozial erlerntes Verhalten. Physiologie und Sozialisationstheorie einer alltäglichen Sucht. Stuttgart 1987, S. 101 f.

481 Vgl. Brenner/Scharrer: Parental smoking (1996), insbesondere S. 173 f.

482 Vgl. Glawischnig/Reichmann/Sommersguter-Reichmann: Austrian Students and Smoking (2009).

483 Vgl. Stromberg/Nichter/Nichter: Taking Play Seriously (2007).

sage über funktionale Einsatzgebiete von Zigaretten in studentischen Kulturen geben, noch liefern sie Antworten über tatsächliche Präventionsvorstellungen beziehungsweise Gesundheitskonstruktionen unter Studierenden.

III.   Medikale Logik und kulturelle Praxis

„There is a new Marlboro land,
not of lonesome cowboys, but of social-spirited urbanities,
united against the perceived strictures of public health."[484]

1.   Zigarettenrauchen

Ergänzend zu den Feldbeobachtungen und einer Materialsammlung medialer Repräsentationsformen des Tabakpräventionsdiskurses aus zentraldirigistischer Sicht, geht es in den strukturierten Befragungen von studentischen Raucherinnen und Rauchern um das Erzählen über ihren alltäglichen Umgang mit Zigaretten und dessen Bedeutung im Lebenskontext. Lehmann folgend verstehe ich das Erzählte als eine symbolische Form der Weltaneignung, durch die sich Erzählende selber in konstruierten sozialen Situationen, wie der des qualitativen wissenschaftlichen Interviews, schöpferisch im Umgang mit Erinnerungen, geschichtlich und sozial mit ihrer gegenwärtigen Lebenswelt in Beziehung setzen.[485] Persönliche Erfahrungserzählungen einzelner Akteure bergen methodisch eine Vielzahl an Problemen,[486] die an dieser Stelle explizit angesprochen werden sollen, um den Umgang mit den beiden gewählten Formaten: personenzentrierte Fallbeispiele und thematische Schwerpunkte, zu erleichtern. Die im Rahmen dieser Arbeit erhobenen und nun vorgestellten Erzählungen über Raucherfahrungen müssen als Repräsentanten unentzerrbarer Mischformen aus selbst erlebten und selbst wahrgenommenen Erfahrungen verstanden werden. Lehmann bezeichnet diese narrativen Konstrukte als Erfahrungen aus „erster und zweiter Hand"[487]. Darin zwischen wahrhaftiger Erinnerung und fiktionaler Erzählung zu differenzieren, sei „nahezu unmöglich"[488]. Im Zentrum der Erzählung über Erinnerungen steht die momentane zwischenmenschliche Interaktionsebene, aus deren Perspektive über Vergangenes geurteilt, in die Zukunft projiziert und in den übergreifenden Kontext eingeordnet wird. Narrative Texte sind deshalb immer persönlich gefärbte narrative Schöpfungen, die in der augenblicklichen Lebenswelt sozial akzeptiert werden. Die Thematik des Rauchens im Alltag bringt eine weitere methodische Schwierigkeit mit sich, da das Rauchen eine Handlung mit hoher alltäglicher Routine darstellt und sich genau dadurch schnell der konkreten Erinnerbarkeit entzieht. Das Gedächtnis erinnert sich vor allem an Ereignisse von erzählerischem Wert, d. h. die außergewöhnlich genug sind, um sich von der Alltagsroutine abzuheben.[489] Besonderes Augenmerk bei der Auswertung der Erzählungen über Raucherfahrungen liegt darum mitunter auf den unterschiedlichen Erzähltypen. In den Gesprächen ist eine Vielzahl von Typen

---

484   Hilton: Smoking and Sociability (2004), S. 133.

485   Vgl. Lehmann: Reden über Erfahrung (2007), insbesondere S. 43–66 zu Bewusstseinsfragen und der Selektion von Erfahrungen.

486   Vgl. Lehmann: Bewusstseinsanalyse (2007).

487   Mit Erfahrungen aus zweiter Hand meint Lehmann die Vermischung von medial Vermitteltem, Erfahrungen Dritter und selbst Erlebtem. Ebd., S. 277.

488   Ebd., S. 273.

489   Vgl. ebd., besonders S. 277.

festzustellen. Darunter befinden sich auch, jedoch keinesfalls ausschließlich Rechtfertigungserzählungen.[490] Voraussetzung der Rechtfertigung ist, dass sie eine Erklärung zum eigenen Verhalten liefern will, noch bevor das erklärungsbedürftige Verhalten durch eine andere Person entdeckt worden ist. Im Falle des Rauchens, welches in Hintergrunderwartungen der Gesprächsteilnehmenden potenziell als erklärungsbedürftiges Verhalten angesehen werden könnte, ist jedoch bereits vor der Gesprächssituation klar, dass die Interviewten rauchen. Der mögliche Erzählstimulus des unbekannten „erklärungsbedürftigen Verhaltens", der eine originäre Rechtfertigungsgeschichte nach sich ziehen würde, ist somit nicht gegeben. Trotzdem treffen wir im Interviewgeschehen von Erzählungen über das Rauchen auf Rechtfertigungen und andere Erzähltypen, die zum Ziel haben, das eigene Verhalten zu legitimieren. Gründe dafür liegen nicht zuletzt in der medial diffundierten und in weiten Teilen der Wissensgesellschaft etablierten Bewertung des Zigarettenrauchens.

In zwei Erhebungsphasen 2006/7 und 2010 befragte ich 35 Studentinnen und Studenten im Erststudium und Promotionsstudium. In Anlehnung an die Auswertung der Ratgeber entstanden mehrere Themenkomplexe, die die strukturierte Befragung leiteten. Für die schriftliche Niederlegung konnten die Quellen auf 22 Fälle reduziert werden, ohne die Komplexität der Präventionsverständnisse dadurch zu beschneiden. Die Auswahl, zulasten der Gespräche aus der ersten Erhebungsphase, war aufgrund ungleicher Interviewqualitäten (z. B. sprachliche Kargheit[491]) angebracht, die mit Problemen von *studying sideways and at home*[492] zusammen hingen.

Eine Raucherin und ein Raucher sollen zunächst als Fallbeispiele ausführlich vorgestellt werden. Die Fallbeispiele geben auf der einen Seite Einblick in die Gesprächssituationen, Erzählungen über Raucherfahrung und deren Deutungen konsistent in der Sprache der beiden Interviewten wieder. Auf der anderen Seite vermitteln sie den Lesenden, wie die besprochenen Themen sich in zwei Fällen personenzentriert konkret verdichten und aufeinander beziehen. Dabei wird absichtlich auf ausführliche

---

490 Vgl. Lehmann, Albrecht: Rechtfertigungsgeschichten. Über eine Funktion des Erzählens eigener Erlebnisse im Alltag. In: Fabula. Zeitschrift für Erzählforschung, 21 (1980), S. 56–69, besonders S. 59. Begrifflich unterscheidet sich die Rechtfertigung von der Entschuldigung und der praktischen Erklärung darin, dass das „fehlerhafte" Verhalten erklärt wird, bevor es durch eine andere Person entdeckt wird. Eines der ersten sozialpsychologischen Modelle, die erklären sollten, warum Menschen in prekären Situationen gesundheitliche Risiken eingehen, entwarf Leon Festinger 1957. Die Erklärungs- und Rechtfertigungsstrategien sind auf das Beispiel Rauchen anwendbar. Das Modell skizziert fünf Argumentationen, ein gesundheitsriskantes Verhalten zu rechtfertigen: selektive Informationsbewertung (der durch das Rauchen verursachte Entspannungszustand ist eher gesundheitsfördernd als schädigend); der Vergleich mit drastischeren Gefahren (z. B. jederzeit kann ein tödlicher Autounfall passieren); Zurückweisung von persönlichen Konsequenzen (das Verhalten birgt relative Gesundheitsrisiken, doch andere Raucher hätten bereits ein hohes Alter erreicht); Verweis auf die Kontrollfähigkeit (kann jederzeit damit aufhören); Kosten-Nutzen-Abwägung (z. B. drohende Gewichtszunahme nach der Zigarettenentwöhnung). Vgl. Siegrist: Medizinische Soziologie (1995), S. 165 f. Die hier aufgelisteten Rechtfertigungsargumente sind im Kontext der strukturierten Befragung sowie in informellen Gesprächen genutzt worden. Die Frage nach einer möglichen kulturellen Logik hinter diesen Rechtfertigungen stellt Festingers Ansatz nicht. Im Rahmen der Quellendiskussion werden diese Argumente aufgegriffen und im Argumentationszusammenhang diskutiert.

491 Helfferich: Qualität qualitativer Daten (2011), S. 153 f.

492 Hannerz: Studying Down (2006).

Diskussionen und Interpretationen auf theoretischer Grundlage verzichtet, da diese in Kapitel III.2 unter Bezugnahme auf ein erweitertes Spektrum an Quellen erfolgen beziehungsweise die Einzelaussagen der beiden Interviewpartner nicht überinterpretiert werden sollen. Die beiden Falldarstellungen dienen einer ersten Annäherung an die erhobenen Quellen, zeigen basale, orientierungsgebende Größen studentischer Lebenswelten und lassen erste symptomatische Erzähltypen erkennen. Ein weiterer offensichtlicher Nutzen in der Verwendung zweier deskriptiver Darstellungsformen liegt darin, eine kritische Distanz zwischen Interviewsituation und textlicher Konstruktion herzustellen. Beide Verschriftlichungsformen (personen- und themenzentriert) tragen dazu bei, die Ergebnisse in der Gesamtdarstellung der Befunde in personalisierter und thematischer Fokussierung interpretieren zu können.

Die Daten der hier vorgestellten 14 Raucherinnen und acht Raucher wurden in qualitativen, themenzentrierten Interviews erhoben.[493] Die höhere Zahl von befragten Raucherinnen ist auf die Tatsache zurückzuführen, dass Raucherinnen im Gegensatz zu Rauchern über deutlichere Gesundheitsverhaltensweisen in Hinblick auf ihren Tabakkonsum zu ihrem Verhaltensspektrum zählen. Daher war eine Befragung von mehr Raucherinnen als Rauchern zur Sättigung des Materials erforderlich. Durch die Fokussierung meiner Untersuchung auf den Hochschulbereich war ein guter Zugang zu Rauchsituationen auf dem Universitätsgelände und zur anvisierten Zielgruppe zu erwarten, da ich selbst mit hochschulischen Abläufen vertraut bin. Bereits vor Beginn der Feldarbeit bestand Zugang zu formellen beziehungsweise informellen Netzwerken an den Universitäten Bonn, Köln und Düsseldorf, an denen ich die größte Anzahl an Interviews führte und mich an Rauchsituationen beteiligen konnte.[494] Durch meine berufliche Tätigkeit an der Universität zu Köln (2004–2006), das Studium an der Universität Bonn, Anwesenheitszeiten in Zentralbibliotheken und Fachbibliotheken, Institutsgebäuden, Cafeterien und Mensen gestaltete sich der Zugang zu Raucher/-innen aus den Wirtschafts-, Geistes- und Sozialwissenschaften besonders unkompliziert. Der Zugang zu naturwissenschaftlichen Studierenden, die insgesamt im Verhältnis zu anderen Fachbereichen eine geringere Quote an Rauchenden aufweisen, gelang oftmals durch Vermittlung Dritter, nachdem schriftliche Aushänge in drei naturwissenschaftlichen Instituten, die zur Teilnahme an der Studie aufriefen, wenig Erfolg gezeigt hatten. Die Interviewten wurden auf unterschiedliche Arten für das Gespräch gewonnen: Einige sprach ich während meiner Aufenthalte vor Instituts- und Bibliothekszugängen direkt auf dem Universitätsgelände (Bonn und Köln) beim Rauchen an. Aus diesen Kontakten generierten sich weitere Interviews nach dem Schneeballsystem.[495] Die bereits interviewten Personen traten in einigen Fällen, wie oben erwähnt, vermittelnd auf und erfragten zunächst die Interviewbereitschaft weiterer rauchender Student/-innen, bevor sie die Kontaktdaten der Personen an mich weitergaben. Informelle Teilnahme an Rauchsituationen war mir erst nach Einführung durch Personen (*gatekeeper*) mög-

---

493 Vgl. Tabelle 1: Überblick Interviewpartnerinnen und -partner im Anhang.

494 In der Feldphase rauchte ich etwa sieben Zigaretten in Genusssituationen zusammen mit anderen Raucherinnen und Rauchern. Während meines eigenen Studiums rauchte ich sechs Jahre lang regelmäßig Zigaretten verschiedener Hersteller. Körperliche Rauchtechniken waren mir daher aus eigener Erfahrung bekannt.

495 Zur Generierung von empirischen Daten durch das Schneeballsystem vgl. Schmidt-Lauber: Das qualitative Interview (2007), S. 173.

lich, die mein Untersuchungsvorhaben kannten und über gute Netzwerkverbindungen in ihren Fachbereichen verfügten. Unter den Befragten waren zudem drei mir aus dem Studium bekannte Raucher/-innen (zwei Frauen und ein Mann). Diese informierte ich bei der Rekrutierung vor dem Interviewtermin über das Anliegen meiner Forschungsarbeit. Das Vorgespräch beziehungsweise die vorbereitenden Telefonate fielen in diesen Fällen etwas knapper aus als bei den übrigen Gesprächen. Allen Gesprächen gingen Telefonate und E-Mail-Wechsel voraus, in denen ich das Anliegen meiner Arbeit schilderte. Aus welcher fachlichen Richtung mein Forschungsinteresse rührte und dass weder Verbindungen zu präventionspolitischen Akteuren (Krankenkassen) noch zur tabakverarbeitenden Industrie bestünden, erklärte ich nicht nur bei der Rekrutierung, sondern nochmals zu Gesprächsbeginn und in zwei Fällen nochmals während der Interviewaufzeichnungen.[496] E-Mail-Wechsel und Telefonate dienten der Verabredung eines persönlichen Gesprächstermins. Alle Interviewten erklärten sich mit der digitalen Aufzeichnung des Gesprächs einverstanden. Die Gespräche fanden entweder in privaten Wohnräumen (n=10) oder in den Hochschularealen (n=12) statt: in acht Fällen in den Wohnungen der Befragten, in zwei Fällen in meiner eigenen Wohnung, in fünf Fällen in den Büroräumen wissenschaftlicher Institute, in zwei Fällen in den Übungsräumen einer naturwissenschaftlichen Fakultät, die übrigen auf dem Campus der Universitäten, d. h. auf Sitzgelegenheiten vor Hörsälen und Bibliotheken, vor der Cafeteria und im Raucherbereich (Raucherinseln) auf dem Hochschulgelände. Fünf der Interviews wurden im Freien geführt (zwei im Garten eines Hinterhofs eines Instituts, zwei im Außenbereich einer Mensa, eines im Außenbereich eines Fakultätsgebäudes mit Sitzgelegenheiten), was durch viele Hintergrundgeräusche zu einer schlechteren Tonqualität führte als bei den Gesprächen in Innenräumen. Die Örtlichkeiten der Interviews spiegeln dabei *in situ* Rauchorte in Verbindung mit dem Hochschulalltag beziehungsweise Studierendenalltag wider.[497] Keines der Interviews fand vor zwölf Uhr mittags statt, obwohl die Uhrzeit von meiner Seite aus nicht vordefiniert worden war. Die Gespräche auf dem Campus fanden nach der Mittagszeit (nach Ende der Essensausgabe in der Mensa), in Überbrückungszeiten (zwischen Lehrveranstaltung und Nebenjob) oder am Abend bis etwa neunzehn Uhr statt. Die Interviews in privaten Wohnräumen fanden am Nachmittag beziehungsweise in den frühen Abendstunden statt. Nur ein Interview führte ich am späten Abend nach 21 Uhr, da der Interviewpartner gleichzeitig zwei Nebenbeschäftigungen nachging, die für ein längeres Gespräch am Tage keinen anderen Zeitraum ermöglichten. In einer Interviewsituation versagte die Technik nach den ersten zwei Gesprächsminuten, was dazu führte, dass ich das Gespräch in Stichpunkten mitschrieb, um im Anschluss ein

496 Einige Interviewpartner äußerten vor dem Gespräch bereits den Wunsch, das Interview möge sie dem Willen, mit dem Rauchen aufzuhören, ein Stück näher bringen. Ein anderes potenzielles Missverständnis lag in der Verknüpfung mit der Untersuchung präventivpolitischer Anti-Raucher-Broschüren, sodass ich vor und auch während der Interviews erklärte, dass ich keine medienpraktische Evaluation der Broschüren und Anti-Raucher-Programme durchführte, sondern es mir allein um den spezifischen Umgang mit der Zigarette, seine Ausformungen und Bedeutungszuschreibungen ging.

497 Ausnahmen bilden hier die Interviews, die innerhalb wissenschaftlicher Institutsräumlichkeiten durchgeführt wurden. Nur ein männlicher Interviewpartner erzählte, dort in Büroräumen „seines" Instituts geraucht zu haben.

Gedächtnisprotokoll anzufertigen. Die aufgezeichneten Einzelgespräche erreichten eine Dauer von etwa einer bis zu zweieinhalb Stunden.[498]

Im Folgenden gebe ich einen Einblick in die besprochenen Themenfelder, deren Ablauf sowie die Atmosphäre, die die Gespräche prägte. Vor dem Beginn der Aufzeichnungen stellte ich mein Anliegen den Gesprächspartner/-innen nochmals vor und versuchte dabei gegebenenfalls Vermutungen zu zerstreuen, es handele sich um eine Art therapeutisches Gespräch, welches die Interviewten von ihrem Rauchverhalten abzubringen suche. Während der Gespräche setzte ich zu adäquat erscheinenden Zeitpunkten thematische Erzählimpulse, um von einem spezifischen Themenkomplex (Konsummuster, Rauchsituationen, Körperlichkeit, Tabakkonsumformate, Geschmack, Gesundheit) zum nächsten überzuleiten. Darüber hinaus lud ich die Interviewpartner/-innen ein, eigene Fragen zum Forschungsanliegen oder zu Gesprächsinhalten zu stellen. Den Einstieg der Interviewaufzeichnung bildeten biografische Fragen nach dem Beginn des Rauchens sowie zur damaligen Lebensphase und zum familiären Hintergrund. Es folgten Fragen zu Veränderungen im Konsumverhalten (dem Wechsel von sozialen Lebenskontexten und dem Wechsel von Tabakprodukten), zum bislang probierten Rauchgut (Zigaretten, Feinschnitt, andere Tabakprodukte), zum aktuellen Rauchverhalten, beliebten und unangenehmen Rauchsituationen und -zeiten, dem körperlichen Umgang mit Zigaretten, nach dem funktionalen Einsatz von Zigaretten, nach subjektiver handlungs- und kontextspezifischer Bedeutung des eigenen Rauchens, nach dem Geschmack des Tabaks. Die Interviewten gaben Auskunft über Krankheitserfahrungen, schätzten ihre aktuelle körperliche Leistungsfähigkeit ein und beschrieben, ob sich ihr Körperempfinden durch regelmäßigen Zigarettenkonsum verändert habe. In Gesprächen der zweiten Erhebungsphase fragte ich darüber hinaus nach einer Bewertung des Rauchens in studentischen Lebensstilen. Zum Abschluss der Befragung regte ich meine Gesprächspartner/-innen zu einem ergänzenden Kommentar über die Zigarette an, was noch über die Zigarette zu sagen sei und bisher nicht thematisiert worden war.[499] Die meisten Befragten nutzten diesen Impuls, um ein besonderes Erlebnis beim Rauchen oder eine anekdotische Situation aus ihrer Konsumgeschichte zu schildern. In einigen Fällen führten die abschließenden Schilderungen zu weiteren Nachfragen. Die meisten Interviewpartner/-innen erzählten auch, inwiefern Rauchen in alltäglichen Gesprächen im Freundeskreis oder im Kreis von Kommilitonen thematisiert werde.

---

498 Das mittels Gedächtnisprotokoll nachgehaltene Interview ist von dieser Zählung ausgenommen.

499 „Gibt es noch etwas, das du über die Zigarette sagen möchtest?".

1.1 Lebenssituationen

Die Befragten waren zum Gesprächszeitpunkt zwischen 24 und 33 Jahre alt.[500] Ihre privaten Lebenssituationen unterscheiden sich teils erheblich voneinander.[501] Unter den Befragten sind Studentinnen überdurchschnittlich häufig vertreten, die vor dem Studium bereits eine Berufsausbildung absolvierten und darum zu den *non-traditional-students*[502] zählen. Anlass für diese Überrepräsentanz kann nur mit Einschränkung die Rekrutierungsmethode des Schneeballverfahrens gewesen sein, da die Interviewten nur jeweils maximal zwei, in der Regel jedoch nur eine/n weitere Gesprächspartner/-in benannten und während der Rekrutierung auf eine Durchmischung der Fachbereichskulturen geachtet worden war. Nichtsdestotrotz kann eine Verzerrung der Studienpopulation im Vergleich mit der statistisch durchschnittlichen Studierendenpopulation der studienimmanenten Voraussetzung des Raucher-Seins geschuldet sein. Dies würde bedeuten, dass unter studentischen Rauchern weniger häufig jüngere Studierende mit traditionellen Studienbiografien aus Akademikerfamilien zu finden sind. Alle Interviewten hatten vor dem Studienbeginn ihre Abiturprüfung in Deutschland abgelegt und wurden in der Schule durch Präventionskampagnen mit den gesundheitlichen Risiken und Auswirkungen des Rauchens von Tabakwaren konfrontiert. Alle rauchten zum Befragungszeitpunkt regelmäßig Tabakwaren in Form von Zigaretten und anderen rauchbaren Tabakprodukten über einen Zeitraum von mehr als fünf Jahren. In einer Mehrzahl der dokumentierten Gespräche (acht Frauen, sechs Männer) rauchte die Interviewten zum Befragungszeitpunkt täglich. Bei den Raucherinnen fallen, im Vergleich mit den Rauchern, Erzählungen über ein unstetes Konsumverhalten (zwischen null und 20 Zigaretten pro Tag) auf. Bei den Rauchern liegt die Mengenangabe pro Tag fast durchweg bei mehr als zehn Zigaretten. Die Mengenangabe von einer Schachtel Zigaretten wird in den Erzählungen nur selten regelmäßig, häufig jedoch im Kontext von Partys überschritten. Von den in der Medizin beziehungsweise Epidemiologie üblichen Klassifizierungen in gelegentlich rauchende *Tobacco Chippers*[503] bis zu den Suchtrauchern mit einem regelmäßigen täglichen Ziga-

---

500 Eine tabellarische Übersicht mit personenbezogenen Eckdaten der Gesprächspartner/-innen befindet sich im Anhang dieser Arbeit. Die Tabelle Überblick „Interviewpartnerinnen und -partner" gibt eine Zusammenfassung wichtiger Rahmendaten wie Alter des Rauchbeginns, Geschlecht, Alter zum Befragungszeitpunkt, durchschnittlich geschätzter Zigarettenkonsum pro Tag, Studiengang und Beschäftigungssituation, Wohn- und Familiensituation der befragten Personen.

501 In vier Fällen hatten Interviewpartnerinnen (ausschließlich Frauen) vor Aufnahme des Studiums an der Universität eine Berufsausbildung von zwei bis drei Jahren Dauer absolviert. Zwei weitere Personen sind nach dem 2. Staatsexamen beziehungsweise Magisterabschluss an einer Hochschule als Hilfskräfte beschäftigt. Zwei Personen waren zum Befragungszeitpunkt Promotionsstipendiaten.

502 Vgl. Alheit, Peter: Exklusionsmechanismen des universitären Habitus: Unsichtbare Barrieren für Studierende auf dem ‚zweiten Bildungsweg', University of Lower Silesia 2007, S. 1–12, hier S. 1. http://www.dsw.edu.pl/fileadmin/www-ranlhe/files/Alheit-Aufsatz-Exklusionsmechanismen. pdf, zuletzt geprüft am 25.04.2015.

503 Vgl. Goodman: Tobacco in History (2005), S. 469.

rettenverbrauch von über zwanzig Zigaretten nehme ich in dieser Studie Abstand.[504] Die Begriffshierarchie nach aufsteigendem Tabakkonsum entspricht nicht der Konsumrealität meiner Interviewpartnerinnen und -partner. Die im Zeitraum eines Tages tatsächlich gerauchte Anzahl an Zigaretten beziehungsweise adäquatem Feinschnitt ist nicht konstant hoch, sondern unterliegt in den meisten Fällen Schwankungen von null gerauchten Zigaretten bis zu mehr als dem doppelten Konsum dessen, was an einem Tagesdurchschnitt gemessen von der rauchenden Person als angemessen empfunden würde.

In acht Fällen lag nach Auskunft der Befragten der regelmäßige Zigarettenkonsum zwischen drei und zehn beziehungsweise 15 Zigaretten. Unter den Befragten waren sechs Raucherinnen und ein Raucher, die aus Kostengründen oder aus geschmacklichen Gründen regelmäßig losen Tabak (Feinschnitt oder *Pouch*-Tabak genannt) kauften und ihre Zigaretten selbst drehten. Die häufigste Konsumform unter den befragten studentischen Rauchern war die industriell gefertigte Markenzigarette, in zwei Fällen konsumierten Raucherinnen halbfertige „Steckzigaretten".[505] Keiner der Befragten nutzte zum Gesprächszeitpunkt die Konsumform der *E-Zigarette*.[506] Zwei der männlichen Interviewpartner berichteten, dass sie zwischenzeitlich andere Tabakwaren (Zigarillos) konsumierten, jedoch immer wieder zu den Filterzigaretten zurückkehrten. Kurzzeitige Reduzierungen des Zigarettenkonsums, Unterbrechungen von einigen Tagen und Entwöhnungsversuche von bis zu mehreren Monaten, wurden von allen Gesprächspartner/-innen, bis auf einen Raucher, berichtet. Alle Befragten studierten zum Befragungszeitpunkt im Erststudium beziehungsweise Promotionsstudium, bis auf eine Ausnahme, die sich jedoch nach Abschluss des Studiums aus beruflichen Gründen regelhaft im Umfeld der Universität bewegte.[507] In zwei Fällen wurde neben dem Promotionsstudium auch eine Lehrtätigkeit an der Fakultät ausgeübt. Die Untersuchung ist somit bewusst in zweierlei Hinsicht fokussiert. Erstens auf diejenigen studierenden Raucherinnen und Raucher, die sich räumlich auf dem Universitätsgelände aufhalten. Zweitens auf den örtlichen, strukturellen und institutionellen Kontext, der durch eine Hochschule entworfen wird und sich in den alltäglichen Handlungen wie biografischen Etappen meiner Untersuchungsgruppe widerspiegelt.

---

504 Zur Verstärkung sozialer Ungleichheiten durch Klassifizierung beziehungsweise Stigmatisierung von Rauchenden vgl. den kritischen Beitrag von Katherine Frohlich: Frohlich, Katherine L.: The creation of a smoking class. How prevention efforts can deepen social inequalities in health. In: WZB Mitteilungen, Heft 128, Juni 2010, S. 18–20.

505 Damit sind Filterhüllen gemeint, die um einen Tabak-Inlay ergänzt werden. Der Begriff „Markenzigarette" bezeichnet hier Zigaretten mit Namenbezeichnung entweder großer Tabakkonzerne oder günstige Zigarettenfabrikate aus dem Supermarkt.

506 Handel und Abgabe von elektronischen beziehungsweise elektrischen Zigaretten war während der Erhebungsphase der Studie in Nordrhein-Westfalen nicht zugelassen. NRW-Gesundheitsministerin Barbara Steffens plädierte in einer Pressemitteilung im Dezember 2011 dafür, das Elektrogerät e-Zigarette, welches die Inhalation nikotinhaltiger Liquids durch einen zigarettenförmigen, elektronischen Verdampfer ermöglicht, rechtlich unter strengen Zulassungsbedingungen des Arzneimittelgesetzes zu prüfen. Vgl. http://www.mgepa.nrw.de/gesundheit/praevention/nichtraucherschutz/Informationen_zur_E-Zigarette/Fragen_und_Antworten_zur_E-Zigarette/index.php, zuletzt geprüft am 25.04.2015.

507 Dies bezieht sich auf die berufliche Transition zwischen Studienabschluss und Aufnahme einer Anstellung in diesem Bereich.

Da nicht von einer sozialen Gruppe der Rauchenden an Hochschulen auszugehen ist, bildet das Rauchen während des Studiums oder Studienabschlusses, zusammen mit dem urbanen Lebensumfeld der Universitätsstadt, die verbindenden Kennzeichen meines Untersuchungsfeldes. Keiner der Interviewten lebte während des Studiums im elterlichen Haushalt, obwohl dies aufgrund des Wohnortes der Eltern in der gleichen Stadt in mindestens einem Fall leicht möglich gewesen wäre. Das universitäre Umfeld beeinflusst, so die Vermutung, den Umgang mit Zigaretten unter Studierenden, Formen, Funktionen und Bedeutungen, die dem Rauchen von Rauchenden zugeschrieben werden, mögliche Inklusionen in soziale Netzwerke innerhalb und abseits des Studienfachs, die Etablierung normierter Nutzungsformen von Rauchwaren, zeitliche, räumliche und körperliche Orientierungen und Strukturierung im Alltag der Rauchenden, Praktiken der Rücksichtnahme gegenüber Nichtrauchenden in bestimmten Situationen, den Informationsstand über gesundheitliche Auswirkungen und Risiken, die mit dem Rauchen in Verbindung gebracht werden, sowie die Einschätzung der eigenen körperlichen Verfassung, allgemeine Gesundheitsorientierungen und die Vorstellung von Prozessen, die sich während des Rauchens im Körper vollziehen. Da in den letzten durchgeführten Interviews keine weiterführenden Erkenntnisse für die angesprochenen Themenkomplexe erkennbar waren, wurde die Erhebungsphase beendet.

Meine 14 Interviewpartnerinnen und acht Interviewpartner befanden sich zum Zeitpunkt der Befragung nach eigenem Empfinden in einer arbeitsreichen Studienphase beziehungsweise in einer beruflichen Orientierungsphase. Grundvoraussetzung der Auswahl meiner Befragten war, dass sie sich zum Zeitpunkt des Interviews entweder noch im Studium befanden oder im Umfeld einer Hochschule bewegten, das heißt, dass ein Bezug zum Universitätsleben gegeben war. Bei den 16 Interviewten im Erststudium scheint der Bezug zum Universitätsleben durch die Abfolge von Semester- beziehungsweise vorlesungsfreier Zeit stärker vorstrukturiert zu sein als bei den sechs Promovierenden. Alltagsrhythmen und Aufenthaltsorte während der Wochentage im Semester, wenn nicht auch am Wochenende, sind durch ihre Erzählungen klar dargestellt. Beispielsweise müssen in regelmäßigen Abständen Seminarräume der Universität, Bibliotheksräume der Institute oder der zentralen Einrichtungen der Universität aufgesucht werden, um den Studienplan beziehungsweise das Prüfungsaufkommen vor Studienabschluss zu bewältigen. Zum Studierendenleben in meiner Interviewgruppe gehörte im Regelfall ein Beschäftigungsverhältnis (entweder noch zum Gesprächszeitpunkt oder zu einem früheren Zeitpunkt im Studium), das neben der privaten Grundfinanzierung (durch Eltern, Ersparnisse oder ein Stipendium) ein weiteres Einkommen sicherte. Nur zwei der befragten Personen jobbten zum Gesprächszeitpunkt nicht. Mehr als die Hälfte der Befragten jobbte bei einem Arbeitgeber aus dem Wissenschaftssektor (Forschungsinstitute, Universitäten, Universitätskliniken), sechs weitere waren privat oder in Unternehmen beschäftigt (Gastwirtschaft, Umfrageinstitut, Babysitting etc.). In zwei Fällen trifft beides zu, da neben dem Studium der monatliche Unterhalt in mehreren Beschäftigungsverhältnissen verdient wurde. Bei fünf Personen handelt es sich um Mehrfachbeschäftigte (darunter Lehrkräfte und Stipendiaten), bei denen man nicht von einem Zuverdienst zum Lebensunterhalt während des Studiums sprechen kann, da der gesamte Lebensunterhalt eigenständig erwirtschaftet beziehungsweise zur Verfügung gestellt wurde.

Nur zwei Interviewte gaben an, aufgrund einer externen Studienfinanzierung zum Interviewzeitpunkt keiner Erwerbstätigkeit nachzugehen. Anhand der erwähnten Beschäftigungsverhältnisse lassen sich für das Rauchen wichtige Zeitstrukturen und Orte ableiten, an denen sich meine Interviewpartner/-innen regelmäßig aufhalten. Die Befragten, die nach dem ersten Studienabschluss bereits an einer Universität einer Beschäftigung nachgingen, richteten sich die Anwesenheitszeiten auf dem Hochschulgelände gleichfalls semesterweise aus. Die Rauchorte dort unterliegen einheitlichen rechtlichen Regularien zum Nichtraucherschutz, die theoretisch für alle Personen auf dem Gelände gelten. Maßgeblich sind hier die Bestimmungen zum Rauchverbot in öffentlichen Gebäuden sowie zum Nichtraucherschutz am Arbeitsplatz zu nennen, die durch den Arbeitgeber nach landesgesetzlicher Vorgabe durchgesetzt werden. Diese regulieren, an welchen Orten geraucht und an welchen Orten nicht geraucht werden darf. Fünf meiner Interviewpartner (vier Frauen, ein Mann) fertigten zum Zeitpunkt des Interviews eine Dissertationsschrift an.[508] Eine der befragten Frauen hatte zum Zeitpunkt der Befragung eine Tochter im Vorschulalter. Sie ist die einzige Studentin mit Familienverantwortung unter den rauchenden Befragten. Die anderen Befragten (Frauen wie Männer) befanden sich nicht akut in einer Phase der Familienplanung, obwohl die Familienplanung in mehreren Gesprächen als Zukunftsthema von den Befragten angesprochen wurde. Zwei meiner Interviewpartnerinnen und ein Befragter fühlten sich zum Zeitpunkt des Gesprächs „zu dick".[509] Alle anderen Interviewpartner und Interviewpartnerinnen waren schlank bis sehr schlank, keiner der Interviewten war sichtbar in körperlichen Bewegungsabläufen nachhaltig eingeschränkt.

Die angeführten Zitate wurden zugunsten einer besseren Lesbarkeit ohne sprechimmanente Verballaute verschriftlicht. Auslassungen sind gemäß gängiger schriftsprachlicher Standards kenntlich gemacht. Eingefügte Zusätze, die das Gesagte besser verstehbar machen, oder metasprachliche Nuancierungen und Nachfragen sind durch eckige Umklammerung gekennzeichnet. Bevor im nächsten Abschnitt die Auswertung und Diskussion der behandelten Interviewthemen beginnt, sollen zuvor eine Raucherin und ein Raucher als Fallbeispiele vorgestellt werden. Es handelt sich um die Medizinabsolventin und Doktorandin SBB und den Germanistikstudenten BSM. In ihren Erzählungen verdichten sich Umgangsweisen mit dem Rauchgut, Deutungen des eigenen Verhaltens beim Rauchen im biografischen Kontext. Die thematische Abfolge der Erzählungen wird dem Interviewverlauf entsprechend im Text wiedergegeben. An einigen Stellen sind die Schilderungen paraphrasiert worden, um Gesagtes textlich zu verdichten. Einige Passagen der beiden Fallbeispiele werden in den thematischen Schwerpunktdarstellungen in Kapitel III.2 ausführlicher im Originalwortlaut wiedergegeben.

---

508 Siehe nachstehende Tabelle im Anhang: „Überblick Interviewpartnerinnen und -partner". Ein weiterer Befragter befand sind zum Gesprächszeitpunkt vor Abschluss des Promotionsverfahrens.

509 Hierbei handelt es sich nicht um eine Aussage, die von mir nach biomedizinischen Standards nachgeprüft wurde, da ich die Gesprächspartner/-innen beispielsweise nicht nach dem Body-Mass-Index (BMI) gefragt habe. Die Aussage entspricht dem subjektiven Empfinden der Befragten.

1.2 Zwei Fallbeispiele

Die beiden hier ausführlich dargestellten Studierenden, die Medizinerin SBB und der Germanist BSM, führen in die Diskussion des empirischen Hauptteils der vorliegenden Arbeit ein. Der Blick für inhaltliche Verknüpfungen, erzählerische Typen, Konstruktion (rauch-)biografischer Epochen und Zäsuren,[510] situative Normierungen wie auch für ausgeprägte Verbindungen innerer und kontextueller Deutungsebenen soll dabei geschärft werden. Symptomatische Motive, Kontexte und Erklärungsmuster werden im nächsten Kapitel des dritten Abschnitts vertieft und interpretiert. Die Fälle von SBB und BSM wurden nicht zuletzt aufgrund ihrer divergierenden personenbezogenen Rahmendaten ausgewählt; sie haben sich jedoch gleichsam in studentische Lebensweisen integriert, bewegen sich in diesem Milieu und erzählen darüber.

Die sozialwissenschaftliche Forschung hat in den letzten Jahren vermehrt versucht, die Bedingungen gesundheitlicher Ungleichheiten zu begründen.[511] Ausgehend von soziologischen Lebensstilkonstruktionen entstanden Erklärungsmodelle, die zu begründen versuchen, welche Bedingungen gesundheitliche Ungleichheiten am nachhaltigsten prägen. Es stellte sich heraus, dass gesundheitliche Ungleichheiten mit sozialen Ungleichheiten nicht gleichzusetzen sind, Verhalten, Orientierungen und Ressourcen die Dynamiken moderner Lebensstile bestimmen und dass soziales Kapital eine wesentliche Rolle für die Gesundheit von Jugendlichen innehat.[512] Neben dem Bildungsabschluss besitzt der Beruf eine wichtige Indikatorfunktion bei der quantitativen Zusammenschau von Gesundheit und Lebensstilen.[513] Der Beruf ist zwar eine ausschlaggebende Determinante in der Analyse von gesundheitsbezogenen Lebensstilen, jedoch sind Studierende in diesem Modell aufgrund des uneindeutigen beruflichen Status schwerlich einzuordnen: Student/-in-Sein stellt keinen beruflichen Status dar, sondern ist eine Qualifikationsphase. Da gesundheitsbezogene Lebensstilbeschreibungen insbesondere in jugendlichen Bevölkerungsteilen bricolageartig und schnelllebig sind, bietet die Rauchbiografie in den beiden Fallbeispielen gute Anhaltspunkte, Erzählungen über gegenwärtige Verhaltensweisen, Orientierungen und Ressourcen in Bezug auf Erfahrungen mit dem Tabakrauchen zu verstehen, die in anderen Fällen in ähnlicher Weise etabliert wurden.

---

510 Mit Blick auf Alltagserzählungen stellte Lehmann fest, dass Krankheitserlebnisse zu den wichtigsten lebensgeschichtlichen Erzählungen gehören. Dabei generieren von den vier möglichen Krankheitsthematisierungen (Abnutzungserscheinungen, Krankheiten als Lebensbegleiter, plötzlich auftretende lebensbedrohliche Krankheiten und Krankheitserinnerungen) besonders die plötzlichen schweren Krankheiten Epochen in lebensgeschichtlichen Erzählungen. Vgl. Lehmann: Reden über Erfahrung (2007), S. 198 f.

511 Vgl. Hurrelmann, Klaus: Gesundheitssoziologie. Eine Einführung in sozialwissenschaftliche Theorien von Krankheitsprävention und Gesundheitsförderung. 5. Aufl. Weinheim/München 2003.

512 Vgl. Abel, Thomas/Rütten, Alfred: Struktur und Dynamik moderner Lebensstile: Grundlagen für ein neues empirisches Konzept. In: Dangschat, Jens/Blasius, Jörg (Hg.): Lebensstile in den Städten. Konzepte und Methoden. Opladen 1994, S. 216–234; Klocke, Andreas/Becker, Ulrich: Soziales Kapital als Ressource für Gesundheit im Jugendalter. HBSC Survey 2002.

513 Vgl. Hradil, Stefan: Was prägt das Krankheitsrisiko: Schicht, Lage, Lebensstil? In: Richter, Matthias/Hurrelmann, Klaus (Hg.): Gesundheitliche Ungleichheit. Grundlagen, Probleme, Perspektiven. 2. aktualisierte Aufl. Wiesbaden 2009, S. 35–54, hier S. 36.

1.2.1 Medizinabsolventin SBB

Der Kontakt mit der Interviewpartnerin SBB kam vor der Zentralbibliothek der Universität zustande. Rauchen war zu diesem Zeitpunkt im Innenraum des Gebäudes untersagt und vor dem Haupteingang der Bibliothek waren links und rechts große kubische Aschenbecher aus schwarzem gebürstetem Metall mit einer eingefassten Sandfläche aufgestellt. Mit SBB kam es im Wintersemester 2009/2010 zum Gesprächstermin. Das Interview wurde am Küchentisch in ihrer Wohnung geführt. SBB ist zum Zeitpunkt des Interviews dreißig Jahre alt und hat vor Kurzem ihr zweites Staatsexamen im Fach Humanmedizin abgelegt. Zum Gesprächszeitpunkt ist sie noch als Studentin der Universität eingeschrieben, an der sie nun ihren Promotionsabschluss vorbereitet und in den nächsten Monaten beschäftigt sein wird. Sie kommt aus einer Industriestadt und wohnt, mit kurzen Unterbrechungen für Famulaturaufenthalte in anderen Städten, seit sechs Jahren an ihrem heutigen Studienort. Sie hat eine Schwester und stammt aus einer Familie des Arbeitermilieus: Die Mutter arbeitet als Sekretärin, der Vater ist in der Gastronomie. Mit dem Rauchen begann sie in einem Urlaub in Italien. Sie besuchte eine Brieffreundin, die rauchte, im Sommer nach dem Abitur. Vor dem Abitur hatte sie nur wenige Zigaretten geraucht beziehungsweise bereits Tabak gepafft. Genaue Erinnerungen an ihre ersten Raucherfahrungen kann sie zu Anfang des Gesprächs nicht abrufen. Sie paffte in unregelmäßigen Abständen Zigarillos, die sie sich nach gemeinsamen Abendessen mit einem älteren Freund im Restaurant oder in dessen Wohnung von ihm geben ließ. Den damaligen Tabakgebrauch benennt sie nicht direkt bei der Frage nach dem Beginn ihres Umgangs mit Zigaretten, sondern erst zu einem späteren Zeitpunkt im Gespräch. Als Starterlebnis ihres Zigarettenrauchens beschreibt sie die Situation, in der sie zum ersten Mal absichtlich Tabak in die Lunge inhalierte. Das gemeinsame Rauchen unter (jugendlichen) Freunden spielt auch in anderen Gesprächen eine wichtige Rolle, wobei hier die Form des gemeinsamen Rauchens eine besondere ist: Die Inhalation des Tabakrauchs von SBB geschieht unter Anleitung ihrer Brieffreundin. Insbesondere Interviewpartnerinnen werden an die Inhalationstechniken von Tabakrauch in Situationen herangeführt, die außerhalb ihres gewöhnlichen Lebensalltags liegen, beziehungsweise sie treten bewusst aus ihren bekannten Routinen heraus und lassen sich beim Rauchen anleiten:

„Und dann weiß ich noch, dass ich meine erste Zigarette so richtig auf Lunge geraucht hab […]. Also die Situation, wo ich das erste Mal an die Zigarette gekommen war, war ein Urlaub in Italien. Ich habe da eben Urlaub gemacht und da hatte die, die ich da besucht habe, das war die […], mit der hatte dann eine Brieffreundschaft angefangen und dann war ich in Italien und dann habe ich die halt besucht. Und dann hatte sie Zigaretten dabei und wir saßen da und sie hatte mir die dann angeboten und ich habe die mal probiert und gepafft. Und dann irgendwann, an einem anderen Tag, saßen wir da noch einmal und dann hat sie mir eine Zigarette in die Hand gedrückt und gesagt: ‚Mensch, du musst die auch mal richtig rauchen!' und dann hat sie diesen – den gibt es anscheinend auch in Italien – was man hier so kennt, dass man so an der Zigarette pafft und tief einatmet und sagt [SBB macht ein erschrecktes Geräusch und zieht Luft ein.]: ‚Die Mutter kommt!'. Und das gibt es wohl auch in Italien, jedenfalls hat sie mir das so gezeigt und dann habe ich das ausprobiert und dann habe ich fürchterlich gehustet. Dann hatte ich in dem Aufenthalt auch noch meine erste

Zigarette angefangen auf Lunge zu rauchen. Und als ich dann wiedergekommen bin, habe ich gar nicht geraucht."[514]

Diese Situation, dass die erste Zigarette unter Anleitung einer erfahrungsälteren Raucherin bewältigt wird, trifft auf viele meiner Gesprächspartnerinnen zu. Zurück in Deutschland stellt SBB zunächst das Rauchen ein, bis sie zwei Monate später eine Ausbildung im Krankenhaus beginnt.[515] Sie freundet sich mit zwei Schwesternschülerinnen an, die beide rauchen. SBB betont mehrfach, dass sie sich in dieser Zeit nie eigene Zigaretten kaufte, sondern lediglich von den beiden Mitschülerinnen angebotene Zigaretten annahm und auf diese Weise in den ersten Monaten der Ausbildungszeit in den Pausen mit diesen rauchte:

> „Da habe ich noch nicht richtig geraucht. Da habe ich mal eine in der Pause [geraucht]. Und da habe ich mir das dann langsam angewöhnt."[516]

Die beiläufige Anmerkung, sie habe in dieser Zeit „noch nicht richtig geraucht", gewinnt im Verlauf der Untersuchung ein immer stärkeres Deutungspotenzial. SBB selbst bietet dazu in den beiden bisher darstellten Belegstellen zwei Möglichkeiten an, was „richtiges Rauchen" bedeuten könnte: Im ersten Zitat versteht sie darunter das Inhalieren von Tabakrauch in die Lunge, d. h. einen Lungenzug, der ihr in dieser Urlaubssituation einen Hustenreiz beschert. Im zweiten Zitat bezieht sich ihre Äußerung auf die geringe konsumierte Anzahl von Zigaretten („mal eine") sowie auf ein regelhaftes Rauchverhalten, das zu dieser Zeit bei ihr nicht vorlag. Die Bedeutungsvielfalt des Ausdrucks „richtig rauchen" wirft weitere Fragen auf, was genau darunter zu verstehen ist beziehungsweise ob der passende Gegensatz dazu ein anders geartetes, „falsches Rauchen" darstellt oder schlicht bedeutet, nicht zu rauchen.[517] SBBs Eltern, beide Nichtraucher, wüssten weder von den abendlich gepafften Zigarillos noch von den Zigaretten, die sie in der Berufsschulzeit während des Pflegepraktikums mit ihren Mitschülerinnen rauchte. Sie verheimliche ihren Zigarettenkonsum absichtlich gegenüber ihren Eltern. Sie habe durch den Rauch der Mitschülerinnen ohnehin nach Rauch gerochen. Daher sei es egal gewesen, ob sie daneben stehe oder selber eine Zigarette rauche; der Rauch sei ohnehin an ihrer Kleidung festzustellen. Über die Berufsschulzeit während der Krankenpflegeausbildung erzählt sie, sie sei nie extra zum Rauchen von der Station gegangen, sondern habe mit ihren Mitschülerinnen am Tisch am Ende der Mittagspause eine Zigarette geraucht. Zu der Zeit sei Rauchen in der Cafeteria noch erlaubt gewesen:

> „Und wenn das Essen vorbei war, haben alle ihre Kippen ausgepackt und dann haben alle zusammen geraucht. Die meisten, die damals die Ausbildung angefangen haben, hatten damals geraucht. Also vielleicht nicht die meisten, aber so die Hälfte. Und die Leute, die damals immer mit uns zusammen am Tisch saßen, die haben halt geraucht. Und das war

---

514 Lightfilterzigarettenraucherin SBB, 2010.

515 In der Übersichtsdarstellung zählt SBB nicht zu den Fällen, die vor Studienbeginn eine vollständige Berufsausbildung absolvierten, da sie durch den Beginn der Krankenschwesternausbildung lediglich ein Wartesemester vor dem Medizinstudium überbrückte.

516 Lightfilterzigarettenraucherin SBB, 2010.

517 Diese Frage wird daher in Kapitel III.2.2 „Raucher/-in sein" vertieft.

aber immer nur nach dem Essen. Die anderen haben auch schon mal mehr geraucht, aber ich habe zu der Zeit immer nur eine oder so am Tag geraucht."[518]

SBBs Erinnerungserzählung betont zwei Faktoren, die diese Situationen kennzeichnen: die Gleichzeitigkeit des Zigarettenkonsums (der Handlung) und das gegenseitige Einvernehmen unter den Situationsbeteiligten, dass nun die passende Gelegenheit sei, Tabak zu rauchen, welches ich an dieser Stelle als Rauchrhythmus bezeichnen möchte. Synchronizität und Rauchrhythmik formen die Gemeinschaftlichkeit des Rauchens in dieser Situation.[519] In der Erinnerungserzählung verwischen die Grenzen zwischen den rauchenden und nichtrauchenden Personen am Tisch in der Cafeteria durch die Betonung der gemeinschaftlichen Handlung. Auch bei der Bezifferung der Anzahl gerauchter Zigaretten verschwimmt die Grenze zwischen einer und mehr als einer in dem durch Lernen und gleichzeitige praktische Berufsausbildung rhythmisierten Wochenalltag. Wenig präzise Mengen- und Zeitangaben sind kennzeichnend für Erinnerungen an routinemäßige Erfahrungen.[520]

Die freundschaftliche Beziehung unter den drei Auszubildenden entstand nicht aus dem Grund, betont die Interviewpartnerin, dass sie die anderen beiden Mitschülerinnen beim Zigarettenrauchen gesehen habe. Die drei hätten sich angefreundet, weil sie einander sympathisch waren. Ihre Rauchhäufigkeit bezeichnet SBB als regelmäßig, jedoch nicht als „Unmenge". In dieser Zeit habe sie sich keine Zigaretten selber gekauft, sondern bei privaten Treffen mit den Auszubildenden und während der Schulzeiten deren Angebote angenommen beziehungsweise ihrerseits um eine Zigarette gebeten.

> „Ich habe nie welche gekauft, wirklich nicht. […] Die hatten mir die ja immer angeboten. Das war nicht so, dass ich geschnorrt habe. Ich fühlte mich auch nicht als Schnorrer! Ich war halt dabei und die hatten mir die angeboten und die waren beide sehr, sehr großzügig, was so was anging."[521]

Nach sechs Monaten der gemeinsamen Ausbildungszeit brach SBB ihre Ausbildung zur Krankenschwester ab, da sie zum darauffolgenden Sommersemester einen Studienplatz für das Fach Humanmedizin in ihrem gegenwärtigen Wohnort angeboten bekam. Sie zog kurz vor Semesterbeginn in eine nördlich von ihrem Studienort liegende Großstadt in die Wohngemeinschaft ein, in der auch ihre Schwester lebt. Von dort aus pendelt sie an Vorlesungstagen in ihren Studienort. In der neuen Wohnsituation veränderte sich das Rauchverhalten von SBB. In der Wohngemeinschaft besteht die stille Übereinkunft, dass in der Küche der Wohnung geraucht werden darf. Im eigenen Zimmer raucht SBB hingegen nicht.[522] Sie beginnt, die gleiche Zigarettenmarke wie ihre Schwester zu rauchen, rote *Gauloises*, da dieses Markenprodukt im Freundeskreis sehr verbreitet ist. In der ersten Zeit kaufte SBB auch in dieser neuen Lebenssituation keine eigenen Zigaretten und „schnorrte" auf Partys im Freundeskreis. SBB beziffert

---

518 Lightfilterzigarettenraucherin SBB, 2010.
519 Vgl. Kapitel III.2.4 Rauchzeiten.
520 Vgl. Lehmann: Bewusstseinsanalyse (2007), S. 277.
521 Lightfilterzigarettenraucherin SBB, 2010.
522 Genauso handhabe sie das Rauchen, als sie an ihrem Studienort mit einer nicht rauchenden Kommilitonin eine Wohnung teilte. Auch dort rauchte sie in der Küche, im eigenen Zimmer hingegen nur, wenn sie Besuch bekam.

ihren Zigarettenkonsum zu der Zeit mit etwa drei Zigaretten am Abend einer Party. Das sei „nicht so viel" gewesen. Zudem habe sie nicht den ganzen Abend lang
geraucht, „sondern mal eine mitgeraucht". Irgendwann sei ihr das Erheischen von
Zigaretten in ihrem Freundeskreis „zu blöd" gewesen, woraufhin die Entscheidung
gefallen sei, selber eigene Zigaretten zu kaufen, um sich bei den Zigarettengeber/-
innen für überlassenes Rauchgut revanchieren zu können. Eine Situation, in der sie
für ihr Verhalten im Freundeskreis sanktioniert worden sei, habe es nicht gegeben. In
der Folge teilen sich die beiden Schwestern in dieser Zeit des gemeinsamen Wohnens
und Ausgehens ihre Zigarettenschachteln:

> „Da war es immer so, dass wir immer zu zweit eine Schachtel hatten. Und zu der Zeit war
> es auch noch so, dass ich nie immer [betont] Zigaretten hatte. Es war wirklich nur, dass ich,
> also ich hatte die nie in der Tasche dabei oder so, oder für Pausen. Das war wirklich nur für
> Partys. Also, diese nach dem Essen, wie bei [Name] in der Ausbildung, das ‚nach dem Es-
> sen eine Rauchen', hatte ich auch nicht. Womit wir dann später angefangen haben war, dass
> wenn wir Zigaretten zu Hause hatten, und da Freitag, was weiß ich, auf einer Party waren
> oder so, und dann noch Zigaretten übrig waren, dass wir die zu Hause geraucht haben. Am
> Fenster. [AL: Am gleichen Abend noch?] Nein, nicht am gleichen Abend. Aber wenn wir
> dann Lust hatten, wenn wir irgendwie erzählt haben oder so und wir noch welche hatten.
> Also, die haben wir dann quasi nur aufgeraucht. Es war nicht so, dass wir die jetzt gekauft
> hätten, um zu Hause zu rauchen."[523]

In diesem Erzählabschnitt unterscheidet die Interviewpartnerin zwischen Zigaretten,
die für einen bestimmten Anlass, in dem Fall eine Party, gekauft werden, und Zigaretten, die für keinen konkreten Anlass erworben, sondern zu Hause geraucht werden.
Das Ausgehen auf Partys beschränkte sich laut SBB in der Regel auf die Wochenenden,
Freitagabende inklusive. SBB bezeichnet ihren Zigarettenkonsum in dieser Phase des
Studiums als sehr unregelmäßig, da sie nicht an jedem Wochenende auf einer Party
gewesen sei. Es sei durchaus vorgekommen, dass sie eine ganze Woche lang nicht geraucht hätte. Durch die Pendelsituation zwischen Wohnort und Studienort stellt sich
die Frage nach dem Rauchverhalten am Studienort beziehungsweise auf dem Hochschulgelände:

> „In [Ortsname] habe ich ganz wenig geraucht. Also, das kam mal vor, dass wenn irgendje-
> mand, also ganz am Anfang des Studiums, wenn irgendjemand mal Zigaretten hatte, dass
> ich mal gesagt habe: ‚Darf ich auch eine haben?'. Aber das kam selten vor. Und die Leute,
> mit denen ich ganz am Anfang des Studiums befreundet war, die haben alle nicht geraucht.
> Das kam dann erst später. Vielleicht ein Jahr später oder so, oder zwei Jahre später, dass ich
> dann vermehrt in [Ortsname] geraucht habe in den Pausen oder beim Präp-Kurs[524], dass
> man dann da gestanden hat. […] Ich habe nicht zwischen den Vorlesungen geraucht. Das
> war, wenn da alle möglichen Leute standen, ich zufällig dabei stand, die geraucht haben
> und ich gerade Lust hatte – was jetzt auch nicht immer vorkam, in jeder Pause oder so,
> zwischen jeder Vorlesung, sondern vielleicht zwei Mal die Woche oder so. Dass ich dann
> gesagt habe: ‚Oh, hast du auch eine [für mich]?' oder ich gefragt worden bin: ‚Hier, willst du
> auch eine?', und dann habe ich das gemacht. Und wann das mehr wurde, wann das wirklich

523 Lightfilterzigarettenraucherin SBB, 2010.
524 Gemeint ist hier der Präparationskurs, der Teil der vorklinischen Ausbildung im Studium Hu-
     manmedizin ist.

mehr wurde, dass ich immer mehr Freunde hatte, die geraucht haben, auch an der Uni, und ich mir Zigaretten gekauft habe, das weiß ich nicht mehr. Das kann ich nicht sagen. Also ich tippe mal, das war so 2002. [AL: Was war da 2002?] Da bin ich nach [Ortsname] gezogen. Und da habe ich dann ein bisschen ernsthafter studiert. Und in der Zeit, nein vielleicht war es auch schon 2001 oder Ende 2001, Anfang 2002. Da hatte ich dann mehr mit Leuten zu tun, die geraucht haben. [Unterbrechung durch eingehenden Telefonanruf] Naja, jedenfalls, wann es dann mehr geworden ist, das weiß ich nicht genau. Ich habe dann vermehrt Freunde gehabt, die geraucht haben, mit denen habe ich auch häufiger mal geraucht. Dann habe ich irgendwann angefangen, mir die Zigaretten zu kaufen. Aber zu dem Zeitpunkt, und das war eigentlich bis vor drei Jahren so, dass ich eigentlich nie viel zu Hause geraucht habe. Mal eine am Fenster oder so.“[525]

Wie bereits zuvor deutlich geworden ist, stellt SBB in ihren Erzählungen Zusammenhänge heraus, die ihr besonders wichtig erscheinen. Dazu zählen das gemeinschaftliche Element des Rauchens, die Rauchrhythmik, die von allen Situationsbeteiligten, nicht nur den Rauchenden, sondern auch den einvernehmlichen Passivrauchenden, geformt wird, sowie die Gleichzeitigkeit des Rauchens in der Universität. Als weiteres rauchbiografisches Detail bemerkt sie eine Veränderung in ihrem Rauchverhalten zu dem Zeitpunkt, als sie an den Studienort zieht und die Wohngemeinschaftssituation verlässt. In Bezug auf die Zeit nach dem Umzug in ihre Universitätsstadt verbindet sich SBBs Raucherfahrung stärker mit Alltagssituationen aus dem Studium:

„Es war so, dass ich mal eine Zigarette am Fenster geraucht habe. Aber nie so, dass ich jetzt wirklich morgens aufgestanden bin, mir 'ne Zigarette angezündet hätte, die ganze Wohnung nach Qualm gerochen hat oder so. Es gab dann immer Phasen, da habe ich weniger geraucht, dann gab es Phasen, da habe ich ein bisschen mehr geraucht. Aber eigentlich immer nur, wenn ich unterwegs war und nicht zu Hause, dass ich beim Telefonieren geraucht hätte oder so. Oder, dass ich mir morgens eine angezündet hätte, oder nach dem Essen kam es auch nicht vor. Also ganz lange nicht. Dann hatte ich in der Examensphase, wo alle mehr geraucht haben, alle meine Freunde, hatte ich komplett aufgehört, weil ich dachte, dass mich das ablenkt. Ja, und beim zweiten Examen hatte ich dann aus anderen Gründen mehr geraucht. Ich habe dann später vor Klausuren eher mehr geraucht als weniger.“[526]

Von den frühen Mustern in SBBs Zigarettenkonsum etablieren sich vier Kennzeichen in den geschilderten Erinnerungen: a) das mitunter synchrone Rauchen im Kreise einer Gemeinschaft, wobei die Rauchhäufigkeit vielfach ungenau beziffert und die Gruppe als relativ homogen geschildert wird beziehungsweise nichtrauchende Teilnehmende an Rauchsituationen wenig wahrgenommen werden. Die Darstellung gemeinschaftlich gestalteter Situationen im Einvernehmen von beteiligten Nichtraucher/-innen bezeichne ich im Folgenden als rhythmisierte Rauchsituationen; b) die Betonung des anfänglich sehr geringen Zigarettenkonsums, die damit einhergeht, dass die Einschätzung, „richtig“ beziehungsweise noch „nicht richtig“ geraucht zu haben, anhand der körperlichen Praxis, der Konsummenge oder der Regelmäßigkeit des Rauchens

---

525 Lightfilterzigarettenraucherin SBB, 2010.

526 Lightfilterzigarettenraucherin SBB, 2010. Die Unterscheidung zwischen den Examina bezieht sich auf das erste und zweite Staatsexamen im Medizinstudium. Nach dem ersten Examen folgt die klinische Ausbildung der Studierenden in einzelnen Abteilungen im Krankenhaus. Die theoretischen Grundlagen werden um die praxisorientierten Einheiten ergänzt.

verhandelt wird; c) weiterhin kennzeichnend ist die Schilderung der anlassabhängigen Phasenhaftigkeit des vermehrten oder verminderten Zigarettenkonsums (beim Feiern, Telefonieren, Prüfungsphasen), der sich erst dann auf den konkreten Studienalltag bezieht, als SBB schildert, sich ernsthafter auf ihr Studium eingelassen zu haben; d) und schließlich das Rauchen am offenen Fenster ihres Appartements, um den Abrauch direkt aus dem Wohnraum zu leiten und dadurch eine olfaktorische Trennung zwischen Rauchsituation und Wohnraum zu erwirken. Soziale, zeitliche und räumliche Rahmenbedingungen spielen für die Gestaltung von Rauchsituationen mitunter eine entscheidende Rolle. Bei einer erzähltypologischen Betrachtung ist festzuhalten, dass Abweichungen beziehungsweise Auslassungen in den Schilderungen entweder auf die soziale Beziehungsebene im Interview oder auf tatsächliche Erinnerungslücken zurückgeführt werden müssen. Die Ursache, warum beispielsweise das Zigarettenschnorren beendet wurde und in Teilen durch eine neue Strategie des Tabakerwerbs ersetzt wurde, ließ sich abseits der Befragung nicht überprüfen. Über ihren Zigarettenkonsum berichtet SBB, dass sie sich bisher für ihren Eigenbedarf rote *Gauloises* kaufte und nur kurzzeitig, für etwa drei Monate, zu den leichteren gelben *Gauloises* wechselte, als diese ganz neu auf dem Markt waren. Weil der Filter jedoch so dicht sei, stellte sie fest, dass ihr von diesen Zigaretten übel wurde. Sie habe nicht genügend Inhaltsstoff (Nikotin) aus den Zigaretten inhalieren können. Sie habe stark an diesen leichten Zigaretten ziehen müssen.[527] Das Rauchen dieser Zigaretten sei ihr unangenehm, da sie sehr intensiv inhalieren müsste und das Gefühl habe, „es kommt überhaupt nichts an". Sie habe durch das kräftige Einatmen den sehr stark parfümierten Tabak wahrgenommen und der habe nicht geschmeckt. Bisher sah SBB keinen Anlass, die bevorzugte Marke zu wechseln, da diese ihr immer gut schmecke. Außerdem passe die Marke gut zu ihrem „Typ". Andere Markenzigaretten mit vergleichbarer Stärke bezeichnet sie als „*Tussy*-Zigaretten". Diese Zigarettenmarken entsprechen nicht ihrem emanzipierten Bild von Raucherinnen. Selbst gedrehte Zigaretten zu rauchen, habe sie ebenfalls probiert. Auf eine ihr angebotene gedrehte Zigarette habe sie mit dicken und schmerzenden Lippen allergisch reagiert. Diese körperliche Reaktion führt sie auf den Kontakt zwischen Tabak und ihren Lippen beziehungsweise die größere Hitze beim Rauchen zurück. Außerdem empfinde sie den Tabak als „zu stark" und geschmacklich daher „ganz fies".

Das Rauchen nimmt im sozialen Leben von SBB bedeutende Funktionen ein. Auf die Frage, wann sie versucht habe, das Rauchen aufzugeben, führt sie mehrere Motive an, durch die sie ihr gegenwärtiges Rauchverhalten erklärt: dazu zählen die Leute, mit denen sie zusammen raucht, die Haltung, eine Zigarette mache nicht süchtig, Stress und emotionale Belastungen, in denen sie zur Zigarette greift, und nicht zuletzt das relativ unkontrollierte Vielrauchen auf Partys zur Steigerung des Rauscherlebnisses:

> „Ich habe absichtlich aufgehört vor dem Physikum, als ich angefangen hatte zu lernen. Da habe ich absichtlich aufgehört, und das habe ich bis nach dem mündlichen Physikum auch

---

527 Die unterschiedlichen Eigenschaften und Klassifikationen von Filterzigaretten, *Lights* und filterlosen Produkten werden in Kapitel III.2.1 vertieft. Generell lässt sich die oberflächliche Produktstereotypisierung von weiblichen Light-Zigarettenraucherinnen und männlichen Originalformat-Rauchern nicht bestätigen, obwohl es geschlechtsspezifische Unterschiede im Konsumverhalten gibt.

tatsächlich durchgehalten. Warum ich dann wieder angefangen habe, weiß ich gar nicht. Ich glaube, das war tatsächlich auch wieder so eine Situation, ich wollte gar nicht mehr anfangen. Hatte dann gedacht: ‚Okay, du musst gar nicht rauchen', und dann war es aber so, dass das Semester wieder los gegangen ist. Vom Physikum zum nächsten Semester, das geht ja relativ schnell. Und da hatte ich dann wieder vermehrt mit Leuten zu tun, und da habe ich dann einfach aus Langeweile oder so, und weil ich immer dachte, ach, eine macht dich ja nicht süchtig, da habe ich dann einfach wieder angefangen. Es fing dann aber auch so wieder an, dass es eine ganze Zeit lang weniger war, und es ist dann wieder mehr geworden, als es dann mit den Prüfungen stressig wurde. Oder auch aus anderen Gründen, weil ich wieder vermehrt Partys gefeiert habe, wo man ein bisschen mehr geraucht hat. Und ein anderes Mal habe ich von der BZgA diesen 100-Tage-Plan gemacht. Da gibt es diesen Abreiß-Kalender *100 Tage rauchfrei*. Den habe ich auch mal gemacht. Den habe ich aber nicht ganz geschafft. Ich bin schon weit gekommen, sogar bis 70, und dann war wieder irgendwas. Manchmal war es auch nur so eine blöde Situation, dass ich mich tierisch über irgendwas aufgeregt habe und dass ich dann gedacht habe: ‚Ach Scheiß drauf'.“[528]

Den Abreiß-Kalender hat SBB bei der Bundeszentrale für gesundheitliche Aufklärung bestellt. Sie tat dies auf Anraten ihrer Schwester, die erfolgreich mit diesem Kalender das Rauchen für eine Zeit lang aufgegeben hatte. Die Rauchpause während des Physikums schätzt SBB auf etwa zwei Monate. Eigentlich sei sie nach dieser Zeitspanne „aus dem Gröbsten" heraus gewesen und durch den Kalender habe sie einen gewissen Ehrgeiz entwickelt, den Zeitraum von 100 Tagen durchzuhalten. Dieser Ehrgeiz sei durch eine studienbedingte Stresssituation ausgelöst worden. Gerade im Medizinstudium sei es so, dass etwas schief laufen könne, wenn eine Klausur nicht bestanden werde oder sonstiger Studienstress anstehe. Ein vermehrter Besuch von Partys im Semester tritt als legitimierendes Element in den Hintergrund. Diese beiden Versuche, das Rauchen aufzugeben, seien während des Studiums die einzigen gewesen. Nach dem Physikum, wie auch nach einer wichtigen Klausur, berichtet SBB, habe sie jeweils vor dem Zugang zum Gebäude, in dem die Prüfungen stattfanden, zwei ihrer heute besten Freundinnen durch das Erschnorren einer Zigarette kennengelernt. Beide Situationen nach einer Prüfung beschreibt sie als stressbelastete Ausnahmesituationen. Daneben beschreibt sie Phasen, in denen ihr sehr wenig Geld für Zigaretten zur Verfügung gestanden und sie darum weniger geraucht habe. Sie habe wieder häufiger Zigaretten gekauft, wenn sie über Geld verfügen konnte, sei jedoch nicht auf den preiswerteren Feinschnitttabak ausgewichen. Neben dem Studium verdiente SBB durch eine Aushilfstätigkeit in einem Krankenhaus regelmäßig einen Teil ihres monatlichen Einkommens, welches sie für ihren Lebensunterhalt und die Studiengebühren aufbringen musste. Ihren Zigarettenkonsum bezeichnet sie als insgesamt unstet. Zum Gesprächszeitpunkt raucht SBB zwischen drei und acht Zigaretten täglich. An Tagen, an denen sie abends ausgeht, rauche sie mehr. Auch während der Telefonate mit Freunden rauche sie gerne und mehr. Wenn sie nicht spätestens zur Mittagszeit mit dem Rauchen beginne, „schaffe" sie es nicht, eine ganze Schachtel am Tag zu rauchen. Das komme nur in Ausnahmesituationen vor. In der kürzlich bewältigten Examensphase habe sie bis zu einer Schachtel pro Tag geraucht, da sie morgens in ihrer Wohnung mit dem Rauchen begonnen habe.

---

528 Lightfilterzigarettenraucherin SBB, 2010.

„Im Moment, wenn ich nicht gestresst bin und nicht auf Partys gehe, rauche ich zwischen drei und acht [Zigaretten] und fange aber nicht vor 17 oder 18 Uhr an. [AL: Wieso ist das so?] Weil morgens Zigaretten [zu rauchen] finde ich ekelig. Ich brauche auch keine Zigaretten zum Kaffee morgens oder mittags."[529]

Die Festlegung des „richtigen Rauchens" auf bestimmte Tageszeiten ist eine wichtige zeitliche Normierung, die auch in anderen Interviews, insbesondere bei Studentinnen, deutlich erkennbar war. Tatsächlich waren auf den Hochschularealen in den Vormittagszeiten jedoch Raucher und Raucherinnen anzutreffen, was insgesamt die normierende Tendenz, vermehrt nachmittags oder abends zu rauchen, nicht widerlegt, sondern eher darauf zurückgeführt werden kann, dass der Zigarettenkonsum von SBB im einstelligen Bereich liegt und höhere Konsumraten sich anders auf die Tageszeiten verteilen.

[AL: Was ist daran ekelig?] „Ich weiß nicht. Ich finde das Gefühl nicht gut. Ich habe dann morgens schon so dieses Gefühl, verraucht zu sein. Ich mag das nicht, wenn das dann schon in meinen Klamotten hängt. Manchmal, wenn ich abends viel geraucht habe, so innerhalb kürzester Zeit, wenn ich telefoniert habe, so fünf oder sechs Zigaretten, dann habe ich manchmal morgens auch noch ein bisschen Kopfschmerzen – vom Rauchen bilde ich mir ein. Oder dass die Wohnung danach riecht, und dann habe ich keine Lust. Dann mag ich nicht. Und deswegen fange ich abends erst spät an. Also, […] mal um fünf oder sechs [Uhr], wenn ich von der Arbeit nach Hause komme, dann habe ich schon Lust und dann rauche ich eine. Und dann kommt es drauf an, wenn ich dann verabredet bin oder so, je nachdem, ob wir dann rauchen oder nicht, ist es dann mehr oder weniger. Es kommt auch vor, dass ich am Abend auch nur eine Zigarette rauche. Eine Feierabendzigarette und dann ist schon Ende."[530]

SBB erzählt von ihren Erfahrungen und den Bedingungen, mit Genuss rauchen zu können. Rauchgenuss stelle sich nicht bei jeder Zigarette ein, sondern sei an situative und körperliche Bedingungen geknüpft. Wenn SBB zu viel geraucht habe, stelle sich ein unbehagliches Gefühl ein, „verraucht zu sein"; zudem habe sie Kopfschmerzen. Kontrolle über ihr Rauchverhalten behält sie dadurch, indem sie es sich in bestimmten Situationen gestattet, jedoch in anderen Situationen verwehrt. Sie raucht Zigaretten im Freien auf dem Fußweg zum Einkaufen oder von der Straßenbahn zur Wohnung, in ihrer Wohnung am offenen Fenster. Zudem genieße sie das Rauchen während des Telefonierens in ihrer Wohnung am offenen Fenster. Den Vorgang des Rauchens beim Telefonieren schildert SBB als routinierten Handlungsablauf: Telefonat annehmen, Fenster öffnen, Zigarette anzünden, Rauchen, Zigarette ausdrücken, Fenster schließen. Der Ablauf sei derart konstant, dass sie nie erst die Zigarette anzünde, bevor sie das Fenster öffne. Eine entspannte Unterhaltung am Telefon assoziiere sie sehr stark mit dem Zigarettenrauchen:

„Und es ist sogar so manchmal, dass wenn ich wirklich Lust auf eine Zigarette hab, dass ich dann gleichzeitig Lust habe, jemanden anzurufen. Dass ich denke, so, jetzt rufst du jemanden an. Und es ist auch schon vorgekommen, dass ich Lust auf eine Zigarette hatte, gedacht

529 Lightfilterzigarettenraucherin SBB, 2010.
530 Lightfilterzigarettenraucherin SBB, 2010.

habe ‚komm, jetzt rufst du den und den an‘, der gar nicht da war, ja, und ich mich dann geärgert habe, dass ich jetzt keine rauchen kann.[531]

Die bereits erwähnte Synchronisierung des Rauchens in bestimmten Rauchsituationen trifft für SBB auch während des Telefonierens zu. „Und man kriegt natürlich noch mehr Lust zu rauchen, wenn man hört, dass sich jemand am anderen Ende ein Kerzchen angezündet hat."[532] In dem Institut der Universitätsklinik, in der SBB derzeit als Wissenschaftliche Hilfskraft beschäftigt ist, raucht sie nicht. Sie möchte nicht von Kolleg/-innen oder Patient/-innen vor dem Haus oder auf dem Klinikgelände beim Rauchen gesehen werden. Es gäbe dort eine Kollegin, die nach den gemeinsamen Mittagessen in der Mensa vor dem Eingang eine Zigarette rauche, bevor sie ihre Pause beende. SBB betont, ihr falle es nicht schwer, in diesen Situationen auf eine Zigarette zu verzichten und sich nicht dazuzustellen. Jedoch erzählt SBB von zwei regelmäßigen, aber außergewöhnlichen Gelegenheiten, in denen sie doch auf dem Gelände der Klinik beziehungsweise im Beisein und in Gemeinschaft mit anderen Institutsangehörigen raucht:

„Die wissen, dass ich rauche, von Kongressen, wo wir zusammen sind, da rauche ich dann abends auf dem Festabend. Bei der Neujahrsfeier jedes Jahr ist es auch so, dass ich dann zwei- oder dreimal rausgehe und eine mitrauche. [AL: Mit anderen mit?] Da würde ich auch nicht alleine rausgehen. Es gibt genau drei Leute, von denen weiß man, dass die immer rauchen, obwohl das in der Klinik oder auf den Kongressen auch noch einmal so eine spezielle Situation ist. Einfach weil ich sonst gar nicht mit Frau A. [SBBs Promotionsbetreuerin, Anm. d. A.] sprechen kann. Die wird immer von den ganzen anderen belagert, dass es eigentlich so die letzten Jahre immer so ganz nett war, wenn wir zusammen eine geraucht haben und dabei ein bisschen erzählt haben. [AL: Kommt sie dann mit oder siehst du, dass sie raus geht?] Nein, wir gehen zusammen. Das ist immer nach dem Essen, dass die Frau K., die raucht immer, also, die raucht und das weiß jeder und die geht dann raus und dann gehen alle mit, die rauchen. Einfach so. Also, Frau A. würde dann mitgehen und eine rauchen, und wenn ich sehe, dass die raus gehen, dann würde ich mitgehen. Und andere, auch Gelegenheitsraucher, die folgen dann auch. Das ist keine richtige Absprache, das passiert dann einfach so."[533]

SBB berichtet von einer stillen Vereinbarung unter den Kolleg/-innen dieser Abteilung der Universitätsklinik. Sie unterscheidet den Gang vor das Klinikgebäude von der Situation des Ganges vor das Kongressgebäude. Im alltäglichen Fall des Klinikgebäudes verzichtet sie auf eine Zigarette in Gesellschaft einer Kollegin. In der Ausnahmesituation eines Fachkongresses hingegen hat bereits der Gang vor das Gebäude ansteckende Wirkung, sodass sich weitere, gelegentlich rauchende Personen anschließen. Die Rauchsituation mit einer wichtigen statushöheren Person, für SBB eine *Gatekeeperin*, wird zu einem gemeinschaftlichen Gesprächserlebnis. Darüber hinaus bietet die abseitige Situation vor den Türen des Kongresses eine vertrauliche Gesprächssituation.

Dann kommt das Gespräch nochmals auf Orte zurück, an denen SBB besonders gerne raucht beziehungsweise an denen es ihr unangenehm ist. Sie sagt, dass sie das Rauchen in Situationen unterlasse, in denen es ihr unangenehm sei. Es gäbe andere

---

531 Lightfilterzigarettenraucherin SBB, 2010.
532 Lightfilterzigarettenraucherin SBB, 2010.
533 Lightfilterzigarettenraucherin SBB, 2010.

Situationen, in denen sie rauchen wolle, und in diesen möchte sie es nicht missen. In diesem Zusammenhang versteht sie die Zigarette nicht als eine Belohnung für etwas Geleistetes, sondern eher als Vehikel, welches das „Runterkommen", das bewusste Innehalten und Realisieren einer veränderten Lebenslage (Examen) begünstigt.[534]

Weitere Rauchmotivationen sieht SBB in der Bewältigung von besonders nervösen, ängstlichen, verärgerten oder deprimierten Empfindungen. SBB wisse, dass sie in Situationen, in denen es ihr psychisch nicht gut gehe, besonders viel rauche. Sie beobachte zudem körperliche Auswirkungen bei sich, wenn sie geraucht hat.

> „Aber es ist schon so, ich merke das schon körperlich, dass ich rauche. Also weniger daran, dass ich nicht fit bin oder so, ich mache derzeit ohnehin wenig Sport, oder dass ich irgendwie kurzatmig bin oder so, sondern tatsächlich an Stimmungen, und ich merke das ganz häufig an Kopfschmerzen."[535]

Sie führt die Kopfschmerzen ohne Einschränkung auf das Rauchen zurück. Die psychischen Belastungsphasen gingen jedoch vorüber und wenn sie am Abend rauchen wolle, denke sie nicht an den nächsten Morgen. „Aber das ist wie bei den Kopfschmerzen, das vergisst man ja."[536] Unmittelbar vor einer Prüfung oder einem Vorstellungstermin rauche sie nicht, da sie wisse, dass dies sie unkonzentriert oder „stinkig" werden lasse. Voraussetzung dafür, dass sie sich eine Zigarette anzünde, sei dass sie Lust auf das Rauchen habe und über Zigaretten verfüge, was nicht immer der Fall sei. Sie lehne es ab, extra für den Kauf einer Zigarettenschachtel die Wohnung zu verlassen.

Nach ihrem körperlichen Befinden gefragt, beklagt SBB ihre mäßige Grundfitness, da sie momentan wenig Fahrrad fahre. Jedoch schaffe sie einen Treppenaufstieg ohne Probleme und achte darauf, Strecken innerhalb der Stadt auch zu Fuß zu bewältigen. Sport, im Sinne von Jogging oder Vereinssport, übe sie seit Studienbeginn nicht mehr aus. Auch in den Phasen, in denen sie mehr geraucht habe, habe sie sich körperlich nie unwohl gefühlt. Zeitweilig achte sie auf eine gesunde Ernährung:

> „Was ich wohl habe ist, dass wenn ich insgesamt ungesund gelebt habe, dass ich dann mal so ein bisschen bewusster wieder lebe. Das heißt jetzt nicht, dass ich denke: ‚So, jetzt musst du heute mal wieder Sport machen, weil du gestern geraucht hast', sondern dann überlege ich mir: ‚Was kannst du denn jetzt mal kochen?', sodass man sich mal wieder gescheit ernährt. […] Und ich weiß schon, dass man als Raucher mehr Vitamin C braucht, und es passiert schon, dass wenn ich viel geraucht habe, dass ich dann Obst esse, das passiert dann schon so kompensatorisch, dass ich dann denke, ich habe jetzt keinen Bock krank zu werden, nur weil ich ein bisschen mehr geraucht habe. Sodass mir dann halt bewusster wird, dass ich dann halt eine Vitamintablette nehme oder einen Apfel mehr esse oder mal wieder gesund koche. [AL: Warum hast du denn eher Angst, krank zu werden?] Weil ich das ja weiß. Es ist ja schon passiert. Wenn ich dann auf Partys draußen kalt gesessen habe und geraucht habe, dass ich dann einfach krank geworden bin. Und das schwirrt mir dann manchmal schon im Kopf rum, wenn ich so viel geraucht habe. Dass ich dann denke: ‚Oh, hoffentlich wirst du jetzt nicht krank.' Also das ist dann immer so eine Kombination, dass ich kalt geworden bin und viel geraucht habe."[537]

---

534 Vgl. Kapitel III.2.4.4 Verrauchte Eigenzeit.
535 Lightfilterzigarettenraucherin SBB, 2010.
536 Lightfilterzigarettenraucherin SBB, 2010.
537 Lightfilterzigarettenraucherin SBB, 2010.

Die von SBB mit dem Rauchen assoziierten Krankheiten orientieren sich an ihren Erfahrungen (ob aus erster oder zweiter Hand, ist auch hier nicht festzustellen) mit den längeren Aufenthalten beziehungsweise den Wechseln zwischen Innen- und Außentemperatur, bei denen sie sich einen Schnupfen zugezogen habe. Die ausschlaggebende Verbindung zwischen Erkranken und Rauchen bestehe im Risiko, sich eine Erkältung durch den Aufenthalt im Freien zuzuziehen, nicht in der potenziellen Gefahr, chronisch an tabakassoziierten Krankheiten zu leiden.

Im folgenden Gesprächsteil kommen weitere körperliche Aspekte zur Sprache. Eine Regulierung ihres eigenen Körpergewichts versucht SBB nicht zu erzielen. Sie habe nicht den Eindruck, dass ihr Appetit gedämpft werde, obwohl ihr diese Wirkung von Tabakprodukten bekannt sei. Sie erklärt dies dadurch, dass sie regelhaft erst am Nachmittag gegen siebzehn Uhr mit dem Zigarettenrauchen beginne und um diese Tageszeit ohnehin großen Hunger habe, sodass sie nicht auf eine Mahlzeit verzichten wolle. Zuvor habe sie gefrühstückt, zu Mittag gegessen und „irgend einen Süßkram" ebenfalls schon gegessen. Im Tagesverlauf könne ihr Rauchverhalten ihr Körpergewicht daher nicht wesentlich reduzieren. Auch befürchte sie nicht, an Körpergewicht zuzunehmen, wenn sie mit dem Rauchen einmal aufhören sollte.

Insgesamt verfolge SBB den gesundheitspolitischen Diskurs um das Rauchen und den Schutz von Nichtrauchern in den Medien nicht aktiv. Anlass, über das Rauchen in Hinblick auf einen Krankheitsbegriff nachzudenken, war eine Begegnung mit einer Patientin während ihrer praktischen medizinischen Ausbildung:

> „Also, wo ich jetzt das letzte Mal darüber nachgedacht habe, war diese Schwangere, die da jetzt in der aktuellen Schwangerschaft 25 Zigaretten geraucht [hat], und bei einer [Schwangerschaft] davor 48 [Zigaretten]. Und da frage ich mich dann schon, irgendwie: ‚Sind die einfach zu blöd, um zu merken, dass es mit dem Kind irgendwie? …' oder dass sie es einfach nicht schaffen, es zu reduzieren. Und da habe ich dann schon überlegt, ist es wirklich eine Krankheit im Sinne von, dass man nicht anders kann, dass es nicht anders geht. […] Und dann denke ich schon mal über so einen Krankheitsbegriff nach. Also, ich bilde mir ein, obwohl es wahrscheinlich auch nicht stimmt, dass ich jederzeit aufhören könnte. Und halte mir da zugute, dass ich ja Tage habe, an denen ich gar nicht rauche oder wo ich dann nur zwei Zigaretten rauche oder so. Das finde ich dann ja auch völlig okay. Aber dass Leute tagtäglich über eine Schachtel am Tag wegziehen, da mache ich mir schon Gedanken, ob das nicht krankhaft ist in irgendeinem Sinne. Und ob ich mich dann nicht auch kranker fühlen würde."[538]

Der Kontext der medizinischen Ausbildung führt bei SBB zu einer Erzählung aus zweiter Hand, bei der sie das Verhalten der dritten Person kritisiert, sich selbst und ihr eigenes Verhalten jedoch auch in Beziehung setzt. Ausschlaggebend für die unterschiedliche Bewertung des Rauchens ist auf der einen Seite das (nicht) erlebte Krankheitsempfinden, da sie sich in ihrem Rauchkontext nicht krank fühle, eine Veränderung ihres Rauchpensums doch dazu führen könne, dass sie sich kranker fühlte. Das regelmäßige (tägliche) Rauchpensum und eine gestresste psychische Verfassung kennzeichnen für SBB ein krankhaftes Rauchverhalten, welches sie bei sich bislang nicht habe feststellen können. „Wenn das eintreten würde, dass ich wirklich aggressiv werde oder ganz unruhig, dann würde ich mir über diesen Krankheitsbegriff mehr

---

538 Lightfilterzigarettenraucherin SBB, 2010.

Sorgen, Gedanken machen."[539] Nach einer Perspektive für die Zukunft befragt, sagt SBB, sie wolle im Fall einer Schwangerschaft das Rauchen aufgeben. Ihr Wunsch sei es, bis dahin das Rauchen so einzurichten, dass sie tagelang nicht rauchen möchte. Jedoch könne sie sich aktuell nur schwer vorstellen, das Rauchen ganz aufzugeben. Sie könne sich nicht vorstellen, in bestimmten Situationen nicht zur Zigarette zu greifen, beispielsweise wenn irgendetwas Bedeutendes zum Abschluss käme, wie das beim Studium oder einer wichtigen Prüfung der Fall gewesen sei.

Zum Ende des Gesprächs schildert SBB ihre Erfahrung mit tabakbedingten Krankheiten aus dem Klinikalltag und vergleicht diese mit ihren eigenen Raucherfahrungen. Mit rauchertypischen Erkrankungen sei sie in der Ausbildungszeit konfrontiert worden, könne diese Bilder jedoch nicht gut in Verbindung mit ihrem eigenen Rauchverhalten bringen. Grund dafür sei, dass sie sich um ihren Zigarettenkonsum Gedanken mache:

„Ich setze mich tatsächlich viel mit Lungenkrebs und Raucherfolgeerkrankungen auseinander. Einfach dadurch, dass ich schon so viele gesehen habe. Ich habe ganz viele Leute mit Lungenkrebs gesehen. Ich habe ganz viele Leute mit diesen kaputten Beinen gesehen, Raucherbeinen und so. Ich habe das wirklich gesehen. Das ist für mich nicht nur wie: ‚Ja, da gibt es so etwas wie ein Raucherbein.' Oder verstopfte Arterien, ich habe schon Arterien gesehen, die so verkalkt waren und so kaputt waren, dass die hart wie Stahlrohre waren. Und das kam vom Rauchen. Oder Leute mit Kopf-Hals-Tumoren vom Rauchen. Ich habe das alles gesehen und das nicht auf Bildern, sondern in echt. Und da frage ich mich manchmal, warum ich das nicht mehr überein, also das da nicht näher zusammenbringe. Dass ich dann denke: ‚Ja, die rauchen aber viel mehr.' Die Lungenkrebspatienten haben ja vierzig *Pack-Years* [540] auf dem Rücken, während ich jetzt mittlerweile auf, was weiß ich, vielleicht fünf *Pack-Years* komme, wenn ich das so zusammen rechne. Und ich mache da immer diese Unterschiede. Ich sage dann immer, das sind ja die Raucher, die richtig viel rauchen, die eine Schachtel am Tag wegziehen und sich gar keine Gedanken darüber machen. Und ich denke mir immer, aber ich mache mir Gedanken darüber. Was ja Quatsch ist. Als ich gestern auf der Party geraucht habe, habe ich natürlich nicht drüber nachgedacht. Und dann frage ich mich, ob das wirklich so abschreckend ist, diese ganzen Aufklärungskampagnen mit Bildern. Ich habe die *COPD*ler [541] gesehen, die nicht aus ihrem Bett aufstehen konnten, weil sie gejapst haben ohne Ende. Weil sie einfach keine Luft mehr in die Lunge kriegen. [...] Und ich sehe mich da nicht, überhaupt nicht."[542]

Entscheidend für die verschiedenartige Bewertung ihrer eigenen Raucherfahrung und der Lage der hospitalisierten Raucher/-innen ist für SBB einerseits, dass sie faktisch durch das Rauchen nur rauchunspezifische Krankheitserfahrungen gemacht habe, wie Schnupfen durch Aufenthalte im Freien. Andererseits ist sie davon überzeugt, auch vor dem Hintergrund zweier gescheiterter Aufhörversuche, ihr Rauchverhalten kont-

---

539 Lightfilterzigarettenraucherin SBB, 2010. Vgl. auch Kapitel III.2.5.1.4 Krankheitserfahrungen und Krankheitsvorstellungen.

540 *Pack-Years* ist eine medizinische Maßeinheit für den Zigarettenkonsum über einen Lebenszeitraum hinweg. Raucht ein Mensch eine Schachtel Zigaretten (etwa 20 Zigaretten) pro Tag über den Zeitraum von einem Jahr, entspricht dies der Anzahl von einem *Pack-Year*. Eine halbe Schachtel pro Tag über zehn Jahre hinweg entsprechen demnach fünf Pack-Years.

541 COPD steht für chronisch obstruktive Lungenerkrankungen.

542 Lightfilterzigarettenraucherin SBB, 2010.

rollieren zu können. Der disziplinierte Umgang mit Tabakprodukten, welcher mit der Zielsetzung, Genuss zu erleben, ausgeübt und kontrolliert wird, gelangt aus Sicht der Rauchenden erst dann in einen Kontext von Krankheitserfahrung, wenn das Genusserlebnis regelhaft ausbleibt. Ursache für einen diszipliniert-kontrollierten Umgang ist in diesem Fall nicht das medizinische Fachwissen, sondern seine Einbettung in gemeinschaftliche, kommunikative und entspannende Rauchsituationen. Orientierungsgebend ist in diesem Fallbeispiel eher der Nutzen der Rauchgenusssituationen, die von Rauchkohärenz, Synchronie, Exklusivität, Kommunikation und Interaktionen geprägt sind, wobei chronische Krankheitserfahrungen ausbleiben und daher die soziokulturelle Wirksamkeit des medizinischen Fachwissens in diesen Situationen überschreiben. Ort der Kontrolle über den Körper ist der individuelle Wille. Der freie, individuelle Wille legitimiert eigenes und fremdes Rauchverhalten. Dies trifft für den Umgang mit Rauchgut in soziokulturellen Genusssituationen (gemeinschaftlich, entspannend, kommunikativ) ebenso zu wie auf Krankheitserfahrungen anderer, die regelhaft „gedankenlos" eine Schachtel oder mehr Zigaretten am Tag rauchten. Insofern stellt das Konzept des eigenen freien Willens beziehungsweise sein Machtbereich für SBB die maßgebliche Hürde dar, in diesem Zusammenhang von Suchtverhalten zu sprechen.

1.2.2 Germanistikstudent BSM

Die bisher dargestellten Argumentations- und Erzählmuster finden sich in Teilen auch im nächsten Fallbeispiel wieder, obwohl in diesem Fall ein jüngerer, männlicher Student aus einem geisteswissenschaftlichen Fachgebiet vorgestellt werden soll. Der Student BSM ist zum Gesprächszeitpunkt 24 Jahre alt und studiert Germanistik und Kommunikationswissenschaft an der Universität im fünften Semester. Er bereitet sich zum Zeitpunkt des Interviews auf seinen ersten Universitätsabschluss vor. Der Kontakt zu BSM wurde von einem anderen Interviewpartner vermittelt. Das Gespräch fand im Universitätshauptgebäude auf einer Bank vor der Aula statt. Der Treffpunkt wurde von BSM vorgeschlagen, da er für ihn an diesem Nachmittag gut erreichbar auf dem Weg zwischen der Universitätsbibliothek und der Telefonagentur lag, in der er zu einem späteren Zeitpunkt am gleichen Nachmittag noch jobben wollte.

BSM stammt aus einer norddeutschen Kleinstadt und zog zum Sommersemester 2007 an seinen aktuellen Studienort. Er hatte sich um einen Studienplatz an verschiedenen Universitäten beworben. BSM hat keine Geschwister und beide Eltern haben vor mehreren Jahren mit dem Rauchen aufgehört. Nach dem Abitur absolvierte er in seiner Heimatstadt einen Sozialdienst und jobbte anschließend etwa ein Jahr lang, bevor er das Studium aufnahm. Er begann mit etwa 14 Jahren, Zigaretten auszuprobieren, und erschnorrte sich sein Rauchgut bei anderen Jugendlichen an einem Treffpunkt für *Skater* in seiner Heimatstadt.

> „[AL: Wie bist du denn an die Zigarette gekommen?] Wie bin ich daran gekommen? Das war irgendwie, keine Ahnung, [ich] bin irgendwie viel Skateboard gefahren und da im Skatepark haben sie alle geraucht und dann fing man halt auch an. Das ist aber ganz witzig, weil ich bis sechzehn eher so sporadisch ein Partyraucher war und ab sechzehn wurde es

dann mehr. Und seit ich jetzt studiere und in [Ortsname] wohne, rauche ich eigentlich auf täglicher Basis, sage ich mal."[543]

Seinen durchschnittlichen Tabakverbrauch schätzt BSM auf eine halbe bis dreiviertel Schachtel pro Tag. Jedoch raucht er zum Gesprächszeitpunkt vermehrt Feinschnitttabak und dreht seine Zigaretten selbst. Seine Mengenangabe orientiert sich dabei weiterhin an dem bezifferbaren Rauchgut der industriell gefertigten Filterzigarette beziehungsweise der Schachtelmengenangabe, deren Format eigentlich nicht auf Feinschnittpäckchen übertragbar ist.

Als Sechzehnjähriger, als er Tabakprodukte legal erwerben konnte, begann BSM mehr zu rauchen. Nochmals setzte dann eine deutlichere Steigerung in seinem Zigarettenverbrauch während des Zivildienstes ein. Er berichtet, er habe in dieser Zeit gerne und ausgiebig mit anderen Zivildienstleistenden gefeiert und geraucht:

„Bei [einem Sozialdienst] im Fahrdienst. Dort habe ich Menschen mit Behinderung gefahren. Das war ein recht schöner Job. Auch da wieder viel Party, weil wir halt so eine Gemeinschaft von zwölf [Kollegen] waren, die dann ständig immer weggegangen sind. Da war auch Rauchen großgeschrieben [lacht]. [AL: Hast du da gedreht?] Nee, da hatte ich noch Geld. Im [Sozialdienst] kriegt man ja ein Höllengeld eigentlich fürs Nichtstun, wohnt meist noch zu Hause, hat keine Ausgaben. Da konnte man sich das alles immer noch leisten. Da habe ich mir sogar immer noch Markenzigaretten gekauft."[544]

Die Erzählung von BSM über sein Rauchverhalten im Sozialdienst orientiert sich eindeutig an der positiven Rückschau auf das gemeinsame Besuchen von Partys, bei denen unkontrolliert geraucht worden sei, und an den finanziellen Ressourcen, die ihm damals den Erwerb von teuren Markenzigaretten erlaubten. Als er anschließend für ein Jahr jobbte, verlagerte sich das Rauchverhalten von BSM immer mehr auf die Abendstunden. Zwar verfügte der Arbeitsplatz über einen Pausenraum mit Feuerschutztür, den rauchende Angestellte nutzten, um zu rauchen, jedoch blieb aufgrund der Hektik des Arbeitsalltags nur wenig Zeit, überhaupt Pausen einzulegen. Im Haus seiner Eltern raucht er bis heute nicht. Er habe das Gefühl, seine Eltern durch sein Rauchen enttäuscht zu haben. Die Eltern wissen, dass BSM raucht, weil sie Tabakgeruch an ihm feststellten und einmal einen Aschenbecher unter seinem Bett fanden. BSM bezeichnet diesen Vorfall als einen „Klassiker" unter Jugendlichen, die heimlich mit dem Rauchen beginnen. Außerdem sprachen seine Eltern ihn nach Partys, von denen er „komplett verraucht" nach Hause kam, auf den Rauchgeruch an. Seither besteht zwischen BSM und seinen Eltern die Absprache, dass er die Verantwortung für das Rauchen sowie die Konsequenzen selbst tragen solle. BSM empfindet diese Regelung prinzipiell gut und fair. Er habe dadurch gelernt, verantwortungsbewusst mit den meisten Sachen umzugehen.

Zu Beginn des Studiums verändert sich BSMs Tabakkonsum aufgrund der veränderten finanziellen Situation. Er verbraucht zum Interviewzeitpunkt Feinschnitt, „wenn das Geld nicht da ist", und benutzt dafür *Pueblo*-Tabak, Filter und Blättchen. In Zeiten, in denen ihm etwas mehr Geld zur Verfügung steht, raucht er rote *John Player*

543 Feinschnitt- und Filterzigarettenraucher BSM, 2010.
544 Feinschnitt- und Filterzigarettenraucher BSM, 2010.

Special. Die Entscheidung zwischen der Produktform Feinschnitttabak und fertigen Filterzigaretten schildert er in Abhängigkeit von verfügbarem Geld, jedoch auch in Abhängigkeit vom jeweiligen sozialen Kontext. Unter der Oberfläche der verfügbaren Mittel, die er bereitwillig für Tabakprodukte ausgibt, liegt die Passfähigkeit des Rauchguts in Bezug auf die soziale Rauchsituation:

> „Also, wenn ich jetzt zum Beispiel auf irgendeine Party gehe, wo man dann zum Drehen zu viel Zeit braucht, und wenn man dann keine Lust darauf hat, dann kaufe ich schon mal so ein Päckchen Zigaretten, auch wenn wenig Geld da ist. Normalerweise aber eher Tabak, weil es halt günstiger ist. [AL: Wenn du jetzt auf einer Party bist, um da gleich mal nachzuhaken, dann ist das doch eigentlich Freizeit und du hast alle Zeit der Welt. Du bist doch da nicht in Eile. Da kannst du doch eigentlich auch Drehen.] Tja, theoretisch ja. Ja, man hat da irgendwie das Gefühl … mh, man raucht da ja auch mehr. Auf Partys raucht man ja unglaublich viel. Und wenn man dann ständig am Drehen ist, ist das auch nervig. Und wenn dann einer sagt: ‚Komm lass uns mal eine rauchen‘ – ‚Ja, ja warte, ich dreh mir kurz eine‘, das ist auch irgendwie unkommunikativ.“[545]

Das relevante Motiv für BSM bei der Wahl des passenden Rauchguts ist die erwartete kommunikative Situation im Zuge einer Feier, die fester Bestandteil studentischer Kulturen ist. BSM wähle die Partys, die er besuche, nicht danach aus, ob er im Innenraum des Lokals oder der Diskothek rauchen dürfe oder nicht. Er sei eher der Typ, der zum Rauchen gerne vor die Tür gehe. Allerdings empfinde er es als schöner, wenn das Rauchen auch innen erlaubt ist. In seiner Heimatstadt sei Rauchen in keiner der Diskotheken erlaubt gewesen, an seinem gegenwärtigen Wohnort hingegen sei es in den meisten nun doch wieder möglich. Über diese Möglichkeit freue er sich und nutze sie bei Gelegenheit. Situationen, in denen BSM in Gegenwart von Nichtrauchern rauchen will, bezeichnet er als unangenehm: Wenn er beispielsweise bei einem Nichtraucher zu Gast sei und nach einem Ort fragen müsse, wo er rauchen könne, oder wenn er eine nichtrauchende Begleitung bitten müsse, auf ihn zu warten, weil er sich eine Zigarette anzünden möchte, befürchte er, die beteiligten Personen zu nerven, und empfinde darum Rauchen als unpassend. In Situationen, in denen er bei nichtrauchenden Freunden zu Gast sei (Übernachtungsgast), bietet er sogar nachdrücklich an, draußen zu rauchen, auch wenn es kalt sei oder regne.

BSM erzählt, er sei, was Zigaretten angehe, sehr experimentierfreudig und rauche zur Abwechslung regelmäßig aromatisierte Zigaretten. Das komme etwa jeden beziehungsweise jeden zweiten Monat vor. Besonderen Gefallen habe er an Zigaretten mit Menthol-Geschmack, *Iced-* oder *Frost-*Aroma gefunden. Beim Rauchen würden Rachen und Mundhöhle ganz frisch beziehungsweise kalt und schmeckten nach Menthol. „Die schmecken sehr nach Menthol, als würde man auf einem Hustenbonbon herum kauen.“[546] Auch spezielle Filter gäbe es in dieser Geschmacksvariante, die er ausprobiert habe, um danach wieder zu seinem *Pueblo*-Feinschnitttabak[547] zurückzukehren. Er kaufe diese Zigaretten, bevor er zu einer Party gehe:

---

545 Feinschnitt- und Filterzigarettenraucher BSM, 2010.

546 Feinschnitt- und Filterzigarettenraucher BSM, 2010.

547 Laut „Verband der deutschen Rauchtabakindustrie“ sind gegenwärtig etwa 300 unterschiedliche Feinschnitttabakmarken auf dem deutschen Tabakmarkt erhältlich. Vgl. http://www.verband-rauchtabak.de/dervdr/fakten/, zuletzt geprüft am 25.04.2015.

„[AL: Wie reagieren denn die Leute, mit denen du weggehst auf eine Party, auf die Zigaretten?] Das ist ganz praktisch. Weil, sonst ist es auf einer Party immer so, dass ständig
Zigaretten geschnorrt werden. Und dann wird immer gefragt: ‚Hey, hast du eine Zigarette?'
– ‚Ja klar hier.' – ‚Nee, kannst du behalten.' Das ist ganz praktisch für Partys, dass man dann
die Dinger behalten kann.“[548]

In diesem Umgang mit aromatisiertem Rauchgut wird deutlich, dass gleichzeitig
mehrere Funktionen beschrieben werden. Auf der einen Seite demonstriert BSM im
Umgang mit den Zigaretten, die er speziell für die Feier am Abend gekauft hat, soziale
Kompetenz unter Rauchern, da er die Frage nach einer Zigarettengabe nicht ablehnt,
sondern bereitwillig eine Zigarette anbietet. Eigentlich erlaubt ihm seine finanzielle
Situation jedoch nicht, derart großzügig mit den teureren Zigaretten umzugehen, und
günstigerer Feinschnitt kommt aufgrund seiner mangelhaften Passfähigkeit für ihn in
Rauchsituationen auf Partys als Alternative nicht in Frage.

Zu Studienbeginn 2007 zog BSM mit einem Freund zusammen in seinem Studien-
ort in eine gemeinsame Wohnung. Die Wohngemeinschaft zu zweit besteht noch zum
Zeitpunkt des Interviews. Beide rauchen zu der Zeit täglich, auch in der gemeinsamen
Wohnung:

„[AL: Wo wird denn da geraucht in der WG?] Meistens in der Küche. Das heißt, er hat
mittlerweile aufgehört, raucht sporadisch immer wieder mit Rückfall. Erst raucht er wieder
drei Wochen, dann wieder nicht, dann raucht er wieder drei Wochen, dann wieder nicht.
Und ich rauche gelegentlich aber auch in meinem Zimmer. Ich habe da so einen Balkon, bin
zumeist aber zu faul rauszugehen und rauche dann im Zimmer.“[549]

Über das Rauchen in den gemeinsamen Wohnräumen habe es zwischen den beiden
Studenten keinen Aushandlungsbedarf gegeben. BSM bewohne das etwas größere
Zimmer mit Balkon, da er mehr Möbel besitze als sein Freund, und rauche daher auch
in seinem Zimmer beziehungsweise auf dem Balkon. Auch in den Phasen, in denen
der Mitbewohner das Rauchen aufgeben will, stellt BSM sein Rauchverhalten daher
nicht um. Sein Mitbewohner sei an den Zigarettenrauch in Innenräumen gewöhnt,
er toleriere und kenne das. Zudem habe der Mitbewohner „alle zwei Wochen einen
Rückfall, und dann quarzt er halt auch immer kräftig mit“[550]. In den Rückfallmomen-
ten schnorre BSMs Mitbewohner nur selten Zigaretten bei ihm. Er kaufe eher an der
nah gelegenen Tankstelle eine Schachtel Zigaretten seiner Wahl und es sei häufig, dass
er diese nicht bis zum Ende verbrauche und die Schachtel an BSM mit den Worten
verschenke: „Ich will nicht mehr. Nimm die und gib mir nie wieder eine zurück!“[551].
Über diese unerwarteten Gaben freue sich BSM.

Auf die Bitte, über seinen Tagesablauf des Vortages zu berichten und zu benennen, zu welchen Gelegenheiten er geraucht habe, erzählt BSM, er habe aufgrund der
gegenwärtigen Semesterferien ausschlafen können und sei gegen zehn Uhr morgens
aufgestanden. Üblicherweise rauche er morgens während der ein bis zwei Stunden
nach dem Aufstehen seine erste Zigarette, je nachdem wann er sich „aufnahmefähig“

548 Feinschnitt- und Filterzigarettenraucher BSM, 2010.
549 Feinschnitt- und Filterzigarettenraucher BSM, 2010.
550 Feinschnitt- und Filterzigarettenraucher BSM, 2010.
551 Feinschnitt- und Filterzigarettenraucher BSM, 2010.

fühle. Da er am Tag zuvor weder Tabak noch Zigaretten zu Hause gehabt habe, habe er auf dem Weg zur Universität eine Schachtel *John Player Special* gekauft. Vormittags habe er einige Studienunterlagen zusammengesucht, einige E-Mails geschrieben und Dokumente verschickt, sei im Institut gewesen, um sich einen Leistungsnachweis abzuholen, und kurz vor 13:00 Uhr schließlich im Prüfungsamt gewesen, d. h. kurz vor dessen Schließung, um seine Prüfungsthemen anzumelden. Nach der Anmeldung habe er vor dem Prüfungsamt auf dem Bürgersteig seine erste Zigarette des Tages angezündet und diese auf dem Weg in die Zentralbibliothek geraucht. Dort habe er den kostenfreien Internetzugang genutzt, um zu surfen, da er vor Beginn seiner Arbeitszeit im Nebenjob noch etwas Zeit habe überbrücken müssen. Auf dem Weg von der Bibliothek zu seinem Arbeitsort in der Innenstadt habe er seine zweite Zigarette gegen 15:00 Uhr geraucht. Zwischen 15:30 Uhr und 21:00 Uhr habe er bei der Telefonagentur, bei der er regelmäßig als freier Mitarbeiter tätig ist, gejobbt. Während der Arbeitszeit könne er sich die Pausen relativ frei einteilen:

> „Bei uns ist es halt so, da wir Freie Mitarbeiter sind, kann uns halt keiner die Zeit einteilen und wir können halt, wenn wir möchten, dahin gehen, und ich bin [Leitungsfunktion] und kann recht schnell, wenn es gerade läuft, halt sagen, ‚Ok, ich gehe jetzt mal eine rauchen‘. Das ist meist so einmal die Stunde. Ich gucke dann auch auf die Uhr meistens, um nicht zu viele Pausen zu machen und wenn ich sehe, es ist halb, dann: ‚Ah, gehst du mal eine rauchen.‘ [...] Es ist dann halt immer so, bei uns ist das halt ein Telefonstudio, und da die anderen auch Freie Mitarbeiter sind, auch die Telefonisten, ist es so, dass auch die in der Pause sein können, wann sie möchten. Das heißt, im Pausenraum ist immer irgendjemand. Selten ist es aber so, dass die anderen [Leitungs-]Kollegen sagen: ‚Hey, kommst du mit eine rauchen?‘ Das kann aber auch passieren. Meistens geht man einfach hin und weiß, dass da sowieso ein paar Leute sitzen. [AL: Das heißt, ihr habt einen Raum, ihr geht gar nicht vor die Tür?] Genau. Wir haben so einen richtigen Raucherraum. So ein kleines Kabuff, die Wände gelb vom Nikotin. Es ist nicht schön da drin, aber im Winter ganz angenehm.“[552]

In dem Raucherpausenraum werde gegessen und zwar „selbst geschmierte Stullen, aber auch nur, um danach eine zu rauchen“. Seine nächsten Zigaretten an diesem Tag habe er in diesen regelmäßigen Pausenintervallen im Raucherraum geraucht, die etwa achte Zigarette des Tages anschließend direkt nach Dienstende auf dem Bürgersteig vor dem Gebäude angesteckt und auf dem Fußweg zu seinem nächsten Ziel geraucht, der Wohnung einer befreundeten Arbeitskollegin. Nach der Arbeit habe er diese Freundin zuhause besucht und sei „ein wenig dort versackt“. Das Rauscherlebnis an diesem Abend beschreibt er als „hart“, da diese Freundin sehr viel rauche, deutlich mehr als er selbst. Bis etwa zwei Uhr morgens habe man sich unterhalten, gemeinsam gegessen, Bier getrunken und sehr viel dabei geraucht. „Wenn man dann daneben sitzt, wenn jemand raucht, raucht, raucht, dann kommt man halt immer selbst in diese Sache rein, und vor allem: Alkohol plus Zigaretten – das ist halt so, man raucht dann halt wie so ein Weltmeister.“[553] Im Anschluss an diese Erzählung über den abendlichen Besuch bei der starken Raucherin erzählt BSM, er habe „komischerweise gar nicht so die Probleme“, mal einen Tag auf Zigaretten zu verzichten. Natürlich sei dann der Gedanke da, „man könnte jetzt eine rauchen, aber es ist jetzt nicht so schlimm,

---

552 Feinschnitt- und Filterzigarettenraucher BSM, 2010.
553 Feinschnitt- und Filterzigarettenraucher BSM, 2010.

dass ich jetzt irgendwie Schwindel kriege oder dass es mir wirklich schlecht geht. Ich kann das [Bedürfnis] immer noch ganz gut abschalten, dann aber auch nur für kurze Zeit."[554] Vergleichbar mit SBB legitimiert BSM sein Rauchverhalten durch die Erzählung, dass er Kontrolle über seinen Tabakkonsum habe und das Verlangen nach Tabak beziehungsweise nach Nikotin für eine begrenzte Zeit abschalten könne. Der Ort der Kontrolle über seinen Tabakkonsum ist ihm eigen. Dies kann er an ausbleibenden körperlichen Äußerungen (Schwindel, schlecht gehen) ablesen. Wenn er eine Konsumpause einlege, gehe es ihm nicht derart schlecht, dass er den Entzug körperlich stark merke. Jedoch schränkt er bereits ein, dass ihm der Verzicht nur für eine kurze Zeit gelänge, ohne diesen Zeitraum genauer zu umreißen.

Zum Lernen nutze er gerne die Arbeitsplätze für Studierende in einer Bibliothek, da seine Wohnung aufgrund der sehr lauten Nachbarschaft nicht der passende Ort sei, an dem er sich auf den Lernstoff konzentrieren könne. Er nutze die Arbeitsplätze der Zentralbibliothek gerne abends zwischen 21 Uhr und 24 Uhr zum Lernen, weil er dort das Gefühl habe, weniger abgelenkt zu werden. An seinem Schreibtisch in seinem Zimmer lenke er sich häufig selbst durch virtuelle soziale Netzwerke wie *Facebook*, *Studi-VZ* oder *Twitter* von der Arbeit für das Studium ab. Er sei online derart gut vernetzt, dass er sich schlecht auf längere Arbeitsabläufe konzentrieren könne und lieber im virtuellen Netz surfe und Kontakte pflege. Daher arbeite er gerne spät abends bis Mitternacht an seinem eigenen Studienprojekt. Mit dieser Technik habe er bislang alle anstehenden Arbeiten im Studium gut bewältigt. Auch während der Lern- und Schreibphasen in der Bibliothek lege er regelmäßige Pausen ein, um zu rauchen, insbesondere dann, wenn er an einer Stelle im Arbeitsprozess nicht weiterkomme. Die kommunikationsfördernde Wirkung dieser Pausen vor der Bibliothekstüre habe er bereits mehrfach selbst erfahren und dabei einige Leute kennengelernt beziehungsweise immer wieder getroffen:

> „Also da ist halt immer diese typische Frage: ‚Hey, hast du mal Feuer?' Dadurch lernt man natürlich Unmengen Leute kennen. Ich habe mich dort schon mit den komischsten Leuten unterhalten. Mit irgendeinem kleinen Mädchen mit *Dreadlocks* die mich da für *PETA*, für diese Tierschutzorganisation gewinnen wollte. Die erzählte: ‚Mensch das ist voll cool hier, ich bin in der elften Klasse und hier, weil es so toll ist für die Recherche', also wirklich so ein kleines Mädchen vom Kopf her, aber ganz witzig. Oder irgendwelche Leute, die mich mit irgendwelchem Zeugs voll laberten, wo ich mir denke: ‚Okay, hm, kennen wir uns?' [AL: Wirst du eher angesprochen oder suchen die Anderen das Gespräch, oder sprichst du auch an?] Eher selten. Auch wenn ich mal kein Feuerzeug da habe, auch dieses: ‚Hast du mal Feuer?' Aber meistens bin ich ganz zufrieden, wenn ich halt nicht vollgelabert werde. Bin halt auch Norddeutscher. Bei uns ist das Kommunikative nicht so vorhanden. Bei den Rheinländern ja schon eher. [...] Ansonsten trifft man da schon mal ein paar Freunde, die man halt vorher schon kannte, die man aber auch ständig da trifft [...]. Naja, oder Bekannte, die man irgendwie durch das Studium oder was weiß ich, durch die Arbeit oder so, viele studieren da ja auch auf der Arbeit, kennengelernt hat. Wenn man dann in der Bibliothek ist und die dann gerade dort rumsitzen, dann trifft man sich natürlich: ‚Komm, wollen wir kurz draußen eine rauchen gehen?' Drinnen kann man ja auch nicht laut reden. Dann unterhält man sich eben kurz draußen, trifft sich aber auch öfters da, also, trifft öfters da Leute, die

---

554 Feinschnitt- und Filterzigarettenraucher BSM, 2010.

man kennt. Gerade wenn man des Öfteren nachts da ist, und dann sind immer dieselben Gesichter da."[555]

Auf die Frage, welche Funktionen BSM seinem eigenen Rauchverhalten zuschreibt, sagt er, dass es eine „Sucht-Gewohnheitssache" sei. Diese subjektive Einschätzung wird nur von einem Teil der erzählten Rauchsituationen belegt und legt nahe, dass ein Erzählen über gesellig-kommunikative Situationen des Rauchens eher sozial akzeptabel erscheint als das Erzählen über das Rauchen von Zigaretten, die mit wenig(er) Genuss geraucht werden.[556] BSM habe sich den Konsum von Tabakprodukten einfach angewöhnt und käme nun schlecht davon los. Im Nachsatz räumt er ein, das Rauchen beinhalte für ihn auch eine gemeinschaftstiftende Funktion, sei geradezu „ansteckend", insbesondere wenn er sich an der Uni aufhalte:

> „Gerade wenn man dann an der Uni ist, steht man natürlich meistens dann in den Zeiten zwischen den Vorlesungen mit den Studenten zusammen, die auch rauchen, und dann kommt das dann zwangsläufig. Wenn die sich eine anzünden, dass man dann denkt: ,Ja Mensch, dann könnte ich aber auch mal eine rauchen.'"[557]

Vom ansteckenden Effekt des Rauchens (Synchronizität als gemeinschaftsordnendes Element) berichtete bereits SBB, für deren Rauchverhalten die Gleichzeitigkeit und das Erzählen während des Zigarettenrauchens ebenfalls wichtige genussfördernde Faktoren darstellen. Ferner überbrückt die Teilnahme an Rauchsituationen in Zeiträumen zwischen Seminaren und Vorlesungen die schnelle Unterbrechung des Gruppensinns durch eine gemeinschaftliche Situationsgestaltung ungeachtet dessen, ob alle Beteiligten rauchen oder nicht.

BSM schätzt sein Rauchverhalten, seit er studiert, im Vergleich zu vorher nur wenig verändert ein. Sein Zigaretten- und Tabakkonsum seien etwas angestiegen, aber nicht übermäßig stark gewachsen. Für ihn liegt sein täglicher Konsum „im Rahmen". Die Überbrückung von Zeit beziehungsweise das subjektive Empfinden, im Studium seine Zeit frei einteilen zu können, viel Zeit zu haben, ist für BSM ein entscheidender Kontext seines Konsumverhaltens:

> „Es ist vielleicht ein bisschen mehr geworden im Vergleich zu damals. Genaue Gründe kann ich jetzt auch nicht benennen. Es ist halt vielleicht auch so, weil man viel mehr Zeit hat als Student, viel mehr zwischen – Freiräume dazwischen [sind]. Wenn man jetzt arbeiten ist, kann man ja nicht alle halbe Stunde da eine rauchen gehen. Und wenn man da an der Uni ist und wirklich Zeit hat, geht das halt auch öfters."[558]

Sein Konsummuster passt BSM zeitlich und räumlich an seine Umgebung an. Im studentischen Tagesablauf stellt die Zigarettenpause eine Repräsentationsform der

---

555 Feinschnitt- und Filterzigarettenraucher BSM, 2010.

556 Nicht jede Zigarette oder jede Rauchsituation birgt einen Rauchgenuss beziehungsweise einen angestrebten Rausch durch den Konsum von Nikotin. Voraussetzungen für das Genussempfinden beim Rauchen werden in Kapitel III.2.5 Dimensionen von Medikalisierung, Rausch und Rauchgenuss ausführlich besprochen.

557 Feinschnitt- und Filterzigarettenraucher BSM, 2010.

558 Feinschnitt- und Filterzigarettenraucher BSM, 2010.

Selbstbestimmung dar, über deren Häufigkeit im fragmentierten studentischen Tages-rhythmus in weiten Teilen selbst bestimmt werden kann. Die Abfolge des Rauchens (auch ohne Rauchgemeinschaft) kann zu einer gesteuerten Rhythmisierung körper-licher Leistungsfähigkeit im Alltag beitragen, wobei es dafür unbedeutend ist, ob die Zigaretten mit oder ohne Genuss geraucht wurden.

BSM erklärt, dass er bisher noch keinen ernsthaften Versuch unternommen habe, das Rauchen aufzugeben. In einem Urlaub mit Freunden habe er einmal eine Woche lang nicht geraucht. Es sei seine eigene Entscheidung gewesen, in dem Urlaub nicht rauchen zu wollen, und nachdem er am ersten Tag etwas gereizt gewesen sei, habe er den Rest der Woche gut ohne Zigaretten verbracht. Seinen Zigarettenkonsum zu reduzieren habe er hingegen schon einmal bewusst versucht. Anlass für die Reduktion sei eine ambivalente Bewertung gewesen, dass eine Reduktion vermutlich besser für die Gesundheit sein könnte, wobei der gewünschte Effekt jedoch nicht sicher festzu-stellen sei. BSM bezeichnet es daher als Trugschluss, dass eine Reduktion des regelmä-ßigen Tabakkonsums besser für die Gesundheit sei. Ein Krebsleiden könne man auch bekommen, wenn man verhältnismäßig wenig rauche. Im tagtäglichen Umgang mit Tabakprodukten träten Krankheitsrisiken in den Hintergrund, weil er nicht ständig an die Auswirkungen auf den Körper denke.

> „Am Anfang hat man so gedacht, dann reduzierst du es halt ein bisschen, und irgendwann hat man halt nicht mehr so dran gedacht, und dann war man halt wieder im ganz normalen Konsummuster und hat dann halt wieder ganz normal geraucht wie vorher."[559]

Zwar legitimiert BSM durch seine Schilderungen sein gegenwärtiges Konsummuster, die Argumentation dokumentiert dabei jedoch sein Normverständnis dahingehend, dass das einmal etablierte Quantum an Tabakkonsum den Normalfall darstellt, die Reduktion hingegen den Ausnahmefall. Der Raucherkörper (wie zuvor in den Anti-Raucher-Broschüren gezeigt) ist hier Teil des Selbstverständnisses geworden, die missglückte Reduktion des Pensums stellt weder persönliches Versagen noch einen Verlust der Kontrolle über den Körper dar. BSM raucht Filterzigaretten oder dreht in seine selbst gedrehten Zigaretten einen Filter mit ein. Ungefilterter Rauch sei nicht sein Ding. Ohne Filter zu rauchen sei ihm „zu hart" beziehungsweise „zu viel Lun-gentorpedo". Das Rauchen aufzugeben, soweit würden seine Gedanken und Sorgen über die gesundheitlichen Folgen des Rauchens derzeit nicht gehen. Krankheitserf-fahrungen habe er bislang, bis auf eine ambulante Operation am Fuß, nicht erlebt. Veränderungen an seinem Körper, wie beispielsweise vergilbte Finger, habe BSM bei sich bislang nicht feststellen können. Dennoch berichtet er von morgendlichem „wi-derlichen" Husten, wenn er auf einer Party in der Nacht zuvor sehr viel geraucht habe. Am Morgen nach der Party fühle er sich dann „wie ein Aschenbecher". Husten und Schleim verschwänden im Laufe des Tages.

Neben den aromatisierten Zigaretten, die BSM sich zu besonderen Gelegenheiten leistet, kauft er Tabak, den er als nahezu geschmacksneutral bezeichnet. Sein übliches Rauchgut habe lediglich einen rauchigen Geschmack und sei nicht überparfümiert wie die preisgünstigen Zigaretten aus dem Discounter, die zu sehr nach zugesetzten Geschmacksstoffen schmeckten. Aus diesem Grund rauche er diese nicht gerne und

---

559 Feinschnitt- und Filterzigarettenraucher BSM, 2010.

bleibe bei seinen Standardprodukten *John Player Special* und *Pueblo*-Feinschnitt. Der rauchige Geschmack seines zusatzstofffreien Tabaks stellt für ihn ein Qualitätsmerkmal dar. Die Verbindung des Tabakgeschmacks mit Geschmäckern von Nahrungsmitteln sei für ihn nicht ausreichend attraktiv, um eine Kombination von Kaffee-Tabak oder Bier-Tabak zu etablieren. Er brauche weder nach dem Essen noch zum Kaffee eine Zigarette. Viel wichtiger als der Geschmack des Tabaks oder eine Geschmackskombination sei ihm das Rauchen in bestimmten Situationen, in denen er seine Zigaretten besonders gerne rauche:

> „Nur auf der Arbeit vielleicht, weil da dieser kommunikative Faktor ist. Wo man dann ja aus der Arbeit raus ist im Pausenraum und dann quasi als Privatmensch da ist. Als wenn man sich privat treffen würde. Dann kann man da mit den Leuten dann lockerer reden. Das vielleicht, da denke ich, das ist schön."[560]

Der hier angedeutete Wechsel zwischen verschiedenen sozialen Rollen, die durch das Rauchen von Zigaretten befördert werden, lässt vermuten, dass nicht nur das Zigarettenrauchen selbst Funktionen für die Rauchenden erfüllen kann (in diesem Fall einen Wechsel von der Rolle des Vorgesetzten hin zu der Rolle des „privaten Studenten" unter anderen Studierenden), sondern dass auch die Situation der Rauchpause selbst für alle (ggf. auch nichtrauchenden) Situationsbeteiligten den gemeinsamen Kontext verändert und Zeit für eine andere Form der Kommunikation schafft. BSM bezeichnet diese Kommunikationsart aus seinem subjektiven Empfinden als „lockerer". Fest steht zunächst, dass BSM durch das Anzünden einer Zigarette signalisiert, dass er den Pausenraum nicht aufgesucht hat, um einzelne Mitarbeiter/-innen zu kontrollieren, und weiterhin, dass er intendiert, für zumindest die Dauer einer Zigarette eine Pause von der Arbeit einzulegen, beziehungsweise für diese Dauer potenziell für andere Pausenraumnutzer/-innen ansprechbar ist und dadurch eine veränderte Kommunikationssituation formt.

Wie beeinflusst das Rauchen BSMs Freizeitverhalten beziehungsweise den körperbezogenen Lebensstil im Vergleich mit dem Universitätsalltag und dem Nebenjob? BSM fährt in seiner Freizeit unregelmäßig und spontan Skateboard. Daneben sei er in einem kostengünstigen Fitnessstudio angemeldet. Dort könne er seine Trainingszeiten genauso wie beim Skateboarding selber bestimmen und sei nicht von festen Trainingszeiten abhängig:

> „Wie gesagt, Skateboard fahren, mit einem richtigen Skateboard, und dann gehe ich noch des Öfteren mal in so ein Fitnesscenter. Ich bin hier bei […], in so einem Fitnesstempel da angemeldet. Was aber auch unregelmäßig sein kann."[561]

Zeitweilig habe er Ambitionen, seinen Körper trainieren zu wollen, und gehe dann für einige Wochen sehr regelmäßig dort zum Training. Dann lasse er die Praxis für einige Monate wieder bleiben, sobald er sich ausreichend fit fühle. Entscheidend ist in der Mehrzahl seiner Routinen die Passfähigkeit einzelner Aktivitätsfragmente in einen flexiblen und selbstbestimmten Rhythmus des Alltags.

---

560 Feinschnitt- und Filterzigarettenraucher BSM, 2010.

561 Feinschnitt- und Filterzigarettenraucher BSM, 2010.

„Skateboarding ist eher so eine Sache ohne Trainer, ohne feste Zeiten. Das ist ja gerade das, was es so schön macht. Das ist halt so, Skateboarder lassen sich nicht so gerne und einfach in irgendwelche Raster pressen, in irgendwelche Zeitpläne. Das heißt, wenn dann schönes Wetter ist, man guckt raus und schreibt dem Kumpel in ICQ ,Hey, hast du Bock skaten zu gehen?' – ,Ja klar, lass uns da und da treffen.' Und dann trifft man sich halt, fährt ein bisschen Skateboard, fährt dann wieder nach Hause. Es ist jetzt nicht so, dass man feste Zeiten da hat oder trainieren geht oder so etwas."[562]

Neben den Wechselmöglichkeiten zwischen formativen Rollen in sozialen Situationen, so wie BSM es für die Raucherpause beschrieben hat, in der er sich als private Person empfindet, ist die lose Struktur alltäglicher Routinezeit, insbesondere der Freizeit und der Studienorganisation, prägend für den Lebensstil von BSM. Rauchen wie auch das Skateboarding folgen dieser von ihm gewählten, fragmentierten und losen Abfolge von Zeitfenstern im Alltag, die sich angeblich beliebig ineinander fügen lassen und von der tatsächlichen Tageszeit abgelöst erscheinen. Dass diese zeitliche Strukturierung von ihm selbst gewählt ist, wird im Gespräch nochmals deutlich, als er erzählt, dass er früher in [Ortsname] elf Jahre lang im Verein Basketball gespielt habe und von dieser Grundsportlichkeit immer noch profitiere.

Er fühle sich zwar wegen ein paar Kilogramm Gewichtszunahme und des Mangels an Kondition aufgrund der Raucherei derzeit nicht ausreichend fit, doch sei er immer wieder erstaunt, wie gut es noch ginge: „Wenn man da auf dem Laufband so seine 30 bis 40 Minuten macht, denkt man ,Hey, nicht schlecht'."[563] Das Basketballspielen habe er nach dem Umzug zum Studienort aufgegeben, da ihm die Mannschaft mit dem entsprechenden Leistungsniveau gefehlt und er durch das Studium und den Job keine Zeit gefunden habe, in der er zu regelmäßigen Terminen (feste Zeit an einem bestimmten Ort) Sport habe betreiben können.

Wie auch im Fall von SBB ist es BSM wichtig, seine eigene Entscheidungsfähigkeit in Bezug auf sein Rauchverhalten zu demonstrieren. Der Wille beziehungsweise die körperliche Symptomatik besitzen indizierende Funktionen, zwischen gewohnheitsmäßigem Zigarettenkonsum und Suchtverhalten zu differenzieren. Letzteres spielt im alltäglichen Umgang mit dem Rauchgut in den Erzählungen eine bewusst untergeordnete Rolle. Ein Mangel an konkreten und tabakassoziierten Krankheitserfahrungen erschwert die Assoziation von konkretem Gesundheitsrisiko und Lebensstilelement. Ebenso marginal tritt die Rolle der Körperlichkeit in Erscheinung. Die rauchenden Studierenden profitieren von teils vereinsmäßigen Sporterfahrungen ihrer Schul- und Jugendzeit, die jedoch während des Studiums nicht weitergeführt werden. Wichtigste Orientierungsgeber beim Tabakkonsum unter Studierenden stellen Rauchgenuss und Tabakrausch dar. Beides sind Erfahrungen, die an eine Vielzahl von soziokulturellen Bedingungen geknüpft sind. Rauchgenuss und Tabakrausch demonstrieren soziale Kompetenz, die spezifisch für jedes soziokulturelle Milieu sind und entsprechend normativ in Erzählungen über alltägliche Erfahrungen dargestellt werden. Insbesondere scheinen dabei die zeitliche Dimension des Rauchens im Tagesverlauf wie auch der richtige Umgang mit rauchenden und nichtrauchenden Beteiligten an Rauchsituationen normiert zu sein beziehungsweise Indikatoren sozialer Kompetenz darzustellen.

---

562 Feinschnitt- und Filterzigarettenraucher BSM, 2010.
563 Feinschnitt- und Filterzigarettenraucher BSM, 2010.

Die bereits angeschnittenen Themen werden im nächsten Kapitel mit weiteren Quellenbelegen vertieft und ergänzt.

2. Wissen, Erzählen und Rauchen im Kontext

In den folgenden Kapiteln des dritten Hauptteils werden Ausschnitte aus dem Quellenmaterial der qualitativen Interviews und der Feldnotizen in thematischen Schwerpunkten gruppiert wiedergegeben, kommentiert und interpretiert. Ziel der Konstruktion von Themenkreisen ist zunächst eine verdichtete deskriptive Darstellung des Besprochenen. Betont werden muss, dass es sich um eine theoriegeleitete Interpretation des Quellenmaterials handelt, in der die Phänomenologie des Rauchens, Orientierungstendenzen im Umgang mit Zigaretten, dem Rauchen und der Gesundheit der Akteure in drei wesentlichen Beschreibungsparadigmen der Vergleichenden Kulturwissenschaft interpretiert werden sollen: a) dem Verhältnis zwischen konsumiertem Objekt und Subjekt; b) der Rolle der Rauchsituation in räumlicher und zeitlicher Perspektive; und c) der Bedeutung studentischer Gesundheitsvorstellungen und Krankheitserfahrungen für die Handlungsorientierung beim Rauchen. Diese drei Untersuchungsebenen strukturieren den dritten Hauptteil dieser Arbeit sowie sie Wertungen und Praktiken als Teilausschnitte unterschiedlicher kultureller (Sub-) Systeme[564] zeigen.

Der erste Schritt zur Darstellung der drei Perspektiven auf der Suche nach Präventionsvorstellungen besteht in einer vorrangig deskriptiven Präsentation der Quellen, welche die Interviewtexte mit Notizen der teilnehmenden Beobachtung inhaltlich zusammenführt. Dieses Vorgehen ermöglicht einen Einblick in verschiedene Bewertungsmuster, Handlungsweisen und Orientierungstendenzen. Sie zeigen das Spektrum des kulturell Gewünschten und Akzeptierten in meinem Feld. Die Befragten selbst schildern Ereignisse, Bedeutungen und Funktionen des Umgangs mit Rauchmaterialien. Die Erzählungen weisen zudem hin auf Umgangsweisen mit und die Bedeutung von Mitrauchenden oder Rauchgesellschaftern für die eigenen Rauchhandlungen in gemeinschaftlichen Konsumsituationen. An geeigneten Stellen tritt die erzählerische Struktur in den Vordergrund der Interpretation, die im Rahmen eines quellenkritischen Analyseprozesses das Erzählte in neuem Licht erscheinen lässt. Dazu wurden insbesondere die Arbeiten über Rechtfertigungsgeschichten und Erfahrungserzählungen Lehmanns herangezogen.[565] Ebenso flossen wissenschaftslogische Annahmen und Gesichtspunkte der praktischen Vorgehensweisen im Feld in die Auswertung der Quellen ein.[566] Erst im Schlusskapitel schließt sich eine Diskussion aller Teilergebnisse vor dem Hintergrund kulturwissenschaftlicher Erklärungsansätze der Genussmittel- und Medikalkulturforschung an.

---

564 Vgl. Wiegelmann, Günter/Zender, Matthias/Heilfurth, Gerhard: Volkskunde: eine Einführung. Berlin 1977, S. 39 ff.

565 Vgl. Lehmann: Rechtfertigungsgeschichten (1980); Ders.: Bewusstseinsanalyse (2007) und Ders.: Reden über Erfahrung (2007).

566 Vgl. das Kapitel „Methoden und Felder" in Kaschuba: Einführung in die Europäische Ethnologie (2006).

Im Interviewverlauf bildeten Fragen nach dem ersten Kontakt zu Zigaretten und zum Rauchen den Einstieg in das strukturierte Gespräch. Neben dem biografischen Tabakkonsumverlauf, familiären Hintergründen und dem aktuellen Rauchverhalten berichten die Befragten über ihren situationsspezifischen Umgang mit Zigaretten beziehungsweise Feinschnitttabak und anderen Rauchutensilien. Sie erklären, was ihnen während des Rauchens und in Rauchsituationen von Bedeutung ist. Weiterhin erzählen sie von Situationen, die ihnen zum Rauchen besonders geeignet erscheinen, was diese Situationen kennzeichnet und welche Funktionen der Zigarettenkonsum darin für sie erfüllt. Ein weiteres Gesprächsthema stellt das Verhältnis zum eigenen Körper dar; ein Themenkreis, der ebenfalls in Äußerungen zum eigenen Rauchverhalten und dem Verhältnis zu Nichtrauchenden aufkommt. Zur Sprache kommen mannigfache Voraussetzungen für Bewertungen körperlicher Veränderungen, die von den Befragten mit dem Tabakkonsum in Verbindung gebracht werden. Den Abschluss der Interviews bildete ein offener Erzählimpuls zur Zigarette beziehungsweise zum Rauchen, der bisher nicht Besprochenes einfangen sollte. Das Interviewmaterial wurde zeitnah ausgewertet, wobei die drei inhaltlichen Schwerpunkte in einem ersten Auswertungsschritt systematisch in Unterthemen untergliedert wurden, die induktiv aus dem Material abgeleitet werden konnten. Dieses Vorgehen ermöglichte eine Bewertung und Interpretation der einzelnen Ergebnisse im Gesprächsverlauf wie auch den Vergleich von Argumentationszusammenhängen, Funktionsbeschreibungen und Darstellungsvorlieben der Befragten im Umgang mit einem speziellen Rauchgut im jeweiligen Kontext. Viele Belegstellen aus den Quellen sind inhaltlich derart dicht, dass sie auch in einem anderen Unterkapitel hätten platziert werden können. Ausschlaggebend für die Platzierung einzelner Quellenbelege in den ausgewählten Abschnitten waren letztendlich kontextuelle Faktoren.

2.1 Zigarette als soziales Objekt

Eine Untersuchung von Umgangsweisen mit Sachgütern stellt einen Mosaikstein der komplexen Zusammenhänge der in einer Kultur möglichen Praktiken dar.[567] Auf der Verhältnisebene zwischen Subjekt und Objekt stellen Kauferlebnis, das erworbene Tabakprodukt, seine äußere Präsentationsform sowie seine Passfähigkeit in die jeweilige Lebenswelt beziehungsweise in häufige oder außergewöhnliche Rauchsituationen soziokulturelle Funktionen bereit. „*Geschmack*, *Distinktion*, *Stil* und *Konsum* sind die zentralen Kategorien, über die sich die soziale beziehungsweise die kategoriale Identität von Individuen herstellt beziehungsweise ableiten und erkennen lässt."[568] Gemeint sind damit ökonomische, biografische, gemeinschaftliche, ästhetisch-stilistische und „spielerische"[569] Verhältnisebenen, die sich im Zusammenwirken von Subjekt und Ob-

567 Vgl. Jeggle, Utz: Vom Umgang mit Sachen. In: Köstlin, Konrad/Bausinger, Hermann (Hg.): Umgang mit Sachen. Zur Kulturgeschichte des Dinggebrauchs (= Regensburger Schriften zur Volkskunde, Bd. 1). Regensburg 1983, S. 11–26, insbesondere S. 11.

568 Raab, Jürgen: Soziologie des Geruchs. Über die soziale Konstruktion olfaktorischer Wahrnehmung. Konstanz 2001, S. 256, Kursivierung durch den Autor.

569 In Anlehnung an Clifford Geertz fokussierte das Autorenteam Stromberg, Nichter und Nichter in seiner Untersuchung räumlicher und zeitlicher Funktionen von Rauchsituationen an zwei

jekt andeuten und grundlegend auf die Gestaltung von Rauchsituationen einwirken. Es ist anzunehmen, dass der Kauf von Tabakwaren individuelle Entscheidungen darstellt, die, unter Einfluss der werbenden Tabakindustrie, eine lebensstilistische Konsumpräferenz innerhalb milieubedingter Parameter ausdrückt und gleichzeitig eine Objektivation individuellen Geschmacks wie auch der sozialen Distanzierung darstellt. Das Aufkommen differenzierter Lebensstiele im Jugendalter steht in Zusammenhang mit einer gesamtgesellschaftlichen Entwicklung zwischen der letzten Jahrhundertwende und der Weimarer Republik, „die sich mit den Schlagworten Politisierung, Modernisierung und Kulturalisierung des Alltagslebens kennzeichnen läßt"[570]. Die während des Industrialisierungsprozesses entstandene „Masse" breiter Bevölkerungsschichten strebte nach Abwechslung, Exklusivität und neuer gesellschaftlicher Stratifizierung, was sich teilweise in neuen Konsumbedürfnissen bemerkbar machte. Parallel zur „Expansion der Möglichkeiten"[571] setzte ein Prozess der Pluralisierung von Lebensformen beziehungsweise Lebensstilen ein, der soziokulturelle Umgestaltungen postindustrieller Gesellschaften charakterisiert. Daher bezeichnet Jeggle den Verbraucher als „Prototyp unserer Konsumstruktur"[572], der das Pflegen und Schonen von Gebrauchsgütern verloren habe und dadurch die Lebensdauer der Dinge verkürze.[573]

Im Rahmen der folgenden Abschnitte gilt es zunächst, die soziokulturellen Dimensionen des Verhältnisses von Subjekt und Objekt beschreibend, unter Berücksichtigung studentischer Lebensrealitäten, anhand der Quellen darzustellen. Dadurch sollen die oben genannten Verhältnismäßigkeiten strukturiert umrissen und in ihren Wirkungsweisen auf die Gestaltung von Rauchsituationen aus emischer Perspektive verstehbar gemacht werden.

---

amerikanischen Hochschulen auf die These, Rauchen stelle ein symbolisches Spiel mit Zigaretten dar. Vgl. Stromberg/Nichter/Nichter: Taking Play Seriously (2007), insbesondere S. 6 f.

570 Kaschuba: Einführung in die Europäische Ethnologie (2006), S. 56. Norbert Elias, später Erving Goffman und Pierre Bourdieu beschrieben die Auswirkungen des Zivilisationsprozesses auf lebensweltliche beziehungsweise lebensstilistische Faktoren, insbesondere auf die Rolle des Körpers und im Umgang mit körperlichen Äußerungen, bis zur Moderne. Eher statische Stratifikationsmodelle der Gesellschaft wurden in der deutschsprachigen Soziologie seit den 1980er Jahren abgelöst durch z. B. wähl- und kombinierbare Stilisierungsmuster, die aus alltagsästhetischen Schemata bestehen und wegen ihrer grundsätzliche Flexibilität keine polaren Gegensätze bilden. Soziale Distinktionen sind dabei eher ein Nebenprodukt sich weiter differenzierender Kombinationsmuster als eine intentionale Zielstellung stilistischer Kompositionen. Vgl. u. a. Goffman, Erving: Verhalten in sozialen Situationen. Strukturen und Regeln der Interaktion im öffentlichen Raum. Gütersloh 1971; Schulze, Gerhard: Die Erlebnisgesellschaft. Kultursoziologie der Gegenwart. Frankfurt a. M. 1992. Neben Formen (Strukturen) und Funktionen lebensstilistischer Praktiken sah u. a. der Soziologie Stefan Hradil die Auflösung von makrosoziologischen Stratifikationskonzepten als Konsequenz der lebensweltlichen Multiplikation von Wahlfreiheiten (Individualisierung). Dabei ist zu betonen, dass im Konzept der alltagsästhetischen Schemata Schulzes Erlebnisgesellschaft lebensräumliche Bedingungen (Kontext der Lebensführung) in die sinnhafte Ordnung der Kombinationsmuster einwirken, hauptsächlich jedoch die Ebene der Alltagspraktiken ausschlaggebend für eine Bestätigung beziehungsweise Neuerung, Differenzierung etc. von Stiltypen und Distanzierungsmustern ist. Vgl. Schulze: Die Erlebnisgesellschaft (1992), insbesondere S. 127 ff.

571 Schulze: Die Erlebnisgesellschaft (1992), S. 57.

572 Jeggle: Vom Umgang mit Sachen (1983), S. 13.

573 Ebd., S. 15.

Die Positionierung der Befragten zum Umgang mit Tabakprodukten beginnt nicht erst im Moment des Anzündens der Zigarette. Konsumbiografisch etabliert sich mit Beginn der Rauchbiografie, wie auch durch einen regelhaften Erwerb von Tabakwaren, ein häufig geschlechtsspezifisches Verhaltensmuster in Bezug auf Tabakwaren. Dazu zählt der zunächst vor der Familie verheimlichte Tabakkonsum in der Jugendzeit, samt anekdotenhaft erzähltem, unvermeidlichem Entdeckungsmoment, welches eine Rollenzuweisung als Raucher beziehungsweise Raucherin initiiert. Dem ersten Erwerb rauchbarer Tabakprodukte geht im Falle meiner Befragten häufig eine Phase des Tabakheischens voraus. Der Zeitraum des regelhaften „Zigarettenschnorrens" kann mehrere Jahre andauern, bevor die Entscheidung zum Kauf eines bestimmten Tabakproduktes getroffen wird. Daneben erzählen die Befragten von Erfahrungen mit anderen Tabakprodukten (Zigarillos, Pfeifen, Zigarren, Shisha-Pfeifen, Haschischzigaretten), die sie in der Vergangenheit konsumiert haben oder noch immer gelegentlich konsumieren.

2.1.1 Startpunkte

Verbindungen von studentischen Kulturen und Formen des Tabakkonsums können auf zweierlei Arten gedacht werden: einerseits in Hinblick auf eine Rauchkultur, die sich zu einem intellektualisierten Image Studierender stilisiert, und auf der anderen Seite hinsichtlich spezifischer Rauchsituationen, die in studentischen Lebensweisen vorkommen und daher für das Rauchverhalten Studierender stilbildend seien können. Die erste Auslegung findet im erhobenen Quellenmaterial keinen belegbaren Wiederhall. Das Zigarettenrauchen ist, obwohl rückläufig, in allen Teilen der Bevölkerung etabliert, sodass es kaum einen exklusiven Teil eines Außenbildes studentischer Kulturen darstellen kann. Die Tabakkonsumstatistiken unter Studierenden sind rückläufig.[574] Hinzu kommt, dass Zigarettenkonsum kein etablierter Teil des Studierendendaseins mehr ist, da insbesondere jüngere Studierende dem Tabakkonsum ablehnend gegenüber stehen. Der zweiten Blickrichtung auf studentische Lebensweisen, die Ursache für einen spezifischen Umgang mit Tabakprodukten sein können, wird in dieser Arbeit nachgegangen.

Um den personengeschichtlichen Hintergrund für das aktuelle Rauchverhalten verstehen zu können, bat ich meine Gesprächspartner, ihre ersten Erfahrungen mit der Zigarette zu schildern. In acht von 22 Gesprächen betonten die Interviewten, nach ihrer Einschätzung erst „sehr spät" mit dem Rauchen begonnen zu haben. „Dann habe ich jahrelang nicht geraucht und dann war das ganz spät, mit 20 [Jahren] so."[575] Diese und andere Bewertungen zum Beginn zeigen eine bewusste Distanzierung zum paradigmatischen jugendlichen „Gruppenzwang" und betonen gleichzeitig einen individuellen und selbstbestimmten Zugangsweg zum Rauchgut. Der Beginn eines regelmäßigen Tabakkonsums fällt dabei häufig in den Zeitraum kurz vor Studienbeginn.

---

574 Vgl. Kapitel II.4. Rauchen und Nichtrauchen im Hochschulraum und II.5 Gesundheitsorientierung und Tabakkonsumdaten Studierender.

575 Lightfilterzigarettenraucherin KBD, 2010.

Charakteristisch für die Konstruktion des Beginns der eigenen Raucherbiografie ist, dass es sich um Schilderungen gemeinschaftlich erlebter Rauchsituationen handelt, d. h. um Erlebnisse, in denen der Tabakkonsum eine gemeinschaftliche Situation beziehungsweise Zweisamkeit gestaltete. Weiterhin kennzeichnend für Erzählungen über erste Raucherfahrungen ist, dass diese als narrative Konstrukte verstanden werden müssen.[576] Eingeprägt und wiedergegeben werden nur schlüsselhafte Erlebnisse, die Erinnerungen an andere, weniger schlüsselhafter Konsumsituationen überschreiben. Denn beiläufig stellt sich heraus, dass schon vor dem erinnerungswerten ersten Raucherlebnis bereits weniger „sinnvolle" Zigaretten geraucht worden waren:

„Das ist insgesamt eine relativ blöde Geschichte gewesen: Ich habe mein Gehirn für eine kurze Zeit abgegeben. Ich bin examinierte Kinderkrankenschwester und bin Gelegenheitsraucher gewesen, auf Partys, und bin dann auf einer Kinderkrebsstation eingesetzt gewesen, habe Säuglinge versterben sehen an Krebs und habe gedacht, ‚Aha, die haben nie geraucht, die haben nie gesoffen – ist ja egal.' Und da war der Verstand dann kurzzeitig weg. Die Schwestern da sind öfters mal eine rauchen gewesen und auf der Station waren die Kinder halt ständig an einem Monitor dran, es hat permanent acht Stunden lang irgendetwas gepiept, und dann halt mal vor die Tür zu gehen, für fünf Minuten eine rauchen und dieses Gepiepe und Geweine und so nicht zu hören, war dann halt entspannend. Und dann kam es schleichend, dass ich dann halt, ja, dass es zu einer Abhängigkeit letzten Endes schon wurde."[577]

Neben dem von AWD festgesetzten Erleben eines Arbeitsalltags, in dem sie sich mit Hilfe von Rauchpausen den Eindrücken der Krankenhausstation entziehen konnte, erzählt sie, dass sie zuvor gelegentlich bei Feiergelegenheiten geraucht habe. Das beiläufige Partyrauchen, noch vor der geschilderten Pausensituation mit den anderen Krankenschwestern, erforderte weitere Klärung. Auf meine Frage, wie alt sie gewesen sei, als sie mit dem Rauchen begonnen habe, berichtet AWD:

„In der Ausbildung hat das angefangen. Wie alt mag ich da gewesen sein? Ich habe jetzt seit fünf Jahren Examen, ja, seit vier Jahren, mit vierundzwanzig. Relativ spät, ja. Ich habe es nie mit Coolness oder Gruppendruck oder so was gehabt."[578]

Die Interviewpartnerin nimmt Bezug auf eine dauerhaft belastende Arbeitssituation, die sie rückblickend als entscheidendes, auslösendes Moment am Beginn ihrer Raucherbiografie sieht. Faktoren wie Gruppendruck, die im medikalisierten Diskurs der Medienöffentlichkeit geführt werden, verneint sie wie die meisten meiner Interviewpartner in ihrer Erzählung. Dem gegenüber stehen Erzählungen von autonom getroffenen Entscheidungen, auf Partys zu rauchen oder gemeinsam mit einem Freund beziehungsweise unter Anleitung eines raucherfahrenen älteren Jugendlichen erste Raucherfahrungen gesammelt zu haben. Rauchen unter Studierenden kann als Ausdruck der bürgerlichen Ideologie der Selbstbestimmung gewertet werden.

---

576 Erinnertes muss bedeutungtragend sein, d.h. mit subjektivem Sinn erfüllt sein, damit es im Gedächtnis verankert wird. Vgl. Lehmann: Reden über Erfahrung (2007), S. 39.
577 Filterzigarettenraucherin AWD, 2010.
578 Filterzigarettenraucherin AWD, 2010.

Die von ihr erwähnten Zigaretten, die sie zuvor auf Partys gelegentlich rauchte, scheinen in der Erinnerungskonstruktion der eigenen Konsumgeschichte keinen belangreichen Sinn erlangt zu haben, da auch mein Nachfragen hinsichtlich ihres Alters mit Hilfe der speziellen Belastungssituation im Krankenhaus beantwortet wird. Ferner betont AWD, dass sie zwar aus einer Dummheit heraus, jedoch durch die eigene Motivation mit dem Rauchen begonnen habe, und schildert dies im Anschluss an diese Erzählpassage in einer schlüssigen, fatalistischen Rechtfertigung im Vergleich mit den krebskranken Kindern, die sie auf der Krankenhausstation zu versorgen hatte. Erzählungen von Belastungs- und Stresssituationen, die eine Veralltäglichung des Zigarettenkonsums zur Folge haben, tauchen in den Quellen vor allem in Zusammenhang mit erfolglosen Rauchstoppversuchen auf. AWD platziert ihre Erzählung offensichtlich in einem vergleichbaren Kontext, dieser steht jedoch für den Beginn eines verstetigten Konsummusters, welches in den anderen Schilderungen in Bezug auf Stresserleben bereits erreicht ist.

Eine weitestgehend gleichartig geteilte Erfahrung stellt die Entdeckungsgeschichte durch die Eltern dar. Die gescheiterte Verheimlichung des Rauchens stößt erstmalig bei den Befragten eine Fremdwahrnehmung in der neu erworbenen Raucher/-innenrolle an. In den rückblickenden Erzählungen wird deutlich, dass zumindest zu Beginn der Raucherbiografie die Mehrzahl der Interviewten ihren erlernten Umgang mit Tabakprodukten zunächst nur einem ausgewählten Kreis offenbaren:

„Am Anfang war das nur so auf Partys oder vielleicht dann mal beim Training. Also, zu Hause natürlich nicht, weil meine Eltern halt strenge Nichtraucher sind und das ist dann halt schwierig. [Ich hatte] ein kleines Zimmer und da kann man sich auch nicht großartig so irgendwie verstecken, wo man dann heimlich mal raucht. Und deswegen war es halt irgendwie auf Partys dann, auf Schulpartys oder auf diesen Dorfpartys, Karneval, wo dann halt auch dieser Typ irgendwo da war. So fing das an damals."[579]

Die Wirtschaftspsychologiestudentin BWB begründet das Rauchen auf Partys mit zweierlei Faktoren: Einerseits wollte die Minderjährige von ihren Eltern nicht beim Rauchen entdeckt werden, andererseits war es ihr Ziel, einen Jugendschwarm damit zu beeindrucken, dass sie rauchte, und diese Gelegenheit ergriff sie in dem geschützten sozialen Raum der Festveranstaltung. Diese feierlichen Gelegenheiten zeigen sich in den Quellen als gesellschaftliche Ankerpunkte für erste jugendliche Raucherfahrungen, die in allen berichteten Fällen noch vor dem Studienbeginn liegen.

Eine andere Interviewpartnerin, die im Alter von 14 Jahren ihre ersten Zigaretten rauchte, erzählt, dass die anfängliche Heimlichkeit, mit der sie ihr Rauchen vor ihren nichtrauchenden Eltern verbarg, einen der hauptsächlichen Anziehungsfaktoren darstellte, der sie damals an den Zigarettenkonsum heranführte:

„Ich glaube, das war einfach in einer Zeit [gemeint ist das Alter; Anm. d. A.], in der wahrscheinlich in meinem Freundes- und Bekanntenkreis das generell mal ausprobiert wird. Wo Leute entweder mitmachen oder nur einmal mitmachen oder gar nicht, oder ja, halt richtig. Und ich habe, also ich komme jetzt nicht aus so einer Gruppe, in der jetzt das so cool war. Ich habe mich im Nachhinein auch selbst noch oft gefragt, warum [ich das gemacht habe], weil das eigentlich nicht notwendig gewesen wäre, dass ich geraucht hätte. Also jetzt nicht

579 Raucherin von zusatzstofffreiem Feinschnitttabak BWB, 2010.

aus Gruppendruck oder so. Aber das war halt so, manche haben das einfach so gemacht, und dann war ich halt auch mal soweit und wollte halt auch mal probieren und fand das natürlich total ekelig – wie die meisten wahrscheinlich erst mal. Aber es war irgendwie doch – also, für einen Moment war es einfach so, dass es etwas Verbotenes war, und ich glaube, mir hat wenn, dann eher die Heimlichkeit so ein bisschen daran gefallen. [AL: Das heißt, deine Eltern wussten nicht, dass du da mal probiert hast?] Also, sie wussten, also, dass ich probiert habe wussten die sowieso nicht. Das habe ich [ihnen] natürlich nicht gesagt. Aber dass ich das gemacht habe, haben sie meiner Meinung nach zu einhundert Prozent gemerkt. Weil man das einfach gemerkt hat. Also ich dachte natürlich damals, ich hätte das total gut versteckt. Aber ich glaube, das war ein jugendliches Fehlurteil. [AL: Wie kam das raus?] Also erstens waren die sowieso skeptisch, weil man das einfach riecht. Das ist ja, glaube ich, so ein Irrglaube von pubertierenden Jugendlichen, dass sie denken, sie haben alles so total im Griff. Aber dass sie es tatsächlich so mitbekommen haben, das war, da bin ich in ein größeres Zimmer meiner Schwester eingezogen, nachdem sie ausgezogen war, und ich habe halt immer meine leeren Zigarettenpackungen so unters Bett geschoben – was ja auch nicht so viel war in der Zeit. Da habe ich nicht viel geraucht. Da war jetzt nicht so ein riesiger Stapel. Aber ich wusste nicht, was ich so mit denen machen soll, und dann habe ich die immer da drunter [geschoben]. Und irgendwann wollte ich dann mit meiner Mutter das Bett rüber tragen und dann ist mir das wieder eingefallen und habe dann versucht, das abzuwenden, dass sie jetzt da drunter guckt. Und ich habe das so auffällig gemacht, dass sie direkt fragte ‚Was ist denn da?‘ Und das war dann auch der Moment, wo sie das dann so mitbekommen hat, dass sie mich darauf ansprechen konnte.“[580]

Auf diese Situation folgt eine Diskussion zwischen Mutter und Tochter, da EMB zuvor Rauchen strikt abgelehnt und sich wiederholt insbesondere über den Tabakgeruch („Gestank“) beschwert hatte, der aus dem Jugendzimmer ihres acht Jahre älteren Bruders kam. Eltern und Tochter vereinbaren daraufhin, dass sie im Haus nicht rauchen dürfe. An die Vereinbarung hält sich EMB bis zum Interviewzeitpunkt noch und bewertet sie positiv. In ihrer eigenen Wohnung versuche sie ebenfalls, nicht zu rauchen.

Ein Student der Geisteswissenschaften berichtet ähnlich vom Beginn seiner Raucherbiografie. In der zehnten oder elften Schulklasse habe er mit dem Zigarettenrauchen zunächst auf Partys begonnen. Er habe den Eltern nicht berichtet, dass er bei Gelegenheit rauche, und hält die anfängliche Verheimlichung des gelegentlichen Rauchens für einen „Normalfall“. Später, sobald sich der Zigarettenkonsum auf andere Tageszeiten zusätzlich zu den Abendstunden ausdehne, werde es in seinen Augen immer schwieriger, dies vor den Eltern oder der Familie zu verbergen. Der Moment, in dem seine Mutter entdeckte, dass er eine Schachtel Zigaretten besaß, führte in diesem Fall, wie schon bei EMB, zu einem klärenden Gespräch zwischen Eltern und Sohn:

„Am Anfang ist es, glaube ich, auch normal, dass man so ein bisschen Party-Raucher-mäßig anfängt und sich das dann nach und nach auch auf den Tag ausdehnt. Und wenn das dann passiert, dann kriegen es die Eltern ja auch irgendwie mit. […] Ich bin auf irgendein Konzert gefahren und hatte dafür eine Packung Kippen geholt, irgendwie sowas. Also, ich bin aus dem Haus und hatte die Packung vergessen, und hab die dann noch geholt und dann hat meine Mutter es irgendwie mitgekriegt, glaube ich. […] Und dann gab es so ein: ‚Das hätte ich aber nicht gedacht von dir.‘ Und dann bin ich halt erst mal auf dieses Konzert gefahren. Und als ich dann wiederkam, haben meine Eltern so gesagt: ‚Ja, hör mal zu, das ist aber doch

580   Feinschnitttabak- und Filterzigarettenraucherin EMB, 2010.

Scheiße', gesundheitsschädlich und teuer und ich weiß nicht was. Ja nun, das ist mir schon auch klar, aber nun [ist es so]. Man hat ja auch kein wirkliches Argument für das Rauchen jetzt. Also, womit man das rational rechtfertigen könnte. [...] Ich kann mir vorstellen, dass ihr das jetzt Scheiße findet, aber da müsst ihr jetzt wohl mit leben."[581]

In dieser Erzählung stellt der jugendliche KJM seine Eltern auch rückblickend vor eine vollendete Tatsache, mit der diese sich abzufinden haben. Er selbst weiß und erwähnt die Möglichkeit gesundheitlicher Schädigungen durch sein Verhalten, welches er nicht rational gegenüber seinen Eltern rechtfertigen kann. Die familiäre Beziehungsdynamik, die zur eingeprägten Situationsbeschreibung beziehungsweise zum Beginn des Rauchens von KJM führt, kann und soll an dieser Stelle nicht behandelt werden. Jedoch zeigen die rückblickenden Erinnerungsfragmente, dass die Interviewpartner/-innen den Beginn ihres Zigarettenkonsums als einen betont selbstbestimmten Prozess darstellen. Sozialen Druck aus dem Freundeskreis oder weiteren sozialen Umfeld habe es explizit nicht gegeben. Die während abendlicher Feiern im Kreise von *Peers* gerauchten Zigaretten sind rückblickend von geringer Bedeutung für das aktuelle Rauchverhalten, obgleich diese ersten gerauchten Zigaretten bewusst vor den Eltern verheimlicht wurden. Die Heimlichkeit widerspricht vernunftgemäß der retrospektiven Bewertung der Bedeutungslosigkeit dieser wenigen Zigaretten. Eine andere Studentin fasst ihre Verheimlichungsstrategie gegenüber ihren Eltern mit den Worten zusammen: „Da habe ich nie ein Geheimnis draus gemacht, aber die haben da nie nach gefragt."[582] In diesen Aussagen zeichnet sich ein erster logischer Dissens ab, der die Erzählungen meiner Gesprächspartner/-innen sinnhaft konstruiert und retrospektiv die Verheimlichung gegenüber den Angehörigen legitimiert. Es wird sich in anderen Teilen der Quellenauswertung zeigen, dass die Integration logischer Widersprüche in sinnhaft konstruierten Situationsbeschreibungen und Handlungen nicht auf retrospektive Erfahrungserzählungen beschränkt bleibt, sondern ein wichtiges Grundmuster im Umgang mit dem medikalisierten Tabakkonsum unter studentischen Raucherinnen und Rauchern darstellt. Darüber hinaus untermauern die Befragten ihre Entscheidungsautonomie, sich im Jugendalter für den Tabakkonsum entschieden zu haben, durch die Betonung, keinem Druck von Seiten Gleichaltriger ausgesetzt gewesen zu sein, vor allem bei Feiergelegenheiten oder während Arbeitspausen geraucht zu haben und (zunächst) eine Zeit lang unbehelligt heimlich Tabak genossen zu haben.

2.1.2   Kaufentscheidungen

Die bisher besprochenen Kennzeichen des Rauchbeginns unter den Befragten, Verheimlichung und Entdeckung, ambivalente Bewertung des individuellen Rauchverhaltens, Rolle der autonomen Entscheidung für den Tabakkonsum, Bedeutung von gemeinschaftlichem Zigarettenkonsum unter *Peers*, Raucherfahrene, die insbesondere Raucherinnen zu Beginn der Tabakkonsumerfahrungen anleiten, eine vorgeblich geringe Bedeutsamkeit des Partyrauchens etc. stellen keine gesicherten spezifischen

---

581   Lightfilterzigarettenraucher KJM, 2006.
582   Lightfilterzigarettenraucherin KBD, 2010.

Kennzeichen der Raucherfahrungen der Befragten aufgrund ihres jetzigen Studierendenstatus dar. Doch welche Kriterien bestimmen die Auswahl eines passenden Tabakprodukts in einem spezifischen Konsummilieu?

„Den Menschen durch die Dinge zu erkennen"[583], d. h. die strukturelle Bedeutung der Dinge an der Oberfläche des Alltags zu untersuchen, ist Aufgabe der Vergleichenden Kulturwissenschaft. Tabak ist gegenwärtig auf dem deutschen Markt in Form von Zigaretten, Zigarren, Zigarillos, Wasserpfeifentabak, Feinschnitt, Pfeifentabak und in Form von rauchlosen Tabakprodukten erhältlich.[584] Tabakprodukte sind für den Verbrauch bestimmte Konsumgüter. Diese Funktion macht sie zu Bestandteilen alltagsästhetischer Präferenzen, die kollektiv geteilt werden und sie in dieser Eigenschaft zu konsumierten Bausteinen von Lebensstilen werden lässt.[585] In Deutschland liegt der Marktanteil industriell produzierter Fertigzigaretten zusammen mit dem Feinschnitt, der zur manuellen Herstellung (selbst-)gedrehter Zigaretten genutzt wird, bei über 90 Prozent. Erwerb und Vertrieb von Tabakerzeugnissen unterliegen rechtlichen Regelungen. So besteht seit 2001 neben der europaweit geforderten Deklarationspflicht aller Inhaltsstoffe von Tabakerzeugnissen und verbindlichen Kennzeichnungspflichten durch Warnhinweise eine Beschränkung der erlaubten Höchstmenge für Teer (10 mg), Nikotin (0,1 mg) und Kohlenmonoxid (10 mg) pro Zigarette.[586] Neben der Mehrwertsteuer nimmt der Staat Gelder durch die spezielle Besteuerung von Tabakprodukten ein. Bei maschinell produzierten Filterzigaretten liegt der Tabaksteuersatz höher als bei Feinschnitt oder anderen Rauchtabaken. Auf Kau- und Schnupftabake wird keine Tabaksteuer erhoben, obwohl es sich um tabakhaltige Produkte handelt.[587] Die Außenwerbung für Tabakprodukte ist in den meisten Mitgliedsstaaten der Europäischen Union verboten, in Deutschland, Griechenland und der Schweiz jedoch noch teilweise erlaubt.[588] Für Bildungseinrichtungen, insbesondere Schulen, gelten gesonderte Regelungen. In den Staaten der Europäischen Union sind seit 2003 standardisierte Warnhinweise auf Zigarettenverpackungen Pflicht, die etwa ein Drittel der Fläche von Einzelpackungen einnehmen und auf gesundheitliche Folgeschäden hinweisen. Anders

---

583 Vgl. Jeggle: Vom Umgang mit Sachen (1983), S. 12.

584 Vgl. Tabakatlas (2009), S. 12 f. Die seit 2010 auf dem deutschen Markt erhältliche E-Zigarette zählt nicht im engeren Sinne zu den Tabakprodukten, da die Produktion der inhalierbaren nikotinhaltigen „Liquids" synthetisch erfolgt, nicht auf Grundlage von Nicotiana-Pflanzen.

585 Vgl. Kleinhückelkotten, Silke: Konsumverhalten im Spannungsfeld konkurrierender Interessen und Ansprüche: Lebensstile als Moderatoren des Konsums. In: Heidbrink, Ludger/Schmidt, Imke/Ahaus, Björn (Hg.): Die Verantwortung des Konsumenten. Über das Verhältnis von Markt, Moral und Konsum. Frankfurt a. M. 2011, S. 133–156.

586 Vgl. 2001/37/EG, zitiert in Tabakatlas (2009), S. 88. Dieselbe Verordnung regelt seither auch die relative Größe des allgemeinen Warnhinweises, der 30 % einer Breitseite der Zigarettenschachtel ausmachen muss, sowie die Größe der 14 unterschiedlichen ergänzenden Warnhinweise von 40 % der Breitseite der Zigarettenschachtel („Raucher sterben früher", „Rauchen verursacht tödlichen Lungenkrebs" etc.).

587 Vgl. Tabakatlas (2009), S. 60 f.

588 Stand 2009. Tabakwerbung in Hörfunk und Werbefernsehen ist seit 1975 verboten, Sponsoring durch Tabakkonzerne ist dort seit 1999 verboten, seit 2007 ist Werbung für Tabakprodukte in Zeitungen und Zeitschriften untersagt. Werbung für Tabakprodukte ist im Kino nach 18 Uhr aktuell noch gestattet (vor 18 Uhr seit 2002 verboten), ebenso wie Werbung auf Plakaten und am Vertriebsort oder die Verwendung von Markennamen von Zigaretten für Produkte, die keine Tabakerzeugnisse sind (Duftstoffe etc.).

als die rechtlichen Verordnungen, welche die Vertriebs- und Erwerbsbedingungen für industriell gefertigte Zigaretten einheitlich für alle Bundesländer regulieren, fällt die Durchführung wichtiger gesetzlicher Bestimmungen zum Nichtraucherschutz in die Kompetenz der Bundesländer. Infolgedessen regeln Landesgesetze, inwieweit Zigarettenkonsum an den Hochschulen im Land beschränkt ist. Der Verkauf von Zigaretten und anderen Tabakwaren ist rechtlich auf Universitätsgeländen nicht verboten. Universitäten und Hochschulen können weitestgehend selber darüber entscheiden, ob sie das Aufstellen von Automaten oder den Vertrieb von Tabakprodukten in Einzelhandelsgeschäften auf dem Universitätsgelände beschränken oder gänzlich verbieten. Die Summe dieser Bestimmungen wirkt in vielfacher Hinsicht in den Alltag rauchender Student/-innen ein. Für Entscheidungsprozesse beim Erwerb von Tabakprodukten gelten dessen ungeachtet weitere Kriterien soziokultureller Natur. Dies betrifft die Bedarfsfeststellung, das aktive Informieren im Spektrum erhältlicher Rauchgüter, die Wahl eines passenden Erwerbsortes sowie das erwählte Tabakproduktformat, d. h. Konsumformat und Produktmarke.

Die industriell produzierte Filterzigarette zeigt sich zum Zeitpunkt der Untersuchung in mehrfacher Hinsicht für rauchende Studierende als ein wichtiger Bewertungsmaßstab. Sie ist die dominierende Einheit unter den konsumierten Tabakwaren und stellt für alle Gesprächspartner dieser Studie die wichtigste Referenzeinheit dar.[589] Die fortschreitende Verbreitung von Filterzigaretten fällt zeitlich mit der (industriellen) Normierung von Nahrungsmitteln insbesondere zwischen 1890 und 1930 zusammen.[590] Daher eignet sich die Industriezigarette beim Erzählen über Raucherfahrungen als normgebende Vergleichsgröße. Ihre vielfältigen Einsatzmöglichkeiten in Rauchsituationen, ihre Effekte auf den Körper und die staatlich regulierten Erwerbskosten setzen Standards, die zum Vergleich mit abweichenden Produktformaten einladen. Die industrielle Filterzigarette ist ferner zuverlässiger Maßstab zur Bewertung eines Preisgefüges (teurer, günstiger etc.), zur geschmacklichen und olfaktorischen Bewertung von Tabakeigenschaften (rauchig, parfümiert etc.), Maßstab für die Beurteilung des Stärkegrades des Inhalats („Lungentorpedo"[591] oder „Staubsauger"[592] beziehungsweise zu stark, schwacher Gehalt etc.). Im Rahmen der Befragungen fielen zwei dominante Erwerbsstrategien auf, die zu konkreten Kaufentscheidungen führten: Die eine Gruppe der Raucher/-innen entscheidet sich aus funktional-situativen Gründen zum Kauf eines passenden Konsumformats (Feinschnitt oder Fertigzigarette), die andere Gruppe kauft „aus Gewohnheit" eine bestimmte Produktkategorie als Standardprodukt. Das Standardprodukt ist in den allermeisten Fällen die industriell gefertigte Filterzigarette. Nur drei der strukturiert Befragten erwerben Feinschnitt-

---

589 Zigaretten dienten auch zu anderen Zeiten und Zwecken als Referenzeinheit. So zum Beispiel in der Zeit nach dem Zweiten Weltkrieg, vgl. Merki: Die amerikanische Zigarette (1996).

590 Vgl. Spiekermann, Uwe: Die Normierung der Nahrungsmittel in Deutschland 1850–1930. In: Mohrmann, Ruth-E. (Hg.): Essen und Trinken in der Moderne (= Beiträge zur Volkskultur in Nordwestdeutschland, Bd. 108). Münster/New York/München/Berlin 2006, S. 99–125, besonders S. 105 ff.

591 Feinschnitt- und Filterzigarettenraucher BSM, 2010.

592 Lightfilterzigarettenraucher MMB, 2010.

tabak als bevorzugtes Standardprodukt.[593] In der Gruppe der situativ-funktionalen Kaufentscheider/-innen wechseln die Rauchenden signifikant häufiger zwischen Markenfilterzigaretten, preisgünstigen Filterzigaretten aus dem Supermarkt, Feinschnitttabak und anderen Tabakprodukten als diejenigen, die ein Standardformat bevorzugen, womit nicht zwangsläufig eine bestimmte Markenaffinität einhergeht. Der Germanistikstudent BSM zählt zur Gruppe der situativ-funktionalen Entscheider und tendiert in Anbetracht seiner gegenwärtigen finanziellen Lage dazu, bevorzugt markenlose Filterzigaretten oder Feinschnittbeutel zu kaufen. Er entscheide sich, „je nachdem, ob Geld da ist",[594] für Feinschnitttabak oder preisgünstige Filterzigaretten aus dem Discounter. Beim Preisvergleich wählt er losen Tabak, dessen Preis in der Regel unter dem industriell hergestellter Filterzigaretten liegt.[595] Auf den Filtereinsatz verzichtet er bei manuell hergestellten Zigaretten nicht:

> „Bei Selbstgedrehten nehme ich aber auch immer so einen Filter. Da drehe ich immer einen Eindrehfilter mit rein. Sonst ist mir das auch eine Runde zu hart. Die Arbeitskollegin, bei der ich gestern Abend war, die raucht immer ohne Filter, die hat mir gestern eine gegeben, das war mir doch zu viel Lungentorpedo. Das ist nicht so mein Ding. Ich mache [das] immer mit Eindrehfilter."[596]

Mit einer Zigarettenstopfmaschine, deren Funktionalitäten er bereits ausprobiert habe, sei er nicht zurechtgekommen. Die Handhabung der Maschine und auch das erzeugte Tabakprodukt empfand er als unbefriedigend. Die Zigaretten seien ihm entweder zu fest oder zu locker gestopft, sodass er keinen Genuss beim Raucherleben gestopfter Zigaretten empfinde.

Industrielle Filterzigaretten nehmen gegenüber dem Feinschnitttabak für meine Interviewpartner/-innen eine Vorzugsstellung ein. Bemerkenswert ist das gerade bei den Fällen, in denen vom Standardproduktformat nicht abgewichen wird, auch wenn die eigene finanzielle Situation als relativ prekär eingeschätzt wird. Die Interviewpartnerin AWD raucht zum Erhebungszeitpunkt *Fair Play Lights*, ein Filterzigarettenprodukt aus dem Einzelhandel, welches preisgünstiger ist als andere Markenzigaretten. Zu einem früheren Zeitpunkt ihrer Konsumlaufbahn stand ihr ein höheres monatliches Einkommen zur Verfügung. In dieser Zeit rauchte sie Zigaretten der Marke *Marlboro Light*. Feinschnitttabak, der aufgrund der geringeren Besteuerung noch preisgünstiger ist, kommt bei ihrem Rauchverhalten nicht als dauerhafte Alternative infrage:

---

593 Die beiden Argumentationsmuster „funktional-situativ" und „standardorientiert" sind ausschließlich für die Kaufentscheidungen dieser Studie belegt. Angaben über tatsächlich gerauchte Tabakprodukte sowie zur generellen Orientierung an industriell produzierten Filterzigaretten als dominierende Vergleichseinheit für alle anderen Tabakprodukte müssen gesondert bewertet werden.

594 Feinschnitt- und Filterzigarettenraucher BSM, 2010.

595 Zum Befragungszeitpunkt lag der Preis einer Schachtel Markenzigaretten mit 19 Zigaretten bei etwa vier Euro. Dagegen kosteten 30 Gramm des von BSM gerauchten *Pueblo*-Tabaks (*Pouch*-Tabak) etwa 3,40 Euro.

596 Feinschnitt- und Filterzigarettenraucher BSM, 2010.

„Ich habe es mal probiert [gemeint ist das Drehen von *Pouch*-Tabak[597], Anm. d. A.]. Es war eine Katastrophe. Das sah aus wie ein Joint, weil die Form irgendwie völlig verkehrt war, und – nee, da hätte ich die Pimpernellen dann bekommen, bis so eine Zigarette fertig ist, bis dahin ist es Abend. Ich kann das nicht. Ich bin feinmotorisch nicht so bewandert offensichtlich. Also ich kriege es nicht hin."[598]

AWD begründet ihre Auswahl des Tabakproduktes mit einer körperlichen Technik, die ihr nicht liege, obwohl sie es versucht habe. Das Verbrauchsmuster des *Pouch*-Tabaks hat sich in diesem Fall, der stellvertretend für die Standardformatkonsumenten steht, nicht bewährt.

Gelegentlich, für bestimmte Anlässe (Partys), erlaubt BSM sich, Filterzigaretten bestimmter Marken in der Pappschachtel zu kaufen. Er bezeichnet sich als experimentierfreudig im Ausprobieren unterschiedlicher Tabakarten und Geschmacksrichtungen. Über ein dreiviertel Jahr habe er beispielsweise *Ice*-Zigaretten geraucht, die stark nach Menthol schmeckten und dadurch im Mund eisig wirkten. Auch Eindrehfilter mit Menthol-Geschmack habe er bereits ausprobiert. Vor Feieranlässen wie Partys kaufe er gezielt Filterzigaretten in den Geschmacksrichtungen *Ice* oder Menthol, um sich ein exklusives Genusserlebnis zu ermöglichen. Gleichzeitig, schildert er, nutze er diese aromatisierten Zigaretten, um schnorrenden Partygästen Einhalt zu gebieten. Das Erheischen von Zigaretten auf Partys ist eine bekannte und gängige Situation unter Rauchenden in jugendkulturellen Szenen:

„Da habe ich dann schon in [Ortsname] gewohnt [...] und [war] eine Schnorrerin vor dem Herrn. Da habe ich dann nicht regelmäßig geraucht, sondern immer nur, wenn ich jemanden getroffen habe, der auch geraucht hat. Da habe ich schon relativ viel geraucht, aber ich habe mir nie welche gekauft. Das war mir zu teuer. [...] Auf Partys nur. Unter der Woche höchstens mal, wenn ein Geburtstag war oder wir einen Kaffee zusammen getrunken haben. Dann auch schon mal. Aber eigentlich nur auf Partys. Und das ging dann so, bis [ich] 24–25 [Jahre alt war]."[599]

Dieses Beispiel zeigt, dass Schnorren nicht nur Resultat kurz entschlossenen Rauchens in spezifischen Situationen ist, beispielsweise auf einer Party, sondern bei unregelmäßigem Rauchen über einen längeren Zeitraum, in diesem Fall von etwa vier Jahren, vorkommen kann.[600] Ein Kulturwissenschaftsstudent berichtet im Zusammenhang mit seinem anfänglich unregelmäßigen Rauchen, er habe aufgrund der steigenden Zigarettenpreise immer weniger gerne Zigaretten bei Freunden oder fremden Partygängern geschnorrt. Stattdessen habe er damit begonnen, Rauchenden einzelne Zigaretten abzukaufen. Er zahle Fremden, die er auf der Straße oder auf einer Party um eine Zigarette bitte, bereitwillig zwanzig Eurocent für eine Filterzigarette.

---

597 Loser Feinschnitttabak im Beutel.

598 Filterzigarettenraucherin AWD, 2010.

599 Lightfilterzigarettenraucherin KBD, 2010.

600 Der Gesundheitssurvey unter Studierenden in NRW stellte fest, dass das durchschnittliche Monatseinkommen zum Erhebungszeitpunkt zwischen 341 und 387 Euro lag. Die Zahlen stellen wahrscheinlich den bereinigten Anteil des monatlich erwirtschafteten Einkommens dar. Beim Durchschnittseinkommen bestehen regionale Unterschiede. Das Einkommen der Studierenden im Süden von NRW (Köln, Bonn, Siegen etc.) lag etwa über der nördlich gelegener Hochschulen (Bielefeld, Münster, Paderborn).

Beim Erwerb von Tabakprodukten zeigen sich folglich Präferenzen und Handlungsstrategien, für die sich Rauchende häufig bewusst entscheiden, auch wenn sich der Zigarettenkonsum noch nicht zu allen Tageszeiten jenseits der Abendstunden etabliert hat und die Rauchenden sich als Gelegenheits- oder Partyraucher/-innen bezeichnen. Kaufentscheidungen sind in Abhängigkeit kultureller Faktoren, der persönlichen finanziellen Situation, der situationsabhängigen Angemessenheit, der Bemessung des materiellen Gegenwerts einer Zigarette usw. zu sehen und tragen daher eindeutig veränderliche Dimensionen in sich, aus denen sich, wären sie konzeptionell weniger brüchig, ein kulturelles Regelwerk im Umgang mit Zigaretten unter Studierenden konstruieren ließe. Jedoch ist ein gewisses Maß an Flüchtigkeit im realen Umgang mit Tabakprodukten Kennzeichen des Rauchens im untersuchten Feld, weshalb zunächst weitere phänotypische Spuren freigelegt werden sollen, ohne von generalisierbaren Mustern auszugehen.

Umgebungsbedingte Faktoren beeinflussen die Produktauswahl in vielfacher Hinsicht aufgrund gesellschaftlich akzeptierter Handlungsmuster. Durch die Wahl des Erwerbsortes (Tabakladen, Supermarkt, Zigarettenautomat etc.) oder des Produktformats (Feinschnitttabak, filterlose Zigarette, aromatisierte Zigarette, zusatzstofffreie Filterzigarette etc.) als Folge situativ-funktionaler Erwägungen oder der Orientierung an Standardformaten zeichnen sich gegenwärtige Konsumstile ab. Konsumenten bilden dabei die Verbindungsstelle zwischen Markt und Moral.[601] Die Soziabilität des Rauchenden beginnt folglich nicht erst mit dem Anzünden der Zigaretten. Der Zigarettenkauf im Kiosk ist für KBW eine soziale Handlung, mit der sie ihr Konsumverhalten an sich offenlegt. Sie verbindet ihren Konsumstil vom Kauf der Zigaretten bis hin zum Rauchen in Gesellschaft mit dem bewussten Handeln hinsichtlich ökonomisch nachhaltiger Effekte, die sie als Käuferin entscheidend beeinflusst, beziehungsweise mit Aufbau und Pflege sozialer Beziehungen und lokaler Netzwerke. KBW entscheidet sich häufig für regionale und biologisch produzierte Produkte, obwohl ihr Promotionsstipendium ihr nur ein moderates monatliches Einkommen zur Verfügung stellt. Die Nachhaltigkeit von Konsumentscheidungen sind ihr ein wichtiges Anliegen. Für KBW gehört es zu ihrem Konsumstil dazu, dass sie ihre Zigaretten am Kiosk in der Nähe ihrer Wohnung kauft und nur selten am Zigarettenautomaten.

> „Ich kaufe mir auch nie Zigaretten am Zigarettenautomat. Das habe ich – keine Ahnung, wann ich das zum letzten Mal gemacht habe. Ewig lang her."[602]

Die Doktorandin berichtet, dass sie ihre Zigaretten bevorzugt in einem Kiosk kaufe, und benennt dafür zwei Gründe: erstens das Kauferlebnis im Geschäft, bei dem sie

---

601 Hitzler und Niederbacher erkennen in neueren Entwicklungen posttraditionaler Gemeinschaftsbildungen einen Verlust von Verbindlichkeitsansprüchen, die sie als Kennzeichen der Umstrukturierung sozialer Lebensformen deuten. Hochgradig individualisierten Konsumformen und -entscheidungen kommt in diesem Zusammenhang eine etikettierende, weniger eine exkludierende Wirkung zu. Vgl. Hitzler/Niederbauer: Leben in Szenen (2010); vgl. außerdem Heidbrink/Schmidt/Ahaus: Die Verantwortung des Konsumenten (2011).

602 Lightfilterzigarettenraucherin KBW, 2006.

regelmäßig auf eine Verkäuferin treffe; und zweitens scheint es ihr zu umständlich, darauf zu achten, ob sie ausreichend und passendes Kleingeld bei sich trägt.[603]

> „Aber im Grunde ist das ja auch nicht so toll, weil das ja dann schon so eine bewusste Handlung ist, dass du halt schon so ein bisschen überlegst, reichen die jetzt noch heute, sonst gehe ich noch schnell zum Kiosk und kaufe mir welche. Weil sonst nämlich diese Situation eintritt, dass du abends halt hier sitzt und keine Zigaretten mehr hast. Was halt dann auch nicht so schlimm ist und ich dann auch nicht runter renne, um mir dann am Automat welche zu ziehen, aber es ist halt trotzdem nervig. […] Ich habe immer nur die Packung zuhause, die ich auch rauche. Aber ich weiß nicht, ich finde das auch ganz nett, im Kiosk zu kaufen, da kennt man dann die Frau, die da hinterm Tresen steht. Außerdem habe ich irgendwie nie Kleingeld. Wenn man dann mal Kleingeld bräuchte, hat man eh keines, und deswegen, also gucke ich dann noch nicht mal, ob ich Kleingeld habe, weil mir das zu doof ist."[604]

Die Kontaktaufnahme mit der „Frau hinter dem Tresen" kann hier stellvertretend für den Beginn der sozialen Dimension des Rauchens verstanden werden. Die Entscheidung zum Kauf eines globalen Industrieprodukts im lokalen Geschäft „um die Ecke" zeigt eine postmoderne Konsumentin, für die eine Kaufentscheidung zeitgleich eine Entscheidung zur Kontaktaufnahme im lokalen Konsummarkt darstellt.

Einen weiteren Faktor der sozialen Dimension beim Rauchen stellt die demonstrative soziale Kohäsion durch die Entscheidung für eine bestimmte Zigarettenmarke dar. Ein Student der Politikwissenschaft berichtet vom Beginn seines Rauchens während der Schulzeit und benennt den Anfangszeitpunkt mit der zehnten oder elften Schulklasse. In seiner Raucherbiografie gab es Zeiten, in denen er die Zigarettenmarke wechselte. Während des Interviews liegt eine rote Zigarettenschachtel aus Karton auf dem Tisch. Als ich KJM auf die Schachtel anspreche und frage, ob er rote *Gauloises* schon seit Anbeginn rauche, erzählt er, er habe sich für diese Marke entschieden, da sie in seinem Bekanntenkreis weit verbreitet sei:

> „Rote *Gauloises*, genau. Nee, ich hab angefangen mit *Benson Hedges* und dann mich irgendwann dem Mehrheitstrend angeschlossen. [AL: Wie, ‚dem Mehrheitstrend angeschlossen'?] Ja, die Meisten rauchen ja rote *Gauloises*. […] Die Meisten, die ich kenne – eigentlich alle Leute, die ich kenne in meinem Alter – rauchen rote *Gauloises*. Mit ganz kleinen Ausnahmen."[605]

Die Wahl der Marke zu Anfang war nach Aussage von KJM durch die Werbung stark beeinflusst. Er habe das Image der goldenen Verpackung als edel empfunden und

---

603 Im Gegensatz zu den Interviews, die während der zweiten Erhebungsphase 2010 entstanden sind, war es 2006 noch möglich, Tabakwaren am Automaten mit Münzgeld zu kaufen. Zum Zeitpunkt des Interviews mit KBW waren Zigaretten noch gegen Kleingeld am Automaten erhältlich. Das Geldkartensystem, welches aktuell den Zigarettenverkauf an Automaten regelt, befand sich zwar in Vorbereitung, war jedoch noch nicht flächendeckend durchgesetzt. Bis zum 1. Januar 2009 mussten Tabakwarenhändler sicherstellen, dass Tabakprodukte nicht mehr an Unter-18-Jährige abgegeben werden. Die Münzgeldsysteme an Zigarettenautomaten wurden aufgrund der neuen Gesetzeslage durch Euro-Cash-Karten ersetzt. Teilweise akzeptieren Automaten noch Münzgeld, wenn zuvor ein PKW-Führerschein in Scheckkartenformat eingeführt wird.

604 Lightfilterzigarettenraucherin KBW, 2006.

605 Lightfilterzigarettenraucher KJM, 2006.

berichtet, dass er immer noch heute viele Dinge nach Design auswählt und kauft. Aktuell hätte er sich jedoch dem Mehrheitstrend angeschlossen und kenne darüber hinaus nur noch Raucher, die die gleiche Zigarettenmarke rauchten wie er selbst. Dies entspricht im realen Leben wahrscheinlich nicht den Tatsachen, zeigt jedoch die Kohärenzwirkung unter Rauchern, die verstärkt Gleichheiten wahrzunehmen scheinen. Vielleicht, um bei Gelegenheit eine Zigarette zu schnorren.

Konsumierbare Güter nehmen für die Ausformung postmoderner Lebensstile eine bedeutsame Rolle zur Stabilisierung von Alltagsroutinen ein. Neben einer personalen und sozialen identitätsstiftenden Wirkung wird etablierten Lebensstilmustern eine relativ hohe Stabilität an Werten, Präferenzen und Haltungen zugesprochen. Kleinhückelkotten bezeichnet die variable Gewichtung der dem Konzept der Lebensstile zugeordneten, vielfältigen Einflussfaktoren als Moderatoren spezifischer Konsumkontexte.[606] Konsumverhalten, bestehend aus Einstellung gegenüber konsumierbaren Gütern sowie dem tatsächlichen Verhalten bei Konsumentscheidungen, sei ein komplexes Gefüge in Abhängigkeit von Anlass und Situation des Erwerbs. Konsummuster leben folglich von der relativen Flexibilität ihrer Grundstrukturen, der Lücke zwischen Einstellung und Verhalten sowie der Emotionalität und Flüchtigkeit des Zeitgeistes.

Faktoren, die zum Kauf eines Produkts beitragen, stellen neben der Kombination aus Preis, Funktionen und Design auch die potenzielle Wirkung des Produkts im Nutzungskontext dar. Der daraus abgeleitete Konsumnutzen entscheidet, ob das Konsummuster bestätigt wird, ergänzt oder erneuert werden muss.[607] Neben den Konsumfaktoren Preis, Bewährtheit und Kohäsion im sozialen Umfeld, sprechen weitere Faktoren für oder gegen den Erwerb eines speziellen Produkts:

> „Das hat ganz oft gewechselt weil, ich gehe sehr nach dem Design der Schachtel eigentlich … deswegen habe ich auch mit *Davidoff* angefangen, weil mir das Design am besten gefallen hat. Und inzwischen ist es so, dass ich aus preislichen Gründen diese *John-Player*-Zigaretten rauche. Weil, die Schachteln gefallen mir und die sind zudem auch noch günstiger. Also, ich würde zum Beispiel keine Zigaretten rauchen, wo mir die Schachtel nicht gefällt. Also das Design ist wichtig."[608]

Beide genannten Zigarettenfabrikate erreichen den zulässigen Höchstsatz an Teer und Nikotin, eine Eigenschaft, die sie scheinbar zu austauschbaren Produkten werden lässt. Dem Produktdesign der Zigaretten beziehungsweise dem der Zigarettenverpackung kommt demzufolge in zweierlei Hinsicht eine zeichentragende Funktion zu: Die Zigarettenschachtel trägt einen ästhetischen Zeichenwert für den Raucher selbst. Auf der anderen Seite trägt sie einen symbolischen Zeichenwert für das soziokulturelle Umfeld, Raucher wie Nichtraucher. Die Zigarettenverpackung übernimmt diese Zeichenfunktion stellvertretend für die Qualität des Tabakproduktes, welches völlig gleichförmig, eben als Feinschnitt oder *Dust* (Staub) des Tabaks von der Industrie verarbeitet wird. Tabakfarbe, -textur, pflanzliche Eigenschaften etc., durch die eine Qualitätsbemessung des Tabaks möglich wäre, sind in dieser Produktform, im Gegensatz zu Zigarre oder Zigarillo, nicht möglich. Erstaunlicherweise erwähnte keiner der Gesprächspartner in

---

606 Vgl. Kleinhückelkotten: Konsumverhalten (2011), S. 133 ff.
607 Vgl. ebd., S. 142 f.
608 Filterzigaretten- und Zigarilloraucher SHM, 2006.

diesem konkreten Zusammenhang die großflächigen, allgemeinen oder spezifischen Warnhinweise, die einen Teil von etwa 30% bis 40% der breitseitigen Schachtelfläche ausmachen. Die Produktästhetik bezieht sich in den Erzählungen ausschließlich auf die von Seiten der Tabakkonzerne gestaltete Zigarettenverpackung industrieller Fertigzigaretten. In keinem Fall wurde Feinschnitttabak von meinen Befragten aufgrund der attraktiven Gestaltung des Tabakbeutels gekauft.

2.1.3 · Tabakkonsumformate jenseits der Zigarettenform

Industriell gefertigte Zigaretten und manuell gefertigte Zigaretten aus Feinschnitt stellen besondere Konsumformate des Tabaks dar. Der Mehrzahl dieser Tabakprodukte sind Stoffe zugesetzt: Aromen, Konservierungsstoffe, Feuchthaltemittel, Abbrennhilfen etc., es sind jedoch auch zusatzstofffreie Zigaretten und Tabakprodukte erhältlich. Daneben bestehen andere rauchbare Tabakprodukte wie Zigarren, Zigarillos, Pfeifen- und Shisha-Tabak aktuell auf dem Markt. Ferner gibt es rauchfreie Produkte, durch die Nikotin oder Tabak konsumiert werden kann. Dazu zählen beispielsweise Schnupftabak, Kautabak und die elektronische Zigarette. Den verschiedenen Konsumformaten werden symbolische Wertigkeiten zugesprochen. So soll sich in Deutschland der Symbolgehalt der Zigarre beispielsweise vom Symbol gegen politische Unterdrückung und für eine demokratische Gesinnung in der ersten Hälfte des neunzehnten Jahrhunderts bereits in dessen zweiter Hälfte hin zu einem Symbol für die Behäbigkeit des Bürgertums gewandelt haben.[609] Im Gegensatz zum Tabakprodukt Zigarre bestehen Zigaretten und Feinschnitt aus minderwertigeren Tabakblättern, weshalb sie als profane Applikationsformen angesehen werden.

Erfahrungen mit der elektronischen Zigarette hatte keiner meiner Interviewpartner/-innen, obschon sie vom Austesten unterschiedlicher Tabakgüter aus verschiedenen Anlässen berichteten. Unter den anlassbezogenen Abweichungen von regelmäßigen Konsummustern scheint der Geburtstag als regelmäßig wiederkehrender, plan- und gestaltbarer Festtag beim Rauchen hervorzustechen. Mehrere Interviewpartner, darunter auch Frauen, berichten, dass sie sich „manchmal" oder „höchstens mal" zum Geburtstag eine Zigarre „gönnen". Das Zigarrenrauchen findet also außerhalb des routinierten Alltagsrauchens statt. Die Zigarre – wie auch der Rauchanlass – erfahren damit eine Überhöhung. Die Exklusivität des Raucherlebnisses besteht nicht in dem besonders hoch empfundenen Genuss, sondern in dem häufig als zu stark oder als ekelig beschriebenen Geschmackserlebnis. Es besteht die Ansicht, dass nur durch Gewöhnung das abstoßende Geschmackserlebnis in ein genussvolles verändert werden könne. Dies stellt einen Analogieschluss zwischen dem Beginn des Zigarettenrauchens (ekelig, widerlich, musste erst mal husten etc.) und dem anlassbezogenen Rauchen ungewohnter Tabakprodukte dar. Das abstoßende Geschmackserlebnis beziehungsweise Raucherlebnis wirkt daher nicht nachhaltig abstoßend, sondern wird beim nächsten Anlass wiederholt. Die Zigarre hält als tradierte Gebrauchsform des Tabaks eine Sonderstellung unter den Rauchkonsumformen. Die kleineren Zigarillos

---

609 Vgl. Kolte: Rauchen (2006), S. 24.

kommen, obwohl sie weniger alltäglich sind als Zigaretten, bei weitem nicht an die beschriebene Exklusivität heran.

Der Interviewpartner SHM zählt ebenso zum Typus des eher funktional-situativen Kaufentscheiders. SHM raucht aus finanziellen Gründen gelegentlich andere Tabakprodukte, konkret Zigarillos, die er am Zigarettenautomaten kauft, bleibt jedoch dem Maßstab eines Referenzformats verbunden. Als ich Gründe für den Wechsel zwischen Filterzigaretten und Zigarillos erfrage, zieht er die „normale Zigarette" als Vergleichseinheit in Bezug auf den Tabakpreis heran:

> „Ich komme eigentlich nur auf den Trichter, wenn ich – das sieht halt am Automaten genauso aus wie die *John-Player*-Filterzigaretten, so was gibt's halt auch am Automaten gelegentlich, und das ist mir schon zweimal passiert, dass ich die aus Versehen gezogen habe, weil das von der Taste her genauso aussieht, außer dass da draufsteht, es kostet zwei Euro, und dass da ein kleiner Hinweis drauf ist, dass es halt Filterzigarillos sind. Und dann denke ich mir ‚Oh, da kann man ja Geld sparen', mache das 'ne Zeit und dann ist es wieder vorbei. [AL: Aber wenn du dann einmal so was gekauft hast, dann rauchst du die auch bis zum Ende?] Ja. Man raucht auch viel länger an denen, deswegen rauche ich dann auch weniger. Man macht sie sich nicht an der Bushaltestelle an, weil man weiß, man muss sie sowieso nach der Hälfte wieder ausmachen. Weil ich rauche daran mindestens die doppelte Zeit von einer normalen Zigarette. [AL: Und das ist genauso gut wie schlecht?] Das ist viel besser. Weil – ich rauche dadurch zehn davon am Tag und zahle noch die Hälfte. Also, ich spare. Ich gebe viermal weniger Geld aus!"[610]

Andere Interviewpartner (zwei Studentinnen und ein Student) berichteten über ihre Erfahrungen mit Zigarettenstopfgeräten. Allein eine Studentin nutzte die Maschine zum Interviewzeitpunkt weiterhin. Allgemein scheint die Nutzung dieser Hilfsfabrikate nicht sonderlich etabliert unter Studierenden in meiner Befragung. Lediglich vier Studierende, davon zwei Promotionsstudierende und zwei Studierende im Erststudium, haben Erfahrungen damit. Bis auf einen Raucher zeigen sich die Befragten einvernehmlich flexibel in der Wahl ihrer Tabakmarke. Studentische Tabakkonsummuster sind durch Flexibilität gekennzeichnet. Das preisgünstige, teilweise zusatzstofffreie verbrauchte Rauchgut spiegelt die soziale Statusflexibilität von Studierenden. Entgegen den Produktwerbeversprechen symbolisieren Design der Produktmarken bei meinen Befragten nicht explizit einen Teil ihres persönlichen Lebensstils, obwohl insbesondere die befragten Raucher häufig angeben, ihre Zigarettenmarke aufgrund des Schachteldesigns zu rauchen. Die Befragten nehmen sich als konsumfreudig wahr und probieren unregelmäßig beziehungsweise anlassabhängig andere Rauchformate aus. Kosten und Produktwahl stehen in den beschriebenen Konsummustern in einer engeren Beziehung als das Produkt und sein gesundheitsschädigendes Potenzial.

2.1.4 Institutionen und Utensilien

Studierende Raucher/-innen konsumieren die für sie passenden Tabakprodukte anlass- und preisabhängig. Die Konsummuster entsprechen Konsumstrategien, die auch jenseits des Tabaks für Rauchende Gültigkeit besitzen. Materialien, die hinsichtlich

---

610 Filterzigaretten- und Zigarilloraucher SHM, 2006.

gesundheitlicher Präventionsvorstellungen eindeutige Anhaltspunkte geben könnten, waren im Rahmen der Untersuchung selten auszumachen. Aschenbecher, Stopfmaschinen und Zigarettenetuis übernehmen Studierende häufig von Familienangehörigen oder Bekannten. Nur selten werden diese Tabakgebrauchsgüter im Gegensatz zu den -verbrauchsgütern selbst erworben. Tabakutensilien tragen in manchen Fällen symbolische oder Erinnerungswerte, wenn sie zu feierlichen Anlässen wie Geburtstagen überreicht worden sind. Beispielsweise nutzen die Befragten ihre exklusiven Utensilien, wie Feuerzeuge aus Metall (Zippo Sturmfeuerzeug oder andere Designerwaren bekannter Automobilhersteller), nur in seltenen Ausnahmefällen, obwohl diese im Haushalt vorhanden sind. Einige Befragte berichteten, dass ihr Zigarettenetui ihnen helfe, ihr Konsumpensum im Blick zu behalten. Nutzer/-innen von Feinschnitttabak wie auch industriellen Fertigzigaretten nutzen Etuis dahingehend gleichartig. Beispielsweise werde morgens, bevor man die Wohnung verlasse, eine „Tagesration" Zigaretten aus der Schachtel in das Etui übernommen beziehungsweise mit Hilfe eines Tabakstopfgerätes für den Tag vorbereitet. Dieser haushälterische Umgang wird häufig mit den finanziellen Kosten des Tabaks begründet. Gesundheitliche Aspekte, die eine Portionierung des Tabaks erforderlich machten, blieben in diesem Zusammenhang unerwähnt.

Der Kostenfaktor war ein einhelliges Diskussionsthema unter Studierenden während der Feldbeobachtungen. Übereinstimmend bemängeln Raucher/-innen im studentischen Milieu die „hohen" Tabakkosten. Aufgrund der sukzessiven Preissteigerungen institutionalisierten sich im Erhebungszeitraum Fragen nach den Kosten von Tabakwaren.[611] Insbesondere im Kontext von Kontaktanbahnungen unter Rauchenden („Schnorren") diskutierten die Beteiligten über konkrete Preissteigerungen für einzelne Zigaretten, Schachteln, Zigarettenstangen und Tabakbeutel. Preissteigerungen sind u. a. Anlass, „die teuren Dinger"[612] anderen Rauchenden abzukaufen.

KBD, eine Studentin der Humanmedizin, erzählt, dass sie im Alter von etwa zwanzig Jahren richtig mit dem Rauchen begonnen habe. Sie sei zu dem Zeitpunkt in eine rheinische Universitätsstadt gezogen, die etwa siebzig Kilometer von ihrem vorherigen Wohnort entfernt lag, und mit ihrer Schwester in eine Wohngemeinschaft gezogen, in der ausschließlich Studentinnen lebten. Die Mitbewohnerinnen und die Mitglieder der aus der Wohnsituation resultierenden Clique hätten alle geraucht, sodass KBD aus Kostengründen begonnen habe, auf Partys Zigaretten zu schnorren. Sie betont diesen Umstand und bezeichnet sich als „Schnorrerin-vor-dem-Herrn", da sie in den folgenden vier Jahren auf Partys oder bei anderen gemeinschaftlichen Aktivitäten regelmäßig Zigaretten erheischt habe. Ihren Zigarettenkonsum beschreibt KBD in dieser Zeit als unregelmäßig, da sie im Beisein von Rauchern mitgeraucht, im Kreise von Nichtrauchern jedoch das Rauchen unterlassen habe. Da sie sich nicht über Jahre hinweg „habe durchschnorren" wollen, sei

611 „Für Zigaretten wird der stückbezogene Steueranteil bis zu einer Länge des Tabakstrangs von 8 Zentimetern, Filter und Mundstücke nicht einbegriffen, erhoben." Statistisches Bundesamt: Tabaksteuerstatistik. Qualitätsbericht vom 22.10.2012, S. 7. Zwischen Januar 2004 und Dezember 2005 stieg der Steueranteil einer Filterzigarette drei Mal um jeweils 1,2 Eurocent an, und nochmals zwischen 2008 und 2009. Zwischen 2011 und 2015 sind weite Steuererhöhungen für Zigaretten und Feinschnitttabakwaren in fünf Stufen (zwischen 4 und 8 Eurocent) geplant.

612 Filterzigaretten- und Zigarilloraucher SHM, 2006; ähnliche Kommentare über teure Zigaretten finden sich in den Interviews mit KBD und BÖK.

es vorgekommen, dass sie schon mal eine Schachtel Zigaretten für eine Person erworben habe, von der sie zuvor Zigaretten geschnorrt hätte. Sie betont, keine Zigaretten für den Eigenbedarf gekauft zu haben. Offensichtlich vermutete KBD, dass die Raucherinnen in ihrem Umfeld eine reziproke Tabakgabe von ihrer Seite erwarteten. Sie stellte durch die „Entschädigung" für ihr Tabakschnorren zwischen Gebenden und Nehmender wieder ein Gleichgewicht her. Die Reziprozität des Zigarettentausches versuchen die Befragten in Form von Gegenleistungen in Tabakschachteln, einzelnen Zigaretten oder in Form von Geld einzuhalten. Produktmarke und Zigarettenstärke gewinnen in der Institution des Schnorrens an Bedeutung, wenn Produkte erheischt werden, die im sozialen Umfeld der Schnorrenden unüblich sind.

Die Verwendung verschiedener Tabakkonsumformate, drehbaren Tabaks und Zigaretten mit bestimmten Aromastoffen ist abhängig vom sozialen und zeitlichen Kontext. Ein Germanistikstudent erzählt über seinen Tabakkonsum auf Partys. In der Regel kaufe er sich für eine Party eine Schachtel Zigaretten, da ihm das Tabakdrehen in der Umgebung ausgelassener Feiern zu unhandlich erscheine. Er bezeichnet das Drehen auf Partys als unkommunikativ. Es komme vor, dass BSM absichtlich aromatisierte Zigaretten (*Ice* oder Menthol) kaufe, wenn er Lust auf diesen Geschmack habe. Diese aromatisierten Zigaretten nehme er gelegentlich auf Partys mit, da sie verhinderten, dass er in diesen alkoholisiert-berauschten Situationen um Zigaretten angeschnorrt werde. Er biete seine aromatisierten Zigaretten Anderen gerne an, wenn er um Zigaretten gebeten werde. Doch würden diese Aromatisierten von Gelegenheitsraucher/-innen häufig abgelehnt. In dieser Situation verhält sich BSM großzügig und wie es sein Umfeld erwartet. Formal bleibt die Institution des Zigarettenschnorrens auf studentischen Partys trotz dieses impliziten ablehnenden Verhaltens von BSM bestehen. Die/der Schnorrende kommt bei der angefragten Person nicht an das erstrebte Ziel, eine Zigarette zu erheischen. Zigarettenschnorren lässt der Person, die um eine Zigarette gebeten wurde, jedoch die Option, in eine kommunikative Situation überzugehen. Deutlich mehr Raucherinnen erzählten bereitwillig von einer Phase, in der sie regelmäßig beziehungsweise gelegentlich Zigaretten schnorrten. Da die Auswahl des potenziellen Gesprächsgegenübers bei der schnorrenden Person liegt, kann Zigarettenschnorren als eine Form der Kontaktanbahnung interpretiert werden, in welcher die Raucher/-innenrolle geschlechtsrollenadäquat bestätigt wird.

Der Mitbewohner von BSM versucht hin und wieder, das Rauchen aufzugeben, obwohl BSM selbst dies noch nicht ernsthaft versucht habe. In diesen Situationen schnorrt der befreundete Mitbewohner keine Zigaretten bei BSM, sondern kauft sich eine Schachtel an der Tankstelle. Für BSM ist dieses Verhalten des Mitbewohners so in Ordnung. Manchmal komme es vor, so berichtet er, dass der Mitbewohner eine Schachtel nur zur Hälfte rauche und ihm die angebrochene Schachtel überlasse. Diese Zigarettengaben nehme BSM als Geschenke an, denn er erhalte sie mit den Worten, der Mitbewohner wolle auf keinen Fall, dass BSM ihm die Zigaretten abkaufe oder ihm irgendwann einmal welche davon zurückgebe. In diesem Fall handelt es sich bei dem Besitzerwechsel der Zigarettenpackung um eine Überlassung, bei der keine Reziprozität erwartet wird, was sie von der Zigarette als Gabe (Initiation) oder als Geschenk (Reziprok) unterscheidet.

Doch wie eindeutig weist der Konsum von speziellen Tabakprodukten wie beispielsweise zusatzstofffreiem Tabak auf eine gesundheitliche Orientierung hin?

Rauchen mit doppeltem Filtereinsatz ist die eindeutigste Handhabung von Tabak,[613] die auf eine gesundheitliche Motivation schließen lässt. Dennoch unterscheidet sich dabei nicht das Material selbst (Filtereinsatz), sondern die körperliche Technik bei der Zigarettenmanufaktur vor dem Hintergrund des gesundheitlichen Risikowissens. Weder auf der Ebene des Umgangs mit Tabakutensilien noch im Kontext der institutionalisierten Verhaltensmuster, die Zugang zu Tabakprodukten verschaffen, konnten im Rahmen dieser Studie medikalkulturelle Motivationen eindeutig nachgewiesen werden. Die geschilderten Grundzüge des Dinggebrauchs verweisen auf Exklusivität und Genusstraditionen und fügen sich in veralltäglichte Handhabungen von Verbrauchsgütern ein. Erst die Aushandlungsdynamik zwischen Genusserleben und Körperlichkeit weist auf medikale Sinngebungen auf einer materiellen Ebene hin.[614] Exklusive Tabakutensilien kommen im Alltagsgebrauch selten zum Einsatz, sondern verbleiben in der Schublade.

2.2   Raucher/-in sein

„Don't be a maybe – be a Marlboro"[615]

Die Multiplikation von Auswahl- und Entscheidungszwängen prägt das Leben in individualisierten Gesellschaften. Aus massenhaft hergestellten Konsumprodukten entstehen Konsumpräferenzen. Gleichzeitig verlieren Konsumgüter in diesem Prozess kollektiv-verbindliche Sinngebungen.[616] Individualisierung erfordert, dass Gesellschaftsmitglieder mit einer Vielzahl an heterogenen beziehungsweise einer Pluralität möglicher Situationen, Güter, Einstellungen, Handlungsweisen etc. umzugehen lernen und sich dadurch das Eigene aneignen. Mitgliedschaften in sinngebenden Gemeinschaften produzieren und verstetigen die gewählte Sinnpräferenz. Gemeinschaften helfen bei der Sinnkonstruktion und der Integration von Sinn- und Orientierungsfragmenten im Alltag.

„Typisch für den individualisierten Menschen ist jedenfalls, daß er im Alltag ständig von Gruppenorientierung zu Gruppenorientierung wechselt, daß er bei den meisten Umorientierungen in neue soziale Rollen schlüpft, daß er in jeder dieser Rollen nur einen *Teil* seiner persönlichen Identität aktualisiert und thematisiert und daß dieses Sinnbasteln ästhetisch überformt wird, daß es Stil-Kriterien folgen kann."[617]

---

613   Belegt für Raucherin, vgl. Kapitel III.2.5.2.4 Gesund handeln.

614   Vgl. Kapitel III.2.5 Dimensionen von Medikalisierung, Rausch und Rauchgenuss.

615   Der Tabakkonzern Philipp Morris nutzte diesen Werbeslogan, der ein maskulines Geschlechtsrollenbild unterstreichen soll, für eine seiner Filterzigarettenproduktlinien Ende 2011 bis November 2012. Vgl. Zigarettenwerbung in Deutschland – Marketing für ein gesundheitsgefährdendes Produkt (= Tabakprävention und Tabakkontrolle, Rote Reihe Band 18), Deutsches Krebsforschungszentrum, Heidelberg 2012, S. 51.

616   Vgl. Hitzler, Ronald/Honer, Anne: Bastelexistenz. Über subjektive Konsequenzen der Individualisierung. In: Beck, Ulrich/Beck-Gernsheim, Elisabeth: Riskante Freiheiten. Individualisierung in modernen Gesellschaften. Frankfurt a. M. 1994, S. 307–315, insbesondere S. 307 f.

617   Ebd., S. 310.

Diese Sinngemeinschaften entstehen unter anderem durch gemeinsame Sachkompetenzen, gemeinsames Handeln oder die Handhabung von Sachen, welche die Sinngebung der Gemeinschaft stellvertretend repräsentieren und Bestandteile identitätsbildender Prozesse werden können. Dieser handlungstheoretische Ansatz verankert das Moment der identitätsstiftenden Sinnproduktion in (geteilten) Alltagshandlungen. Welche Alltagsmomente tragen dazu bei, dass ein Konsumverhalten zum Bestandteil der Selbstidentifikation als Raucher/-in wird? Welche Rolle spielen in diesem Zusammenhang medikalkulturelle Faktoren?

Die Modellierungen von rauchenden und nichtrauchenden Individuen in institutionellen Ratgebern und Informationsbroschüren zeigen, dass wechselnde Konsummuster darin in Form von personalisierten und biografisierten Konsumgeschichten an die Stelle von Charaktereigenschaften treten. Der Tabakkonsum dominiert die darin skizzierten Lebensstile: Zigaretten und andere Rauchwaren unterwerfen und verengen individuelle Handlungsoptionen. Aus Sicht eines relational-materiellen Theorieansatzes ist diese Verknüpfung von zwei heterogenen Komponenten (Mensch und Zigarette) von sozialer Qualität, sobald sich die Verhaltensweisen beider Netzwerkbestandteile aufeinander beziehen und untereinander abstimmen.[618] Voraussetzung für Auswahl- und Entscheidungszwänge in modernen Konsumgesellschaften ist die Reduktion möglicher Gebrauchswerte pluralisierter und konsumierbarer Waren. „Die rasche Erweiterung des Sachrepertoires und die damit verbundene Spezialisierung der Gebrauchswerte der Sachen erforderte parallel zur Arbeitsteiligkeit neue, gruppenspezifische Sachkompetenzen."[619] Sinn- und identitätsstiftende Sozialität könnte einerseits im Verhältnis zwischen Individuum und Gruppen beschrieben werden, andererseits durch einen Blick auf die Abstimmungsdynamik im Netz heterogener Aktanten. Weitere identitätsstiftende Aushandlungsspielräume bestehen für alle studentischen Raucher/-innen in der Frage, ob und seit wann (durch welchen Auslöser) sie sich selbst als Raucher/-in bezeichnen beziehungsweise von anderen so bezeichnet werden, auch wenn sie sich durch ihr Verhalten vielleicht gar nicht selbst als Raucher/-in verstehen. Medienberichte stellen Raucher/-innen gerne als deviante Interessensgruppe dar, die sich in der Praxis nicht wiederfindet. Ansammlungen von Rauchenden auf dem Universitätsgelände bringen keine soziale Dynamik auf, die mit Sozialgruppen oder Szenen vergleichbar ist. Lebensalter, soziokultureller Hintergrund und Geschlecht beeinflussen Teile (gesundheitsbezogener) Lebensstile[620] maßgeblich.

2.2.1 Fremd- und Selbstbezeichnungen

Wodurch entsteht eine Verbindung zwischen Zigarettenrauchen und Identitätsrollen in Alltagssituationen beziehungsweise im Alltagshandeln? Für die Verwobenheit von Trink- und Rauchkulturen in studentischen Milieus lassen sich bereits in der Studentensprache des 17. Jahrhunderts schriftliche Hinweise finden. Erich Schmidt konstruierte im April 1895 aus Friedrich Kluges *Etymologischem Wörterbuch* eine *Deutsche*

---

618 Unter „sozial" versteht die Akteur-Netzwerk-Theorie eine Bewegungsdynamik zwischen heterogenen Elementen eines Akteur-Netzwerks. Vgl. Latour: Eine neue Soziologie (2007), S. 111 f.

619 Jeggle: Vom Umgang mit Sachen (1983), S. 22.

620 Vgl. Hradil: Der theoretische Hintergrund – Gesundheitslebensstile (2005), hier S. 81.

Studentensprache, in der er für einen Kommilitonen die Bezeichnung des lustigen „Bier- und Tobacks-Bruder" anempfiehlt.[621] Der hier durch den Begriff des Bruders angedeutete Aspekt der Vergemeinschaftung unter Studenten zeichnet sich gegenwärtig im individualisierten studentischen Milieu durch den Konsum von Tabak nicht ab. Dennoch lassen sich im Untersuchungsfeld Spuren symbolischer Verbrüderungssprüche finden, insbesondere während gemeinsamer Rauscherlebnisse.

Zur Zeit der Umstellung der Zahlungssysteme bei Zigarettenautomaten, von Kleingeld hin zur Bezahlung mit der Electronic-Cash-Karte im Januar 2007, diskutierte eine Gruppe von fünf Studenten, darunter drei Raucher, im Hinterhof einer juristischen Fakultät darüber, wie sie diese Zugangsbeschränkung zum Tabak empfanden. Für und Wider wurden mittels anekdotischer Erzählungen und scherzhafter Sprüche unterlegt. Insgesamt entstand in der Diskussion die einhellige Auffassung, dass es sich um eine weitere Schikane für Raucher handele und die Wirksamkeit der Maßnahme ohnehin durch die Ausweitung der Öffnungszeiten von Einzelhandelsgeschäften, die im Jahr zuvor eine neue Gesetzesgrundlage erhielt und in die rechtliche Kompetenz der Bundesländer fiel, torpediert werde. Im Argument der Schikanierung klang in der Diskussion von Seiten der drei Raucher an, dass sie die „Gruppe der Raucher", die gemeinschaftlich unter der neuen Restriktion zu leiden hätte, zunächst ohne soziale oder konsummusterbezogene Kategorisierung separiert und benachteiligt sahen. Eine Unterscheidung zwischen Gelegenheitsraucher/-innen und Suchtraucher/-innen nahmen die Diskutanten nicht vor. Im Situationsverlauf einigten sie sich darauf, dass diese Regelung (natürlich) von Nichtrauchern getroffen worden sein musste. Da die Umstellung der Zahlungssysteme an Automaten offensichtlich alle Rauchenden gleichermaßen betrifft, reichte die Differenzierung zwischen betroffenen Rauchenden und nicht betroffenen, jedoch für die Schikane verantwortlichen Nichtrauchenden für das Argument aus, es handele sich um eine Stigmatisierung von Rauchenden insgesamt. Einer der Nichtraucher entgegnete daraufhin scherzhaft, dass es sich bei den Verantwortlichen sicherlich um Ex-Raucher handeln müsse, die besonders unter dem Tabakgeruch von Rauchern litten. Die hier beschriebene Szene verdeutlicht, wie wenig tiefgreifend zwischen Rauchenden und Nichtrauchenden unterschieden werden kann, beziehungsweise dass diese Unterscheidung nur oberflächlich in einer scherzhaften Unterhaltung trägt, darüber hinaus jedoch schnell als unzureichend enttarnt wird. Ferner zeigt diese Situation, dass Raucher/-innen und Nichtraucher/-innen mit charakterlichen Stereotypisierungen spielen und diese unter Studierenden nur an der Gesprächsoberfläche beziehungsweise im Scherzhaften entsprechend pariert werden. Bezogen auf Zusammenhänge von Gruppenkommunikation und Tabakkonsum unterscheidet Hafen kommunikatives Handeln und nicht-kommunikative Verhal-

---

621 Die Quelle trifft zur Gebräuchlichkeit des Begriffs Tabakbruder keine Aussage. Ebenso wenig ist abzulesen, ob es sich um eine Fremdbezeichnung oder eine Selbstbezeichnung unter (männlichen) Studenten handelte. Bücheranzeige von Erich Schmidt: *Kluge, Friedrich. Deutsche Studentensprache. Strassburg, Trübner, 1895. 136 Seiten 8°.* In: Zeitschrift des Vereins für Volkskunde 1895, 5. Jg., S. 334–352, insbesondere S. 337. Zudem belegen Schmidt beziehungsweise Kluge die Bezeichnung *Studenten-Confect* für Bier und Tabak. Ebd., S. 350.

tensweisen.[622] Ob es sich jeweils um eine kommunikative Handlung handelt, legt die Kommunikation (im Sinne des operativen Verstehens) selbst fest. Erst das Verstehen indiziert, ob eine Botschaft vermittelt wurde. Eine von Hafen beschriebene Benennung von Raucher/-innen als soziale Gruppe mit der Intention, „die Einheit der Gruppe zu betonen"[623], tritt im untersuchten Milieu nicht unter der Oberfläche hervor. Nichtraucherinnen und Nichtraucher, die auf dem Hochschulgelände ihre rauchenden Kommilitonen in die Zigarettenpause begleiten, erwähnten häufig, sie rauchten sehr selten auf Feiern. Sie zählen sich selbst nicht zu den Rauchern, auch wenn sie gelegentlich Tabak konsumieren.

Im Rahmen der strukturierten Befragung schildern alle Befragten die Situation, in der sie von einer dritten Person als Raucher oder Raucherin benannt worden waren: Die Fremdbezeichnung taucht im Kontext einer erinnerungswerten Situation zu Beginn der Konsumgeschichten auf, in der die damals Jugendlichen sich selbst rückblickend noch nicht als Rauchende bezeichnet hätten. Es handelt sich um die Situation, in der das neu erworbene Rauchverhalten von einem Mitglied der Familie entdeckt wird und die Gesprächspartner zur Rede stellt (s. Kapitel III.2.1.1 Startpunkte). Rückblickend erzählen die Befragten, sie hätten damals nicht richtig geraucht und seien Gelegenheits- oder Partyraucher gewesen.

Das identitätsstiftende Moment der Selbstbezeichnung zeigt sich unter den Befragten in Anhängigkeit des gegenwärtig gewählten Lebensstils. Rauchhandlungen müssten in den Lebensrhythmus passen, nicht der Lebensrhythmus in ihr Rauchverhalten, so eine Studentin der Humanmedizin:

> „Es passt halt im Moment so zu mir. In der Zeit, wo ich aufgehört hatte, da fand ich, dass das Rauchen nicht so zu mir passte. Ich habe mich da selber nicht so wiedergefunden. Und jetzt – es passt einfach so. […] Also ich rauche halt, wenn ich es will. Ich rauche so mit B.; ich rauche mit meinen Leuten an der Uni und ich passe da gut rein und es kommt mir nicht fremd vor, wenn ich mir eine Zigarette anzünde. Damals, als ich aufgehört hatte, als ich es überhaupt nicht mehr wollte, das hatte was mit dem Selbstbild zu tun. Also so wie man sich sieht; und in dem Augenblick habe ich mich nicht so als Raucher gesehen, und im Moment sehe ich mich als Raucher."[624]

Diese Aussage der Befragten steht der Annahme der sinnstiftenden Dominanz von alltagsästhetischen Handlungen entgegen. Für sie entscheidet ihr Wille in Form eines Selbstbildes darüber, wie passend sie ihren Tabakkonsum für sich empfindet. Dennoch klingen lebensstilistische Elemente alltäglicher Situationen (mit den Leuten an

622 Vgl. Hafen, Martin: Rauchen als Aspekt der Gruppenidentität. Systemtheoretische Überlegungen zu einem kaum beachteten Aspekt. In: Wiener Zeitschrift für Suchtforschung (29/2006), Nr. 1–2, S. 27–36, besonders S. 29.

623 Ebd., S. 28. Hafen sieht die Gruppenidentität durch reproduzierende Kommunikation auf drei Ebenen strukturiert. Benennung beziehungsweise Kommunikation fördere die Bindung zwischen Gruppenmitgliedern, die Normierung von Verhaltenserwartungen und reduziere Unsicherheiten im Bereich der persönlichen Beziehungen und Lebensstile. Die Bindungsqualität von Gruppen unterscheidet Hafen danach, ob im Vordergrund der Gruppenbindung die persönliche Beziehung zwischen den Gruppenmitgliedern steht (z. B. Freundschaft) oder eine generalisierte Gruppenidentität (z. B. Karnevalsjecken).

624 Lightfilterzigarettenraucherin KBD, 2010.

der Uni) an, die sinnstiftend dazu beitragen, dass ihr die Zigarette nicht fremd vorkommt und sie sich entsprechend als Raucherin sieht.

„Durch die Selbstbeschreibungen, die es von sich anfertigt, indem es sich in Differenz zu seiner (physischen und sozialen) Umwelt setzt, gewinnt das Bewusstsein eine Identität. Diese Identität ist keine „identitas", keine Wesenseinheit, sondern eine laufend reproduzierte Differenz, deren Reproduktion in der modernen Gesellschaft unter nicht immer einfachen Bedingungen erfolgt".[625]

In diesem Sinne ist davon auszugehen, dass Rauchende, sofern sie sich selbst als Raucher/-in bezeichnen, ihre Raucheridentität durch eine Veralltäglichung ihrer Handlungen immer wieder bestätigen beziehungsweise sich bestätigen lassen.

Ein Student der Volkswirtschaftslehre berichtet vom Rauchverhalten seiner „eigentlich" nichtrauchenden Freunde in einer Freizeitsituation. Er habe einen festen Freundeskreis, eine Clique von etwa zehn Personen, die er als Freunde bezeichnen würde, im Gegensatz zu „Sichtbekanntschaften" aus seinem Studienjahrgang. Er schätzt das Verhältnis zwischen Nichtrauchern, beziehungsweise ehemaligen Rauchern, und Rauchern in seinem Freundeskreis auf etwa sechzig Prozent Nichtraucher und vierzig Prozent Tabakkonsumenten, was er für ausgewogen hält. In dieser entspannten Situation rauchten jedoch auch die Nichtraucher wegen des Geschmacks und aus Gründen der Geselligkeit in manchen Situationen:

„Eigentlich mehr Nichtraucher. Also ich habe da auch Raucher, aber gerade von meinen männlichen Freunden sind es doch relativ wenig Raucher. Die Mehrzahl ist Nichtraucher, beziehungsweise mittlerweile oft Gelegenheitsraucher. Diejenigen, die dann wirklich in der Woche mal eine Zigarette rauchen oder zwei, oder halt wenn man zusammen unterwegs ist, auch auf Partys oder an einem schönen sonnigen Nachmittag am Rhein sitzt, da ein Bierchen trinkt da in der Runde, dann rauchen auch die Nichtraucher quasi eine Zigarette so zum Geschmack und zum gesellschaftlichen Ambiente, quasi rauchen die dann auch eine."[626]

Die Bezeichnungen Raucher/-in und Nichtraucher/-in sind daher auf beiden Seiten flexibel, auf der der Tabakkonsumenten wie auch der zeitweiligen, nicht regelhaft Konsumierenden. Die Bezeichnung „Nichtraucher" zeigt in der Praxis, dass auch Nichtrauchenden unter bestimmten Umständen der Konsum von Tabakprodukten erlaubt ist, ohne dass das Rollenverhalten des Nichtrauchers Schaden nimmt.

Ein anderer Fall kommt bei dem befragten MMB auf: Im Vergleich zu seinem eigenen Tabakkonsum raucht die Partnerin von MMB, mit der er in einer gemeinsamen Wohnung lebt, nur selten. Er erzählt, dass seine Freundin vielleicht ein Päckchen Zigaretten pro Semester rauche. Auf meine Frage, ob seine Freundin ebenfalls rauche, antwortet MMB unentschlossen: „Das kann man schlecht sagen. Also manchmal raucht sie. Das ist irgendwie alle halbe Jahre, dass sie sich mal ein Päckchen Zigaretten kauft, und dann wieder nicht. Das ist wirklich nur ein Ritual, was sie da hat."[627] Das im Vergleich geringe Rauchquantum seiner Freundin ist für MMB Anlass genug, zu bezweifeln, ob seine Freundin eigentlich rauche. Er bezeichnet das Verhalten der

---

625 Hafen: Rauchen als Aspekt der Gruppenidentität (2006), S. 31.
626 Filterzigaretten- und Feinschnitttabakraucher JHM, 2010.
627 Lightfilterzigarettenraucher MMB, 2010.

Freundin als „Ritual" und unterscheidet damit betont zwischen regelmäßigem, säkularisierten Alltagsrauchen und den Formen des Tabakkonsums, die für Rauchende etwas Rituelles beinhalten, in jedem Fall aber keine routinierte Alltagshandlung darstellen. Routine der Konsumhäufigkeit beziehungsweise der Mangel an Routine darin grenzen ebenso die Bewertung des eigenen und fremden Rauchens ein: Akteure mit geringem und wenig routiniertem Tabakkonsum werden daher von Raucher/-innen mit einem höheren Konsumniveau nicht als Raucher/-innen beziehungsweise als „rauchend" bezeichnet.

Die Selbstbezeichnung als Raucher oder Raucherin setzt zudem nicht automatisch zeitgleich mit dem Konsum von Tabak ein. Zudem muss zwischen der Selbstbezeichnung als Raucher/-in und der Bezeichnung rauchender Personen (eigentlich Nichtrauchende) auf der einen Seite durch regelmäßige Raucher/-innen und auf der anderen Seite durch Nichtraucher/-innen (Nierauchende), unterschieden werden. Die Selbstbezeichnung als Raucher/-in hängt bei mehreren Befragten im Rückblick auf den Beginn ihrer persönlichen Konsumerfahrungen mit einem längeren Bestätigungsprozess der Raucherrolle zusammen. Die Identifikation mit der Rolle des Rauchenden wird dem Selbst rückblickend abgesprochen, man habe lediglich Zigaretten gepafft, nur ab und zu auf Partys geraucht und das Rauchen nicht richtig genießen können. Diese drei Voraussetzungen (Bestätigung, Identifikation und Selbstbezeichnung) müssen offenbar erfüllt sein, damit die Bezeichnung des Selbst als Raucher/-in den Status der Wahrhaftigkeit erlangt. Unter Rauchenden erlangen andere rauchende Personen erst den gleichrangigen Status des „Wahrhaftigen", wenn sie bestimmte disziplinierende Körpertechniken beherrschen, d. h. ihren Tabak sichtlich genießen können.

2.2.2 Richtig Rauchen

Die beschriebenen Eigen- und Fremdbezeichnungen von Rauchenden und Nichtrauchenden veranschaulichen einen gewissen Spielraum zwischen Tabakkonsum und identitätsbezogenen Rollenbezeichnungen. Varianzlose Konsummuster, wie sie bei gelegentlich Rauchenden beobachtet werden, führen auf Seiten anderer Konsumpraxen zu einer Einschätzung, es handele sich bei Gelegenheitsraucher/-innen nicht um richtige Rauchende. Der Vollzug einer (einmaligen) sichtbaren Rauchpraxis allein entscheidet offensichtlich nicht über den wahrgenommenen Identitätsstatus. Vielmehr tragen weitere Faktoren dazu bei, dass Tabakkonsumenten andere Rauchende tatsächlich als Raucher/-in bezeichnen. Welche Kriterien ziehen studierende Raucher/-innen zur Unterscheidung von nicht richtigen Raucher/-innen heran? Welche Tabakkonsummuster erkennen Mitglieder des studentischen Milieus als richtige Rauchweise und sind ihnen darin gesundheitsrelevante Vorstellungen immanent?

Während der Interviews berichteten mehrere der Befragten, dass sie zu Beginn ihrer Raucherbiografie noch nicht „richtig" geraucht hätten. Das richtige Rauchen sei ein Prozess, der sich erst später mit der richtigen Inhalationstechnik und einem regelmäßigen Zigarettenkonsum einstelle:

„Das war 1993, also im Ernst, das weiß ich noch. Und ich war damals im Karate-Verein und da gab es eine, die war zwei Jahre älter oder so, und die ist dann nach dem Training irgendwie raus und hat sich noch ein bisschen unterhalten, ja und die war halt die erste, die mich irgendwie mit Zigaretten in Berührung gebracht hat. ‚Ja, hier, rauchen ist cool. Hast du schon mal geraucht?' und so ‚Ja, das musst du mal probieren' und so ‚Ich zeig dir mal wie das geht.' Da war ich dreizehn. Ja, und dann war das erst mal ganz komisch, weil man wusste jetzt nicht so, was muss ich machen, und irgendwie, der erste Zug schmeckte ganz seltsam und man hatte ja auch noch nicht inhaliert, und die meinte dann; daran kann ich mich auch noch erinnern, die meinte nämlich dann zu mir: ‚Ja, du musst immer denken, dein Vater kommt jetzt rein. Du musst erschrecken, weil dann erschreckst du dich und dann ziehst du den Rauch ein' so. Naja, und so fing das an. [...] Die eine, die mich dann zum Rauchen gebracht hat, die war dann nicht mehr da, naja und dann, auch weil andere angefangen haben schon in meinem Umfeld, also nicht so viele, aber ein paar andere zumindest, und weil der Junge, den ich toll fand, der war damals achtzehn oder so, und der hat halt auch geraucht, und dann waren wir auf irgendwelchen Partys, wo man eigentlich noch nicht rein durfte, aber man ist trotzdem mit einem geliehenen Ausweis da rein gekommen, und ja, der hat halt geraucht und das war dann so eine zusätzliche Motivation irgendwie: ‚Das findet der bestimmt toll, wenn ich hier ganz cool lässig meine Zigarette rauche'. Und dann habe ich aber so ein, zwei Jahre eigentlich nur gepafft. Weil, ich habe mich das nicht getraut. Es schmeckte irgendwie auch zu heftig, und irgendwann war das so ein fließender Übergang, ja. Irgendwann ging das richtig los und dann habe ich angefangen, richtig zu inhalieren und richtig zu rauchen."[628]

In den eher anekdotischen Schilderungen werden Versuche, Tabakrauch bis in die Lunge zu inhalieren, von den anleitenden Freunden mit den Worten unterstützt: „Die Mutter kommt!" oder „Der Vater kommt rein!". Die hier beschriebene Anleitung bei den ersten Rauchversuchen durch, in diesem Fall, eine raucherfahrene Vereinskollegin zeigt deutliche Parallelen zu Erzählungen anderer Raucherinnen. Raucherinnen werden bei ihren ersten Rauchversuchen häufig angeleitet. Raucherfahrene beschreiben ihnen, wie sie den Tabakrauch richtig inhalieren sollen. In dieser Situation führen andere Jugendliche sie aus einer Unsicherheit heraus und zeigen ihnen, wie die zu erwerbende körperliche Technik ausgeführt werden soll. Dabei wird der Körper in ein neues soziokulturelles Ordnungsmuster eingeführt und kann darin beweisen, dass er die kulturell akzeptierten Körpertechniken und Disziplinierungstechniken, beispielsweise die Unterdrückung von Hustenreiz, beherrscht. Die erlernte Körpertechnik ordnet Bedürfnisse des Leibes den Anforderungen der sozialen Situation unter. Die Entscheidungsmacht, ob eine erlernte Körpertechnik akzeptiert, korrigiert oder sanktioniert wird, liegt gemeinsam bei den Akteuren, die an der entsprechenden Situation beteiligt sind. Gemeinsam passen sie den Leib an das Wissen um die richtige Verhaltensweise der jeweiligen Zeit an. „Unsicherheiten gibt es auch jetzt noch, denn das Wissen um das richtige Verhalten muss den Gegebenheiten jeder Zeit neu angepasst werden."[629] Unsicherheiten, die aufgrund der Statusordnung bei den Lernenden bestehen, verschwinden im Lichte heimlich erlernter Handlungsoptionen.

Soziokulturelle Ordnungsprozesse führen zu einer Hierarchisierung und zur Konstruktion von sinnstiftenden Handlungsimpulsen. Eine Hierarchisierung unterschiedlicher Rauchweisen von Zigaretten setzt voraus, dass die Verschiedenartigkeiten innerhalb des Milieus vorkommen und körpertechnisch wahrgenommen werden können

628   Raucherin von zusatzstofffreiem Feinschnitttabak BWB, 2010.
629   Hirschfelder: Europäische Esskultur (2001), S. 11.

beziehungsweise eine soziale Unterscheidung getroffen werden kann.[630] Neben dem Erlernen von richtigen Körpertechniken beim Zigarettenrauchen weisen die Quellen auf weitere Hierarchisierungen hinsichtlich der Rauchtechniken im Verlauf der Konsumgeschichte hin. Die Entscheidung, ob eine Konsumtechnik im jeweiligen Milieu akzeptiert wird oder nicht, dient den Mitgliedern desselben zur sozialen Abgrenzung. Dabei weisen die Quellen aus dem Studierendenmilieu auf eine Parallelisierung von Sozialstatus und Rauchtechnik hin. Beispielsweise sei anhand der Verfärbungen des Zigarettenfilters abzulesen, wie viel Tabak ein/e Rauchende/r konsumiert beziehungsweise wie süchtig die Person sei. Eine Studentin der Medizin erzählt, dass sie sich mit Leuten, die eine Zigarette „zu heiß rauchen"[631], d. h. stark an der Zigarette ziehen, sodass sich beim Rauchen der Filter deutlich braun verfärbt, nicht eine Zigarette teilen würde, weil ihr die Zigarette in der Form nicht schmecke. Die Interviewte erzählt, dass sie „so richtig" mit dem Rauchen begonnen habe, als sie mit 25 Jahren das Studium der Humanmedizin aufnahm. Als Grund für diesen Wechsel ihres Rauchverhaltens von einer Partyraucherin zu einer „richtigen" Raucherin benennt sie den Stress, den der Studienbeginn mit sich gebracht habe. Durchschnittlich gibt sie für diesen Zeitraum einen Zigarettenkonsum von etwa sechs Zigaretten an. Gleichzeitig berichtet sie von Phasen in dieser Zeit, in denen sie das Rauchen habe aufgeben wollen, es ihr jedoch nicht gelungen sei. Sie bezeichnet ihre Rauchtechnik als „leicht rauchen", so wie das beispielsweise häufig bei Gelegenheitsrauchern zu beobachten sei. Sie nimmt sich selbst nicht als Raucherin wahr, obwohl sie seit zehn Jahren regelmäßig raucht. Ihr Tabakverbrauch pro Tag schwanke je nach Anlass zwischen null und über zwanzig Zigaretten am Tag. Sie versuche, mit Hilfe eines Zigarettenetuis nicht mehr als zehn Zigaretten am Tag zu rauchen. Sie sagt, sie sei keine Suchtraucherin. Suchtraucher erkenne man daran, dass sie versuchten, aus der Zigarette herauszuholen, was geht. Darüber hinaus benötigten Suchtraucher nur sehr wenig Zeit, um eine Zigarette zu rauchen, da sie ihre Kippe sehr schnell aufrauchten. Dem gegenüber rauche sie ihre Zigaretten in der dafür vorgesehenen Zeit.

> „Obwohl ich jetzt auch nicht so ein tiefer Lungenzieher bin, ne. Also, ich ziehe das nicht bis in die letzten Alveolen rein. Ganz viele sagen auch: ,Me[nsch], das ist eine Verschwendung, so wie du die Zigarette rauchst.' Weil ich manchmal zu schnell auspaffe. Und ich mag das zum Beispiel auch nicht, wenn Leute zu heiß rauchen. Manche Leute, die ziehen so kräftig an der Zigarette, sodass der Filter so richtig dunkelgelb wird, oder so braun. Und dann kann ich die zum Beispiel nicht rauchen, weil wenn man sich mit so jemand eine Zigarette teilt, dann ist das so scharf. Dann hast du das Gefühl, da kommt so viel raus. Und ich rauche die halt so ganz leicht. Das kannst du nachher sehen, dass da gar nicht so schlimme Verfärbungen sind. Und das ist wichtig. [AL: Warum ist das wichtig?] Weil ich die dann nicht mag. Weil mir das dann zu kräftig ist, was da alles so rauskommt. Ich bilde mir ein, dass es so, wie ich rauche, da ist der Rauch so ein bisschen feiner und nicht so kräftig. Und deswegen ist es ganz wichtig, wenn du dir mit jemandem eine Zigarette teilst, dass der nicht so zieht."[632]

In der Schilderung fällt eine Bewertung der Körpertechniken zusammen mit einem unhygienischen Bild des deutlich verschmutzen Zigarettenfilters. Rauchtechnik und

---

630 Vgl. dazu Kapitel III.2.3.4 Geruchsräume.
631 Lightfilterzigarettenraucherin KBD, 2010.
632 Lightfilterzigarettenraucherin KBD, 2010.

Verschmutzung stehen hier symbolisch für einen niedrigen sozialen Status, von dem sich die Medizinstudentin in der Erzählung abgrenzt.

Neben körperlichen Techniken weisen die Quellen auf weitere Grenzen hin, in denen sich sozial akzeptiertes Rauchverhalten im studentischen Milieu abspielt. Diese Normierungen des Tabakkonsummusters betreffen äußere Faktoren wie die Tageszeit (soziale Zeit) und Rauchorte. SBB zählt sich selbst nicht zu den „richtigen Rauchern", da sie erst am späten Nachmittag beginne, Zigaretten zu rauchen, und somit auf einen regelmäßigen Konsum von drei bis acht Zigaretten am Tag komme. Sie erzählt, dass die meisten ihrer Freunde nicht rauchen. Diejenigen, die Zigaretten rauchten, würden ähnlich wenig rauchen wie sie selbst, d. h. auf Partys mehr rauchen als regulär an einem Tag, d. h. phasenweise weniger oder mehr rauchen. Leute, die sich die „Bude vollqualmen", kenne sie aus ihrem Freundeskreis nicht. Dennoch schildert sie eine Vielzahl von Situationen, in denen sie Tabakgenuss als passend empfindet. Grundlage ihrer unterschiedlichen Bewertungen ist die jeweilige Einpassung des Tabakkonsums in unterschiedliche Situationen im Studienalltag, bei ihren Hobbys, doch auch die regelmäßig konsumierte Anzahl Zigaretten entscheidet für sie über ein akzeptables Konsummuster im Alltag:

> „Für mich ist Rauchen sowohl unangenehm als auch angenehm. Ich kann das nicht sagen. Es ist für mich nicht eindeutig besetzt. Wenn ich an Lisbeth Salander[633] denke, wie die raucht, dann finde ich es cool. Und wenn ich an die ganzen gefäßchirurgischen Patienten denke, oder an die Schwangere mit ihren achtundvierzig Zigaretten am Tag, dann finde ich es nur ekelig und nur fies. Wenn ich irgendwie ans Töpfern denke, dann finde ich es auch irgendwie ein bisschen cool und künstlerisch und finde es dann auch ganz gut, wenn man sich so stark konzentriert hat, um mal kurz so abzuschalten. Ja, und manchmal finde ich es gemütlich und manchmal mache ich mir gar keine Gedanken. Gemütlich finde ich es, wenn man irgendwo am Rhein sitzt und eine Flasche Bier in der Hand hat und so. Und dann mal eine Zigarette raucht. Und ich glaube, bei mir hat es immer ein bisschen was damit zu tun, wie viel das jetzt ist. Wenn es so auf eine Schachtel am Tag zugeht oder wenn die Leute sagen, sie rauchen eine Schachtel am Tag, finde ich das zu viel und dann finde ich das ekelig. Wenn mir jemand sagt, er raucht drei Zigaretten abends oder mal, oder er hat Zigaretten zu Hause und raucht mal eine, wenn er weggeht, oder zwei, dann finde ich das nett – dann finde ich das irgendwie nett. Und es hat halt auch, das ist ja auch bekannt, es hat ja manchmal was Geselliges, dass man sich da einfach hinstellt, bisschen erzählt."[634]

Gesellige Tabakkonsumsituationen sind konstant in allen informellen und strukturierten Gesprächen von den Studierenden gewünscht und akzeptiert. Tabakkonsum erlangt dadurch eine gewisse lokale Öffentlichkeit. Das Rauchkonsummuster wird in geselligen Situationen sozialer Kontrolle von Raucher/-innen und Nichtraucher/-innen ausgesetzt. Darüber hinaus kennzeichnet die Einpassung des Rauchens in individuelles Erleben in unterschiedlichen Situationen im untersuchten Feld ein richtiges, erwünschtes, teilweise exponiertes Rauchen. Um richtig zu rauchen, ist es folglich notwendig, qualitative und quantitative Kriterien zu erfüllen, die von den Rauchenden im gleichen Milieu festgelegt werden, das heißt nicht nur eine passende körper-

---

633 Lisbeth Salander ist die Protagonistin der 2010 populären Millenniums-Trilogie des schwedischen Autors Stig Larsson. Eine Verfilmung der Buchreihe kam 2009 in die deutschen Kinos.

634 Lightfilterzigarettenraucherin SBB, 2010.

liche Inhalationstechnik zu beherrschen, sondern außerdem ein Konsumpensum zu erreichen, das von anderen wahrgenommen werden kann und welches sich passfähig in eine größere Anzahl an Situationen einfügt.

2.2.3 Studentisches Zigarettenrauchen und Biografisierung

Anzeichen der Biografisierung von Tabakkonsummustern zu einer Raucher/-innen-biografie, wie für die Ratgeber und Informationshefte dargelegt, zeigen sich gegenwärtig nur sehr partiell in den eher wechselhaften Entwicklungen realer Konsummuster Studierender. Der folgende Abschnitt behandelt die Spezifik studentischer Rauchkulturen und stellt dazu zwei Aspekte der Quellen in den Mittelpunkt: Zum einen richtet sich der Blick nochmals auf die Materialität von Rauchutensilien, nun allerdings unter den Aspekten von Studierendenlebensweisen und stereotypisierten Studentenimages, welche in Umgangsweisen mit Tabakgütern hereinspielen. Eine Auswahl bestimmter Produkte und Hilfsmittel könnte Anhaltspunkte für eine milieuspezifische Selektion und ebenso selektive Rauchverhaltensweisen beziehungsweise -erlebnisspektren geben. Diese Selektionsmuster stehen lokal und sozial globalisierten Produktions- und Distributionsmechanismen von Tabakwaren gegenüber. Der zweite Blick auf das Quellenmaterial fragt nach dem biografischen Zeitabschnitt der Studienzeit, in dem sich gegenwärtige Konsummuster etablieren und bestätigen konnten. Rückbezüge zu gesundheitsrelevanten Verhaltensweisen in der Herkunftsfamilie spielen dabei für die Befragten häufig eine basale Rolle für den Bestand von Konsummustern im Studienleben. Die retrospektiven und prospektiven Erzählstränge bewegen sich im Rahmen einzelner Erfahrungen der gelebten Konsumgeschichte, dem bevorstehenden Statuswechsel zum Studienabschluss und der noch in der Zukunft liegenden Familienplanungsphase.[635] In Bezug auf die narrative Konstruktion des Studierendenlebens nennen die Befragten besonders ausgeprägte Brüche bei Transitionen zu Studienbeginn, der Aneignung des Studienalltags am Hochschulort, der bevorstehenden Studienabschlussphase sowie für die noch in der Zukunft liegende Familienplanung im Zusammenhang mit Veränderungsprojektionen des aktuellen Rauchverhaltens. Die Körpertechnik des Rauchens wird durch das soziokulturelle Umfeld bewertet und begrüßt, akzeptiert beziehungsweise ignoriert. Sanktionen gegenüber offensichtlichen Tabakgenusstechniken sind im studentischen Milieu eher verpönt.

Wie zuvor angedeutet, benutzen die Befragten nur einen Teil der Materialien, der ihnen zur Gestaltung ihres Tabakkonsums zur Verfügung steht. Zigarettenaccessoires[636] sind häufig nicht in Gebrauch, obgleich sie im Besitz der Rauchenden sein können (Zigarettenspender, Metallboxen, Stopfgeräte, schicke Feuerzeuge sind teils vorhanden, aber nicht in Gebrauch). Abwesenheit von teuren Materialien ist zunächst

---

635 Allein die befragte Pädagogikstudentin BÖK hatte zum Zeitpunkt der Befragung eine Tochter, die halbtags in der Tagesstätte der Universität betreut wurde. Etwa 4% der Studierenden in NRW hatten Kinder. Vgl. Gesundheitssurvey NRW (2007), S. 8.

636 Eine Übersicht historischer Tabakaccessoires bietet Rapaport, Ben: How do we Smoke? Accessoires and Utensils. In: Gilman/Xun: Smoke (2004), S. 100–107; Ders.: Connoisseurship. In: Goodman, Jordan (Hg.): Tobacco in History and Culture: An Encyclopedia. Farmington Hills 2005, S. 155–166.

der ökonomischen Situation der Studierenden geschuldet. Viele jobben und bewerkstelligen daneben eine Art Halbtagsstudium.[637] Die Austauschbarkeit eines Feuerzeugs repräsentiert die flexible, manchmal improvisierte und durch Unregelmäßigkeiten geprägte Alltagsgestaltung im Studium. Bevorzugt finden preiswerte Tabaksorten, austauschbare Feuerzeuge und Aschenbecher Verwendung. Kostengünstige Rauchmaterialien und Tabakverbrauchsgüter lassen im Feld einen kultivierten Status relativer Mittellosigkeit erkennen. Daneben verstärken leicht ersetzbare Tabakutensilien den Eindruck, dass es sich um (noch) nicht festgelegte Tabakkonsummuster handelt und sich die Identifikation mit der Raucher/-innenrolle lediglich flexibel in das Verhaltensspektrum der Befragten eingeschrieben hat.

Raucherinnen und Raucher gleichermaßen greifen das Thema ihrer finanziellen Situation mehrfach auf. Darin problematisieren sie die hohen Tabakkosten zwar, betonen jedoch, sich ihre gegenwärtige Konsumpraxis leisten zu können. Finanzielle Gründe bestätigen in puncto Tabakkonsum ein etabliertes Studentenimage, das des „armen Studenten"[638]. Besonders die Eltern der Befragten greifen das Stereotyp des armen Studenten auf, um ihren studierenden Kindern Geld oder sonstige Mittel zukommen zu lassen. Das trifft auch für Zigaretten und Feinschnitttabak zu. Raucherinnen berichten besonders häufig davon, Zigarettenschachteln oder Zigarettenstangen von den Eltern geschenkt bekommen zu haben,[639] wobei diese Praxis auch in Fällen zutrifft, in denen die Eltern nicht (mehr) selbst rauchen. Eine Medizinstudentin schildert das Verhalten ihrer Eltern dahingehend, dass diese eine inkonsequente Haltung zum Tabakkonsum ihrer Tochter entwickelt hätten. Ihre Mutter, die selber Raucherin ist, erinnerte sie kürzlich während eines Telefonats an die gesundheitsschädigenden Folgen des Rauchens und fragte (wie häufig), wann die Tochter das Rauchen aufgeben wolle. Beim kurz darauffolgenden Besuch der Eltern bei ihrer Tochter übergab der Vater, ein Nichtraucher, seiner Tochter eine Stange preisgünstig erworbener Zigaretten mit dem Hinweis, diese seien für die arme Studentin. Die Unterstützungsleistungen der Eltern schließen den Tabakkonsum studierender Kinder mit ein, auch wenn Ermahnungen an die gesundheitlichen Risiken dem elterlichen Erziehungsauftrag zugerechnet werden.

Die Archäologiestudentin NRW erzählt, vor dem Studium mehrfach die Zigarettenmarke gewechselt zu haben. Sie begründet diese mehrfachen Wechsel mit wechselnden Freundschaften. Gegenwärtig habe sie sich auf eine Zigarettenmarke eingestellt, die sie gerne möge – und die darüber hinaus einige Mitglieder ihres Freundeskreises rauchten.

„In der Schulzeit habe ich vielleicht zwei, drei Mal die Marke gewechselt, dann auch mal Lights probiert, Nicht-Lights und jede Kombination von Lights, Ultralight und Pipapo, bis ich dann zu dem Schluss kam, das alles ist totaler Schwachsinn, und ich dann irgendwann wieder ganz normale Kippen geraucht habe. Dann habe ich halt diverse Marken ausprobiert

---

637 Der Gesundheitssurvey für Studierende in NRW 2007 belegt für den Untersuchungszeitraum 2005–2007 ein monatliches Durchschnittseinkommen der Studienteilnehmer/-innen zwischen 319 Euro und 374 Euro. Vgl. Gesundheitssurvey NRW (2007), S. 9.

638 Filterzigarettenraucherin AWD, 2010.

639 Interviews mit Raucherinnen AWD, SBB, KBD und KBW.

und bin jetzt einfach … irgendwann bleibt man ja bei irgendwas stehen, was man gerne mag, und da bin ich jetzt auch wieder seit ein paar Jahren."[640]

Das Teilen von Zigaretten sei durch Abstimmen der Produktmarke „sehr praktisch"[641]. Ähnliches berichtete auch die Interviewpartnerin KBW über ihre erste Zigarette. Diese habe sie von einem befreundeten, älteren Mitschüler auf einem Spaziergang in ihrem Heimatort erhalten. Zu Studienzeiten habe sie die Marke mehrfach gewechselt, bis sie ausschließlich die heutige Marke rauchte. Diese Marke rauche neben ihrem gesamten rauchenden Bekanntenkreis auch ihr Lebensgefährte.[642] Die Erzählungen weisen auf einen Kohäsionseffekt von Tabakprodukten im Kreis rauchender Freunde hin. Dies belegen die Quellen genauso für (preisgünstige) zusatzstofffreie Tabakprodukte, nicht jedoch für einen besonders gesundheitsbewussten Umgang mit Rauchutensilien.[643]

Grenzen und Aushandlungen bezüglich des Rauchens schildern die Befragten prospektiv hinsichtlich ihres beabsichtigten Konsumverlaufs. Integraler Bestandteil des gegenwärtig praktizierten und akzeptierten Tabakkonsums ist der Plan, das Rauchen ab einem bestimmten Alter oder bei Erreichen einer bestimmten Lebensphase aufgeben zu wollen. Sie schreiben sich damit die Fähigkeit zu, ihr Tabakkonsumverhalten bewusst zu bestimmen, obwohl in den meisten Fällen bereits erfolglose Entwöhnungsversuche beziehungsweise -erfahrungen gemacht wurden. Die prospektive Erzählung von einem Konsummuster, welches in der Zukunft erwünscht sei, lehnt sich in Form und Argumentation eng an die konstruierten Raucher/-innenbiografien der Ratgebertexte an. Besonders auffällig präsentiert sich die prospektive Biografisierung in den Erzähltexten hinsichtlich des geplanten Endes der Raucher/-innenbiografie. Bei denjenigen, die mit ihrem aktuellen Rauchverhalten unzufrieden sind, spielen alltägliche Rahmenbedingungen von Arbeitsaufkommen, Stress etc. sehr wohl eine bewusste und wichtige Rolle für die Wahl des Zeitpunktes, wann der nächste oder letzte Entwöhnungszeitpunkt geplant werden kann. Einen konsumverändernden biografisch-körperlichen Wendepunkt stellt Schwangerschaft dar,[644] nicht die Geburt, sondern der Zeitpunkt, zu dem die Schwangerschaft der Raucherin beziehungsweise der Partnerin des interviewten Rauchers festgestellt würde.

Die Pädagogikstudentin BÖK erzählt, sie habe zwar während der Schwangerschaft das Rauchen aufgegeben, sei jedoch durch die Situation als alleinerziehende Studentin, die sie als belastend beschreibt, einige Monate nach der Schwangerschaft zum Rauchen zurückgekehrt. Sie habe während der Schwangerschaft stark zugenommen und das Rauchen sich ihr als eine einfach anzuwendende Technik gezeigt, dem Appetit und den überzähligen Kilos entgegenzuwirken. Ihren Tabakkonsum habe sie da-

---

640 Filterzigarettenraucherin NRW, 2006.

641 Filterzigarettenraucherin NRW, 2006.

642 Sowohl KBW als auch ihr Lebensgefährte absolvierten an ein und derselben Hochschule ein geisteswissenschaftliches Studium. Jedoch lernten sie sich nicht im Laufe des Studiums dort kennen, sondern während einer politischen Aktivität zum Schutz von Menschenrechten.

643 Vgl. Feinschnitttabak- und Filterzigarettenraucherin EMB, Kapitel III.2.5.2.4 Gesund handeln.

644 Schwangerschaft als Wendepunkt des eigenen Tabakkonsummusters behandelten die Studenten MMB, JHM, RLM, RPM und die Studentinnen AWD, EMB, BWB, JWW und KWK ausführlich. BÖK, die bereits eine fünfjährige Tochter hat, sieht hingegen ihren Studienabschluss als Wendepunkt ihres gegenwärtigen Konsummusters.

hingehend verändert, dass sie versuche, nicht im Beisein ihrer Tochter zu rauchen.[645] Vor allem rauche sie, wenn sie draußen auf dem Universitätsgelände unterwegs sei. In den Abendstunden bleibe der Tabakgeruch zu sehr in der Kleidung haften, worüber sich ihre Tochter beklage. Sie erzählt, dass sie das Rauchen lieber aufgeben würde, ihre Angst vor Übergewicht sie jedoch davon abhalte. Für eine weniger belastende Situation, die nach ihrem Studienabschluss eintreten werde, plane sie, ihr Essverhalten und ihren Tabakkonsum „bewusster"[646] anzugehen.

Auch eine Studentin der Wirtschaftspsychologie erzählt, dass sie schon einmal versucht habe, mit dem Rauchen aufzuhören, dies allerdings nur für drei Tage durchgehalten habe. Auf die Frage, was passieren müsse, damit sie mit dem Rauchen aufhört, weiß BWB keine Antwort zu geben. Für sie ist klar, dass sie in der aktuellen Studienphase, in der sie ihre Diplomarbeit vorbereitet, nicht mit dem Rauchen aufhören kann: „also während der Diplomarbeit jedenfalls nicht"[647]. In den Gesprächen mit BWB und BSM kommt der Beginn der Raucherbiografie zur Sprache. Beide sind innerhalb ihrer *peer group* als Teenager mit Zigaretten in Kontakt gekommen. Beide schildern die Verbindung des Rauchens mit einem Handlungsmuster, welches gemeinhin als gesundheitsförderlich wahrgenommen wird. BWB leitete eine raucherfahrene Mitsportlerin am Rande des Übungsgebäudes an, wie sie einen „Zug auf Lunge" nehmen soll. BSM lokalisiert den Beginn im Skatepark seines Geburtsorts. Früher sei er sehr viel Skateboard gefahren und „im Skatepark haben sie alle geraucht".[648] Über die vereinsmäßige Teilnahme an sportlichen Übungen und Wettkämpfen berichten noch weitere Interviewpartner/-innen (SBB, SHB, NRW, JHM, KBD und TWB). Alle üben zum Zeitpunkt des Gesprächs keinen regelmäßigen Sport mehr aus. Sie führen dies auf den „lockeren Lebensstil" der Studienzeit zurück. In dieser Lebensweise fügen Rauchende eher abendliches Rauscherleben in den Abendstunden ein,[649] im Gegensatz zu regelmäßigem Vereinssport. Der Austritt aus dem Sportverein im Heimatort fällt zusammen mit dem Umzug an den Studienort und die Rhythmik des Studiums; der Wechsel von Vorlesungszeiten und vorlesungsfreien Zeiten, von lernintensiven Phasen und Jobben erschwere die Einbindung von regelmäßigen und festen Terminen. Generell ist unter den Befragten eine Bereitschaft zu erkennen, sich auf Anforderungen des Studiums einzustellen. Sie erzählen von einer gewissen Anpassungsfähigkeit und Flexibilität, die ihre Lebenswelt präge und die ihnen langfristige festgelegte Regelhaftigkeiten versage. Doch eröffneten sich durch die Flexibilität auch unvorhersehbare Chancen.

Eine 28-jährige Kunstgeschichtsstudentin verbindet das Rauchen explizit mit einem jugendlichen Lebensstil. Sie erzählt, sie sei von Freunden gefragt worden, wie lange sie denn noch rauchen wolle, da diese wüssten, dass sie in der zweiten Hälfte ihres Lebens nicht mehr rauchen wolle. Im Vergleich mit ihrem Tabakkonsum zu Studienbeginn habe sie sich aktuell ein reduziertes Tabakkonsummuster angeeignet, mit dem sie zufrieden sei. Jedoch gehöre das Rauchen für sie nicht zu ihrer Zukunftsvorstellung.

---

645 Die Tochter wird in einem Kindergarten und von BÖKs Mutter betreut.

646 Filter- und Hülsenzigarettenraucherin BÖK, 2006.

647 Raucherin von zusatzstofffreiem Feinschnitttabak BWB, 2010.

648 Feinschnitt- und Filterzigarettenraucher BSM, 2010.

649 Vgl. Kapitel III.2.5.2.1 Rauscherleben und Risikobewältigung.

„Es gibt ja diese Altersgrenze, bei der dann viele aufhören. Die ich aber auch so habe. Also ich möchte auch über ein gewisses Alter raus lieber nicht mehr rauchen. Und ich sehe mich auch in meinem zweiten Lebensabschnitt, wenn ich es so in der Mitte teilen würde, nicht unbedingt rauchend."[650]

Die hier erwähnte, jedoch nicht spezifizierte Altersgrenze zeigt sich besonders beim Blick auf Geschlechtsrollenmodelle von Raucherinnen in Verbindung mit einer Familienplanungsphase, wird jedoch auch in Gesprächen mit Rauchern bestätigt.[651] Ältere rauchende Frauen, die statt weißen Haaren eine „gelbe Tolle"[652] auf dem Kopf tragen, widersprechen dem Geschlechtsrollenbild der befragten Studentinnen.

Die Quellen belegen mehrere Verbindungsmuster zwischen studentisch-jugendkulturellen Lebensweisen und den darin etablierten Tabakkonsummustern. Dominante Ordnungselemente für das Rauchen im studentischen Milieu setzen sich zusammen aus Verhaltenserwartungen aufgrund der Geschlechtsrollen, der finanziellen Situation, der Flexibilitätserwartungen beziehungsweise -bereitschaft der Studierenden, der sozialen Kohäsionswirkung unter Freunden sowie der Anlehnung an medikalisierte Verhaltensvorgaben, wie sie in Rauchbiografiemodellen der Ratgeber für Rauchstoppwillige zu finden sind. Diese Ordnungsmuster vermischen sich im Untersuchungsfeld derart, dass sie gleichzeitig nebeneinander gelten können und erst die Disposition ihrer Kombinationsfähigkeit ihnen eine gemeinsam sinnstiftende und identitätsreproduzierende Wirkung verleiht. Medikales Hintergrundwissen klingt insbesondere im Rahmen der geschlechtsrollenspezifischen Verhaltensoptionen an. Erlebte Wechseldynamiken bei Tabakprodukten oder zwischen Konsummustern weisen in den Quellen auf keine Zusammenhänge mit medikalen Wissensbeständen hin.

2.2.4 Rollenwechsel in sozialen Situationen

Die Quellen zeigen Raucherinnen und Raucher, die sich selbst als Rauchende verstehen, d. h. ihren Tabakkonsum als sinnstiftenden Teil einer Rollenidentität „richtiger" Rauchender ansehen. Wie andere „Sinnbastler" gestaltet ein Raucher „subjektiv hinlänglich, aus heterogenen symbolischen Äußerungsformen seine Existenz. Er stückelt seine Tage aus ‚Zeit-Blöcken' oder ‚Zeit-Teilen' zusammen."[653] Die Gruppenidentifikation liegt unter Studierenden bereits im kulturellen Hintergrundrauschen des Studienlebens vor. Rauchen stellt lediglich eine Modifikation des bereits vorhandenen Sinnkomplexes dar. Für die Integration divergierender Genuss-, Rausch-, Gesundheitsteilorientierungen ist der Identitätsbastler verantwortlich. Er beziehungsweise sie allein entscheidet über Sinngebung, nicht die Systemlogik der Leitwerte. Dinge des Alltags gehen durch ihre Handlungsästhetik im Umgang Wechselwirkungen mit Situationen und Situationsbeteiligten ein. Gemeinschaftliches Erleben von beispielsweise Rauscherfahrungen betont die Gemeinschaft und der situationsadäquate Umgang

---

650 Feinschnitttabak- und Filterzigarettenraucherin EMB, 2010.

651 Vgl. Kapitel III.2.5.1.3 Lebensstil und Geschmack, Interview mit Filterzigaretten- und Feinschnitttabakraucher JHM, 2010.

652 Lightfilterzigarettenraucherin KBD, 2010, vgl. Kapitel III.2.5.1.1 Attraktivität und Gesundheit.

653 Hitzler/Honer: Bastelexistenz (1994), S. 311.

mit risikoreichen Dingen versinnbildlicht „Lebenskompetenz"[654]. Studien belegten Kohäsionswirkungen gemeinsamer Rauchsituationen. Das US-amerikanische Autorenteam Stromerg, Nichter und Nichter geht in ihrer Studie zum Gelegenheitsrauchen bei Studierenden weiter und verweist auf Gruppen- und Situationsdynamiken einer jugendkulturellen *Communitas*, die sich im Partyrausch in einer extrastrukturellen Situation bewegen und dadurch zeichenhaft und symbolisch risikoreiche Verhaltensweisen imitierten, indem sie mit deviantem Rollenverhalten spielten. „Our research suggests that it is in the latter category, outside the structure of the everyday that much low-level college tobacco use occurs."[655]

Ein Teilaspekt bei Situationsgestaltungen besteht in der kommunikationsförderlichen Wirkung des Tabakkonsums in ortsfesten Pausensituationen. Beachtenswert dabei ist jedoch die Korrelation von Ursache und Wirkung. Rauchgemeinschaften bestehen nicht aufgrund des Rauchens selbst.[656] Teilhabe an gemeinschaftlichen Rauchsituationen auf dem Hochschulgelände wird daher nicht durch gemeinsamen Tabakkonsum verursacht, sondern weitere studienbezogene Gemeinsamkeiten stellen Voraussetzungen für konstante gemeinschaftliche Rauchsituationen dar. Dazu erklärt ein Gesprächspartner, dass sich gemeinsame Zigarettenpausen in seiner Arbeitsgruppe durchgesetzt haben. Die Raucher gehen gemeinsam an ihren gewählten Ort hinter das Institutsgebäude und verbringen dort eine gemeinsame Zeit mit Gesprächen während des Rauchens. Die Raucher am Institut hätten ein sehr gutes Verhältnis zueinander und gingen an gemeinsamen Arbeitstagen routiniert gemeinsam in die Zigarettenpause.

> „Ich glaube nicht, dass das gute Verhältnis durch das Rauchen kommt. Das ist ein nicht zulässiger Schluss. Sondern ich denke, wir haben ein gutes Verhältnis und gehen deshalb gerne zusammen eine rauchen."[657]

In diesem Beispiel handelt es sich um einen besonders konstanten Raucherkreis, der jedoch mögliche Dynamiken zeitlicher und sozialer Kohäsion im Studierendenmilieu versinnbildlicht. Die Beteiligten erfüllen in gemeinschaftlichen Rauchsituationen rollenspezifische Verhaltensweisen, die aus den Verhältnisweisen zwischen den Rauchern

---

654 Niekrenz weist dem Erwerb von Rausch- und Risikokompetenzen Entwicklungsaufgaben im Lebensalltag von Jugendlichen zu. Niekrenz: Rausch als körperbezogene Praxis (2011), S. 216.

655 Stromberg/Nichter/Nichter: Taking Play Seriously (2007), S. 5.

656 Der Gemeinschaftsbegriff steht im kulturwissenschaftlichen Begriffsverständnis nahe beim Volk, bei Tradition, Land und Leuten und bildete das folkloristisch-romantisierte Gegenstück zum aufklärerischen, analytischen Gesellschaftsbegriff. Vgl. Kaschuba: Einführung in die Europäische Ethnologie (2006), S. 57 ff. Turner zieht den Begriff der Communitas dem der Gemeinschaft vor, weil er sie im Kontext des Rituellen vom Bereich des Alltagslebens unterscheiden möchte. Es handelt sich um eine rudimentär strukturierte, flüchtige Vergemeinschaftung unter Gleichen, die sich in Teilen der allgemeinen Autorität äußerer Strukturen unterwirft. Ferner geht er davon aus, dass Symbole diese Unbestimmtheit des Schwellenzustandes in Gesellschaften ausdrücken, in denen sich ritualisierte soziale und kulturelle Übergänge etablieren konnten. Die Charakterisierung des Schwellenzustandes, einer Vorbedingung der rituellen Communitas, stellt für Turner ein schwieriges Unterfangen dar, „da dieser Zustand und diese Personen durch das Netz der Klassifikationen, die normalerweise Zustände und Positionen im kulturellen Raum fixieren, hindurch schlüpfen". Turner: Das Ritual (2005), S. 95.

657 Filterzigarettenraucher RPM, 2010.

hervorgehen. Implizit kann daher davon ausgegangen werden, dass im Hintergrund gemeinschaftlicher Rauchsituationen eine Reihe von sozialen Rollenverhältnissen aktiv die Situation mitgestaltet und dass diese Rauchsituationen Wechsel zwischen rollenspezifischen Verhaltensfragmenten ermöglichen.

Die Quellen weisen nicht nur auf Wechselbewegungen zwischen gleichzeitigen sozialen Rollenfragmenten hin, sondern auch auf konsumgeschichtlich verschiedenartige Bewertungen von Rauchverhaltensweisen in universitären Fachkulturen. Die Medizinstudentin KBD hatte vor ihrem aktuellen Studiengang ein geisteswissenschaftliches Studium an einer anderen Universität abgebrochen. Während des Interviews kontrastiert sie ihre Eindrücke aus beiden Fachkulturen wie folgt:

> „[Im Jahr] 2000 habe ich schon einmal studiert. Da habe ich Germanistik studiert. Da haben wahnsinnig viele Leute geraucht und – vielleicht lag es auch an den Geisteswissenschaftlern, dass die überhaupt mehr rauchen. […] Und da gehörte das so für mich dazu. Komischerweise finde ich ist das jetzt, Jahre später, wo ich hier Medizin studiere, gehört das nicht zur studentischen Bewegung, sondern eigentlich zur Gegenbewegung, zu diesen furchtbaren Studenten, die man da hat. Ich studiere da mit lauter Neunzehnjährigen und die rauchen nicht mehr, habe ich so das Gefühl. Vielleicht ist das auch nur bei den Medizinern so. Und die ganzen Leute, die ich da kenne, mit denen ich mich auch gut verstehe, die sind eigentlich alle etwas älter. Die sind alle fünfundzwanzig plus. Und wir rauchen halt. Und wir bilden im Grunde so eine kleine coole Gegenbewegung zu diesen ganzen blonden neunzehnjährigen Tussies, die nicht rauchen. So gehört das schon zu unserem Alter, wie aber auch unsere Musik dazu gehört. […] Das ist dann ein Teil mehr, in dem man sich von den anderen unterscheidet, als dazu zu gehören. […] Man gehört halt zu den Älteren, wo Rauchen noch nicht so verpönt ist. […] Außerdem hat es bei den Medizinern noch etwas Lässiges. Wir rauchen und sind Mediziner. Wir sind nicht diese Vorbilder, sondern wir studieren Medizin und rauchen trotzdem, so nach dem Motto. Und bei den Geisteswissenschaftlern ist es, denke ich, eher so, die sind Geisteswissenschaftler und rauchen deswegen."[658]

Die Befragte verweist (stereotypisierend) auf ihre Wahrnehmungsveränderung der Bewertung ihres Rauchverhaltens hinsichtlich der sie umgebenden Studierendenkulturen. Sie unterscheidet zwischen Studierenden der Mediziner und der Germanistik, zwischen „ihrer" Gruppe rauchender, älterer Medizinstudent/-innen und den nichtrauchenden jüngeren Medizinstudentinnen. Aus ihrer Sicht hat ihr Tabakkonsum in ihrer gegenwärtigen Studiensituation, neben Alter und Musikgeschmack, differenzierende Wirkung. Das Paradoxon von medizinischem Wissen und symbolischem Zuwiderhandeln durch den Tabakkonsum präsentiert sie in der Gesprächssituation als „coole Gegenbewegung" zum angepassten Mainstream der jüngeren Studentinnen. Ohne Wissen um das gesundheitsschädigende Potenzial von Zigarettenkonsummustern wäre KBD nicht zu der Einschätzung gelangt, sie sei Teil einer unangepassten Gruppe. Trotz der stereotypisierenden Darstellung von Studierenden verweist sie auf mehrere Veränderungen hinsichtlich ihres eigenen Tabakkonsums aufgrund verschiedener studentischer Umfelder. Der Altersunterschied zu ihren Kommilitoninnen spielt für die positive Bewertung ihrer Andersartigkeit und insbesondere der Akzeptanz von

---

658 Lightfilterzigarettenraucherin KBD, 2010.

Tabakkonsum eine entscheidende Rolle. Dennoch ist auch in ihren Augen Rauchen auf eine fest umrissene Zeitspanne[659] in jugendlichen Lebensabschnitten begrenzt.

Über den Wechsel seiner eigenen sozialen Rolle, in Bezug auf das Verhältnis zu weiteren studentischen Angestellten in der Firma, in welcher der Germanistikstudent BSM neben dem Studium freiberuflich arbeitet, berichtet dieser, dass er die Raucherpausen nutzt, um aus seiner Berufsrolle des „Teamleiters" herauszukommen. Die übergeordnete Leitungsposition in einem Team aus studentischen Mitarbeiter/-innen erfüllt der Student allein im Arbeitskontext, denn die ihm zugeordneten Mitarbeiter/-innen rekrutiert BSMs Arbeitgeber, genauso wie ihn selbst, üblicherweise unter Studierenden der naheliegenden Universität. Jedoch nutzt BSM die Wechsel von Ort (Pausenraum) und Zeit (Pause) innerhalb der Arbeitszeit, um die Friktion zwischen den Rollen als „Vorgesetzter während der Arbeit" und „Student mit Nebenjob" mit Hilfe der Zigarettenpause zu durchbrechen. Genau wie BSM sind die ihm zugeordneten Teammitglieder auf freiberuflicher Basis angestellt. Dieser Umstand sorgt dafür, dass alle Mitarbeitenden (Teamleitende wie Teammitglieder) ihre Pausenzeiten frei wählen und einteilen können. Es komme vor, dass sich die studentischen Mitarbeiter/-innen in der Firma über die Funktionszugehörigkeiten hinweg zur gemeinsamen Raucherpause verabreden. Er zählt diese Rauchsituationen in den Arbeitspausen im Raucherraum zu den Momenten, in denen er ausgesprochen gerne raucht. Während der Zigarettenpause sei er als „Privatmensch" dort und könne viel lockerer mit den Anwesenden reden:

> „[AL: Gibt es Situationen, in denen du ganz besonders gerne rauchst?] Auf der Arbeit vielleicht, weil da dieser kommunikative Faktor ist. Weil man dann ja aus der Arbeit raus ist im Pausenraum und dann quasi als Privatmensch da, als wenn man sich irgendwie privat treffen würde. Da kann man mit den Leuten lockerer reden. Das [ist so eine Situation] vielleicht, wo ich mir dann denke, ja, das ist schön."[660]

Die hierarchisierende Ordnung der studentischen Mitarbeiter/-innen in ihrer Arbeitssituation kann durch die „private" Pausensituation aus der Sicht einer statushöheren Person wie BSM durchbrochen werden.[661] In diesen Arbeitspausen im Raucherraum sind für BSM Kontakte entstanden, die über den Arbeitskontext hinausreichen. Er erzählt, er sei am Vortag nach der Arbeit am späten Abend (zwischen 21 und 22 Uhr) direkt zu einer Kollegin gegangen, dort sei er schließlich bis zwei Uhr morgens „versackt". An dem Abend hätte er Alkohol getrunken und sehr viel geraucht, weshalb er den Abend als „hart" bezeichnet. Die Kollegin hätte ihm zudem eine filterlose Zigarette angeboten, die er abgelehnt habe; diese sei ihm zu viel „Lungentorpedo" und nicht so sein Ding. Die Bezeichnung „Kollegin" für ein Treffen mit einer Freundin am Abend verdeutlicht die Herkunft dieser Freundschaft auf der einen Seite, auf der anderen Seite zeigt sich die zuvor getroffene Aussage als kohärent, BSM sei in den

---

659 Vgl. Kapitel III.2.5.1.1 Attraktivität und Gesundheit.

660 Feinschnitt- und Filterzigarettenraucher BSM, 2010.

661 Die Sichtweise stellt die einer statushöheren Person in Rauchgemeinschaften dar, die aus Sicht statusniedrigerer nicht bestätigt werden kann. Statushöhere *Gatekeeper* haben in Rauchpausen mehr Zugänge zu Kommunikation mit Statusniedrigeren als in umgekehrter Richtung. Vgl. dazu Kapitel III.2.3 Rauchinseln, *Spacing* und Raumorientierungen.

Pausen ein rauchender „Privatmensch", da aus einer dieser Pausensituationen heraus sich eine freundschaftliche Verbindung entwickelte. Den von ihm vollzogenen Rollenwechsel vom Vorgesetzten zum studentischen Zechfreund kann er aufgrund seines Status anstoßen.

Die Quellen weisen auf unterschiedliche Rollenwechseloptionen in und durch Zigarettenkonsumsituationen in Verbindung mit ihren jeweiligen Rahmenbedingungen am Institut, innerhalb einer Fachkultur und zwischen Arbeits- und Pausensituationen hin. Voraussetzungen der Wechselmöglichkeiten liegen in den bereits vorhandenen Hierarchieverhältnissen zwischen den gemeinsam Rauchenden. Bezüge zu medikalen Wissensbeständen stellen die befragten Raucher/-innen vor allem in der Biografisierung von Tabakkonsummustern unter Beachtung von geschlechtsrollenspezifischen Erwartungen an zukünftige Verhaltensänderungen her. Die Befragten besitzen wenige kostspielige Rauchutensilien, die sie jedoch im alltäglichen Gebrauch nur selten präsentieren und nutzen. Raucherinnen erlernen akzeptierte Körpertechniken des Rauchens unter Anleitung raucherfahrener Peers. Nicht allein die öffentlich praktizierte richtige Rauchtechnik löst aus, dass Raucher/-innen als solche bezeichnet werden. Richtiges Rauchen setzt, abseits von Genusssituationen, einen sozial annehmbaren Umgang mit Tabakprodukten aus einem Portfolio an Rauchgründen voraus.

2.3   Rauchinseln[662], *Spacing*[663] und Raumorientierungen

Politische Sanktionen greifen im Fall des Tabakkonsums immer stärker auf die als angemessen empfundenen Räume von Rauchhandlungen zu und definieren diese neu. Im Rahmen der Föderalismusreform 2006 übertrugen die Bundesländer ihre Regelungskompetenzen, abgeschlossene Raucherbereiche auf dem Hochschulgelände einzurichten, an die Universitätsleitungen. Schon zuvor setzten die Universitäten bereits Rauchverbote in ihren Gebäuden durch.[664] Handelt es sich bei der Eingrenzung von Rauchinseln von Seiten der Universitätsleitung um ein institutionell gesteuertes medikales *Spacing*? Für eine Analyse medikaler Räume ist in der Kulturwissenschaft neben einem Blick auf Raumorientierungen und die physische Beschaffenheit der Orte die handlungstheoretisch ausgerichtete Perspektive des *Spacing*, der räumlichen Gouvernmentalität, genutzt worden.[665] Denn Regulierungen öffentlicher Räume figurieren Ergebnisse kultureller Ordnungsprozesse. Darüber hinaus dienen Raumorientierungen der Bestätigung individueller und kollektiver Identitäten, sie werden im Alltag von Akteuren gestaltet und gestalten den Akteur (ideell) mit.[666] „The cigarette can quickly

662   Der Begriff Rauch(er)insel bezeichnet beispielsweise gelb eingefasste Flächen auf Bahnsteigen der Deutschen Bahn AG, die im Rahmen des Rauchverbots in Bahnhöfen eingerichtet wurden.

663   Vgl. Hänel, Dagmar/Unterkircher, Alois: Die Verräumlichung des Medikalen. In: Eschenbruch, Nicholas/Hänel, Dagmar/Unterkircher, Alois (Hg.): Medikale Räume. Zur Interdependenz von Raum, Körper, Krankheit und Gesundheit. Bielefeld 2010, S. 7–20, hier S. 16.

664   Vgl. Apel/Klein/McDermott/Westhoff: Restricting Smoking (1997).

665   Vgl. Hänel/Unterkircher: Verräumlichung des Medikalen (2010), S. 16.

666   Vgl. Greverus: Universität als lokale Öffentlichkeit? (2000), insbesondere S. 19.

transform a situation and, not incidentally, the person in the situation."[667] Inwiefern beeinflussen Rauchzonen und Rauchverbote auf dem Hochschulgelände persönliche Präventionsvorstellungen oder Körpertechniken des Rauchens beziehungsweise das Rauchverhalten in studentischen Lebenswelten?

Die geführten formellen und informellen Gespräche enthielten immer wieder Hinweise auf die Bedeutung der Rauchsituationen für die Ausgestaltung gemeinschaftlichen Tabakkonsums. „Um ein Ereignis zu einer gemeinschaftlichen Performance zu machen, bedarf es einer entsprechenden Rahmung."[668] Der Ausschluss von Orten, an denen nicht (mehr) geraucht werden darf, schafft gleichzeitig von institutioneller Seite ein mehr oder weniger festes „Set" von sozialen Rauchräumen. Dazu zählen Eingangsbereiche von Instituten, Zugangsbereiche von Bibliotheken, Cafeterien und Cafés auf dem Campus oder in Campusnähe etc. Die Befriedigung der Bedürfnisse im Raum ist mit individuellen und kollektiven Konflikten und Identifikationen verbunden.[669] Rauchverbote, wie auch installierte Rauchräume beziehungsweise Raucherbereiche, medikalisieren öffentlich genutzte soziale Räume.

Ein Blick in die Geschichte der Rauchverbote zeigt, dass diese einerseits auf Mäßigungsbewegungen zurückgeführt werden können, andererseits in jüngster Vergangenheit Sozialgruppenformierungen aufgrund von Stigmatisierungen von Raucher/-innen vermutet werden. Zu Beginn des 20. Jahrhunderts entstanden Raucherzimmer als Gegenpol zu öffentlichen Rauchverboten. Die Zimmer fanden in bürgerlichen Kreisen erst in städtischen Kontexten, jedoch auch auf dem Land schnelle Verbreitung.

> „Bis zur Mitte des 20. Jahrhunderts, so kann man die skizzierte Entwicklung zusammenfassen, gab es zwar immer Gegner des Tabaks und des Rauchens, ihre Problematisierungen, vor allem aber freilich ihre Aktivitäten und Erfolge und damit ihre Reichweite waren allerdings räumlich und zeitlich äußerst begrenzt. In Bezug auf die Gesundheitsgefahren war wohl eine Argumentation leitend, die insbesondere vor dem Exzess warnte."[670]

Bald wandelte sich jedoch offensichtlich der Diskurs von „Gesundem gleich Gemäßigten Umgang mit dem Tabak" hin zur völligen Einbettung des Rauchens (Lebensstilisierung) in manchen Kreisen und in völliger Ablehnung des Rauchens in anderen Zusammenhängen. Eine Folge dieser Entwicklung ist die immer weiter fortschreitende Einschränkung von Raucher/-innen, an bestimmten Orten Zigaretten zu konsumieren.

> „Moreover, the disapproval of specific health behaviours frequently transfers to the people doing the behaviours. Overweight people are often the butt of prejudice (they are viewed as weak in character) as are people who struggle with sobriety (they are sinners who are a danger to the community). There is, however, a unique aspect to smoking that exacerbates the

---

667 Stromberg, Peter: Symbolic valorization in the culture of entertainment: The example of legal drug use. In: Anthropological Theory (8/2008), S. 430–448, hier S. 440.

668 Wulf, Christoph: Das Soziale als Ritual: Perspektiven des Performativen. In: Wulf, Christoph/Althans, Birgit/Audehm, Kathrin/Bausch, Constanze/Göhlich, Michael/Sting, Stephan/Tervooren, Anja/Wagner-Willi, Monika/Zirfas, Jörg: Das Soziale als Ritual. Zur performativen Bildung von Gemeinschaft. Opladen 2001, S. 339–354, hier S. 340.

669 Vgl. Greverus: Universität als lokale Öffentlichkeit? (2000), S. 19.

670 Schmidt-Semisch: Vom Laster zur Modellsucht (2005), S. 126.

prejudice experienced by smokers: *secondary smoke*. (…) The unique effects of second-hand smoke might be better understood in terms of the stigma-related notions of *contagion* and *contamination*, the idea that the curse that produces a stigma can be passed on to others."[671]

Der Blickwinkel öffnet sich also von der Handlung an sich hin zu einem Kennzeichen für die Menschen, die diese Handlung durchführen. Sie werden zur Zielscheibe moralischer Charakterisierungen, die zu einer Herabstufung oder Diskriminierung durch eine andere soziale Gruppe (oder dem aus Nichtraucher/-innen bestehenden Großteil der Bevölkerung) führen. Das Stigma löst eine Vorverurteilung von Personen, ihres Lebensstils und ihres Charakters aus. Anders als Corrigan es vermutet, belegen die untersuchten Quellen in dieser Studie keine statusangleichenden Prozesse, die rauchende Studierende zu einer stigmatisierten sozialen Gruppe separieren.

Abseits der Rauchverbote entwickelt die hygienische Ausgestaltung von öffentlichen Räumen eine weitere ordnungsgebende Dynamik. Dies gilt für den Campus ebenso wie für körperliche Geruchsräume.

> „Jeder öffentliche Geruchsraum hat ein sozial erwartetes oder sozial erwünschtes Geruchsprofil. Dieses Geruchsprofil kann zunächst dazu beitragen, die Bedeutung und Funktion eines Ortes erkennbar und qualitativ beurteilbar zu machen bzw. eine solche Bedeutung, Funktion oder Bewertung intentional hervorzuheben respektive zu steuern. Weiterhin können über solch einen typischen Geruch die räumlichen Grenzen bestimmter Örtlichkeiten bemerkt bzw. wiederum intentional für andere erkennbar gemacht und manifestiert werden."[672]

Die Begutachtung von Gerüchen in medizinischen Diagnoseverfahren legitimiert ihre Kontextualisierung im Bereich der Hygiene. Die Bedeutung von körperlichen und anderen Geruchskontrollen im Zivilisationsprozess wurde bereits erörtert.[673] Der Hygienebegriff bezieht sich im speziellen Fall des Rauchens auf die olfaktorische Neutralisierung, die Re-Odorisierung des Körpers sowie auf das Geruchsmanagement der persönlichen „Box", des individuellen Wohnraumes.[674] Dennoch ist die Einrichtung von Raucherbereichen nicht aus Gründen der Stigmatisierung von Rauchenden oder des Rauchens eingetreten, sondern soll in erster Linie dem Schutz der Nichtraucher/-innen vor Schädigungen durch Passivrauchen dienen.[675]

Die legitimierten Orte des Rauchens, die Orte des Nichtrauchens wie auch die Transitzonen unterteilen sich in öffentliche und private Räume des studentischen Lebensraums. Zu den öffentlichen Räumen zählen das Hochschulgelände, Kneipen oder

671 Corrigan: Marlboro Man (2004), S. 351.

672 Raab: Soziologie des Geruchs (2001), S. 204.

673 In der humoralpathologischen Lehre galten Miasmen, die vom Körper ausgedünstet wurden, als Anzeichen physischer wie psychischer Erkrankungen. Der ärztliche Geruchssinn war auch im Modernisierungsprozess medizinischer Diagnoseverfahren des 19. und 20. Jahrhunderts wichtiger Indikator für die Beurteilung von Krankheitsstadien.

674 Vgl. Raab: Soziologie des Geruchs (2001), S. 132 f.

675 Vgl. Corrigan: Marlboro Man (2004), insbesondere S. 347. Ob Raucher/-innen beziehungsweise das Rauchen selber einer Stigmatisierung ausgesetzt sind, bleibt laut Corrigan unklar, da der Schutz vor Passivrauchen ebenso gewichtig als Argument zählt, wie Rauchende die Rauchverbote als Diskriminierung deuten, womit beide Aussagen: Stigmatisierung und Selbstschutz nebeneinander bestehen und zutreffen könnten.

der Bürgersteig, zu den privaten wiederum der eigene Wohnraum, das Zimmer in der Wohngemeinschaft und die gemeinschaftlich genutzte Küche sowie der zugehörige Balkon. Insbesondere in ortsfesten, öffentlichen Rauchräumen waren aufgrund der temporären Aneignung von öffentlichem Raum sichtbare medikalisierte Handlungen zu erwarten, da es sich um eine grundsätzlich ortsflexible Nutzung des Raumes handelt, die durch die Befestigung von Rauchpavillons[676], Müllbehältern und Aschenbechern institutionell dirigiert wird. Der folgende Abschnitt behandelt daher Schilderungen von ortsfesten Orten des Rauchens, Techniken der Rücksichtnahme sowie von Kommunikations- und Geruchsräumen auf Grundlage der Erzählungen der Interviewpartner/-innen sowie aus Teilnahmen an Rauchsituationen. Auf den Hochschulgeländen war festzustellen, dass bestimmte Orte besonders beliebte Rauchorte darstellten, Rauchen an anderen Orten wiederum inakzeptabel erschien. Daneben schilderten die Befragten, dass sie bestimmte soziale Situationen eher zum Rauchen geeignet ansahen als andere. Welche Orte, Zeiten und Situationen von den Rauchenden als geeignete Rauchsituationen erkannt und wahrgenommen werden, handeln die Studierenden teilweise unter Berücksichtigung der sozialen Situation aus.

2.3.1   Rauchinseln und Kommunikationsräume

Rauchende eigenen sich Orte des Rauchens unter Berücksichtigung des lokal akzeptierten Rauchverhaltens an, auch wenn ihnen die Hochschule durch gesteuerte Raumdifferenzierungen spezielle Areale auf dem Campus zuweist oder vorenthält. Ihre Vormachtstellungen bekräftigen die Hochschulen durch die Anbringung von Aufklebern und Schildern an Gebäudezugängen, Installation und Deinstallation von Aschern, jedoch werden Rauchorte nicht nur durch Hochschulleitung beziehungsweise das Studentenwerk durch das Bereitstellen von Aschebehältnissen legitimiert. Ebenso finden sich in wind- und wettergeschützten Gebäudearealen Rauchende ein. Beobachtungen auf den Hochschulgeländen haben gezeigt, dass Studierende häufig an Orten rauchen, die für Kommilitonen und andere Hochschulangehörige sichtbar sind. Dadurch platzieren Rauchende ihren komplexen Tabakkonsumvorgang, ebenso wie sich selbst, in die soziale „Mitte" hochschulischer Lebenswelten. Legitime Rauchorte werden als Bühnen genutzt, die Sichtbarkeit (Raucherrolle und Studierendenrolle) in dieser Landschaft zu elaborieren, zu verstetigen und zu legitimieren. Rauchinseln bezeichnen die innerhalb des Feldes entstandenen und von beiden Seiten akzeptierten Rauchorte. Diese Orte umspannen Grenzen institutionellen Einwirkens und individueller Gestaltung. Dies trifft auf hochschulöffentliche Areale auf dem Hochschulcampus zu wie auf private Räume, die ein noch größeres Spannungsfeld bieten, beispielsweise in Fällen, in denen im Mietvertrag festgelegt ist, dass in den überlassenen Räumen nicht geraucht werden darf. Institutionelle Verbote und Selbstrestriktionen sind auf dem Hochschulcampus klarer voneinander abzugrenzen.

Zum Zeitpunkt der Untersuchung waren (noch) auf allen Universitätsgeländen Standascher und Mülleimer aufgestellt, in die Gitter- oder Sandflächen beziehungsweise Glutauffangbehälter eingelassen waren. Daneben nutzten Studierende weitere

---

676   Siehe Anhang, Abbildung 5: „Rauchpavillon", Bonn, Juni 2010.

Objekte, Flächen und Behälter, um Zigarettenreste zu entsorgen. Dazu gehörten Blumenkübel, Stein- und Metallvorrichtungen an den Gebäuden, aber auch leicht transportierbare Einwegbehälter wie Kaffeebecher aus Plastik, Getränkekartons und -flaschen, beschädigte Materialien aus dem Laborbestand, Schreibutensilien wie Stifthalter etc. Genauso gehörten auf dem Boden entsorgte Zigarettenreste zum Erscheinungsbild der Hochschulen.

Wie kommt es zu Rauchinseln unter Studierenden und welchen Nutzen haben diese für Kommunikationsbedürfnisse an der Universität? Rauchinseln verankern sichtbar kommunikative Zusammentreffen auf dem Universitätsgelände.

> „Ich kenne jetzt nicht mehr Raucher, aber ich sage mal, man unterhält sich mehr mit Rauchern, weil man halt draußen steht. Mit den Nichtrauchern, die ich da so kenne, da quatscht man mal kurz auf dem Gang oder auf dem Weg oder so. Aber die Raucher stehen halt immer draußen. Es ist halt so, wenn ich zum Beispiel zur Uni gehe, ich weiß ja nicht immer, wen ich treffe. Dann gehe ich als erstes zum Schwarzen Brett und gucke da irgendwas und dann gehe ich an der Caféte [Cafeteria] vorbei und gucke raus, ob da jemand steht. Und meist ist es so, die Leute, die nicht rauchen, die sieht man halt auf dem Gang und quatscht so kurz mit denen. Aber bei den Rauchern, da geht man so gezielt hin. [...] Das ist dann wie ein Treffpunkt, wo man sich immer trifft, und die Nichtraucher, die trifft man halt überall."[677]

Sichtbare und ortsfeste Rauchinseln ermöglichen, dass Raucher/-innen und Kommiliton/-innen über die Präsenz der Rauchenden auf dem Gelände informiert sind. Die Orte bilden gemeinsame Anlaufstellen. Nutzen und Zugang zum kommunikativen Raum, der mit Hilfe des Tabakrauchens erst entsteht oder verändert wird, wandeln sich aus Sicht der Befragten im Verlauf des Studiums. Beispielsweise EMB berichtet, dass sie in Rauchsituationen auf dem Campus zu Beginn ihres Studiums, zumeist vor der Bibliothek oder vor dem Institut, neue Leute kennen gelernt hat und sich mit diesen unterhalten konnte und anfreundete. Diese Art der Kontaktakquise habe jedoch mit Fortschreiten des Studiums abgenommen, sodass vorrangig andere Situationen zur Kontaktaufnahme dienten.

Der Doktorand RPM beschreibt eine für ihn anekdotische Begebenheit, die sich zu Beginn seines Studiums zugetragen habe. In einer für ihn fremden und unerfreulichen Situation in der ersten Studienwoche erkennt er einen „gleichgesinnten" Raucher. Erzählanlass ist eigentlich eine Frage zu der Wohnform nach dem Umzug an den gegenwärtigen Studienort.

> „Ich bin zunächst in eine eigene Wohnung alleine gezogen. Eine interessante Raucher-Anekdote ist, dass ich am ersten Tag in meinem Studium zu einer solchen Ersti-Veranstaltung gehen wollte und mir auch gedacht habe, da gehst du mal hin, und habe das in die Tat umgesetzt. Ich bin dann in eine Veranstaltung gekommen, wo mir ganz viele Leute ganz unangenehm auffielen. Und da habe ich mir schon gedacht, das mit dem Studieren, das wird wohl eher fade. Allerdings stand da jemand, der rauchte. Zu dem bin ich dann hingegangen. Dann habe ich mich mit dem unterhalten, und das war ein echt netter Kerl, und uns ist dann aufgefallen, dass wir auf einer Veranstaltung von Juristen waren – also vollkommen falsch. Von daher auch die unangenehme Klientel. [AL: Er auch?] Er auch. Wir waren beide eigentlich Sozialwissenschaftler und wir konnten es selber nicht mehr richtig rekonstruieren, ich

---

677 Lightfilterzigarettenraucherin KBD, 2010.

glaube, das war falsch ausgeschrieben. Das war ja relativ unwahrscheinlich, dass zwei sich da total verhauen. Aber mit dem Kollegen, den ich wirklich am ersten Abend meines Studiums kennengelernt habe, bin ich hinterher zusammengezogen. Das ist auch bis heute noch einer meiner besten Kollegen und ja – das hat sich rauchmäßig gelohnt."[678]

Seine Erzählung betont die einstimmige Andersartigkeit der beiden jungen Männer. Das Tabakrauchen wird in der Geschichte zum symbolischen Motiv, welches für die ersten Studienerlebnisse und die erste im Studium geschlossene Freundschaft steht. Im Gegensatz zum Studienbeginn, an dem Studierende unstrukturiert neue Kontakte knüpfen, berichten die Befragten von klaren Abgrenzungen zwischen einzelnen Jahrgängen und Studienfächern, die sich in Rauchsituationen auf dem Hochschulgelände spiegeln. Der Zigarettenraucher JHM schildert in diesem Zusammenhang seine Eindrücke von Rauchsituationen vor dem Fakultätsgebäude. Dort ist ein Raucherpavillon aufgebaut, in dem Studierende während des Rauchens vor Regen geschützt sind.

„Es gibt sicherlich Grüppchen, das auf jeden Fall, aber ob man die jetzt jedes Mal in Juristen und VWLer eindeutig einteilen kann, weiß ich jetzt nicht so genau. Also, wie gesagt, ich hänge da dann auch meistens mit denselben Leuten zusammen. Wenn ich dann zwei, drei Leute von meinen Freunden treffe, dann stehe ich mit denen in einer Ecke, und man sieht schon immer die[selben]. Das ist jetzt nicht eine homogene Gruppe […] und jeder kennt sich und *handshakes*, so ist es nicht. Es ist schon eher so, dass das so kleine Cliquen sind. Bei uns im Studiengang, oder in meiner Clique, gibt es jetzt keinen Juristen. Also kann das gut möglich sein, dass man auch im Studiengang homogene Gruppen vorfindet. [AL: Wie würdest du denn die Grüppchen einteilen?] Ich glaube, das hängt viel mit den Semesterzahlen zusammen, das heißt, die Leute aus deinem Jahrgang, die lernst du an sich schneller und öfter kennen. Du hast am Anfang die Einführungswoche, da lernt man viele Leute kennen. Darüber bilden sich schon so erste Gruppierungen aus. Dann hast du laufend mit denen Unterricht, das heißt, du kannst mit denen zusammen lernen. Ich denke schon, dass das sehr jahrgangsspezifisch ist. Es gibt natürlich auch Ausnahmen und andere Fälle, gerade Leute, die selber Tutor sind, das heißt mehr oder weniger Unterricht geben, da habe ich drei sogar in meinem Freundeskreis, in meinem engeren jetzt, die haben natürlich auch Kontakt zu den Jahrgängen unter ihnen, beziehungsweise über ihnen, wenn da noch andere Tutoren sind, weil die sich dann auch absprechen und kennen. Da gibt es schon so Verflechtungen, sage ich mal. Wenn man jetzt aber weder in der Fachschaft noch Tutor ist, sondern wirklich nur reiner Student ist, der dahin geht und wieder nachhause geht, dann würde ich schon sagen, dass es tendenziell sich so auf den Jahrgang beschränkt. Und da gibt es dann auch immer so kleine Grüppchen. Also das hat man nach der Einführungswoche, da hat man schon immer wieder dieselben Leute zusammen gesehen."[679]

Die Befunde zeigen situationsabhängige Strukturen im polylokalen Untersuchungsfeld. In ortsfesten Rauchsituationen unterhalten sich Studierende mit Raucher/-innen, die ihnen aufgrund ihres Studienganges bekannt sind. Ältere Studierende beziehungsweise Rauchende in herausgestellter Position (Tutoren, Mentoren) profitieren von diesem hierarchischen Gefüge auch in Rauchsituationen. „Wir waren immer so von unserem Tisch so fünf, sechs Leute, und dann kommen immer noch Leute von anderen Tischen, die man dann so kennt dazu. Und es sind nicht nur die Leute vom

678 Filterzigarettenraucher RPM, 2010.
679 Filterzigaretten- und Feinschnitttabakraucher JHM, 2010.

Präp-Saal, sondern es sind ja auch Leute, die aus meinem Semester sind, die ich dann sehe."[680] Rauchsituation demonstrieren existierende soziale Netzwerke. Ihnen stehen aufgrund größerer persönlicher Netzwerke auch mehr Zugänge zur Teilnahme an Kommunikationssituationen zur Verfügung.

Zu Beginn der Feldteilnahme waren einige Besonderheiten festzustellen. Der Zugang zu rauchenden „Grüppchen" konnte nicht ohne Hilfe von *Gatekeepern* hergestellt werden, da erste Eindrücke aus dem Feld nahelegten, dass mit Offenlegung des Forschungsinteresses eine erhebliche Veränderung der Rauchsituationsdynamiken einherging. Festzustellen war dies an der Anhäufung anekdotischer Erzählungen in Tabakkonsumsituationen. Informelle Gespräche zum Thema Rauchen waren darüber hinaus deutlich durch nonverbale Codes gekennzeichnet, in denen Rauchende vermittelten, dass sie ihr Verhalten selber nicht erklären konnten oder wollten beziehungsweise dass der Sinn ihres Handelns doch offensichtlich der Genuss von Tabakwaren sei. Hauptuntersuchungsgegenstände wurden in dieser Forschungsphase daher ortsfeste Rauchsituationen, zu denen durch meine wissenschaftliche Tätigkeit an zwei der untersuchten Universitäten Zugang bestand. Dadurch konnte meine Teilnahme für die Rauchenden über das Forschungsinteresse hinaus legitimiert werden.

Rauchinseln sind, auch wenn sie von einzelnen Rauchenden genutzt werden, ortsfeste Bühnen des Genussrauchens und bieten ihren Nutzer/-innen, insbesondere während der Vorlesungszeiten, Gelegenheit zu Kommunikation. Daneben existieren weitere ortsfeste Rauchorte in Form von Transiträumen und Multifunktionsflächen. Berauchte Transiträume entstehen in den meisten Fällen an stark frequentierten Zugängen von Fakultäts- und Bibliotheksgebäuden. Dort nutzen Rauchende die installierten Aschbehältnisse, um ihre Tabakglut auszulöschen; gleichermaßen dienen Transiträume als Treffpunkte zwischen Rauchenden und Nichtrauchenden. Im Gegensatz zu Rauchinseln durchkreuzen Studierende diese Transitbereiche für studienbezogene Tätigkeiten in Instituten und Bibliotheken. Weiterhin war eine vierte Form ortsfester Rauchorte auf dem Gelände zu beobachten. Dabei handelt es sich um Rauchorte, die eine gewisse Ortskenntnis im Areal voraussetzen. Diese Rauchorte separieren eine begrenzte Anzahl von Nutzer/-innen von anderen Gebäudenutzer/-innen. Zugang zu diesen „Separees" erlangen Rauchende oder ortsfremde nur durch *Gatekeeper*, d. h. am Ort etablierte Akteure. „Das hat halt wirklich so ein Element von gemütlich und ruhig, wenn man mit einer Tasse Kaffee irgendwo sitzt und dann eine Zigarette raucht."[681] Limitierte Kommunikationsmöglichkeiten („in Ruhe") und Separation von anderen Rauchenden sind zentrale Funktionen dieser Rauchorte, im Gegensatz zu Rauchinseln, Transitbereichen und Multifunktionsflächen, an denen sich potenziell andere Hochschulangehörige ohne Absprache beteiligen könnten.

Das Gespräch mit MMB kommt auf den Zugang zum Institutsgebäude, der durch eine etwa zehn Meter lange Grasfläche von der Straße getrennt ist, an der eine Bushaltestelle liegt. Beim Betreten des Gebäudes war aufgefallen, dass vor dem Haupteingang des Gebäudes rechts und links neben den Flügeltüren zwei rechteckige Mülleimer mit Aschenbecher installiert waren und der rechte Aschenbecher stärker mit Zigarettenresten bestückt war als der linke. Ich erfrage den Grund, wie es zu der ungleichen

---

680 Lightfilterzigarettenraucherin KBD, 2010.
681 Lightfilterzigarettenraucherin KBW, 2006.

Verteilung zwischen den beiden Sandaschenbechern kommt. MMB erklärt, dass auf der linken Seite des Gebäudes stark frequentierte Hörsäle liegen und dass auf der rechten Seite zwei Aufzüge, statt des einen Aufzugs auf der linken Seite, den Zugang zu den Instituten in den oberen Etagen erleichtern. Er selbst rauche nicht mehr vor dem Gebäude. „Wir stehen immer hier auf der Seite. [Deutet mit der Hand aus dem Fenster zur Rückseite des Gebäudes.] [AL: Also ganz woanders.] Genau. Weil da morgens Sonne ist."[682] Er erzählt von gemeinschaftlichen Rauch- und Kaffeepausen, die er gerne mit zwei Studierenden aus seiner Arbeitsgruppe verbringe. Er selbst ist in Besitz eines Generalschlüssels für das Gebäude. Die zwei beziehungsweise drei Raucher am Institut wählen für ihre gemeinsamen Rauchpausen einen Ort auf der Rückseite des Gebäudes, der für statusniedrigere Mitglieder des Instituts zwar einsehbar, jedoch nur schwer zugänglich ist. Dorthin gelangen sie durch eine der beiden Hintertüren des Gebäudes, die ihnen den Zugang zum Pausenplatz verkürzt. Der Besitz eines Schlüssels für diese Türen ist dafür Voraussetzung. Der exklusive Rauchort scheint besonders aufgrund der vormittäglichen Sonneneinstrahlung attraktiv.

> „Da ist ein Parkplatz. Da sind noch die Mülleimer, und dann ist da oben so ein ganz kleiner Aschenbecher. [...] [AL: Wer steht denn da sonst noch?] Keiner. [lacht] [AL: Ist das ein Privileg?] Nee, man kann da zum einen auf der Mauer hinten sitzen im Sommer und, wie gesagt, es ist halt wärmer, wenn man da in der Sonne stehen kann. [...] Spät nachmittags gehen wir dann auch mal nach vorne jetzt. Wenn es kalt ist. Im Sommer ist es ja dann auch nicht kalt im Schatten und da [bleiben wir hinten.] Man kann halt da sitzen. Kaffee abstellen. [AL: Ist seid alleine da?] Nee. Da ist sonst niemand. Man kommt ja auch nur mit Schlüssel wieder rein. Deswegen. Der normale Student käme nicht rein. Der müsste außen rum gehen. [...] Das hat sich erst im letzten Jahr mehr oder weniger ergeben, dass wir da hinten raus gehen. Und das war eben dann durch, weil man da in der Sonne sitzen konnte, und früher sind wir immer nur nach vorne gegangen. Und wer da jetzt so steht – keine Ahnung. Ich glaube, alle anderen aus dem Haus, die rauchen. Die könnten ja auch hinten raus gehen, die haben ja auch theoretisch einen Schlüssel dafür. Manchmal stehen da hinten am zweiten Eingang noch welche von der Ernährung, Ernährungswissenschaften, da sind auch dann zwei [Leute]. Die grüßt man dann auch, ne. Aber ansonsten, keine Ahnung. Habe ich mir noch nicht so Gedanken drüber gemacht, warum jetzt wir nur alleine dann da sind."[683]

Vom Hörsaaltrakt aus könne der Parkplatz eingesehen werden. Im Nachsatz erwähnt MMB, dass die drei Kommilitonen die gemeinsamen Rauchzeiten nutzten, um über Versuchsabläufe und manchmal andere Studierende zu sprechen.

Die gewählte räumliche Abgrenzung der Rauchsituation erfüllt gleich mehrere Funktionen: Sie schafft einen nahen, und doch abseitigen und geschützten Kommunikationsraum, in dem die Raucher sich gegenseitig kollegial zu fachlichen Fragen beraten. Die gemeinsame Raucherpause dient daher unter anderem der Eröffnung wissenschaftlicher diskursiver Praktiken innerhalb eines geschützten Raums. Eine weitere Funktion ist an dieser Rauchsituation ablesbar: Sie dient der Verständigung über Verhaltensweisen anderer Institutsangehöriger. Insofern repräsentiert diese, in diesem Fall rein männliche, Rauchpausengemeinschaft ein Instrument sozialer Orientierung unter *Peers* bei gleichzeitigem Einüben wissenschaftlich-diskursiver Praktiken. Durch

---

682 Lightfilterzigarettenraucher MMB, 2010.
683 Lightfilterzigarettenraucher MMB, 2010.

den relativ exklusiven Zugang zum Rauchort, und vor allem die hohe Sichtbarkeit der Pausengemeinschaft von Seiten der Studierenden während der Veranstaltungen durch die Hörsaalfenster, bringt die Zigarettenpause in angenehmer Sonnenlage mit Sitzmöglichkeit und einem vorinstallierten Aschenbecher für die Schlüsselträger weiterhin symbolisch eine Verstärkung ihrer *Gatekeeper*-Position innerhalb der Institutscommunity. In diesem Sinne bestätigt die räumlich-situative Gestaltung der Rauchpause die im Institut bestehende Hierarchie in Abgrenzung zwischen normalen und besonderen institutionellen Zugehörigkeiten.

Auch abseits der Hochschule suchen Raucher/-innen betont freiwillig Rauchorte im Freien auf. Der interviewte BSM, Germanistikstudent im fünften Semester und kurz vor Beginn seiner Bachelor-Arbeit, zählt sich zu den Menschen, die gerne und freiwillig zum Rauchen „vor die Türe"[684] gehen. In den meisten Diskotheken, die BSM regelmäßig an seinem Studienort besucht, ist das Rauchen bis vor kurzem untersagt gewesen. In seinem Heimatort (in einem anderen Bundesland) gilt ein strenges Rauchverbot in öffentlichen, geschlossenen Räumen. Es freue ihn, dass Rauchen in Diskotheken erlaubt sei, und er mache von dieser Erlaubnis Gebrauch, da dies „gemütlicher" sei.

Neben öffentlichen Rauchorten sind in Wohnsituationen der Befragten weitere Regelungen und Aushandlungserfordernisse anzutreffen. Der private Wohnraum unterliegt bestimmten Rauchregeln. „Als ich vor ein paar Jahren aufgehört habe, war mein damaliger Freund in der Wohnung und hat da geraucht, und das war mir ganz egal."[685] Diese Regeln werden von den Bewohner/-innen festgelegt, situativ durchbrochen und für Besuchergruppen gegebenenfalls jeweils angepasst. Die Interviewpartnerin EMB schildert ihr Rauchverhalten in ihrer Wohnung, in der sie einmal für eineinhalb Jahre in einer Wohngemeinschaft mit zwei anderen Personen lebte und zum Zeitpunkt des Gesprächs wieder wohnt (nach einem Umzug in eine andere Universitätsstadt und der Unterbrechung des Studiums für ein Freiwilliges Soziales Jahr). Sie lebt zum Gesprächszeitpunkt dort mit ihrem Lebenspartner, der nicht raucht. In der aktuellen Wohnsituation raucht sie häufig auf der Terrasse, die zur Wohnung in der Innenstadt gehört. In den Räumen der Wohnung raucht sie nicht mehr alleine. Sie hat diese Entscheidung, außer bei Partys in der Wohnung immer draußen zu rauchen, selber getroffen und begründet diese Entscheidung damit, dass sie froh darüber sei, nun weniger als zuvor zu rauchen. Sie könne mittlerweile feststellen, wie es in Wohnungen rieche, in denen geraucht werde, und sie sei froh darüber, dass in ihrer Wohnung nicht „alles gelb wird"[686]. Ihren durchschnittlichen Tageskonsum gibt sie nur zögerlich mit null bis fünf Zigaretten an, der Konsum hänge davon ab, womit sie tagsüber beschäftigt sei. Am Schreibtisch auf das Rauchen zu verzichten, sei ihr sehr schwer gefallen. Sie rauche selbstgedrehte Zigaretten lieber als gekaufte Filterzigaretten. Wenn EMB ausgehe, kaufe sie sich Filterzigaretten, und es komme vor, dass sie am Abend zwanzig oder mehr Zigaretten rauche. Wenn sie und ihr Partner in der gemeinsamen Wohnung eine Party ausrichteten, dürften die Gäste in allen Räumen der Wohnung rauchen.

---

684 Feinschnitt- und Filterzigarettenraucher BSM, 2010.

685 Feinschnitttabakraucherin JWW, 2006.

686 Feinschnitttabak- und Filterzigarettenraucherin EMB, 2010.

Aushandlungsbedarf bestehen nicht nur in Hinblick auf den eigenen Wohnraum, sondern auch hinsichtlich der elterlichen Wohnung, die von einigen Wochenendfahrern regelmäßig als Wohnraum genutzt wird. In einigen Interviews schildern meine Interviewpartner die Entstehung einer besonderen Situation, wenn in Gegenwart der eigenen Eltern geraucht wird. Besonders für diejenigen jungen Raucherinnen und Raucher scheint dies eine besondere Situation zu sein, deren Eltern nicht rauchen oder – selbst als rauchender Elternteil – strikt gegen das Rauchverhalten der Kinder sind. Orte des Rauchens und Nichtrauchens sind daher immer von den beteiligten Personen abhängig.

Am Wochenende besucht SHM häufig seine Eltern, die von seinem aktuellen Wohnsitz etwa 30 km entfernt leben. Der Vater ist Nichtraucher, und daher erzählt der Student von Rauchsituationen mit seiner Mutter, in denen sie gemeinsam auf den Balkon gehen. Er berichtet über das Verhältnis zu seiner Mutter und eine immer wiederkehrende Situation des gemeinschaftlichen Rauchens.

> „Also sie raucht, wenn ich da bin, genauso viel wie ich, weil sie sich jedes Mal animiert fühlt mitzugehen. Weil wir, also es wird nicht drinnen geraucht, also nie, nur auf dem Balkon, dadurch rauche ich insgesamt, wenn ich zu Hause bin, deutlich weniger als hier in B. Aber wenn, dann rauchen wir eigentlich nur zusammen."[687]

Der Balkon dient in dem geschilderten Fall als Ort des Rauchens, da in der Wohnung von SHMs Eltern nicht geraucht wird. Dieses Einvernehmen, nicht in der Wohnung zu rauchen, sondern auf der Terrasse oder dem Balkon, der zur Wohnung gehört, berichteten viele der Interviewten nicht nur bei Besuchen von Freunden oder Verwandten, sondern in einigen Fällen gilt diese Regel auch für die eigene Wohnung.

Entsprechendes erzählt eine andere Gesprächspartnerin von einer Situation aus dem Haus ihrer Eltern. Im Gegensatz zu SHMs Mutter, die gelegentlich mit ihrem Sohn eine Zigarette auf dem Balkon raucht, rauchen beide Elternteile von NRW nicht.

> „Was ich aber ganz … relativ wichtig finde, ist, dass ich bei meinen Eltern zu Hause nie rauchen durfte. [AL: Du durftest nicht, oder darfst immer noch nicht?] Darf ich auch immer noch nicht. Also die schicken mich auch bei zwanzig Grad minus dann irgendwie raus auf den Balkon. Das finde ich eigentlich ganz ok so, dass die das so gemacht haben. [AL: Und wieso?] Die rauchen beide nicht. Und so ‚Erziehungsmaßnahme-mäßig‘, ja, und weil die einfach gar kein Bock hatten, dass es drinnen da ständig nach Rauch riecht, weil die halt Nichtraucher sind."[688]

NRW respektiert das Rauchverbot im Haus ihrer Eltern nicht nur, sondern bezeichnet es als angebrachtes Vorgehen, um keinen Rauch in den Wohnräumen der Eltern zu hinterlassen. Auf ihre persönliche Situation bezogen, versteht NRW dieses Rauchverbot jedoch in zweierlei Hinsicht. Auf der einen Seite soll der Wohnraum nicht nach Zigarettenrauch riechen, auf der anderen Seite vermutet NRW hinter dieser Maßnahme eine Regel mit erzieherischer Funktion. Daraus lässt sich nicht nur schließen, dass die Eltern das Rauchverhalten ihrer Tochter ablehnen, sondern auch, dass NRW nach dem Auszug aus dem elterlichen Haushalt eine erzieherische Maßnahme vermutet

---

687 Filterzigaretten- und Zigarilloraucher SHM, 2006.
688 Filterzigarettenraucherin NRW, 2006.

und daher eine Einflussnahme auf ihren Lebensstil. Im Gesprächsverlauf wird dann deutlich, dass sie das Rauchverbot im Haus ihrer Eltern in deren Abwesenheit umgeht und ihre Interpretation des Verbots als erzieherische Maßnahme somit in den Vordergrund rückt.

Die Gestaltung von ortsfesten Rauchsituationen ist darüber hinaus von den ihnen zugestandenen Funktionen abhängig. Am deutlichsten tritt in den Quellen ein erwünschter kommunikativer Aspekt der Rauchsituationen in den Vordergrund. Im Interview mit der Doktorandin der Sozialwissenschaft KBW beschreibt sie zwei unterschiedliche Funktionen, die das Rauchen für sie innehat. Sie nennt die beiden Funktionen Stressbewältigung und Belohnung beziehungsweise die Zigarette mit „kommunikativem Element", die sie in Gesellschaft raucht.

> „[Ich rauche] dann viel mehr Zigaretten, als wenn ich eben abends hier zu Hause bin bei mir. Also wenn ich irgendwie auf 'ner Party bin oder überhaupt in 'ner Kneipe. Überhaupt finde ich, wenn man Alkohol getrunken hat, dann gehört das einfach dazu. Aber das ist dann wieder eine andere Ebene von Rauchen. Also ich finde, es gibt halt so zwei Ebenen, so einmal so als Stressbewältigungs- wie nennt man das denn? Ja, Stressbewältigungszigarette halt, und einmal halt als Gemütlichkeitszigarette. Diese Stressbewältigungszigaretten sind halt eher, rauche ich alleine und rauche ich halt größtenteils nur in Situationen, in denen man eben halt Stress hat oder am Computer sitzt. Und dann gibt's halt die Zigaretten so als Belohnung oder die so ein kommunikatives Element haben, die man dann halt einfach in Gesellschaft raucht, in Kneipen raucht oder wenn man gemütlich irgendwo zusammensitzt. Da gehört dann das halt auch irgendwie dazu."[689]

Weiterhin beschreibt sie den Eindruck, dass sich ihr Rauchverhalten in Gegenwart anderer Raucher verändere beziehungsweise dass sie ihren Zigarettenkonsum an Rauchsituationen und -orte anpasse.[690] Dies betreffe die Anzahl der gerauchten Zigaretten sowie das Konsumformat. In besonderer Weise stehen Kommunikationsorientierung und Tabakkonsum in wechselseitiger Beziehung, denn „alleine Rauchen ist ja langweilig"[691].

Die Quellenauswertung konnte zeigen, dass sich Funktionen und Nutzen von sichtbaren und ortsfesten Rauchsituationen im Studienverlauf unterschiedlich entwickeln und dass sich soziale Hierarchien des Feldes in Rauchsituationen abbilden. Studierende rauchen besonders gerne in Situationen, die informelle Gespräche im bekannten Umfeld ermöglichen. Rauchverhaltensweisen sind situativ durch die Lokalität wie durch situationsbeteiligte Akteure geprägt – beide Faktoren entscheiden über die Angemessenheit des gezeigten Rauchverhaltens.

2.3.2 Medikales *Spacing* in studentischen Lebenswelten

Auf der Bühne universitärer Urbanität hat sich an den Orten des physischen und intellektuellen Transits eine rauchfreundliche Pausenkultur gebildet. Durch die

---

689 Lightfilterzigarettenraucherin KBW, 2006.
690 Zu den Aspekten der Synchronisierung und Rhythmisierung unter Rauchenden vgl. Kapitel III.2.4.1 Normierung von Rauchzeiten und Rauchsituationen.
691 Raucherin von zusatzstofffreiem Feinschnitttabak BWB, 2010.

Rauchkultur vor Bibliotheken, Institutsgebäuden etc. vergrößert sich der sichtbare Wirkungsbereich der Universität und der Studierenden, die sich dadurch eines Teils des öffentlichen Raumes der Stadt bemächtigen. Universitätsangehörige handeln dadurch nicht nur die (zeitlich befristete) Nutzung des öffentlichen Raumes aus, sie konstituieren vielmehr im öffentlichen wie privaten Raum eine neue Freiluftkultur. Durch diesen Umstand nehmen Rauchorte an Transformationen des Körpers, des Konsummusters, am ausgehandelten Machtgefüge und der Normierung von Rauchverhaltensweisen teil und beeinflussen sie maßgeblich. Hengartner geht davon aus, dass raucherspezifische Symboliken, Werte- und Kommunikationsangebote entstehen, die der Lebensgestaltung, der individuellen Verortung und der „Produktion von Differenz"[692] dienen.

In den Interviewtexten dominieren Beschreibungen, in denen Konsumsituationen eindeutig sozial-kommunikative Bedürfnisse der Rauchenden erfüllen (sollen und können). Gemeinschaftliches und individuelles Genusserleben steht dabei im Vordergrund der Argumentationen. Dennoch muss diese eindeutige Zuordnung unter zweierlei Aspekten hinterfragt werden: Erstens wirft die betonte Genussorientierung die Frage aus, inwieweit medikale Wissensbestände in Rauchhandlungen und Erzählungen über Rauchorte hineinwirken; und zweitens, ob in den Schilderungen gesundheitspräventive Vorstellungen eine gegebenenfalls erforderliche soziale Dimension entfalten. Unter medikalem *Spacing* sind daher Verhaltensweisen im Raum zu verstehen, die aufgrund von Präventionsvorstellungen die gegenwärtige Gestalt annehmen und dadurch sozialräumliche Konstruktionen kennzeichnen.

Von institutioneller Seite handelt es sich bei der Ausgrenzung von Rauchenden aus Gebäuden beziehungsweise der Eingrenzung von Rauchenden in Innenhofanlagen um ein *Spacing*, um eine Kennzeichnung von Raucherlaubnis und Rauchverboten aufgrund von arbeitsschutzrechtlichen Bestimmungen oder aus präventionspolitischen Initiativen heraus wie dem „Arbeitskreis gesundheitsfördernde Hochschulen"[693], die sich unter anderem mit der Bekämpfung von Rauchenden befassen. Zielsetzung dabei ist, für eine Arbeitsumgebung, einen Raum zu sorgen, in dem seine Akteure keinen gesundheitsschädigenden Faktoren ausgesetzt sind. Das Ziel der Rauchbeschränkungen ist also eindeutig die Vermeidung von Krankheiten und damit als medikales *Spacing* zu verstehen. Ein Gesprächspartner erzählt, wie Raucher/-innen und das Rauchen aus seiner Sicht auf dem Institutsgelände marginalisiert wurden:

„Also früher durfte man ja noch in Universitätsgebäuden rauchen, also nicht mehr in Hörsälen, das ist schon lange verboten, aber zumindest noch in der Cafeteria. Da gab es auch noch hier [im Gebäude] Räume, in denen Leute rauchen durften. [AL: Als du hier angefangen hast?] Als ich hier angefangen habe? Ich glaube, ja. Oder, oder das war schon gerade vorbei. Das kann ich nicht mehr, also, als ich angefangen habe zu studieren durfte man in öffentlichen Gebäuden auf jeden Fall noch rauchen. Das ist ganz sicher. Weil, im Hauptgebäude wurde geraucht. Da durfte man auf den Fluren rauchen. Das war überhaupt kein Problem. Und deshalb gehe ich davon aus, dass es auch hier [möglich] war. Ja, und das ist im Zuge

---

692 Hengartner, Thomas: Zur Kulturanalyse der Stadtforschung. In: Binder/Götsch/Kaschuba/Vanja: Ort. Arbeit. Körper (2005), S. 67–80, hier S. 74.

693 Vgl. http://www.gesundheitsfoerdernde-hochschulen.de/G_Themen/Go_Themen1.html, zuletzt geprüft am 25.04.2015.

dieses Rauchverbots in öffentlichen Gebäuden natürlich gekippt worden. Deshalb gibt es hier auch keine Raucher im Gebäude, deshalb steht der Aschenbecher vor der Tür und da trifft man sich dann halt. Es gibt so verschiedene Stellen am Gebäude, an denen man dann mit den Kollegen eine rauchen geht."[694]

Einstellung und Wahrnehmung von Rauchsituationen auf dem Universitätsgelände haben sich seit der Einführung von Rauchverboten durch die Universitätsleitungen auch bei den studierenden Raucher/-innen merklich verändert. Was vor den Rauchverboten ein Normalfall war, erscheint in der rückblickenden Erzählung der Kunstgeschichtsstudentin EMB nicht mehr nachvollziehbar. „Heute finde ich das absurd, die Vorstellung, dass man aus einem Seminarraum raus geht und sich sofort eine Zigarette anzündet, finde ich heute total absurd. Und früher habe ich da noch mitgemacht."[695] Grund für diesen Wandel in der Beurteilung des eigenen Handelns wie auch des Rauchens der Kommilitonen, ist ein institutionell durchgesetztes Rauchverbot zum Schutz der nichtrauchenden Beschäftigten. Bekannte Gesundheitsrisiken des Tabakkonsums müssten folglich in jeder Rauchsituation auf dem Universitätsgelände, gleich ob an einem legitimen oder illegitimen Rauchort geraucht wird, präsent sein. Eine Begrenzung des Tabakkonsums auf Freiluftrauchen gewährleistet eine hygienische, rauchfreie Raumluft in den Institutsgebäuden und schützt Hochschulangehörige gleichzeitig vor dauerhafter Exposition.

Studierende Akteure nehmen Regulierungsnovellen von Seiten der Hochschule wahr, doch medikale Aspekte bleiben dabei eher implizit. Das bereitwillige Freiluftrauchen wird besonders hervorgehoben, da in der erzählten Realität noch ganz andere Funktionen in und durch diese Rauchsituationen erfüllt werden. Dort steht in Bezug auf das Zigarettenrauchen eine Orientierung an Genuselementen im Vordergrund: kontrollierter Gebrauch von Tabak, möglichst hohes Maß an Selbstbestimmung beim Konsum von Zigaretten, Wohlwollen der Situationsbeteiligten und keine Problematisierung des Suchtverständnisses beim Anzünden der nächsten Zigarette. Krankhafte körperliche Zustände nach Nikotinrauscherfahrungen sind zwar Teil studentischer Lebensrealität, jedoch werden diese privat am Morgen nach der Party, nach dem Rausch erlebt und bewältigt. Insofern werden in studentischen Kulturen diese körperlichen Erfahrungen von Nikotinvergiftungen, verschleimten Hustenanfällen etc. kaum in die Genussgemeinschaft hereingetragen, allenfalls in anekdotischen Erzählungen, sondern im Rahmen des gesundheitlichen Verhaltensspektrums geregelt, welches auf herkunftsfamiliäre Routinen zurückgreift.

Der Volkswirtschaftsstudent JHM zählt während des Interviews eine Reihe von Funktionen auf, die das Rauchen für ihn besitzt. Dazu zählt, dass er gerne durch das Rauchen aufkommende Langeweile überbrückt, stressige Situationen bewältigt und dass er darüber hinaus durch das Rauchverbot in Innenräumen sein Leid mit anderen Rauchenden beim Freiluftrauchen vor der Tür teilen kann, weil durch die Rauchverbote ein gemeinsames Gesprächsthema entstanden ist.

„Als ich angefangen, habe war es sicherlich so ‚man wollte dazu gehören', sowas haben die Großen gemacht, das war cool. Das waren da, wie soll ich sagen, Motive, die von außen mich

---

694 Filterzigarettenraucher RPM, 2010.
695 Feinschnitttabak- und Filterzigarettenraucherin EMB, 2010.

gezogen haben. Wo ich einfach das auch machen wollte. Mittlerweile ist es so, dass ich die Zigarette einfach so, mit einer Schachtel herum zu laufen, und wenn ich irgendwo auf einen Bus warte, einfach dieses, sich beschäftigen. Das ist so eine Funktion: Zeit überbrücken – du musst irgendwo zehn Minuten warten, was machst du da? Na, rauchst du mal eine Zigarette. Oder halt, wenn man lernt und sich sagt, ‚jetzt brauchst du mal eine Pause‘. ‚Ach komm, rauche ich mal eine Zigarette.‘ Da kann man dann auch rausgehen, sich ein bisschen die Beine vertreten. Das heißt, man verbindet das immer mit irgendwelchen Sachen. An sich auch nach dem Essen ist es einfach ein Genussmittel bei mir. Wenn ich dann rauche und ich bin gerade ganz gesättigt, am besten noch mit einem Kaffee, dann schmeckt mir die Zigarette richtig gut. Dann möchte ich einfach dieses Gefühl haben, diesen Rauch zu inhalieren und dann wieder auszupusten. Das ist dann so ein angenehmes Gefühl, entspannt auch. Da ist man ja sowieso so träge nach dem Essen, und so eine Zigarette gibt dann schon so eine kurzfristige Entspannung, wenn man so eine innerliche Unruhe verspürt und dann sagt ‚ich mach jetzt erst mal eine kurze Pause, ich muss jetzt eine rauchen‘, dann raucht man die und in dem Moment macht man auch wirklich Pause und raucht die halt nur und danach geht es weiter. Das sind so die Funktionen bei mir. Sodass ich sage, auf der einen Seite, dass es mich beschäftigt in Situationen, in denen mir sonst langweilig würde, oder ich das nutze, um Pausen zu machen, um mir quasi zu sagen, ich muss mal einen kurzen Stopp machen und mich wieder regenerieren, auch kurz auf andere Gedanken kommen. Dem Stress ein bisschen entgegen zu wirken und akut ein Entspannungsgefühl einsetzen. Ja, und dann halt auf Partys und wenn man mit Leuten so unterwegs ist, auch freizeitmäßig, sage ich mal, dann mache ich es auch einfach gerne in Gesellschaft. Oftmals ist es ja so ‚gehen wir noch eine rauchen‘ – ich habe auch super viele Leute schon kennen gelernt durch das Rauchen quasi. Einfach dieses ‚Hast du mal Feuer‘, ‚Hast du Zigaretten‘, ‚Ey, warst du gerade bei dem auch in der Vorlesung?‘, also, gerade jetzt, als das alles verboten wurde in öffentlichen Lokalen, wo alle nach draußen geschickt wurden mehr oder weniger, da hat man dann auch wieder ein gemeinsames Schicksal, was man da teilt, nämlich dass man überall rausgeschmissen wird zum Rauchen, und dann unterhält man sich dadurch und kommt mit Leuten schneller ins Gespräch. Das hat auch so eine soziale Funktion für mich, dass ich denke, ja, du hast oft Gesprächsthemen, du kommst mit den Leuten, wenn du Zigaretten und Feuerzeug in der Tasche hast, dann ist es immer ziemlich einfach, Kontakte zu knüpfen – zumindest wenn der andere auch raucht. Und das sind so die Gründe, warum ich rauche eigentlich."[696]

In dieser Quelle wird deutlich, dass JHM seinen Zigarettenkonsum nicht nur als entspannendes Heilmittel in stressigen Situationen einsetzt, sondern auch, dass medikales *Spacing* zumindest als Anlass dient, soziale Situationen anzustoßen und zu moderieren. Raucher und Raucherinnen erzählen jedoch auch von Erlebnissen, in denen ihr Tabakkonsum kritisiert wurde. Meine Interviewpartnerin KBW berichtet von der Situation mit ihrer Schwester, einer Nichtraucherin, die meine Interviewpartnerin vom Rauchen abbringen möchte. Sie schildert eine Konfliktsituation unter Geschwistern, in der die Regeln für den eigenen Wohnraum getroffen und ohne Kompromiss durchgesetzt werden. KBW erzählt, dass sie eine jüngere Schwester hat, die ihren Tabakkonsum strikt ablehnt.

„Meine Schwester ist total der wirklich vehemente Nichtraucher. Die versucht mich auch gerade vom Rauchen abzubringen und setzt Preise aus und alles Mögliche und ist da wirklich sehr massiv. Zum Beispiel darf man bei ihr auch nicht rauchen in der Wohnung und, also,

---

696 Filterzigaretten- und Feinschnitttabakraucher JHM, 2010.

mache ich dann auch nicht, oder wenn sie dann hier hinkommt, rauche ich dann auch nicht, weil sie das überhaupt nicht – sie findet das ganz schrecklich."[697]

Geteilte Zeit und geteilter Wohnraum können Anlass für Veränderungen in der Raumnutzung aufgrund medikaler Motive sein. In ihrer eigenen Wohnung hatte KBW nach dem Einzug eigentlich nicht vor zu rauchen. Durchgesetzt habe sich diese disziplinarische Maßnahme jedoch nicht, „weil man da halt leider zu faul zu ist"[698]. Daneben berichtet sie von einer Konfliktsituation mit ihren Eltern, die nicht wollten, dass sie raucht. Da beide Elternteile rauchten, habe sich dieser anfängliche Konflikt jedoch abgeschwächt und es komme, obwohl die Eltern das Rauchverhalten ihrer Tochter immer noch nicht guthießen, zu Situationen, in denen gemeinsam geraucht würde. Medikale Raumrestriktionen werden eher an die Rauchenden herangetragen. Studierende selbst nennen eher Aspekte aus ihrer sozialen Lebenswelt (Lufthygiene und Rücksicht auf Beteiligte) als Motive, ihr Rauchverhalten unter räumlichen Aspekten zu regulieren.

2.3.3   Rücksichtnahme als Topos in Rauchnarrativen

Raucherinnen und Raucher betonen, dass sie versuchen, den Abrauch ihrer Zigaretten nicht in die Nähe anderer Rauchender strömen zu lassen. Kontrollversuche über Tabakrauch sollen besonders rücksichtsvolle Konsumtechniken verdeutlichen, welche aus der Sicht der Befragten notwendig und sachgemäß ist. Die richtige Ausführung des körperlichen Tabakkonsumvorgangs umfasst daher die gesamte Rauchkonsumsituation, jenseits der Inhalationstechnik. Alle Befragten unterstreichen, dass sie Rücksicht auf Mitrauchende und Nichtrauchende nähmen. Man wolle niemanden vollqualmen und durch den Rauch belästigen. Obwohl die meisten der Befragten angeben, aus eigener Motivation der Höflichkeit Rücksicht auf andere Raucher/-innen und Nichtraucher/-innen zu nehmen, impliziert dies eine übergeordnete Regel, deren Verstoß sanktionierbar ist.

> „Es gibt halt einfach Situationen, in denen es gesellschaftlich nicht so angesehen ist zu rauchen, also in Gegenwart von kleinen Kindern, in geschlossenen Räumen, in Autos oder so etwas. Also halt auf extrem engem Raum und in Kontakt mit Menschen ist es eigentlich doch ein Gebot der Höflichkeit, nicht zu rauchen."[699]

Hier deutet sich bereits das Topos des Erlernens sozialer Kompetenzen während und durch das Rauchen an.[700] Der Befragte betont im Interviewverlauf die Abhängigkeit

---

697 Lightfilterzigarettenraucherin KBW, 2006.
698 Lightfilterzigarettenraucherin KBW, 2006.
699 Filterzigarettenraucher RPM, 2010.
700 Niekrenz folgt Hurrelmann und ordnet hier Risikokompetenz der Lebenskompetenz zu. Vgl. Niekrenz: Rausch als körperbezogene Praxis (2011), S 216. Schmieder hingegen spricht in diesem Zusammenhang von der Subjektwirksamkeit gesellschaftlicher Veränderungsprozesse, also von gesellschaftlicher Kontrolle und individueller Freiheit. Vgl. Schmieder, Arnold: Verflüchtigung der Rauchzeichen: Hintergründe des Wechsels zu einem neoliberalen Paradigma. In: Legnaro/ders.: Rauchzeichen (2003), S. 99–126, S. 121.

von sozialen Gruppendynamiken für die Bewertung der situativ gültigen Höflichkeitsregeln. Er habe selbstverständlich schon an Orten geraucht, an denen dies eigentlich verboten sei.

> „Wenn man zum Beispiel momentan sehr viel auf Konzerte geht, also nicht momentan, aber schon seit langer Zeit sehr viel auf Konzerte geht, ist die Umstellung, dass in Konzerthallen das Rauchverbot eingeführt wurde, doch eher schwierig. Und da ist natürlich das Rauchen eigentlich verboten. Allerdings wird natürlich weiter geraucht und da bin ich auch niemand, der zurücksteckt. Da, also zumindest in meinem Fall, zu einem Rockkonzert gehören natürlich Bier und Zigarette zum guten Ton. [...] Ich kann verstehen, wenn Leute das unterlassen. Das finde ich auch okay. Aber, ja, es gehört in gewisser Weise dazu. Aber [...] ich glaube auch da sind, da treffen sich dann Leute, die es auch nicht übel nehmen, wenn geraucht wird. Also wenn man jetzt in der Oper anfangen würde zu rauchen, dann könnte es schon sein, dass sich jemand umdreht und sagt: ‚Vielleicht hier nicht‘, aber auf einem Rockkonzert würde einem das nicht passieren. Also von daher denke ich, es wurde den Konzerthallen als Pflicht auferlegt, das eben durchzusetzen. Viele Leute halten sich da dran, aber ebenso viele halten sich nicht daran. Aber im Laufe der Zeit wird es sich so einfinden, dass es auch kontrolliert wird und dass sich alle daran halten müssen. Das ist schon abzusehen.“[701]

Wie auch in den Konstruktionen von Genussempfinden und Sucht zeigt sich hier eine kontextabhängige Bewertungsgrundlage für angemessene Rücksichtnahme, die außerhalb eines medikalen Zusammenhangs geschildert wird. Bier und Zigaretten gehörten auf Rockkonzerten zum „guten Ton“. Sie versinnbildlichen in diesem Gefüge Entspannung und Genussempfinden. Rockmusik sei ein wichtiger Bestandteil seiner Freizeit, erklärt RPM. Früher habe er in einer Band gesungen, aktuell sei das nicht mehr der Fall. RPM weiß und beherrscht aus seiner Sicht angemessene Rauch- und Trinkgewohnheiten in der geschilderten Situation.

Neben öffentlichen Genusserlebnissen erfordern private Lebensumstände der Befragten rücksichtsvolle und richtige Rauchweisen und Rauchorte. Ein Student der Volkswirtschaftslehre hat bisher keine Erfahrungen mit dem Wohnen in Wohngemeinschaften. Er habe bisher, nachdem er aus seinem Heimatort weggezogen sei, immer einen eigenen Wohnraum, ein Apartment, für sich zur Verfügung gehabt, sodass er selber habe entscheiden können, ob er dort raucht oder nicht. Er erzählt, dass er eine Zeitlang mit einer Nichtraucherin liiert war und dieser Umstand dazu führte, dass er in seiner eigenen Wohnung Rücksicht auf seine Freundin nahm.

> „Ich habe auch hier in [Ort] eine Zeit lang eine feste Freundin gehabt, die war Nichtraucherin. Da gab es natürlich schon Situationen, wo es darum ging, ja okay, Rücksicht auf den anderen zu nehmen als Nichtraucher. Bei ihr zu Hause bin ich zum Beispiel nur auf den Balkon gegangen. Da konnte ich nur draußen rauchen, nicht in der Wohnung. Selbst als sie bei mir war und dadurch, dass es eine Einzimmerwohnung ist, ist zwar größer und hat höhere Decken [als die vorherige Wohnung], aber trotzdem riecht man das ja und kriegt man das mit. Da gab es dann schon manchmal Konfliktpunkte, wo ich dann gesagt habe: ‚Mensch, jetzt darf ich nicht einmal mehr in meiner eigenen Wohnung rauchen‘, aber klar, da hat man sich dann arrangiert. Da bin ich auch nicht so ein respektloser, rücksichtsloser Raucher, der dann sagt: ‚Ist mir jetzt egal, ich muss das jetzt haben‘, so süchtig, glaube ich, bin ich nicht. Ich versuche schon, darauf zu achten, dass ich damit keinen störe. [...] Ich würde mir auch

---

701   Filterzigarettenraucher RPM, 2010.

niemals zum Beispiel im Restaurant eine Zigarette anzünden, auch wenn das der Raucher-bereich ist, wenn neben mir noch jemand isst am anderen Tisch. Weil, das mag ich zum Beispiel überhaupt nicht, wenn ich selber esse und dann wird neben mir geraucht. Selbst als Raucher finde ich das sehr unangenehm. Da versuche ich schon drauf zu achten."[702]

Die Nähe zwischen sozial sanktionierbarem rücksichtslosem Rauchen, welches Rau-chende häufig negativ bewerten, und dem Suchtverständnis, wird in diesem Beispiel deutlich. Sozial inakzeptables Rauchverhalten, vor Kindern oder Schwangeren, in der Oper oder im Restaurant, während das Essen noch gegessen wird, gilt unter den Befragten als eindeutiger Indikator für Sucht. Hier tritt die Differenz zwischen dem biomedizinischen Suchtverständnis und dem der studierenden Raucher/-innen sehr deutlich in Erscheinung. Dabei handelt es sich nicht um eine Rechtfertigungsge-schichte, sondern JHM erzählt, dass er gerne und freiwillig Selbstbeherrschung übe.

Der Biologe MMB erzählt auf die Frage, bei welchen Gelegenheiten ihm das Rau-chen angenehm beziehungsweise unangenehm sei, dass er versuche, nicht zu rau-chen, wenn er bemerke, dass es in der gegenwärtigen Gesellschaft (Situation) nicht erwünscht sei.

> „Also wenn es mir vor Anderen unangenehm ist, dann mache ich es nicht, weil ich dann denke, die muss ich da nicht belästigen. Und vor mir selber unangenehm – natürlich habe ich schon mal daran gedacht aufzuhören. Und das klappt dann auch immer so für vier Wo-chen oder so etwas und dann kommt wieder schönes Wetter oder irgendetwas und diese blöde Gewohnheit, die man hat. Und dann ärgere ich mich schon. Dann denke ich, eigent-lich bist du doch schon ziemlich schwach. Und dann ist es mir unangenehm vor mir. Aber dass ich jetzt sage, so, jetzt schämst du dich – nein. [AL: Was sind das denn für Situationen, in denen es dir vor anderen oder mit anderen unangenehm ist?] Wenn man jetzt irgend-wo in einer Gruppe ist, wo man merkt, die Leute mögen das nicht. Also das ist dann die klassische Rücksicht, die ich dann nehme. Es ist bei mir nicht so ausgeprägt, dass ich jetzt unbedingt rauchen muss. Sodass ich einen tierischen Drang danach habe, jetzt zu rauchen, oder ich wäre total nervös oder so etwas. Das ist nicht so. Und dann kann ich auch ganz gut darauf verzichten. Ich bin auch keiner, der jetzt 13 Stunden im Flugzeug sitzt und denkt: ,Oh Scheiße ich fliege nicht dahin', weil ich nicht rauchen kann. Das ist dann auch kein Problem. Ich schaffe es auch, eine Woche nicht zu rauchen."[703]

Er betont, seinen Tabakkonsum unter Kontrolle zu haben, er könne auch mal eine Woche nicht rauchen. Unhöfliches, sozial unakzeptables Rauchverhalten weist auch in diesem Beispiel in Richtung Sucht. Im privaten Wohnraum, den er mit seiner Freun-din teilt, habe es sich „so eingebürgert", dass er nicht in der Wohnung, sondern auf dem Balkon raucht. Darüber habe es keine Verhandlungen zwischen beiden gegeben, das sei einfach so gewesen und eine von beiden gewollte Regelung. Ausnahmen von dieser Regelung gäbe es bei Fußballspielübertragungen im Fernsehen, wenn er nicht auf die Halbzeitpause warten möchte. Das komme nur sehr selten vor. An welchen Orten er in der Wohnung rauche, sei seine freie Entscheidung. Sehr häufig nehme er das Telefon mit auf den Balkon zum Rauchen, da er besonders gerne beim Telefonie-ren rauche.

---

702 Filterzigaretten- und Feinschnitttabakraucher JHM, 2010.
703 Lightfilterzigarettenraucher MMB, 2010.

Die Quellen weisen auf anpassungsfähige Rauchverhaltensweisen hin, die je nach Beteiligten, nach situationsbedingter Angemessenheit und den Suchtkonzeptionen der Befragten modifiziert werden. Doch Ausnahmen bestätigen die Regel. Als das Rauchen in der letzten Cafeteria an der Universität verboten wurde, kam es zu einem Wortgefecht zwischen Medizinerin KBD und einer nichtrauchenden Geisteswissenschaftlerin.

> „In der ganzen Uni war Rauchen in den Gebäuden schon verboten. Nur in der Phil[oso-phischen] Fak[ultät] hier gegenüber bei den Geisteswissenschaftlern, da haben die das nicht so richtig durch gekriegt. Da habe ich früher immer in der Cafete gesessen, weil man da noch rauchen konnte. Da hingen zwar überall schon die Rauchverbot-Schilder und dann waren da so welche, die ‚Gegenbewegung' [gegen das Rauchen] bei den Geisteswissenschaftlern, die so Zettelchen verteilt haben, wo drauf stand, dass man dort nicht mehr rauchen soll, wie ätzend das für alle Nichtraucher sei und dass sie da in Ruhe ihre Brötchen essen wollen."[704]

Sie schildert ihren Unmut über diese Situation, in der sie erzählt, gerne die Nichtraucher zum Brötchenessen in die Cafeteria der Mediziner geschickt zu haben. Einen der Zettel, welche die Geisteswissenschaftler verteilten, habe sie sich genommen und daraus einen Einweg-Aschenbecher gefaltet. Dieses Beispiel zeigt eine anekdotische und singuläre Erinnerungserzählung und bestätigt damit die Gültigkeit der Regeln von Rücksichtnahmepflichten.

2.3.4   Geruchsräume

In Anlehnung an Goffmans Modell der Interaktionsordnung werden drei prinzipielle Sphären des Geruchs unterschieden: der Körper, die Territorien des Selbst und der öffentliche Raum als Geruchsräume.[705] Die „Territorien des Selbst" sind für das Tabakrauchen von besonderem Interesse, da mit ihrer Hilfe olfaktorische Markierungen festgehalten werden können. Ausgangspunkt der Betrachtung ist, dass das Individuum versucht, sich durch spezifische Kontrollmechanismen vor olfaktorischen Kontaminationen zu schützen. Das gilt für unterschiedliche Geruchsbereiche des persönlichen Raumes des Körpers, die „Hülle", d. h. Haut und Kleidungsgerüche, sowie die „Box", den vom Individuum beanspruchten Geruchsraum, der vom Körper unabhängig sein kann (z. B. der Wohnraum oder das Auto).[706] Mittels Raumaneignung grenzt das Individuum diesen gleichsam von anderen ab und bildet zudem eine Hülle der Sicherheit für das Selbst. Eine Übertretung der Hülle kommt dem Bekenntnis eines sozialen Unvermögens gleich, „im Sinne der Nichtbeherrschung allgemein bekannter und verbindlicher Verhaltensstandards"[707]. Obwohl diese Verhaltensstandards nicht auf soziokulturelle Milieus begrenzt sein müssen, besteht weiterhin die Möglichkeit, dass sich milieuspezifische Praktiken der Gestaltung von Geruchsräumen und im Umgang mit der Verletzung von Geruchsräumen herausbilden konnten. Obschon studentische

---

704 Lightfilterzigarettenraucherin KBD, 2010.
705 Vgl. Raab: Soziologie des Geruchs (2001), S. 192.
706 Vgl. ebd., S. 198.
707 Ebd., S. 197.

Milieus durch ihre innere Fraktionierung gekennzeichnet sind, bestehen bezüglich des Tabakrauchs doch alltagsästhetisch kohärente Vorstellungen von Kontrolle und Umgang mit Kontaminierungen von Geruchsräumen.

Das Lüften von privaten Räumen, der eigenen Wohnung, des Schlafzimmers oder des eigenen Wohnheimzimmers ist bei allen Interviewpartner/-innen ein wichtiges Thema. Hauptsächlich ging es den Befragten darum, die Vorstellung von „kaltem Zigarettenrauch" in der Wohnung (während der Interviewsituation) loszuwerden. SWB beispielsweise wohne seit zwei Monaten mit ihrem aktuellen Freund zusammen und würde lieber zum Rauchen auf einen Balkon gehen, um den Rauch aus der Wohnung zu halten.

> „Ich habe leider keinen Balkon, sonst würde ich es wahrscheinlich auch auf den Balkon verlegen, um die Luft in der Wohnung viel besser zu haben. Aber so halten wir nur das Schlafzimmer rauchfrei. Also da wird nicht geraucht. Aber sonst dann eben schon. Viel mehr ist dann da auch nicht, also so groß ist die Wohnung nicht. […] Also ich muss noch dazu sagen, ich wohne da jetzt schon seit 2005 und er ist jetzt erst vor zwei Monaten bei mir eingezogen. Aber ich hatte da vorher auch bei mir im Wohnzimmer geraucht und für ihn war das dann so, also, er hat das bei sich genauso gemacht und deswegen bestand da nichts, worüber man sich einigen musste. […] Wir haben eigentlich relativ selten Besuch. Wie gesagt, im Prinzip ist es nur das Wohnzimmer, wo geraucht wird. Also, in der Küche habe ich jetzt zum Beispiel nichts, wo man sich setzen kann. Das heißt, in der Küche ist nichts, und also, wenn Freunde da sind, dann kommt es immer so ein bisschen darauf an, sind das jetzt auch Raucher oder sind das Nichtraucher. Und wenn ich zum Beispiel Geburtstag habe oder viele im Freundeskreis haben jetzt Kinder. Also, wenn die jetzt schwanger waren oder ihre Kinder dabei hatten, dann wurde überhaupt nicht geraucht. Also dann, doch: im Schlafzimmer aus dem Fenster raus. Weil, so was mag ich überhaupt nicht. Jemanden gefährden, der schwanger ist, oder wenn Kinder dabei sind, dann finde ich das total blöd und möchte wirklich nicht andere mit meinem Qualm belästigen, sage ich jetzt mal. [AL: Habt ihr denn drüber gesprochen, dass ihr das so handhabt, oder bist du von selbst …?] Ich habe das von mir selbst so gemacht und für ihn war das dann auch irgendwie gut. Also da gab es gar keinen Diskussionsbedarf. Er sieht das von sich aus auch so. Also, wenn Freunde mit Kindern oder schwangere Freunde da sind, dass das dann einfach nicht gemacht wird. Obwohl er selber mir mal erzählt hat, seine Mutter hätte während der Schwangerschaft selber geraucht. Das hätte ihm ja auch nicht geschadet. Aber deswegen spielt das für ihn keine Rolle, oder dass er darauf keine Rücksicht nimmt oder so. Das hat er wohl einfach von mir so übernommen – aber ohne Probleme."[708]

Die Erzählung der Betriebswirtschaftsstudentin SWB ist in mehrfacher Hinsicht einschlägig. SWB scheint von nachteiligen Effekten des Tabakrauchs auf Nichtraucher zu wissen, insbesondere auf Kinder und während der Schwangerschaft. Sie führt dieses (präventivmedizinisch) normierte Wissen als verinnerlicht und als Begründung heimischer Regelungen zum Rauchen an. Gleichzeitig mit der Regelnorm berichtet sie von ebenso regelhaften Ausnahmen: Rauchen im Schlafzimmer werde unter bestimmten Voraussetzungen gestattet, nämlich wenn Rücksicht auf Gäste genommen werden müsse.

KBW berichtet davon, dass sie es als unangenehm empfinde, an einem zu frühen Zeitpunkt am Tage zu rauchen oder sich in einem verrauchten Zimmer aufzuhalten.

---

708 Lightfilterzigarettenraucherin SWB, 2010.

„Ich kann diesen Gestank in der Wohnung, … finde ich furchtbar. Wenn man dann halt morgens schon in dieser verrauchten Luft sitzt, und dann muss man wieder lüften und dann ist es kalt und außerdem, ich frühstücke auch nicht so richtig, sondern immer halt nur so ab-und-zu oder so um elf Mal irgendwas zwischendurch und ich weiß nicht, so auf leeren Magen zu rauchen … Also ich brauche das einfach nicht. Ich könnte jetzt gar nicht sagen, dass es mein körperliches Wohlbefinden stören würde, weil, das tut es nicht. Also ich könnte mir halt auch eine Zigarette anzünden, auch wenn ich noch nichts gegessen habe, ohne dass mir jetzt schwindelig wird oder so was. Aber ich finde halt einfach den Geruch, glaube ich, kann ich nicht so ertragen morgens."[709]

Anschließend relativiert sie diese Aussage jedoch und führt an, dass sie während des Studiums sehr wohl zu Seminarbeginn vor elf Uhr vormittags Zigaretten geraucht habe. Die Empfindung von Ekel bezieht sie lediglich auf Situationen, in denen sie sich alleine in ihrer Wohnung aufhält, weist jedoch, genauso wie die weiter oben besprochenen Quellen, eindeutig auf eine Nähe zum unerwünschten und inakzeptablen Suchtverständnis hin.

Auf die Frage nach dem Quantum des eigenen Zigarettenkonsums nennt SHM zum Schluss, dass er beim Rauchen auf der Straße denke, andere Passanten fühlten sich terrorisiert. Der Begriff „Terror" gibt Anlass zur Nachfrage, wo denn das tolerierbare Quantum an Zigarettenrauch endet. „Bin völlig schmerzfrei."[710] Doch in der Wohngemeinschaft spielten Rücksichtnahme und Rauchgerüche ineinander. Zum Rauchen in seiner Wohngemeinschaft sagt er, dass die Mitbewohner sich auf eine Unterteilung in „private" Räume und einen „öffentlichen" Raum der Wohngemeinschaft geeinigt hätten, in denen weitgehend Einigung über Rauchen beziehungsweise Nichtrauchen bestünde.

„[AL: Wie ist es da mit dem Rauchen?] Es ist so, dass wir jetzt eine Nichtraucherin haben, also wir sind zu viert und drei Leute rauchen stark, aber jeder nur auf seinem Zimmer. Weil wir die Küche, weil wir gesagt haben, uns geeinigt haben, in Küche und Esszimmer, also der gemeinsame Raum, und Flur sollen halt nach Möglichkeit nicht geraucht werden. Also das kommt schon mal vor, wenn 'ne Feier ist oder so, also es ist jetzt keine strikte Nichtraucherzone, aber wir versuchen das schon, aus eigenem Interesse halt, wegen der Luft halt, dass wir sagen, wir rauchen nur in den Zimmern. Es kommt trotzdem genug durch, sozusagen. Für jemanden, der nicht empfindlich ist und Nichtraucher, ist es auf jeden Fall wahrnehmbar, sozusagen. Also für mich nicht so arg."[711]

Wieder stehen Rauchen auf gemeinsamen Feiern beziehungsweise Rauscherleben abseits der geltenden Rücksichtnahmen, fügen sich aber dennoch in die Bewertungslogiken ein, weil auch Rausch situationsabhängig konstante Bewertungsmuster aufweist. Er selbst merkt an, dass sein Geruchsempfinden sich derart an Tabakgerüche gewöhnt habe, dass er selbst diese im Gegensatz zu Nichtrauchenden keineswegs klar wahrnehme.

Rücksichtnahme ist für die Befragten dann erforderlich, wenn sie mit anderen Personen Zeit verbringen oder gemeinsame Geruchsräume teilen. Gegenüber sich selbst

---

709 Lightfilterzigarettenraucherin KBW, 2006.
710 Filterzigaretten- und Zigarilloraucher SHM, 2006.
711 Filterzigaretten- und Zigarilloraucher SHM, 2006.

gelten diese Regeln nicht in gleicher Weise. Hygienisierung der Hülle, der Box, Körperhygienisierung, die zu „unsichtbaren" Raucher/-innenrollen führt, sind erwünscht und streifen den Verdacht der Nikotinsucht ab. Darüber hinaus entsteht aus Sicht der Befragten mit Hilfe praktizierter Körper- und Hygienetechniken sozialer Abstand zu unkontrolliert „süchtigen" Raucher/-innen aus Milieus, die ihnen in Form von Stereotypen bekannt sind.

2.4   Rauchzeiten

Konsumkulturen der Gegenwart sind räumlich und zeitlich unstete, dynamische Aushandlungsfelder im Rahmen des kulturell Gangbaren. Alltag ist dabei das Gegenteil der „Avantgarde des Möglichen. Der Alltag trottet gewissermaßen hinterher."[712] Ein richtiger, genussbetonender Gebrauch von Tabakprodukten setzt wiederholte Körpertechniken, d.h. eine Veralltäglichung kulturell erlernter und akzeptierter Konsumtechniken voraus. Eine kulturwissenschaftliche Annäherung an Zeit und Raum muss daher „über das menschliche Handeln"[713] erfolgen.

Rauchende integrieren die benötigte Zeit für den Produktkonsum in ihren Alltag. Flexible Orts- und Zeitstrukturen ihrer realen Lebenswelten ermöglichen es Studierenden, Gebrauchsmuster von Zigaretten- und Feinschnitttabakprodukten zeitlich in den Lauf ihres unregelmäßigen Alltags[714] einzubinden.

> „Wie Konsumfreizeit heute verbracht wird, was in ihr getan wird und wie, ist das Resultat von zwei Ausgangsbedingungen geworden: der eigenen Arbeitsbedingungen und der Beschaffenheit der Konsumgüter und Dienstleistungen, also dessen, was andere produzieren. Sie tragen ihre eingebaute ‚Zeit' in sich, die an alle, die sie konsumieren wollen, bestimmte zeitliche Anforderungen stellt."[715]

Jugendliche unterwerfen sich noch nicht dem Diktat effizienter Zeitnutzung im Alltag, sondern versuchen, ihre Routinen mit Hilfe von Ereigniszeiten anzureichern, und zwar genau in den Phasen, in denen Ereigniszeiten zulässig sind.[716] Sichtbar wird dies insbesondere im Umgang mit der flüchtigen Ressource bei Zigarettenpausen oder auf Partys. Zudem setzt durch Annahme der Raucher/-innenrolle (mit der Selbstbezeichnung Raucher/-in, richtigen körperlichen Techniken und der Vervielfältigung von Funktionen des Tabakkonsums) eine Art körperbezogene Epochenbildung[717] (prä-/post Raucherstatus) ein. Zielungenauigkeit, Flexibilität und Kurzfristigkeit kennzeich-

---

712 Jeggle: Alltag (1999), S. 86.

713 Hengartner, Thomas: Zeit-Fragen. In: VOKUS. Volkskundlich-kulturwissenschaftliche Schriften. Sonderheft „zeit". Hamburg 2000, S. 5–18, hier S. 17.

714 Vgl. Gajek/Götz: Studentenfutter (1993), S. 60.

715 Nowotny, Helga: Eigenzeit. Entstehung und Strukturierung eines Zeitgefühls. 2. Aufl. Frankfurt a.M. 1995, S. 123.

716 Vgl. von Essen, Susanne: Erinnerung und Deutung von Alltagszeit bei Jugendlichen. In: VOKUS. Volkskundlich-kulturwissenschaftliche Schriften. Sonderheft „zeit", Hamburg 2000, S. 25–32, S. 31.

717 Insbesondere plötzlich auftretende lebensbedrohliche Krankheiten generieren in Erlebniserzählungen lebensgeschichtliche Epochen. Vgl. Lehmann: Reden über Erfahrung (2007), S. 198 f.

nen diese Alltagszeiten. Zeit wird vermeintlich „vergeudet" oder in Rauschzuständen mit Hilfe von Alkohol und Tabakprodukten zwischen körperlichem Kontrollverlust und raumgreifender Selbsterfahrung entgrenzt.

> „In der Jugend wird Zeit mitunter ‚verschwendet', nicht ertragreich genutzt – mit ‚Chillen' oder ‚Rumhängen'. Insofern ist die unproduktive Verausgabung von Zeit typisch für den Rausch und ebenso für die Lebensphase Jugend."[718]

Rauchpausen und zeitlich limitierte Durchbrechungen routinierter Konsumfreizeiten gehören daher zu den jugendkulturellen Elementen studentischen Tabakkonsums. Eine demonstrative Verschwendung von Zeitressourcen in einer Umgebung, in der andere über Zeitknappheit klagen und vom Druck der Leistungsanforderungen getrieben sind, repräsentiert jugendliche Zeitstrukturen und befreit aus Sicht der Akteure temporär vom Studienstress.

Obwohl das studentische Milieu von unzähligen Segmentierungen lebt, sind Übergänge und Beziehungen zwischen den Submilieus aufgrund einer kennzeichnenden erhöhten Binnenkommunikation in diesem Feld prägend und resultieren in gleichartigen „alltagsästhetischen Grundorientierungen, den Werthaltungen, den Mustern der Informationsaufnahme"[719]. Studierende werden daher aus lebensstilistischer Sicht zumeist zwischen dem Hochkulturschema und dem Spannungsschema verortet.[720] Ein wichtiges Feld der Selbstverwirklichung stellt die Erfüllung eigener Bildungsziele dar, d. h. Inhalte, Ablauf und Gestaltung des Studiums.

Studienbedingte Verläufe und Wiederholungen lassen Zeitmuster in studentischen Lebenswelten entstehen. Studierende koordinieren soziale Interaktionen auf Grundlage von Flexibilitätsanforderungen ihrer gegenwärtigen Lebenssituationen. Rauchzeiten laufen parallel zu anderen Zeiten: Arbeitszeiten am Schreibtisch, Lernzeiten, Feiern, Telefonaten. Die augenfällig zum Rauchen bestimmte Zeit ist die Rauchpause. Doch auch diese nutzen Studierende für fachliche und private Gespräche, zum Telefonieren, zur Produktion von kleinen Abschnitten von Eigenzeit, in denen sie innehalten können, ohne schlechtes Gewissen etwas „Zeit für sich selbst" gewinnen. Zeitliche Parallelität und Pausen schaffen temporale Strukturen in Anlehnung an geltende Zeitrahmenstrukturen. Die Beschaffenheit der tageszeitlichen Gefüge ist nicht statisch, sondern hochgradig flexibel und dynamisch.

Rauchen besteht aus symbolischen Handlungsformen, „die auf zugrunde liegende kulturelle Ordnungsmuster rekurrieren"[721] und daher in ihrer zeitlichen Struktur leicht als Rituale interpretiert werden können. Das heuristische Modell des Rituals hat sich in den Kultur- und Humanwissenschaften seit dem frühen 20. Jahrhundert etabliert und aus dem theologischen Kontext mehr und mehr herausgelöst und damit zur strukturellen Analyse von (säkularen) Kulturphänomenen nutzbar gemacht.[722]

---

718 Niekrenz: Rausch als körperbezogene Praxis (2011), S. 215. Die Körper-leiblich-umgebungsweltliche Entgrenzung durch Rausch wurde in neurobiologischen Studien belegt. Vgl. ebd.

719 Raab: Soziologie des Geruchs (2001), S. 248.

720 Vgl. Schulze: Die Erlebnisgesellschaft (1992).

721 Ebd., S. 254.

722 Vgl. Bell, Catherine: Ritualkonstruktion. In: Belliger, Andréa/Krieger, David (Hg.): Ritualtheorien. Ein einführendes Handbuch. 3. Aufl. Wiesbaden 2006, S. 37–48.

Rituale zeichnen sich, ebenso wie Bräuche, durch eine historische, soziale, strukturale und funktionale Dimension aus.[723] Das hier zugrunde liegende Ordnungsmuster speist sich aus einer europäischen Tradition des Rauschmittelkonsums, die durch popularisierte medizinische Diskurse geformt wurde. Nicht jede Handlung, die mit dem Konsum von Tabakwaren beziehungsweise Zigaretten verbunden ist, spiegelt eine interpretierbare, bedeutungstragende Komponente in diesem Orientierungsmuster wider. Voraussetzung dafür ist ein kulturelles Gedächtnis in Bezug auf unterschiedliche Tabakkonsummuster. Dem Gebrauch von Tabakprodukten liegen eine Anzahl unterschiedlicher Rauchmotivationen sowie räumliche und zeitliche Gebrauchsmuster zugrunde, die kurzzeitige Handlungsbewertungen im Hier und Jetzt hervorrufen. Von einer gemeinsamen Idee, einer gemeinsamen Vorstellung über den Nutzen von Tabak auf Grundlage eines geteilten Mythos finden sich in den diskutierten Quellen keine Hinweise. Daher kann, trotz regelhafter und gemeinschaftlicher Tabakkonsumpraktiken, beim Zigarettenrauchen nicht von einem gesundheitsgefährdenden Rausch*ritual* gesprochen werden.

Doch was kann die Frage nach Gesundheit und „studentischen" Zeitstrukturen über verschiedenartige Präventionsvorstellungen aussagen? Das „Leben nach natürlichen Rhythmen"[724] wird in Alltagsratgebern als probates Mittel dargestellt, dem Erleben von Alltagsstress entgegenzutreten. Die untersuchten Schilderungen alltäglicher Rauchroutinen weisen eher auf schnelle Situationswechsel, spontane zeitliche und räumliche Veränderungen des Studienalltags und unregelmäßige tageszeitliche Strukturen hin, deren größte Gemeinsamkeiten in Flexibilitätsanforderungen bestehen. Gesundheitsförderliche zeitliche Routinen, wie ein Kursangebot „Rückenschule"[725], lassen sich in den Augen der Befragten viel weniger mit studienbedingten Flexibilitätsanforderungen in Einklang bringen als selbstgesteuerte[726] oder kurzfristige[727] Engagements.

Die nachfolgenden Abschnitte behandeln vorrangig tageszeitliche Strukturen des Tabakkonsums. Mechanismen der Normierung, Rhythmisierung und Synchronisierung tageszeitlicher Fragmente durch Tabakkonsumsituationen finden sich darin. Gegenwärtige Rhythmisierungen sind einerseits durch institutionelle Vorgaben der Semesterzeiten, Prüfungszeiten, vorlesungsfreien Zeiten, Anforderungen des Studiengangs geprägt, andererseits durch die soziokulturellen Synchronisierungen von Tabakkonsum zu bestimmten Zeiten am Tag sowie in Alltagssituationen auf Partys, bei der Teilzeit-Erwerbsarbeit, Praktika, Auslandsaufenthalten, Besuchen der Familie am Wochenende etc. Zigarettenpausen schaffen eigene Zeit: ein kurzlebiges, durch

---

723 Dagmar Hänel stellt in ihrem Beitrag „Ritual, Religion und Krankheit" die Begriffe Ritual und Brauch gegenüber und zeigt am Beispiel der Wallfahrt in das französische Lourdes, wie aktuell religiöse Rituale als symbolische Umgangsformen mit Krankheiten genutzt werden. Vgl. Hänel, Dagmar: Ritual, Religion und Krankheit – popularreligiöse Handlungspraxen im Kontext von Gesundheits- und Körperkonzepten. In: Unterkircher: Medikale Kulturen (2008), S. 250–268.

724 Drascek, Daniel: „Die Zeit der Deutschen ist langsam, aber genau". Vom Umgang mit der Zeit in kulturvergleichender Perspektive. In: Zeitschrift für Volkskunde, 103. Jg. (1/2007), S. 1–20, S. 17.

725 Lightfilterzigarettenraucher MMB, 2010.

726 Die Interviewten EMB und JHM üben unregelmäßig Langlaufsport aus.

727 Der Gesprächspartner BSM verabredet sich häufig spontan über das Internet zum Skaten, weil dies besser in seinem Alltag unterzubringen sei als regelmäßige Termine im Sportverein. Interview Feinschnitt- und Filterzigarettenraucher BSM, 2010.

die Rauchdauer befristetes Abseits vom Rausch subjektivierter Flexibilitätsanforderungen.

2.4.1 Normierung von Rauchzeiten und Rauchsituationen

Unterschiedliche Alltagsgeschwindigkeiten wirken sich in Hinblick auf das körperliche und seelische Wohlbefinden in Kulturen verschiedenartig aus.[728] Auf die alltägliche Praxis bezogen impliziert die Auswahl von Rauchgelegenheiten, die mit anderen Raucher/-innen beziehungsweise Nichtrauchenden verhandelt und erlebt werden, eine innere Struktur der Situation: Dort binden sich Formen der Rücksichtnahme in kommunikative und soziale Strukturen ein. Die Rauchsituation verändert sich dadurch hin zu einer Rauchspezifik.

In Bezug auf jugendliche Lebensstile hält Raithel zudem fest, dass das gesundheitsriskante Sozialkontaktverhalten, dazu zählt u. a. Konsum von Tabak und Alkohol, aufgrund seiner hohen Utilisation in sozial-kommunikativen Situationen im Vergleich der fünf Gruppen gesundheitsrelevanter Verhaltensweisen am deutlichsten lebensstilistisch verankert ist.

> „Für das gesundheitsriskante Sozialkontaktverhalten findet sich der ‚höchste' Zusammenhangswert für das Ausgehen in der Freizeit [...] womit auf eine hohe lebensstilistische Verankerung geschlossen werden kann. Das kann gleichfalls als Beleg für die lebensstilistische und gleichaltrigengruppenbezogene Verknüpfung des Tabak- und Alkoholkonsums im Jugendalter gesehen werden."[729]

Zwar enthalten die Quellen explizite Hinweise darauf, dass die Befragten das Rauchen als Teil ihres gegenwärtigen Lebensstils ansehen, doch sind die Erzählungen, zu welchen Tageszeiten und in welchen Kontexten (abends in der Kneipe oder Diskothek, nach einer Mahlzeit und in kommunikativen Situationen unter Freunden etc.) geraucht werde, stark idealisiert. Die geschilderte Exklusivität stimmt mit der Realität des Feldes kaum überein und repräsentiert daher ein normatives Abbild erwünschter und besonders akzeptierter Rauchsituationen. Normierung bedeutet schlicht, dass eine gesellschaftlich akzeptierte Idealvorstellung zum Kontext des eigenen Rauchverhaltens besteht. Das Ideal bezieht sich auf Rauchgelegenheiten (lokal, temporal und sozial) sowie auf das körperliche Raucherlebnis innerhalb dieser Umgebung. In den Gesprächen treten zwei zeitliche Aspekte konstant in Erscheinung: Zum einen sind dies Standardsituationen, die sich besonders zum Rauchen eignen, zum anderen handelt es sich um die erlebte Anpassungsfähigkeit des Rauchens an zeitliche Rahmenstrukturen, in denen sich der Zigarettenkonsum passfähig einfügt.

Eine Besonderheit zeitlicher Strukturen in studentischen Lebenswelten besteht darin, dass rauchende Studierende erleben, über den Grad ihrer Rauchroutine relativ autark verfügen zu können. Ein Gesprächspartner drückt das damit aus, dass er nun

---

728 Im zeitkulturellen Vergleich zwischen Deutschland und China zeigt Drascek unterschiedliche Spielräume von Selbstverwirklichungszeiten unter dem Einfluss der Globalisierung. Vgl. Drascek: Die Zeit der Deutschen (2007), besonders S. 18.

729 Raithel, Jürgen: Lebensstil und gesundheitsrelevantes Verhalten im Jugendalter. In: Soziale Welt. Zeitschrift für sozialwissenschaftliche Forschung und Praxis, 55. Jg. (1/2004), S. 75–94, hier S. 87.

als Student unendlich viel Zeit zum Rauchen habe.[730] Die temporale Flexibilität im Alltag erfordert daher eine Hierarchisierung von Situationen und Zeiten, an denen das Rauchen einer Zigarette als besonders sinnvoll beziehungsweise genussvoll erlebt wird. Die Studentenparty bietet eine frequentierte Bühne zur Darstellung der Zugehörigkeit zu einem subkulturellen Milieu sowie der Zugehörigkeit zu einer Geschlechtskategorie[731], die Rauchen und Trinken in solchen Situationen bestätigen. Erzählungen über Rauchen in „Standardsituationen", in der Kneipe, auf der Party, nach dem Essen signalisieren die gesellschaftliche Akzeptanz dieser Konsumgelegenheiten.

> „Das ist bei mir so ein Gesellschafts-Ding. Ich habe schon so eine Sucht, dass ich alleine rauche, aber ich rauche eigentlich lieber in Gesellschaft. Einfach so mit einem Bierchen, nach dem Essen oder beim Kaffeetrinken. Das ist einfach auch so der Akt, sich die Zigarette anzuzünden, oder immer ein guter Vorwand, eine Fünf-Minuten-Pause einzulegen."[732]

Der Gesprächspartner summiert hier die gegenwärtig in seinem Umfeld besonders akzeptierten Rauchgelegenheiten beim Bier, nach dem Essen, beim Kaffeetrinken. Zudem legitimiere sein Raucherstatus, dass er zu einem relativ selbstbestimmten Zeitpunkt eine kurze Zigarettenpause einlegen kann. Auch phrasenhafte Sätze wie „Da stehen abends nur noch wir Raucher"[733] verdeutlichen das Erleben von selbstbestimmten zeitlichen Dynamiken von Rauchsituationen. Die Präferenz, in gemeinschaftlich-kommunikativen Situationen zu rauchen, äußern alle Befragten und signalisieren dadurch, dass sie dieses Verhalten als sinnvoll erleben und praktizieren. Insbesondere Standardsituationen und Abstinenzphasen assistieren bei der Konstruktion von Genusserlebnissen.[734]

Im Gegensatz dazu werden an anderer Stelle unregelmäßige Studien- und Arbeitsphasen betont. „Im Prinzip sitze ich den ganzen Tag am Schreibtisch, beziehungsweise so einen richtigen alltäglichen Tagesablauf gibt es halt nicht, weil ich dann total viele solcher Projekte mache, wo ich mich zwischendurch mit Leuten treffe."[735]

Die Zeit am Schreibtisch in ihrer Wohnung werde immer wieder unterbrochen von einer Anzahl paralleler Aktivitäten, die mit ihrem Studium nicht in Verbindung stünden. Die geschilderten zeitlichen Durchbrechungen unterschiedlicher Engagements zählen für die Befragte dennoch zu ihrer lebensstilistischen Normalität hinzu, ohne dass sie eine stressige Belastungssituation schildert. Vergleichbar mit diesen Flexibilitätsanforderungen schildert sie, wie fragil tageszeitliche Bewertungen des Zigarettenrauchens sein können. Die Doktorandin erzählt, sie rauche am liebsten in den Nachmittagsstunden.

> „Aber was ich halt total ekelhaft finde, sind Leute, die schon morgens anfangen zu rauchen. Das finde ich das Schlimmste, was es gibt, obwohl man das ... während der Schulzeit hat man das dann auch gemacht, in den Pausen halt, irgendwie stand man da immer zusammen

---

730 Feinschnitt- und Filterzigarettenraucher BSM, 2010.

731 Zur Bedeutung des Geschlechts bei der Untersuchung gesundheitsrelevanter Stilisierungsmerkmale vgl. Raithel: Lebensstil (2004), S. 89 f.

732 Filterzigaretten- und Feinschnitttabakraucher JHM, 2010.

733 Filterzigaretten- und Feinschnitttabakraucher RLM, 2006.

734 Vgl. Kapitel III.2.5.1.2 Genuss und Disziplinierung.

735 Lightfilterzigarettenraucherin KBW, 2006.

und hat geraucht. Aber seit ich halt, na gut, während dem Studium stimmt jetzt auch nicht so ganz – teilweise beim Proseminar kann ich mich auch erinnern, dass man da schon um elf oder so dann geraucht hat. Im Prinzip alleine, wenn ich alleine bin und bei mir zuhause bin, finde ich das ekelhaft, morgens zu rauchen."[736]

In dieser Belegstelle gibt die morgendliche Uhrzeit Anlass, den Tabakkonsum in mehrfacher Hinsicht zu bewerten und diese Bewertung zu relativieren, wobei unklar bleibt, ob „morgens" für sechs Uhr oder elf Uhr steht. Rauchende, die morgens mit dem Rauchen begännen, seien „ekelhaft", doch während der Schulzeit und auch im Studium sei es gelegentlich dazu gekommen, dass die Befragte selbst vor dem Mittagessen geraucht habe. Sie führt das auf eine soziale Dynamik während der Pausenzeiten zurück. Letztlich behält die Aussage vom Beginn des Erzählabschnittes am Ende für sie selbst nur noch in einer Situation bei ihr zu Hause ihre Gültigkeit. Die Erzählung wirbt in zweierlei Hinsicht um gesellschaftliche Akzeptanz: Erstens indiziert die Betonung sozialer Öffentlichkeit, dass in Gesellschaft und aus einer Genussmotivation geraucht wurde. Die eingeprägte (konstruierte) Konsumsituation aus der Schulzeit appelliert an das Verständnis, dass in dieser Lebensphase Rauchen eine eigene soziale Dynamik entfache. Eine relative Öffentlichkeit von Rauchgelegenheiten impliziert zudem, dass die Konsumentin darin sozial kontrolliert werde. Zweitens betont die Interviewte, dass Rauchen nach einer Mahlzeit ihr gesellschaftlich akzeptabler erscheint als Tabakkonsum am Morgen. Morgendliche Rauchzeiten widersprechen (nicht nur) ihrem Genussverständnis. Trotz relativer Zeitsouveränität soll in dieser Schilderung keinesfalls der Eindruck entstehen, Tabakkonsum komme in ihrem gelebten Lebensrhythmus eine derartig hohe Bedeutung zu, dass dieser leicht als Suchtverhalten verstanden werden könne.

2.4.2   Rhythmisierung im Tageslauf

Tages- und Lebensläufe in Bastelexistenzen gleichen Wanderungen „durch eine Vielzahl von Sinnprovinzen"[737]. Die Befragten schilderten im Gesprächsverlauf ihren Tagesablauf des Vortags und beschrieben darin die jeweiligen Rauchsituationen. Dadurch sollte beispielhaft eine Abfolge von Rauchgelegenheiten in der Tagesstruktur offengelegt werden. Die Interviews fanden überwiegend in den Monaten Juli/August und Februar/März statt, also jeweils gegen Ende von Sommer- beziehungsweise Wintersemester sowie zu Beginn der Semesterferien. Dadurch sollten Einblicke in beide Arbeitsmodi (Semester und vorlesungsfreie Zeit) sowie jahreszeitlich in beide Halbjahre gefunden werden. Die geschilderten Rhythmen des Rauchens im Tagesverlauf sind erwartungsgemäß zwischen den Interviewpartner/-innen sehr unterschiedlich. Einige verbindende Elemente sollen an dieser Stelle dennoch vorgestellt werden.

Die Quellen weisen eindeutig auf eine Anbindung des Tabakkonsums an Verzehrsituationen hin; ein Konsummuster, das im Tagesverlauf mit der Kombination von Zigarette und Kaffee zum Frühstück beginnt und von den befragten Raucher/-innen

736 Lightfilterzigarettenraucherin KBW, 2006.
737 Hitzler/Honer: Bastelexistenz (1994), S. 312.

als „Klassiker"[738] studentischer Rauchpraxis bezeichnet wird.[739] Das Essverhalten von Studentinnen und Studenten gleichermaßen ist von Flüchtigkeit, Spontanität und Zufälligkeit bestimmt. Ungeregelte Mahlzeiten sind in studentischen Lebensweisen belegt:

> „Wie der Vergleich des jeweiligen Tagesverlaufs von einer Angestellten und einer Studentin gezeigt hat, kennzeichnen den Imbiß zwischen den Vorlesungen, das Unregelmäßige der spezifisch studentischen Arbeitssituation sowie die Vermischung von Arbeits- und Freizeit die Lebensweise von StudentInnen eindeutiger als andere Faktoren, wie etwa die materielle Situation, wo sich gerade bei den Münchener StudentInnen große Unterschiede abzeichnen."[740]

Gleichzeitig räumt die Studie von Gajek/Götz jedoch ein, dass Studierende gewisse Regelhaftigkeiten etablieren, die in Verabredungen zum Kochen oder bei der Rollenverteilung in Kochgemeinschaften in Erscheinung treten können. Studentische Tagesverläufe seien zudem durch parallele Studien- und Erwerbstätigkeiten durchbrochen.

Ein Teil der befragten Raucherinnen erzählt, erst in der zweiten Tageshälfte, nach dem Mittagessen beziehungsweise am Nachmittag mit dem Rauchen zu beginnen oder verstärkt zu rauchen. In den Abendstunden hält sich KBW mit ihrem Konsum in ihrer Wohnung zurück, da sie vermeiden wolle, im Tabakqualm zu schlafen.

> „Ich rauche abends viel weniger als nachmittags. Und abends ist es dann halt so, da lese ich dann oft, oder wenn man halt zuhause ist, oder gucke Fernsehen oder so was, da rauche ich auch nicht mehr so viel, einfach weil ich das dann auch doof finde, ins Bett zu gehen und hier hängt der ganze Qualm in der Wohnung. Und da rauche ich dann halt auch nicht."[741]

Die Rhythmisierung des Rauchens schildert die Befragte in Zusammenhang mit der verqualmten Raumluft, die sie am Abend nicht in ihrer Wohnung haben möchte. Trotz unsteter Essens- und Arbeitsrhythmen erlangt die Raumlufthygiene in den Abendstunden Vorrang vor anderen Taktgebern (Fernsehen etc.). Ihre Hygienevorstellungen teilen die meisten der befragten Raucherinnen. Sie rauchten zum Fenster hinaus in der Küche, in der sich ohnehin eine Vielzahl von Gerüchen vermischt, oder auf der Terrasse und lüften ihren Wohnraum vor dem Zubettgehen.

Im Gegensatz zu Raucherinnen zeigen sich die befragten Raucher weniger um ihre Raumlufthygiene besorgt. Insgesamt zeigt sich bei ihnen der Trend, dass die Zigarette zum Kaffee morgens im privaten Raum oder mit Kommilitonen auf dem Campus als eine etablierte und akzeptierte Rauchsituation zu morgendlichen und vormittäglichen Zeiten darstellt. „Kaffee und Kippe ist irgendwie ein Muss."[742] Im Vergleich der Tagesverlaufserzählungen mit Erzählungen über besonderen Zigarettengenuss zählen die

---

738 Lightfilterzigarettenraucher KJM, 2006.

739 Der Verzehr von Kaffee zusammen mit einer Zigarette wird weiter unten im Kapitel zum Thema Geschmack noch einmal aufgegriffen. An dieser Stelle richtet sich der Blick auf die zeitliche Zusammenführung während der ersten Verzehrsituation des Tages.

740 Gajek/Götz: Studentenfutter (1993), S. 60.

741 Lightfilterzigarettenraucherin KBW, 2006.

742 Lightfilterzigarettenraucher KJM, 2006.

morgendlichen Zigaretten nicht zu Genusssituationen.[743] Doch trifft die immer wieder betonte Einpassung des Rauchens in etablierte zeitliche und örtliche Situationskontexte für morgendliches Rauchen genauso zu wie für das Rauchen in Gesprächssituationen auf dem Hochschulgelände. „Ich bin letzten Freitag aufgestanden, dann unter die Dusche, dann habe ich mir einen Kaffee gemacht und dabei eine geraucht, also, Kaffee getrunken und dabei eine geraucht."[744] Weder Raucherinnen noch Raucher schilderten ihre am Morgen gerauchten Zigaretten als eindeutige Genusserlebnisse. Erklärungen dafür bieten die zuvor geschilderten gemeinschaftlichen Rauchsituationen, in denen Rauchtechnik, Konsummaß und Kontext gemeinschaftlicher Kontrolle unterliegen. Das trifft für morgendliche Rauchsituationen nicht zu.[745]

Raucher/-innen finden in selbstgesteuerten wie fremdgesteuerten Zeitstrukturen Rauchgelegenheiten.

> „Gestern habe ich keine Mittagspause gemacht, weil ich ja relativ spät erst ins Seminar gegangen bin. Also erst fast so gegen Mittag. Und ich halt so spät gefrühstückt hatte, ich habe dann nachher eine eigene Mittagspause gemacht. Das war dann schon gegen vier, halb fünf, bin ich nach Hause gegangen und habe da etwas gegessen und dann auch wieder geraucht. Ich habe schon über den Tag verteilt geraucht, so alle zwei Stunden mindestens eine Zigarette, immer in Kombination mit irgendeiner Pause, und abends habe ich eigentlich nichts weiter gemacht. Da habe ich mich abends noch mit einem Kommilitonen zum Lernen noch getroffen und ein paar Sachen durchgesprochen, war noch in der UB [Universitätsbibliothek], und abends habe ich zu Hause Fernsehen geguckt, war ein bisschen im Internet und dann bin ich schlafen gegangen. Und abends bei mir habe ich dann auch schon viel [betont] geraucht, sage ich mal. Da zähle ich dann nicht mehr mit und gucke auch nicht auf die Zeitabstände, aber, da habe ich sicherlich schon ein paar [betont] Zigaretten geraucht."[746]

Seminarzeiten, Pausenzeiten, Bibliotheksöffnungszeiten etc. sind durch eine äußere Struktur der Universität festgeschrieben. Innerhalb der von außen auferlegten Struktur besteht Gestaltungsspielraum, den die Studierenden zur Bestätigung der eigenen zeitlichen (und räumlichen) Struktur nutzen. Durch wiederholtes Rauchen im Tagesverlauf entsteht ein (sozial akzeptierter) zirkularer Zeitrhythmus. Rauchende synchronisieren ihren individuellen Rhythmus mit äußeren Zeitvorgaben und ihren Kommunikationsvorlieben. Flüchtige Rauchgemeinschaften leben durch eine koordinierte Rhythmisierung von außen (von Seiten des Studienverlaufs).

Der Einfluss äußerer und individueller Rhythmen wird im folgenden Beispiel einer Medizinstudentin deutlich. KBD erzählt, sie nutze die Zeit nach einem Kurs, in dem sie eine Gruppe jüngerer Studierender anleite, um während einer Rauchpause Fachfragen zu besprechen, aber auch sich für den Abend zu verabreden. Die Zeit zwischen zwei Veranstaltungen sei mittags für die Studierenden zu kurz, um in die Mensa zu gehen:

---

743 Vgl. die Kapitel III.2.4. Rauchzeiten und III.2.5.1.2. Genuss und Disziplinierung.
744 Lightfilterzigarettenraucherin SWB, 2010.
745 Vgl. die Kapitel III.2.3.1 Rauchinseln und Kommunikationsräume und III.2.5.1.2 Genuss und Disziplinierung.
746 Filterzigaretten- und Feinschnitttabakraucher JHM, 2010.

„Das sind eigentlich diese Pausen, die man hat. Man hat nach dem Präp-Kurs, also die hatten danach noch eine Veranstaltung, und dann hat man so 20 Minuten, halbe Stunde Pause. Und das Ding ist, dass es zu kurz ist, um irgendwie etwas zu essen. Die Schlange ist da halt immer so lang und dann ist es einfach kürzer, irgendwie rauszugehen und eine zu rauchen. Und ich hatte jetzt danach keine Veranstaltung mehr. Ich habe das dann immer noch so gemacht, um dann rauszugehen und ein paar Sachen zu bequatschen mit denen. Was wir dann am nächsten Tag noch so machen oder ob wir uns abends sehen, solche Sachen. Und da bin ich immer mit rausgegangen und habe eine geraucht und dann bin ich nach Hause."[747]

Die Beschreibung verdeutlicht, dass sich die Raucherin bewusst Zeit für ihre Zigarette beziehungsweise Besprechung mit den Studierenden nimmt. Obwohl keine zeitliche Begrenzung ihrer eigenen Pausenzeit besteht und sie sich in die lange Schlange in der Mensa anstellen könnte, verbringt sie die Zeit rauchend mit einer kurzen (fachlichen) Besprechung. Neben den zeitlichen Zwängen, die aus dem Studienplan resultieren, finden Rauchende im Semester Rauchzeiten. Ihre Teilnahme an der Rauchgelegenheit zeigt die kohäsive Wirkung der Situation. Die Kurzbesprechung nach dem Kurs ist charakteristisch für die endogen gesteuerte Rhythmik der Konsumsituationen, die häufig Kommunikationssituationen einleitet und gestaltet.

2.4.3 Synchronisierungen

In sozialen Milieus wurde bis dato häufig eine Kohäsionswirkung von Genussmitteln beschrieben. „Better-educated men who refrained from smoking until they entered college found themselves ‚out of it' if they did not light up. Sociability was tobacco's most seductive attraction, and its social utility made it that much harder to quit."[748] Doch welche Rolle kommt der zeitlichen Koordination von Genussmittelkonsumsituationen hinsichtlich ihrer sozialen Wirksamkeiten zu? Elias spricht nicht von vergemeinschafteten Gruppenidentitäten, sondern von einer Ich-Wir-Identität, welche ein integraler Bestandteil des sozialen Habitus eines Menschen sei. „Diese Identität repräsentiert die Antwort auf die Frage, wer man ist, und zwar auch in diesem Falle als soziales Wesen und als individuelles Wesen zugleich."[749] Die zuvor geschilderte notwendige tageszeitliche Koordination von Rauchzeiten beinhaltet noch einen weiteren Aspekt, den der Synchronisierung des Tabakkonsums im Kontext gemeinschaftlicher Rauchsituationen.

Wie bereits für den Fall der Medizinerin SBB ausführlich dargelegt, berichten auch andere Gesprächspartner/-innen von der Synchronisation des Rauchens durch eine gemeinsam gestaltete Kommunikationssituation. Studierende gestalten offensichtlich besonders häufig Pausenzeiten durch Gesprächssituationen. Die kommunikative Konstellation muss dabei nicht *face-to-face* stattfinden, um eine synchronisierende Wirkung zu erzielen. Am Telefon tritt der Effekt genauso ein. Auf die Frage nach Rauchsituationen des Vortages erzählt KJM, er halte sich gegenwärtig viel zu Hause

747 Lightfilterzigarettenraucherin KBD, 2010.

748 Courtwright, Andrew/Courtwright, David: Alcohol, Tobacco and other Drugs. In: Goodman: Tobacco in History (2005), S. 35–41, hier S. 38.

749 Elias, Norbert: Die Gesellschaft der Individuen, hgg. von Michael Schröter, 3. Aufl. Memmingen 1988, S. 246.

an seinem Schreibtisch auf, da er seine Magisterarbeit anfertige. Seine Schreibtisch-
tätigkeit unterbreche er gerne durch Rauchpausen und insbesondere bei Telefonaten:

„Ich steh nicht auf, aber ich gucke dann mal ein bisschen im Internet oder so halt, telefo-
niere. […] Man hört das ja immer am Telefon, wenn sich jemand eine Kippe anmacht, und
wird dann ja leicht verleitet, das auch zu tun. [AL: Kannst du mir mal so eine Situation
beschreiben?] Ja, weiß ich nicht. Man telefoniert halt und hört halt, dass der andere sich
eine Kippe anmacht, und denkt so ‚hm, könntest du auch machen‘. Und dann macht man
es halt. Jetzt nicht, dass da groß drüber geredet wird oder so. Einfach nur so. […] Ist ja auch
so, wenn man im Café sitzt oder so, wenn da jemand anderes ’ne Kippe anmacht, dass man
dann schon irgendwie drüber nachdenken kann, ‚Ich jetzt auch?‘ oder ‚Ich jetzt nicht?‘ Und
ich würde sagen, es ist genauso am Telefon.“[750]

Rauchsynchronisierung erfordert folglich keine körperliche Anwesenheit, um auf
andere Raucher/-innen ansteckende Wirkung auszuüben. Beachtenswert ist, dass
die Synchronisation von Tabakkonsumhandlungen in keiner der Quellen mit dem
Suchtverständnis in Verbindung gebracht wurde. Dominierende Faktoren stellen
Kommunikations- und Genussorientierung in gemeinsamen Rauchzeiten dar. Das
Erlebnis des gemeinsamen Rauchens wird dadurch vermittelt, dass die raucherfüllte
Gesprächssituation durch ein relativ gleichzeitiges Anzünden der Zigaretten eine ei-
gene Struktur, einen eigenen Rhythmus erhält.

„Das ist zum Beispiel auch komisch. K. raucht ja eigentlich extrem viel und es ist schon so,
dass wenn K. da ist, dass ich dann auch viel mehr rauche, als ich sonst rauchen würde. Und
wenn jemand anderes jetzt da wäre, der auch raucht, aber nicht so viel raucht, dann passt
man sich unbewusst dem anderen an und raucht dann nicht, oder ich passe mich an. Ich
meine K. nicht, die raucht trotzdem eine nach der andern. [lacht] Also es ist schon so ein
Anpassungsmechanismus.“[751]

Synchronisierungen von Rauchzeiten spiegeln sich ebenfalls in Rauchsituationen.
Eine Zigarettenraucherin erzählt, dass es in ihrem Tagesrhythmus zu Situationen
komme, in denen sie sich mit anderen Raucher/-innen gemeinsam zur Pause auf die
Terrasse des Instituts begebe.

„Wenn du jetzt hier irgendwie zusammen deine Zeit verbringst und dabei quatschen kannst,
dann geht ja nicht der Eine erst und dann kommt der wieder rein und dann geht der Nächste
rauchen, das ist ja auch irgendwie blöd, oder? Das ist dann schon hier eher so eine Situation,
so ‚lass mal kurz fünf Minuten Pause machen, eine rauchen‘ und dann quatscht man auch
dabei.“[752]

Synchronisierung und Rhythmisierung sind in diesem Fall kaum zu unterscheiden.
Eine gemeinschaftliche zeitliche und soziale Koordination der Rauchpause kann unter Rauchenden, die sich durch gemeinsame Tätigkeiten an der Universität kennen,
erwartet werden. Rauchende nehmen wahr, wann andere Studierende einschlägige

---

750 Lightfilterzigarettenraucher KJM, 2006.
751 Lightfilterzigarettenraucherin KBW, 2006.
752 Filterzigarettenraucherin NRW, 2006.

Rauchinseln oder Separees aufsuchen. Rauchverhaltensweisen auf dem Campus unterliegen sozialer Kontrolle.

Eine regelhaft genutzte Pausensituation schildert auch ein Befragter aus seinem Institutsalltag: Seine Rauchpausen verbringt er zusammen mit zwei anderen erfahrenen Studierenden aus dem Institut. Es handelt sich um drei männliche Institutsangehörige (ein wissenschaftlicher Mitarbeiter, ein Doktorand, ein Student in der Studienabschlussphase), die sich ohne feste Verabredung regelmäßig spontan zur gemeinsamen Zigarettenpause hinter das Gebäude begeben. Oben im vierten Stockwerk des Instituts verständigen sich die Raucher darüber, ihre Arbeit für eine Zigarettenpause zu unterbrechen. Je nach Arbeitssituation verlassen sie zu zweit oder dritt das Gebäude, um hinter dem Institut die Zigarettenpause gemeinsam zu verbringen. Die Mitglieder dieser Rauchergemeinschaft nutzen die ungestörte Pause, um sich dabei, neben fachlichen Gesprächen, auch über andere Personen aus dem Institut zu unterhalten, die an dieser Unterhaltung nicht beteiligt werden sollen. Ähnlich wie bei anderen Separees, auf einer Flachdachterrasse oder im begrünten Innenhof eines Instituts, erzählt der Befragte, dass sich die Hörsäle im angrenzenden Gebäudetrakt befinden und dass Parkplatz und Mauer von der Rückseite des Gebäudes eingesehen werden können. Die spontanen und selbstgewählten Pausenzeiten untermauern einen besonderen Status der Situationsbeteiligten. Die zeitliche Wahlfreiheit bestätigt die langjährige und dadurch privilegierte Institutszugehörigkeit der drei Raucher. Die Rauchenden synchronisieren ihr Tabakkonsummuster am Institut soweit, dass Rauchpausen durch Abwesenheiten der Mitrauchenden mitunter ausfallen.

> „Das kann auch genauso gut passieren, wenn ich den ganzen Tag hier sitze, wenn R. oder so, wenn die nicht da sind, und keiner kommt vorbei und sagt: ‚Komm wir gehen mal rauchen‘, dann bleibe ich auch den ganzen Tag hier im Zimmer sitzen und gehe nicht rauchen. Das kann halt auch vorkommen."[753]

Die regelmäßigen Rauchsituationen beinhalten für MMB eine authentische Qualität, die er schwer erklären könne. Auffallend ist, dass er, wie auch andere Befragte es schildern, die gemeinsame Rauchzeit in erster Linie als kommunikative Situation beschreibt. Darüber hinaus symbolisiert die Rauchpause durch ihre örtliche Entfernung zu den Institutsräumen einen für ihn manchmal hilfreichen Abstand.[754]

> „Das ist irgendwie ein Grund, nach unten zu gehen. Man könnte sich auch hier treffen, ja, der [Kollege] könnte hier hinkommen und wir könnten hier fünf Minuten Pause machen oder so. Aber so geht man halt runter, erzählt sich so ein bisschen vom Arbeitsplatz und kann dann da ein bisschen quatschen. Und dann redet man halt auch über die Arbeit, wenn man da gerade ein Auswertungsproblem hat oder so etwas. Bei mir funktioniert das besser, wenn ich so einen kleinen Abstand zum Arbeitsplatz habe. Und einfach nur so runtergehen und sich da hinzustellen [zweifelnd] – hm. […] Da würde dann, glaube ich, etwas fehlen. Aber was kann ich nicht sagen." [lacht][755]

---

753 Lightfilterzigarettenraucher MMB, 2010.

754 Zur Beschaffenheit von Zeitverläufen in wissenschaftlichen Laboren und gegensätzlichen Zeitstrukturen kultureller Interaktionen vgl. Nowotny: Eigenzeit (1995), S. 77 ff.

755 Lightfilterzigarettenraucher MMB, 2010.

Implizit ist seiner Schilderung, dass gemeinsame Zigarettenpausen einer bestehenden Gemeinschaft einem festen Zeitrahmen unterliegen, auch wenn dieser manchmal mehr als das zum Rauchen einer Zigarette benötigte Zeitfenster umfasst. Das Ausdrücken des Zigarettenrestes kann daher ein auslösendes Signal zur Beendigung der gemeinsamen Pause werden, ohne dass formalisierte Äußerungen dieses Ende einleiten müssten. Das Ausdrücken der Zigaretten übernimmt in diesen Situationen die Funktion, das Ende der gemeinsamen Gesprächszeit anzukündigen, und ersetzt in diesem Sinne metasprachlich eingeübte Regeln der Kommunikation, mit deren Hilfe Gesprächssituationen höflich und einvernehmlich zum Ende gebracht werden. Darüber hinaus fällt auf, dass während der Pausenzeit fachbezogene und institutsbezogene Themen und Probleme besprochen werden. Die gemeinsame Zigarettenpause stellt darin ein Forum der kollegialen Beratung dar. Selbst die kurze Pausenzeit wird zum Zeitfenster fachlicher Absprachen, deren Referenzthema ein gemeinsames Spezialwissen erfordert und die legitim zur Verbesserung eigener Fachkompetenzen (d. h. Lösung fachlicher Fragen) genutzt werden kann. Gemeinschaftliches Rauchen bewirkt kommunikative, ortsbezogene sowie zeitliche Synchronisierungen, welche von den Rauchenden als Ordnungsprozesse genutzt werden und so sozialkommunikative Aspekte des Tabakrauchens in den Bedeutungsmittelpunkt rücken.

2.4.4 Verrauchte Eigenzeit[756]

Neben der Teilnahme an kommunikativen Situationen, die am lokalen Sozialrahmen rhythmisch und synchron ausgerichtet ist, zeigen sich in den Quellen mit Kontemplation und dem Gewinn von selbstbestimmter Zeit zwei weitere zeitbezogene Nutzungsweisen von Rauchzeiten. Das Präventionsverständnis institutioneller Anti-Tabak-Ratgeber belegt diese „Arbeitszeit"-bezogenen Rauchzeiten mit dem psychologischen Konzept des Stressrauchens[757]. Die Erfahrung des „Runterkommens", Innehaltens und der Kontemplation mit Hilfe von Zigarettenpausen wird in Verbindung mit arbeitsintensiven Lernphasen von mehreren Studierenden als wohltuend beschrieben.

> „Manchmal habe ich eher das Gefühl, dass ich mit dem Rauchen von Zigaretten andere Sachen ausgleiche. Wie zum Beispiel, wenn man so den ganzen Tag lernt oder so, dann hat man manchmal das Gefühl, in dem Augenblick […], wo du dir eine Zigarette anzündest, da hast du mal fünf Minuten für dich, wo du kein schlechtes Gewissen haben musst."[758]

In dieser Schilderung erscheint es unerheblich, ob sie die Pause aufgrund der bestehenden Nikotinsucht einlegt oder ob sie über die Pausenzeit selber entscheidet, sich eine Pause „gönnt" und der auferlegten Zeitstruktur (dem auferlegten Arbeitspensum) entfliehen kann. Den Nutzen der Rauchpause benennt die Befragte klar und deutlich damit, durch das Rauchen ein Stück eigene Zeit für sich gewonnen zu haben.

Arbeitsreiche Phasen des Studiums, wie beispielsweise die Studienabschlussphase, stehen eng mit einer speziellen Pausenkultur in Verbindung, die der Rhythmisierung

---

756 Den Begriff der Eigenzeit verwende ich im Sinne Nowotnys. Vgl. Nowotny: Eigenzeit (1995).
757 Vgl. Kapitel II.3.1. Abbilder von Raucherinnen und Rauchern.
758 Lightfilterzigarettenraucherin KBD, 2010.

des Arbeitstages zuträgt, aber dennoch Zeit und Raum für Kontemplation und Abstand erfordert. Eine Interviewpartnerin, die acht Wochen vor dem Interview ihr Staatsexamen bestanden hat, kann sich zum Gesprächszeitpunkt nicht vorstellen, das Rauchen in Zukunft ganz aufzugeben. Dies sei so, weil sie sich in gewissen Situationen nicht vorstellen könne, nicht zur Zigarette zu greifen, beispielsweise wenn „etwas Großes"[759] abgeschlossen sei, wie kürzlich ihr Examen. Im Folgenden ergänzt sie, dass diese Zigaretten im Grunde weniger etwas mit einer Belohnung zu tun hätten als vielmehr mit einem Innehalten. Die Zigarette sei in diesem Moment ein Motor, der ihr das „Wieder-Runterkommen" erleichtere. Ihr Blickpunkt liegt jedoch nicht auf einem schlechten Gewissen gegenüber äußeren Zwängen, sondern auf dem Aspekt der Kontemplation nach einer erbrachten Studienleistung. Als Mittel der Belohnung will sie die Zigarette nicht verstehen.

> „Ich habe nicht das Gefühl, dass ich mich mit einer Zigarette wirklich belohnen muss, sondern dieses, mal runterkommen. Wenn ich jetzt an diese erste Zigarette nach dem schriftlichen Examen denke, oder nach der mündlichen Prüfung, ich sehe das dann nicht als Belohnung, denke auch nicht während oder vor der Prüfung: ‚Mensch, danach rauchst du dir eine zur Belohnung', sondern es ist einfach so ein Runterkommen und hat auch etwas mit Innehalten zu tun, dass man denkt, ‚Okay, jetzt habe ich auch mal meine Ruhe."[760]

Der Nutzen der Rauchpause bezieht sich auf die Ruhe der Situation, in der SBB ihre Zigarette raucht, nicht auf die Zigarette selbst. Ihr Rauchgut stellt für sie keine Belohnung dar. Doch auch Gegenteiliges ist in den Quellen zu finden. Die Interviewpartnerin AWD erzählt von ihrer „Siegeszigarette"[761], auf die sie sich nach einer jeden Klausur freue. Die Bezeichnungen der gerauchten Zigaretten mögen sich unterscheiden, doch die Rauchsituation beziehungsweise deren zeitliche Platzierungen entwerfen eine kulturelle Struktur von Genusssituationen, die erst nach einer erbrachten Leistung verdient genossen werden dürfen. In der Folge von Leistungsnachweisen balanciert Zigarettenkonsum in den Erzählungen äußere Anforderungen durch selbstbestimmte Pausenzeiten aus. Doch Rauchen beschert nicht nur Eigenzeiten beziehungsweise Konsumfreizeiten[762] für Tabakprodukte. Im Zeitverlauf ringen Arbeitszeiten und Rauchfreizeiten um die Aufmerksamkeit der Studierenden. Ein Beispiel für die Konkurrenz der beiden schildert eine Gesprächspartnerin, die ihre Zigaretten absichtlich etwas entfernt vom Schreibtisch an einen entfernteren Ort nahe ihrer Küche legt, damit sie das Pausengefühl wiedererlangt. Die Doktorandin bezeichnet ihre Zigaretten als strukturgebenden „Pausen-Snack", den sie bewusst wahrnehmen will.

Die beiden Funktionen der auferlegten, eigenzeitlichen Pause und der strukturierenden Rhythmisierung, die an Studienanforderungen orientiert ist, verschmelzen in dieser Schilderung.

> „Seit die Zigarette dann weiter weg liegt, setze ich mich dann halt gemütlich in einen Sessel und mach' dann wirklich eine kurze Pause und rauche eine, während ich vorher, als die am Schreibtisch lag, einfach gegriffen habe und neben dem Computer geraucht habe. Aber da

759 Lightfilterzigarettenraucherin SBB, 2010.
760 Lightfilterzigarettenraucherin SBB, 2010.
761 Filterzigarettenraucherin AWD, 2010.
762 Vgl. Nowotny: Eigenzeit (1995), S. 123.

raucht man halt nicht so bewusst. Da ist das mehr so ein, ja, also du arbeitest dann halt im Prinzip weiter und rauchst nebenher, aber du hast trotzdem das Gefühl, du kannst jetzt mal kurz eine Verschnaufpause machen."[763]

Das Genussverständnis der Befragten erfordert eine ausreichende Konsumfreizeit zum Tabakrauchen sowie deren Wiederholbarkeit. Die Befragten entziehen sich auf akzeptierte Weise mit Hilfe von Zigarettenpausen zeitlichen Rahmenzwängen, denen sie sich ausgesetzt sehen.[764] Nebenbei am Schreibtisch gerauchte Zigaretten verschaffen der Befragten kein Pausengefühl, sondern einen Mangel davon. Selbst gestaltete Eigenzeiten, regelmäßige und synchronisierbare Konsumfreizeiten zum Rauchen wie auch die Rhythmisierung des Rauchens in linearen Zeitverläufen bilden einen jugendlich-hedonistischen Umgang[765] mit der „kostbaren Zeit", die in postmodernen Ökonomien gesellschaftliche Prozesse wechselweise beschleunigt oder entschleunigt. Der Blick auf zeitlich strukturierende Prozesse im studentischen Milieu verdeutlicht die sozial-kommunikative Überlagerung der Situationen und Situationsbeschreibungen. Die betonte Sozialität von Tabakkonsumsituationen verstellt den Blick auf gesundheitliche Aspekte des Rauchens.

2.5   Dimensionen von Medikalisierung, Rausch und Rauchgenuss

Der Genuss alkoholischer Getränke ist kulturübergreifend in medikalen Systemen verankert. In Ausrufen „Salute!", „Á la santé!", „Auf die Gesundheit!" repräsentieren gute Gesundheit beziehungsweise den Wunsch danach als einen Leitwert bei der Verwendung von rauschbefördernden Konsumgütern. Einen weiteren Leitwert stellt die Jugend dar, die Lebenszeit beziehungsweise der Wunsch nach langem Leben. Beobachtet werden können Wertehaltungen in Alltagskontexten, in denen sich Gelegenheiten der Sinngebung aneinander reihen und Orientierungswerte bilden oder abschwächen.[766] Die Zusammenstellung von sinngebenden Mustern, durch die jeweils Teile persönlicher Identität aktualisiert werden,[767] folgt kulturell-stilistischen Kriterien, aus denen sich Lebensstile konstruieren lassen: „Lebensstile sind äußerliche, über Verhalten und Symbolgebrauch erkenn- und bestimmbare Gefüge der individuellen Alltagsorganisation."[768] Gesundheitsrelevantes Verhalten bezeichnet Verhaltensweisen in Lebensstilen, die sich förderlich oder nachteilig auf den Gesundheitszustand auswirken.[769] Welche Rolle spielen gesundheitsrelevante Verhaltensweisen für Rau-

---

763   Lightfilterzigarettenraucherin KBW, 2006.

764   Zu Flexibilität und Gleichzeitigkeit in kulturellen Entwürfen linearer und zyklischer Zeitordnungen vgl. Drascek, Daniel: Zeitkultur. Zur Rhythmisierung des Alltags zwischen zyklischer und linearer Zeitordnung um die Jahrhundertwende. In: Brednich/Schneider/Werner: Natur-Kultur (2001), S. 395–404, S. 397.

765   Vgl. Niekrenz: Rausch als körperbezogene Praxis (2011), S. 215.

766   Vgl. Hitzler/Honer: Bastelexistenz (1994), S. 309 ff.

767   Vgl. ebd., S. 310.

768   Raithel: Lebensstil und gesundheitsrelevantes Verhalten (2004), S. 77.

769   Vgl. ebd., S. 75.

cherinnen und Raucher in studentischen Lebenswelten? Stellt der gesellschaftliche Leitwert der Gesundheit für den alltagsstilistischen, performativen Akt des Rauchens aus der Sicht der Akteure eine orientierungsgebende Größe dar?

Bisherige Untersuchungen von Genuss-, Rausch- und Suchtkulturen verwendeten die Terminologie eher unter klassifikatorischen Gesichtspunkten kultureller Praktiken in Anlehnung an biomedizinische oder psychologisch rationalisierte Konzeptionen.[770] Das ist für eine Analyse kultureller Logiken wenig hilfreich, da sie bereits biomedizinische und psychologische Logiken vorhalten, was den emischen Blick des Feldes verhüllt. Aus kulturwissenschaftlicher Perspektive sollten alle drei Begriffe nicht klassifikatorisch-deskriptiv, sondern heuristisch-funktional im Kontext einer spezifischen kulturellen Färbung gesehen werden. Zu den kulturellen Konstruktionen von Genuss, Rausch und Sucht zählen mehrere querschnittlich liegende Untersuchungsperspektiven.

Als dominierende Blickrichtungen auf der Suche nach Ausgestaltung von Genusskulturen und Wirkungsweisen von Medikalisierung wurden der Körper als Agens (beziehungsweise Objektivation), Verkörperung von orientierungsgebenden Normen und Werten, gleichzeitiges Mittel und Resultat medikalkultureller Prozesse gewählt sowie die Handlung des Zigarettenrauchens in einem mikrokulturellen Medikalsystem studentischen Milieus.

Kennzeichnend für den studentischen Umgang mit Tabakwaren ist die explizit ambivalente Haltung zum eigenen Verhalten. Raucher (MMB, SHB, RPM, JHM, RLM) neigten genauso wie Raucherinnen (SBB, KBD, AWD, EMB, BWB, SBM, NRW) zu ambivalenten Bewertungen ihres Rauchverhaltens und der Funktionen, die ihr Zigarettenkonsum für sie erfülle. Es lassen sich aus dem Material aber geschlechtsspezifische Abweichungen festmachen: Meine männlichen Gesprächspartner äußerten insgesamt häufiger, mit ihrem Konsumniveau zufrieden zu sein, als das bei den Raucherinnen der Fall war.

> „Ich bin mir über die Risiken bewusst, auch über die Nachteile; habe das aber mit mir soweit vereinbart, dass ich denke, okay, das sind Risiken, die nimmt man in Kauf, das heißt eine Kosten-Nutzen-Analyse gemacht; werde sicherlich nicht mein Leben lang – zumindest nicht in der Form – rauchen. Momentan habe ich keinen Grund aufzuhören, weder gesundheitlich, dass der Arzt mir sagt: ‚Hören Sie auf zu rauchen, sonst passiert das und das‘, noch dass ich mir das irgendwie nicht leisten könnte oder dass ich in einem Umfeld wohne, wo rauchen jetzt nicht angebracht wäre. Deswegen rauche ich wahrscheinlich auch, weil das alles nicht da ist. Werde sicherlich irgendwann aufhören, wenn es dann da ist, das heißt, wenn ich irgendwo wohne, lebe mit irgendjemanden zusammen, wo das dann nicht mehr gut vereinbar ist, und vielleicht auch irgendwann durch das Alter vielleicht noch weiter reifen werde und sagen werde ‚Okay, jetzt kannst du dir diese Jugendflausen aus dem Kopf [schlagen]‘. Ich weiß es nicht, aber ich kann mir schon vorstellen, dass ich nicht mein Leben lang Raucher sein werde, aber nicht aus dem Grund, weil ich Angst habe, daran zu sterben, oder dass ich Angst vor den Konsequenzen habe, sondern einfach weil ich denke, ich muss es nicht mehr haben, wenn es nicht mehr passt in mein Leben. Das ist halt so ein Anhängsel von meinem Lebensstil, momentan passt [es] gut rein."[771]

770 Vgl. Kolte: Rauchen (2006), S. 68 f.
771 Filterzigaretten- und Feinschnitttabakraucher JHM, 2010.

Eine Untersuchung jugendkultureller Konzeptionen von Genuss, Rausch und Sucht (bei ihnen besteht die Möglichkeit der (Teil-)Zuordnung zu medikalen Kulturen) setzt voraus, dass in der systematischen Inhaltsanalyse zwischen Wissen, Erzählmustern, Handlungsbewertung und Handlungen selbst unterschieden wird. Es besteht weiterhin Einigkeit darüber, welche Verhaltensweisen in besonderem Maße zu gesundheitsrelevanten Gestaltungsbereichen zählen: Ernährung, Einnahme von Substanzen (dazu zählen Alkohol, Rauchen, Koffein, Drogen sowie Vitaminpräparate), körperliche Bewegung, Inanspruchnahme von ärztlichen Leistungen (Vorsorgeuntersuchungen), Umgang mit Stress. Die Summe dieser Verhaltensweisen ist jedoch nicht mit Gesundheitslebensstilen gleichzusetzen. „Gesundheitslebensstile bestehen aus beständigen, individuell beziehungsweise gesellschaftlich unverwechselbaren Gesamtmustern, die mehr sind als die Summe ihrer Bestandteile."[772] In jedem Fall umfassen sie die oben genannten gesundheitsrelevanten Verhaltensweisen, darüber hinaus sollten jedoch auch gesundheitsrelevante Einstellungen in die beschreibende Konzeption von Gesundheitslebensstilen einbezogen werden. Verhaltensweisen und Einstellungen bilden die gemeinsamen Grundlagen der gesundheitsrelevanten Verhaltensweisen und auch die „Bindeglieder ihrer Konstellation im Ganzen. Erst diese Gesamtstruktur eines Gesundheitslebensstils bildet die Einheit, die eine Erklärungsbasis für bestimmte gesundheitsrelevante Verhaltensweisen und deren Folgen ergibt."[773]

Das nachstehende Kapitel ist in zwei inhaltliche Felder unterteilt: erstens in Beschreibungen bezüglich des Körpers, der Konzeption von Genuss, Krankheitserfahrungen und Geschmackskonstruktionen. Zweitens behandeln die letzten vier Unterkapitel Erzählungen und Bewertungen von Handlungen, d. h. Vorgängen ab, die zur körperlichen, gesundheitlichen, medikalen Konzeption und Konstruktion beitragen und diese helfen zu erklären. Die enge inhaltliche Verwobenheit von Sinnbezügen und Sinnkonstruktionen des Zigarettenrauchens wird in der Zusammenschau aller Unterkapitel herausgearbeitet.

2.5.1 Körperlichkeit und Rollenfriktionen in studentischen Lebenswelten

Wie nehmen rauchende Student/-innen ihren Körper in Bezug auf den Tabakkonsum wahr? Bestehen Friktionen zwischen der Raucherrolle und studentischen Lebensstilen, die ihre Akteure mehrheitlich in „hochkulturelle" Lebensstile entlassen? Der Blick auf den Körper erfordert immer auch einen Blick auf den Kontext körperlicher Erfahrungswelten, um gegenwärtiges Verhalten erklären zu können. Da der Interessenfokus während der Befragungen auf dem Zigarettenrauchen lag, kann der körpergeschichtliche Erfahrungshorizont aus dem vorliegenden Material nur flüchtig gestreift werden. Die Aussagen meiner Interviewpartner/-innen sind insoweit übereinstimmend, dass von nur wenigen Krankheitserfahrungen berichtet wird. Tendenziell erzählen Raucherinnen häufiger von körperlichen und gesundheitlichen Schwachpunkten, beispielsweise von ihrem schwachen Immunsystem. Historische wie gegenwartsbe-

---

772 Hradil: Der theoretische Hintergrund – Gesundheitslebensstile (2005), hier S. 72.
773 Ebd., S. 72.

zogene Untersuchungen haben veränderliche Bewertungen von Körpertechniken und Fürsorgepraktiken gezeigt.[774] Die betonte Marginalisierung von Krankheitserlebnissen unterstreicht andere Sinnkonstruktionen der Interviewten, zum Beispiel die des Genussrauchens. Im Rauchverhalten treffen, während der kulturellen Aneignung akademischer Geschmacks- und Identitätskonstruktionen durch flexible Sinnbasteleien im Lebensstil,[775] Jugendkulturen bei gleichzeitiger Episodenbildung der Körperbiografie aufeinander.

Das Bild vom eigenen Körper beschreiben die meisten meiner Interviewpartner/-innen ausgesprochen differenziert mit entsprechender biophysiologischer Terminologie. Körperlichen Wirkmechanismen des Tabaks, die während des Rauchens erlebt werden, benennen die Interviewten teils unter Bezugnahme auf biomedizinisches Fachwissen, teils mit Worten, die stark Beschreibungen der Effekte gleichen, wie sie in den Ratgebern und Texten der Gesundheitsprävention beschrieben werden:

> „[AL: Was meinst du: Was passiert, wenn du rauchst, mit deinem Körper?] Erst mal wird, glaube ich, der Nikotinhaushalt wieder aufgeriegelt. Das ist schon mal das Erste. Zweitens werden dann die Alveolen belastet und die Lungengefäße. Und, ja es ist wahrscheinlich für alle Schleimhäute schlecht. Das mit Sicherheit. Insbesondere bei Pfeifenrauchern. Da gibt es ja auch ganz gemeine Krebserkrankungen, die dann irgendwie in Richtung Kehlkopf- oder Rachenbereich stattfinden. Auch Lungenkrebs. Generell ist es so, dass auch die Leistungsfähigkeit kurz angehoben wird, aber auf lange Sicht halt absinkt, was man dann über weiteren Konsum kompensiert. Also ich glaube, da gibt es einfach mit Sicherheit multiple Sachen, multiple Schädigungen, die man sich da zufügt. Ach so, ja – und natürlich Gefäßverengungen, insbesondere der Hand. Wenn man Wärmebildaufnahmen von Händen macht, nachdem man geraucht hat, das sind Zeichen von Durchblutung, man kann sehen, dass die Durchblutung schlechter wird."[776]

Das hier referierte Wissen über Wirkungen des Tabakkonsums auf den Körper zeigt deutlich, dass die Kategorie „Körperwissen" Teil medikaler Kulturen ist. Die differenzierte Terminologie könnte auf den wissenschaftlichen Fachhintergrund des Interviewpartners in der Biologie zurückgeführt werden, ist jedoch auch unter Wirtschafts-, Kultur- und Sprachwissenschaftsstudierenden sprachlich ähnlich technisch und, im Gegensatz zur Handlungsebene, entsprechend medikalisiert.

Die Autonomie des eigenen Willens spielt mit Blick auf die Bewertung von Verhaltensweisen eine entscheidende Rolle.[777] Raucher denken, obwohl sie keinen Zweifel daran hegen, nikotinabhängig zu sein, dass ihr Wille sich als stark genug erweisen müsse beziehungsweise wird, wenn die Zeit gekommen sei, das Rauchen aufzugeben.

> „Ich glaube schon, dass ich irgendwann aufhören werde. [AL: Wann?] Wann ist eine gute Frage, die ich so nicht beantworten kann. Weil ich jetzt, wie eben geschildert, noch mit mir zufrieden bin und auch mit dem Rauchen. Und ich glaube, sobald sich das irgendwie ändert, würde ich das unterlassen, ja. Aber was ich zum Beispiel auch nie verstehen kann ist, dass Leute sagen, ich höre auf, und das dann nicht durchhalten. Ich glaube, wenn ich sage, ich höre auf, dann höre ich auch auf. Ist natürlich locker zu sagen, wenn man es noch nie

---

774 Wolff: Moderne Diätetik (2010), S. 171 f.

775 Vgl. Hitzler/Honer: Bastelexistenz (1994), S. 309.

776 Filterzigarettenraucher RPM, 2010.

777 Der *Locus of Control* ist demzufolge innerlich und beeinflussbar.

probiert hat. Dennoch glaube ich, kann ich mich so weit aus dem Fenster lehnen und das behaupten, ohne es zu wissen. Zumindest stelle ich es mir so vor, vielleicht wird auch alles ganz anders."[778]

Trotz Unsicherheit, wie ausgeprägt die Abhängigkeit sei, bestimmt die Zufriedenheit mit dem eigenen Verhalten, letztendlich dann der Wille, autonom über eine Verhaltensänderung. RPM ist, wie die Mehrzahl der anderen Raucherinnen und Raucher, davon überzeugt, dass er mittels eines ausreichend starken Willens sein eingeübtes Verhalten genauso disziplinieren könne wie seinen Körper. Hier zeichnen sich erste Charakteristiken eines Suchtverständnisses ab, welches von einer willentlich steuerbaren Autonomie beziehungsweise Macht des Willens über den Körper und seine Verhaltensweisen ausgeht.[779]

Nochmals das Beispiel MMB, einem 34-jährigen Angehörigen eines biologischen Instituts der Universität. Er zähle Rauchen nicht zu seinem Lebensstil zugehörig. Grund für ihn, mit dem Zigarettenrauchen zu beginnen, sei rückblickend der Wunsch nach einem anderen, cooleren Selbstbild.

> „Weil ich denke, ich bin mittlerweile gefestigt genug in mir selber, dass ich das Rauchen nicht mehr brauche um irgendwas kumulieren zu müssen. Ich glaube so am Anfang hat man das schon so ein bisschen gemacht weil es cool war und das finde ich aber nicht mehr so. Also ich mache es nicht weil ich denke dadurch cooler zu sein oder so. [AL: Warum machst du es denn?] Weil der Körper es braucht – und eben Gewohnheit."[780]

Die Vorstellung, der Körper hole sich, was er braucht, d. h. er sende Signale aus, die vom Kopf her wahrgenommen werden müssten, ist bei Männern wie Frauen gleichermaßen ausgeprägt. Die Kunstgeschichtsstudentin EMB erzählt, dass ihr Körper manchmal verlange, dass sie zum Stressabbau Sport treibe, sonst fühle er sich nicht wohl. Gleiches gelte in Fällen, in denen er signalisiere, Rauchen sei im Moment nichts, was ihm gut bekommen würde.

> „Ich war schon eine starke Raucherin bis jetzt. Aber ich glaube, ich habe das entsprechend stark gemerkt, wie wenig gut mir das eigentlich tut. Daher hat sich das relativ leicht einfach geändert. Also, ich hätte das nicht erwartet. Ich hatte immer gedacht, das funktioniert eigentlich nicht, dass man es einfach nur einschränkt. Ich habe gedacht, ich müsse komplett aufhören. Also das eine oder das andere. Aber es funktioniert auch so relativ gut. Ich merke jetzt schon morgens, wenn ich mir vorstelle, eine Zigarette zu rauchen, geht das schon nicht. Und das habe ich meistens tatsächlich bis zum frühen Nachmittag. Oder dann mache ich es meinetwegen auch einmal, probiere das mal aus und kann dann nur ein Mal ziehen. Manchmal würde ich sogar gerne [eine rauchen], wenn ich gestresst bin oder weil es eine klassische Situation ist, in der ich denke jetzt – das geht aber halt nicht. [...] Weil einfach mein Körper mir dann ganz deutlich sagt, nee, das ist jetzt nicht das Richtige."[781]

---

778 Filterzigarettenraucher RPM, 2010.

779 Wie das Suchtkonzept eine Willensbeugung systematisch ausschließt, wird in den nachstehenden Kapiteln mehrfach deutlich.

780 Lightfilterzigarettenraucher MMB, 2010.

781 Feinschnitttabak- und Filterzigarettenraucherin EMB, 2010.

Der Körper reguliere das Rauchbedürfnis, normalisiere sich gleichzeitig und sei nicht zu überlisten. Der Körper zeige an, was richtig ist, was er braucht: Bewegung, Vitamine oder eine Nikotinpause. Damit werden soziokulturell richtige Verhaltensweisen durch den Körper angezeigt. Sie sind erlernt, verinnerlicht, wahrnehmbar und symbolisieren den Platz des Körpers im Lichte gesellschaftlicher Ordnungsmechanismen der Gegenwart. Das Konzept der Sucht steht abseits des autonomen Willens, der Entscheidungsfreiheit zu rauchen, gesellschaftlich akzeptierte Rauschmittel zu verwenden.

2.5.1.1 Attraktivität und Gesundheit

Neben der Machfrage zwischen Kopf und Körper[782] stellen Körperpflege und Schönheitsnormen zwei Parameter körperlicher Techniken dar, die den Umgang mit Tabakwaren unter Studierenden beeinflussen. Die wahrnehmbaren, tradierten Handlungsweisen des Körpers innerhalb sozialer Situationen weisen den Weg, einen Einblick in die Zusammenhänge von Körperlichkeit und gesellschaftlicher Struktur zu erhalten.

> „In der Technik der Körperpflege offenbart sich sowohl der Stand der Anforderungen an Sauberkeit und Gepflegtheit als auch das Bild vom gepflegten Körper, das von blinder Natürlichkeit abweicht: Haarlänge, Bart, Fingernägel, Sauberkeit, aber auch Schminke geben Anhaltspunkte darüber, wie der Mensch einer jeweiligen Kultur aussehen möchte und was er dafür tut und an Hilfsmitteln bereithält."[783]

Beim Rauchen verschwimmen die Grenzen zwischen Hygienisierung von Körperhülle und Mund-Rachenraum und Schönheitshandeln insbesondere bei den Raucherinnen. Hygienisches Handeln zielt nicht notwendigerweise auf ein Erhalten von Gesundheit ab.[784] Schönheitshandeln dient der äußeren Normalisierung seiner Erscheinungsform gemäß gültiger Geschlechtsrollenbilder.[785] Es ist davon auszugehen, dass aktuelle Vorstellungen über Raucher- und Raucherinnen*images* von Studierenden sich an tradierte Begrenzungen des kulturell Möglichen anlehnen. Dennoch gelten Normen, insbesondere die der weiblichen Körperhygiene, für Raucherinnen wie für Nichtraucherinnen gleichermaßen. Das Einhalten von Geruchsnormen beispielsweise hinsichtlich der Oralhygiene verlangt einigen meiner Interviewpartnerinnen aus ihrer Sicht besondere Sorgfalt ab. Das emanzipierte, selbstbestimmte, rauschbejahende und sich über traditionelle Geschlechtsrollenvorgaben hinwegsetzende Raucherinnenimage wird insbesondere von verschiedenen Medien immer wieder aufgegriffen und beeinflusst „somit auch die Praxis des Rauchens"[786], indem diese Images tradierte Charakterstereotype

---

782 Vgl. Jeggle: Im Schatten des Körpers (1980), S. 169.

783 Ebd., S. 179.

784 Vgl. Rauchs-Isola, Estelle: „Die gesunden Menschen sind Kranke, die sich selbst ignorieren". Sauberkeitsneurosen oder „Wie weit kann ‚Hygiene' gehen?" In: „Sei sauber …!" Eine Geschichte der Hygiene und öffentlichen Gesundheitsvorsorge in Europa. Herausgegeben vom Musée d'Histoire de la Ville de Luxembourg. Köln 2004, S. 62–75, hier S. 63.

785 Eine helle Hautfarbe bei Frauen symbolisiere in bestimmten Kulturen Jugendlichkeit und Fruchtbarkeit. Vgl. Etcoff, Nancy: Nur die Schönsten überleben. München 2001, S. 120.

786 Zum Image rauchender Frauen in den Medien vgl. Koppenhöfer: Ambivalenz des Rauchens (2002), S. 61.

konservieren. Erst seit der Jahrtausendwende liegen die statistischen Tabakkonsum-zahlen im Vergleich zwischen Frauen und Männern auf ungefähr gleicher Höhe. Das trifft für den US-amerikanischen Markt ebenso zu wie für den europäischen: Die Raucher/-innenanteile liegen etwa zwischen einem Viertel und einem Drittel der Erwachsenenpopulation.[787] Wie beeinflusst Zigarettenrauchen Körpertechniken der Schönheits- und Körperpflege?

Die Gesprächspartnerin BWB ist vor etwa eineinhalb Jahren von gekauften Fertigzigaretten auf selbst gedrehte Zigaretten umgestiegen. Innerhalb dieses Zeitraums konnte sie keine körperlichen Veränderungen feststellen, die sie mit dem Rauchen von selbst gedrehten Zigaretten in Verbindung bringt. Einen gelben Ansatz an den Fingern, verursacht durch das dünne Filterpapier, verneint sie während des Gesprächs, bemerkt jedoch gleichzeitig, dass dies in Zukunft vielleicht kommen könne und sich bislang nicht eingestellt hat, da sie noch nicht lange genug Zigaretten selbst dreht. BWB sieht jedoch ihre „schlechte Haut" als ein Resultat ihres Tabakkonsums an. Besonders die unreine Gesichtshaut sei sichtbar und sie erwarte, dass ihr Hautbild sich verbessere, wenn sie das Rauchen aufgäbe. Auch KBD führt ihr schlechtes Hautbild auf ihren Zigarettenkonsum zurück. Es komme ihr manchmal vor, als würde nach rauchreicher Zeit noch mehr Pickel und Mitesser am nächsten Morgen auf ihrem Gesicht auftauchen:

> „[AL: Was passiert denn mit deinem Körper, wenn du rauchst?] Ich bilde mir ein, dass meine Haut danach schlechter ist, wenn ich zu viel geraucht habe. Dass ich dann am nächsten Tag ein paar Mitesser und Pickel mehr habe als eh schon. Also, dass sich mein Hautbild verschlechtert."[788]

Immer wieder kam in den Interviews mit Raucherinnen die Empfindung körperlicher Schwächen zur Sprache. Diese haben für meine Gesprächspartner/-innen jedoch nur geringen Bezug zum Rauchen. Das Thema der körperlichen und optischen „Schwachpunkte" wird eher von den Raucherinnen angesprochen. Dabei handelt es sich u. a. um Zahnfleischprobleme, welche bereits mit einem Zahnarzt diskutiert worden sind, da sich der nachweisliche Rückbildungsprozess, der daneben auf nachteilige genetische Dispositionen zurückgeführt werden kann, insgesamt im Zahnbild bemerkbar machte. Zahnverfärbungen sind bei beiden Geschlechtern wenig erwünscht. Dies wurde von beiden Geschlechtern gleichermaßen angesprochen, wobei nur Raucherinnen aktiv um den Erhalt ihrer hellen Zahnfarbe bemüht sind beziehungsweise bleichende Zahncremes nutzen und in diesem Kontext professionelle Zahnreinigungen in Anspruch nehmen.

Die Problematik der Zahnfarbe thematisierten auch meine männlichen Gesprächspartner, jedoch weniger als interventionsbedürftiges Problem ihres Aussehens, welchem aktiv entgegengesteuert werden müsse. Andere sichtbare Veränderungen von Zahnfleisch und Zahnfarbe sind daher eher Aspekte des Zigarettenrauchens, die bei Raucherinnen stärkerer Achtsamkeit unterliegen, während bei der Oralhygiene von Rauchern eher Aspekte wichtig sind wie „schlechter Atem", über den sich die

---

787 Vgl. Hilton, Matthew: Age. In: Goodman: Tobacco in History (2005), S. 31–33, hier S. 33.
788 Lightfilterzigarettenraucherin KBD, 2010.

Freundin beschwere, oder ob man den Eindruck vermittele, man achte insgesamt eher wenig auf seinen Körper.

Körperliche Anzeichen des Rauchens wie Einfärbungen der Zähne, Rückbildungen des Zahnfleischs, Tabakgeruch am Körper oder in der Kleidung sind unerwünscht und entsprechen weder den körperbildlichen Vorstellungen noch den Hygienevorstellungen der Interviewpartnerinnen. Es solle körperlich nicht offensichtlich werden, dass sie rauchen. Eine Medizinstudentin betont, dass es zwar natürlich sei, dass sich die Farbe von Zähnen im Laufe des Lebens verdunkle, die Zahnverfärbungen störten sie jedoch besonders, sodass sie regelmäßig beim Zahnarzt eine professionelle Reinigung vornehmen lasse:

„Professionelle Zahnreinigung mit Sandstrahlen und haste-nicht-gesehen. Mein Lächeln ist ja auch schon irgendwie wichtig. [AL: Körperlichkeiten, so etwas ist wichtig für dich?] Ja sicher. Ja, ich meine, a – muss man sich selber wohl fühlen und b – ist das Äußere das, was andere Leute als erstes wahrnehmen, und man muss mir nicht ansehen, dass ich Raucher bin. Ich glaube, das tut man auch nicht. Ganz oft im Krankenhaus bei irgendwelchen Anamnesen haben die mich immer angeguckt wie ein Auto, wenn ich gesagt habe, ich rauche. Und dann haben sie mich gefragt, wie viele, und ich habe gesagt: ‚Eine Schachtel am Tag‘. Da haben sie mich angeguckt und gesagt: ‚Oh, hätten wir jetzt nicht gedacht‘. Das ist aber auch gut so, dass das so ist.“[789]

An anderer Stelle berichtet diese Medizinstudentin, sie habe während eines Versuchs, das Rauchen aufzugeben, an Gewicht zugenommen und dann wieder mit dem Rauchen begonnen, um ihr Körpergewicht wieder zu normalisieren. Ihre Idealvorstellung sei, noch vor ihrem dreißigsten Geburtstag Mutter zu werden. Aussehen und Körpergewicht seien ihr deshalb wichtig, da sie derzeit keinen festen Freund habe.[790]

Das sichtbare Geschlechtsrollenbild der Raucher/-innen orientiert sich an Rollenbildern der Gegenwart, wobei die Bilder aus der Anfangszeit Zigarette rauchender Frauen der Halbwelt nur noch von der Werbeindustrie aufgegriffen werden. Geschlechtsrollenbilder der Elterngeneration hingegen weisen in Hinblick auf Körperhaltung und Rauchsituationen weit mehr Übereinstimmungen mit der Lebensrealität von Studentinnen auf, obgleich Zigaretten in den 1970er oder 1980er Jahren von Seiten der staatlichen Präventionspolitik weit weniger reguliert waren, als es gegenwärtig der Fall ist. Die Bewertung der ästhetischen Performanz von Raucherinnen im Studium ist daher mehrheitlich negativ.

„Im Grunde genommen finde ich Frauen und Männer die rauchen, nicht attraktiv oder finde ich das nicht, hat es überhaupt keine ästhetische Komponente. Es gibt ja total viele so Fotos, wo irgendwelche Frauen beispielsweise, ich weiß nicht, war es Marylin Monroe oder irgendwer, so abgebildet mit einer Zigarette. Und das finde ich, ist für mich nicht ästhetisch. Ich finde das eher – nicht abstoßend, aber also ich finde, eine Zigarette ist nicht irgendwas, was jemanden schön macht oder jemanden irgendwie, ja positiv beeinflusst, sondern es ist halt eher was Negatives. [AL: Und warum?] Ja, das ist auch wieder so eine schwierige Frage.

789 Interview Filterzigarettenraucherin AWD, 2010.

790 Die Regulierung des Körpergewichts ist insbesondere bei Raucherinnen eine geübte Selbst-
Technik, von der auch in anderen Kapiteln berichtet wird. Vgl. Kapitel III.2.5.2.4 Gesund handeln. Im Gegensatz dazu berichten Raucher eher, dass das Rauchen Hungergefühle unterdrücke, sprechen jedoch nicht von einer Motivation, ihr Gewicht zu reduzieren.

[…] Ich finde, es berührt einen eher abstoßend, weil eine Zigarette eher … Ich glaube, es hat echt schon eher was mit der Wertigkeit von Zigaretten in der Gesellschaft [zu tun], dass die halt schon eher – was sich wahrscheinlich auch gewandelt hat – aber schon eher eine negative Ausstrahlung haben: Zigaretten, Rauchen und es ist nicht mehr so … also es ist im Grunde ja nicht mehr angesagt, nicht mehr ‚in‘ in Anführungsstrichen, zu rauchen."[791]

Die gesellschaftliche Bewertung spielt zwar für die eigene Bewertung des Rauchens eine Rolle; jedoch lässt diese meine Interviewpartner/-innen dessen ungeachtet weiterrauchen. Folglich birgt die gegenwärtige soziokulturelle Bewertung der vergeschlechtlichten Raucher/-innenrolle weitere Dimensionen, die sich aus der Wahrnehmung soziokultureller Zusammenhänge (Milieu, wirtschaftliche Lage, Religion, Suchtverständnis etc.) speisen.

Die Interviewpartnerin KBD antwortet auf die Frage nach dem Verhältnis zwischen ihrem Rauchverhalten und ihrem Aussehen von Schwierigkeiten bei der Regulierung ihres Körpergewichts. In den vergangenen zweieinhalb Jahren habe sie mit Hilfe eines Diätplans versucht, ihr Gewicht zu reduzieren, da sie sich bei einer Körpergröße von 176 Zentimetern und dem Gewicht von 79 Kilogramm nicht wohl gefühlt habe. Zur Gewichtsreduktion führte KBD eine Art Tagebuch, in dem sie Nahrungsaufnahme und geschätzten Kalorienverbrauch notierte. Zu der Zeit, erzählt sie, habe sie begonnen, auf festgelegte Essenszeiten zu achten und Ausdauersport zu betreiben. Für den Ausdauersport suchte sie sich eine Laufstrecke von etwa vier Kilometern Länge, die sie ein- bis viermal in der Woche absolvierte. Sie bemerkte, dass ihre Kondition schlechter war, wenn sie vor dem Laufen rauchte, und reduzierte darum ihren Zigarettenkonsum an den Tagen, an denen sie Sport treiben wollte. Insofern führte ihre sportliche Aktivität als wichtiger Teil ihres Diät-Vorhabens dazu, dass sie in diesen Situationen weniger rauchte als zuvor, um ihr Wunschgewicht zu erreichen. Jedoch entstanden in diesem Kontext der gezielten Gewichtsregulierung auch Situationen, die das vermehrte Rauchen eher begünstigten. KBD rauchte bewusst Zigaretten gegen unerwünschte Hungergefühle.

„Da war es so, dass ich nicht so viel rauchen konnte, weil ich so viel gelaufen bin. Das hätte ich dann schon gemerkt, wenn ich richtig viel geraucht hätte, dass das nicht gut funktioniert hätte. Das hätte meinem Abnehmen im Wege gestanden und deshalb habe ich es runter reguliert. […] Auf der anderen Seite habe ich, weil ich ja abnehmen wollte und wenn ich manchmal so einen Hunger gekriegt habe, habe ich gedacht, ‚Nein, jetzt isst du nichts‘, und habe mir dann eine Zigarette angezündet. Weil, wenn du eine Zigarette geraucht hast, hast du danach keinen Hunger mehr. Ich habe jetzt nicht viel geraucht, um nichts zu essen. Ich wollte ja auch gesund abnehmen, habe auch meine Ernährung umgestellt und viel Obst gegessen und so. Aber wenn ich manchmal so Heißhungerattacken gekriegt habe, dann bin ich schon mal hingegangen und habe gedacht, ‚Jetzt rauchst du eine, dann ist das vorbei‘, weil eigentlich kannst du keinen Hunger haben, du hast ja was gegessen."[792]

Sie nutzte das Rauchen in diesen Fällen dazu, um das Gefühl von Heißhunger zu unterdrücken, gerade dann, wenn es sich um „zyklusbedingte Hungerattacken" handelte, die für sie nichts mit einem wirklichen Hungergefühl zu tun haben konnten. Wie bei

791 Lightfilterzigarettenraucherin KBW, 2006.
792 Lightfilterzigarettenraucherin KBD, 2010.

AWD und NRW geschildert, deutet sich an, dass körperliche Manipulationen unter den weiblichen Rauchenden akzeptabel erscheinen. Das Zigarettenrauchen helfe insbesondere bei der Gewichtsregulation und stelle die gewünschte Hegemonie zwischen Kopf und Körper wieder her. Kontrollverluste sind weder im Rauchalltag erwünscht noch im Verlauf der Konsumgeschichte. Vorstellungen richtiger Körperpflege und Hygiene beziehen sich bei jungen Raucherinnen auch auf das Geschlechtsrollenbild im Alter.

> „Ich sehe mich nicht mein Leben lang rauchen, weil ich das auch ekelig finde, wenn ich so alte Frauen sehe, die rauchen. [AL: Was ist daran ekelig?] Auf der einen Seite natürlich sieht man vielen das an, wenn die halt jahrelang geraucht haben. Was ich total ekelig finde ist, wenn Frauen, die weiße Haare haben, wenn die so eine gelbe Tolle haben. Wenn man das an den Fingern sieht finde ich es auch ekelig."[793]

Aus Sicht der Raucherin, die über ein intaktes Körperbild verfügt und körperlich sichtbare Zeichen des Tabakkonsums vermeidet, gewinnen diese Zeichen mit zunehmender Konsumerfahrung eine stigmatisierende Symbolik. Die körperliche Erscheinung trägt zur Erfüllung erwünschter Geschlechtsrollenbilder bei und weist auf eine soziale Position in der gesellschaftlichen Ordnung hin. Die Differenz zwischen geschlechtlich-verschiedenartigen Strategien, sich seines Körpers zu vergewissern und ihn dadurch zu kontrollieren, tritt gerade dort in Erscheinung, wo körperlicher Einsatz im sozialen Feld erforderlich ist,[794] auch beim Rauchen. Hygienisierendes Verhalten erscheint zur Bestätigung gegenwärtiger Frauenrollenbilder ebenso notwendig wie Schönheitshandeln. Beide Handlungsorientierungen sind mittels spezifischer Körpertechniken und -kontrollsysteme in Bezug auf das Rauchen zu bewältigen. Zudem scheinen für sie eine drohende Gewichtszunahme und damit eine reduzierte Attraktivität durch das Rauchen ausbalanciert zu werden. Jedoch führt Rauchen nach Aussagen einiger Interviewpartnerinnen bei ihnen zu einem stark verschlechterten Hautbild; eine Folge, die kein spezielles Gegensteuern auslöst. Die Notwendigkeit der Kontrolle betrifft einerseits den Körper und sein Erscheinungsbild, andererseits das eigene Rauchverhalten im Verlauf des Lebenslaufs gleichermaßen.

2.5.1.2 Genuss und Disziplinierung

Unabhängig von ihrem Geschmack werden Suchtmittel häufig wohlwollend mit dem Begriff „Genussmittel" oder „Laster" bezeichnet.[795] Gegenstand dieses Unterkapitels ist, was den Rauchgenuss kennzeichnet, wie er sich von angenehmem Geschmack

---

793 Lightfilterzigarettenraucherin KBD, 2010.

794 Vgl. Meuser, Michael: Frauenkörper – Männerkörper. Somatische Kulturen der Geschlechterdifferenz. In: Schroer, Markus (Hg.): Soziologie des Körpers. Frankfurt a. M. 2005, S. 271–294, S. 282.

795 Auch Hengartner verwendet die Bezeichnung Genussmittel, weist jedoch darauf hin, dass der Wandel gesellschaftlicher Bewertungen des Tabaks durch eine Vielzahl in- und durcheinander greifender Prozesse befördert wurde. Bewertungen differenzierten sich insbesondere beim Zigarettenkonsum aus und lassen ein schnelllebiges, keinesfalls homogenes oder zweifelsfreies Bild entstehen. Vgl. Hengartner: Tabak (2001), S. 204.

unterscheidet und welche Voraussetzungen erfüllt sein müssen, um Tabakgenuss zu erleben.

Genuss und Techniken der Selbstdisziplinierung stehen im Zeichen des Erlebnisses Seite an Seite. Die Disziplinierung des Körpers gilt als politisches und juristisches Machtinstrument.[796] Foucaults Ausführungen bezüglich des Wandels staatlicher Reglementierungen vom 17. bis zum 19. Jahrhundert sind in Bezug auf das Rauchen insofern basal, als dass neben dem staatlichen Reglementierungswillen im postmodernen Medikalisierungsgeschehen durch die Entstehung von Selbstzwängen ein weiterer Trend zur (Selbst-)Disziplinierung des Körpers eintritt.[797] In seinem Spätwerk bewertet Foucault diese staatlichen Regulationen nicht ausschließlich negativ. Aus dem disziplinierten Körper wird der gesellschaftlich nützliche, effektive und produktive Körper, der eine Grundlage zur Herausbildung des Leitwerts Gesundheit in bürgerlichen Milieus bildet. Diese Entwicklung ist aktuell durch sich ausdehnende Sanktionierungen gegenüber Raucher/-innen zu beobachten. Ratgeber, die Rauchende von ihrem Tabakkonsum befreien wollen, beschreiben dem gegenüber ein Machtverhältnis zwischen Körper und Gefühlen, in welchem der Nikotineinsatz die Gefühlswelt manipuliert beziehungsweise diszipliniert.

> „Gewohnheitsmäßige Raucher und Raucherinnen rauchen vor allem, um die Wirkungen des Nikotins zu spüren. Dabei regulieren sie ihr Rauchverhalten so, dass sie aus der Vielzahl möglicher Wirkungen, die momentan gewünschte erzielen: Dämpfung von Angst, Wut und Aggressionen; Beruhigung bei Nervosität; Entspannung bei Stress; Minderung der Schmerzempfindlichkeit; geistig-psychische Anregung; Steigerung der Konzentration; Betäubung von Hungergefühlen; Abbau von Müdigkeit; Minderung körperlicher Spannungszustände."[798]

Beim Tabakkonsum grenzt der Machtdiskurs an ein kulturelles Verständnis von Genuss. Genuss beinhaltet worthistorisch betrachtet Körpertechniken, die einen Nutzen bringen beziehungsweise sinnvoll sind. Genießen, aus dem mittelhochdeutschen *geniezen,* ist sprachhistorisch eine sinnvolle Tätigkeit von Nutzen, in der die soziokulturelle Konnotation des „Genossen" eingeschlossen ist.[799] Schon die Wortetymologie suggeriert eine soziale Komponente des Genusses. Dennoch wird Genuss biophysiologisch vorrangig auf positive Empfindungen der Geschmacksknospen zurückgeführt. In kulturgeschichtlichen Untersuchungen zählen Kaffee, Kakao, Tee oder Tabak häufig per se zur Kategorie Genussmittel.[800] Welche Rolle spielen körperliche Disziplinierungstechniken für das Verständnis von Genuss, Rausch oder Sucht?

---

796 Foucault, Michel: Überwachen und Strafen. Die Geburt des Gefängnisses. Frankfurt a.M. 1975.

797 Konkret spricht Beck-Gernsheim von der „Expansion von Verantwortung", vgl. Beck-Gernsheim: Gesundheit und Verantwortung (1994), S. 325.

798 T-6-10-1-k.

799 Im Vergleich mit dem litauischen *naudà* mit der Bedeutung Nutzen, Vorteil, sinnvoll. Genosse aus dem mittelhochdeutschen *genōze* beziehungsweise dem Germanischen erschlossen *ganauta-/ōn* für „Genosse", verwandt mit dem neuniederländischen *genoot.* Vgl. Kluge, Friedrich: Genuss. In: Etymologisches Wörterbuch (1989), S. 258.

800 Vgl. u.a. Hengartner/Merki: Genußmittel (2001). Vgl. auch die Kapitel I.1.1 „Perspektiven auf ein Genussmittel" und I.1.2 „Kulturwissenschaftliche Interessen an Tabak, Zigaretten und Rauchen" in dieser Arbeit.

In Bezug auf das Rauchgut vermittelt das regulär gerauchte Tabakprodukt eine besondere Genussroutine. Die Studentin der Humanmedizin KBD raucht seit einigen Jahren leichte *Gauloises*. Sie erzählt, sie möge die stärkeren, blauen *Gauloises* geschmacklich ebenso gerne, jedoch bekomme sie von diesen einen „Nikotinflash"[801], schon wenn sie nur eine davon rauche. Nikotinflash fühle sich so an, als sei man morgens zu schnell aus dem Bett hochgeschreckt, „wie ganz kurz betrunken zu sein mit dem Blutdruck im Keller"[802]. Die Zigarettenstärke vermittle keinen wirklichen Genuss, obschon sie den Geschmack möge. Besonders gerne rauche sie im Sommer, draußen im Café und beim Telefonieren.

Maßvolles Genussrauchen versinnbildlicht für meine Interviewpartner/-innen die Idealform des Tabakkonsums. SHM äußert den Wunsch, dass er lieber weniger Rauchen möchte, als er es derzeit tut. Ein für ihn zufriedenstellender Lösungsentwurf, Suchtrauchen zu vermeiden, sei langfristig nicht, das Rauchen aufzugeben, sondern an drei festgelegten Zeitpunkten am Tag eine Zigarette zu rauchen. Dies sei seine Idealvorstellung des Genussrauchers, die ihn vor der drohenden Zwangsentscheidung zwischen Rauchstopp und Weiterrauchen retten könne.

> „Geht nur ganz oder gar nicht. Leider. Aber ich will den Mittelweg finden. Das geht: Genussraucher zu sein, der ein, zwei Zigaretten am Tag raucht. [AL: Und wie?] Festgelegt. Morgens eine, mittags eine, abends eine. [AL: Also, der Zeitpunkt müsste festgelegt sein?] Ja, so dass man das halt so rituell festlegt. So, das ist Mittag, dann noch einen Kaffee und ich rauche eine Zigarette. Deswegen bin ich für den Verkauf von Einzelzigaretten, der ja leider verboten ist mittlerweile."[803]

Wie in den Ratgeberbroschüren vermengen sich Rauchhandlung und Personenbezeichnung in dieser Äußerung von SHM. Der disziplinierte Handlungsimpuls wird zum Identitätspräfix. Der Mittelweg des Genussrauchens setzt für SHM voraus, dass Tabakrauchen fest in bestehende Situationskomplexe integriert wird. Implizit deutet er an, dass abseits dieser festgelegten Situationen keine Tabakwaren verfügbar sein dürften und Rauchen sich nicht in weitere Handlungskomplexe integrieren lassen sollte. Die gegenwärtig multiplen Funktionen seines Zigarettenkonsums könnten durch situative Fixierung auf eine Funktion, die des symbolischen Genusses, reduziert werden.

Neben dem Rauchen im Kontext von komplexen Mahlzeitensituationen kam der Begriff Genuss mehrmals in Verbindung mit Trinksituationen (Kaffee oder Alkohol) während der Gespräche ins Spiel. Die Zigarette alleine zu rauchen, d. h. ohne ein genusssteigerndes Getränk, scheint den Interviewten im weitesten Sinne praktikabel. Jedoch der Konsum bestimmter Getränke, besonders des Kaffees, ohne Zugabe einer Zigarette gilt als schwierig.

> „Also, wenn ich eine Kippe rauche, fehlt mir nicht immer der Kaffee, aber wenn ich 'nen Kaffee trinke, dann fehlt mir die Kippe dazu. Also, weißt du? Da gibt es schon ein paar Konnexionen, so mit Essen oder Alkohol, Kaffee, ja das war's dann auch schon wieder."[804]

---

801 Lightfilterzigarettenraucherin KBD, 2010.
802 Lightfilterzigarettenraucherin KBD, 2010.
803 Filterzigaretten- und Zigarilloraucher SHM, 2006.
804 Filterzigarettenraucherin NRW, 2006.

Geschlechtsunabhängig ist unter Befragten Tabakrauchen und Kaffeetrinken eine besonders beliebte Geschmackskombination, die sie mit einem bevorzugten Genusserleben beschreiben.

> „Ich würde sonst keinen Kaffee trinken. Ich würde, ich komme nicht auf die Idee, ohne Verbindung von Zigaretten mir zu Hause selber Kaffee zu kochen. Kaffee trinken ist etwas, was ich auch, das was ich eigentlich gerne beim Rauchen sagen würde: Kaffee ist eigentlich ein absolutes Gesellschaftssinnbild für mich. Also, ich koche mir nie selber Kaffee und setze mich irgendwo alleine mit Kaffee hin, nur in Gesellschaft."[805]

Dieses enge Verhältnis zwischen Kaffeetrinken und Zigarettenrauchen bestätigt die Mehrzahl der Rauchenden in informellen Gesprächen wie auch in den Interviews. Eine Zigarette mit Kaffee zum Frühstück sei ein zutreffendes „Studentenklischee". Kontextuell in einen Handlungsablauf der Mahlzeit oder Trinksituation eingeflochtene Konsumsituationen werden demnach eher als Genusserlebnisse wahrgenommen als diejenigen, die den Gesetzmäßigkeiten anderer Konsummuster folgen, beispielsweise wenn ausschließlich geraucht wird. Auffällig ist, dass selten von Genuss ohne Verzehrsituation oder kommunikativer Situation gesprochen wird.[806] Tabak und Kaffee gelten zwar als Genussmittel, die Konsumsituation entscheidet jedoch darüber, ob beide Mittel genussvoll konsumiert werden.

Neben Umwelteinflüssen (kalte Luft etc.) bilden kontextuelle Faktoren, die sich aus dem Lebensstilmuster ergeben, weitere Bedingungen für Genusserleben. Die Interviewpartnerin BWB berichtet, sie fühle sich zum Befragungszeitpunkt relativ sportlich. Bis zum Studium habe sie dreizehn Jahre lang erfolgreich eine asiatische Kampfsportart im Sportverein betrieben. Seit dem Studium versuche sie, ein bis drei Mal in der Woche in den städtischen Grünanlagen, auf einer Strecke von etwa fünf bis sieben Kilometern, zu joggen. In den letzten drei Monaten sei sie aufgrund des schlechten Wetters (Wintermonate) nicht gelaufen. In Bezug auf das Rauchen bemerkt sie, dass ihr für das Joggen gerade dann die nötige Puste fehle, wenn sie direkt vor dem Laufen eine Zigarette raucht. Daher habe sie entschieden, mindestens eine Stunde vor dem Laufen nicht mehr zu rauchen, da sie diese Zigaretten nicht genießen könne. Aufgrund ihrer sportlichen Ambitionen übt sie eine Form der Selbstdisziplin. Ihre Erfahrung habe gezeigt, dass Ausdauersport eine temporäre Rauchpause erfordere, damit sie ihr Rauchverhalten mit ihren sportlichen Aktivitäten vereinbaren könne.

Die Konstruktion von Genuss schmiegt sich in der Selbstbezeichnung „Genussmensch" an eine Bewertung von Persönlichkeitskennzeichen. „Ich bin schon ein extremer Genussmensch."[807]

In gemeinschaftlichen Rauchsituationen verdrängt körperlich sichtbares Genussrauchen symbolisch andere Bewertungsmöglichkeiten. Die Rauchgemeinschaft, also Rauchende und sozialisierende Nichtrauchende, üben in diesen Situationen soziale Kontrollfunktionen über gesellschaftlich akzeptierte Verhaltensformen aus. Normalisiert mit Hilfe sozialer Kontrolle und Selbstdisziplinierung, stellt öffentliches Tabakgenusserleben eine symbolische Körpertechnik (Performanz) dar mit dem Ziel, die

---

805 Filterzigaretten- und Zigarilloraucher SHM, 2006.
806 Vgl. Kapitel III.2.3.1 Rauchinseln und Kommunikationsräume.
807 Filterzigarettenraucherin NRW, 2006.

Bewertungsmöglichkeit „Sucht" zu unterdrücken. Nur durch die disziplinierte Einhaltung biophysiologischer und sozialer Normierungen entstehen Rauchgenusserlebnisse. Die symbolische Aufladung des situativen Genusses distinguiert Situation, Rauchende und Körpertechnik von solchen Erlebnissen, in denen das Zigarettenrauchen im Kontext von Rauscherleben oder Suchterleben steht. Die jeweilige Körpertechnik der Rauchsituation überträgt ihre Eigenschaften auf die Akteure, die Akteure wiederum erkennen die Situationserlebnisse als sinnstiftend an. Form und Inhalt symbolischen Genussrauchens bezwecken eine Unterdrückung von „unsozialem" Suchtverhalten. Gemeinschaftliches Genusserleben ist nur in den Grenzen des soziokulturell Erlaubten möglich. Übermäßiges Nikotinverlangen, sichtbare Nikotinzeichen oder rücksichtsloses Rauchverhalten torpedieren die Symbolik des Zigarettengenusses in den Augen der Befragten.

2.5.1.3 Lebensstil und Geschmack

Angenehmer wie unangenehmer Geschmack entsteht durch die Reizung des Mund-Nasen-Rachenraumes. Dennoch ist Geschmack ein kulturell geformter und sozial kontrollierter Bestandteil kultureller Systeme, der unseren Geschmacksvorstellungen entsprechen muss.[808] Beim Schmecken von Nahrungsmitteln spielt physiologisch neben den Geschmacksknospen der Mundhöhle auch das Sehen und Riechen im Kognitionsnetz unserer Sinne eine wichtige Rolle.[809] Geschmackskulturen entstehen durch Gemeinschaft, wie auch Gemeinschaften durch Geschmackdifferenzierungen entstehen. Soziokulturelle und ökonomische Kontexte entscheiden darüber, was als geschmacklich angenehm gilt und welche Geschmackstrends sich in soziokulturellen Gruppen etablieren können.[810] Geschmack besitzt einen besonderen Indikatorwert für die soziokulturelle Verortung von Individuen, da er auf der symbolischen Ebene soziale Grenzen und Zugehörigkeiten zu Lebensstilen repräsentiert.[811] Bisherige Lebensstilanalysen unter Jugendlichen weisen drei grobe Lebensstiltypen auf (Meta-Lebensstile), die sich über alle Studien hinweg wieder finden: der hedonistisch-aktionsbezogene Lebensstiltyp; der bildungsorientierte-hochkulturelle Lebensstiltyp; sowie

808 Vgl. Hirschfelder: Europäische Esskultur (2001), S. 22. Grundlegend dazu strukturalistische Ansätze in der Nachfolge von Claude Lévi-Strauss seit den 1960er Jahren. Eine Übersicht über die Grammatik beziehungsweise Systematik des Essens bietet Caplan, Pat: Approaches to the study of food, health and identity. In: Dies. (Hg.): Food, Health and Identity. London, New York 1997, S. 1–31.

809 Vgl. Wierlacher, Alois: Oralität und Kulturalität von Geschmack und Genuss. In: Ders./Bendix, Regina (Hg.): Kulinaristik. Forschung – Lehre – Praxis (=Wissenschaftsforum Kulinaristik, Bd. 1). Berlin 2008, S. 157–171.

810 Bourdieu sah die Urteilsfähigkeit über Geschmack in Abhängigkeit der Position des Einzelnen im gesellschaftlichen Ordnungsgefüge des sozialen Raums. Geschmack beabsichtige die symbolische Distinktion zwischen Akteuren und sei Teil des verinnerlichten Habitus. Vgl. Prinz, Sophia: Geschmack (goût). In: Fröhlich, Gerhard /Rehbein, Boike (Hg.): Bourdieu Handbuch. Leben – Werk – Wirkung. Stuttgart/Weimar 2009, S. 104–110, besonders S. 105 ff.

811 Vgl. Raab: Soziologie des Geruchs (2001), S. 256.

ein konservativ, meist materialistisch kombinierter Lebensstiltyp.[812] Hradil definiert in seinen Ausführungen zu Gesundheitslebensstilen den persönlichen Lebensstil als ein „Ensemble von Alltagsgewohnheiten",[813] die keinesfalls in konsistenter Weise sinnhaft aufeinander abgestimmt sein müssen. Lebensstile besitzen trotzdem eine gewisse Erklärungskraft für alltägliches Handeln (Entscheidungen) wie auch auf längerfristige Einstellungen (Wirkungen) im Lebensverlauf. Gesundheitsrelevante Verhaltensweisen sind in komplexe, zeitlich relativ stabile Gesundheitslebensstile eingebettet, und diese sind wiederum Teile von Lebensstilen überhaupt.[814] Hradil spricht bereits von beständigen Gesundheitslebensstilen, in denen sich, geprägt durch Lebensbedingungen und den allgemeinen Lebensstil, Ungleichheiten von Gesundheitschancen der Menschen abzeichnen.[815]

Was ist aus historischer Perspektive über Geschmack und Lebensstil von Studierenden und Wissenschaftler/-innen bekannt? Historische Quellen zum Genuss- und Nahrungsmittelkonsum der akademischen Bildungsschicht finden sich laut Ulrike Thoms selten.[816] „Quellen, die über den individuellen Einzelfall hinaus *in detail* Rückschlüsse auf die Ernährungsweise der Bildungsbürger und noch mehr auf die des Wissenschaftlers erlauben, sind äußerst rar."[817] Weitaus häufiger finden sich diätetische Ratgeber, die Empfehlungen zur richtigen oder gesunden Ernährung liefern.[818] Besonders wichtig scheint darin für den akademischen Adressatenkreis die Verbindung von geistiger Tätigkeit (theoretischer Forschung) und asketischer Lebens- und Ernährungsweise gewesen zu sein.[819] Thoms weist in diesem Zusammenhang auf belegbare Widersprüche von empfohlener Nahrungsweise und tatsächlicher Ernährungspraxis hin. Die Bedeutung gemeinsamer Mahlzeiten, beispielsweise bei Kongressen, Kolloquien oder Symposien, ist daher unter dem Dispositiv repräsentativer Handlungen zu interpretieren. Erst nach der Berufung entspanne sich die lebensplanerische wie finanzielle Situation der Wissenschaftler/-innen, was direkte Auswirkungen auf die bevorzugte Diätetik habe.

In den Übergangsphasen zu Beginn des Studiums beziehungsweise zum Abschluss des Studiums stellt sich eine Umstrukturierung des Alltags ein. Diese Übergangspha-

---

812 Vgl. Raithel, Jürgen: Lebensstile Jugendlicher und Gesundheitsverhalten. In: Prävention. Zeitschrift für Gesundheitsförderung (33/1) 2010, S. 2–5.

813 Hradil: Der theoretische Hintergrund – Gesundheitslebensstile (2005), S. 66.

814 Vgl. ebd., S. 71.

815 Vgl. ebd.

816 Thoms, Ulrike: Bauch und Geist. Wissenschaftler am Esstisch. In: Alltagswelt Universität (= Jahrbuch für Universitätsgeschichte, Band 10 (2007), hgg. von Rüdiger vom Bruch und Marie-Luise Bott, Gastherausgeber Wolfgang Kaschuba), S. 53–76. Thoms geht in ihrem Beitrag nicht von der nahrungsethnologischen Grundeinheit „Mahlzeit" aus, sondern konsultiert für die Rekonstruktion des Verhältnisses von Wissenschaft zu Nahrungskultur Haushaltsbücher und Nachlässe des Universitätsarchives der Humboldt-Universität Berlin.

817 Ebd., S. 55.

818 Vgl. hierzu Bergdolt, Klaus: Leib und Seele. Eine Kulturgeschichte des gesunden Lebens, München 1999, besonders die letzten beiden Kapitel zum 18. und 19. Jahrhundert und die Diätetik der Intellektuellen, S. 281 ff.; sowie Thoms: Bauch und Geist (2007), S. 57.

819 Aufgrund der unsicheren und befristeten Einkommensverhältnisse von Akademikern, die oft bis in die Karrierephase der Habilitation hinein reichen, ist der Mythos der asketischen Lebensphilosophie leicht aufrecht zu erhalten.

sen entscheiden offensichtlich über das Beibehalten oder die Aufgabe bestimmter Teile des Alltags, die nicht in die nächste Phase der Biografie übernommen, entweder bewusst nicht in den neuen Alltag integriert oder schlichtweg vernachlässigt werden. Die Diskontinuität von Orten und zeitlichen Rhythmen spiegelt den biografischen Prozess wider, der meiner Meinung nach im Falle der studienbedingten Lebensveränderungen für meine Interviewpartner/-innen stets die Zäsur beinhaltete, den Wohnort zu wechseln, d. h. sich aus dem elterlichen Heim und dessen Strukturen (Zeit, Macht etc.) zu lösen. Veränderungen im Ausüben von regelmäßigen sportlichen Aktivitäten treffen laut meinen Interviewpartner/-innen zeitlich mit dem Umzug aus dem Elternhaus zusammen; sie enden manchmal abrupt. Häufig ändere sich der Umfang sportlicher Aktivität schleichend über mehrere Jahre. SHM schätzt beispielsweise seine Sportlichkeit zum Gesprächszeitpunkt ambivalent ein. Obwohl er sein körperliches Potenzial an Leistungsfähigkeit bei Ausdauersportarten aufgrund einer als gut eingeschätzten Grundfitness hoch einstuft, treibe er zum Gesprächszeitpunkt keinen regelmäßigen Sport. Damit unterscheidet er zwischen seiner körperlichen Konstitution als Basis seiner Leistungsfähigkeit bei ausdauernder Belastung und einer gleichzeitigen „Faulheit" beziehungsweise Disziplinlosigkeit, die ihn davon abhält, Ambitionen „in solchen Sachen" zu entwickeln.

> „Ich habe Badminton gespielt. Schlecht aber gerne. Und zwar zehn Jahre regelmäßig, kann man schon sagen, sehr regelmäßig. Also einmal die Woche zehn Jahre lang. [AL: Von wann bis wann? Also in welches Alter rein?] So von dreizehn bis 23, kann man sagen. [AL: Dann hast du angefangen zu rauchen, mit 23.] [Beide lachen] Dann ließ das auch nach. Aber das hing alles zusammen, weil ich da auch nicht mehr viel da [war]. Ich hab ja da in A., da wo ich herkomme halt, gespielt im Verein und bin auch die ersten Jahre sehr viel nach Hause gefahren und bin auch da, bin auch teilweise extra gefahren, also lange Zeit teilweise nur deswegen nach Hause gefahren. Und dann habe ich meinen Lebensmittelpunkt verlegt sozusagen und dann hat sich das verlaufen."[820]

Mit dem Wegfall eines Sports, der vor Aufnahme des Studiums noch regelmäßig durchgeführt wurde, fällt für SHM ein Distinktionsmittel weg. „Der Sport, wenn er ausgeübt wird, kann als Teil je spezifischer Lebensstile interpretiert werden, und die Differenz zeigt sich in der Art des ausgeübten Sports."[821] Die Studienzeit stellt eine biografische und soziale Transformationsphase dar. Da während der Befragungen sehr konsistent von Raucherinnen und Rauchern erzählt wurde, sie hätten vor dem Studium aktiv, teilweise in Vereinen, regelmäßig Sport betrieben und dass dies gegenwärtig nicht der Fall sei, ist davon auszugehen, dass in der Studienzeit ein neuer Habitus erlernt wird, der ihnen ermöglicht, eine andere Position im gesellschaftlichen Ordnungsgefüge einzunehmen und eine erwartete Rolle zu erfüllen. Unregelmäßige beziehungsweise keine sportliche Aktivität steht nicht im Widerspruch zum Zigarettenkonsum beziehungsweise zur gesellschaftlichen Erwartung gegenüber Studierenden.

---

820 Filterzigaretten- und Zigarilloraucher SHM, 2006.

821 Winkler, Joachim: Lebensstil und Sport. Der Sport als ‚stilistische Möglichkeit' in der Symbolisierung von Lebensführung. In: Ders./Weis, Kurt (Hg.): Soziologie des Sports. Theorieansätze, Forschungsergebnisse und Forschungsperspektiven. Opladen 1995, S. 261–278, hier S. 277.

Auch zum Ende des Studiums steht ein neuer Lebensabschnitt an. Dieser lässt einen veränderten Tagesrhythmus, eine neue Wohn- und Familiensituation und ein Mehr an Verantwortung für die Familie erwarten. Der gegenwärtig studentische Lebensstil von JHM beispielsweise lasse sich gut mit dem Rauchen vereinbaren, da der Anspruch zur Verantwortung nur ihm selbst gegenüber gelte.

> „Rauchen ist mir jetzt im Moment in dem Sinne wichtig, dass ich das machen kann, wenn ich es machen möchte. Ich habe halt kein kleines Kind bei mir zuhause oder eine schwangere Freundin oder Frau, oder irgendjemanden, der allergisch dagegen ist. […] So gesehen habe ich nur mir gegenüber diese Selbstverantwortung und damit kann ich momentan noch gut leben. Ich denke auch, als Student habe ich vielleicht noch einen lockereren Lebensstil als später vielleicht im Berufsleben. Von daher ist es für mich momentan gut vereinbar."[822]

Die Betonung der momentanen Passfähigkeit des Rauchens zeigt, dass JHM eine Veränderung erwartet und dass das gesundheitliche Credo des langen Lebens für ihn noch keine Bedeutung erlangt hat.[823] Wie später noch deutlicher im Abschnitt Gesundheitshandeln hervortreten wird und sich im Abschnitt über Rücksichtnahme zeigte, macht sich in dieser Aussage zum verhältnismäßig autonom erlebten, flexiblen Lebensstil eine Differenzierung zwischen der Verantwortung für die eigene Gesundheit und dem Tragen von Verantwortung für die Gesundheit beziehungsweise Exposition vulnerabler Personen bemerkbar. Dieser flexible und autonom erlebte Studienalltag erlaubt weiterhin ein Ausprobieren und Wechseln zwischen verschiedenen Rauchgütern, rauschhaftem Zigarettenkonsum wie auch unstete Tabakverbrauchsmuster zwischen null und zwanzig Zigaretten am Tag. Alltagsästhetische Handlungskomplexe symbolisieren die gesellschaftliche Position der Studierenden. Zigarettenrauchen löst hierin keinen konsistenten Rollenkonflikt zwischen studentischen und jugendlichen Verhaltensweisen aus. Kennzeichnend ist dabei, dass Studierende im Verlauf ihrer Konsumgeschichte verschiedene Rauchmuster, -techniken (Gelegenheitsrauchen, rauschhaftes Partyrauchen, Schnorren, Pfeiferauchen, Shisha-Rauchen, Haschischmischungen, zusatzstofffreie Tabaksorten etc.) ausprobieren. Geschmacksbilder der Tabakprodukte werden von den Befragten auf zweierlei Arten beschrieben: auf Basis des Produktimages der Werbung sowie aufgrund spezifischer Geschmackbeimischungen.

Der Geschmack der „Freiheit" in einer kleinen Schachtel. So will es die Zigarettenindustrie die beworbene Zielgruppe glauben machen. Bemerkungen über Tabak, der nach Freiheit schmecke, und Assoziationen, die wahrscheinlich aus Werbeimages der Zigarettenindustrie stammen, empfinden viele meiner Interviewpartner/-innen aufgrund ihres Lebensstils als passend. Wonach schmeckt der Rauch einer Zigarette?

> „Wonach? Hm, das ist eine gute Frage. Hat die so einen richtigen Geschmack? Nach … Willst du jetzt den richtigen Geschmack beschrieben haben oder …? [AL: Was dir dazu einfällt.] Wenn ich jetzt sage ‚nach Freiheit‘, ist das total bescheuert und pathetisch, aber [lacht] so einen richtigen … Ich könnte jetzt der Zigarette jetzt keinen richtigen Geschmack im Sinne von ‚süß‘ oder irgend so was zuordnen, sondern halt eher Eigenschaften, die man mit einer Zigarette verbindet. [AL: Das sind?] Das sind halt schon so dieses, keine Ahnung, ‚Freiheit‘ so im Grunde diese Werbeklischees, die man in der Kinowerbung vermittelt kriegt, so dieses:

---

822 Filterzigaretten- und Feinschnitttabakraucher JHM, 2010.
823 Vgl. Schmieder: Verflüchtigung der Rauchzeichen (2003), hier S. 107.

dir fällt, es fällt alles von einem ab, man hat keinen Stress mehr. Was ich halt schon vorher meinte, auch so ein beruhigendes Element, ein Freiheitselement, so ein Element von ‚cool sein‘ in manchen Situationen, eine beruhigende Komponente … Aber, dass die jetzt nach was schmeckt und vor allem dass die gut schmeckt [lacht], könnte ich eigentlich nicht so richtig sagen. [AL: Also es war ja mal so im Umlauf, dass da Geschmacksstoffe beigemischt sind, in bestimmten Marken bestimmte Stoffe, die dann nach irgendwas schmecken.] Ja es gibt ja auch, die A. hatte jetzt diese Menthol-Zigaretten, die nach Zimt oder irgend so was geschmeckt haben. Die fand ich eigentlich, fand ich vom Geschmack her toll, aber ich würde das wieder nicht als Zigarette so richtig sehen. Ich brauche keinen Geschmack bei der Zigarette. Um einen Geschmack zu bekommen, würde ich lieber irgendwas anderes, irgendwas essen oder was trinken. Also die Zigarette muss keinen Geschmack vermitteln. Aber jetzt rauche ich noch eine und dann kann ich es dir vielleicht besser beschreiben. [lacht] [AL: Und wonach schmeckt die jetzt? [Deute mit dem Finger auf die Zigarette in KBWs Hand]] Das ist total schwierig zu beschreiben. Im Grunde ja eigentlich nach nichts. Es ist ja eigentlich nur der Vorgang des Rauchens, der halt dann irgendwas … aber ich würde das nicht als Geschmack bezeichnen. Ich würde eine Zigarette nicht nach Geschmack klassifizieren oder so was. […] Ich finde, die hat im Grunde keinen Geschmack.“[824]

Abgesehen von beigemischten Geschmacksstoffen in Zigaretten, ist die geschmackliche Präferenz für ein bestimmtes Tabakprodukt schwerlich zu beschreiben. Geschmacksverursachende Inhalts- und Zusatzstoffe von Zigaretten sind nicht bekannt und können daher keine Anhaltspunkte zur Beschreibung ihres Geschmacks geben.[825] Entscheidend für die Wahl des Rauchguts, der Zigarettenmarke sowie der Konsumform industrielle Filterzigarette oder Feinschnitttabak sind sozialkulturelle, geschmacklich-distinguierende und alltagsästhetische Präferenzen, die stark von der Art der Konsumsituationen abhängen. Die Frage nach dem Zigarettengeschmack diente während der Gespräche dazu, sich der geschmacklichen Komponenten des Zigarettenkonsums bewusst zu werden. Eine sozial erwünschte Antwort war auf die Frage nicht zu geben. Sie sollte die Interviewten in die Situation bringen, den eigenen Eindruck geschmacklicher Wahrnehmung zu schildern. BWBs Tabak schmecke „so ein bisschen nach Natur“[826]. Die geschmackliche Assoziation mit Erlebnissen in der Natur, in der die Wildnis der Natur und eigene Wahlfreiheiten in Bezug auf den eigenen Erfahrungshintergrund betont werden, wurde von mehreren Gesprächspartnern, Männern wie Frauen, genannt. Dabei stellt sich bei den Raucherinnen das Konzept ihrer „Freiheit“ als ein eher abstraktes Konstrukt von Wahlfreiheiten ihrer Rollen dar. Medizinerin KBD sagt dazu, sie wolle keine Revolution anzetteln, aber „die Freiheit“[827] zu rauchen nehme sie sich.

Raucher hingegen verbildlichten den Geschmack von Tabak eher in konkreten Situationen in der Natur am Lagerfeuer: „Wenn man am Lagerfeuer steht und der Rauch einem ins Gesicht bläst. So wie das riecht, so schmeckt das auch.“[828] In Bezug auf den Lebensstil passt diese Assoziation von Freiheit und Ungebundenheit zu den

---

824 Lightfilterzigarettenraucherin KBW, 2006.
825 In Deutschland besteht bei Tabakprodukten gegenwärtig keine Verpflichtung zur Deklaration aller Inhaltsstoffe, wie es beispielsweise in Kanada der Fall ist.
826 Raucherin von zusatzstofffreiem Feinschnitttabak BWB, 2010.
827 Lightfilterzigarettenraucherin KBD, 2010.
828 Lightfilterzigarettenraucher MMB, 2010.

Angaben, die auch JHM machte. Er sei momentan nur sich selbst verpflichtet und trage Verantwortung für sein eigenes Handeln. Sobald sich die äußeren Umstände änderten, er Verantwortung für ein Kind trage etc., wolle er nicht mehr rauchen.[829] Die Verantwortung für den eigenen Körper und das eigene Handeln wird von den Rauchenden angenommen und widerspricht nicht der geschmacklichen Präferenz von Freiheitsidealen, die durch das Rauchen repräsentiert werden. In den Grenzen des eigenen Körpers entspricht die Haltung der Rauchenden widerspruchslos den Argumenten präventionspolitischer Akteure, die das Individuum zur Verantwortungsannahme in Bezug auf den eigenen Körper anmahnen. Neben dem Nichtraucherschutz entsteht jedoch eine weitere Konfliktlinie zwischen Präventionspolitik und dem abstrakten Freiheitskonzept der Rauchenden: Die Präventionspolitik will (neben der Verantwortung des Schutzes vor Krankheiten, von denen in meinem Forschungsfeld kaum eigene Erfahrungen vorliegen) auch die Verantwortung zur Herstellung ihrer Gesundheit auf die Individuen übertragen. Da aber Gesundheit erst zu einem handlungsrelevanten Thema wird, wenn es an ihr mangelt, scheint die Herstellung der eigenen Gesundheit für jugendliche Rauchende kein orientierungsgebender Sinn für Handlungen beziehungsweise kein Bestandteil ihrer Lebenswelt zu sein. Die Verständnisse zwischen Politik und Individuen hinsichtlich der beiden Modelle, für die eigene Gesundheit verantwortlich zu sein, nähern sich einander erst wieder an, wenn es um die Herstellung der Gesundheit Dritter, z.B. von Kindern, Schwangeren, Kranken, Nichtrauchenden etc. geht, die (unter Umständen) nicht selbst für ihre Gesundheit verantwortlich gemacht werden können. Erst durch die Feststellung, auf individueller Ebene mit dem Auftrag der gesundheitlichen Responsibilisierung überfordert zu sein, kann sich die Orientierungsgrundlage der eigenen Alltagsroutine wandeln.

Das Empfinden guten Geschmacks als distinguierendes Moment ist selten eine Konstante in der Auswahl des Rauchguts. Die Wahl entscheiden auf der einen Seite das Produktimage, welches in sozialen Gruppen unterschiedlich bewertet werden kann, auf der anderen Seite die Stärke der Zigarette beziehungsweise ihre Wirkungsstärke auf den Körper sowie die Rahmenbedingungen der Konsumsituation. Die Grenzen zwischen Image, Geschmack und Wirksamkeit des Tabakprodukts sind fließend.

> „Ich traue mir nicht zu, das auseinander zu halten. Also wenn das Zigaretten sind mit etwa der gleichen Stärke, ich glaube nicht, dass ich das unbedingt – wie viele Leute das sagen, dass ich jetzt sagen könnte, ‚ich kann nur diese Marke rauchen‘, weil alles andere schmeckt mir nicht – also das nicht. Also, so wenig Wiedererkennungswert sozusagen, dass ich das mir nicht zutrauen würde, dass so, wie manche Leute das sagen ‚Ich kann nur *Gaulouises* rauchen und alles andere nicht‘ und ‚Ich würde das unter 1.000 Zigaretten raus schmecken‘ sozusagen, also das traue ich mir nicht zu. Ich würde das nur an der Stärke halt, wenn das nun eine Zigarette ist, die zehnfach weniger Teer enthält, dann merke ich das schon. Also so gesehen schon vom Rauchen, aber nicht von der Marke her.“[830]

Bei der Schilderung geschmacklicher Präferenzen stellt sich heraus, dass Geschmäcker und geschmackliche Kombinationen mit dem Rauchen erlernt werden und sich verändern können. Ein in früheren Jahren des Rauchens zunächst unangenehm emp-

---

829   Vgl. Filterzigaretten- und Feinschnitttabakraucher JHM zuvor in diesem Kapitel.
830   Filterzigaretten- und Zigarilloraucher SHM, 2006.

fundener Geschmack wird zu einem präferierten Geschmacksmuster. Einer meiner Interviewpartner erzählt, dass er die Bitterkeit des Tabaks vormals in Verbindung mit einer feuchten Zigarettenspitze als unangenehmen Geschmack wahrgenommen hat, was dazu geführt habe, dass er gegenwärtig nur noch Filterzigaretten rauche und keinen Feinschnitt nutze. An anderer Stelle fügt er an, dass er inzwischen Nahrungs- und Genussmittel mit bitterer Geschmacksfärbung bevorzuge. Erzählanlass ist in diesem Fall die Frage, ob er selber auch Feinschnitttabak verwende.

> „Als ich angefangen habe zu rauchen. Einfach mal, um es auszuprobieren, wie halt selbst gedrehte Zigaretten schmecken. Ich empfand es allerdings nicht so als angenehm. [AL: Warum nicht angenehm?] Ja, man müsste dann mit Filter drehen und mit Filter geht es einigermaßen. Aber die sind auch relativ stark und es ist ein relativ unangenehmes Gefühl im Mund, wenn die Zigarettenspitze nass wird und der Tabak ist dann doch sehr bitter, weil er relativ stark ist. Ja, und das empfand ich als nicht angenehm, und deshalb rauche ich Filterzigaretten."[831]

Im Interviewverlauf erklärt RPM später, dass er die Geschmacksfärbung bitter zu einem späteren Zeitpunkt sehr gerne mochte und bis heute mag.

> „Ich mag unglaublich gerne Lakritz. Ich glaube, so bittere Sachen, also ich trinke sehr gerne Kaffee, mag gerne Bier und Zigaretten und so. Das Suchtpotenzial ist, glaube ich, schon hoch, aber insbesondere mag ich bittere Sachen. Das ist eigentlich ein kongruentes Bild."[832]

Gegenwärtig gäbe es, bis auf die unangenehme Konsistenz feuchter Zigarettenspitzen, keinen Grund, nicht doch Feinschnitt zu verwenden, denn das geschmackliche Gegenargument dieser Konsumform wiederlegt PRM an dieser Stelle selbst. Die Geschmackspräferenz kann bei der Wahl der Tabakkonsumform kein entscheidendes Kriterium darstellen, obwohl es in diesem Erzählstrang entsprechend konstruiert wird. Weiterhin sind für die Untersuchung von Rauchsituationen lebensstilistisch übliche Geschmackskombinationen relevant, da sie besonders normierend für das Geschmacks- und auch Genussempfinden wirken können beziehungsweise in sozialen Situationen, in denen häufig geraucht wird, Essen und Trinken eine gestaltende Rolle spielen.

Mit seinem Rauchverhalten sei er zufrieden und habe noch nie versucht, das Rauchen aufzugeben. Auch aus gesundheitlicher Sicht. Faktisch zweifelt er nicht an der Schädlichkeit des Tabakkonsums, er könne lesen und sei Naturwissenschaftler, die Gefahren seien ihm bewusst. Trotzdem rauche er gerne, habe dadurch einen Gewinn an Lebensqualität und nehme die Nachteile billigend in Kauf.

> „Da bin ich mit mir selbst im Reinen. Man könnte jetzt auch sagen, ja überleg doch mal, der gesundheitliche Aspekt. Und – das ist schon alles richtig, und ich meine, ich bin Naturwissenschaftler, ich kann auch lesen und mir ist [das] schon bewusst. Aber trotzdem, weil ich das wirklich gerne mache und auch nicht so schlimm finde, denke ich, dass ich da auch einen Gewinn an Lebensqualität habe. Zum Beispiel beim Zeitunglesen bei schönem Wetter;

---

831 Filterzigarettenraucher RPM, 2010.
832 Filterzigarettenraucher RPM, 2010.

und ja, den finde ich gut und den möchte ich gerne haben. Da glaube ich, nehme ich das andere billigend in Kauf."[833]

Ein Zugewinn an Lebensqualität durch das Rauchen und insbesondere durch die angestrebten Entspannungszustände steht nicht im Widerspruch zur betont ambivalenten Haltung gegenüber seinem Rauchverhalten. Symbolisch gewinne er an Lebensqualität für den Moment hinzu. Der tatsächliche Rauchgeschmack von Zigaretten scheint für die befragten Rauchenden selbst von nachrangiger Bedeutung zu sein. Ich sehe dies als Zeichen dafür an, dass eine geschmackliche Zuordnung für die reguläre Rauchpraxis wenig relevant ist, sofern der Geschmack nicht als unangenehm empfunden wird. Image der Marke und Schachteldesign, Stärke der Inhaltsstoffe und die Passgenauigkeit zur Konsumsituation beherrschen das kulturell erlernte Geschmacksempfinden des Rauchmittels.

2.5.1.4 Krankheitserfahrungen und Krankheitsvorstellungen

Wie der Gesundheitssurvey für Studierende 2007 feststellte, schätzen Studentinnen und Studenten an Hochschulen in Nordrhein-Westfalen ihren Gesundheitszustand mehrheitlich positiv ein, wobei Studentinnen ihn negativer beurteilen als ihre männlichen Kommilitonen.[834] Insgesamt verfügen Studentinnen und Studenten über relativ wenige Krankheitserfahrungen. Neben Krankheitserfahrungen sind für eine Bewertung gesundheitsrelevanter Verhaltensweisen subjektive Krankheitsvorstellungen bedeutsam. Erfahrungen und Vorstellungen formen zusammen Erklärungsansätze für soziale Realität im Umgang mit Krankheiten. Eirmbter, Hahn und Jacob unterscheiden milieuabhängige Krankheitsvorstellungen in bewältigbare Risiken und schicksalhafte Gefahren.[835] Risiko und Gefahr bezeichnen unterschiedliche Modi des Umgangs mit Unsicherheiten. Die Wahrnehmung eines gesundheitsrelevanten Ereignisses im Sinne eines individuell bewältigbaren Geschehens steht der schicksalhaften Gefahr gegenüber, deren externe Effekte der Umwelt zugerechnet werden. Es handelt sich um Effekte, die alle Personen unabhängig von individuellen Handlungen schicksalhaft treffen können.

> „Subjektiv sicheres Umgehen mit Unsicherheit' scheint grundsätzlich dann um so eher eine habitualisierte Handlungsressource zu werden, je häufiger sich Individuen mit neuen und mehr oder weniger unbekannten Situationen, Anforderungen usw. konfrontiert sehen, auf die sie handelnd reagieren müssen. Dabei stellen sozialer Status und insbesondere eine höhere formale Bildung, Jugend oder urbane Lebensweise in der Gegenwart alle drei Formen

---

833 Filterzigarettenraucher RPM, 2010.

834 Vgl. Gesundheitssurvey NRW (2007).

835 Vgl. Eirmbter, Willy H./Hahn, Alois/Jacob, Rüdiger: Milieu und Krankheitsvorstellungen. In: Dangschat, Jens/Blasius, Jörg (Hg.): Lebensstile in den Städten. Konzepte und Methoden. Opladen 1994, S. 196–215, hier S. 199. Im Ergebnis ihrer Studie verorten die Autoren die beiden Sichtweisen auf Krankheit am Beispiel AIDS milieubezogen und stellen fest, dass Befragte mit einem hohen Bildungshorizont, urbaner Lebensweise, hohem sozialen Status Krankheiten eher als bewältigbare Risiken verstehen.

der bevorzugten Zugänglichkeit zu dieser generalisierten Ressource dar, die man als ‚Handlungs- und Gestaltungskompetenz' bezeichnen könnte."[836]

Obwohl studierende Raucher/-innen über eine höhere formale Bildung verfügen, sich eine urbane Lebensweise angeeignet haben und demnach über hohe Handlungs- und Gestaltungskompetenzen gegenüber ihrer Gesundheit verfügen, scheint die Krankheitsbedrohung durch ein Krebsleiden keine Unsicherheit darzustellen, die im Studienalltag bewältigt werden kann. Während meine Interviewpartnerinnen eher von gesundheitlichen Problemen mit ihrem Immunsystem (Infektanfälligkeit) im Sinne von Krankheit beziehungsweise Krankheitserfahrungen sprechen, beschreiben meine Interviewpartner durchgehend ihre gute beziehungsweise aus ihrer Sicht „erstaunlich gute" gesundheitliche Verfassung. Abweichungen von medizinischen Normdaten, z. B. ein erhöhter Blutdruck (SHM) oder eine Immunschwäche mit ungeklärter Ursache (SWK, SWB, EMB, BWB), werden im Zusammenhang ihrer allgemeinkörperlichen Disposition gesehen und weniger mit dem Zigarettenrauchen.

> „Ich hatte eine Immunschwäche aus ungeklärten Gründen. Auf jeden Fall hatte ich da Halsschmerzen und Erkältungen. Halsschmerzen habe ich später immer noch relativ häufig gehabt, auch während meiner Jugend. Aber heute, im Gegensatz zu meiner Jugend, würde ich mich dafür, dass ich rauche, vor allem in dem Zusammenhang, als nicht besonders kränklich bezeichnen."[837]

Im Gegensatz zu ihrer Jugend, in der EMB sich stark in ihrer Familie gegen das Rauchen (ihres älteren Bruders) einsetzte, bezeichnet sie ihre aktuelle gesundheitliche Verfassung als nicht übermäßig anfällig für Krankheiten. Sie kontrastiert ihre positive Bewertung zum einen in Hinblick auf ihre krankheitsgeschichtlichen Erfahrungen, zum anderen hinsichtlich der Tatsache, dass sie Raucherin ist. Implizit zeigt sie Bewusstsein dafür, dass Rauchende häufiger unter gesundheitlichen Problemen leiden als Nichtrauchende.

In Bezug auf das Risikobewusstsein, durch das Rauchen zu erkranken, relativieren die Interviewten ihr Verhalten in Bezug auf ihre eigenen Krankheitserfahrungen. Neben eigenen Erfahrungen und dem Wissen über nachteilige Effekte spielt in der Bewertung des Risikopotenzials das verfügbare biophysiologische Kapital in Bezug auf die individuelle Konsumgeschichte eine Rolle.

> „Es ist alles in Ordnung. Abgesehen davon, dass mein Blutdruck zu hoch ist, aber das ist normal bei mir. Auch vorher schon. Ich weiß gar nicht, ob das im Zusammenhang steht. Aber irgendwann kommt dann die Quittung dafür. Aber andererseits rauche ich erst seit sieben von den dreißig Jahren, also ich sehe mich immer noch im Vorteil gegenüber den Leuten, die mit vierzehn angefangen haben. Also die extrem schädigenden Jahre habe ich komplett ausgelassen. Also, die komplette Pubertät, wo es ja noch viel, viel schlimmer sein soll. Also die habe ich gut überstanden."[838]

---

836 Ebd., S. 199 f.
837 Feinschnitttabak- und Filterzigarettenraucherin EMB, 2010.
838 Filterzigaretten- und Zigarilloraucher SHM, 2006.

Während der körperlich vulnerablen Phase der Pubertät mit dem Rauchen begonnen zu haben, hält SHM aus gesundheitlicher Sicht für schädigender als, wie er, erst während des Studiums zu beginnen.[839] Er befürchtet dennoch, genauso wie andere Raucher/-innen, irgendwann „die Quittung" für sein Verhalten zu bekommen. SHMs Wortwahl entstammt einem akademisierten Verständnis der Bewirtschaftung des Körpers. Die in der Zukunft prognostizierte Bedrohung lässt vermuten, dass SHM zwar um die Bedrohung für seine Gesundheit weiß, ihr jedoch machtlos gegenüber steht. Gesundheitshandeln löst dieses Szenario folglich nicht aus. Kapital und Lebensstil von Jugendlichkeit erlaube Rauchern eher als Raucherinnen, nachlässig mit ihrer Gesundheitsfürsorge umzugehen, Fastfood zu essen und keinen Sport zu betreiben,[840] da keine gesundheitlichen Probleme vorhanden sind beziehungsweise die persönliche Gesundheitsökonomie akzeptabel erscheint.

In anderen Gesprächen standen das regelmäßige Konsumpensum (Rauchhäufigkeit), Konsumdauer, die psychische Abhängigkeit oder die Körpertechnik im Vordergrund der Bewertung. Eine befragte Medizinstudentin hält die Bewertung des Rauchens als Krankheit nur für zulässig, wenn sie Nervosität oder Aggressivität während kurzfristiger Rauchpausen feststellen könnte:

> „Ich werde ja nicht nervös oder aggressiv, wenn ich keine Zigarette habe. Aber wenn das Eintreten würde, dass ich wirklich aggressiv würde oder ganz unruhig und so, ja, dann würde ich mir, glaube ich, über diesen Krankheitsbegriff mehr Sorgen, also Gedanken machen."[841]

Die kohärente Einschätzung der Bedeutung von „Gedanken Machen" beziehungsweise „keine Gedanken Machen" über das eigene Verhalten kennzeichnet viele der Gespräche. Der offensichtliche Widerspruch zwischen Wissen und Handeln wird darin durch die Bestätigung einer ambivalenten Grundhaltung legitimiert, wie auch die Entscheidungsfreiheit des autonomen Willens idealisiert wird. Besonders in Hinblick auf den Abschied von der Raucherrolle spielt immer wieder Willensstärke eine entscheidende Rolle. Gelinge der Abschied nicht rechtzeitig,[842] werde eine charakterliche Schwäche erkennbar.

> „Und dann, was ich vielleicht mir selber nicht eingestehen möchte, dass das bei mir so sein könnte, ist dann diese Schwäche, die man dann sieht. Leute, die mit 50 noch rauchen, wo ich denke, ‚Hey Leute, habt ihr es in den letzten 30 Jahren nicht auf die Reihe gekriegt, mal aufzuhören?', und ich bilde mir immer noch ein, dass ich aufhören könnte, wenn ich wollte."[843]

Zwar rauche sie ausreichend, um zu erkranken, doch der Grund ihrer Furchtlosigkeit gegenüber Krankheitsgefahren sei, dass sie für die Zukunft plane, das Rauchen aufzugeben. Rauchbedingte Krankheiten befürchte sie deshalb nicht. Noch einmal bestätigt diese Aussage, dass die Raucherrolle unter Studierenden ein zeitlich befristetes

---

839 Seit dem 20. Lebensjahr, also seit Beginn des Studiums, rauchte SHM gelegentlich mit Freunden und auf Partys. Die Phase gelegentlichen Tabakkonsums dauerte etwa drei Jahre an. Darum raucht SHM aus seiner Sicht erst seit sieben Jahren, seit dem 23. Lebensjahr, richtig.

840 Lightfilterzigarettenraucher KJM, 2006.

841 Lightfilterzigarettenraucherin SBB, 2010.

842 Vgl. Lightfilterzigarettenraucher MMB im Abschnitt III.2.5.2.3 Kontrollieren und leisten.

843 Lightfilterzigarettenraucherin KBD, 2010.

soziales Konzept darstellt, dessen Terminierung dem Willen und der Kontrolle des Rauchers oder der Raucherin unterliegen muss. Die Unsicherheit, ob ein Rauchstopp gelingen könnte, wird hier, wie auch in anderen Gesprächen, als Selbstbetrug skizziert, erreicht jedoch selten das Niveau, dass von Suchtverhalten die Rede ist.

Die oben bereits dargestellte Machtlosigkeit gegenüber einer potenziellen Krankheitsbedrohung überschreitet mühelos Grenzen des Fachwissens. Eine Studentin der Humanmedizin verweist diesbezüglich auf ihre praktischen Erfahrungen aus dem Klinikalltag.

„Zwischendurch denke ich, wenn ich dann mal huste, also, es sind so Phasen, da huste ich halt mal vermehrt, wo ich so denke: ‚Oh oh – Lunge lässt grüßen!' Dann flackert das schon mal auf. Aber es ist nicht permanent präsent. Man denkt da schon drüber nach. Aber andererseits weiß ich halt auch durch meine berufliche Erfahrung: Ob man raucht – ob man nicht raucht, wenn es einen treffen soll, dann kriegt man Krebs. Ich habe ganz viele Leute gesehen mit Lungenkrebs und Lungenteilresektionen. Die haben nie eine Zigarette angefasst. Sicher ist es nicht clever, eine Krebserkrankung durch Rauchen zu forcieren aber ich denke, wenn es mich irgendwann treffen soll, dann wird es mich treffen, egal ob ich nun rauche oder nicht. Das ist ein bisschen dieses, ja, Schicksal. Mir ist schon klar, dass ich eine Krebserkrankung wahrscheinlicher mache durch mein Rauchen, aber nur weil ich nicht rauche, heißt es nicht, dass ich nicht an Krebs erkranke. Und eigentlich sollte ich ja auch gerade bei Herzinfarktpatienten, die zum Teil natürlich auch geraucht haben, besonders sensibilisiert dafür sein, weil ich die habe da liegen sehen. Und ich möchte da nicht so liegen mit Drainagen im Thorax und Beipässen, aber das wird irgendwann so normal für einen, wenn man jeden Tag damit zu tun hat, dass man völlig ausblendet, dass man gerade selber dabei ist, das zu provozieren."[844]

Für meine Interviewpartnerin BWB, die zum Gesprächszeitpunkt 30 Jahre alt ist, sind Ängste, einmal aufgrund ihres Tabakkonsums zu erkranken, eher diffus in ihren Überlegungen zum Rauchen gegenwärtig. Auf die Frage, ob sie ein Krankheitsaufkommen infolge ihres Rauchverhaltens fürchte, antwortet sie: „Ja klar. Der Krebs kommt näher."[845] Dieses lineare Verlaufsverständnis, ähnlich der „Quittung", bringt das Gefahrenszenario der Krebserkrankung nicht näher an eine Handhabbarkeit. BWB leidet nach eigenem Empfinden häufig an Infekten der Nasennebenhöhlen, Bronchitis oder anderen Erkrankungen der Atemwege. Den Rachen-Nasenraum bezeichnet sie als ihre Schwachstelle. Auch die gesundheitlich riskante Kombination der Einnahme eines oralen Kontrazeptivums (Hormonpräparat) mit dem Rauchen sei ihr bewusst, und sie äußert ihre Besorgnis ohne weiteren Erzählimpuls der Interviewerin. Ihr vorrangiges Gefahrenszenario bezieht sich jedoch, wie bei den anderen Interviewten, auf die Krebserkrankungen. Diese würden aufgrund ihres Alters und der damit fortschreitenden Dauer des Tabakkonsums statistisch immer wahrscheinlicher werden. Sie empfindet ihre Infektanfälligkeit als nachteilig und bedauert, in der Vergangenheit trotz der hohen Anfälligkeit weiter geraucht zu haben. Aktuell sei sie zufrieden, dass sie nicht mehr rauche, wenn sie unter einer Erkältung leide. Vergleichbar sind die Aussagen von SBB, die relativ häufige Blasenentzündungen als rauchbedingte Erkrankung

---

844 Filterzigarettenraucherin AWD, 2010.
845 Raucherin von zusatzstofffreiem Feinschnitttabak BWB, 2010.

erfasst und diese auf leichte Bekleidung beim Freiluftrauchen zurückführt.[846] Alltags- und Erfahrungsbezug sind hinsichtlich der geschilderten Krankheitsvorstellungen bedeutsamer für die Wahrnehmung gegenwärtiger Handlungsorientierungen.

Über seinen Lebensstil berichtet MMB in Bezug auf Krankheitserleben, er habe schon jahrelang an keiner Krankheit mehr gelitten. Nicht einmal eine Erkältung habe er sich zugezogen, habe sich nicht gegen Grippe impfen lassen, sei noch niemals operiert worden und habe ein gutes Immunsystem. Er erzählt, dass er bereits zweimal versucht habe, das Rauchen aufzugeben.

> „[AL: Welche Umstände müssen denn eintreffen, damit du aufhörst?] Ich glaube, wenn ich mal Vater werde. Weil, ich finde schon, wenn man raucht, man riecht ja dann auch immer so nach Qualm und so. Und das finde ich jetzt nicht so angenehm für so ein kleines Kind, wenn man mit so einer Fahne dann da hin geht. Ich glaube, das wäre ein sehr guter Grund, dass ich da auch irgendwelche Hilfsmittel in Anspruch nehmen würde. [AL: Was heißt das denn?] Also, Kaugummi oder Pflaster oder was es alles gibt, Akupunktur. [AL: Kann noch irgendein anderer Umstand eintreffen, der das begünstigen würde, dass du aufhörst?] Spielst du jetzt auf Lungenkrebs oder so etwas an? [Gegenfrage wird verneint.] Keine Ahnung wie ich bei so etwas reagieren würde, wenn – weiß ich nicht. Ich glaube, das wäre dann auch situationsabhängig. Wenn der Arzt sagen würde: ‚Pass auf, wenn du jetzt aufhörst, dann wirst du wieder geheilt‘, oder ‚Du hast eh nur noch ein halbes Jahr‘, dann würde ich, glaube ich, sagen, dann ist es Wurst.“[847]

An diesem Beispiel wird die Unterscheidung äußerer und innerer Effekte im Umgang mit gesundheitlichen Gefahren deutlich. Äußere Veränderungen, wie eine anstehende Elternschaft, legitimieren eine potenzielle Verhaltensänderung. In Hinblick auf eine Krankheitsdiagnose (Lungenkrebs) stellt das Ereignis ein durch ihn nicht adäquat beeinflussbares Szenario dar, in dem er sich auf die ärztliche Fachexpertise berufen würde, um über sein Rauchverhalten zu entscheiden. Die von MMB geschilderte Situation des Arztbesuches verdichtet die zuvor erwähnte Wahrnehmung einer Schicksalsentscheidung. Darüber hinaus weist die Verhaltensbeschreibung im Falle einer Elternschaft darauf hin, dass diese Verhaltensänderung gegenwärtig als sozial kompetent angesehen wird.

Neben dem Mangel an eigenen Krankheitserfahrungen spielen Erfahrungen aus zweiter Hand in den Umgang mit Tabakerzeugnissen herein. Ein Student der Volkswirtschaftslehre erzählt von der Krebserkrankung seiner Mutter, die kurzzeitig zu einer Veränderung seines Rauchverhaltens führte.

> „Was man bei mir vielleicht noch sagen sollte ist, dafür habe ich auch schon oft Unverständnis geerntet, weil ich vorhin ja auch das große Risiko angesprochen habe, so Krankheiten wie Krebs. Jetzt muss man dazu sagen, meine Mutter hatte Krebs, und zwar als ich in der Oberstufe war. Sie hat in ihrem Leben auch geraucht und hat dann irgendwann aufgehört. Die Krankheit ist bei ihr alles in allem gut verlaufen. Zwei Jahre lang war sie in Therapie: Bestrahlung und Chemo[therapie]. Das sah am Anfang nicht immer so schön aus. Da gab es auch eine Zeit, in der es ihr sehr schlecht ging. Gott sei Dank war es aber nie so kritisch, dass man jetzt Angst haben musste, das geht jetzt zu Ende oder so. Sie hielt sich immer gut über Wasser, die Therapie hat auch gut angeschlagen. Es ist dann auch alles weg gegangen.

---

846   Vgl. Lightfilterzigarettenraucherin SBB in Kapitel III.1.2.1 Medizinabsolventin SBB.
847   Lightfilterzigarettenraucher MMB, 2010.

Sie ist bis heute noch gesund, hat immer noch ihre Nachuntersuchungen, aber der Krebs ist nie wieder gekommen bis jetzt. Aber, gerade meine Freundin hat mir das immer wieder gesagt, dass sie das überhaupt nicht nachvollziehen kann, wie ich rauchen könnte. Und für ihre Begriffe auch viel rauchen könnte, obwohl meine Mutter, das sei eine direkte und enge Verwandtschaft, [...] diese Krankheit hatte. Für sie war das so, ich würde damit leichtfertig umgehen – nach dem Motto: ‚Wie kannst du das verantworten, du hast in deiner Familie Krebs und trotzdem rauchst du, als wenn nichts gewesen wäre'. Ich gebe zu, dass das auch so ein innerlicher Konflikt ist. Als bei meiner Mutter Krebs diagnostiziert wurde, habe ich erst einmal mit dem Rauchen aufgehört. Am Anfang war der Schock da [...], da habe ich trotzdem noch geraucht und beim Rauchen gemerkt, ‚Oh Gott, was machst du hier eigentlich?', du bist gestresst und rauchst jetzt, aber das fördert doch eigentlich die Krankheit, die deine Mutter jetzt gerade hat, da kamen dann die Gedanken. Da hatte ich so eine Zeit, wo ich ein bisschen weniger geraucht habe. Ich habe nicht ganz aufgehört, aber eine Zeit lang wirklich enorm reduziert. Ich muss aber zugeben, dass ich irgendwann damit abgeschlossen hatte. [...] Ich hatte halt so die Einstellung, naja, sterben musst du sowieso und vielleicht krepierst du an etwas anderem."[848]

Die für ihn sehr spürbare Bedrohung durch das Krebsleiden seiner Mutter bewältigt JHM in diesem Lebensabschnitt mit Hilfe einer neuen, nun ambivalenten Positionierung gegenüber seinem Tabakkonsum. Das „Gedankenmachen" verdeutlicht die ambivalente Haltung meiner Interviewpartner, die sich von der Haltung einer aktiven Beeinflussbarkeit ihrer Gesundheit zugunsten eines schicksalhaften Verständnisses von schweren Erkrankungen verabschieden. Die wenigen Krankheitserfahrungen meiner Interviewpartner/-innen resultieren in einem relativ distanzierten Krankheitsverständnis. Risiken chronischer Krankheiten sind im Alltag wenig präsent beziehungsweise werden bewusst verdrängt, was häufig explizit von den Interviewten benannt wurde: „öffnet Tür und Tor für jede Art von Selbstbetrug"[849], oder in die Diaspora der Gedankenlosigkeit verdrängt wird. Risiken bleiben im Hinblick auf Lebensstil als ambivalentes Element Teil des Ganzen. „Es ist natürlich nicht so, dass ich bei jeder Zigarette denke, ob das jetzt mal die richtige Entscheidung ist. Ich denke ja eigentlich nicht darüber nach."[850] Eine Rechtfertigung von anderen ist ebenso wenig notwendig wie eine eindeutige Bewertung des eigenen Verhaltens. Krankheitsrisiken werden zudem aufgrund der eigenen körperlichen Raucherfahrung, die weder schmerzhaft ist noch allein auf Nikotinabhängigkeit zurückgeführt wird, bewusst vom eigenen Handeln dissoziiert. Eintretendes Suchtverhalten ist durch momentane Nervosität und Aggression gekennzeichnet, wenn kein Rauchgut konsumiert werden kann. Suchtrauchen wird von Studierenden als eine Form multifunktionalen Rauchens akzeptiert, da Rauchen eine explizit zeitlich befristete Handlungsmöglichkeit darstellt. Studierende sehen ihre Raucherrollen als zeitlich befristete Spielart sozialer Interaktionsnuancierung an, deren Endpunkt ein externes Lebensereignis (Studienabschluss, Berufstätigkeit, Schwangerschaft, Krebsleiden) oder der innere Wille, nicht mehr zu rauchen, einleitet. Können die Lebensereignisse nicht überwunden oder kann dem inneren Wunsch nicht entsprochen werden, verändert sich die Bewertung des Zigarettenrauchens hin

---

848 Filterzigaretten- und Feinschnitttabakraucher JHM, 2010.
849 Filterzigarettenraucher RPM, 2010.
850 Feinschnitttabak- und Filterzigarettenraucherin EMB, 2010.

zu einer charakterlichen Schwäche, einem missglückten Bewältigungsversuch, sein Leben in neue gesellschaftliche Ordnungsgefüge zu integrieren.

2.5.2 Kulturelle Logik des Zigarettenrauchens

Wie eingangs beschrieben, fokussiert der Begriff der kulturellen Logik auf Bewertungen der Gesundheitsrelevanz aus emischer Perspektive. Das Verständnis dieser Logik setzt voraus, dass sich medikale Kulturen aus unterschiedlichen Richtungen wandeln können: von „oben" und von „unten" sowie „seitwärts". Die Logik im Feld generiert sich weniger aus biophysiologischen Rationalismen auf Grundlage medizinischer Wissensaneignung als vielmehr aus einer relativierenden Eigendynamik zwischen Wissensbeständen, legitimierenden Erzählungen und akzeptierten Verhaltensweisen zur Bestätigung soziokultureller Ordnungsgefüge im Feld. In Bezugnahme auf das Präventionsverständnis[851] relativiert die kulturelle Logik als lebensweltnahe Vergleichsgröße, dessen Bedeutung in Relation zu weiteren aktiven Orientierungsgebern innerhalb subkultureller Praktiken gesetzt wird, und zeigt die systemische Bedeutung medikaler Orientierung in zeitlich und räumlich verorteten Milieus im Vergleich mit hedonistischen, altruistischen Handlungsorientierungen. Mit Blick auf Rauchen innerhalb gesellschaftlich und kulturell lokalisierbarer Praktiken müssen dissonante Eigenlogiken kulturell richtigen Wissens und Handelns immer in Relation zu weiteren Determinanten gesehen werden, die auf Ausgestaltung und Sinnkonstruktionen alltäglichen Handelns einwirken. Insofern tragen weitere soziokulturelle Faktoren zur Entstehung, zu Konsistenz beziehungsweise zu Brüchigkeit sowie zur Wandlungsfähigkeit kultureller Logiken in medikalen Praktiken bei.

Wie sind medikalkulturelle Logiken und Praktiken in Bezug auf das Zigarettenrauchen wissenschaftlich beschreibbar? Dornheim forderte bereits 1986 für die Untersuchung von Krankheitstheorien die Berücksichtigung von Wissensvorräten, Einstellungs- und Handlungsmustern sowie ihrer Träger. Ein derartiges Untersuchungsquartett mache übergreifende „Entstehungs- und Tradierungszusammenhänge sichtbar, deren Kenntnis zum Verstehen der historischen Veränderungen, schichtspezifischen Aneignungs- und Äußerungsformen wie auch der sozialen Funktionen"[852] in medikalen Kulturen erforderlich ist. Dieser Ansatz musste in der vorliegenden Arbeit erweitert werden, da Bewertungen, Formen und Funktionen des Zigarettenrauchens im Feld nicht konsistent von allen Akteuren bezogen auf alle Konsumsituationen Bestandteile medikaler Kultur sind. Eine Hilfestellung zur Lösung der Problematik, welche Bewertung die Grundlage für Alltagshandeln darstellt, kommt aus der Lebensstilforschung. Verhaltensweisen und Einstellungen bilden die Grundlage zur Konstruktion gesundheitsbezogener Lebensstile.

Gesundheitsrelevante Alltagspraktiken stehen nicht isoliert nebeneinander, sondern bilden ein komplexes Verhaltensgewebe mit spezifischen Abhängigkeiten und wirken als Ganzes stärker sinnhaft als die Summe ihrer Teile.[853] Die sozialwissen-

---

851 Vgl. Lengwiler/Madarász: Präventionsgeschichte (2010), S. 13 f.

852 Dornheim: Zwischen gegenwarts- und vergangenheitsbezogener Medikalkulturforschung (1986), S. 36 f.

853 Vgl. Hradil: Der theoretische Hintergrund – Gesundheitslebensstile (2005).

schaftlich orientierte Lebensstilforschung geht zudem davon aus, dass Merkmale von Lebensstilen auf der Wert-Einstellungsebene und auf der Performanz-Verhaltensebene eine Zugehörigkeit zu sozialen Gruppen markieren, da diese Merkmale innerhalb einer Gruppe Symbolkraft entwickeln können. Häufigkeit und Gestaltung von studentischen Feiern, zu denen Rauschzustände gehören, können daher als Merkmale studentischer Lebensstile verstanden werden. Rausch gehört zu studentischen Kulturen dazu.[854] Da die Herausbildung eines Lebensstils als Mittel der Integration und Individuierung verstanden wird, ist sie ein Ausdruck des Sozialisationsprozesses.[855]

Die Lebensstile sozialer Gruppen in bestimmten kulturellen, sozio-ökonomischen Rahmenbedingungen beeinflussen das Gesundheitsverhalten. Rauchen von tabakhaltigen Produkten beeinflusst potenziell den Gesundheitszustand. Es ist ebenso eine körperliche Technik,[856] die in Form und Sinn wiederum einem Wandel unterliegt. Marcel Mauss folgend, sind Techniken des Körpers nie nur auf biophysiologische Handlungen zu beziehen, sondern implizieren bei soziokultureller Interpretation immer die „Art und Weisen, in der sich die Menschen in der einen wie der anderen Gesellschaft traditionsgemäß ihres Körpers bedienen.[857] Körpertechniken prägen sich in spezifisch traditionellen Formen aus. Handlungen unterliegen gesellschaftlichen Wandlungsprozessen. Zudem sind körperliche Handlungen abhängig von sozialen Parametern: Geschlecht, Alter, Religionszugehörigkeit, Region, Einkommen etc. Folglich sind sie ebenso von äußeren Gegebenheiten geprägt wie die Lebensstile, deren Rahmenbedingungen (Lebensbedingungen wie Wohlstand, Bildung, Alter, Arbeits- und Wohnbedingungen), Lebensformen (kinderreiches Paar, Alleinlebende etc.) und kulturell verfestigte Lebensweisen (soziokulturelle Normen, die den Umgang mit dem Körper beeinflussen) die Entwicklung von Optionen zur Ausgestaltung von Lebensstilen bewirken.

Gesundheitsverhalten bezeichnet sowohl Verhaltensweisen zum Erreichen oder zur Aufrechterhaltung eines bestimmten Gesundheitszustandes wie auch Verhaltensweisen, die eine Gefährdung dieses gesundheitlichen Zustandes darstellen.[858] Gesundheitsverhaltensweisen differenzieren sich horizontal wie vertikal in der Gesamtbevölkerung, beispielsweise innerhalb bestimmter lokaler Regionen, sozialer Gruppen oder innerhalb eines spezifischen Milieus. Unter Gesundheitshandeln werden alle individuellen Verhaltensweisen subsummiert, die „gesundheitsförderlich und präventiv wirksam sein sollen".[859] Die Bedingung der Wirksamkeit setzt eine Handlungsmotivation voraus, die auf die benannte Wirksamkeit der individuellen Gesundheitsförderung oder des Wohlbefindens abzielt. „Es ist ein wesentliches Charakteristikum der Entwicklung zur modernen Gesellschaft, dass immer mehr Fremdzwänge in Selbstzwänge transformiert werden, dass die Steigerung der Selbstkontrollkapazität bei Individuen beständig zugenommen hat."[860]

---

854   Vgl. Niekrenz: Rausch als körperbezogene Praxis (2011).

855   Vgl. Raithel: Lebensstile Jugendlicher (2010).

856   Mauss, Marcel: Die Techniken des Körpers. In: Soziologie und Anthropologie, Bd. 2 (1975), S. 199–220.

857   Ebd., S. 199.

858   Vgl. Raithel: Lebensstile Jugendlicher (2010).

859   Mathe: Medizinische Soziologie (2003), S. 99.

860   Eirmbter/Hahn/Jacob: Milieu und Krankheitsvorstellungen (1994), S. 196.

Neben der Handlungsebene in der Beschreibung von Gesundheitslebensstilen wurden Modelle übergreifender gesundheitsrelevanter Grundeinstellungen herausgearbeitet. Zu den drei wichtigsten zählen Antonovskys *Kohärenzgefühl*[861], Beckers *Health Belief Model*[862] sowie das lerntheoretische Modell von Rotter, *Locus of Control*[863]. Die Grundeinstellungen determinieren die Wahrnehmung gesundheitsrelevanter Ereignisse. Das beeinflussbare Risiko bezeichnet hierbei eine relative Unsicherheit, die man selber steuern kann. Demgegenüber sind Gefahren externe Effekte, die der Umwelt zugerechnet werden. Es handelt sich um Effekte, die alle Personen unabhängig von individuellen Handlungen schicksalhaft treffen können.[864] Risiko und Gefahr bezeichnen daher unterschiedliche Modi des Umgangs mit Unsicherheiten.

> „‚Subjektiv sicheres Umgehen mit Unsicherheit‘ scheint grundsätzlich dann um so eher eine habitualisierte Handlungsressource zu werden, je häufiger sich Individuen mit neuen und mehr oder weniger unbekannten Situationen, Anforderungen usw. konfrontiert sehen, auf die sie handelnd reagieren müssen. Dabei stellen sozialer Status und insbesondere eine höhere formale Bildung, Jugend oder urbane Lebensweise in der Gegenwart alle drei Formen der bevorzugten Zugänglichkeit zu dieser generalisierten Ressource dar, die man als ‚Handlungs- und Gestaltungskompetenz‘ bezeichnen könnte."[865]

Das präventionspolitische Konzept der BZgA baut auf dem Modell des amerikanischen Soziologen Aaron Antonovsky auf. Dieser entwickelte in den 1970er Jahren den Ansatz der Salutogenese, ein Konzept, welches nach 1979 in der internationalen Gesundheitspolitik Anwendung fand.[866] Rahmenbildende Elemente sekundär-präventiver Arbeit bilden seither die Faktoren: Gesundheitsorientierung, Lebensweltorientierung sowie die Ressourcen- und Risikoorientierung unterschiedlicher Lebensstile. Lengwiler/Madarász weisen im rationalen Präventionsdiskurs auf das zentrale Anliegen der „Zukunftsbeherrschung"[867] hin. Im Spiegel der gesundheitspolitischen Krebsdebatte sieht Schmieder das Zigarettenrauchen in die Ecke der Obszönität gerückt[868].

---

861 Gemessen am Grad der empfundenen Sinnhaftigkeit von Lebensanforderungen.

862 Zweckrationaler Umgang im Krankheitsfall im Sinne der vollständigen Akzeptanz medizinischer Deutungshoheit und maximaler Kooperationsbereitschaft. In der Medizin bevorzugter Ansatz zur Genesungsverlaufsprognose. Vgl. Hradil: Der theoretische Hintergrund – Gesundheitslebensstile (2005), hier S. 72 f.

863 Misst den Grad der Erwartungshaltung, sein eigenes Verhalten und wichtige Lebensereignisse beeinflussen beziehungsweise nicht beeinflussen zu können.

864 Vgl. Eirmbter/Hahn/Jacob: Milieu und Krankheitsvorstellungen (1994), S. 199.

865 Ebd., S. 199 f.

866 Siehe Antonovsky, Aaron: Health, stress, and coping. New perspectives on mental and physical well-being. San Francisco 1979. Das Modell der Salutogenese versteht Gesundheit und Krankheit als die beiden Pole eines Kontinuums und bildet einen Gegenentwurf zum medizinischen Begriff der Pathogenese. Über je mehr Eigenschaften oder Ressourcen ein Mensch auf der Seite der Gesundheits- und Schutzressourcen verfügt, je eher sieht er sich in der Lage, Widerstand gegen gesundheitsriskante oder -schädigende Faktoren zu leisten. Dieser Ansatz rückt erstmals die Bedingungen und Wirkungsfaktoren von Gesundheit in den Vordergrund. Gesundheit entsteht vielmehr durch das Anhäufen gesundheitsfördernder Faktoren als durch die Vermeidung von Schädigungsfaktoren. Vgl. hierzu auch: Suchtprävention in der Bundesrepublik Deutschland (2004), S. 35 f.

867 Lengwiler/Madarász: Präventionsgeschichte (2010), S. 14.

868 Schmieder: Verflüchtigung der Rauchzeichen (2002), S. 106 f.

Wie passfähig empfinden Studierende das Zigarettenrauchen aus gesundheitlicher Perspektive für ihren Lebensstil? Beschreibungen von Tabakkonsummustern lassen keinen Zweifel daran, dass eine irgendwie geartete Sucht mit im Spiel ist. Doch schildern die Befragten ihren Konsum als einen kontrollierten Vorgang des Kontrollverlustes.

„[AL: Passt dein aktueller Tabakkonsum in dein Leben rein?] Ja, das würde ich schon sagen. Wie gesagt, ich bin immer froh, wenn ich dann weniger rauche. Also ich bin keiner, der da stolz drauf ist, wenn er gerade viel an einem Tag geraucht hat, oder dann sagt: ‚Wow, ich habe schon wieder eine Schachtel geschafft‘, sondern eher im Gegenteil. Ich bin eher froh, wenn ich es schaffe, weniger zu rauchen. Also, ich fühle mich dann auch gut. Es ist eigentlich ein Widerspruch, dass man sagt, eigentlich fühle ich mich besser, wenn ich wenig rauche. Dann sagen viele Leute: ‚Hör doch einfach auf, dann fühlst du dich richtig gut‘. Aber manchmal hat man halt wieder Lust. Dann ist das halt so dieser Konflikt eigentlich: dieses momentane Verlangen und dieses – ‚ich weiß, morgen werde ich froh sein, wenn ich jetzt mich zurücknehme‘, und da gewinnt natürlich oftmals dieses momentane Verlangen. Weil du [dir] sagst, mir ist es egal. Ich möchte jetzt eine rauchen. Und dann ist es auch gut. Und wie gesagt, solange es jetzt nicht so ist, dass man, wenn es jetzt so ist, dass ich kein Geld mehr hätte und ich müsste mich entscheiden zwischen irgendwas zu essen und meinem Zigarettenkonsum, dann würde ich auf jeden Fall den Zigarettenkonsum weg machen. Ich will halt nur nicht in so eine Sucht kommen, wo jetzt quasi dieses Rauchen alles andere übersteigt. Wo ich dann immer erst gucke, dass ich meinen Zigarettenkonsum gedeckt bekomme, bevor ich irgendwas anderes mache oder mir besorge. Solange das nicht passiert und ich immer das Gefühl habe, okay, wenn es denn so ist, dass ich es möchte oder aus irgendwelchen anderen Gründen muss, dass ich dann auch aufhören kann. Ich weiß, dass das auch schwer ist, auch jetzt, wenn ich manchmal sage, jetzt versuche ich mal, drei Tage nicht zu rauchen. Dann merke ich schon meine innerliche Unruhe. Sicherlich ist da auch eine Sucht bei im Spiel. Wie gesagt, die Nikotinabhängigkeit ist bei mir sicherlich auch vorhanden. Aber – ich bin damit soweit im Reinen, weil ich diesen großen Exzess bei mir noch nicht sehe und immer mir einrede, dass ich das unter Kontrolle habe."[869]

Die Beurteilung des eigenen Rauchverhaltens zeigt keine klaren Bruchstellen zwischen hedonistischer und gesundheitlicher Orientierung. Beide Bewertungen des Zigarettenrauchens behalten ihre Gültigkeit, weil der Kontrollaspekt JHMs Werteintegrität zusammenhält. Die Bewertung des Zigarettenrauchens schließt die der Rauchsituation mit ein. Teilweise überschreibt die Situationsbewertung die Handlungsbewertung:

„[AL: Was passiert in dir, wenn du rauchst?] Man wird ruhiger und es ist halt einfach ein positives Gefühl. Ich kann jetzt auch nicht sagen warum, also den Geschmack konnte ich oder kann ich nicht beschreiben, glaube ich auch nicht, dass man den beschreiben kann, aber es bewirkt ja irgendwas Positives – deswegen macht man das ja. Aber ich weiß halt, ich glaube halt wirklich, was ich schon vorher meinte, dass halt dieser Akt des Rauchens an sich gar nicht so die Rolle spielt, sondern eher dieses Ritual drum herum oder dieses … ja. Oder auch dass du, dass man halt so eine Packung Zigaretten, die sieht halt, die kann man halt auf den Tisch legen und das gehört halt alles so ein bisschen mit dazu. Ich finde das total schwierig zu beschreiben, aber ich könnte jetzt nicht sagen, was jetzt der Zug des Rauchens

---

869 Filterzigaretten- und Feinschnitttabakraucher JHM, 2010.

mit mir macht. Ich glaube, es macht halt eher diese ganze Situation des Rauchens oder diese ganzen [Pause], alles was da noch dazu gehört."[870]

Die Frage nach kultureller Bedeutung darf daher keinesfalls die Rauchsituation außer Acht lassen. Verhaltensbewertung und Handlungskontext sind vollständig ineinander verwoben. Bewertungsabhängigkeiten im Situationskontext beeinflussen auch die Funktionen, die dem Zigarettenrauchen im untersuchten Fall zugeschrieben werden. Wie weiter oben beschrieben, setzt das richtige Rauchen einen multifunktionalen Gebrauch rauchbarer Tabakprodukte voraus.

> „In erster Linie rauche ich, weil ich einfach Raucher bin, also rauchen muss. So schlicht kann man das eigentlich sagen. Und sonst rauche ich im Augenblick, wenn ich mich entspanne, entweder aus Genuss oder weil ich es gerade schön finde und das angenehm finde, wenn es dabei ist. Oder auch tatsächlich zur Entspannung, wenn ich gestresst bin. Und ansonsten einfach nur so."[871]

Festzuhalten ist, dass der Tabakkonsum in studentischen Kulturen mehr als nur biophysikalische Funktionen erfüllt, die mit der Aufnahme von Nikotin in Verbindung stehen. Auch wenn es sich teilweise um medikale Bewertungen handelt, deuten andere Teile auf soziokulturelle Konstruktionen von Genuss- oder Rauscherleben hin. Das Verständnis des Rauchens muss folglich aufgrund der endogenen Logik weitergefasst werden, als bisher im Diskurs zwischen Sucht- und Genusskultur geschehen. Sucht und Genuss des Zigarettenkonsums bilden keine gegensätzlichen Pole, sondern situative Bewertungskonzepte des Rauchens, die sich eher auf Funktionsbeschreibungen im jeweiligen Kontext beziehen. Der Faktor der Körperlichkeit steht genauso im Kreis beider Bewertungskontexte, da der Körper das Wahrnehmungsmedium der Genuss- und Rauschwahrnehmung ist, gleichzeitig jedoch als süchtig bezeichnet werden kann. Doppelte Bewertungen schließen sich in der Wahrnehmung der Befragten nicht zwangsläufig aus.

2.5.2.1 Rauscherleben und Risikobewältigung

Studentische Lebensweisen der Gegenwart halten regelmäßige Trink- und Rauchgelegenheiten vor.[872] Was lässt Rauscherlebnisse, sozusagen eine *Betäubung der Sinne*[873], soziokulturell sinnhaft werden? Im Vergleich von Opiumrausch und Alkoholrausch sieht Hirschfelder prinzipiell zwei Gründe für das Streben nach rauschhaften Zuständen seit dem 16. Jahrhundert: Auf der einen Seite führt Rausch zur Intensivierung des Erlebens, auf der anderen Seite führt er gleichermaßen zu einer Betäubung von

---

870 Lightfilterzigarettenraucherin KBW, 2006.

871 Feinschnitttabak- und Filterzigarettenraucherin EMB, 2010.

872 Eine Studie zu gesundheitsrelevanten Verhaltensweisen an der Universität Bielefeld belegte, dass etwa 40% der männlichen und 29% der weiblichen Erstsemester wöchentlich Alkohol konsumierten, beim täglichen Tabakkonsum (24%) zeigen sich keine Geschlechtsunterschiede. Vgl. Stock/Wille/Krämer: Gender-specific health behaviors (2001), S. 148.

873 Hirschfelder: Die Betäubung der Sinne (2005), S. 218.

Sinneswahrnehmungen.[874] Ähnlich wie Tabak wurden Opiumimporte zunächst zu medizinischen Heilanwendungen genutzt, bevor im 19. Jahrhundert eine starke Verbreitung in unterschiedlichen Bevölkerungsschichten das Aufkommen von Rauschkulturen förderte.[875] Während Opium zu dieser Zeit in medizinischen Anwendungen zunehmend Verwendung fand, hatte sich wegen der berauschenden Verwendung die Tabakpflanze, unterstützt durch ihre beschleunigte industrielle Verarbeitung, in Rausch- und Genusssituationen bereits großflächig durchgesetzt. Unter Studierenden ist das gemeinsame Rauscherlebnis, zumeist durch Alkohol, eine etablierte Praktik. Das bis heute bekannte Studentenfutter soll bereits im 18. und 19. Jahrhundert mit Mandeln versetzt worden sein, da diese als wirksames Mittel gegen Rauschnachwirkungen galten.[876]

Suchtverhalten ist seit der Moderne von primär soziokulturell bedingter, missbräuchlicher Verwendung gekennzeichnet und lässt mitunter im lebensgeschichtlichen Verlauf eine um weitere Drogenstoffe ergänzende Suchtpraxis entwickeln.[877]

Doch stellt gegenwärtig das Rauscherleben beim Konsum von Tabak und Alkohol eine Suchtpraxis dar? Industriell hergestellte Zigaretten tauchen in Deutschland seit dem 20. Jahrhundert im Kontext einer berauschenden Alltagskultur auf, insbesondere im Rahmen von Fest- und Feieranlässen, die sich aus dem Rahmen familienbezogener Kohäsionswirkung herausgelöst hatte.[878] Das Zusammentreffen eines relativen ökonomischen Wohlstandes der Wirtschaftswunderzeit, von dem weite Bevölkerungskreise profitieren konnten, und dem relativ ungehinderten Zugang zu Zigaretten beziehungsweise anderen Tabakprodukten gab der Diversifizierung von Rauschkulturen Vorschub. Dabei stellt das zeitlich begrenzte Erleben von Rauschzuständen einen Bestandteil soziokultureller Aushandlungsprozesse dar, in denen soziale Rollen, Zeiten und Räume kraft der sinnesbetäubenden Wirkung der Situationen dem Alltäglichen entrückt scheinen, tatsächlich jedoch wesentliche Bestandteile soziokultureller Ordnungsprozesse bleiben. Fest- und Feieranlässe geben der Rauscherfahrung einen sozialen Schutzraum, in dem die Erfahrung des Rausches als gemeinschaftstiftendes Entgrenzungserlebnis verstanden werden kann.[879]

Über Erfahrungen mit Zigarettenrauchen in Verbindung mit dem Konsum alkoholischer Getränke berichten alle Interviewten. Rausch erfahren sie regelmäßig während Kneipenbesuchen, auf privaten und durch studentische Verbände organisierten Partys.

„Oder wenn man abends in der Kneipe ist, und das sind dann auch die Tage, wo man dann noch viel mehr raucht abends. Also, da kann es auch mal passieren, dass man ein Päckchen

---

874 Ebd., S. 218.

875 Vgl. ebd., S. 226 f.

876 Vgl. Gajek/Götz: Studentenfutter (1993), S. 56 f.

877 Hirschfelder: Die Betäubung der Sinne (2005), S. 227.

878 Vgl. Briesen: Das gesunde Leben (2010), S. 209.

879 Im Fall der jugendlichen „Zechgruppe" sieht Niekrenz zwei Hauptfunktionen des gemeinsamen Einlassens auf ein Rauscherlebnis: Inkludierende Funktionen der Gemeinschaftsbildung (Zuprosten) wirken gleichzeitig exkludierend auf nicht einbezogene Beteiligte. Vgl. Niekrenz: Rausch als körperbezogene Praxis (2011), S. 217 f.

am Abend wegzieht beim Biertrinken. Und je mehr Bier man trinkt, je mehr raucht man irgendwie auch. So über den Abend ist das exponentiell."[880]

Der Biologe MMB beschreibt einen Effekt der wechselseitigen Konsumsteigerung des Bier- und Zigarettenverbrauchs, ohne sein Handeln in dieser Situation selber positiv oder negativ im Sinne von Genuss- oder Suchterlebnis zu bewerten. Rauscherlebnisse zählen in (männlichen) Lebenswelten deutlich eher zu akzeptierten Verhaltensweisen als zu akzeptierten weiblichen Handlungsmustern. Obwohl beide Geschlechter diese Rauscherfahrungen machen, werden sie von Studentinnen eher als Folge eines Kontrollverlusts bewertet.

> „Also zu viel habe ich auch schon mal, da hat man dann so Extremabende, wo man da auf einer Party ist, oder auch beim Arbeiten, wo man nicht aufpasst, und dann wird einem auch noch öfter eine angeboten. Und dann sage ich immer so von mir, ich fühle mich wie ein Schornstein. Und dann habe ich auch erst einmal genug."[881]

Kontrollverlust („nicht aufgepasst") und die angebotenen Zigaretten stehen im Kontext von Geschlechtsrollenbildern, denen SWB in ihrer Raucherinnenrolle entspricht. Ihr geschlechtsspezifisches Verhalten im Zuge des Berauschens führt zum Bedürfnis, im Anschluss eine Rauchpause einzulegen. Beide Beispiele zeigen, dass es sich beim Tabakrausch beziehungsweise Rausch durch den kombinierten Konsum von Alkohol und Zigaretten bei beiden Geschlechtern durchaus um eine wiederholte Erfahrung handelt. In beiden Fällen führt erst der zeitliche Abstand vom Geschehen zu der Einschätzung, dass der Körper durch Husten, Kratzen im Hals oder allgemeine Übelkeit nun eine Rauchpause einfordere.

> „Wenn mir total übel wird nach dem Rauchen. Wenn man dann abends weg war und sehr viel geraucht hat, dann ist mir auch manchmal ein bisschen schlecht. Weil es dann einfach zu viel war. Bäh. Das will ich eigentlich nicht."[882]

Nach diesen Situationen des relativ übermäßigen Konsums legt MMB eine Konsumpause ein: Er warte am nächsten Tag eine Zeit lang, bis er die nächste Zigarette raucht, „irgendwann geht es dann wieder"[883]. Wenn er zu viel geraucht habe, stelle sich ein unangenehmer „Pilz auf der Zunge"[884]ein. Neben der Übelkeit indiziert sein Zungengefühl den rauschhaften Konsum. Während bei SWB der temporäre Kontrollverlust

---

880 Lightfilterzigarettenraucher MMB, 2010. Physiologisch verstärken und reduzieren sich die Wirkungseffekte von Tabakinhaltsstoffen in der Wechselwirkung mit Alkohol: „Elevated dopamine means elevated pleasure; tobacco works synergistically with alcohol, cannabis, cocaine, and narcotics to provide a sustained high. Hence alcohol and other drug users tend to smoke more heavily. The reverse is also true. Alcohol, a depressant, mitigates some of the adverse effects smokers experience, such as an increased heart rate. And alcohol activates nicotine-metabolizing enzymes, which makes it necessary to consume more tobacco to achieve the accustomed effect." Courtwright/Courtwright: Alcohol, Tobacco and other Drugs (2005), S. 40.

881 Lightfilterzigarettenraucherin SWB, 2010. Ihre Aussage „auch beim Arbeiten" bezieht sich auf ihre Aushilfstätigkeit in einer Kneipe (Raucherclub).

882 Lightfilterzigarettenraucher MMB, 2010.

883 Lightfilterzigarettenraucher MMB, 2010.

884 Lightfilterzigarettenraucher MMB, 2010.

über ihr Verbrauchsmaß die Rauschsituation im Nachhinein legitimiert, schildert MMB ein unangenehmes körperliches Gefühl, welches er nicht gewollt habe. Während für ihn vermehrtes Rauchen in der Kneipe kulturell legitimiert ist, bewertet er die körperlichen Folgen des Rausches als unangenehm und nicht willentlich intendiert. Ähnliches schildert AWD, die jedoch gemäß ihrer Hygieneorientierung betont, dass auch Zähneputzen vor dem morgendlichen Geschmack im Mund nicht schütze:

> „Dann [ist] halt schon mal an einem Abend eine Schachtel draufgegangen. [...] Und dann wird man dann morgens wach, ich meine, man putzt sich ja trotzdem die Zähne, bevor man ins Bett geht, und dann schläft man und dann wird man morgens wach mit einem Geschmack im Mund den man nicht haben möchte. Man merkt ein dezentes Kratzen im Hals und hustet sich erst mal einen zurecht und denkt sich, ‚Das ist fies‘. Und dann denke ich immer, du müsstest eigentlich aufhören. Wofür? Das ist ekelhaft. Das dauert dann so den Vormittag über an und dann denke ich, ‚Och, [du] könntest ja mal eine rauchen.‘"[885]

Der Wunsch, die entgleiste Kontrolle über den Körper zurückzugewinnen, zeigt in diesem Beispiel nochmals das oben beschriebene Geschlechtsrollenbild von Studentinnen im Umgang mit hygienischen Anforderungen nach einem Rauscherlebnis. Am Morgen nach der Party machen sich zwar die kurzfristigen Auswirkungen des Alkohol- und Zigarettenkonsums bemerkbar, einen „Kater" nach dem Konsum von Alkohol zu bekommen, ist eine benannte Folge übermäßigen Alkoholtrinkens. Ob die schlechte Verfassung am Tag nach dem Rauch auf das Zuviel an Alkohol oder das Zuviel an Zigaretten zurückzuführen ist, lässt sich in den Erzählungen schlecht differenzieren. Deutlich wird anhand der Quellen, dass körperliche Signale Handlungsimpulse geben, die von den Studierenden im Alltag umgesetzt werden. Gesundheitliche beziehungsweise körperliche Folgen von Rauschzuständen spielen in diesen sozialen Situationen keine Rolle und werden erst im Nachhinein zur handlungsrelevanten Konsequenz. Nikotinrausch wird, bis auf eine persönlich terminierte Rauchpause, nicht aktiv kuriert.

Die zuvor besprochenen Regeln der Rücksichtnahme auf andere und deren Bewertungen werden während Rauscherlebnissen aufgebrochen. Insbesondere Festveranstaltungen mit *Peers* in der Universität laden dazu ein, bestehende Rauchverbote und endogene Normen zu ignorieren. Währenddessen besteht kaum eine Gefahr, als Suchtraucher gerügt zu werden, da Rauchen eher als deviantes Verhalten gegenüber einem zentraldirigistischen Rauchverbot gilt, als dass die innere soziokulturelle Ordnung der Geselligkeit auf der Party durch dieses Verhalten angegriffen würde.

> „Wenn wir jetzt zusammen irgendwo hingegangen sind, dann war das schon in Ordnung, beziehungsweise, da habe ich mir das Rauchen dann nicht nehmen lassen. Wenn wir zusammen feiern gegangen sind, auch wenn sie [feste Freundin] das vielleicht nicht so toll fand, wenn ich dann geraucht habe, aber beim Feiern habe ich dann auch geraucht. [...] Wo jetzt die ganzen *Locations* rauchfrei sind jetzt hier in Deutschland in Discotheken, auch wenn Partys in öffentlichen Gebäuden sind, zum Beispiel fällt mir da sofort die VWLer-Party [...] ein. Da hieß es dann auch irgendwann, in dem gesamten Gebäude darf nicht geraucht werden. Eigentlich ja auch so nicht während der Uni, aber auch heute während der Party darf hier drinnen nicht geraucht werden. Und ab einem gewissen Punkt und einem gewissen

---

885 Filterzigarettenraucherin AWD, 2010.

Pegel gehen dann trotzdem auf der Tanzfläche schon mal die Zigaretten rum. Dann pafft man und raucht eine mit, ohne dass man sich da jetzt großartig Gedanken macht, dass man eigentlich genau in dem Gebäude nicht rauchen darf. Das liegt aber, glaube ich, auch an der Stimmung drum herum. Ich würde mich jetzt nicht tagsüber ins […] setzen, in eine Ecke, und da eine rauchen."[886]

Situationsabhängig verändert sich die Bewertung des Verhaltens. Die „Stimmung drum herum" erlaube ihm das Rauchen und wirke stärker als das offiziell geltende Rauchverbot im Universitätsgebäude. Sein Verhalten auf der Party wird durch die Situationsbeteiligten und die Stimmung zu einem unter den Beteiligten akzeptierten Verhalten. Situation und Situationsbeteiligte legen auch das akzeptierte Quantum des Zigarettenverbrauchs fest. In Rauscherzählungen wird häufig von einer Schachtel oder etwas über einer Schachtel Zigaretten berichtet, die während der Feiersituation von einer Person geraucht wurde. Diese Grenzmarke des Tabakkonsums ist als symbolisches Sinnbild für einen hohen Konsum zu verstehen, da eine Kontrolle über das verbrauchte Tabakpensum dem Sinn der Rauschsituation widerspricht. Es ist davon auszugehen, dass jeder Rauchende eine überindividuelle Grenze des körperlichen Wohlbefindens beim Tabakkonsum definiert. Diese ist abhängig von der Anzahl und Regelmäßigkeit der konsumierten Zigaretten.

Rauscherfahrung in jugendkulturellen Milieus stellen bedeutsame Elemente von Entwicklungs- und Integrationsprozessen bereit. Begrifflich versteht Niekrenz Rausch als „eine unter mehreren möglichen Wirklichkeitskonstruktionen"[887], welche mit einer veränderten Raum-Zeit-Wahrnehmung ebenso wie mit einer entgrenzten Körperwahrnehmung einhergeht. Rausch und Nüchternheit bedingen sich gegenseitig. Im Rauschzustand misslingt die gewohnte Kontrolle über Körper und Leib. Leib und Körper entgrenzen zueinander und zur Umgebungswelt.[888] Rauschbewältigung dient der Erweiterung des Handlungsspektrums und schult die soziale Kompetenz im Umgang mit partiellem Kontrollverlust. „The compelling nature of smoking (or drinking) practices is likely to be understood as a feature of the power of the substance itself."[889] Rauscherleben stellt eindeutig eine Form alltagsweltlicher Sinnformation dar, die gegenüber dem biomedizinischen Wissensbestand medizinischer Laien ein starkes Gewicht bei der Formierung soziokultureller Dissonanzen trägt und dadurch eine symbolische Aufwertung der Zigarette und des Rauchens hervorruft, die zur Stärkung der Gemeinschaft dient, ebenso wie sie es der Gemeinschaft erlaubt, sich dadurch ihrer Werte zu vergewissern. Der eigene Körper dient dabei als Medium und drückt Werte, Haltungen oder Gruppenzugehörigkeiten aus. Das erlebte ekstatische Moment kann durch den Rauschzustand wiederholt werden, wodurch das Berauschen in der Institu-

---

886 Filterzigaretten- und Feinschnitttabakraucher JHM, 2010.

887 Niekrenz: Rausch als körperbezogene Praxis (2011), hier S. 210. Ihrer begrifflichen Unterscheidung zur „Sucht", welche sie durch den Ausschluss einer Rückkehr in nüchterne Zustände definiert, möchte ich nicht folgen.

888 Eben jener Entgrenzungsprozess zur soziokulturellen Umgebung wird zumeist in medizinischsoziologischen Studien nicht angemessen berücksichtigt. Die Rede ist dann von Funktionen rauschhafter Seinszustände in der Jugendkultur, ohne den Entgrenzungszustand in Hinblick auf die situative Umgebung des Rausches zu beurteilen.

889 Stromberg: Symbolic valorization (2008), S. 441.

tion der Party in studentischen Lebenswelten funktional einem Ritual gleichkommt.[890] Die Toleranzschwelle liegt im studentischen Milieu sehr hoch, weil der Umgang mit unbekannten Situationen, anderen Sichtweisen und Kulturen während der Studienzeit kulturell erlernt wird. Die Funktion der Rauschbewältigung innerhalb der Alltagsroutine steht hierbei im Vordergrund und legitimiert den Rauschzustand, beispielsweise auf einer studentischen Feier. Ein Berauschen abseits etablierter Gelegenheiten wird von den Quellen kulturell negativ als Suchtverhalten bewertet. Auch wenn sich die Sinngebung des Numinosen im Ritual der Rauschbewältigung pluralisiert, werden weitere Sinnzusammenhänge geknüpft, legitimiert und deviante Nüchternheit in die Situation integriert. Die Einbettung ritueller Rauschsituationen wird bei jeder formalen Wandlung neu vollzogen und die Geschwindigkeit der kulturellen Sinnstiftung gibt vor, in welchem Takt sich neue Rauscherlebnisse verstetigen können.

In der wiederholten Rauschbewältigung verändert sich der Blick auf „die Normalität der sozialen Ordnung"[891] durch einen Zuwachs an Bewältigungserfahrung scheinbar unkontrollierter Körperzustände. Diesen Schwellenzustand erreichen Rauchende legitim in Verbindung mit Alkohol, der sich zusammen mit einer exponentiellen Steigerung von Alkohol- und Zigarettenkonsum in ein Rauscherleben steigert. Der Nutzen der Risikobewältigung steht für Studierende dabei nicht im Licht des gesellschaftlichen Leitwertes Gesundheit. Eine Erklärung dafür stellt die Voraussetzung von Gesundheit für die erfolgreiche Bewältigung von Rauscherlebnissen dar. Krankheitserfahrungen sind darüber hinaus, mangels substanzieller Erfahrungen, in einem emblemhaften Sinnbild schicksalhafter Gefahr[892] vom beeinflussbaren Bewältigungsgeschehen dissoziiert. Der Mangel an eigenen Krankheitserfahrungen, den die interviewten Raucherinnen und Raucher bestätigten, kann ein Grund für den unbekümmerten Umgang mit dem eigenen Rauchen sowie der vorbehaltslosen Antizipation eines realisierbaren Rauchstopps in der Zukunft sein. Natürlich rauchen Raucher nicht, um krank zu werden. Rauschzustände sind Bestandteil der studentischen Fest- und Freizeitkultur. Obwohl erste Anzeichen das körperliche Wohlbefinden kurzzeitig schmälern können, widerspricht das Zigarettenrauchen nicht grundsätzlich einer körperästhetischen Verhaltensnorm unter den befragten Studierenden.

2.5.2.2 Rauchen gegen den Stress

Das Hochschulstudium ist gegenwärtig vermehrt durch rationalisierten Leistungsdruck und Produktivitätszwänge geprägt. Das gilt für das Berufsfeld der Hochschullehrenden ebenso wie für Studierende und auch einzelne Organisationseinheiten des institutionellen Universitätsbetriebs. Das Studium dient der Einübung des Umgangs mit intellektuellen, ökonomischen, symbolischen Ressourcen (Wissen, Zeit, Konfe-

---

890 Konkret spricht Niekrenz von Regeln des Rausches, die einen rituellen Rahmen abstecken. Vgl. Niekrenz: Rausch als körperbezogene Praxis (2011), hier S. 219.

891 Schäfer, Alfred: Rituelle Subjektivierungen. In: Ders./Wimmer, Michael (Hg.): Rituale und Ritualisierungen (= Grenzüberschreitungen Bd. 1). Opladen 1998, S. 165–182, hier S. 167.

892 Vgl. Eirmbter/Hahn/Jacob: Milieu und Krankheitsvorstellungen (1994).

renzen und Symposien etc.) akademischer Fachkulturen in relativer Zeitknappheit.[893] Gemessen wird Leistung in dieser Lebenswelt an Publikationen, Lehrdeputaten, Studiendauer, Prüfungsnoten usw. Stress aggregiert eine Kombination von psychischen und physischen Körperreaktionen. Stressoren wirken zwar auf Gesundheitsfaktoren ein, beeinträchtigen sie jedoch nicht ausschließlich negativ. Sie mobilisieren den Körper und dessen Abwehrmechanismen und fordern seine Ressourcen heraus. Stressoren bewegen das Wohlbefinden auf dem Kontinuum zwischen Gesundheit und Krankheit.[894] In den untersuchten Ratgebertexten zählt Stress zu den negativen Verstärkern des Tabakkonsums:

> „Viele Raucher hoffen, mit dem Rauchen die eigenen Gefühle in den Griff zu bekommen. Streit und Konflikt, Enttäuschung, Depressionen, Stress oder eine emotionale Krise aufgrund eines Schicksalsschlages – solche Situationen verleiten zum starken Rauchen."[895]

Das präventionspolitische Stresskonzept stellt einen logischen Kontrastpunkt dar, der die bio-physiologische Denaturalisierung untermauert.

Stressbetonendes Mitteilen von erlebten Prüfungszeiten (umfangreiche Fachlektüre, welche in kurzer Zeit angeeignet werden muss) und über geeignete oder weniger effektive Umgangsweisen mit Leistungsdruck etc. ist kulturell organisiert. Rauchen stellt in diesen universitären und privaten Zusammenhängen einen akzeptierten Umgang mit Stress dar, der entsprechend häufig als eine zeitliche Verdichtung oder emotionale Belastungssituation erzählt wird.

Die Interviewpartnerin SWB berichtet von einem ihrer Versuche, das Rauchen aufzugeben. Sie habe mit Hilfe eines Ratgebers ihre letzte Schachtel Zigaretten in den Mülleimer geworfen und fünf Monate lang keine Zigaretten geraucht. Doch dann sei eine Extremsituation eingetreten:

> „Ich habe fünf Monate lang nicht geraucht, aber dann kam so eine Extremsituation, in der ich dann doch wieder angefangen habe. […] Der Schweinehund war vorher weg, und auf einmal war er wieder da. Das war, also, das habe ich vorher nicht erlebt und werde ich hoffentlich nie wieder erleben, weil ich so ein Stalking-Problem hatte. Ein Exfreund, der wirklich Tag und Nacht mir aufgelauert hat, egal wo ich war. Der saß mit in der Uni, der stand ständig vor meiner Haustüre. Der hat da vor meiner Haustüre geschlafen im Auto. Und da kamen dann noch ein paar Maifeste dazu, weil Freunde gesagt haben: ‚Du musst vor die Türe' und

893 Böschen spricht in diesem Zusammenhang von „Ökonomisierung und Taylorisierung von Hochschulen", ohne dass die erwarteten (Wissens-)Renditen garantiert werden könnten. Böschen, Stefan: Wissenschaft: Epistemisches Niemandsland? In: Engelhardt, Anina/Kajetzke, Laura (Hg.): Handbuch Wissensgesellschaft. Theorien, Themen und Probleme. Bielefeld 2010, S. 159–170, hier S. 166.

894 Das salutogenetische Modell ist als Kontinuum gedacht, dessen Enden Gesundheit und Krankheit bilden und dessen Mitte eine neutrale Stelle ist, die ein ausgeglichenes Kräfteverhältnis zwischen Stressoren und Ressourcen kennzeichnet. Bedingungen, die einen guten Genesungsverlauf vorhersagen, sind als Gesundheitsfaktoren dem gängigen pathogenen Ansatz der Betrachtung und Vermeidung von Risikofaktoren gegenübergestellt. Nach Antonovsky besitzt die Betrachtung von Gesundheitsfaktoren einen deutlich höheren Indikatorwert als die Risikofaktoren, ob eine Genesung erfolgreich verläuft. Vgl. Antonovsky, Aaron: Salutogenese. Zur Entmystifizierung der Gesundheit. Tübingen 1997, S. 27.

895 T-5-17-1-ksi.

so. Da wird ja nun mal sehr viel geraucht. Da kriegt man alle naselang eine angeboten und irgendwann hatte ich dann wieder die Erste an. Am nächsten Tag dann zwei, und dann war es irgendwann wieder soweit. […] Ich will auch aufhören. Ich habe mir das für dieses Jahr vorgenommen. Und wollte jetzt eigentlich nur so die erste Zeit im Jahr abwarten, weil jetzt die Klausuren-Phase anstand und ein Hauptseminar. Damit will ich eigentlich sagen, wenn ich vermehrt unter Stress stehe, dann muss ich mehr rauchen. Ich will eigentlich so ein paar Wochen Zeit haben, wo ich so einen Kram nicht habe, weil ich mich darauf wirklich konzentrieren will. Ich habe halt so ein bisschen Angst, dass ich mir vornehme aufzuhören und das geht dann aber im Stress unter, dass ich dann unbewusst wieder dazu greife, und das würde mich dann total frustrieren. Dann würde ich wahrscheinlich so schnell nicht nochmal versuchen aufzuhören, wenn das dann nicht klappt beim nächsten Mal."[896]

Im Zusammenspiel ihrer Motivation, das Rauchen aufzugeben (Schweinehund), und der äußeren, stressbelasteten privaten Situation mit ihrem Ex-Freund sieht sie eher Letzteres als ausschlaggebend für ihre Rückfälligkeit. Jedoch erwähnt SWB im chronologischen Verlauf ihrer Erzählung, sie habe in einer entspannten Situation auf dem Maifest mit Freunden wieder mit dem Rauchen begonnen, weil Gelegenheit dazu bestand. Diese Situation spielt für ihre Argumentationslogik lediglich die Rolle der Gelegenheitsgeberin. Das Argument Stress in einer privaten Situation beziehungsweise in einer intensiven Phase des Studiums übernimmt hingegen eine legitimierende Funktion in ihrer Erzählung. Diese verdeutlicht zudem, dass sie einen weiteren Aufhörversuch unternehmen will. Neben der inneren Motivation steigerten äußere Faktoren die Bewältigung des Versuchs und erhöhten damit ihre Erfolgsaussichten. Stress oder Leistungsdruck erhalten in SWBs Darstellung einen höheren Legitimationswert als eine entspannte/entspannende Situation auf einem Maifest mit gruppendynamischen Faktoren. In Hinblick auf gesundheits- beziehungsweise konsumorientierte Lebensstilkonzepte tritt in diesem Rechtfertigungsbeispiel die Leistungsorientierung gegenüber einer hedonistischen Orientierung in den Vordergrund.[897] Die Situation von SWB steht beispielhaft für den Umgang mit privaten emotionalen Belastungssituationen, die in ähnlicher Weise auch andere Interviewpartner/-innen erleben:

„Das hat zwei Funktionen: zum einen dieses Kommunikative, was ich gerade erklärt habe, wenn die von der Uni draußen stehen und so, da gehe ich mit raus und zünde mir eine an, so dieses Gemeinschaftliche. Aber manchmal ist so, wenn ich total sauer bin auf irgendetwas, dann rauche ich. Oder wenn ich total gestresst bin, dann rauche ich. Das ist auf der einen Seite Stressabbau – was totaler Schwachsinn ist, weil Zigaretten ja nicht wirklich Stress abbauen – und zum anderen ist es manchmal so ein ‚Scheißegal'-Verhalten. So wie manche Leute dann halt trinken und auch wissen, dass es nicht gut für ihren Körper ist und dass es ihnen am nächsten Tag schlecht geht: Wenn ich so emotionalen Stress habe, dann rauche ich."[898]

Zuvor hatte KBD erzählt, sie rauche seit Beginn ihres Studiums der Humanmedizin aufgrund des Unistresses deutlich mehr als zuvor. Sie sieht den Einsatz von vermehrtem Tabakkonsum als funktionales, probates Mittel der Situationsbewältigung an.

---

896 Lightfilterzigarettenraucherin SWB, 2010.
897 Vgl. Kleinhückelkotten: Konsumverhalten (2011) sowie Hradil: Der theoretische Hintergrund – Gesundheitslebensstile (2005).
898 Lightfilterzigarettenraucherin KBD, 2010.

Obgleich für sie klar ist, dass Rauchen den Stress nicht abbauen kann und es ihr nach vermehrtem Konsum am nächsten Tag schlecht geht. Sie rechtfertigt ihr Verhalten durch eine indifferente Haltung in der Konsumsituation. Im Gegensatz dazu bedarf die Belastungssituation „sauer sein" einer aktiven Entscheidung für das Rauchen.

Im Zeichen von Fraktionierung und Entgrenzung von Freizeit und Studienzeit ist nur in geringem Maße zwischen diesen zu unterscheiden. Gerade bei den Interviewten, die zu Hause lernen, am Schreibtisch ihre Abschlussarbeit anfertigen o. ä., vermischen und entsprechen sich Freizeit und Studienzeit auch in der vorliegenden Untergliederung. Zigarettenpausen rhythmisieren die Daueraufgabe, dem Studienstress gewachsen zu sein, insbesondere an solchen Orten und zu Tageszeiten, in denen Rauschzustände nicht akzeptabel erscheinen. Das Regularium, zu welchen Zeitpunkten, an welchen Orten und in wessen Gesellschaft geraucht wird, ist in privaten Räumen selbst gewählt und nicht durch gesetzliche Vorschriften zum Nichtraucherschutz am Arbeitsplatz oder vom Arbeitgeber vorgegeben. In stressigen Situationen im Studium, berichten viele Gesprächspartner/-innen, rauchten sie deutlich mehr.

> „Ich stehe jetzt wieder kurz vor den Prüfungen. Stresssituationen verleiten einen schon dazu, mehr zu rauchen. Ich bin aber guter Dinge, bis jetzt war es immer so, dass ich, dass dieser *Peak* quasi, der sich jetzt gerade entwickelt, nach den Klausuren wieder abschlafft. [AL: Peak vom Rauchen oder vom Stress?] Vom Rauchen und vom Stress. Das ist immer so ein bisschen parallel, weil oftmals, so als Raucher, dieses Nikotin, das beruhigt einen irgendwie schon und von daher, wenn ich jetzt gestresst bin, dann rauche ich auf jeden Fall viel. Da rauche ich auch mal über eine Schachtel am Tag, was für mich eigentlich schon zu viel ist. Ich bin immer froh, wenn ich jetzt im normalen Alltag so mit einer Schachtel zwei, vielleicht auch zweieinhalb oder drei Tage auskomme."[899]

Hier wird eine regelmäßig auftretende Ausnahmesituation geschildert, in der JHM relativ zum Stresserleben seinen Tabakkonsum derart erhöht, dass er ihn mit „schon zu viel" bewertet. Trotz der Bewertung seines Verhaltens rechtfertigt sich JHM hierin nicht, da er diese Konsumlogik bei sich bereits kennt und die Reduzierung nach Prüfungen in der Vergangenheit bewältigen konnte. Koppenhöfer sieht in der Utilisation des Zigarettenrauchens bei Frauen zum Zwecke der Stress- und Konfliktbewältigung einen Entwicklungstrend: „dass die frauenspezifische symbolische Signifikanz des Rauchens historisch betrachtet an relativer Bedeutung verloren hat, während die Funktion der Stress- und Konfliktbewältigung an relativer Bedeutung gewonnen hat".[900] Dem entgegen konnte unter Studierenden weder in der Interviewbefragung noch während informeller Gespräche im Rahmen der Feldbeobachtungen eine geschlechtsspezifische Unterscheidung in der Stressbewältigung durch Rauchen festgestellt werden.

> „Ich glaube, bei mir ist die Zigarette schon so ein bisschen so ein Stressbewältigungsfaktor oder so was. Und wenn ich dann abends irgendwie das Gefühl habe, ich habe was getan und es ist alles super und ich kann jetzt lesen oder Fernsehgucken oder etwas anderes machen, dann brauche ich die halt eigentlich auch nicht mehr so."[901]

---

899 Filterzigaretten- und Feinschnitttabakraucher JHM, 2010.
900 Koppenhöfer: Ambivalenz des Rauchens (2002), S. 74.
901 Lightfilterzigarettenraucherin KBW, 2006.

Die Ausführungen haben gezeigt, dass das Erleben von Stress und seine Konzeptionierung in mehrfacher Hinsicht mit dem Verständnis des Suchtbegriffs verbunden sind. Zum einen spielt der Aspekt der Anforderungsdichte dabei eine Rolle, der als Auslöser eines Handlungsautomatismus beschrieben wird und sich zum anderen parallel zum Stresserleben steigern kann. Des Weiteren dient das Erzählen über Stress natürlich der Legitimation einer Veränderung des Tabakkonsums. Studienstress und Partybesuche beziehungsweise betont entspannte Situationen zeigen konsistent den Effekt, dass im Vergleich zu anderen Phasen im Alltag vermehrt geraucht wird und geraucht werden darf. Ähnlich dem Rauscherleben verorten meine Interviewpartner/-innen ihr Stressrauchen außerhalb ihrer Verhaltensroutine im Sinne einer Verhaltensabweichung aufgrund äußerer Rahmenbedingungen.

2.5.2.3 Kontrollieren und leisten

Elias zufolge ist im Zuge der gesellschaftlichen Zivilisierung der Körper selbst zivilisiert worden; eine Annahme, deren Gültigkeit zugunsten der Inklusion traditionaler Gesellschaftsformen in letzter Zeit kritisiert wurde.[902] Da Elias einen relationalen Blick auf Figurationen von Körpern richtet, reproduzieren die Produzenten innerhalb des relationalen Gefüges ihre Bedeutungen.[903] Ein Prozess, den er als Zivilisierung versteht. Die Beherrschung der Körper äußere sich historisch auf den fünf Ebenen der Trieb- und Affektbeherrschung (körperliche Gewalt ist nur von staatlicher Seite aus legitim), der entstandenen Selbstzwänge (weitgehende Selbstkontrolle über Triebe und Affekte), der Rationalisierung des Körpers (Differenzierung zwischen Vernunft und Trieb), der Verhandlung von Scham- und Peinlichkeitsgrenzen (Äußerungen des Körpers gelten als animalisch), soziale Nivellierung und Individualisierung des Körpers (Körper ist Teil der Individualität und wird gestaltet).

Studierende rauchen auf dem Campus zumeist an Orten, die gut sichtbar sind und durch die Hochschulleitung beziehungsweise das Studentenwerk als Rauchorte legitimiert wurden. Die Sichtbarkeit platziert den komplexen Handlungsvorgang des Rauchens, ebenso wie die Rauchenden selbst, in die soziale „Mitte" hochschulischer Lebenswelten. Präsenzstudiengänge sind, wie der Name schon sagt, durch regelmäßige Anwesenheitszeiten auf dem Hochschulgelände gekennzeichnet. Rauchinseln, Transiträume, Multifunktionsflächen und Separees werden als Bühnen genutzt, die eigene Rollenperformanz (Raucherrolle und Studentenrolle) in dieser Landschaft zu offenbaren, zu verstetigen und zu legitimieren. Jenseits der sichtbar dargestellten Rolle behält der Leitwert Gesundheit seine Gültigkeit. Wie überprüfen rauchende Studie-

902 Elias, Norbert: Über den Prozess der Zivilisation. Zwei Bde. Frankfurt a. M. 1976. Hitzler und Honer kritisieren den zivilisationstheoretischen Geltungsanspruch Elias' als eine ethnozentristische Sichtweise, sehen jedoch den Körper als eine organische und vorkulturelle Basis des Menschseins, in welche sich körperbezogene Handlungen einleben könnten. Vgl. Hitzler, Ronald/Honer, Anne: Körperkontrolle. Formen des sozialen Umgangs mit physischen Befindlichkeiten. In: Schroer: Soziologie des Körpers (2005), S. 356–370, besonders S. 365 ff.

903 Vgl. Klein, Gabriele: Das Theater des Körpers. Zur Performanz des Körperlichen. In: Schroer: Soziologie des Körpers (2005), S. 73–91, hier S. 80 f.

rende ihre körperliche Leistungsfähigkeit und wodurch entsteht Kontrolle hinsichtlich körperlicher Normierung?

Die Interviewten benannten mit dem Treppensteigen ein für sie valides Messinstrument, durch welches körperliche Fitness beziehungsweise die allgemeine konditionelle Verfassung überprüfbar ist. Treppensteigen bildet einen wichtigen Induktionsfaktor bei der Einschätzung der eigenen körperlichen Leistungsfähigkeit im Alltag. SHM berichtet, dass er bereits nach einem Tag ohne Zigarettenrauchen beim Treppensteigen weniger außer Atem gerate und er bemerke, dass seine Kondition schnell zurückkehre. Die Frage, welche Veränderungen er nach einer Konsumpause bemerke, beantwortet er mit:

„Ich kann besser Treppen steigen, ja. Das merke ich auch schon nach einem Tag. [AL: Wie merkst du das?] Ich komme nicht außer Atem. Ich habe eigentlich eine sehr gute Kondition und merke das, dass die eigentlich sehr schnell zurückkommt, wenn man mal nicht raucht. [AL: Wo musst du denn überall Treppen hoch?] Ja, zur Arbeit muss ich Treppen steigen. Im Haus, bei mir im Haus. Also, das hält sich alles im Rahmen. Da sind jetzt keine riesigen Höhenunterschiede zu überwinden, aber ich merke es trotzdem auf jeden Fall schon. […] Also diese teilweise Kurzatmigkeit, die fällt halt sehr schnell weg."[904]

Seine Kondition beschreibt er hier als eine Ressource, die seinem Körper immanent sei und die nicht aufgebaut werden müsse, sondern sich während einer Konsumpause bemerkbar mache. Körperlich spüre er dies dadurch, dass er nicht außer Atem gerät. Dies impliziert, dass unangenehm empfundene Kurzatmigkeit zu Zeiten regelmäßigen Zigarettenkonsums bereits vorgekommen ist. Seine Atemlänge indiziert seine konditionelle Verfassung, die er täglich während des Treppensteigens überprüfen kann. Infolge des Rauchens sei eine verkürzte Atemlänge bei kalten Temperaturen im Winter ein ebenso wichtiger Indikator für (nachteilige) Veränderungen seiner körperlichen Leistungsfähigkeit.

Die Interviewpartnerin NRW erzählt auf die Frage, wie sie sich körperlich fühle, von ihren sportlichen Aktivitäten.

„Die letzten paar Wochen habe ich fast gar keinen Sport gemacht. Ich gehe halt normalerweise relativ regelmäßig Fahrrad fahren. Jetzt nicht nur zur Uni und zurück, sondern richtig schon so Zwanzig-vierzig-Kilometer-Touren oder so, und spiele ein bisschen Tennis. Ich habe den Sommer über Badminton gespielt. Das ist jetzt auch nicht der Mega-Sport, aber irgendwie bewegt man sich halt trotzdem. Und, ja, ich habe auch ziemlich lange Fußball gespielt, ist ja auch relativ anstrengend. Das habe ich aber auch relativ lange nicht mehr gemacht. Aber zum Beispiel wohne ich im dritten Stock und klar ist es so, wenn du bei jemandem anders in den dritten Stock gehst und du die Treppen nicht gewohnt bist, du so denkst: ‚Oh Mann, wann bin ich endlich da?', oder bist vielleicht auch mal ein bisschen außer Atem. Wenn ich mir angucke, wie andere Leute bei mir die Treppe hoch kommen und erst mal fünf Minuten lang nicht reden können, weil sie so KO sind – es ist halt ein Altbau und du gehst ungefähr so lange, wie normalerweise vier Stockwerke wären –, dann finde ich, bin

904 Filterzigaretten- und Zigarilloraucher SHM, 2006. Von Schwierigkeiten mit kalter Außenluft beim Rauchen erzählt auch KBD, 2010. Kalte Luft verändere den Geschmack der Zigarette, sodass ihr ihre Standardmarke nicht mehr gut schmecke.

ich schon relativ fit. Ich meine, das trainiert ja auch, wenn du da tagtäglich fünfmal hoch und runter joggst."[905]

Eindeutig handelt es sich in diesem Abschnitt von NRW um eine Legitimationsgeschichte, in der trotz ihrer gegenwärtigen sportlichen Inaktivität das Treppensteigen, beziehungsweise der Vergleich zwischen ihrer Langatmigkeit und der Kurzatmigkeit Anderer nach dem Aufstieg in den dritten Stock, als Indikator für ihre eigene Leistungsbeurteilung herangezogen wird. Atemlänge indiziert eine gute beziehungsweise schlechte konditionelle Verfassung, körperliche Schwierigkeiten beim Atmen in extremen Klimaumgebungen und der Vergleich der eigenen Atemlänge mit Anderen kennzeichnen wichtige Bewertungsmuster körperlicher Leistungsfähigkeit unter den Befragten. Im Fall von NRW tritt ein etabliertes Vergleichsmuster hervor: Körperleistung wird in Bezug auf die konkrete Anforderung des Treppensteigens nicht mit Nichtrauchenden verglichen, sondern mit einer unspezifischen Gruppe anderer, unsportlicher Leute. Der Leistungsnachweis muss entsprechend zu den eigenen Gunsten ausfallen.

Ganz bildlich verfestigt sich auch bei der Medizinstudentin KBD der Eindruck, Tabakablagerungen in der Lunge verringerten ihre Leistungsfähigkeit an Tagen nach massivem Rauchen:

„Und dann natürlich, wenn man so ganz viel geraucht hat, dann merkt man am nächsten Tag, dass man nicht so leistungsfähig ist. Man hat irgendwie das Gefühl, da ist Dreck in der Lunge – ich habe das Gefühl. Nicht nur durch dieses Husten, sondern allein durch diese Vorstellung, was man so weggezogen hat. Das ist dann so bildlich bei mir, dass ich das Gefühl habe, ich habe Ablagerungen in der Lunge. Das ist wahrscheinlich gar nicht so, aber ich bilde mir dann ein, die müsste erst einmal wieder ein paar Tage sauber gemacht werden."[906]

Ihre körperliche Verfassung sieht sie in Fällen übermäßigen Tabakkonsums akut bedroht. Durch Abstinenz über mehrere Tage werde die Lunge von diesen Ablagerungen befreit und ermögliche danach wieder ein normales Leistungsniveau. Diese Schilderung zeigt, dass Rauchpausen als aktives Gesundheitshandeln wahrgenommen werden, von dem die Lunge, aber auch allgemein die körperimmanente Leistungsfähigkeit profitiere. Im Gegensatz zum Präventionsverständnis der Ratgebertexte, welche etwas Sport, Wassertrinken etc. als aktive Gesundheitshandlungen vorschlagen, genügt den Interviewten eine Konsumpause, damit der Körper seine Selbstreinigungskräfte entfalten kann.

Daneben weisen insbesondere die Interviews mit SBB und JHM auf einen weiteren Kontrollbedarf in Zusammenhang mit dem Verständnis von „Krankheit" hin. Während SBB sich in gemütlichen Rauchsituationen keine Gedanken über ihren Tabakkonsum mache, wären aus ihrer Sicht Gedanken über ihr Rauchverhalten wie auch den Krankheitsbegriff angebracht, wenn sie Unruhe oder Aggressivität bei sich feststellen sollte. Bei JHM löste das Krebsleiden seiner Mutter aus, dass er sich Gedanken über sein Rauchverhalten machte. Nach einer zeitweiligen Reduktion schloss er erst mit der Krankheitsgeschichte der Mutter ab und kehrte anschließend wieder zu

---

905 Filterzigarettenraucherin NRW, 2006.
906 Lightfilterzigarettenraucherin KBD, 2010.

einem höheren Rauchniveau zurück. In Zusammenhang mit Rauchstoppversuchen wird eher vom handlungsleitenden Willen[907] und von Antrieb[908] gesprochen. Allen Antriebsmomenten ist in den Erzählungen gemein, dass Wille, Antrieb und Gedanken vom Kopf ausgehen und das eigene Rauchverhalten legitimieren und kontrollieren. Gleichfalls werden Hungergefühle, Durchblutung oder Geruchsräume durch den willentlichen Einsatz des Zigarettenrauchens kontrolliert.

Einige Gesprächspartner/-innen berichten von weiteren funktionalen Einsatzmöglichkeiten, bei denen Zigaretten auf ihren Körper einwirken. Die Anglistikstudentin SEW erzählte beispielsweise, dass sie im Sommer bei hohen Temperaturen absichtlich viel rauche, um dadurch ihre Durchblutung zu verringern und ihre Körpertemperatur abzusenken. Sie wisse, dass Tabakinhaltsstoffe der peripheren Blutzirkulation entgegenwirken und zeigt in ihrer Äußerung, dass sie um diesen Effekt weiß, indem sie das Gesundheitsgefahrenwissen ad absurdum führt:

> „Manchmal rauche ich auch eine, wenn mir zu heiß ist. Dann denke ich, meine Körpertemperatur könnte ja dadurch absinken. Aber das hundertstel Grad oder so, dass merkst du da natürlich nicht wirklich. Es ist ja eigentlich medizinisch so, dass sich dadurch die Temperatur senkt."[909]

Die hier geschilderte Situation von Rauchen beim Empfinden körperlicher Hitze ist singulär. Sie soll an dieser Stelle dennoch eingebracht werden, da sie die einzige Äußerung einer Interviewpartnerin ist, die sich, neben der mehrfachen Erwähnung, dass das Rauchen der Entspannung diene, auf eine positiv empfundene Regulierung eines biophysiologischen Effekts durch das Rauchen bezieht und nicht auf eine Regulierung des Zigarettenkonsums durch den Willen.[910] Die Interviewte macht sich hingegen den Effekt des Tabaks auf ihren Körper funktional zunutze, der im Kontext der biomedizinischen Informationsflut als einer der gesundheitsriskanten Effekte des Rauchens diskutiert wird, da die Abkühlung eine Folge mangelnder Durchblutung ist, die wiederum mit einer Reihe von folgenden Krankheitsursachen in Verbindung steht.

Wiederum muss hier auf die Geschlechtsrolle von Raucherinnen hingewiesen werden, nach deren Erzählungen von körperlichen Manipulationen durch den Zigarettenkonsum (wie bei einer systematischen Unterdrückung von Hungergefühlen) diese gesellschaftlich akzeptiert werden. Für die männliche Raucherrolle ist hingegen eine kontrollierte Platzierung von Rauchgerüchen am Körper gesellschaftlich legitimiert. Unter ihnen finden deutlich weniger Hygieneerzählungen Eingang in die Interviews. Das nächste Beispiel zeigt einen kontrollierten Einsatz von Zigaretten nach dem Essen, um den Geschmack der Mahlzeit aus dem Mund zu vertreiben und ihn durch das Rauchen von Zigaretten in diesem Sinne wieder zu normalisieren:

> „Das ist halt schwer, finde ich, den Geschmack so in Worte zu fassen. […] Die erste Zigarette schmeckt ja meistens nicht, zumindest nicht, wenn man sie richtig raucht. Ich glaube, nach dem Essen ist es so, […] du hast natürlich so den Geschmack des Essens irgendwie noch [im

---

907   Filterzigarettenraucher RPM, 2010, Filterzigaretten- und Zigarilloraucher SHM, 2006.
908   Feinschnitttabakraucherin JWW, 2006.
909   Filterzigarettenraucherin NRW, 2006.
910   Gemeint ist hier das mehrfach berichtete Missbehagen nach einem Zuviel an Zigaretten und/
        oder Alkohol.

Mund], du hast ja gerade zu Mittag gegessen oder zu Abend gegessen, je nachdem, und das wirkt dann noch nach im Mund und Rachen [...], du hast halt noch diesen Nachgeschmack total noch im Rachen, dann rauche ich eine und dann geht der so ein bisschen weg. Die Zigarette bedeckt das halt so ein bisschen und es ist halt so, dieses angenehme [atmet laut aus], den Geruch von dem Essen quasi loswerden und den normalen Zigarettengeruch, den man wahrscheinlich sowieso immer hat, darüber decken."[911]

Fremde oder unangenehme Essensgerüche werden überdeckt. Durch den Tabakgeruch wird die Hülle des (männlichen) Raucherrollenkörpers wieder normalisiert. Das Ideal der Kontrollierbarkeit gilt nicht nur für körperliche Dispositionen des Geruchs und Aussehens, sondern auch für die Verhaltenskontrolle.

„[AL: Warum hast du zweimal versucht, mit dem Rauchen aufzuhören?] Einmal war es, weil ich da so viel geraucht hatte, dass mir richtig schlecht war. Und da habe ich gedacht, so, das war es jetzt und fertig. Und das hat auch noch so vier, fünf Wochen gehalten. Und beim zweiten Mal, das war letztes Jahr an Karneval. Da habe ich halt mit einem Kollegen zusammen gesagt, ‚So, Aschermittwoch, da hören wir beide auf‘. Und dann hat heimlich jeder wieder angefangen und irgendwann kam es dann raus: ‚Übrigens ich rauche wieder‘ – ‚Ja, ich auch‘, und das war auch so nach vier, fünf Wochen. [AL: Also das eine Mal aus einem Empfinden heraus und das andere Mal aus Spaß, oder bist du religiös?] Nee, das war so aus Spaß, ja. Und weil ich ja eigentlich schon denke, ich werde jetzt 34 im April, es kommt schon irgendwie die Zeit, dass man mal aufhören sollte. Aber jetzt nicht, weil ich jetzt länger leben will oder so, sondern einfach – vielleicht weil es alle machen. Weil jetzt gerade hier bei uns im Institut drei Leute aufgehört haben im letzten Jahr. Und dann hat man auch da den kleinen Zugzwang. So wie es auf der einen Seite ist, wenn alle rauchen, gibt es das, glaube ich, auch wenn plötzlich alle aufhören im Umfeld. [AL: Planst du das, dass du aufhörst? Findest du es nicht altersgemäß mit 34–35?] Nein, altersgemäß damit, also das nicht. Aber es ist halt schon der Wunsch da, das nicht mehr zu machen irgendwann mal. Man lügt sich halt auch immer ein bisschen in die Tasche. Ich weiß mittlerweile, dass es nicht so einfach ist, wie man es gerne hätte. Ich habe früher auch gedacht, ach, ich kann jederzeit aufhören. Dann lege ich die Sachen einfach weg und gut ist. Aber das ist nicht so. Die Erfahrung musste ich dann auch machen diese zwei Mal."[912]

Der erwähnte Zugzwang, das Rauchen aufzugeben, entsteht aus MMBs Sicht aus einem sozialen Gefüge im Vergleich mit Kollegen und Kommilitonen am Institut. Die zwei gescheiterten Versuche, das Rauchen aufzugeben, erlebt er dabei als unerwünschten Kontrollverlust und damit als Grenze seiner willensgesteuerten Einflussmöglichkeit über ein Verhalten, welches er an anderer Stelle als autonom gesteuertes Rauchen zu Beginn seiner Konsumgeschichte bezeichnet. Nicht eine lebensverlängernde Gesundheitsorientierung löst seine Bewertung aus, sondern seine Position im sozialen Gefüge, in dem bereits viele aufgehört haben zu rauchen. Nach den beiden erfolglosen Rauchstoppversuchen beurteilt MMB rückblickend auch die Einstiegssituation eher als verursacht durch ein soziales Ordnungsgefüge. Entgegen der Annahme, das Bekanntwerden eines gesundheitlichen Risikos erzwinge ihm gegenüber eine Positionierung (Risikovermeidung oder Ignoranz), ist hier nicht das Wissen ausschlaggebend für eine Verhaltensänderung, sondern diese wird durch die Beobachtung von Ver-

---

911 Filterzigaretten- und Feinschnitttabakraucher JHM, 2010.
912 Lightfilterzigarettenraucher MMB, 2010.

haltensänderungen im nächsten soziokulturellen Umfeld hervorgerufen. Der funktionale Einsatz von Zigaretten, die Bereitschaft zum Rauchstopp, die Konzeption des Krankheitsverständnisses – das alles unterliegt in den Erzählungen der Kontrolle der sozialen Ordnung. Eine gute Leistungsfähigkeit stellt für rauchende Studierende eine vorhandene Ressource des Körpers dar, die anhand der Atemlänge bestätigt werden kann und sich in Zeiten von Rauchpausen selbst regeneriert.

2.5.2.4 Gesund handeln

Die Ratgeberliteratur gegen das Rauchen schlägt ihren Zielgruppen zur Verbesserung ihres Gesundheitszustandes Maßnahmen aus dem Spektrum der vier Säulen der Präventionsmedizin vor. Die Verhaltensregeln der Präventionsmedizin bestehen aus gesundheitlich richtigem Verhalten bezogen auf Ernährungsweise, Sport, Alkohol- und Tabakkonsum. Aus präventionspolitischer Sicht erwünscht sind Verhaltensweisen, in denen Individuen selber auf Ausgewogenheit in diesen Kategorien achten, um verhaltensbezogene Krankheiten zu vermeiden und gleichzeitig einen individuell guten Gesundheitszustand herzustellen, die staatlich hergestellte Solidargemeinschaft finanziell zu entlasten, das individuelle Produktivitätspotenzial zu erhalten und den allgemeinen Gesundheitszustand in der Bevölkerung zu verbessern. Diese Ziele sind durch „richtige" Gesundheitsverhaltensweisen für das Individuum erreichbar. Der Begriff Gesundheitsverhalten bezeichnet in Abgrenzung zu gesundheitsrelevanten Verhaltensweisen hier ein Verhalten mit der impliziten Zielsetzung, Krankheiten zu vermeiden und das gesundheitliche Befinden positiv zu beeinflussen.[913] Gesundheitsverhalten stellt einen gesellschaftspolitisch erwünschten Teilbereich gesundheitsrelevanter Verhaltensweisen dar, wobei Letztere gesundheitlich riskante Verhaltensformen einschließen. Gesundheitsverhalten äußert sich in beobachtbaren alltagsstilistischen Präferenzen, wodurch es ein Bestandteil fragmentierter lebensstilistischer Gefüge ist und globale „Sozialisationsziele der Individuation und Integration"[914] erfüllt.

Die Verhaltensbegründungen studentischer Raucher/-innen sind vage beziehungsweise nicht eindeutig einer gesundheitlichen Orientierung zuzuordnen. Hygienisierende Praktiken in Bezug auf das körperliche Erscheinungsbild beispielsweise erfüllen mehrere Funktionen gleichzeitig: Sie dienen ebenso der Herstellung körperlicher „Normalität" wie disziplinierende oder manipulative Körpertechniken, und wirken normativ.[915] Eigene Erfahrungen mit Techniken zur Herstellung körperlicher Normalität werden in der Jugend erlernt. Sexuelle Attraktivität, Gesundheit und Schönheit sind Voraussetzungen für sozialen Erfolg.[916] Die vier Kategorien Sport, Ernährung,

---

913 Vgl. Raithel: Lebensstil und gesundheitsrelevantes Verhalten (2004), hier S. 75.

914 Ebd., S. 77.

915 Von Hygienetechniken, die insbesondere den Geruchsraum kontrollieren, wurde an anderer Stelle berichtet. Die Bezeichnung „manipulativ" soll nicht suggerieren, es habe zu einem früheren Zeitpunkt einen natürlichen oder ursprünglichen Körperzustand gegeben. Bereits vor der Geburt sind menschliche Körper soziokulturellen Einflüssen ausgesetzt. Vgl. Schmincke, Imke: Bin ich normal? Körpermanipulationen und Körperarbeit im Jugendalter. In: Niekrenz/Witte: Jugend und Körper (2011), S. 143–154, hier S. 148.

916 Vgl. ebd., S. 152.

Alkohol- und Tabakkonsum lassen unter den Interviewten jugendkulturelle Verhaltensformen erkennen. Kennzeichnend ist dabei, dass Raucher/-innen gerne erzählen, aus Bequemlichkeit oder Faulheit wenig auf regelmäßige körperliche Bewegung oder auf eine gesunde Ernährungsweise zu achten. Hervorgehoben werden Situationen, in denen Ärzte und Bekannte nicht erkennen, dass sie es mit einem Raucher beziehungsweise einer Raucherin zu tun haben, und ihnen eine uneingeschränkte „Normalität" zuschreiben. Der gesellschaftliche Leitwert der Gesundheit entfaltet, im Gegensatz zu gesundheitlichem Fürsorgehandeln, in studentischen Lebenswelten Geltung. Fürsorge für gesundheitliche (in erster Linie körperliche) Integrität wird dem Körper selbst auferlegt. Nur in spürbaren Ausnahmesituationen, z. B. nach einem Rauscherlebnis, ist eine Unterstützung der körperlichen Regeneration durch aktives Gegensteuern (Konsumpause) akzeptiert. Nur Raucherinnen sind weitere Praktiken erlaubt, die durchaus in Verbindung mit gesundheitlichem Fürsorgehandeln stehen können: zwei Filter in das Blättchen eindrehen, zusatzstofffreien Tabak verwenden, „leicht" rauchen, Zigaretten mit wenig Tabak drehen.

Der Biologe und Konsument von *Light*-Zigaretten MMB erzählt, er achte insgesamt wenig auf seinen Körper. Er bezeichnet sich als mäßig sportlich aktiv. Im Sommer spiele er Fußball mit anderen Institutsmitgliedern, aus Spaß und ohne sportlichen Ehrgeiz. Er denke, dass sein Körper sich selber durch Appetit auf bestimmte Nahrungsmittel reguliere und dadurch beispielsweise indiziere, welche Vitamine er benötige. „Auch so mit Essen – da achte ich auch nicht drauf. Ich glaube, ich kriege auf das Hunger, was dem Körper fehlt. Davon bin ich überzeugt."[917] Vitaminpräparate oder andere Nahrungsergänzungsmittel habe er bislang nicht verwendet. Stattdessen esse er einen Apfel, wenn sein Körper das verlange. Sein Körper stellt für ihn ein relativ autonomes, selbstregulatives biologisches System dar, welchem er die Verantwortung für seine erfahrungsgemäße gesundheitliche Normalität überträgt. Während stressiger Arbeitsphasen im Institut passe er sein Ernährungsverhalten an die Zeitverknappung entsprechend an und verzichte mitunter auf sein Frühstück. Zwar ordne sich sein Körper in diesen Situationen seiner Priorisierung unter, jedoch nur für eine kurze Periode, weil er dann merke, dass sich Zeitnot und das Auslassen einer Mahlzeit am Tag nachteilig auf sein Wohlbefinden auswirken:

> „Also ich merke halt schon manchmal, wenn man mal wieder unter Zeitnot steht, dass ich dann nicht frühstücke. Und das ärgert mich eigentlich, weil eigentlich mag ich das nicht. Dann bin ich nicht so ausgeglichen, und wenn man dann bis mittags bis zum Essen warten muss, dann achte ich schon wieder darauf, dass ich morgens auch frühstücke."[918]

Wenn keine Zeit für eine Mahlzeit sei und er akuten Hunger fühle, rauche er Zigaretten, um diesen zu unterdrücken. Von konkreten Krankheitserfahrungen berichtet MMB nicht. Seit längerer Zeit habe er nicht mehr an Infekten der Atemwege gelitten. Gegenwärtig leide er zeitweilig unter Rückenverspannungen, um deren Abhilfe er sich bisher effektiv nicht bemüht habe. Er sei zwar auf ein Angebot zur Rückenschule seiner Krankenkasse aufmerksam geworden, welches er „schon die ganze Zeit mal" wahrnehmen wolle. Dass es bislang nicht zu seiner Teilnahme gekommen sei, führt

---

917 Lightfilterzigarettenraucher MMB, 2010.
918 Lightfilterzigarettenraucher MMB, 2010.

er auf seine Faulheit und auf mangelnde Passfähigkeit des Termins zurück: „Das war zeitlich nicht günstig gelegen, und dann habe ich es auch sein lassen. Da hat sich eigentlich nie etwas Richtiges ergeben."[919] Vorrangig für ihn legitimiert seine Faulheit „zu 60–70%", dass er seine Verspannungen nicht aktiv behandelt hat. Dieses Beispiel lässt auf der einen Seite erkennen, dass MMB seinem Körper die Verantwortung zur gesundheitlichen Fürsorge übertragen hat und auch, wenn körperliche Beschwerden auftreten, nur zögerlich von dieser (bislang erfolgreichen) erfahrungsbasierten Haltung abweicht. Dominierende Orientierung an der eigenen körperlichen Erfahrung und die Annahme, dass der Körper selbstregulierend hole, was er benötige, zeigten sich auch in anderen Gesprächen als charakteristisch für die Bewertung der Gesundheitsrelevanz von Raucherfahrungen.

Der Biologe und Soziologe RPM erzählt, warum sich die Gefahr, an einem Krebsleiden zu erkranken, für ihn konkret nicht an seinem Rauchverhalten abzeichnet:

> „Also ich weiß, dass ich mich schädige, ohne eine Schädigung zu erfahren. Natürlich habe ich Angst, an Lungenkrebs zu erkranken. Ich glaube, man kann sich Besseres vorstellen. Dennoch kommt mir der Gedanke an Lungenkrebs nicht, wenn ich zur Zigarette greife. Und ich fühle mich danach auch nicht schlecht. Also das ist natürlich so ein Punkt: Wenn man das jetzt merken würde, wenn einem irgendwas nach fünf Zigaretten immer mehr wehtun würde oder so etwas, dann würde man das natürlich merken, was man sich antut. Aber das tut man eben nicht. Das ist allerdings auch mit vielen Sachen so – mit Fehlernährung ist es auch so. [Man findet] einen Pommesbudenbesuch auch eher gut als schlecht, obwohl es nicht gut ist. Deshalb denke ich, dieser Gesundheitsaspekt ist ein ganz besonders hinterlistiger, weil man es nicht merkt. Und da ist natürlich Tür und Tor geöffnet für Selbstbetrug aller Art."[920]

Den Krankheitsbegriff assoziiert RPM an dieser Stelle mit körperlichen Schmerzerfahrungen und einem schlechten Gefühl. Beides erlebe er nicht durch das Zigarettenrauchen. Darüber hinaus zeichnet sich das Krankheitsbild Lungenkrebs als Symbol für tabakkonsumbedingte Krankheiten in einer hochgradig abstrakten Form ab, was Bezüge zur realen Lebenswelt schwer herzustellen vermag. Konsequenz der Dissoziation zwischen einer abstrakten Krankheitsbedrohung und dem körperlichen Erfahrungsschatz ist die positive Bewertung des eigenen gesundheitsriskanten Handelns, welche aufgrund der Konsumroutine während des Rauchens entsteht.

Die einzige nachteilige körperliche Veränderung, die bei ihm nachweislich auf das Rauchen zurückgeführt werden könne, sei auf einem Röntgenbild seiner Lungen zu sehen. Andere körperliche Anzeichen, die er festgestellt habe, wie Zahnverfärbungen oder Hautverfärbungen an den Händen, seien nicht eindeutig auf sein Rauchen zurückzuführen. Verfärbungen an den Zähnen könnten auch vom Kaffeetrinken herrühren.[921] Am Institut gehe er bei Versuchen häufig mit Wasser um, wodurch keine gelben Finger entstünden. Die Entwicklung einer Konsumroutine wird entsprechend dann nicht als Krankheitserfahrung bewertet, wenn keine leibliche Schädigung bemerkt wird und psychisches sowie soziales Wohlbefinden durch das Rauchen befördert wer-

---

919 Lightfilterzigarettenraucher MMB, 2010.
920 Filterzigarettenraucher RPM, 2010.
921 Er trinke im Institut pro Tag etwa fünf bis sechs Tassen schwarzen Kaffee.

den. RPM ist mit seinem Rauchpensum zufrieden, da er direkt keine körperliche oder gefühlsmäßige Beeinträchtigung während des Rauchens erlebt.

Nach übermäßigem Zigarettenkonsum besteht im untersuchten Feld das wichtigste Gesundheitsverhalten darin, Rauchen für einen zeitlich flexibel befristeten Zeitraum zu unterlassen. Am häufigsten wird von Raucherinnen wie Rauchern berichtet, dass am Vormittag nach einem übermäßigen Tabakkonsum eine Pause eingelegt werde, bis der Körper „wieder aufnahmefähig"[922] sei.

Auch erfolglose Versuche, mit dem Rauchen aufzuhören, haben alle meiner Interviewpartner/-innen bis auf RPM, der noch nie versucht hat, langfristig auf Zigaretten zu verzichten, bereits erlebt. In den Erzählungen berichten manche Studierenden von einer inneren Unzufriedenheit mit dem eigenen Rauchverhalten, welche den Wunsch ausgelöst habe, die Rauchroutine zu unterbrechen. Dennoch finden sich zahlreiche Hinweise, die andeuten, dass die Mehrzahl der Versuche einer nahestehenden Person zuliebe begründet ist oder ausgelöst wird durch Wohnungswechsel oder das plötzliche Aufkommen von Rauchstoppversuchen im Freundeskreis, also durch Faktoren aus der sozialen Lebenswelt. Das Eintreten einer Schwangerschaft ist der meistgenannte Grund für Raucherinnen, aber auch für Raucher, den Wunsch beziehungsweise die Absicht zu äußern, ihr Verhalten zu verändern.[923] Dass sie das Rauchen für eine andere Person, jedoch nicht für sich selbst aufgeben könne, empfindet AWD als krankhaft.[924] Die Benennung der Schwangerschaft kann hier eine sozial erwünschte beziehungsweise gesellschaftlich erwartete Fürsorgepflicht für ein Kind darstellen. Da das Schädigungspotenzial von Genussgiften offensichtlich eingängig bekannt ist, repräsentiert Elternschaft jedoch in erster Linie einen neuen Lebensabschnitt, für welchen eine Veränderung des gegenwärtigen Lebensstils antizipiert wird. Die Pädagogikstudentin BÖK berichtet entsprechend, dass sie während ihrer Schwangerschaft auf den Konsum von Zigaretten verzichtet habe und zum Interviewzeitpunkt nicht in Gegenwart ihrer Tochter rauche.[925] Ganz auf Zigaretten zu verzichten wage sie jedoch nicht aus Angst, ihr Körpergewicht nicht ausreichend kontrollieren zu können. Um einen Rauchstoppversuch zu unternehmen, muss eine Reihe von Bedingungen erfüllt sein, um die Erfolgsaussichten gerade während der ersten Wochen zu erhöhen. Besonders wichtig scheint die Wahl des richtigen Zeitpunkts. Die Quellen zeigen, dass der Zeitpunkt soziokulturell als Wendepunkt determiniert sein kann (Aschermittwoch, Neujahr, Geburtstag etc.) oder in eine stressreduzierte Studienphase gelegt wird, um den Wunsch nach Verhaltensänderung nicht durch eingefahrene Routinen (Rauchsituationen) zu torpedieren. Bisweilen wird das routinemäßig genutzte Rauchgut durch anderes Rauchgut ersetzt, um die Konsumroutine zu durchbrechen. Um die Alltagsroutine im Umgang mit Zigaretten zu durchbrechen, berichtet SHM, er habe es durch den Konsum von Zigarren geschafft, eine Zeit lang nicht zu rauchen:

---

922 Feinschnitt- und Filterzigarettenraucher BSM, 2010.

923 Vgl. BRB, AWD, MMB, EMB, JHM, JWW, KWK.

924 Im Gespräch sagt AWD, sie wolle sofort mit dem Rauchen aufhören, wenn sie schwanger werde. „Und in dem Moment, so blöd das auch klingt, hätte ich einen Grund: für einen anderen Menschen. Aber das ist auch krank eigentlich, dass man für einen anderen kann und für sich selber nicht." Filterzigarettenraucherin AWD, 2010.

925 Filter- und Hülsenzigarettenraucherin BÖK, 2006.

„Ich habe mal, als ich das letzte Mal diese zwei Monate Pause gemacht habe vor drei Jahren, da habe ich das tatsächlich interessanterweise durch das Zigarrenrauchen geschafft, zwei Monate nicht zu rauchen. Ich habe dann ein oder zwei Zigarren geraucht in der Woche und habe damit dann geschafft, tatsächlich auf Zigaretten verzichten zu können. […] Das deckt irgendwie den Bedarf für eine halbe Woche. Aber ich fand die Zigarren nach zwei Monaten so ekelig, seitdem habe ich keine Zigarre mehr geraucht. […] Danach will man wieder – ‚man' ist gut – ich – will wieder so eine parfümierte Zigarette haben."[926]

Die Unterbrechung seiner Rauchroutine stellt für SHM Nichtrauchen dar, ungeachtet dessen, dass er in dieser Zeit den Nikotinbedarf seines Körpers trotzdem durch ein anderes Tabakprodukt deckt. Ungleich der Ansicht, der Körper indiziere den Bedarf an Vitaminen und anderen gesundheitsförderlichen Stoffen (ähnlich wie bei MMB), unterliegt SHMs Bedarf nach parfümierten Zigaretten seinem Willen. Die veränderte Körpertechnik erweckt den Eindruck, er rauche nicht, wobei der Nikotinbedarf des Körpers trotzdem gestillt wird und sein Wille über das angemessene Rauchgut entscheidet.

Eine andere Art von Gesundheitshandeln stellt die Wahl des üblicherweise gerauchten Tabaks für BWB dar. Explizit aus gesundheitlichen Gründen raucht sie zusatzstofffreien Tabak, der sei „etwas für das Gewissen", weil er „nicht ganz so schädlich" sei.[927] Neben dem Gesundheitsaspekt bestehe ein weiterer Vorteil dieses Tabaks darin, dass er preislich günstiger sei als andere Tabak- oder Feinschnittprodukte. Sie habe vor eineinhalb Jahren begonnen, ihre Zigaretten selbst zu drehen, und habe dadurch in doppelter Hinsicht gespart: Zum einen sei Drehen preisgünstiger, zum anderen habe sie durch die neue Technik ihren Tabakkonsum reduzieren können. BWB baut in ihre selbst gedrehten Zigaretten stets einen Filter ein, EMB verwendet sogar zwei Filter für eine Zigarette, da ihr das gesünder vorkommt. Auch BSM lehnt gedrehte Zigaretten ohne Filter in der Regel ab und raucht diese nur in Ausnahmefällen, weil ihm das zu sehr in die Lunge geht („Lungentorpedo"). BWB und EMB erzählen, dass sie bewusst weniger Tabak als anderen Raucher/-innen in ihre Zigaretten drehen; diese schmeckten „leichter"; beide nutzen diese Technik, um weniger Tabak zu rauchen. Die Verquickung von preislichen und gesundheitlichen Handlungsmotiven ist in diesen Fällen nicht aufzulösen und aller Wahrscheinlichkeit nach abhängig vom jeweiligen Handlungskontext.

Zur Anwendung kommen Gesundheitsverhaltensweisen hinsichtlich der Raucherrolle auch dann, wenn durch einen Erschöpfungszustand oder eine enttäuschte Leistungserwartung entsprechende Erfahrungen vorliegen. JHM übt zum Gesprächszeitpunkt keinen regelmäßigen Sport aus. Zur Entspannung gehe er mit seinem Hund spazieren, wobei er gerne rauche. Jogging habe er bis vor zwei Jahren häufig betrieben, dies jedoch aus Bequemlichkeit wieder eingestellt. Er mache leicht den Fehler anzunehmen, er könne bei seinen sportlichen Leistungen dort wieder anfangen, wo er einmal aufgehört habe. „Dann kann ich nicht jetzt erwarten, dass ich morgen loslaufen kann und problemlos die zehn Kilometer schaffe."[928] Er könne sich die ehemalig gute

926 Filterzigaretten- und Zigarilloraucher SHM, 2006.
927 Raucherin von zusatzstofffreiem Feinschnitttabak BWB, 2010.
928 Filterzigaretten- und Feinschnitttabakraucher JHM, 2010.

körperliche Leistung wieder antrainieren, benötige dafür aber einige Monate regelmäßigen Trainings.

> „Man muss schon ein bisschen weniger dann rauchen. Aber ich glaube, das kommt automatisch, wenn du viel läufst oder viel Sport machst. Erst mal in der Zeit, wo du Sport machst, rauchst du schon mal nicht, und bei mir ist das immer so, wenn ich akut merke, wo die Nachteile dann sind. Wo ich das am eigenen Leib erfahre, wo ich dann denke, das drückt jetzt oder zieht und manchmal habe ich so einen Husten. Da habe ich das Gefühl, meine Lungen verkleben."[929]

Der Eindruck vom Verkleben oder von Dreck in der Lunge erfordert wiederum eine Konsumpause, um dem Körper Zeit zur Selbstreinigung zu gewähren. Wie zuvor geschildert, erlangen die Lunge beziehungsweise Schädigungen der Lungenflügel und der Lungenleistung symbolisch Wert über die erfahrene Schädigung durch das Rauchen.

Im Gespräch über ihren Tagesablauf erzählt SWB auch von ihrem wöchentlichen Rhythmus, in welchen sich das Studium einfügt zwischen zwei Erwerbstätigkeiten, eine in einem wissenschaftlichen Institut, die andere an den Wochenenden in einer Altstadtkneipe. Da sie an einer Universität studiert, die nicht in ihrem gegenwärtigen Wohnort (auch eine Universitätsstadt) liegt, kommen durch das Pendeln regelmäßige Fahrzeiten zu den Anwesenheiten auf dem Campus und den Anwesenheiten bei beiden Jobs hinzu.

> „Da habe ich in den letzten Jahren auch gemerkt, dass ich da an meine Grenzen gestoßen bin. Also ich hatte das letztes Jahr, nach dem Sommer, da war ich dann urlaubsreif. Also, das habe ich vorher auch noch nie so empfunden wie letztes Jahr, aber da war es, da war es richtig bitter. Da war, ich glaube, ich montags, ja, da war ich arbeiten und bin danach noch zur Uni gefahren, hatte dienstags, mittwochs, donnerstags jeweils von zehn bis 18 Uhr, beziehungsweise teilweise auch bis 20 Uhr, mittwochs war dann bis 20 Uhr [Uni] und freitags dann wieder arbeiten. Da hatte ich auch öfters mal ausgeholfen, so dass ich freitags meistens noch [abends] arbeiten war und am Wochenende gelernt habe, was dann [vom Wochenende] übrig blieb, und dann kamen da noch Hochzeiten, und Privates kam jede Menge dazu. Und dann stand auf einmal noch meine Küche unter Wasser, weil da ein Leitungsschaden war, und da hatte ich dann auch gemerkt, da hatte ich im Sommer dann zu viel gemacht. Da hatte ich die Hälfte meiner Scheine auch nicht geschafft, weil es einfach überladen war. […] Und das hat dann einfach nicht mehr funktioniert. Und dann war ich im letzten Jahr im September das erste Mal nach sieben Jahren im Urlaub, und seitdem achte ich darauf, dass ich nicht zu viel mache, dass ich also a) genug Zeit zum Lernen habe und b) auch genug Zeit für eine Pause, weil ich auch jemand bin, das hängt eigentlich nicht mit dem Rauchen zusammen, sondern das war schon immer so, ich habe ein sehr schlechtes Immunsystem und ich kriege es auch kaum geregelt irgendwie. Dabei esse ich eigentlich regelmäßig Obst und ich trinke jetzt sogar täglich so eine Flasche […] nennt sich das, für das Immunsystem. Aber es ist trotzdem so – sobald etwas im Umlauf ist, ist es genauso wie jetzt: Mein Freund hatte jetzt am Wochenende eine Erkältung und heute habe ich sie auch. Das geht ganz schnell, und von daher aber auch erst recht, dass ich eben bewusst Pausen einlege, weil ich war eigentlich auch immer schon so ein Mensch: Ich stehe immer unter Strom. Ich finde das auch gar nicht schlimm, wenn die ganze Woche zugeknallt ist, aber ich merke eben jetzt, nein, es geht auch anders und das ist auch besser für die Gesundheit und für alles, auch für das Studium und so

---

929 Filterzigaretten- und Feinschnitttabakraucher JHM, 2010.

weiter. Jetzt habe ich es wieder gemerkt, dieses Semester lief wieder alles – ja, nicht überragend, aber absolut zufriedenstellend. Ich hatte genug Zeit. Die Klausuren haben gut geklappt und das werde ich auch so weiter machen und immer mal eine richtige Pause einlegen. Also ich hätte nicht gedacht, dass acht Tage Fuerteventura aus mir so einen neuen Menschen machen. Das war wirklich schön."[930]

Abseits des Rauchens sieht SWB erst aus eigener Erfahrung heraus die Notwendigkeit, ihre Alltagsroutinen zu verändern und Pausen zu integrieren. Diese Erzählung zeigt, dass eigene körperliche und geistige Erfahrungen dazu führen, sich vom Rauchen als Element der Kompensation in Stresssituationen zu lösen und das Verhaltensspektrum auf eine Veränderung des Üblichen auszudehnen. Die Studentin zeigt damit ihre Lernbereitschaft zur Verbesserung, Veränderung ihres Lebensstils, indem sie in Zukunft Pausen einplanen will. Dieser Erzählung implizit ist es zudem, dass Rauchzeiten von SWB nicht als gesundheitsfördernde Pausenzeiten zur Stressreduktion angesehen werden.

Prinzipiell stehen zwei Grundannahmen bei der Ausgestaltung von Gesundheitsverhalten unter den Befragten im Vordergrund: Die erste Grundannahme besteht darin, dass der Körper ein relativ autonomer Akteur ist, der seine Bedarfslagen, Mangel an Vitaminen, Nikotin oder Bewegung, Übermaß an Nikotin oder Stress etc. indiziert, Mangel oder Übermaß erkennt und dadurch selbst ein Balancieren der Verhaltensweisen einfordert. Gesundheit, genauso wie Krankheit, äußert sich demzufolge hauptsächlich körperlich. Die zweite Annahme besteht darin, dass eine aktive gesundheitliche Fürsorge für den eigenen Körper aufgrund des Rauchens im studentischen Milieu nicht angesagt ist. Rauchen dient unter anderem der Darstellung körperlicher Ressourcen, die der Raucherrolle ohne sichtbares Fürsorgehandeln zu eigen sind.

Der Mangel an Krankheitserfahrungen suggeriert die Anwesenheit eines relativ guten gesundheitlichen Zustandes. Krankheit wird in erster Linie auf der körperlichen Ebene verortet. Dass die Rauchenden aus freiem Willen heraus rauchen, wird kaum angezweifelt. Das Hygieneverständnis dehnt sich nicht auf den Willen, sondern auf Lungen, Körperöffnungen, seine Hülle und die private Box des Wohnraums aus. Die Selbststeuerung des Körpers („ich kriege auf das Hunger, was dem Körper fehlt") wird als intakt angesehen, positiv bewertet und stellt vordergründig keinen Widerspruch zu der Einschätzung dar, der Körper werde sich dem Willen fügen, wenn eine Verhaltensänderung beim Rauchen der sozialen Ordnung entspricht. Das wichtigste Gesundheitshandeln aus Sicht der Studierenden stellt eine temporäre Unterbrechung der Konsumroutine dar. Positiv bewertet werden auch Phasen, in denen das dominierende Tabakkonsumformat durch ein anderes ersetzt wird, mit dem weniger Routine im Umgang besteht. Die eigene Rauchroutine wird nicht als eine Sucht- beziehungsweise Krankheitserfahrung bewertet. Soziale Kontrolle über körperliche Normalität, Geruchsräume, in Rauchsituationen, bei Geschmacksfragen etc. wird erwartet und erwünscht, wobei das Erklärungsmuster, aus freiem Willen zu handeln, gegenüber sozialer Anpassung dominiert.

---

930 Lightfilterzigarettenraucherin SWB, 2010.

3. Rauchzeichen – Zusammenfassung

Wie die Interviewergebnisse zeigen, weichen Praktiken und Bewertungen des Rauchens im Studierendenmilieu von logisch-rationalen Erklärungs- und Bewertungsmustern präventivmedikaler Akteure ab und folgen einer flüchtigen, endogenen Logik des untersuchten Feldes. Die wichtigsten orientierungsgebenden Faktoren auf der Handlungsebene setzen sich durch die Einpassung des Rauchens in den situativen Kontext zusammen, wodurch das Situationsgeschehen soziokulturell integrative Wirkung entfaltet. Dieser Wirkmechanismus setzt voraus, dass eine soziale Gruppe beziehungsweise ein spezifisches Milieu bereits besteht. In studentischen Lebenswelten entstehen durch das Rauchen folglich keine sozialen Gruppen. Die Bewertungsebene des Rauchverhaltens zeigt sich in der Terminologie differenziert-ambivalent, in den Argumentationen vorrangig in Form von legitimierenden Erzählungen.

In den Gesprächen über das Rauchen treten Multifunktionalität und situationsdifferente Bewertungen des Rauchens zutage, in welchen die durch konsumhistorische Studien zum Tabakgebrauch postulierte Abfolge der gesellschaftlichen Bewertung des Tabaks von Heilmittel, Genussmittel und schließlich Suchtmittel, nahezu widerspruchsfrei nebeneinander bestehen. Dadurch zeigt sich eine differenzierte Haltung der studierenden Raucherinnen und Raucher zu ihrem eigenen Handeln, zu der von ihnen sichtbar gemachten und sozial richtigen körperlichen Technik des Rauchens, ihrer Identitätsrolle als Raucher, sowie der Akzeptanz der Vielfunktionalität des Tabakkonsums hinsichtlich seiner physischen, psychischen und sozialen Wirkweisen. Eine (sichtbare) Reduktion der Funktionen des Tabakkonsums führt zu Veränderungen des Bewertungshorizontes, beziehungsweise der Zuschreibung kein/e richtige/r Raucher/-in zu sein, Partyraucher/-in, beziehungsweise ein/e rücksichtslose/r Suchtraucher/-in zu sein.

Die Vielfunktionalität des Rauchens äußert sich am deutlichsten in der Sichtbarkeit des Rauchens für Peers innerhalb tageszeitlich strukturierter Kommunikationssituationen, die durch äußere Zeitzwänge studentischer Alltagsrealität von Semesterabfolge, Studienverlaufsplan, Prüfungszeiten, Jobben, Feiern, Wochenendfahrten zu den Eltern etc. organisiert sind, gleichzeitig jedoch Raum für selbstgesteuertes Verfügen über Zeit bereit halten. Die kurze Rauchdauer einer Zigarette stellt eine zentrale Dimension ihrer Macht über soziale Rauchsituationen dar, die sie auf den Rauchenden überträgt. Raucherinnen und Raucher können durch das Aufsuchen von Rauchinseln ihre Kommunikationsbereitschaft signalisieren sowie kommunikative Situationen mit dem Ausdrücken der Tabakglut beenden, ohne dass es eines formalisierten Gesprächsabschnittes bedarf, der das Gesprächsende einleitet. Regelmäßiges Zigarettenrauchen schafft darüber hinaus anlassbezogene und zeitabschnittsbezogene Strukturierungen von Zeitflüssen. Die Darstellungen stellen das Rauchen nicht als singuläre Tätigkeit dar, sondern als passfähiges Beiwerk von Unterhalten, Telefonieren, Arbeiten, Pause machen, Alkohol trinken, Langweilen, Stress bewältigen, Fernsehen, Texte reflektieren etc. Als Beiwerk zu körperlichen Techniken wie Sport, Treppensteigen, Zähne putzen usw. wird Rauchen als nicht passend erlebt. Das Konsumformat Zigarette kann sich in der Kürze der benötigten Rauchzeit in bricolagehafte Situationen studentischer Lebensstilfragmente anschmiegen. Diese sind durch flexible, tageszeitunabhängige Wechsel zwischen privater Zeit, Erwerbszeiten und Studienzeiten geprägt. Die bürgerliche Idee der „individuellen Freiheit" verbindet gegenwärtig noch mediale Images studentischer Lebensstilautonomie mit einem Werbeimage der Tabakindustrie und bildet einen Gegensatz zum gesellschaftlichen Bedarf des Sicherheitsdenkens und der Risikofürsorge. Die Annahme, Zigaretten schmeckten nach „Natur" oder „Freiheit", stellen daher popularisierte Images dar, die zum Teil auch von den Interviewten zur Beschreibung des Tabakgeschmacks genutzt werden.

Auf welchen Ebenen verhandeln Raucherinnen und Raucher ihr Rauchverhalten innerhalb der bestehenden soziokulturellen Ordnung? Ergebnisse sind auf der einen Seite eine gegenwärtige Kultur gegenseitiger Rücksichtnahme, auf der anderen Seite eine Normierung von Orten und Situationen und deren Nutzungsweisen durch Rauchende.

Das für Studierende dieser Studie richtige Rauchen ist von einer Vielzahl normierender Vorstellungen geprägt, die sichtbares Rauchen in Gemeinschaft, Rauchen in der zweiten Tageshälfte und eine körperlich unsichtbare Raucher/-innenrolle bevorzugt positiv bewerten. Sichtbarkeit und Gemeinschaftlichkeit werden von Zigarettenrauchenden betont anerkennend beurteilt. Sichtbarkeit durch gemeinschaftliches (synchrones) Rauchen erzeugt in doppelter Hinsicht eine erwünschte soziale Kontrolle: einerseits durch die Situationsbeteiligten, andererseits durch eine Selbstdisziplinierung in Bezug auf das Konsumformat, auf die körperliche Technik, die Konsummenge, aber auch hinsichtlich Form und Funktion der Konsumsituationen. Soziale Kontrolle beziehungsweise Selbstdisziplinierung über das Rauchformat, die Körpertechnik, die Verbrauchsmenge und den situativen Kontext ist deshalb erwünscht, weil Rauchende darin soziale Kompetenz im Umgang mit Dingen darstellen können, deren Wirkweise und Folgen gesamtgesellschaftlich und lebenswissenschaftlich eher ablehnend bewertet werden. Daher wird abseits gemeinschaftlicher Rauchsituationen ein körperlich unsichtbarer Raucherstatus angestrebt. Gemeinsam vermitteln Rauchen ohne körperliche „Markierungen" und öffentlich kontrolliertes Rauchen zwei Ausdrucksarten sozialer Kompetenz durch das Rauchen. Entsprechend lösen eher soziale Kontrolle und Selbstkontrolle Rauchstoppversuche aus, die weniger durch eine veränderte Bewertung des Wissens über gesundheitliche Risiken verursacht werden.

Ein kompetenter Umgang mit dem Zigarettenrauchen beinhaltet in studentischen Lebenswelten das Beherrschen von Inhalationstechniken, durch die Geschlechtsdifferenzen sichtbar werden beziehungsweise die Geschlechtsidentität des Rauchenden bestätigen. Konsumformat und Geschmacksausrichtung (Full Flavour, Light, filterlos, selbst gedreht, aromatisiert, zusatzstofffrei etc.) sind eher in Abhängigkeit von der Rauchsituation zu sehen als zur Geschlechtsidentität. Anlassbezogen erwerben Studierende unterschiedliche Konsumformate. Das voraussichtliche Rauchpotenzial einer Konsumsituation gibt den favorisierten Komplexitätsgrad der Handhabung vor. Die Minderung der Handhabungskomplexität des Rauchguts in verbrauchsintensiven Umgebungen entspricht erneut dem Ziel, soziale Kompetenz durch Anpassungsfähigkeit auf einer Bühne kulturellen Handelns darzustellen, der Bühne der Rauchinseln. Das Zigarettenrauchen ermöglicht in Bezug auf die Rauchsituation und ihren Kontext, neben der Selbstintegration in eine bestehende Gruppe durch „richtiges Rauchen", eine potenziell beschleunigte Abfolge von Gesprächssituationen. Die körperliche Technik des Rauchens überschreibt dabei formalisierte Teile (Einleitung oder Beendigung) von Gesprächssituationen und verändert diese formalzeitlich, ohne dass es einen verbalisierten Grund dafür benötigt. Darüber hinaus löst ein beschleunigter beziehungsweise verlangsamter Wechsel zwischen Kommunikationssituationen eine Vervielfältigung soziokultureller Rollenvarianz aus. Die Rollenvariationen werden wechselseitig durch alle Situationsbeteiligten bestätigt und halten solange an, bis daraus routinierte Muster entstanden sind.

Auch hygienische Verfehlungen können insbesondere bei Raucherinnen dazu führen, dass die ausgebildete soziale Rollenintegration durch das Identitätsrollenfragment „Raucherin" überschrieben und beschädigt wird. Integritätsbeschädigungen durch geschlechtsrolleninadäquate Hygienepraktiken lassen sich durch Praktiken der (medizinischen) Körperpflege, insbesondere Zahnpflege, Hautpflege und durch Neutralisierung von Geruchsräumen der Körperhülle und des privaten Wohnraums (Box) vermeiden. Hygienisierende Praktiken unterstreichen herkunftsmilieuspezifische, geschlechts- und altersspezifische Hygienevorstellungen.

Im Rahmen der Studie berichten Studierende im Zusammenhang mit Zigarettenkonsum nur in seltenen Fällen von sozial devianten Verhaltensweisen, d. h. von Situationen, in denen sie durch ihr Rauchverhalten absichtlich soziokulturelle Ordnungsmuster durchbrachen. Die bedeutsamste gemeinsame Devianzerfahrung wird durch die Entdeckung von Rauchgeruch oder der zuvor verheimlichten Zigarettenschachteln im privaten Raum (z. B. unter dem Bett) der Interviewten durch deren Eltern beziehungsweise Familie ausgelöst und gleichzeitig zur Initiation ihrer sozialen Raucherrolle. Diese biografisch relativ frühe Erfahrung mit deviantem Verhalten ist jedoch unabhängig von der vollzogenen körperlichen Rauchtechnik, wie auch vom Eintreten der Multifunktionalität des Rauchens, die der Selbstbezeichnung als „Raucher/-in" vorausgehen. Im Gegensatz zu den Arbeiten von Stromberg, Nichter und Nichter verhandeln Studierende in dieser Untersuchung nicht nur das „richtige Rauchen" in diachroner Ebene (bis zum Zeitpunkt, in dem Zigarettenrauchen multiple Funktionen erfüllt) und synchroner Ebene (körpertechnisch angemessen in Bezug auf die Rauchsituation). Vielmehr stellt die Bezeichnung Raucher/-in hinsichtlich der Benennung des Selbst, wie in der Bezeichnung durch andere Rauchende, ein verhandelbares Modell einer sozialen Rolle dar. Wenn zu einem späteren biografischen Zeitpunkt die soziale Rolle des (noch jungen) Rauchenden, die sich an soziokulturelle Verhaltensweisen des Herkunfts- und Integrationsmilieus anlehnt, erlernt wurde, werden soziale Funktionen des Rauchens über dieses Rollenfragment gleichzeitig erfüllt und demonstriert. Im Falle Studierender bedeutet dies: Erfüllung und Darstellung sozialer Kompetenz durch Rücksichtnahme auf vulnerable Gruppen (Kranke, Kinder, Schwangere, Essende), Reduktion der Konsummenge im Beisein von mehrheitlich Nichtrauchenden, betont freiwilliges Freiluftrauchen wenn andernorts Rauchverbote herrschen, Planung von Rauchstoppversuchen, erweitertes Hygieneverständnis in Bezug auf Raumluft, auf Nutzungsmodi des Körpers (Schlafen, Sport treiben etc.) und Körperhülle, vermehrtes Rauchen in Gemeinschaft von mehrheitlich Rauchenden, mitunter Angleichung der Konsumform oder Tabakmarke an Vorlieben des rauchenden Umfeldes, implizites Wissen über unterschiedliche Produktimages, zulassen und Bewältigung von gemeinsamen Rauscherlebnissen, Selbstdisziplinierung, um dem idealisierten Genussrauchen nahe zu kommen, das Reden über ambivalente beziehungsweise differenzierte Bewertung des eigenen Rauchverhaltens. Verbalisierungen ambivalenter Bewertungen des eigenen Tabakkonsums beziehen sich auf mögliche gesundheitliche Folgeschäden, nicht aber auf die Körpertechniken des Rauchens oder seine sozial-situativen Wirksamkeiten. Außerdem zeigen dies Studierende, die sich biomedizinisch informiertes Wissen angeeignet und ihre Position kritisch-differenziert entwickelt haben. Folge dieser expliziten Ambivalenz ist, dass die Erzählpassagen in den Gesprächen zum Thema vorrangig die Form legitimierender Erzählungen annehmen. Teilweise handelt es sich um Rechtfertigungsgeschichten. Die durch Interviews und informelle Gespräche fassbaren Erzähltypen sind als eine Folge der Rezeption medialer Bildungsstoffe zu werten, die über biophysiologische Wirkweisen und präventionspolitische Argumentationen hinsichtlich des Konsums von Tabakprodukten informieren. Anhand der erzählerischen Strukturen ist davon auszugehen, dass die Befragten durch die Gestaltung ihrer Erzählungen ihr Wissen über den regelmäßigen Verbrauch von Tabakprodukten und auch das Erzählen selbst im Kontext biomedizinischer Deutungshoheit verorten. Die Medikalisierung des Rauchens, die sich als gesamtgesellschaftlicher Trend seit den 1990er Jahren in Deutschland durchgesetzt hat, greift in studentischen Lebenswelten folglich in Wissensbestände und Erzählen über das Rauchen ein. Gleichzeitig lokalisieren Rauchende ihre unterschwellig wahrgenommene Nikotinsucht im Körper und rauchen sowohl weil der Körper es braucht als auch aus „freiem" Willen. Dennoch steht das körperliche Erleben des Rauchens in den Erzähltexten vorrangig unter soziokultureller Deutungshoheit: Rausch, Genusserleben und Abhängigkeit von legalen Drogen sind darin kulturell legitimierte Körpertechniken. Dies trifft für Genusssituationen ebenso zu wie für weniger genussvoll erlebtes Zigarettenrauchen in Stresssituationen oder aus Langeweile. Die gesellschaftliche Funktion des Genusserlebens, welches durch die Rauchgemeinschaft (Raucher/-innen und beistehende Nichtraucher/-innen sozial kontrolliert wird, besteht darin, die Konnotation von „Sucht" beziehungsweise Suchtverhalten öffentlich zu unterdrücken. In gemeinschaftlichen, kulturell genormten Rauchsituationen bestätigen sich Rauchende gegenseitig durch eingeübte Genussperformanz, den hedonistischen Zweck ihrer Raucherrolle. Kenntnis und Nutzen der Darstellungsformen von Genussrauchen dient der Abgrenzung zu und Unterdrückung von als unsozial empfundenen Suchtverhaltensweisen. Öffentliches Genussrauchen und Hygienisierungspraktiken sind wirksame Elemente einer kulturellen Logik, in welcher Dissonanzen zu naturwissenschaftlich-rationalen und allgemeingesellschaftlichen Bewertungen aufrecht erhalten werden.

Das Konsumpensum wurde in den Gesprächen über das Rauchen von den Interviewpartner/-innen durchgängig thematisiert. Die Konsummengen variierten bei allen pro Tag (teilweise) beträchtlich und sind häufig anlassabhängig. Ein hohes Konsummaß steht dabei für Studierende beider Geschlechter entweder in Zusammenhang mit dem Erleben von privatem beziehungsweise studienbedingtem Stress oder einem Entgleisen von Genusssituationen in Rauschzustände, die zusätzlich durch Alkoholkonsum gesteigert werden. Die Klassifizierungen in „nicht (so) viel geraucht" oder „viel geraucht" stellen relative Mengenangaben dar. Häufig konnten die Interviewten auf meine Nachfrage, wie viel den „viel" oder „nicht viel" sei, keine konkreten Konsummengen angeben. Diese Unschärfe erklärt sich aus einem routinierten Handlungsautomatismus, dessen Bedeutung durch seine Wiederholung erodiert und die tatsächlich gerauchte Anzahl an Zigaretten verhüllt. Orientierungspunkte der Bewertung von Konsummengen stellen einerseits das eigene Rauchpensum zu einem früheren rauchbiografischen Zeitpunkt dar, andererseits besondere erinnerungswürdige Rauch-, Körper- oder Situationserfahrungen oder aber eine Wertung des eigenen Zigarettenkonsums im Verhältnis zu Mitrauchenden (z. B. aus dem Freundeskreis) beziehungsweise zu anderen Raucherimages wie starken Suchtrauchern, die in Medien und Kampagnen zur gesundheitlichen Prävention als Fallbeispiele herangezogen werden. Die in der Untersuchung festgestellte relative Unschärfe in der Wahrnehmung des eigenen Konsummusters, insbesondere der gerauchten Menge an Tabak, wirkt sich aus auf die Bewertung möglicher Gesundheitsfolgen durch das Rauchen als beeinflussbares Risiko beziehungsweise einer schicksalhaften Gefahr. Beeinflussbare Krankheitsrisiken, die durch regelmäßigen Tabakkonsum ausgelöst werden, spielen sich im Rahmen des persönlichen Erfahrungsspektrums ab, d. h. es handelt sich um Erkältungskrankheiten, Schwierigkeiten mit überhöhter Magensäure oder Kurzatmigkeit werden eher als gesundheitlich nachteilige Folge von Rauchsituationen wahrgenommen. Schicksalhafte Gefahren, wie eine Krebserkrankung, treten unabhängig vom eigenen Verhalten ein, zählen nicht zu Erlebnissen aus erster Hand und entziehen sich der individuellen Beeinflussung, d. h. benötigen professionelle Fürsorge. Darüber hinaus entfalten hygienefördernde Handlungen sehr geringe sozialisierende Funktionen im Alltag meiner Befragten.

Rauscherlebnisse spielen weder in der Risikobewältigung noch in der Bedrohung durch die schicksalhafte Krebsgefahr eine Rolle. Das Wissen um biophysiologische Folgen des Rauchens und das Suchtpotenzial von Nikotin sind, was diese Studie ausschnitthaft zeigt, vollständig losgelöst von der Wahrnehmung von Krebserkrankungen, die als schicksalhaftes Geschehen vom eigenen Verhalten dissoziiert werden und Präventionsbemühungen im Alltag karikieren. Die Wahrnehmung einer Gesundheitsrelevanz des Rausches tritt in gemeinschaftlichen Rauchsituationen zugunsten von gemeinschaftsintegrativen Funktionen in den Hintergrund. Gemeinsames Rauscherleben steht in enger Verbindung mit alltagssozialisierenden Funktionen des nicht rauschhaften Rauchens. Auch wenn der Rauchstoppversuch zu einem gemeinsam festgelegten Termin (z. B. Aschermittwoch) beschlossen wird, ist Durchhalten Sache des Einzelnen. Die Voraussetzungen für den Genuss von Zigaretten leiten ebenfalls Rauscherlebnisse ein. Bestandteile des Zigarettengenusses sind ein angemessener Zeitrahmen, ein verfügbarer, legitimer und angemessener Konsumort, ein Wohlwollen oder zumindest keine Ablehnung beziehungsweise störende Sanktionierung durch Beteiligte der Rauchsituation sowie ein diszipliniertes, sozial akzeptiertes in Bezug auf den Zeitrahmen durch den Rauchenden nicht als übermäßig empfundenes Zigarettenkonsummaß.

Geschmack beziehungsweise Rauchgeruch spielen in den Beschreibungen von Genusserleben meiner Befragten eine untergeordnete Rolle. Viel wichtiger als der Geschmack des Zigarettentabaks ist die Ausgestaltung der Rauchsituation: mit einer Tasse Kaffee[931], durch eine Unterhaltung am Telefon[932], in gemütlicher Runde mit Freunden. Dem gegenüber steht das Konzept des Rausches, welches von meinen Interviewpartnerinnen eher als Folge eines versehentlichen Kontrollverlustes gesehen wird. Die männlichen Interviewpartner hingegen beschreiben ihr Rauscherleben eher

---

931 Siehe Angaben von BSM, KBD, KBW, MMB, JHM, KJM, SWB, RPM.
932 Siehe Angaben von KJM, SBB, MMB, SHM, KBD.

als bewusste Einlassung auf einen Kontrollverlust. Erlebnisanlass bietet die Atmosphäre der Rauchsituation.

Wie eingangs beschrieben bewerten Studierende ihren Nutzen von Tabak situationsabhängig als Heil-, Genuss- oder Suchtmittelgebrauch. Entsprechend belegen die vorliegenden Studienergebnisse eine kontextabhängige Bewertung von Tabakzigaretten zu heilerischen Zwecken, zu Zwecken des Genusserlebens und aus Gründen der Suchtbefriedigung. Der Heilmittelgebrauch tritt beispielsweise dann ein, wenn Stresserlebnisse beispielsweise durch gezielten Tabakkonsum bewältigt werden, eine Form der Selbstmedikation durch die Rauchenden.

Ebenso belegt und legitimiert ist das Rauchen aufgrund eines körperlich empfundenen Bedürfnisses. Der Suchtbegriff ist, ebenso wie das Verständnis von Krankheit und Erkrankung, vorrangig in der Physis lokalisiert. In den Beschreibungen ist eine Distanzierung zwischen körperlichen Bedürfnissen und dem bestimmenden Willen/ dem Denken der Rauchenden feststellbar. Der Wille diszipliniert den Körper und ermöglicht dadurch überhaupt erst das Erleben genussvollen Rauchens auf körperlicher Ebene. Das Suchtverständnis der Befragten schließt eine vollständige Beugung des Willens aus. Zwar wird bezweifelt, dass ein in der Zukunft gewünschter Versuch das Rauchen einzustellen, durch eine Steuerung durch den freien Willen gelingen kann, dennoch wird Rauchen bei älteren Menschen als charakterliche Schwäche und weniger als Bestandteil eines Lebensstils bewertet.

Das Ideal einer Rauchsituation ist in den Erzählungen der Studierenden die Genusssituation, in der psychische, physische und soziale Bedürfnisse gleichermaßen befriedigt werden. Die Interviews legen kulturell erlernte Dissoziationen von Körper und Wille, Genuss und Rausch, Sucht und Genuss, innerer und äußerer Kontrollgewalt, den Leitwerten Jugendlichkeit und gesundheitlicher Fürsorge, sowie durch eine Gegenüberstellung von physischer Körpererfahrung und biomedizinischem Körperwissen die hegemoniale Vormacht von Alltagserfahrungen frei. Verinnerlichtes Wissen über Körpervorgänge und die Wirkweisen des regelhaften Tabakkonsums, wie auch legitimierende Erzählformen über das Rauchen rücken das Erzählen zum Thema im Gegensatz zum Handeln in eine medikale Logik, die aus einer Kombination aus Informations-/Medienorientierung, Wissensorientierung und andererseits der Erzählformen und -situationen, der Kommunikationskompetenz resultiert. Grundsätzlich stehen handlungsleitende Werte jugendlichen Wissens- und Kommunikationszugewinns dem gesamtgesellschaftlichen Leitwert Gesundheit nicht gegenüber. Der im Vergleich zur Bevölkerungsmehrheit bestehende Mangel an Krankheitserfahrung stellt ein wichtiges Kennzeichen Studierender dar. Der relativ gute Gesundheitszustand erfüllt den Leitwert subjektiv hinreichend, zieht jedoch unter Studierenden gleichzeitig eine Ablehnung gesundheitlicher Fürsorgepflicht nach sich. Die Bewertung von Gesundheit ist daher einvernehmlich positiv, im Gegensatz zur Bewertung gesundheitlicher Fürsorge, die als Indikator für einen Gesundheitsmangel eher abgelehnt wird. Hygienisierung erfolgt nicht aus einer primär gesundeitsfürsorglichen Motivation beziehungsweise aufgrund einer Krankheitsvorbeugung als Handlungsmotor. Sie dient in erster Linie der Bestätigung von Geschlechtsrollenvorgaben sowie dem Erhalt des sozialen Milieustatus. Erst wenn äußere Umstände das Annehmen gesundheitlicher Fürsorge auslösen, z.B. durch Elternschaft oder Auftreten einer Allergie, wird es notwendig, das bisherige Lebensstilmuster auch auf der Handlungsebene an ein gesellschaftlich akzeptiertes anzugleichen.

Die Körperpraxis des Rauchens unterscheidet sich entlang der Geschlechtergrenzen. Die befragten Raucherinnen wurden zu Beginn ihres Konsums von Erfahrungsälteren beim Erlernen der Inhalationstechnik eher angeleitet als Raucher. Beide Geschlechter verhandeln gleichartig über das „richtige Rauchen" im jeweiligen Kontext sowie rauchbiografisch über den Wechsel vom mono- zum multifunktionalen Rauchen. Obwohl beide Geschlechter von Manipulationen ihres Körpers mit Hilfe des Rauchens (z. B. Unterdrückung von Hungergefühlen) berichten, scheinen diese von Raucherinnen auch als dauerhafte Körperpraxis eher akzeptiert zu werden. Raucherinnen und Raucher nutzen Zigaretten zur Bestätigung ihres spezifischen Geschlechtsrollenbildes. Diese Rollenbilder entsprechen insgesamt eher gegenwärtig bereits etablierten Rollenbildern als geschichtlichen Werbe- oder Filmimages von Raucher/-innen. Raucherinnen erzählen eher, sie achteten auf ihre Gesundheit, insbesondere die Ernährung, Hygiene (Oralhygiene), Haut und ihren Körpergeruch. Ihnen ist im studentischen Milieu eine feststellbare gesundheitliche Fürsorge sich selbst wie auch anderen gegenüber erlaubt, ohne dass das Geschlechtsrollenbild beschädigt wird.

Konkret erzählen Raucherinnen und Raucher eher von vereinzelten Maßnahmen, die ihr Rauchverhalten aus gesundheitlichen und hygienischen Gründen regulieren. Dazu zählen morgendliche Rauchpausen nach Rauscherlebnissen, in denen unkontrolliert Tabak meistens in Kombination mit Alkohol konsumiert wurde und die Lunge sich „dreckig" oder „verklebt" anfühlt. Die Rauchpause wirkt in diesen Fällen als befristete Gesundheitshandlung im Sinne einer körperlichen Selbstreinigung. Das erweiterte Hygieneverständnis unter rauchenden Studierenden löst ein Fürsorgeverhalten in Bezug auf den eigenen Geruchsraum aus, der sich insbesondere auf die private „Box" des Schlafraums bezieht, die gelüftet und zeitlich restriktiver beraucht wird als andere Bereiche des Wohnraums. Der direkte körperliche Geruchsraum (Körper und Körperhülle) werden in den Gesprächen mit Raucherinnen eher zum Gegenstand als in denen mit Rauchern. Nur vereinzelt berichten Raucherinnen von aktiven Elementen ihres Rauchverhaltens, die von ihnen in direkten Zusammenhang mit der Gesundheit gestellt wurden. Darunter fällt das Eindrehen von zwei Filtern in die Zigarette, leichtes Drehen mit wenig Tabak, „leichtes Rauchen" sowie die Inanspruchnahme einer professionellen Zahnreinigung, deren Auslöser nicht Zahnstein sondern Zahnverfärbungen waren, die auf den Tabakgenuss zurückgeführt werden. Für beide Geschlechter gilt, dass sportliche Aktivitäten seit Studienbeginn nicht regelmäßig ausgeübt werden, körperliches Leistungsvermögen jedoch auch ohne konkretes gesundheitliches Fürsorgehandeln vorrätig zu sein scheint.

Die Tabakkonsumpraxis im Studienalltag gestaltet sich auf dem Campus vermehrt durch medikales *Spacing* von institutioneller Seite. Die Ausgestaltung von Rauchsituationen wird angetrieben durch die Reglementierung der Hochschulleitungen beziehungsweise der Studentenwerke, die grundsätzlich über die Raumnutzungsmöglichkeiten auf dem Campus verfügen, beispielsweise durch Installation von Raucheräumen auf dem Fakultätsgelände oder durch die Deinstallation von Aschebehältnissen in Hörsälen und Übungsräumen. Auf der anderen Seite formieren sich rauchende Hochschulangehörige in diesen medikalisierten Landschaften in vier unterschiedlichen Formen: Rauchinseln, Transiträume, Multifunktionsflächen und umgenutzte Separees.

Rauchinseln sind durch einen eindeutig zugewiesenen und abgegrenzten Ort gekennzeichnet, in dem Rauchende verschiedener sozialer Hierarchiestufen die vorhandene akademische Statushierarchie bestätigen. Statushöhere (Tutoren, Lehrkräfte, Fachschaftsangehörige) haben auf Rauchinseln mehr und einfacheren Zugang zu kleinteiligen Kommunikationsräumen als rangniedrigere Raucher/-innen, denen Zugang zu Kommunikationsräumen von ohnehin bekannten Statusgleichen (gleiches Studienfach, gleiches Semester etc.) gewährt wird. Statushöhere fungieren wie auch im rauchfreien Studienfachalltag als *gatekeeper*, ihre Statusposition ist anhand der Anzahl ihrer Netzwerkzugänge zwischen unterschiedlichen Kommunikationsräumen erkennbar. Die Teilnahme an Kommunikationsräumen auf Rauchinseln allein kann nicht zur eigenen Statuserhöhung genutzt werden.

Neben Rauchinseln bildet sich im Transitbereich von Gebäudezugängen häufig eine Rauchszenerie aus. Wie auf den Rauchinseln machen Studierende durch die Nutzung der Transitbereiche ihr Rauchverhalten öffentlich und vervielfachen potenzielle Kommunikationsmöglichkeiten (demonstrative Ansprechbarkeit) mit ihnen bekannten Raucher/-innen und Nichtraucher/-innen. Im Gegensatz zu den Rauchinseln sind Transitbereiche mehrfach genutzte Orte die regelmäßig durchkreuzt werden, an denen nicht vornehmlich geraucht, sondern auch telefoniert, gegessen, pausiert etc. wird. Die dritte öffentliche Raumform des Rauchens auf dem Campus stellt die Multifunktionsfläche dar, eine unscharf abgegrenzte Fläche, ohne Konzentration des Rauchgeschehens auf eventuell vorhandene Aschenbecher, wenn diese überhaupt installiert sind. Die vierte Raumform, die im Rahmen der Studie herausgearbeitet werden konnte, ist das umgenutzte Separee. Das Separee ist entweder nur schwer zugänglich oder nicht einsehbar, an Seiten von Gebäuden, Parkflächen oder auf einer Dachterrasse. Der zum Rauchen genutzte Raum wird durch *gatekeeper* zugänglich gemacht und stellt einen absichtlich geschützten, häufig ruhigen Kommunikationsraum für die Rauchenden dar. Dieser Rauch- und Kommunikationsraum wird durch seine Nutzer/-innen mit Aschenbechern und gegebenenfalls Bestuhlung selbst eingerichtet und dadurch umgenutzt. Er dient, ungleich zu anderen Kommunikationsräumen, eher der Bestätigung und Verstetigung eines kleinen, bestehenden Netzwerkes und legt wenig Wert auf netzwerkübergreifende Sichtbarkeit. In Abhängigkeit der vier ortsfesten Formen sozialer Rauchsituationen auf dem Hochschulareal kann von differenzierbaren Funktionstendenzen ihrer kommunikativen Teilräume ausgegangen werden. Auch hier ist zu beachten, dass ortsfeste Rauchräume mannigfache Funktionen erfüllen können, in jedem Fall aber einen passenden Kontext für Rauchgenuss bereithalten. Tendenziell stellen Rauchinseln und Transiträume Bühnen zur Ausgestaltung der Raucher/-innenrolle dar, in denen sich Genussperformances und Regeln der Rücksichtnahme beim Rauchen etablieren. Diese Situationen entfalten daher in Hinblick auf Körperlichkeit sowie den Kommunikationsraum eine stärkere normierende Wirkung als Rauchen im Kontext von Multifunktionsflächen. Umgenutzte Separees entfalten aufgrund ihrer limitierten Zugänglichkeit dem gegenüber hinsichtlich ihrer Benutzung einen entsprechend erhöhten Normierungseffekt.

Die Analyse konnte drei maßgebliche Kennzeichen der Quellen herausarbeiten, durch die Bewertungs- und Orientierungsdifferenzen hervortreten. Präventivmedizinisches Hintergrundwissen spielt in der Bewertung gemeinschaftlicher Rauchsituationen eine nachgeordnete Rolle. Formell stellt der Erzähltyp Rechtfertigungserzählung das Gesagte jedoch in den Kontext der Medikalisierung und verdeutlicht gleichzeitig die Rezeption von biomedizinischem Risikowissen. Erzählen über Rauchen stellt daher eine Quellenkategorie dar, die Teil medikalkultureller Logik ist. Dennoch gilt dies für die Handlungsrealität des Rauchens nicht in gleichartig konstanter Weise, da das soziale Situationsgefüge sie überschreibt. Gesundheitliches Fürsorgehandeln wird durch die Handlungsrealität bewusst marginalisiert, der Leitwert Gesundheit jedoch nicht angegriffen, da Gesundheit (in ihrer Definition vorrangig körperliche Gesundheit) als Ressource in der Wahrnehmung studentischer Raucher/-innen verfügbar ist.

IV. Schlussteil – Diskussion der Ergebnisse

Im medialen Gesundheitsdiskurs der Gegenwart ist die Zigarette zu einer „Obszönität"[933] geworden, zu einem symbolischen Antipoden präventivmedizinischer Zielstellungen[934], welche uns drohende Krebsgefahren permanent in Erinnerung rufen. Die Bedeutung medizinischen Risikowissens dehnt sich in der Gesellschaft aus: Gesundheitswissen dient als wissenschaftsbasierter Informant, ist Teil individueller Erfahrungen von medialen, politischen und wissenschaftlichen Diskursen. Aus Sicht gesundheitspolitischer Akteure ist ein Verzicht auf Tabakgenuss ein essenzieller Beitrag zur Sicherstellung langlebiger Gesundheit. Dennoch stößt die Deutungshoheit gesundheitlichen Wissens im Alltag an eine Grenze der Praktikabilität. Etwa ein Drittel der in Deutschland lebenden 25- bis 69-jährigen Erwachsenen konsumierte im Jahr 2006 regelmäßig Tabakprodukte.[935] Unter Gymnasiasten und Studierenden liegt der Anteil bei rund einem Fünftel, Tendenz fallend. In Anbetracht des verbreiteten Gesundheitswissens über mögliche Schädigungen, welche durch das Zigarettenrauchen verursacht werden können, unterliegt die Alltagspraxis des Rauchens offensichtlich anderen handlungsleitenden, kulturimmanenten Faktoren. Stehen diese Faktoren für Rauchende außerhalb gesundheitsbezogener Verhaltensregeln?

Ausgehend von einer paradigmatischen soziokulturellen Dissonanz in Bezug auf Präventionsvorstellungen[936] suchte die vorliegende Studie nach Erklärungen für eben jene Bewertungsdifferenzen am Beispiel des Zigarettenrauchens. Das Hauptaugenmerk lag auf der Frage, inwiefern Studierende ihr Wissen über gesundheitliche Folgen des Tabakrauchens wie auch ihr Rauchverhalten in einem medikalisierten Zusammenhang zwischen Gesundheit und Krankheit verorten. Exemplarisch sollten Praktiken und Logiken in einem Milieu jugendkultureller Dynamik freigelegt werden, welche gegenwärtige Tabakkonsummuster in ihren Sinnbezügen erläutern.

Der feldimmanente Bezugsrahmen zur Positionierung des Rauchverhaltens in studentischen Lebenswelten bildet sich zwischen Sucht-, Genuss- und Rauscherleben ab. Mithilfe von Feldbeobachtungen und einer strukturierten Befragung sollte herausgestellt werden, ob und auf welche Weise der Bezugsrahmen dennoch einen Positionierungszwang gegenüber gesundheitsbezogenen Verhaltensregeln vorhält beziehungsweise über eindeutig medikalisierte Sinnproduktionen hinaus geht. Aushandlungsprozesse zwischen Rauchenden und Zigaretten wurden durch eine relational-materielle Perspektive betrachtet. Diese sollte Auskunft über die Verankerung von Handlungsträgerschaften im Zusammenspiel der kulturellen Ordnungsmuster Sucht, Genuss und Rausch geben. Abschließend galt es festzustellen, inwiefern Unterscheidungen zwischen Wissen und Erfahrungen sowie die gegenwärtig im Feld praktizierte Kontextualisierung des Zigarettenrauchens durch Genuss, Rausch und Sucht, die angesprochene Dissonanz von Präventionsvorstellungen hinreichend erklären können.

Für die Auswahl des Untersuchungsfeldes spielten die darin vermuteten Zugänge zu spezialisierten Wissensbeständen, Konsumorientierungen und körpertechnischen

---

933 Vgl. Schmieder: Verflüchtigung der Rauchzeichen (2002), S. 106 f.

934 Vgl. Wolff: Moderne Diätetik (2010), S. 170.

935 Vgl. Tabakatlas (2009), S. 29.

936 Vgl. Lengwiler/Madarász: Präventionsgeschichte (2010), S. 16.

Praktiken eine Rolle. Ein Kennzeichen des Studienfeldes ist darüber hinaus, dass Raucher/-innen unter den Studierenden im Vergleich mit anderen jugendkulturellen Milieus in geringerer Anzahl zu finden sind. Unter Berücksichtigung der Besonderheiten, die das Untersuchungsfeld Rauchen in Form einer starken medizinisch-gesundheitspolitischen Überformung für die handelnden Akteure im Feld und mich selbst als Forschende birgt, wurden zwei hauptsächliche Quellenarten zur Beantwortung der Forschungsfrage nach einem sachgemäßen Umgang mit der Tabakware Zigarette herangezogen: Ratgebertexte tabakpräventionspolitischer Akteure sowie die neben der teilnehmenden Beobachtung entstandenen themenzentrierten Interviewgespräche.

Die im Fach etablierten Ansätze der Genussmittelforschung, Medientextanalyse und systematische Interviewanalyse wurden mit Blick auf körper-, medikal- und jugendkulturelle Inhalte zur Bewertung der empirischen Befunde zusammengeführt. Die Quellengattungen ermöglichen einen Einblick in ein Alltagsgeschehen aus vier sich ergänzenden Perspektiven: dem präventionspolitisch gewünschten, medial vermittelten Bild vom Rauchen beziehungsweise Nichtrauchen; dem beobachtbaren Phänomen des Rauchens in studentischen Lebenswelten; sowie schließlich der Erzählung und der Deutung durch die Rauchenden selbst, die die Sinnzusammenhänge ihres Verhaltens in Beziehung setzen. Medientexte, teilnehmende Beobachtung und Interviews sowie die herangezogene Graue Literatur wurden mittels einer Methodenkombination untersucht, wobei die Verknüpfung der einzelnen Ergebnisse zur Untersuchung des Zigarettenrauchens, seinen Erscheinungsformen in hochschulischen Rauchlandschaften sowie seiner Sinnzuschreibungen durch die Akteure im Vordergrund stand. Ratgeber- beziehungsweise Medientexte galten als Repräsentationsformen biomedizinischer Wissensbestände und präventivpolitischer Ansinnen.

Auf Grundlage der Arbeiten Hengartners zu einer Volksunde der Genussmittel[937] reflektiert der Auswertungsteil das Zigarettenrauchen aus den Perspektiven des kulturellen Dinggebrauchs, der Aneignung von Konsumpraktiken und Körpertechniken, der zeitlichen und räumlichen Dimensionen in Hinblick auf Rauchbiografiekonstruktionen, sozialer Rhythmisierung und Synchronisierung sowie insbesondere hinsichtlich gesundheitlicher Fragestellungen. Die Geschlechterperspektive wurde darin querschnittlich berücksichtigt. Das Quellenmaterial erforderte eine Ergänzung von Hengartners Untersuchungskategorien um tabakspezifische Gesichtspunkte, u. a. um Aspekte der Fremd- und Selbstbenennung als Rauchende, um die Dynamik in ortsfesten Rauchsituationen auf dem Hochschulgelände, um den Blick auf Körper- und Hygienevorstellungen wie auch um eine erzähltextliche Perspektive zur Differenzierung zwischen Wissen, Handeln und Bewerten in den Interviewquellen.

Welche Präventionsvorstellungen liegen in Bezug auf Tabakkonsum in den Quellen vor und worin unterscheiden sie sich? Zielstellungen gesundheitsorientierter Präventionsmaßnahmen sind Mäßigung beziehungsweise Verzicht auf u. a. Verhaltensweisen in den Bereichen Ernährung, Tabakkonsum, Alkoholkonsum und Sport, die sich nachteilig auf die individuelle Gesundheit auswirken könnten. Zigarettenrauchen wird in der Medienöffentlichkeit gegenwärtig als eine von mehreren Alltagsverhaltensweisen diskutiert, die augenfällig präventionsmedizinische Zielsetzungen torpediert. Grund dafür ist die Annahme, Rauchen sei mit gesundheitsorientierten Lebensweisen nicht

---

937 Hengartner: Tabakkonsum und Rauchen (1996) sowie ders.: Tabak (2001).

vereinbar. Durch den Kausalitätsnachweis bei bestimmten Krebserkrankungen, und nicht zuletzt durch den suchtauslösenden Inhaltsstoff Nikotin, wurde Tabakkonsumverhalten zum Gegenstand des gesundheitspolitischen Diskurses. Dabei wird anhand von Ratgebertexten deutlich, dass die Verantwortung im Umgang mit institutionell empfohlenen Verhaltensweisen auf der Seite der Individuen liegt. Diese Perspektive rückt individuelle Gesundheit in die Nähe der eigenen Verantwortung[938] und Gestaltungsmacht – eine sich ausdehnende Sichtweise, die die Medikalkulturforschung als Responsibilisierung von Individuen diskutiert.[939] Dieser Ansatz, der sich unter medizinischen, psychologischen und epidemiologischen Akteuren nach Mitte des 20. Jahrhunderts durchsetzte, verortet regelmäßiges Rauchen (Inklusion durch Exklusion) als gesundheitsriskantes Verhalten im individuellen Handlungsspektrum.

Präventionspolitik behandelt das Zigarettenrauchen als eines ihrer zentralen Themen, während die Medizin den Verbrauch von Tabakprodukten nicht grundsätzlich als Krankheit klassifiziert, der „schädliche Gebrauch"[940] von Tabakprodukten jedoch sehr wohl im internationalen Klassifikationssystem für Krankheiten und verwandte Gesundheitsprobleme verzeichnet ist. Die medizinische Definition des schädlichen Tabakgebrauchs beziehungsweise eines sich daraus entwickelnden Abhängigkeitssyndroms beschreibt eine Verhaltensweise, welche in erster Linie aufgrund der regelmäßigen Verbrauchsmenge sowie vorrangigen Bedeutung des Konsums klassifiziert und als Suchtkrankheit taxiert wird.[941] Dies erklärt sich durch die Tatsache, dass das statistische Krebserkrankungsrisiko entsprechend dem Tabakkonsumvolumen errechnet wird. Demgegenüber betont beispielsweise die Deutsche Hauptstelle für Suchtfragen[942], dass es keine Konsumuntergrenze gebe, unter welcher Tabakinhalte unschädlich seien. Dadurch ist fraglich, ob es neben dem schädlichen Gebrauch von rauchbaren Tabakprodukten auch einen aus medizinischer Sicht richtigen, unschädlichen Umgang mit nikotinhaltigen Rauchwaren gibt und gegen welche Gebrauchsweise sich die Ratgeber und Informationsbroschüren vorrangig wenden.

Die gegenwärtige Konjunktur an Ratgeberliteratur weist auf gesellschaftliche Unsicherheiten im Umgang mit Alltagsanforderungen hin.[943] Die vorliegende Studie stellte im Rahmen einer Analyse von Ratgeber- und Informationstexten heraus, wie diese anhand von gesundheitlichen Risikowissensbeständen psychische und physische Abbilder von Rauchenden, Nichtrauchenden und ehemals Rauchenden normativ konstruieren. Eine Überprüfung der Nutzungseffekte der Texte beziehungsweise Rezeptionsmuster der Quellen zählte nicht zur engeren Fragestellung der vorliegenden Untersuchung und wurde nicht nachverfolgt. Die Auswertung fokussierte die oben genannten Konstruktionen, die als Repräsentationsformen von devianten Verhaltensmodellen und gesundheitsfördernden Handlungsempfehlungen exemplarisch Auskunft über institutionelle Projektionen von gesundheitlich riskanten beziehungsweise fördernden Verhaltensweisen geben.

---

938   Vgl. Beck-Gernsheim: Gesundheit und Verantwortung (1994), S. 328.

939   Vgl. Wolff: Moderne Diätetik (2010).

940   Vgl. ICD-10-GM: Psychische und Verhaltensstörungen durch Tabak F17.1.

941   Vgl. ICD-10-GM: Psychische und Verhaltensstörungen durch Tabak F17.2.

942   Vgl. Tabak – Basisinformationen, S. 24.

943   Vgl. Heimerdinger: Alltagsanleitungen (2006), besonders S. 61.

In Anlehnung an die Gesundheitsdefinition der Weltgesundheitsorganisation operieren die untersuchten Texte mit einem Gesundheitsverständnis des körperlichen, geistigen und sozialen Wohlbefindens. Zu bedenken ist jedoch, dass die Normwerte, die sich in der modernen Gerätemedizin etabliert haben und die zur Bewertung von „individuellen" Befunden, beispielsweise eines Blutbildes, herangezogen werden, sich unter der Prämisse methodischer Standards im Laufe der Medizingeschichte durchgesetzt haben und immer den aktuellen Stand der wissenschaftlichen Kenntnis objektivieren. Die Validität der Testmethoden ist darum ebenso ein wissenschaftliches Konstrukt, welches in der modernen Wissensgesellschaft Wahrhaftigkeit suggeriert, wie auch die Darstellung von Wirkmechanismen von Medikamenten, die sich nach den neuesten Erkenntnissen richten und dadurch eine gemeinschaftliche Konvention realer Klassifizierung von Krankheit erst hervorbringen.[944] Die untersuchten Medientexte adressieren geistiges und soziales Wohlbefinden als Angelegenheiten des Einzelnen. Die Ratgeber bilden normierte Vor- und Abbilder responsibilisierender Verhaltensweisen in Gesundheitsfragen ab. Dabei entwickelt sich ein unerwünschtes Risikoverhalten zu einem individuellen Charakterzug. Verhaltensweisen, die nicht der Gesundheitsförderung dienen, erhalten dadurch eine Form personifizierter Stigmatisierung. Die klare Botschaft an Leserinnen und Leser der Hefte vermittelt: Rauchen zerstört Gesundheit und Körper. Die Adressaten werden daher eingeladen, das Rauchen als eine Abhängigkeit zu verstehen.[945] Bild und Text erlangen mit dieser Hauptaussage eine verbindende Funktion zwischen biomedizinisch normierten Raucher/-innenabbildern und gesundheitspolitischen Zielsetzungen.

Rauchmotivationsbeschreibungen finden sich vorrangig in psychosozialen Problematisierungen, wobei diese kaum abseits medikaler Erklärungsansätze stehen. Rauchende sähen aufgrund charakterlicher Schwächen keine andere Möglichkeit, sich auf anderem Wege sozialintegrativ zu verhalten, und seien darüber hinaus Opfer von Manipulationen der Tabakindustrie. Eine erhöhte Risikobereitschaft kennzeichne Rauchende im Jugendalter, die sich aus Zwängen ihrer etablierten sozialen Rolle zu befreien suchten beziehungsweise der Langeweile des Alltags entfliehen wollten. Neben jugendlichem Gruppendruck und Integrationswünschen in *peer groups* repräsentieren innere Konflikte, Aggressionen und unbewältigte Probleme präventionspolitisch modellierte Rauchmotivationen. Zigarettenrauchen gilt darin als gesellschaftliche Provokation und bewusste Wahl einer möglichen Verhaltensform aus dem Spektrum devianter Verhaltensweisen. Explizit problematisieren die Ratgebertexte, dass

---

944 Zur Kritik von Weber an der Konstruktion von Wahrheit und Realität in der Medizingeschichte vgl. Collyer, Fran M.: Max Weber, historiography, medical knowledge, and the formation of medicine (Electronic Journal of Sociology 2008), S. 1–15. Beispielsweise ist bis heute nicht genau geklärt, auf welche Weise der Wirkstoff Aspirin Schmerzen lindert. Die „blutverdünnende" Wirkung ist bekannt, jedoch hängt eine Verdünnung des Blutes nicht zwangsläufig mit der Reduktion von Schmerzen im Kopf zusammen. (In anderen Körperteilen ist die Schmerzempfindlichkeit nach der Einnahme von Aspirin im Übrigen nicht reduziert.) Auf diese Weise erklären sich auch die Argumentationsmoden der Medizin bis heute. Auslöser von Syndromen/Krankheitsursachen sind wissenschaftlichen Moden unterworfen, wie auch Argumentationsgänge (dies gilt prinzipiell für jede Wissenschaft). Einige Beispiele dafür aus den vergangenen Jahren sind hormonell verursachte Krankheiten, genetische Prädispositionen oder soziokulturelle Verhaltensweisen, die zu einer Akkumulation von „Risikofaktoren" führen.

945 BZgA: „Ja, ich werde rauchfrei!", S. 8.

Rauchende mit emotionalen oder sozialen Konflikten nicht auf andere Weisen damit umgehen können und dadurch zur Zigarette greifen.

Durch Schilderungen physischer Denaturalisierung, unzureichender Strategien, mit alltäglichen Problemen oder Stressbelastungen umzugehen, und Beschreibungen hässlicher beziehungsweise monströser körperlicher Erscheinungsformen, lassen die Texte keinen Zweifel daran, dass es sich bei ihrem Adressatenkreis um Suchtkranke handelt. Körperlich charakterisieren einige Ratgeber- und Informationstexte Rauchende in monströser Andersartigkeit: „Raucher erkennt man an gelben Zähnen und schlechter Haut."[946] Das äußerliche Erscheinungsbild erscheint in den Quellen in normabweichender Phänomenologie, welche sie kausal ausschließlich auf den gesundheitsriskanten Tabakkonsum zurückführen. Da die Texte häufig zu Beginn des Konsums einen denaturalisierenden Prozess in Form einer biografisierten Pathogenese („Raucherbiografie") beschreiben („Kein Mensch wird als Raucher geboren."[947]), wenden sie sich nicht nur gegen den in ihren Augen schädigenden Gebrauch von Zigaretten, sondern gegen die Rauchenden selbst. Rauchende zeigten sich durch ihr deviantes Verhalten der geltenden Werteordnung in Bezug auf Gesundheit und gegenüber gesundheitsfördernden Körperpraktiken abgewandt. Ein Zustand, der erst durch eine erfolgreiche Bewältigung des Tag X, des Tages, an welchem ein Rauchstoppversuch unternommen wird, aufgehoben werden kann und dadurch eine vollständige Wiedereingliederung in die Wertegemeinschaft (Leistungsbereitschaft, Gesundheit etc.) ermöglicht.

Einen unschädlichen Gebrauch von Tabakprodukten skizzieren die untersuchten Quellen nicht. Die Ratgeber fordern Rauchende daher auf, mehr Verantwortung für ihr körperliches, soziales und geistiges Wohlbefinden zu übernehmen. Damit fördern und repräsentieren die untersuchten Informations- und Ratgebertexte ein responsibilisierendes Gesundheitsverständnis, in welchem Individuen angehalten sind, die eigene Gesundheit aktiv herbeizuführen und zu erhalten.[948] Der dominierende Leitwert Gesundheit tritt darin einen Schritt zurück hinter seine operationalisierende Schwester, der Gesundheitsfürsorge. Erst der Aspekt der Fürsorge impliziert einen konkreten Auftrag zu gesundheitsfördernden Verhaltensweisen. Selbst wenn noch keine Krankheit vorliege, verliere die Notwendigkeit der Gesundheitsförderung nicht an Dringlichkeit.[949]

Demgegenüber entwerfen die Ratgeber ein idealisiertes Bild von Nichtrauchenden, die einem alters- und geschlechtsrollenkonformen körperlichen Ideal entsprechen (z. B. gesunde Haut). Durch mehr Geld und weniger Stress seien Nichtrauchende

---

946 Vgl. Kapitel II.3.1. Abbilder von Raucherinnen und Rauchern.

947 Vgl. ebd.

948 Vgl. Beck-Gernsheim: Gesundheit und Verantwortung (1994), S. 319. Hintergrund dafür ist die Entwicklung liberalisierter und individualisierter Marktgesellschaften, in denen gesundheitlich-körperliche Leistungszwänge zur Selbstpositionierung innerhalb des Systems bestehen und darüber hinaus Subsistenzgrundlage sind.

949 Die Dringlichkeit, sich seiner Bewertung des Werts der Gesundheit durch gesundheitliche Fürsorgepraktiken zu versichern, stellt sich in Verhaltensformen unter studierenden Rauchern nur in engen Grenzen ein. Hervorzuheben ist in diesem Zusammenhang die Rauchpause, eine zeitlich begrenzte Unterlassung des regelmäßigen Rauchverhaltens. Vgl. hierzu Kapitel III.2.5 Dimensionen von Medikalisierung, insbesondere III.2.5.2.4 Gesund handeln.

zudem in die Lage versetzt, eigene Entscheidungen treffen zu können.[950] Ferner kontrastieren Ratgebertexte Tabakgenuss mit sportlichen Aktivitäten, Wassertrinken und Ernährungsvorschlägen im Sinne von gesundheitsfördernden Verhaltensweisen. Wie auch im Fall des unerwünschten Verhaltens lassen sich in den untersuchten Texten Übertragungsmechanismen von Verhaltensweisen auf charakterliche Eigenschaften im Sinne von Identitätsmerkmalen feststellen. Entsprechend rufen die Beratungsmedien ihre Nutzerinnen und Nutzer dazu auf, die Raucheridentität abzulegen und sich eine neue Nichtraucheridentität anzueignen. Beides sei über Verhaltensanpassungen realisierbar, welche in Bezug auf textimmanente Präventionsvorstellungen ausschließlich responsibilisierende Vorstellungen aufgreifen.

Deutungs- und Sinnkontexte der dargestellten Verhaltensweisen lassen, wie vermutet, nur einen Deutungshorizont zu: notwendige Änderungen der Persönlichkeit und des Verhaltens im Alltag durchzuführen, um eine wertdeviante Suchtverhaltensweise abzulegen. Mit Blick auf das Verhältnis von individueller Freiheit und gesellschaftlicher Kontrolle impliziert der responsibilisierende Ansatz einer Nikotinabhängigkeit, dass die Handlungsträgerschaft vom Handelnden auf das Tabakprodukt übergegangen war und nun wieder zurückgeführt werden soll.[951] Die Befragung zeigt jedoch ein heterogenes und differenziertes Konzept von Gesundheit, welches temporäre leibliche Dysfunktionen durchaus einschließt. Die Bewertung der allgemeinen körperlichen Leistungsfähigkeit, vor dem Hintergrund von Körpererfahrungen, bildet die Grundlage dafür. Im Gegensatz zu den rauchenden Interviewpartnerinnen und -partnern verwenden die Ratgebertexte eine Terminologie, die das Zigarettenrauchen auf dem Kontinuum zwischen Gesundheit und Krankheit deutlich weiter in Richtung eines Krankheitsverständnisses rückt. Dort ist von „Tabakabhängigkeit", „Entzugserscheinungen", „Hilfe zur Bekämpfung ihres Rauchbedürfnisses", „Invalidität" oder „Entwöhnungsstrategien" die Rede. Bewertungsinkonsistenzen treten aufgrund des Entstehungshintergrundes der Texte nicht auf. Die beschriebenen Statuspassagen, die im Zuge der individuellen Konsumgeschichte durchlebt werden, unterteilen sich weniger durch einen Zugewinn an Gebrauchsvariationen (Genussbestätigung, Herstellung von Eigenzeit, Beruhigung, Rauscherleben etc.), sondern entwerfen mit zunehmendem Alter ein stetig ansteigendes Konsumvolumen.

Während Ratgeber und Broschüren gegen den Tabakkonsum sich mit einer Modellierung des Rauchens als Suchterkrankung befassen, bleibt die Eventualität anderer Gebrauchsmotive von Tabak unerwähnt. Ebenso unerwähnt in den Ratgebern bleiben andere Konsumformate: gesundheitliche Risiken des Pfeiferauchens oder Zigarrerauchens werden, wenn überhaupt, nur als Randnotiz erwähnt. Pfeifen- und Zigarrentabak machen rund 3% der industriellen Tabakverarbeitung aus und gelten viel mehr als Genuss- denn als Suchtmittel. Eine Stigmatisierung körperlicher oder psychischer Kennzeichen, wie für Zigarettenrauchende dargelegt, ist im Rahmen der Ratgebertexte daher für andere Konsumformate nicht festzustellen. Eine trennscharfe Linie, wann schädlicher Gebrauch durch Tabak einsetzt beziehungsweise ab wann ein Abhängigkeitssyndrom therapeutischer Behandlung bedarf, im Sinne einer Verhaltensumsteuerung, nicht einer medizinischen Therapie, geht aus dem vorliegenden

---

950 Vgl. Kapitel II.3.3 Darstellungen von Nichtrauchenden und Passivrauchenden.
951 Vgl. Latour: Die Hoffnung der Pandora (2002), S. 327 ff.

Ratgeber- und Informationsmaterial nicht hervor. Es ist anzunehmen, dass es einen unschädlichen und richtigen Umgang mit Tabak demzufolge aus Perspektive der Krebs- und Tabakprävention nicht geben kann, wenngleich höhere Konsummengen pro Tag interventionsbedürftiger erscheinen als geringere Mengen.

Interviewpartner und -partnerinnen thematisierten durchgängig ihr Konsumpensum im Rahmen der Gespräche über das Rauchen. Die Konsummengen variierten in allen Fällen pro Tag (teilweise beträchtlich zwischen null und über 20 Zigaretten) und sind häufig anlassabhängig. Ein hohes Konsummaß steht dabei für Studierende beider Geschlechter entweder in Zusammenhang mit dem Erleben von privatem oder studienbedingtem Stress, oder einem Entgleisen von Genusssituationen in Rauschzustände, die zusätzlich durch Alkoholkonsum gesteigert werden. Die Klassifizierungen der Befragten stellen relative Mengenangaben dar. Häufig konnten die Interviewten auf meine Nachfrage, wie viel den „Viel" oder „nicht Viel" sei, keine konkreten Konsummengen angeben. Symbolischen Wert erlangt die Verbrauchseinheit einer Zigarettenschachtel (mit 19 bis 25 Zigaretten), die häufig stellvertretend für hohes beziehungsweise exzessives Konsumvolumen „an einem Abend weggezogen" wird. Die tatsächlichen Verbrauchsmengen weichen wahrscheinlich ab. Diese Unschärfe erklärt sich aus einem routinierten Handlungsautomatismus, dessen Bedeutung durch häufige Wiederholungen erodiert und die tatsächlich gerauchte Zigarettenanzahl verbirgt.[952] Orientierungspunkte der Bewertung von Konsummengen stellen für die Befragten einerseits das eigene Rauchpensum zu einem früheren rauchbiografischen Zeitpunkt dar, andererseits besondere erinnerungswürdige Rauch-, Körper- oder Situationserfahrungen oder aber das Konsummaß von Mitrauchenden im Vergleich zum eigenen Verbrauchsquantum (z. B. aus dem Kreis der Kommilitonen) beziehungsweise zu anderen Raucherimages wie starken Suchtrauchern, welche Medien und Kampagnen zur gesundheitlichen Prävention als Fallbeispiele heranziehen. Die zeitliche Struktur des Studiums und des Studienalltags bietet einen groben zeitlichen Rahmen zur Gestaltung von Rauchsituationen beziehungsweise zur Bemessung von Tabakverbrauchsmengen. Wie fügt sich die Zigarette in die Semesterplanung, die fachlichen und formellen Leistungsanforderungen durch Klausurtermine und Hausarbeiten ein? Nutzwerte des Zigarettenrauchens im Feld bestehen in der Überbrückung von Leerlaufzeiten; darin, Zeiträume für sich selbst zu schaffen; Zeiträume für fachlichen Austausch und Beratungen in den Pausen zu gestalten; Kommunikationsbereitschaft zu signalisieren; insbesondere durch Genussrauchen keinen gestressten Eindruck zu machen, seine Lernphasen durch kontrolliertes Genussrauchen in festgelegten Pausenabständen zu rhythmisieren.

Die in der Untersuchung festgestellte relative Unschärfe in der Wahrnehmung des eigenen Konsummusters, insbesondere der gerauchten Menge an Tabak, wirkt sich auf die Bewertung möglicher Gesundheitsfolgen durch das Rauchen aus. Beeinflussbare Krankheitsrisiken, die durch regelmäßigen Tabakkonsum ausgelöst werden, spielen sich im Rahmen des persönlichen Erfahrungsspektrums ab, d. h. es handelt sich bei den benannten gesundheitlichen Folgen des Tabakkonsums um Erkältungskrankheiten, Schwierigkeiten mit überhöhter Magensäure oder Kurzatmigkeit. Schicksalhafte Gefahren wie Krebserkrankungen treten demgegenüber in den Erzählungen entweder

---

952 Vgl. Lehmann: Bewusstseinsanalyse (2007), besonders S. 277.

verhaltensunabhängig oder in linearer, unausweichlicher Folge des Rauches ein. Konsumbedingte Krebserkrankungen zählen unter den Befragten nicht zu Erlebnissen aus erster Hand und entziehen sich der individuellen Beeinflussbarkeit, d. h. benötigten professionelle medizinische Fürsorge. Die Möglichkeit einer Krebsdiagnose bewerten alle Interviewten als ein schicksalhaftes Erlebnis.

Die Quellen weisen in Hinblick auf den Zigarettenkonsum disparate Präventionsvorstellungen auf: In den Ratgebern gelingt ein akzeptabler Umgang mit der Gesundheit nur dadurch, das Rauchen aufzugeben, während die Befragten mittels Selbst-Disziplinierung und sozialer Kontrolle ihr Rauchen ausdrücklich in Zusammenhang mit einem idealisierten Genussverständnis bringen und sich dadurch kulturell gegen den Verdacht absichern, an einer Suchterkrankung zu leiden. Das annehmbare Gesundheitsverhalten geht in den Ratgebern weit über den Rauchstopp hinaus. Eine Absage an die Zigarette ist darin der erste Schritt hin zu einem fürsorglichen Lebensstil. Diese (aktiven) gesundheitlichen Fürsorgepraktiken hingegen spielen in Lebenswelten der Studierenden nur eine geringe Rolle.

Welche Dynamiken kennzeichnen die ungleichen Präventionsvorstellungen? Zwei zeithistorische Entwicklungen wirken auf die gegenwärtige Bewertung von Gesundheit in unserer Gesellschaft ein: zum einen die säkularisierte Fokussierung auf das Irdische, zum anderen die liberal-kapitalistische Wirtschaftsordnung. Auswirkungen dieser Prozesse manifestieren sich in Heilserwartungen gegenüber einer (guten) Gesundheit sowie in Leistungszwängen, für seine Gesundheit zu sorgen. Denn diese bildet die Grundlage des Individuums, sich in ökonomisierenden Wirtschaftsformen behaupten zu können. Gesundheit wird in individualisierten Gesellschaftsformen vom „Geschenk Gottes" zu einer „Aufgabe und Leistung des mündigen Bürgers. Er muß sie hüten, überwachen und pflegen"[953]. Die Befähigung, aus einer Pluralität nebeneinander bestehender Sinnelemente auszuwählen und sie mit Bestandteilen vorhandener Präferenzen sinnvoll zu verbinden, bildet sich im Rahmen augenblicklicher Zwänge und Freiheiten des Studienalltags heraus. Der unschädliche Umgang mit der eigenen und der Gesundheit Anderer gewinnt in erster Linie durch Sichtbarkeit auf der körperlichen Ebene an Symbolwert.

Interviews und informelle Gespräche konnten zeigen, dass gegenwärtig Praktiken und Bewertungen des Zigarettenrauchens im Studierendenmilieu von logisch-rationalen Erklärungs- und Bewertungsmustern abweichen und einer fragmentierten, endogenen Logik im Feld folgen. Die Befragten verbinden dabei teils widersprüchliche Logiken in komplexen Sinnsystemen, in die Kontroversen mit geringen Schwierigkeiten integriert werden können, da Alltagshandeln, Wissensbestände und wertendes Erzählen über das Rauchen nur lose beziehungsweise situativ miteinander verknüpft sind. Insbesondere auf der Handlungsebene passen sich orientierungsgebende Faktoren in das situative Geschehen ein und stiften darin eine kontextgebundene Sinnhaftigkeit. Dieser Mechanismus lässt zwei Folgerungen zu: eine methodische und eine inhaltliche. Zum einen kann die gegenwartsorientierte, kulturwissenschaftliche Genussmittelforschung Zigarettenkonsum nicht ohne seinen jeweiligen situativen Konsumkontext analysieren. Ähnlich der Mahlzeit bildet die Konsumsituation von Tabakprodukten die kleinste Einheit bei der Untersuchung teilgesellschaftlicher

---

953 Beck-Gernsheim: Gesundheit und Verantwortung (1994), hier S. 318.

Praktiken und Bedeutungsgewebe. Zum anderen erklärt die situative Verankerung von Erfahrungsbewertung und Praxis, dass die historisch nachgewiesene Abfolge des Tabakgebrauchs als Heilpflanze, Genuss- und Suchtmittel[954] in der Gegenwart als Bewertungshorizonte nebeneinander stehen können. Maßgeblich für die Charakteristik der Rauchhandlungen ist in der untersuchten Gruppe Studierender der jeweilige Rauchkontext.

Der methodische Zugang über themenzentrierte Interviews stellt induktive Analyseverfahren hinsichtlich des hier behandelten Themas vor zwei Besonderheiten. Erfahrungserzählungen weisen auf Erosionsprozesse hinsichtlich der Wahrnehmung von Erfahrungshäufigkeiten hin.[955] Aufgrund der Regelhaftigkeit alltäglicher Rauchhandlungen ist der Grad der Validität der Interviewdaten schwierig einzuschätzen. Selbst Erfahrungserzählungen, die sich auf den Tag der Datenerhebung beziehen, sind auf ihre Exaktheit kaum überprüfbar. Diese Unschärfe kann in den Erzähltexten unter anderem zu Erzählungen mit anekdotischem Charakter oder zu einer Vermischung von eigenen Erfahrungen und Erfahrungen aus zweiter Hand führen. Endscheidend im Umgang mit den Quellen war jedoch, dass Erzählungen und Häufigkeitsangaben für die Interviewten sinnhaft und echt waren.

Die zweite Besonderheit stellte die Forschungssituation in einem Feld in relativer kultureller Nähe dar. Dies fiel besonders während der ersten Erhebungsphase und zu Beginn der Teilnahme im Feld auf, in denen Rauchsituationen und informelle Gespräche durch eine Anhäufung nonverbaler Codes und anekdotischer Erzählungen gekennzeichnet waren, die ein weiteres Nachfragen erschwerten. Der Zugang zum Rauchphänomen auf dem Hochschulgelände veränderte sich nicht sichtlich durch gemeinsames Rauchen, welches ich in einigen Rauchsituationen versuchte, mich dabei jedoch schnell als nicht mehr „richtige" Raucherin offenbaren musste.[956] Informelle Einzelgespräche mit Raucherinnen und Rauchern sowie die Teilnahme in Rauchgemeinschaften, in die mich einige meiner Interviewpartner/-innen einführten, stellten während der Feldsituation die hauptsächlichen Untersuchungsgegenstände dar. An der Mehrzahl der Rauchsituationen in Kleingruppen (ab drei Personen) waren nichtrauchende Gesellschafter/-innen beteiligt.

Das für Studierende in dieser Untersuchung richtige Rauchen ist von einer Vielzahl normierender Vorstellungen geprägt, die sichtbares Rauchen in Gemeinschaft, Rauchen in der zweiten Tageshälfte und eine körperlich unsichtbare, geruchlose Raucher/-innenrolle bevorzugt positiv bewerten. Zigarettenrauchende beurteilen Sichtbarkeit und Gemeinschaftlichkeit beim Rauchen betont anerkennend. Beide Faktoren zählen zu den Voraussetzungen für Rauchgenuss. Sichtbarkeit durch gemeinschaftliches (synchrones) Rauchen erzeugt in doppelter Hinsicht eine erwünschte soziale Kontrolle: einerseits durch die Situationsbeteiligten, andererseits durch eine Selbstdisziplinierung in Bezug auf das Konsumformat, auf die körperliche Technik, die Konsummenge, aber auch hinsichtlich Form und Funktion der Konsumsituationen. Soziale Kontrolle beziehungsweise Selbstdisziplinierung über das Rauchformat, die Körpertechnik, die Verbrauchsmenge und den situativen Kontext sind deshalb

---

954 Vgl. Menninger: Genuss im Wandel (2008), S. 58 ff.; sowie Hengartner: Tabak (2001), S. 195 ff.
955 Vgl. Lehmann: Bewusstseinsanalyse (2007), S. 277.
956 Vgl. Kapitel III.1 Zigarettenrauchen.

erwünscht, weil Rauchende darin soziale Kompetenz im Umgang mit Dingen darstellen können, die gesamtgesellschaftlich und gesundheitswissenschaftlich abgelehnt werden.

Öffentliches Genussrauchen und Hygienepraktiken sind wirksame Elemente einer kulturellen Logik, die Dissonanzen zu naturwissenschaftlich-rationalen und allgemeingesellschaftlichen Bewertungen des Rauchens aufrecht erhalten. Hygiene persönlicher Körper- und Geruchsräume war insbesondere für die befragten Raucherinnen als Mittel der Abgrenzung zum „schlechten Image" Rauchender im Sinne einer sozialen Positionierung jenseits rauchender Unterschichtstereotypen bedeutsam. Daher wird abseits gemeinschaftlich sichtbarer Rauchsituationen ein körperlich und olfaktorisch hygienischer Status angestrebt. Rauchen ohne körperliche „Markierungen" und öffentlich kontrolliertes Rauchen stellen im Feld zwei symbolische Kennzeichen von sozial kompetentem Umgang mit Tabakprodukten dar. Entsprechend lösen soziale Kontrolle und Selbstkontrolle zu einem biografisch passenden Zeitpunkt Rauchstoppversuche aus. Die Bewertung des eigenen Wissens über gesundheitliche Risiken bleibt davon unberührt. Dem Gesundheitswert kommt unter den Befragten bei Rauchstoppversuchen keine veränderte Bedeutung zu. Erst eine Verhaltensdynamik im soziokulturellen Umfeld, die weniger Bewertungsflexibilität hinsichtlich des Tabakkonsums zulässt, führt zu Rauchstoppversuchen.

Die gesellschaftliche Funktion von Genusserleben, welches durch die Rauchgemeinschaft, Raucher/-innen und beistehende Nichtraucher/-innen sozial kontrolliert wird, besteht darin, die Konnotation von „Sucht" beziehungsweise Suchtverhalten öffentlich zu unterdrücken. In Rauchsituationen bestätigen sich Rauchende gegenseitig durch eingeübte Genussperformanzen den vorrangig hedonistischen Nutzen ihres Handelns. Kenntnis und Nutzen der Darstellungsformen von Genussrauchen dient der Abgrenzung zu und Unterdrückung von Suchtverhaltensweisen, welche mangelnde Sozialkompetenzen symbolisieren. Akteure im Feld demonstrieren folglich soziale Kompetenz durch einen gemäßigten Umgang mit Suchtstoffen. Völlige Abstinenz bezeugt entsprechend sozial inkompetenten Umgang mit Suchtstoffen. Dem gegenüber steht in den Ratgebern eine Disziplinierungsanforderung an Rauchende, die sie näher an eine gesundheitsfördernde Wertegemeinschaft heranbringt, und in welche sie sich allein durch den Verzicht auf Zigaretten re-integrieren können. Eine Kultur der gegenseitigen Unterstützung von Rauchstoppversuchen zeigte sich während der Untersuchung weder bei Raucherinnen noch Rauchern. Auch wenn der Rauchstoppversuch zu einem gemeinsam festgelegten Termin (z. B. Aschermittwoch) beschlossen wird, bleibt die Bewältigung des Rauchstopps Sache des Einzelnen.

Rauchende Studenten nehmen im Zusammenhang mit dem Zigarettenrauchen weniger Bezug auf Fragen der Gesundheit und Krankheit als rauchende Studentinnen. Männliche Studierende geben der Rausch- und Genussorientierung beim Rauchen deutlichen Vorzug. Die durchschnittliche Menge des täglichen Zigarettenkonsums stellt für diese Einschätzung keine relevante Bezugsgröße dar.

Die Genusskonstruktion stellt für Rauchende ein wichtiges Ordnungsprinzip dar. Im Sinne einer eingeübten körperlichen Technik und Demonstration kontrollierten Handelns (Genuss wird nicht passiv empfunden, sondern aktiv hergestellt) handelt es sich beim Genussrauchen um eine orientierungsgebende Konstruktion und kein Gelegenheitstun. Die Konstruktion von Genuss stellt eine kulturelle Leistung, ein langwieriges und komplexes Gestalten nach handlungsleitenden Regeln dar.[957] Genussempfinden beim Rauchen ist soziokulturell erlernt. Es zeigt, dass eine Synthese von angeeigneten und legitimierten Körpertechniken mit sozialen (sanktionsfreien) Umgebungsfaktoren zusammentreffen muss und ein kulturelles Konstrukt selbstbestimmter Handlungsnormen, zu denen ein disziplinierter Umgang mit Tabakgütern gehört, ein Genussempfinden beim Rauchen erst ermöglichen. Ohne dass diese Voraussetzungen erfüllt sind, hält das Ordnungssystem des Genussrauchens, welches nicht zu den sozial devianten Verhaltensweisen zählt, aus Sicht der Befragten nicht stand.

Beim Rauchen stellt sich kein Genuss in Situationen ein, in denen das Rauchen von den Rauchenden selbst als unpassend eingestuft wird. Die befragten Raucher/-innen versuchen beispielsweise Nichtraucher durch kulturelle Regeln der Rücksichtnahme vor dem Passivrauchen zu schützen. In Situationen, in denen das Rauchen einer Zigarette als unpassend erlebt wird oder von Situationsbeteiligten auf einen rauchfreien Zeitraum beziehungsweise Ort hingewiesen wird, sind Rauchende, die sich um ein genussvolles Rauchen bemühen, nicht in der Lage, Rauchsituation zu genießen. Weiterhin bestehen spezielle zeitliche Orientierungsmuster, was den Genuss von rauchbaren Tabakprodukten in studentischen Kulturen angeht. Genussvolles Rauchen verorten die Befragten bevorzugt in der zweiten Tageshälfte. Fest- und Feiersituationen leiten gemeinschaftliche Genusserlebnisse über in genussbetonte Rauscherlebnisse. Nur selten greift das Genussparadigma für die am Vormittag oder am Morgen vor dem Aufstehen gerauchten Zigaretten.

Im Gegensatz zur medizinischen Sichtweise, die von einem Suchtbegriff ausgeht, der exzessive Tabakverbrauchsmuster im Sinne eines Abhängigkeitssyndroms in erster Linie als psychisches Syndrom klassifiziert, zeigen die in dieser Studie untersuchten Quellen den Suchtbegriff in einem anderen Licht. Hierin präsentiert sich ein Suchtbegriff, der vorrangig zur Beschreibung körperlicher Bedürfnislagen dient. Dem Körper werden selbstregulierende Mechanismen zugesprochen und auf diese Weise die bevorzugte Ernährungsweise wie auch das Rauchbedürfnis „naturalisiert". Dies bestätigt, dass das Suchtverständnis unter *Low-rate*-Rauchenden legitimierende Funktionen erfüllen kann.[958] Gleichzeitig lokalisieren studentische Raucher/-innen ihre unterschwellig wahrgenommene Nikotinsucht im Körper und rauchen sowohl aus einer körperlichen Bedarfslage heraus als auch aus „freiem" Willen. Im Gegensatz zu „Geist" und „freiem Willen" ist der Körper das Subjekt dieser Suchtlogik. In den Fällen, in denen der Suchtbegriff eine legitime Bezeichnung für körperliche Bedarfslagen darstellt, sehen die Befragten die Handlungsträgerschaft auf Seiten des Körpers. Die Zigarette ist lediglich das Mittel, welches das akute Verlangen erfüllt. Selbstbetrug und Unsicherheit darin, ob oder wie süchtig die Befragten bereits durch den regelmäßigen Tabakverbrauch geworden sind, manifestieren sich ebenso im Suchtbegriff wie die symbolische Akzeptanz des dominierenden (medizinischen) Interpretationsansatzes, der Raucherinnen und Raucher zu Nikotinsüchtigen erklärt. Dennoch erlangen im untersuchten Feld mehrere Ordnungsparadigmen nebeneinander Gültigkeit. Die Ordnungen schließen sich für die Akteure gegenseitig nicht aus und sind gemein-

---

957 Vgl. Hitzler/Honer: Bastelexistenz (1994), S. 310.
958 Vgl. Kolte: Rauchen (2006), S. 193 f.

sam real und glaubwürdig. Die Befragten verankern ihr Suchtverständnis, ebenso wie das Verständnis von Krankheit und Erkrankung, vorrangig in der Physis. Die Beschreibungen zeigen eine Distanzierung zwischen körperlichen Bedürfnissen und dem bestimmenden Willen der Rauchenden. Der Wille diszipliniert den Körper und ermöglicht dadurch überhaupt erst das Erleben genussvollen Rauchens auf körperlicher Ebene. Das Suchtverständnis der Befragten schließt eine gänzliche Beugung des Willens aus. Zwar wird bezweifelt, dass ein in der Zukunft gewünschter Versuch, das Rauchen endgültig aufzugeben, durch Steuerung des Willens gelingen kann, dennoch wird Rauchen bei älteren Menschen als charakterliche Schwäche und weniger als Bestandteil eines Lebensstils bewertet.

Das Lebensalter der Interviewten spielt für die Bewertungsflexibilität eine wichtige Rolle. Körperphysiologisch ist im Alter zwischen 18 und 28 die Phase der höchsten Leistungsfähigkeit erreicht. Durch die Kürze der Regenerationszeiten bestätigt sich die Feststellung von guter Gesundheit selbst. Hilfsmittel wie Nahrungsergänzungspräparate, Rückengymnastik, Blutdruckmessung, selektiv-diätetische Ernährung etc. integrieren die Befragten in einem geringeren Maß in ihren Alltag. Körperliche Manipulationstechniken (z. B. Gewichtskontrolle) sind akzeptierte Bestandteile der „jugendlichen" Raucherinnenrolle. Wie eingangs beschrieben, bewerten Studierende ihren Einsatz von Tabak situationsabhängig als Heil-, Genuss- oder Suchtmittelgebrauch. Entsprechend belegen die vorliegenden Studienergebnisse eine kontextabhängige Bewertung von Tabakzigaretten zu heilerischen Zwecken, zu Zwecken des Genusserlebens und aus Gründen der Suchtbefriedigung. Der Heilmittelgebrauch tritt beispielsweise ein, wenn Stresserlebnisse durch gezielten Tabakkonsum bewältigt werden, eine Form der Selbstmedikation durch die Rauchenden. Eine Erklärung der augenfälligen Flexibilität bietet die schwach ausgeprägte Problematisierung von Verhaltens- und Bewertungswidersprüchen. Bewertungsnuancen passen sich an den jeweiligen Handlungskontext an und ordnen die Rauchsituation dadurch in ein flexibles Sinngewebe ein. „Die Ambivalenz im Diskurs über das Zigarettenrauchen, sie spiegelt die Ambivalenz sich neoliberal einrichtender Marktgesellschaften, prekärer Grenzen der Vermischung und Überschneidung von individuellen Freiheiten und gesellschaftlichen Kontrollen."[959] Ambivalente Bewertungen der Studierenden, die sich medikales Wissen angeeignet und ihre Position kritisch-differenziert entwickelt haben, beziehen sich auf verinnerlichtes medikales Wissen, nicht aber auf sozial-situative Wirksamkeiten von Rauchsituationen. In genussbetonenden Rauchsituationen zeigen die Befragten ihre „Freiheit" zu rauchen und lassen sich ihr Genussverständnis durch die soziale Kontrolle der Rauchgemeinschaft (aus mehrheitlich Rauchenden) bestätigen.

Die Befragten zeigen alltagsästhetisch kohärente Vorstellungen, die sich auf den eigenen Körpergeruch, den Geruch der Körperhülle sowie das Geruchsmanagement des eigenen privaten Wohn- und Lebensraums ausdehnen. Dabei stiften lokal und temporal begrenzte Rauchgelegenheiten und individualisierte Handlungsmotive einen Sinn, der für den Moment Gültigkeit besitzt.[960] Grundsätzlich stehen handlungsleitende Werte des Genuss- und Rauscherlebens, des Wissens- und Kommunikationszugewinns in studentischen Lebenswelten dem Leitwert Gesundheit nicht gegenüber.

---

959 Schmieder: Verflüchtigung der Rauchzeichen (2002), hier S. 108.
960 Vgl. Hitzler/Honer: Bastelexistenz (1994), S. 310.

Das Feld kennzeichnet eine relative Erfahrungslosigkeit im Umgang mit schweren Erkrankungen im Vergleich zur (älteren) Bevölkerungsmehrheit. Der relativ gute Gesundheitszustand erfüllt den Leitwert für meine Interviewpartner/-innen subjektiv hinreichend, zieht jedoch unter ihnen gleichzeitig eine Ablehnung gesundheitlichen Fürsorgeverhaltens nach sich. Die Bewertung von Gesundheit ist daher einvernehmlich positiv, im Gegensatz zur Bewertung aktiver gesundheitlicher Fürsorge, die als Indikator für Gesundheitsmangel vor allem von Rauchern eher abgelehnt wird. Die befragten Raucherinnen zeigen und schildern hingegen gesundheitsfürsorgende Selbsttechniken. Dazu zählen Körpertechniken des „leichten" Rauchens, das „leichte" Drehen von Feinschnitttabak, oder das Eindrehen von zwei Filterstücken in eine Zigarette. Gesundheitsbeachtende Tabakkonsumtechniken treten unter meinen Gesprächspartnerinnen an die Stelle der Lightzigarette, die von der Tabakindustrie als „leichte" Frauenzigarette eingeführt wurde.

Die Produktion beziehungsweise Reproduktion von akzeptablen Gesundheitszuständen im Sinne studentischen Präventionsverhaltens erfordert insbesondere im Anschluss an Rauscherlebnisse eine Unterbrechung der aktiven Tabakexposition. Die befragten Raucher/-innen halten ein passives Präventionsverhalten für ausreichend, um ihr körperliches Wohlbefinden insbesondere nach Rauscherfahrungen wieder herzustellen. Krankheit oder Sucht treten als Ordnungsgeberinnen während dieser Konsumpausen nicht in Erscheinung.

Tabakrausch steht außerhalb dieser Bewertungsordnung. Rausch gehört zur studentischen Kultur hinzu, wird willkommen geheißen und in einer Gruppenöffentlichkeit zelebriert. Darüber hinaus braucht ein körperlicher Rausch keine Gemeinschaft. Er wird subjektiv erlebt und durch befristete Konsumpausen ausbalanciert. Das ordnende Suchtparadigma steht durch Tabuisierung abseits von Rauscherzählungen. Durch die Konvention einer zeitlich befristeten Rauscherfahrung steht das Rauscherlebnis nicht im Verdacht, ein dauerhaftes Suchtverhalten zu imitieren. Rauscherlebnisse spielen in den Quellen weder in der Risikobewältigung noch in der Bedrohung durch die schicksalhafte Krebsgefahr eine Rolle. Das Wissen um biophysiologische Folgen des Rauchens und das Suchtpotenzial von Nikotin sind, was diese Studie ausschnitthaft zeigt, vollständig losgelöst von der Wahrnehmung von Krebserkrankungen, die als schicksalhaftes Geschehen vom eigenen Verhalten dissoziiert werden und Präventionsbemühungen im Alltag karikieren. Die Wahrnehmung von Gesundheitsrisiken im Rauschkontext tritt in gemeinschaftlichen Rauchsituationen zugunsten von gemeinschaftsintegrativen, erlebnisorientierten Funktionen in den Hintergrund. Gemeinsames Rauscherleben steht in enger Verbindung mit alltagssozialisierenden Funktionen des nicht-rauschhaften Zigarettenrauchens.

Ein erweitertes Hygieneverständnis löst Fürsorgeverhalten in Bezug auf den eigenen Geruchsraum aus, der sich insbesondere auf den Schlafraum bezieht, der gelüftet und zeitlich restriktiver beraucht wird als andere Bereiche des Wohnraums. Der direkte körperliche Geruchsraum (Körper und Körperhülle) wird in Gesprächen mit Raucherinnen eher zum Gegenstand als in denen mit Rauchern. Konkret erzählen Raucherinnen und Raucher beispielsweise vereinzelt von Handlungen, die ihr Rauchverhalten aus gesundheitlichen und hygienischen Gründen regulieren. Dazu zählen morgendliche Konsumpausen, insbesondere nach Rauscherlebnissen, in denen unkontrolliert Tabak meistens in Kombination mit Alkohol konsumiert wurde und die

Lunge sich „dreckig" oder „verklebt" anfühle. Die Unterbrechung wirkt in diesen Fällen wie eine körperliche Selbstreinigung.

Infolgedessen ist Studierenden die Kontrolle über körperliche, persönliche und umgebende Gerüche bedeutsam, die hygienischen Vorstellungen der Geruchsräume entgegenstehen könnten. Der Geruch von Tabak gehört zum persönlichen Raum der männlichen Befragten teilweise dazu und wird darin akzeptiert. Bei Rauchern stellt dies ein olfaktorisches Element dar, welches der Stabilisierung der Raucheridentität dient. Erzählungen von Raucherinnen jedoch behandeln Tabakgerüche eher als Kontaminierung des individuellen Geruchsraumes. Praktiken der Hygienisierung (Lüften, Waschen, Kleidung wechseln etc.) beziehen sich auf den eigenen Körper, die Hülle und die Box des privaten Wohn- und Lebensraumes.

Hygienische „Verfehlungen" können insbesondere bei Raucherinnen dazu führen, dass die ausgebildete Rollenvarianz durch das Identitätsrollenfragment „Raucherin" überschrieben und beschädigt wird. Integritätsbeschädigungen durch geschlechtsrolleninadäquate Hygienepraktiken vermeiden sie durch Praktiken der (medizinischen) Körperpflege, insbesondere Zahnpflege, Hautpflege und durch Neutralisierung von Geruchsräumen der Körperhülle und des privaten Wohnraums. Hygienisierungspraktiken von Tabakgerüchen unterstreichen herkunftsmilieuspezifische, geschlechts- und altersspezifische Hygienevorstellungen. Darüber hinaus entfalten hygienefördernde Handlungen sehr geringe sozialisierende Funktionen im Alltag meiner Befragten. Hygienisierungspraktiken, Schönheitshandeln und gesundheitliche Fürsorgepraktiken unterscheiden sich äußerlich unter Raucherinnen kaum voneinander. Hygiene und geschlechtsrollengetriebenes Schönheitshandeln kommt in den Gesprächen eine weitaus größere Bedeutung zu als medikalen Handlungsimpulsen. Geruchshygienisierung erfolgt nicht aus einer primär gesundheitsfürsorglichen Motivation. Sie dient in erster Linie der Bestätigung von Geschlechtsrollenvorgaben sowie dem Ausdruck des sozialen Milieustatus. Erst wenn äußere Umstände einer Neupositionierung in der sozialen Ordnung gesundheitliches Fürsorgeverhalten auslösen sollen, z. B. durch Elternschaft oder Berufstätigkeit, wird eine Einschränkung der praktizierten Bewertungsflexibilität legitim und notwendig, auch ein auf der Handlungsebene akzeptiertes Dissoziationsmuster zu revidieren.

Im Verlauf der Studie ließen sich insgesamt sechs Bruchstellen herausarbeiten, die zur Konstruktion der beschriebenen soziokulturellen Dissonanz in Bezug auf Präventionsvorstellungen beim Tabakkonsum beitragen: Die erste Friktion besteht zwischen gesundheitlichem Fürsorgeverhalten und den Geschlechtsrollenbildern der Studierenden. Die Raucherrolle liegt lediglich schablonenartig über Geschlechtsrollenbildern, deren normierende Kennzeichen hinsichtlich des körperlichen Erscheinungsbildes (Schönheitshandeln, Hygienisierung, Selbstdisziplinierung bei der Nahrungsaufnahme) dominieren. Die Studienteilnehmer/-innen lehnen eine positive Konnotation von Gesundheit nicht ab, denn sie nehmen sich als gesund wahr, sodass gesundheitlich fürsorgliche Selbsttechnologien nicht dringend erforderlich sind. Die Sinnfriktion besteht dennoch zwischen Fürsorgeverhalten und Geschlechtsrolle, da Raucherinnen sich während des Tabakkonsums deutlich gesundheitsfürsorglicher verhalten als Raucher. Beide Geschlechter sehen dennoch eine gute Gesundheit als validen Wert an.

Die zweite Friktion zeigt sich im Abstand zwischen gesundheitlichem Risikowissen und dem tatsächlichen Verhalten in Alltagssituationen. Tabakhandhabung in

Rauchsituationen wird im Hinblick auf den eigenen Körper viel mehr durch körperliche Erfahrungen bewältigt als durch medikales Wissen. Körperliche Erfahrungen, welche durch ein Rauchgenussideal permanent bestätigt werden, dominieren folglich die situative Handlungsorientierung der Rauchpraxis. Mit Blick auf andere Situationsbeteiligte spielt medikales Risikowissen jedoch eine handlungsleitende Rolle, da sich Rauchende an diesem Gefahrenwissen orientieren. Sichtbar ist dies dadurch, dass beispielsweise Tabakrauch von anderen Rauchenden und Nichtrauchenden ferngehalten wird.

Drittens berichten meine Interviewpartner/-innen davon, dass sich während der Rauchsituationen soziales Wohlbefinden einstellt: In verrauchten Kommunikationssituationen befriedigen sie ihr Bedürfnis nach sozialem Austausch. Die Einschätzung, als Nichtrauchender nicht mehr die Gelegenheit zur Kommunikation mit anderen Rauchenden genießen zu können, steht der ambivalenten Bewertung des eigenen, gesundheitsschädlichen Verhaltens gegenüber.

Die vierte Sinnbruchstelle tritt im Kontext von hygienisierendem Handeln auf: Hygienisierung von Körper (Zähne und Mundhygiene), Kleidung und Geruchsräumen nimmt Formen von gesundheitlich wirksamem und medizinisch richtigen Verhaltensweisen an, kann jedoch auf eine andere Motivation zurückgeführt werden, die stärker mit Schönheitsidealen und Geschlechtsrollenbildern in Zusammenhang steht, als dass sie auf eine krankheitspräventive Motivation hinweist (beispielsweise genetische Disposition von Zahnfleischrückgang oder Infektanfälligkeit: „Das war schon immer so bei mir.").

Die fünfte Friktion in Präventionsvorstellungen zeigt sich im alltäglichen Nutzungsverhalten: Präventionsratgeber beurteilen das gesundheitliche Schädigungspotenzial des Tabakkonsums anhand einer errechneten, durchschnittlichen Konsummenge pro Tag. Auf der Seite der Studierenden hingegen beginnt das „richtige Rauchen" nicht mit einer bestimmten Anzahl konsumierter Zigaretten pro Tag, sondern damit, dass es multiple Funktionen im Alltag erfüllt. Die Nutzungsvariabilität kennzeichnet den Übergang vom Gelegenheitsraucher (Partyraucher/-in) zum richtigen Rauchen. Die befragten Studierenden variieren ihren Bewertungshorizont hinsichtlich der Nutzungsvielfalt: Eine Funktionsreduzierung des Zigarettenrauchens mündet in die Zuschreibung, ein Party- oder Gelegenheitsraucher zu sein. Nur wenn das multifunktional eingesetzte Zigarettenrauchen soziokulturelle Normierungen durchbricht, ist von (rücksichtslosem und nicht akzeptablem) Suchtrauchen die Rede. Diese Bewertung gilt unabhängig vom konsumierten Verbrauchsmaß.

Die sechste Sinnbruchstelle lässt sich feststellen zwischen dem richtigen, multifunktionalen Einsatz von Zigaretten und dem unter Studierenden idealisierten Genussrauchen. Multifunktionalität und situationsdifferente Bewertungen des Rauchens widersprechen logisch-rational dem häufig unter Studierenden idealisiert geschilderten Genussrauchen. Von Genussrauchen wird häufig als erwünschte Rauchsituation gesprochen. Dem ist implizit, dass Rauchen durch nur eine Motivation erwünscht sei, was dem Konzept des richtigen Rauchens folglich widerspricht. Sichtbare Ergebnisse dieser Sinnbruchstelle sind auf der einen Seite eine gegenwärtige Entwicklung von Regeln gegenseitiger Rücksichtnahme, auf der anderen Seite eine Normierung von Orten und Situationen, in denen Rauchen akzeptiert wird beziehungsweise ihrer Nutzungsweisen durch Rauchende.

Trotz dieser Vielzahl an Sinnbruchstellen besteht genügend Flexibilität zwischen den meisten dieser Dissonanzen, sodass die Konzeptionalisierung von Genuss im Studierendenmilieu elastisch genug ist, den Suchtbegriff nicht zu problematisieren, obwohl er auf die gleiche Bewertungsgrundlage (zeitlich-situativ) Bezug nimmt wie das Genussrauchen. Die fehlende Problematisierung ist einer der ausschlaggebenden Unterscheidungsfaktoren zwischen jugendkulturellen und medikalisierten Ordnungsmustern.[961] Der kulturelle Wert des jeweiligen Ordnungsprinzips überträgt sich symbolisch auf das Tabakprodukt. Die vollzogenen Rauchhandlungen erlangen durch Bezeichnung, Kontextualisierung und Legitimation mithilfe der drei ordnungsstiftenden Paradigmen: Genuss, Rausch und Sucht unterschiedliche Bewertungen. Die befragten Studierenden zeigen in ihren Erzählungen, dass sie alle drei Ordnungsmuster kennen, sie erfüllen oder beherrschen können.

Die Analyse konnte drei maßgebliche Kennzeichen der Quellen herausarbeiten, durch die Bewertungs- und Orientierungsdifferenzen hervortreten. Die Befragten erstellen im Erzählen über das Rauchen eine neue Ordnung der Dinge. Präventivmedizinisches Hintergrundwissen spielt vorgeblich in der Bewertung des eigenen Rauchverhaltens eine geringe Rolle. Formell stellt die legitimierende Erzählform das Gesagte jedoch in einen medikalen Kontext und verdeutlicht gleichzeitig die Rezeption von biomedizinischem Risikowissen. Beim Erzählen über Zigarettenkonsum, egal ob es sich um Erzählungen über die Initiation der eigenen Raucherrolle, bestimmte Rauchtechniken, erfreuliche oder unerfreuliche Raucherlebnisse oder Texte über potenzielle Erkrankungsgefahren handelt, dominieren legitimierende Argumentationen ihre Darstellungen.[962] Die Gespräche sind dennoch nicht ausschließlich als Rechtfertigungsgeschichten zu verstehen. Nachträgliche Legitimierung eigenen Handelns ist eine Grundstruktur zwischenmenschlicher Kommunikation und findet sich genauso in weniger sensiblen Themenbereichen, d. h. die sich nicht mit Körperlichkeit, Gesundheit oder einer gesellschaftlich marginalisierten Handlung beschäftigen.

Die Interviews legen kulturell erlernte Dissoziationen von Körper und Wille, Genuss und Rausch, Sucht und Genuss, innerer und äußerer Kontrollgewalt, den Leitwerten Jugendlichkeit und gesundheitliche Fürsorge, sowie durch eine Gegenüberstellung von physischer Körpererfahrung und medikalisiertem Körperwissen die Vormacht von Alltagserfahrungen frei. Verinnerlichtes Wissen über Körpervorgänge und Wirkweisen des regelhaften Tabakkonsums wie auch legitimierende Erzählformen über das Rauchen rücken das Erzählen zum Thema, im Gegensatz zur Alltagserfahrung, in eine medikale Logik. Die Narrative subjektivieren einen gesellschaftlichen Diskurs

---

961 Zu Problematisierungsstrategien im Gesundheitsdiskurs vgl. Schmidt-Semisch: Vom Laster zur Modellsucht (2005), S. 123.

962 Legitimationsgeschichten traten während der Interviewbefragung in offenen Meinungs- und Einschätzungsfragen auf, genauso wie in Beschreibungen des Tagesablaufs bis zum Interviewzeitpunkt. Die Vielzahl der legitimierenden Argumentationen ist keine Konsequenz suggestiver beziehungsweise fehlerhafter Fragestellungen. Die inhaltliche Ausrichtung der Interviews und informellen Gespräche muss daher unter Berücksichtigung gesamtgesellschaftlicher und präventionspolitischer Deutungshoheit interpretiert werden, denn Erzählende legen eine für sie selbst und ihr Gesprächsgegenüber akzeptable Version ihrer Erfahrungen nieder, insbesondere wenn es in ihren Augen um „Verstöße gegen zentrale Werte" der Gesellschaft geht. Lehmann: Rechtfertigungsgeschichten (1980), hier S. 57.

um chronisch gesundheitsschädigende Handlungen. Die Interviewtexte stellen daher eine Quellenkategorie dar, die für die Erzählenden selbst impliziter Bestandteil eines medikalen Diskurses ist. Dies gilt nicht in gleichartig konstanter Weise für die Handlungsrealität des Rauchens, da das soziale Situationsgefüge in Rauchinseln ihren medikalen Wert überschreibt. Dennoch rauchen Studierende in den untersuchten Hochschulen auf sozial akzeptierte Weise, nämlich rücksichtsvoll in Bezug auf andere Raucher/-innen und auf Nichtraucher/-innen. Grundlage für kulturell angemessene Rauchweisen stellt ein medikaler Wissensbestand über gesundheitliche Schädigungen durch Passivrauchen dar. Dieser Wissenshintergrund erst ermöglicht verantwortungsvolle Körpertechniken, bei denen andere nicht zu Schaden kommen sollen, so wie sie unter Studierenden vorkommen. Die Quellen belegen, dass die erlernten Dissoziierungen inkonsistente Wissensbestände und Handlungspräferenzen legitimieren. Teilweise handelt es sich dabei um Rechtfertigungsgeschichten. Die durch Interviews und informelle Gespräche fassbaren Erzähltypen sind u. a. eine Folge der Rezeption medialer Bildungsstoffe, die über biophysiologische Wirkweisen und präventionspolitische Argumentationen hinsichtlich des Konsums von Tabakprodukten informieren. Das Ausbalancieren der argumentativen Strukturen im Für und Wider erreicht darin legitimierende Erzählformen. Ihr Wissen über einen regelmäßigen Verbrauch von Tabakprodukten und auch das Erzählen selbst verorten die Studienteilnehmenden daher im Kontext biomedizinischer Deutungshoheit. Die Medikalisierung des Rauchens im Sinne einer Suchterkrankung, die sich als gesamtgesellschaftlicher Trend seit den 1990er Jahren in Deutschland durchgesetzt hat, greift in studentischen Lebenswelten folglich in Wissensbestände, Erzählen über Raucherfahrungen sowie in Rauchhandlungen ein. Wie weit sich das gegenwärtige Verständnis von Suchterkrankungen auf Tabakkonsumhandlungen ausbreiten kann, unterliegt kulturellen Verhandlungsmechanismen.

Was kennzeichnet die Aushandlungen zwischen Subjekt und Objekt in Rauchsituationen? Menschen schaffen sich eine eigene Ordnung der Dinge, die sie umgeben. Dinge werden durch unterschiedliche soziale Milieus unter spezifischen Aspekten geordnet.[963] Dabei besteht die Möglichkeit, Dinge kurzfristig funktionsbezogen anders zu ordnen als es durch den Ordnungsgebenden anhand konsistenter Kriterien, Eigenschaften, die dem Ding zu eigen sind, wie Form, Kosten oder Wirkweise, geschehen würde. Auch wenn sich die Ordnungsparameter eines Objekts kontextuell ändern, widersprechen sich konkurrierende Ordnungen nicht zwangsläufig.

In finanzieller Hinsicht stellen industriell produzierte Zigaretten sowie Feinschnitttabak passende Rauchmittel dar, die den befragten Raucher/-innen einen regelhaften Tabakkonsum ermöglichen. Erschwinglichkeit ist ein grundlegendes Kriterium für die Entscheidung, ein bestimmtes Tabakprodukt zu verwenden. Die gegenwärtig etablierte Demokratisierung des Produktzugangs, ohne Etikett der Exklusivität, spiegelt sich dennoch nicht in der Struktur von Rauchsituationen wider. Der Wert ist relativ zu anderen Alltagsdingen. An die Stelle der exklusiven Dinge und des exklusiven Dinggebrauchs tritt die Bedeutung der Kombinationsfähigkeit, der Kombinationsmuster konsumierbarer Güter und ihrer selektiven Passfähigkeit in die Situationen, aus denen sich die subjektive Lebenswelt zusammenfügt.

---

963 Vgl. Jeggle: Vom Umgang mit Sachen (1983), S. 20.

Akzeptanz des Rauchguts und der situative Rauchkontext treiben die Auswahl des passenden Rauchguts an. Die maschinell gefertigte Filterzigarette wählen Studierende in eindeutig mehr Rauchsituationen als passfähiges Konsumformat als das Konsumformat Feinschnitttabak. Die passende Rauchtechnik im Studierendenmilieu zeigt die Rauchenden weder als paffende Verschwender von Tabak noch als Geizkragen, der das Rauchgut nicht teilt. Rauchverhalten wird als Repräsentation charakterlicher Eigenschaften bewertet und stereotypisiert.

Inwiefern besteht ein Zwang, sich gegenüber gesundheitsbezogenen Verhaltensregeln zu positionieren, und wie äußert sich diese Positionierung? Rauscherfahrung unter Jugendlichen gelten als demonstrative Selbstinitiationen[964], als symbolischer Ablösungsprozess von der elterlichen Fürsorge und ebensolcher Gewinn an Kontrollautonomie. Rauscherlebnisse sind traditionell ein Bestandteil jugendkultureller Praktiken. Wie in der Rahmung des empirischen Teils geschildert, rauchen immer weniger Jugendliche zu Studienbeginn. Dennoch stellt Tabakgebrauch (ab dem 17. Jahrhundert insbesondere Pfeifen und seit Aufkommen von Zigaretten zum Ende des 19. Jahrhunderts auch diese) einen tradierten Bestandteil studentischer Lebensweisen dar. Studierende, die im Rahmen dieser exemplarischen Studie befragt wurden, zeigen differenzierte Positionen hinsichtlich der von ihnen sichtbar gemachten und sozial richtigen körperlichen Rauchtechnik, hinsichtlich der Vielfunktionalität des Tabakkonsums und seiner physischen, psychischen und sozialen Wirkweisen. Das Wissen um gesundheitliche Risiken, die mit dem Zigarettenrauchen assoziiert sind, wirkt gegenwärtig in unterschiedlichem Maße auf Erfahrungserzählungen, Bewertungen und Rauchhandlungen ein.

Im Gegensatz zur These, Zigarettenrauchen unter Studienanfängern stelle eine Art spielerische Mimese dar, deren Grundlage eine körpertechnische Betrachtung des Tabakkonsumvorgangs ist[965], differenzieren die Befragten anhand der Nutzungsvarianzen zwischen angemessenen Tabakgebrauchsweisen, nicht allein anhand einer körperlichen Technik. Raucher/-innen unterscheiden zwischen anfänglichen Raucherfahrungen und dem Zeitpunkt, ab dem sie begonnen hätten, Tabak „richtig" zu konsumieren. Richtiges Rauchen bestätigt sich durch eine Diversifizierung von Rauchgelegenheiten. Es bedeutet, auch jenseits von Festveranstaltungen zu rauchen und erfordert zudem Kenntnis um gesundheitsbezogene Risikofaktoren. Nur durch das Wissen um gesundheitliche Schädigungen, die durch Passivrauchen verursacht werden könnten, kann im untersuchten Feld in angemessener Weise rücksichtsvoll geraucht werden.

Erst das multifunktionale Rauchen zählt als richtiger Gebrauch von Tabakprodukten und leitet zu weiteren Techniken über, sich seines Körpers zu bedienen. Obwohl beide Geschlechter von Manipulationen ihres Körpers mit Hilfe des Rauchens (z. B. Unterdrückung von Hungergefühlen) berichten, akzeptieren Raucherinnen diese als Selbsttechnologie auch als dauerhafte Körperpraxis. Raucherinnen und Raucher nutzen Zigaretten zur Bestätigung ihres spezifischen Geschlechtsrollenbildes. Diese Rollenbilder entsprechen gegenwärtig bereits etablierten Rollenbildern. Bestandteil der Raucherinnenrolle ist es, auf ihren Körper zu achten, insbesondere in Verhaltens-

---

964 Vgl. Niekrenz: Rausch als körperbezogene Praxis (2011), S. 215.
965 Vgl. Stromberg: Symbolic valorization (2008), S. 440.

bereichen, die mit Gesundheitsverhaltensweisen assoziiert werden: Ernährung, Hygiene (Oralhygiene), Haut und Körpergeruch. Ihnen ist im studentischen Milieu eine feststellbare gesundheitliche Fürsorge sich selbst wie auch anderen gegenüber erlaubt. Wichtig ist in diesem Zusammenhang, dass eine Positionierung der Rauchenden gegenüber gesundheitsbezogenen Verhaltensregeln mit Hilfe erlernter Selbsttechniken einsetzt.

Positionierungsgrundlage bilden dabei die als passend erklärten Rauchgelegenheiten beziehungsweise der beschriebene Nutzen des Tabakkonsums. Monofunktionaler Gebrauch wird vermehrt im Gefüge von feierlichen Anlässen beobachtet, eben dann, wenn ein berauschter Sinneszustand (jugend-)kulturell gestattet ist.[966] Rauchsituationen rufen keine grundsätzlich differierenden Werteorientierungen hervor, da diese Situationen akzeptierte Bestandteile der Lebenswelten sind, in denen sich die Akteure bewegen. Vielmehr handelt es sich, beispielsweise bei der Bestätigung geschlechtlicher Zugehörigkeit, um eine Verstärkung des sozial akzeptierten Verhaltens innerhalb des subkulturellen Spektrums. Hinsichtlich des Gesundheitswertes gilt ähnliches: Formen und Funktionen der Rauchsituationen bestätigen für die Situationsbeteiligten eher die Bedeutung von Gesundheit, als dass sie diese beschädigen. Deutlich wird dies vor allem darin, dass bis auf Rauchsituationen, für welche andere Regeln gelten, der Zigarettennebenrauch dem Gesprächsgegenüber nicht direkt ins Gesicht geführt wird, sondern rücksichtsvoll zur Seite, sodass er in die Luft entweichen kann, ohne andere zu stören beziehungsweise zu schädigen.

Die medikale Geprägtheit ist insbesondere anhand der Natur der Narrative zu erkennen, die im Rahmen der Interviews erhoben wurden. Die Bewertungsebene zeigt sich in einer differenziert-ambivalenten Terminologie und in ihrer brüchigen-endogenen Logik, vorrangig in Form legitimierender Erzählungen. Insbesondere legitimierende Narrationsformen zeigen, dass Studierende selbst ihre Bewertung von Tabakkonsum im Kontext ihres Gesundheitswissens sehen und sich der Wissensaneignung nicht verschlossen haben. Gesundheitliches Fürsorgeverhalten sich selbst gegenüber passt insbesondere in das Verhaltensmuster von Raucherinnen. Beide Geschlechter achten darauf, dass Situationsbeteiligte durch den Abrauch ihrer Zigaretten nicht kontaminiert werden. Davon wurde in informellen Gesprächen wie auch während der strukturierten Interviewsituationen berichtet.

Der Sinngehalt kultureller Phänomene kann immer nur in seinem Beziehungsgeflecht, d.h. unter Zuhilfenahme einer relativistischen Perspektive entschlüsselt werden.[967] In diesem Sinne bezieht sich deviantes Handeln immer auf Verhältnisse dominanter kultureller Praktiken, einer dominanten Gesundheitskultur, einem dominierenden Orientierungs- und Handlungssystem. Durch die Ausgestaltung des devianten Verhaltens kommt es erst zu einem Machtgefüge zwischen den Werte- und Orientierungssystemen, nämlich indem das Dominante infrage gestellt wird. Im Rahmen der vorliegenden Untersuchung berichteten Studierende nur in seltenen Fällen von erzwungenen (von anderen auferlegten) Positionierungen gegenüber erwarteten Gesundheitsverhaltensregeln, in denen sie durch ihr Rauchverhalten absichtlich geltende Ordnungsmuster durchbrachen. Diese Positionierungsdynamik beschreiben

---

966 Vgl. Hirschfelder: Die Betäubung der Sinne (2005), S. 220 f.
967 Vgl. Moser: Volkskundliche Perspektiven (2008), S. 236.

sie als deviante beziehungsweise provokative Verhaltensweisen. Die bedeutsamste gemeinsame Devianzerfahrung wird durch die Entdeckung von Rauchgeruch durch zuvor verheimlichte beziehungsweise angebrochene Tabakprodukte im privaten Raum (z. B. unter dem Bett) der Interviewten durch deren Eltern ausgelöst. Dieses Ereignis initiiert gleichzeitig die soziale Raucherrolle. Diese biografisch relativ frühe Erfahrung mit deviantem Verhalten ist jedoch unabhängig von der vollzogenen körperlichen Rauchtechnik, wie auch vom Eintreten eines multifunktionalen Rauchens, welches der Selbstbezeichnung als „Raucher/-in" vorausgeht.

Das Zigarettenrauchen unter Studierenden stellt zum Zeitpunkt der Datenerhebung dieser Studie keinen Teil einer studentischen Protestkultur oder soziokulturell devianten Verhaltens dar. In studentischen Kulturen trifft das Gegenteil zu: Studierende schildern ihren Umgang mit Tabakgütern im Allgemeinen in Anlehnung an präventivpolitische und soziokulturell akzeptable Vorgaben der Rücksichtnahme auf Nichtraucher, Biografisierung von Tabakkonsummustern, durch Planung der Beendigung ihres Rauchens etc. Dadurch zeigen sie Kenntnis von präventionspolitischen Anliegen und deren tendenzielle Akzeptanz im Umgang mit rauchbaren Tabakgütern in sozialen Situationen. Die selbst auferlegte Rücksichtnahme beim Rauchen spiegelt den Bildungsstatus im untersuchten Feld wider. Eine Positionierung gegenüber gesundheitlichen Präventionsvorstellungen ist Rauchhandlungen, Rauchnarrativen und dem Raucher/-innenwissen über Folgen ihres Konsums immanent. Diese Position tritt erstmalig in Erscheinung, sobald der Tabakkonsumvorgang im Kreise einer lokalen Öffentlichkeit durchgeführt wird.

Auch wenn aus unterschiedlichen Gründen auf dem Hochschulgelände geraucht wird, entspricht die Handhabung der Tabakgüter doch einer präventivpolitisch vordefinierten *Policy* und ist somit Bestandteil eines gesamtgesellschaftlichen medikalen Trends. Gesundheitliches Fürsorgehandeln wird im Kontext der Handlungsrealität von Genuss- und Rauschordnungen bewusst marginalisiert. Gesundheit steht in der Wahrnehmung studentischer Raucher/-innen vorrangig als eine körperliche Ressource zur Verfügung. Über die Rezeption und Aneignungsdynamiken gesundheitsbezogenen Wissens will diese Studie keine Auskunft geben. Denn Alltagswirklichkeit ist ein in täglicher Interaktion von Menschen gemeinsam erzeugtes Alltagswissen.[968] Das komplexe Handlungs- und Bedeutungsgeflecht des Tabakkonsums erklärt sich daher nicht ausschließlich vor der Schablone medikalkultureller Interpretationsansätze, sondern ist in weiteren kulturellen Subsystemen ebenso beheimatet. Denn auch kleinste Teile von Kultur sind stets mehreren kulturellen Systemen zuzuordnen.[969]

Welche Orientierungen entspringen also der studentischen Lebenswelt und schaffen im Zusammenhang weitere akzeptierte Handlungsorientierungen mit medikalkulturellen Sinnbezügen? Rauchen verknüpft Erlebnisorientierung mit Kommunikationsorientierung. Genuss- oder Rauscherlebnisse werden immer in Verbindung mit Kommunikationssituationen, als gemeinschaftliche Erlebnisse beschrieben und sind als solche gesellschaftlich akzeptiert. Die Vielfunktionalität des Rauchens äußert

968 Vgl. Beck, Stefan: Reflexible Körper. Anmerkungen zur Transformation von Gesundheitsverständnissen und Verwandtschaftsverhältnissen durch humangenetisches Wissen. In: Brednich/ Schneider/Werner: Natur – Kultur (2001), S. 31–46.

969 Vgl. Wiegelmann/Zender/Heilfurth: Volkskunde (1977), S. 39 ff.

sich am deutlichsten in der Sichtbarkeit des Rauchens für *Peers* innerhalb tageszeitlich strukturierter Kommunikationssituationen, die durch äußere Zeitzwänge studentischer Alltagsrealität von Semesterabfolge, Studienverlaufsplan, Prüfungszeiten, Jobben, Feiern, Besuchen bei den Eltern etc. organisiert sind, gleichzeitig jedoch Raum für selbstgesteuerte Zeit bereit halten. Die kurze Rauchdauer einer Zigarette stellt eine zentrale Dimension ihrer Wirkung auf gemeinschaftliche Rauchsituationen dar, die sie auf den Rauchenden überträgt. Raucherinnen und Raucher können durch das Aufsuchen von Rauchinseln ihre Kommunikationsbereitschaft signalisieren sowie kommunikative Situationen mit dem Ausdrücken der Tabakglut beenden, ohne dass es eines formalisierten Gesprächsabschnittes bedarf, der das Gesprächsende einleitet. Regelmäßiges Zigarettenrauchen schafft darüber hinaus anlassbezogene und zeitabschnittsbezogene Strukturierungen von Zeitflüssen. Die Darstellungen stellen das Rauchen nicht als singuläre Tätigkeit dar, sondern als passfähiges Beiwerk von Unterhalten, Telefonieren, Arbeiten, Pausieren, Alkoholtrinken, Langweilen, Stressbewältigen, Fernsehen, Lesen etc. Als Beiwerk zu körperlichen Techniken wie Sport, Treppensteigen, Zähneputzen usw. wird Rauchen als nicht passend erlebt. Das Konsumformat Zigarette kann sich in der Kürze der benötigten Rauchzeit bricolageartig in Situationen studentischer Lebensstilfragmente anschmiegen und darin Bedeutung erlangen. Diese sind durch flexible, tageszeitunabhängige Wechsel zwischen privater Zeit, Erwerbszeiten und Studienzeiten geprägt: die Rauchrhythmik durchtrennt die lose fraktionierten Zeitverläufe in kleinere Zyklen.[970] Mediale Images studentischer Lebensstilautonomie verbinden gegenwärtig noch die bürgerliche Freiheitsidee mit einem Werbeimage der Tabakindustrie und bilden darin einen Gegensatz zum gesellschaftlichen Bedarf an Sicherheit und Risikoprävention ab. Die Aussagen, Zigaretten schmeckten nach „Natur" oder „Freiheit", reproduzieren daher popularisierte Images, die zum Teil auch die Befragten zur Beschreibung des Tabakgeschmacks nutzen. Geschmack spielt in den Beschreibungen von Genusserleben eine untergeordnete Rolle. Viel wichtiger als der Geschmack des Zigarettentabaks ist die Ausgestaltung der Rauchsituation: mit einer Tasse Kaffee, durch eine Unterhaltung am Telefon, in gemütlicher Runde mit Freunden. Dem gegenüber steht das Konzept des Rausches, welches von meinen Interviewpartnerinnen eher als Folge eines versehentlichen Kontrollverlustes gesehen wird. Die männlichen Befragten hingegen beschreiben ihr Rauscherleben eher als bewusste Einlassung auf einen Kontrollverlust. Erlebnisanlass bietet die Atmosphäre der Rauchsituation.

Dabei stellt das Erleben zeitgenössischer Rauschzustände einen Bestandteil soziokultureller Aushandlungsprozesse dar, in denen soziale Rollen, Zeiten und Räume kraft der betäubenden Wirkung dem Alltäglichen entrückt erscheinen, tatsächlich jedoch wesentliche Garnitur ebensolcher Ordnungsprozesse bleiben. Rauscherleben ist gegenwärtig ein gesellschaftlich akzeptierter Teil studentischer Feierkultur. Ein „öffentlicher" Rausch stellt die gesellschaftliche Position nicht infrage.[971] Fest- und Feieranlässe geben der Rauscherfahrung einen sozialen Schutzraum, in welchem die

---

970 Von einer „Naturalisierung" alltagszeitlicher Ordnungen durch Konsumzyklen kann hier keine Rede sein. Doch ordnet sich der Körper („biorhythmisch") den Bedürfnissen regelhafter Konsummuster unter und bestätigt körperliches wie soziales „Genusserleben". Vgl. Drascek: Zeitkultur (2001), hier S. 403.

971 Vgl. Hirschfeld: Die Betäubung der Sinne (2005), hier S. 234.

Risikoerfahrung des Rausches als kulturelles Genusserlebnis gedeutet wird. Dies trifft auf studentische Festanlässe ebenso zu wie auf andere Rauscherlebnisse. Bei Rauscherfahrungen tritt das Lebensalter als kulturprägende Bewertungsdimension des Handelns an die Stelle von geschlechts- oder gruppenspezifischen Unterschieden, die auch im untersuchten Feld bestehen.

Eine Stigmatisierung des Tabakrausches (in Kombination mit Alkoholkonsum) wird durch die Alltagspraxis Studierender durch das für diese Arbeit erhobene und gesichtete Quellen- und Literaturmaterial nicht belegt. Auch in Zeiten rauchfreier Hochschulen bitten Gleichrangige einander nur selten, das Rauchen auf dem Campus zu unterlassen. Gründe dafür liegen in den Trends der Individualisierung von Gesundheitsverantwortung (Responsibilisierung), der freiheitlich-bürgerlichen Werteorientierung (Recht auf Freiheit und Selbstentfaltung) sowie in der kurzen Dauer von Lebensstilkomposita, deren fragmentarische Anordnung kurz- wie langfristig logische Widersprüche sinnstiftend integriert. Kulturelle Logiken kennzeichnen eine Integration und ein Nebeneinander von Widersprüchen, welche vor einem individuellen Erfahrungshorizont relativer Krankheitslosigkeit als lebensstiladäquat erlebt werden.[972] Gesundheitliche Gesichtspunkte stellten keine expliziten Handlungsanforderungen an den Alltag der Studierenden dar. Die soziokulturelle Dynamik jugendlicher Flexibilitätsansprüche erringt in normierenden Konsumpräferenzen in Bezug auf Rauchorte, Rauchzeiten und Rauchgenossenschaften eine bedeutungsvollere Rolle.

Die Tabakkonsumpraxis im Studienalltag gestaltet sich auf dem Campus vermehrt durch medikales *Spacing* von institutioneller Seite. Reglementierungen von Seiten der Hochschulleitungen beziehungsweise der Studentenwerke treiben die Ausgestaltung von Rauchsituationen an, indem sie grundsätzlich über Raumnutzungsmöglichkeiten auf dem Campus verfügen, beispielsweise durch Installation von Rauchräumen auf dem Fakultätsgelände oder durch die Deinstallation von Aschebehältnissen in Hörsälen und Übungsräumen. Eine Auflösung der Hegemonie zwischen Hochschulmitgliedern und der institutionellen Raumverfügung (Zigarette als Gestaltungsmittel der Kommunikationssituation) ist im Rausch von Studentenpartys akzeptiert, jedoch nur in seltenen Fällen auch im Routinekonsummuster.

Institutionell regulierte Orte auf dem Campus (Innen- wie Außenareale) zählen nicht zu den Geruchsterritorien, die aufgrund einer territorialen Verletzung zu individuellen Handlungen aufrufen würden. Im Gegenteil würden verbale Sanktionierungen von Seiten der Nichtrauchenden als genussfeindliches und unerlaubtes Eindringen in den persönlichen Raum verstanden. Um solche ohnehin seltenen Szenen zu vermeiden, sind im Feld ausgeprägte Formen der Rücksichtnahme etabliert, durch die sich rauchende Studierende der Beherrschung bekannter und kulturell verbindlicher Verhaltensstandards im Umgang mit Tabakwaren in regelmäßigen Rhythmen im Alltag selbst vergewissern. Unterbrochen wird dieser nur durch Nichtalltägliches, wie zum Beispiel Rauscherfahrungen. In diesem Sinne repräsentiert die Beachtung des Rauchverzichts in öffentlichen Gebäuden, in Gegenwart von Kindern, Schwangeren oder in einer Gruppe von Nichtrauchenden einerseits das Wissen (und präsente Bewusstsein) um die gesundheitsschädigenden Wirkungen des Rauchens, andererseits das Wissen

---

972 Zur Interdependenz von gesundem Lebensstil und Gesundheitszustand vgl. Hradil: Der theoretische Hintergrund – Gesundheitslebensstile (2005), S. 81.

über soziokulturelle Normen in Bezug auf das Rauchen in unterschiedlichen sozialen Kontexten und drittens das Wissen um den Wert einer Selbstdarstellung als sozial kompetentes und verantwortungsbewusstes Mitglied der Gesellschaft. Der Exposition eines gesundheitlichen Risikos in Bezug auf den eigenen Körper kommt entsprechend weniger Bedeutsamkeit zu als der potenziellen Risikoexposition anderer, vulnerabler Gesellschaftsmitglieder.

Daneben zeigt sich ein kompetenter Umgang mit Zigaretten auf dem Hochschulgelände durch Beherrschen von Inhalationstechniken, in welchen Geschlechtsdifferenzen sichtbar werden beziehungsweise die Geschlechtsidentität der Rauchenden bestätigt wird. Konsumformate und Geschmacksausrichtung (*Full Flavour*, *Light*, filterlos, selbst gedreht, aromatisiert, zusatzstofffrei etc.) sind eher in Abhängigkeit von Rauchsituationen zu sehen denn als Indikatoren einer Geschlechtsidentität. Anlassbezogen erwerben Studierende unterschiedliche Konsumformate. Das voraussichtliche Rauschpotenzial einer Konsumsituation gibt den favorisierten Komplexitätsgrad der Handhabung vor. Die Minderung der Handhabungskomplexität des Rauchguts in verbrauchsintensiven Umgebungen (Party, Kneipe etc.) entspricht erneut dem Ziel, soziale Kompetenz durch Anpassungsfähigkeit auf einer Bühne kulturellen Handelns darzustellen. Das Zigarettenrauchen ermöglicht in Bezug auf die Rauchsituation und ihren zeitlich-sozialen Kontext eine potenziell beschleunigte Abfolge von Kommunikationssituationen. Die körperliche Technik des Rauchens überschreibt dabei formalisierte Teile von Gesprächssituationen (Einleitung oder Beendigung) und verändert diese formalzeitlich, ohne dass es einen verbalisierten Impuls dafür benötigt. Darüber hinaus löst ein beschleunigter oder verlangsamter Wechsel zwischen Kommunikationssituationen eine Vervielfältigung soziokultureller Rollenvarianz aus. Die Rollenvariationen werden wechselseitig von allen Situationsbeteiligten bestätigt und halten solange an, bis daraus routinierte Muster entstanden sind.

Bedingungen für Zigarettengenuss sind ein angemessener Zeitrahmen, ein verfügbarer, legitimer und angemessener Konsumort, ein Wohlwollen oder zumindest keine Ablehnung beziehungsweise störende Sanktionierung durch an der Rauchsituation Beteiligte sowie ein diszipliniertes, sozial akzeptiertes Konsummaß in Bezug auf Zeitrahmen und Verbrauchspensum. Ein durch das Umfeld als übermäßig empfundener Zigarettenkonsum steht dem Zigarettengenuss entgegen. Dies erklärt, warum während einer als „Zigarettenpause" deklarierten Arbeitsunterbrechung vor einem Institutsgebäude von den Studierenden selten mehr als drei Zigaretten geraucht werden, selbst wenn über die Dauer der Unterbrechung autonom bestimmt werden kann.

Auf der anderen Seite konnten im Rahmen der vorliegenden Studie vier Formationen ortsfester Rauchgruppierungen herausgearbeitet werden, in denen rauchende Hochschulangehörige in medikalisierten Landschaften ihren Tabak genießen können: Rauchinseln, Transiträume, Multifunktionsflächen und umgenutzte Separees. Tendenziell stellen Rauchinseln und Transiträume Bühnen zur Ausgestaltung der Raucher/-innenrollen dar, in denen sich Genussperformances und Regeln der Rücksichtnahme beim Rauchen etablieren. Diese Situationen entfalten daher in Hinblick auf Körperlichkeit sowie den Kommunikationsraum eine stärkere normierende Wirkung als Rauchen im Kontext von Multifunktionsflächen. Umgenutzte Separees entfalten aufgrund ihrer limitierten Zugänglichkeit hinsichtlich ihrer Benutzung einen entsprechend erhöhten Normierungseffekt. In diesem sozialen Raum treffen kulturimmanente Zeitstrukturen der Akteure auf die subjektiven Strukturen der sozialen Felder. Daraus entstehen spezifische Praxisformen, die nicht vordefiniert, aber in diesem Raum der komplexen Beziehungen dennoch nicht beliebig sind.[973] Daraus geht hervor, dass offensichtlich der genussbetonten Rauchpraxis ein komplexer Sinnzusammenhang sowie eine kulturspezifische Regelhaftigkeit unterliegen. Die Beachtung der Rauchverbote in Räumen des Hochschulareals zeigt eine Generation sozial kompetenter und verantwortungsbewusster Raucher/-innen. Nur in Rauschsituationen, auf Studentenpartys im Institutsgebäude und den damit einhergehenden Rauschzuständen, werden die Konventionen durch die in solchen Situationen üblichen Regeln ersetzt. Doch selbst durch das Brechen der Rauchverbote in Universitätsgebäuden demonstrieren Rauchende ihre Kenntnis kultureller Regeln, die hedonistischen Orientierungen zugehörig sind und in diesen Rauschsituationen gelten.

Ein kontrollierter Umgang mit Rauschmitteln, die per se eine potenzielle Suchtgefahr bergen, demonstriert soziale Kompetenz in Bezug auf die Referenzgruppe der *Peers* im jeweiligen Milieu, von denen eine ähnliche Bewertung im Umgang erwartet wird. Der ausschlaggebende Bewertungsmaßstab für den Genuss beim Rauchen stellt sich her aus einem Zusammenwirken von Produktimage, sozialer Gebrauchssituation (Ort und Zeit), der unmittelbaren wohlwollenden, ignorierenden oder ablehnenden Reaktion aller beteiligten Raucher/-innen und Nichtraucher/-innen. Insofern genießen einvernehmlich rauchende Raucher/-innen auch vor den Fakultätsgebäuden oder vor einem Studentencafé ihren Taktgeber Zigarette, ohne dass es einer Gruppenstruktur oder der Eigenbezeichnung als Gruppe bedarf. Sie demonstrieren dadurch ihren kompetenten Umgang mit einem Genussgift, ohne dass sie gegenwärtig um ihre Position im sozialen Ordnungsgefüge besorgt sein müssten. Denn Risikoverhalten, Genussorientierung und Rauscherfahrungen dienen der Positionierung im (noch) geltenden Ordnungsgefüge in studentischen Lebenswelten.

Die Untersuchung unterschiedlicher Präventionsverständnisse in Bezug auf den Zigarettenkonsum erfordert eine methodische Kombination, welche die Quellen gleichzeitig verstehen und überprüfen kann. Die gewählte Kombination legte im Forschungsprozess mehrere divergierende Logiken in Form von Sinnbruchstellen frei, die mit Einschränkungen aus Sicht der Raucherinnen und Raucher sinnstiftend wirken können. Eine unreflektierte Adaption medizinischer Terminologie (Tabakabhängigkeit, Sucht, schädlicher Gebrauch etc.) ist für kulturwissenschaftlich-erkenntnisorientierte Arbeit nicht hilfreich, wenn die Realität des Forschungsgegenstandes diese Begriffsverständnisse nicht teilt.

Die vorliegende Studie konnte zeigen, dass Raucherinnen und Raucher ihren erlernten Wissensbestand über gesundheitliche Risiken des Tabakkonsums in studentische Lebenswelten hineinbringen. Das erklärt die Vielzahl der dargelegten Sinnbruchstellen, die sich in ihrer Dynamik ähneln und dennoch kein einheitliches „studentisches" Präventionsverständnis formen. Den Vorstellungen unterliegt eine endogene Choreografie logischer Durchbrechungen, welche im Verständnis der Agierenden zwischen kulturellen, sozialen und auch medikalen Sinngebungen wechselt und diese Brüche wechselseitig legitimiert. Dem gegenüber steht ein präventionspolitisches Konstrukt der Tabaksuchterkrankung, das in seinen linearen Verläufen (von

---

973 Vgl. Moser: Volkskundliche Perspektiven (2008), S. 236.

einem natürlichen Körperzustand hin zum Monströsen; vom Gelegenheitsrauchen zum Suchtrauchen und gleichzeitig zur sozialen Randständigkeit führend) kaum eine real existierende Bewertungsflexibilität akzeptieren kann. Trotz der gesundheitspolitischen Infragestellung des Tabakkonsums steht für rauchende Studentinnen und Studenten das Zigarettenrauchen mit seinem hedonistischen Wertekaleidoskop dem kulturellen Wert der Gesundheit nicht gegenüber.[974] Vielmehr passen sich körperliche Konsumtechniken, besonders in gemeinschaftlichen Rauchsituationen, medikalisierten Wissensbeständen an. Der profane Tabakkonsumvorgang stellt in der Lebenswelt medizinisch aufgeklärter Akteure nicht nur einen bewertungsflexiblen kulturellen Gehalt zur Schau. Die Bedeutungsschattierungen der ordnungsgebenden Paradigmen Sucht, Genuss und Rausch erlangen in der Vielzahl ihrer Wiederholungen durch das richtige Rauchen Bestätigung, werden entwickelt und in jeder Situation erneut bewertet. Die Lücke zwischen gesundheitlicher Theorie und Praxis ist folglich jeweils nur so groß, wie es ihr das Genussverständnis in der gegenwärtigen Dynamik jugendkultureller Alltagspraktiken erlaubt. Eine Responsibilisierung gegenüber gesellschaftlichen Interessen kann weiterhin normierend wirken, sie wird jedoch unumgänglich in konkreten Zeiten und an konkreten Orten von Handelnden in ihre subjektive Realität umgesetzt. In studentischen Lebenswelten bleibt der Zigarettenkonsum so lange ein legitimes und distinguierendes Positionierungsmittel, bis ihn ein anderes Konsumgut ablöst, welches die dann geltenden alltagsästhetischen Bedingungen erfüllt.

---

974 Vgl. Hengartner: Tabak (2001), S. 201.

Danke

Für zahlreiche gute Gespräche, Hinweise und Kritik danke ich Prof. Dr. Gunther Hirschfelder, Prof. Dr. Daniel Drascek, Prof. Dr. Michael Simon, Prof. Dr. Christof Wolf, Dr. Dagmar Hänel, Dr. Katrin Bauer, Anna Palm M.A., Lina Franken M.A., Lars Winterberg M.A., Dr. Marketa Spiritova, Dr. Manuel Trummer, Dr. Erika Lindig, Karin Lahoda M.A., Dr. Eberhard Wolff, Anke Schmidt M.A. sowie allen Teilnehmenden der Promotionskolloquien für Vergleichende Kulturwissenschaft und Volkskunde an den Universitäten Regensburg und Bonn. Dem Regensburger Verein für Volkskunde e. V. danke ich für die Aufnahme der Publikation in die Regensburger Schriften zur Volkskunde/Vergleichenden Kulturwissenschaft.

Darüber hinaus bedanke ich mich sehr herzlich bei meinen Interviewpartnerinnen und Interviewpartnern für ihre Gesprächsbereitschaft und Offenheit. Meinen Kolleginnen und Kollegen von gesis – Leibniz-Institut für Sozialwissenschaften danke ich für den guten Zuspruch und die Kreativität bei der Gestaltung von befristeten Arbeitsverträgen.

Meiner Familie und meinen Freunden danke ich für die Duldung meiner Abwesenheiten, für Urlaubseinladungen im richtigen Augenblick und für beharrliches Nachfragen über den Verbleib meiner Dissertationsschrift.

Vielen Dank Ihnen/Euch allen!

Anke Lipinsky, Berlin im Mai 2015

Quellen

1. Broschüren und Prospekte

Aufatmen. Präventionsratgeber 4. Erfolgreich zum Nichtraucher. Deutsche Krebshilfe e.V., Bonn 2005.

Die Rauchersprechstunde – Beratungskonzepte für Gesundheitsberufe, Rote Reihe Tabakprävention und Tabakkontrolle, Bd. 1. Deutsches Krebsforschungszentrum, Heidelberg 2000.

Gesundheitsrisiko Rauchen. Und wie Sie davon loskommen. Aktiv und gesund, Barmer Ersatzkasse [o.O. u.J.].

Informationen für rauchende und nichtrauchende Arbeitnehmer. Rauchfrei am Arbeitsplatz. Bundeszentrale für gesundheitliche Aufklärung [o.J.].

Ich werde Nichtraucher. Ihr AOK- Programm. Darmstadt 2004.

Ja, ich werde rauchfrei! Bundeszentrale für Gesundheitliche Aufklärung (BZgA), (10/08) [o.O.].

Leitfaden für Selbsthilfegruppen. Rauchen oder nicht rauchen? BKK Bundesverband, Essen. Mülheim a.d. Ruhr 2005.

Let's talk about smoking! Bundeszentrale für Gesundheitliche Aufklärung (BZgA), Köln [o.J.].

Nichtrauchen. Infothek! Bleib gesund, Nr. 17. Kornwestheim 2001.

Nichtrauchen. Die bessere Entscheidung. IKK- Gesundheit, Münster [o.J.].

Passivrauchende Kinder in Deutschland – Frühe Schädigung für ein ganzes Leben. Rote Reihe Tabakprävention und Tabakkontrolle, Bd. 2. Deutsches Krebsforschungszentrum, 4. Aufl., Heidelberg 2004.

Rauchfrei am Arbeitsplatz – gewusst wie. Argumente, Angebote, Arbeitshilfen. Bundesvereinigung für Gesundheit e.V. [o.J.].

Rauchfrei am Arbeitsplatz. Informationen für Arbeitnehmerinnen und Arbeitnehmer. Bundesvereinigung für Gesundheit e.V. Bonn [o.J.].

Rauchfrei am Arbeitsplatz. Ein Leitfaden für Betriebe. Partnerschaftsprojekt Tabakabhängigkeit. Eine Initiative im Rahmen des WHO-Partnerschaftsprojektes Tabakabhängigkeit in Deutschland. Sonderdruck der Betriebskrankenkassen, Bonn 2002.

Rauchfrei – Gesund aufwachsen in rauchfreier Umgebung. Leitfaden für Kinder- und Jugendärzte, Hebammen und Präventionsassistenten. Bundeszentrale für gesundheitliche Aufklärung (BZgA), Köln [o.J.].

Rauchfrei – nach der Geburt. Das Baby ist da! Ratgeber für Mütter und Väter. Bundeszentrale für gesundheitliche Aufklärung (BZgA), Köln [o.J.].

Rauchen ist eine Sucht. Wie Sie sich befreien können. Aktiv und gesund. Barmer [o.O. u.J.].

Rauchen. JO spezial. JO Jugendmagazin der AOK [o.O. u.J.].

Starten Sie aktiv in ein rauchfreies Leben. Kleines Handbuch für werdende Nichtraucher. Werbebroschüre des Produktes Nicorette von Pfizer Consumer Healthcare GmbH Karlsruhe 2005.

Stop Smoking – Girls. Bundeszentrale für gesundheitliche Aufklärung (BZgA), Köln [o.J.].

Tabak – Basisinformationen, DHS Info. Deutsche Hauptstelle für Suchtfragen e.V. [o.J.].

Tabak. Rauchfrei ist besser. Prävention aktiv. Die Initiative der Barmer Ersatzkasse [o.O. u.J.].

Zug um Zug auf null … (Nicht-)Rauchen im Alltag und am Arbeitsplatz. Deutsche Angestellten-Krankenkasse DAK, Hamburg [o.J.].

2. Beiträge aus Zeitschriften, Tageszeitungen sowie Internetressourcen

Auf der Kippe, von Catrin Barnsteiner, in: Die Zeit, Nr. 45 vom 3. November 2005, S. 65–66.

Buchner, Benedikt: Nichtraucherschutz an Hochschulen. Online-Dokument [o. J.]: http://www.rauchfreistudieren.de/resourcen/3/Buchner-Expertise.doc, zuletzt geprüft am 25.04.2015.

Bundeszentrale für gesundheitliche Aufklärung (BZgA)(Hg.): Kommunikationsstrategien zur Raucherentwöhnung. Ein Überblick über die wissenschaftliche Literatur zu diesem Thema (Forschung und Praxis der Gesundheitsförderung, Bd. 18). Köln 2002.

Conclusions of the Council and the Ministers for Health, meeting within the Council of 27 May 1993 on the response to the Resolution on banning smoking in places open to the public (Official Journal C 174 vom 25.06.1993).

Drogen- und Suchtbericht der Drogenbeauftragten der Bundesregierung, April 2008.

Empfehlung 2003/54/EG42 des Europäischen Rates zur Prävention des Rauchens und zur Förderung von Maßnahmen zur Eindämmung des Tabakkonsums: http://www.dkfz.de/de/tabakkontrolle/EU_Gesetzgebung.html, zuletzt geprüft am 25.04.2015.

Gesundheitssurvey für Studierende in NRW, Projektbericht von Sabine Meier, Simone Milz, Alexander Krämer. Gesundheitslabor der AG Bevölkerungsmedizin und biomedizinische Grundlagen, Fakultät für Gesundheitswissenschaften der Universität Bielefeld, Dezember 2007, zuletzt abgerufen unter www.gesundheitsfördernde-hochschulen.de am 25.04.2015.

Grünbuch der Kommission der Europäischen Gemeinschaften: Für ein rauchfreies Europa: Strategieoptionen auf EU-Ebene, COM(2007)0027.

ICD-10-GM: Psychische und Verhaltensstörungen durch Tabak F17.1: http://www.dimdi.de/static/de/klassi/icd-10-gm/kodesuche/onlinefassungen/htmlgm2011/block-f10-f19.htm#S05F10_4, zuletzt geprüft am 25.04.2015.

ICD-10-GM: Psychische und Verhaltensstörungen durch Tabak F17.2: http://www.dimdi.de/static/de/klassi/icd-10-gm/kodesuche/onlinefassungen/htmlgm2011/block-f10-f19.htm, zuletzt geprüft am 25.04.2015.

Irle, Mathias/Koch, Christoph: Und welcher Typ sind Sie? Wer raucht was und warum – eine kleine Typologie der Raucher. In: Die Zeit, Nr. 45 vom 3. November 2005, S. 66–67.

Kuntz, Mark: Der letzte Raucher. 1. Aufl., Reinbek bei Hamburg 2006.

Lieber dick als süchtig, von Josef Joffe. In: Die Zeit, Nr. 45 vom 3. November 2005, S. 67.

Mit Porzellanpfeife und Hund im Hörsaal, von Jens-Peter Müller, in: Forsch. Bonner Universitäts-Nachrichten, Nov. 2007, S. 36.

Neue Studie zeigt, wie sich das Gehirn an die Belastung durch Nikotin anpasst, in: Cordis focus Newsletter, Nr. 279, Juni 2007, S. 29.

Netzwerk gesundheitsfördernde Hochschulen: http://www.gesundheitsfoerdernde-hochschulen.de/O1_Startseite/index.html, zuletzt geprüft am 25.04.2015; http://www.gesundheitsfoerdernde-hochschulen.de/G_Themen/Go_Themen1.html, zuletzt geprüft am 25.04.2015.

Nichtraucherschutzgesetz NRW – NiSchG NRW) §3(3): http://www.mgepa.nrw.de/mediapool/pdf/gesundheit/Nichtraucherschutzgesetz_Juli_2009.pdf, zuletzt geprüft am 25.04.2015.

Petzold, Andreas: Raucher und Pharmaindustrie im Abseits. Editorial. In: Stern Nr. 34 vom 16.08.2007, S. 3.

Portal der Bundeszentrale für gesundheitliche Aufklärung (BZgA): https://www.rauch-frei.info/app//home, zuletzt geprüft am 25.04.2015.

Portal des Deutschen Krebsforschungszentrums (DKFZ): http://www.dkfz.de/de/tabakkontrolle/Informationen_zur_Tabakontrolle.html, zuletzt geprüft am 25.04.2015.

Portal für europäische Gesetzestexte: www.eur-lex.europa.eu.

„Rauchen kann kleine Gemeinschaften stiften", Interview zu den sozialen Komponenten des Rauchens mit Prof. Thomas Hengartner vom 09.09.2006, abrufbar unter www.tagesschau.de/inland/meldung98024.html, zuletzt geprüft am 25.04.2015.

Raucher. Verlierer der Nation. In: Stern Nr. 34 vom 16.08.2007, S. 33.

Regularien zur E-Zigarette: http://www.mgepa.nrw.de/gesundheit/praevention/nichtraucher schutz/Informationen_zur_E-Zigarette/Fragen_und_Antworten_zur_E-Zigarette/index. php, zuletzt geprüft am 25.04.2015.

Suchtprävention in der Bundesrepublik Deutschland. Grundlagen und Konzeption (= Forschung und Praxis der Gesundheitsförderung, Bd. 24), hgg. von der Bundeszentrale für gesundheitliche Aufklärung. Köln 2004.

Statistisches Bundesamt (Destatis). Mikrozensus 2013 „Fragen zur Gesundheit – Rauchgewohnheiten der Bevölkerung".

Leben in Deutschland – Ergebnisse des Mikrozensus 2005.

The creation of a smoking class. How prevention efforts can deepen social inequalities in health, von Katherine L. Frohlich in WZB Mitteilungen, Heft 128, Juni 2010, S. 18–20.

Todeskippen von Harald Schmidt, in: Focus 21/2005 vom 23. Mai 2005, S. 148.

Verband der deutschen Rauchtabakindustrie: http://www.verband-rauchtabak.de/, zuletzt geprüft am 25.04.2015.

Wahlprogramm der CDU/CSU 1983: „Wir werden Deutschland in Ordnung bringen".

Wahlprogramm der SPD 1980: „Sicherheit für Deutschland".

„Weltreligion Shoppen" von Martin Müller und Thomas Tuma, in: Der Spiegel Nr. 50 vom 13.12.2010, S. 56–66.

Wieso Rauchen verboten wird, von Marina Bolzli, Baseler Zeitung vom 28.06.2009.

Zigarettenwerbung in Deutschland – Marketing für ein gesundheitsgefährdendes Produkt (= Tabakprävention und Tabakkontrolle, Rote Reihe Band 18), Deutsches Krebsforschungszentrum, Heidelberg 2012.

Literatur

Abel, Thomas/Rütten, Alfred: Struktur und Dynamik moderner Lebensstile: Grundlagen für ein neues empirisches Konzept. In: Dangschat, Jens/Blasius, Jörg (Hg.): Lebensstile in den Städten. Konzepte und Methoden. Opladen 1994, S. 216–234.

Alheit, Peter: Exklusionsmechanismen des universitären Habitus: Unsichtbare Barrieren für Studierende auf dem ‚zweiten Bildungsweg‘. University of Lower Silesia 2007, S. 1–12. http://www.dsw.edu.pl/fileadmin/www-ranlhe/files/Alheit-Aufsatz-Exklusionsmechanismen.pdf, zuletzt geprüft am 25.04.2015.

Alsheimer, Rainer/Weibezahn, Roland (Hg.): Körperlichkeit und Kultur 2005. Geschichtliches, Normen, Methoden (= Volkskunde & Historische Anthropologie 12).

Alsheimer, Rainer: Drogenkonsum und Stadtkultur. Das Beispiel Bremen. In: Zeitschrift für Volkskunde, 91. Jg. (1995), S. 169–201.

Antonovsky, Aaron: Health, stress, and coping. New perspectives on mental and physical well-being. San Francisco 1979.

Antonovsky, Aaron: Salutogenese. Zur Entmystifizierung der Gesundheit. Tübingen 1997.

Apel, Michael/Klein, Klaus/McDermott, Robert J./Westhoff, Wayne W.: Re-stricting Smoking at the University of Köln, Germany: A Case Study (Journal of American College Health 45/5, 1997), S. 219–223.

Aronowitz, Robert A.: Die Vermengung von Risiko- und Krankheitserfahrung. In: Lengwiler, Martin/Madarász, Jeannette (Hg.): Das präventive Selbst. Eine Kulturgeschichte moderner Gesundheitspolitik. Bielefeld 2010, S. 355–383.

Bargheer, Ernst: Krankheit. In: Bächtold-Stäubli, Hanns/Hoffmann-Krayer, Eduard (Hg.): Handwörterbuch des deutschen Aberglaubens. 10 Bde. Berlin/New York 1987. Band 5, S. 378.

Bächtold-Stäubli, Hanns/Hoffmann-Krayer, Eduard (Hg.): Handwörterbuch des deutschen Aberglaubens. 10 Bde. Berlin/New York 1987.

Bätzing, Sabine: Vorwort. In: Deutsches Krebsforschungszentrum (Hg.): Tabakatlas Deutschland 2009. Heidelberg 2009, S. 6.

Bauer, Katrin: Jugendkulturelle Szenen als Trendphänomene. Geocaching, Crossgolf, Parkour und Flashmobs in der entgrenzten Gesellschaft. Münster/New York/München/Berlin 2010.

Baumgartner, Melanie: Rauchen in Österreich nach 1945. Wirtschaft, Gesellschaft, Kultur (Diplomarbeit, Universität Wien). Wien 2009.

Bausinger, Hermann: Kritik der Tradition. Anmerkungen zur Situation der Volkskunde. In: Zeitschrift für Volkskunde 65. Jg. (1969), S. 232–250.

Bausinger, Hermann/Jeggle, Utz/Korff, Gottfried/Scharfe, Martin: Grundzüge der Volkskunde. 4. Aufl. Darmstadt 1999.

Bausinger, Hermann: Volkskunde. Von der Altertumsforschung zur Kulturanalyse. Erw. Aufl. Darmstadt 1999 (Abdruck des Originals von 1971 um ein Nachwort 1999 erweitert).

Beck, Stefan: Reflexible Körper. Anmerkungen zur Transformation von Gesundheitsverständnissen und Verwandtschaftsverhältnissen durch humangenetisches Wissen. In: Brednich, Rolf Wilhelm/Schneider, Annette/Werner, Ute (Hg.): Natur – Kultur. Volkskundliche Perspektiven auf Mensch und Umwelt. Münster 2001, S. 31–46.

Beck, Stefan: Objektivierung des Körpers. Anmerkungen zu einer vergleichenden Perspektive. In: Binder, Beate/Göttsch, Silke/Kaschuba, Wolfgang/Vanja, Konrad (Hg.): Ort. Arbeit. Körper. Ethnographie Europäischer Modernen (= Schriftenreihe Museum Europäischer Kulturen, Bd. 3). Münster 2005, S. 385–394.

Beck, Stefan: Natur | Kultur. Überlegungen zu einer relationalen Anthropologie. In: Zeitschrift für Volkskunde, 104. Jg. (2/2008), S. 161–200.

Beck, Stefan: Knochenmarkspende als Volksabstimmung – oder: die Politisierung des Organischen und die Moralisierung der Medizin in Zypern. In: Niewöhner, Jörg/Kehr, Janina/

Vailly, Joëlle (Hg.): Leben in Gesellschaft. Biomedizin – Politik – Sozialwissenschaften (= Perspektiven empirischer Wissenschaftsforschung, Bd. 13). Bielefeld 2011, S. 54–82.

Beck, Ulrich/Beck-Gernsheim, Elisabeth (Hg.): Riskante Freiheiten. Individualisierung in modernen Gesellschaften. Frankfurt a. M. 1994.

Beck-Gernsheim, Elisabeth: Gesundheit und Verantwortung im Zeitalter der Gentechnologie. In: Beck, Ulrich/Dies. (Hg.): Riskante Freiheiten. Individualisierung in modernen Gesellschaften. Frankfurt a. M. 1994, S. 316–335.

Beer, Bettina (Hg.): Methoden ethnologischer Feldforschung. 2. Aufl. Berlin 2008.

Bell, Catherine: Ritualkonstruktion. In: Belliger, Andréa/Krieger, David (Hg.): Ritualtheorien. Ein einführendes Handbuch. 3. Aufl. Wiesbaden 2006, S. 37–48.

Belliger, Andréa/Krieger, David (Hg.): Ritualtheorien. Ein einführendes Handbuch. 3. Aufl. Wiesbaden 2006.

Bendix, Regina: Was über das Auge hinausgeht: Zur Rolle der Sinne in der ethnographischen Forschung. In: Schweizerisches Archiv für Volkskunde, Band 102 (2006), S. 71–83.

Bergdolt, Klaus: Leib und Seele. Eine Kulturgeschichte des gesunden Lebens, München 1999.

Bichmann, Wolfgang: Vorwort. In: Greifeld, Katarina (Hg.): Ritual und Heilung. Eine Einführung in die Medizinethnologie. Dritte, grundlegend überarbeitete und erweiterte Aufl. Berlin 2003, S. 7–10.

Bielefelder Graduiertenkolleg Sozialgeschichte (Hg.): Körper Macht Geschichte – Geschichte Macht Körper. Körpergeschichte als Sozialgeschichte. Bielefeld 1999.

Binder, Beate/Göttsch, Silke/Kaschuba, Wolfgang/Vanja, Konrad (Hg.): Ort. Arbeit. Körper. Ethnographie Europäischer Modernen (= Schriftenreihe Museum Europäischer Kulturen, Bd. 3). Münster 2005.

Boeck, Thilo/Fleming, Jennie/Kemshall, Hazel: The Context of Risk Decisions: Does Social Capital Make a Difference? In: Forum Qualitative Sozialforschung / FQS, 7 (1/2006), Art. 17: http://www.qualitative-research.net/fqs-texte/1–06/06-1-17-e.htm, zuletzt geprüft am 25.04.2015.

Böschen, Stefan: Wissenschaft: Epistemisches Niemandsland? In: Engelhardt, Anina/Kajetzke, Laura (Hg.): Handbuch Wissensgesellschaft. Theorien, Themen und Probleme. Bielefeld 2010, S. 159–170.

Bourdieu, Pierre: Sozialer Raum und „Klassen". Frankfurt a. M. 1985.

Braks, Elke: Gesundheitsverhalten und Einstellungen zum Rauchen bei Studienanfängern der Universität. Freiburg i. Br. 1994.

Brandt, Allan M.: Engineering Consumer Confidence in the Twentieth Century. In: Gilman, Sander/Xun, Zhou (eds.): Smoke. A Global History of Smoking. London 2004, S. 332–343.

Brandt, Allan M.: The Cigarette Century: the Rise, Fall and deadly Persistence of the product that defined America. New York 2009.

Braun, Tina/Liermann, Elke: Feinde, Freunde, Zechkumpane. Freiburger Studentenkultur in der Frühen Neuzeit. Münster 2007.

Brednich, Rolf Wilhelm (Hg.): Grundriß der Volkskunde. Einführung in die Forschungsfelder der Europäischen Ethnologie. 3., überarbeitete und erweiterte Aufl. Berlin 2001.

Brednich, Rolf Wilhelm: Quellen und Methoden. In: Ders.: Grundriß der Volkskunde. Einführung in die Forschungsfelder der Europäischen Ethnologie. 3., überarbeitete und erweiterte Aufl. Berlin 2001, S. 77–100.

Brednich, Rolf Wilhelm/Schneider, Annette/Werner, Ute (Hg.): Natur – Kultur. Volkskundliche Perspektiven auf Mensch und Umwelt. Münster/New York/München/Berlin 2001.

Brenner, Hermann/Scharrer, Sigrid B.: Parental smoking and sociodemographic factors related to smoking among German medical students (European Journal of Epidemiology, 12, 1996), S. 171–176.

Briesen, Detlef: Das gesunde Leben. Ernährung und Gesundheit seit dem 18. Jahrhundert. Frankfurt a. M. 2010.

Bringéus, Nils-Arvid: Bild und Text. Einführung in ein Problemfeld. In: Petzoldt, Leander/ Schneider, Ingo/Streng, Petra (Hg.): Bild und Text (= Beiträge zur Europäischen Ethnologie und Folklore, Reihe B: Tagungsberichte und Materialien, Bd. 5). Frankfurt a. M. 1995, S. 26–36.

Broman, Thomas: Bildung und praktische Erfahrung: Konkurrierende Darstellungen des medizinischen Berufes und der Ausbildung an der frühen Berliner Universität. In: Zwischen Wissens- und Verwaltungsökonomie. Zur Geschichte des Berliner Charité-Krankenhauses im 19. Jahrhundert. Jahrbuch für Universitätsgeschichte 3 (2000), S. 19–35.

Brunold-Bigler, Ursula/Bausinger, Hermann (Hg.): Hören Sagen Lesen Lernen. Bausteine zu einer Geschichte der kommunikativen Kultur. Frankfurt a. M. 1995.

Bryant, Joanna/Matthews, Graham/Walton, Graham: Academic libraries and social and learning space: A case study of Loughborough University Library. UK. Journal of Librarianship and Information Science 41/1 (2009), S. 7–18.

Burgis, Eduard: Intensivkurs allgemeine und spezielle Pharmakologie. 3. Aufl. München 2005.

Caplan, Pat (Hg.): Food, Health and Identity. London/New York 1997.

Caplan, Pat: Approaches to the study of food, health and identity. In: Dies. (Hg.): Food, Health and Identity. London/New York 1997, S. 1–31.

Colder, Craig R./Lloyd-Richardson, Elizabeth E./Flaherty, Brian P./Hedeker, Donald/Segawa, Eisuke/Flay, Brian R.: The natural history of college smoking: Trajectories of daily smoking during the freshman year (Addictive Behaviors 31, 2006), S. 2212–2222.

Coleman, Simon/Collins, Peter (Eds.): Locating the Field. Space, Place and Context in Anthropology (= ASA monographs, no. 42). Oxford/New York 2006.

Collyer, Fran M.: Max Weber, historiography, medical knowledge, and the formation of medicine (Electronic Journal of Sociology 2008), S. 1–15.

Conermann, Stephan (Hg.): Was ist Kulturwissenschaft? Zehn Antworten aus den „Kleinen Fächern". Bielefeld 2012.

Corrigan, Patrick: Marlboro Man and the Stigma of Smoking. In: Gilman, Sander/Xun, Zhou (Ed.): Smoke. A Global History of Smoking. London 2004, S. 344–354.

Conte Corti, Caesar Egon: Die Geschichte des Rauchens. Frankfurt a. M. 1986, Nachdruck des Originals aus Leipzig 1930.

Courtwright, Andrew/Courtwright, David: Alcohol, Tobacco and other Drugs. In: Goodman, Jordan (Hg): Tobacco in History and Culture. An Encyclopedia. Farmington Hills 2005, S. 35–41.

Dangschat, Jens/Blasius, Jörg (Hg.): Lebensstile in den Städten. Konzepte und Methoden. Opladen 1994.

Davidovic-Walther, Tonia: Die Herstellung archäologischen Wissens. Praxen und Interaktionen. In: Zeitschrift für Volkskunde 107. Jg. (1/2011), S. 49–64.

Daxelmüller, Christoph: Vorwort. In: Bächtold-Stäubli, Hanns/Hoffmann-Krayer, Eduard (Hg.): Handwörterbuch des deutschen Aberglaubens. 10 Bde. Berlin/New York 1987. Band 1.

de Souza Soares, Philipp Alvares: Die Verlierer der Überalterung. In: Zeit Online am 25.04.2012.: http://www.zeit.de/gesellschaft/2012–04/demografie-deutschland-regierung, zuletzt geprüft am 25.04.2015.

Deichmann, Inke: „An Dr. Sommer und Co …" Illustrierte als medizinische Ratgeber. Münster 1997.

Deißner, Vera: Die Volkskunde und ihre Methoden. Perspektiven auf die Geschichte einer ‚tastend-schreitenden Wissenschaft' bis 1945 (= Studien zur Volkskultur in Rheinland-Pfalz, 21). Mainz 1997.

Deutsches Krebsforschungszentrum (Hg.): Tabakatlas Deutschland 2009. Heidelberg 2009.

dgv-Informationen. Mitteilungen der Deutschen Gesellschaft für Volkskunde, Folge 119, Heft 2, (2/2010), S. 3: Call for Papers zum 38. Kongress der Deutschen Gesellschaft für Volksunde am 21.–24. September 2011 in Tübingen.

Dieterich, Claus-Marco: Dicke Luft um blauen Dunst. Geschichte und Gegenwart des Raucher-/ Nichtraucher-Konflikts. Marburg 1998.

Dilger, Hansjörg/Hadolt, Bernhard (Hg.): Medizin im Kontext. Krankheit und Gesundheit in einer vernetzten Welt. Frankfurt a. M./Berlin/Bern/Brüssel/New York/Oxford/Wien 2010.

Dilger, Hansjörg/Hadolt, Bernhard: Medizin im Kontext. Überlegungen zu einer Sozial- und Kulturanthropologie der Medizin(en) in einer vernetzten Welt. In: Dies. (Hg.): Medizin im Kontext. Gesundheit und Krankheit in einer vernetzten Welt. Frankfurt a. M./Berlin/Bern/ Brüssel/New York/Oxford/Wien 2010, S. 11–29.

Dollinger, Bernd/Schneider, Wolfgang (Hg.): Sucht als Prozess. Sozialwissenschaftliche Perspektiven für Forschung und Praxis (Studien zur qualitativen Drogenforschung und akzeptierenden Drogenarbeit, Band 41). Berlin 2005.

Dornheim, Jutta: Zum Zusammenhang zwischen gegenwarts- und vergangenheitsbezogener Medikalkulturforschung. Argumente für einen erweiterten Volksmedizinbegriff. In: Heilen und Pflegen. Internationale Forschungsansätze zur Volksmedizin. (= Hessische Blätter für Volks- und Kulturforschung, Neue Folge Bd. 19, 1986), S. 25–42.

Douglas, Mary: Ritual, Tabu und Körpersymbolik. Sozialanthropologische Studien in Industriegesellschaft und Stammeskultur. Frankfurt a. M. 1981.

Drascek, Daniel: „Die Zeit der Deutschen ist langsam, aber genau". Vom Umgang mit der Zeit in kulturvergleichender Perspektive. In: Zeitschrift für Volkskunde, 103. Jg. (1/2007), S. 1–20.

Drascek, Daniel: Zeitkultur. Zur Rhythmisierung des Alltags zwischen zyklischer und linearer Zeitordnung um die Jahrhundertwende. In: Brednich, Rolf Wilhelm/Schneider, Annette/ Werner, Ute (Hg.): Natur – Kultur. Volkskundliche Perspektiven auf Mensch und Umwelt. Münster/New York/München/Berlin 2001, S. 395–404.

Dumeige, Victor: Comparison of Attitudes toward Smoking between American and French University Students (Journal of Psychological Inquiry, 11/2, 2006), S. 69–74.

Duttweiler, Stefanie: ‚Im Gleichgewicht für ein gesundes Leben' – Präventionsstrategien für eine riskante Zukunft. In: Schmidt-Semisch, Henning/Schorb, Friedrich (Hg.): Kreuzzug gegen Fette. Sozialwissenschaftliche Aspekte des gesellschaftlichen Umgangs mit Übergewicht und Adipositas. Wiesbaden 2008, S. 125–142.

Eggmann, Sabine: „Kultur"-Konstruktionen. Die gegenwärtige Gesellschaft im Spiegel volkskundlich-kulturwissenschaftlichen Wissens. Bielefeld 2009.

Eirmbter, Willy H./Hahn, Alois/Jacob, Rüdiger: Milieu und Krankheitsvorstellungen. In: Dangschat, Jens/Blasius, Jörg (Hg.): Lebensstile in den Städten. Konzepte und Methoden. Opladen 1994, S. 196–215.

Eißner, Romy/Exner, Anne-Kathrin/Zanuzdana, Arina: Associations of Body Mass Index with sociodemographic factors and health behaviour of students in North Rhine-Westfalia. http://www.gesundheitsfoerdernde-hochschulen.de/Inhalte/F_Gesundheitssurvey_NRW/ Poster/Poster_BMI.pdf, zuletzt geprüft am 25.04.2015.

Elias, Norbert: Über den Prozess der Zivilisation. Zwei Bde. Frankfurt a. M. 1976.

Elias, Norbert: Die Gesellschaft der Individuen, hgg. von Michael Schröter. 3. Aufl. Memmingen 1988.

Engelhardt, Anina/Kajetzke, Laura (Hg.): Handbuch Wissensgesellschaft. Theorien, Themen und Probleme. Bielefeld 2010.

Eschenbruch, Nicholas/Hänel, Dagmar/Unterkircher, Alois (Hg.): Medikale Räume. Zur Interdependenz von Raum, Körper, Krankheit und Gesundheit. Bielefeld 2010.

Escher, Walter: Der Atlas der Schweizerischen Volkskunde (ASV). In: Schweizer Volkskunde. Korrespondenzblatt der Schweizerischen Gesellschaft für Volkskunde (79/1989), S. 1–15.

Etcoff, Nancy: Nur die Schönsten überleben. München 2001.

Foucault, Michel: Sexualität und Wahrheit. Frankfurt a. M. 1977.

Foucault, Michel: Überwachen und Strafen. Die Geburt des Gefängnisses. Frankfurt a. M. 1979.

Frei Gerlach, Franziska/Kreis-Schinck, Anette/Opitz, Claudia/Ziegler, Beatrice (Hg.): Körper-Konzepte/Concepts du corps. Interdisziplinäre Studien zur Geschlechterforschung. Münster/New York/München/Berlin 2003.

Fröhlich, Gerhard/Rehbein, Boike (Hg.): Bourdieu Handbuch. Leben – Werk – Wirkung. Stuttgart/Weimar 2009.

Frohlich, Katherine L.: The creation of a smoking class. How prevention efforts can deepen social inequalities in health. In: WZB Mitteilungen, Heft 128, Juni 2010, S. 18–20.

Gajek, Esther/Götz, Irene: „Studentenfutter". Was Studenten einkaufen und wie sie (miteinander) kochen und essen (= Münchner Beiträge zur Volkskunde. Sonderheft, Bd. 1). München 1993.

Gärtner, Karla/Grünheid, Evelyn/Luy, Marc (Hg.): Lebensstile, Lebensphasen, Lebensqualität. Interdisziplinäre Analysen von Gesundheit und Sterblichkeit aus dem Lebenserwartungs-survey des BiB (= Schriftenreihe des Bundesinstituts für Bevölkerungsforschung, Band 36). Wiesbaden 2005.

Gertenbach, Lars/Laux, Henning/Rosa, Hartmut/Strecker, David: Theorien der Gemeinschaft zur Einführung. Hamburg 2010.

Gesundheitssurvey für Studierende in NRW, Projektbericht von Sabine Meier, Simone Milz, Alexander Krämer, Fakultät für Gesundheitswissenschaften der Universität Bielefeld, Dezember 2007, online verfügbar unter www.gesundheitsfördernde-hochschulen.de, zuletzt geprüft am 25.04.2015.

Gilman, Daniel: Smoking in Modern Japan. In: Gilman, Sander/Xun, Zhou (Ed.): Smoke. A Global History of Smoking. London 2004, S. 172–179.

Gilman, Sander/Xun, Zhou (Ed.): Smoke. A Global History of Smoking. London 2004.

Gilman, Sander: Jews and Smoking. In: Ders./Xun, Zhou (Ed.): Smoke. A Global History of Smoking. London 2004, S. 278–285.

Glawischnig, Markus/Reichmann, Gerhard/Sommersguter-Reichmann, Margit: Austrian Students and Smoking: Prevalence and Characteristics (= College Student Journal 43/2, 2009), S. 514–526.

Goffman, Erving: Verhalten in sozialen Situationen. Strukturen und Regeln der Interaktion im öffentlichen Raum. Gütersloh 1971.

Goffman, Erving: Wir alle spielen Theater. Die Selbstdarstellung im Alltag. 3. Aufl. München 2003.

Goodman, Jordan (Hg.): Tobacco in History and Culture. An Encyclopedia. Farmington Hills 2005.

Gottowik, Volker: Konstruktion des Anderen. Clifford Geertz und die Krise der ethnographischen Repräsentation. Berlin 1997.

Göttsch, Silke/Lehmann, Albrecht (Hg.): Methoden der Volkskunde. Positionen, Quellen, Arbeitsweisen der Europäischen Ethnologie. 2., überarb. u. erw. Aufl. Berlin 2007.

Göttsch, Silke: Archivalische Quellen und die Möglichkeiten ihrer Auswertung. In: Dies./Lehmann, Albrecht (Hg.): Methoden der Volkskunde. Positionen, Quellen, Arbeitsweisen der Europäischen Ethnologie. 2., überarb. u. erw. Aufl. Berlin 2007, S. 15–32.

Greifeld, Katarina (Hg.): Ritual und Heilung. Eine Einführung in die Medizinethnologie. 3., grundlegend überarbeitete und erweiterte Aufl. Berlin 2003.

Greverus, Ina-Maria: Kulturökologische Aufgaben im Analyse- und Planungsbereich Gemeinde. In: Wiegelmann, Günther (Hg.): Gemeinde im Wandel. Volkskundliche Gemeindestudien in Europa. Münster 1979, S. 87–99.

Greverus, Ina-Maria (Hg.): StudentinSein. Station Uni Frankfurt/M. (= Kulturanthropologie Notizen, Bd. 43). Frankfurt a. M. 1993.

Greverus, Ina-Maria: Menschen und Räume. Vom interpretativen Umgang mit einem kulturökologischen Raumorientierungsmodell. In: Steiner, Dieter (Hg.): Menschen und Lebensraum. Fragen zu Identität und Wissen. Opladen 1997, S. 121–145.

Greverus, Ina-Maria: Universität als lokale Öffentlichkeit? Räume verstehen, gestalten, nutzen. In: Stoltenberg, Ute (Hg.): Lebenswelt Hochschule (= Innovation in den Hochschulen: Nachhaltige Entwicklung Bd. 2). Frankfurt a. M. 2000, S. 13–28.

Günther, Mario: Studieren als Part-time-Job. In: Hoppe, Jens/Schimek, Michael/Simon, Michael (Hg.): Die Volkskunde auf dem Weg ins nächste Jahrtausend. Ergebnisse einer Bestandsaufnahme (= Münsteraner Schriften zur Volkskunde/Europäischen Ethnologie Bd. 1). Münster 1998, S. 157–162.

Hafen, Martin: Rauchen als Aspekt der Gruppenidentität. Systemtheoretische Überlegungen zu einem kaum beachteten Aspekt. In: Wiener Zeitschrift für Suchtforschung (29/2006), Nr. 1–2, S. 27–36.

Hagner, Michael (Hg.): Der falsche Körper. Beiträge zu einer Geschichte der Monstrositäten. 2. Aufl. Göttingen 2005.

Hagner, Michael: Monstrositäten haben eine Geschichte. In: Ders. (Hg.): Der falsche Körper. Beiträge zu einer Geschichte der Monstrositäten. 2. Aufl. Göttingen 2005, S. 7–20.

Hänel, Dagmar: Überlegungen zur Bedeutung des Monströsen. Zur Normalität des gesunden Körpers und dem Umgang mit Normbrüchen. In: Alsheimer, Rainer/Weibezahn, Roland (Hg.): Körperlichkeit und Kultur 2005. Geschichtliches, Normen, Methoden (= Volkskunde & Historische Anthropologie 12), S. 59–76.

Hänel, Dagmar: Ritual, Religion und Krankheit – popularreligiöse Handlungspraxen im Kontext von Gesundheits- und Körperkonzepten. In: Unterkircher, Alois (Hg.): Medikale Kulturen (= Bricolage 5, Innsbrucker Zeitschrift für Europäische Ethnologie, 2008), S. 250–268.

Hänel, Dagmar/Unterkircher, Alois: Die Verräumlichung des Medikalen. In: Eschenbruch, Nicholas/Hänel, Dagmar/Unterkircher, Alois (Hg.): Medikale Räume. Zur Interdependenz von Raum, Körper, Krankheit und Gesundheit. Bielefeld 2010, S. 7–20.

Hann, Chris: Weder nach dem Revolver noch dem Scheckbuch, sondern nach dem Rotstift greifen: Plädoyer eines Ethnologen für die Abschaffung des Kulturbegriffs. In: Zeitschrift für Kulturwissenschaft (1/2007), S. 125–146.

Hannerz, Ulf: Studying Down, Up, Sideways, Through, Backwards, Forwards, Away and at Home: Reflections on the Field Worries of an Expansive Discipline. In: Coleman, Simon/Collins, Peter (Eds.): Locating the Field. Space, Place and Context in Anthropology (= ASA monographs, no. 42). Oxford/New York 2006, S. 23–42.

Hauschild, Thomas: Körpersprache, Magie und medizinische Heilserwartung. In: Imhof, Arthur E. (Hg.): Der Mensch und sein Körper. Von der Antike bis heute. München 1983, S. 103–117.

Hauschild, Thomas: Ethnomedizin, medizinische Ethnologie, Medizinanthropologie: Erfolge, Misserfolge und Grenzen. In: Dilger, Hansjörg/Hadolt, Bernhard (Hg.): Medizin im Kontext. Krankheit und Gesundheit in einer vernetzten Welt. Frankfurt a. M./Berlin/Bern/Brüssel/New York/Oxford/Wien 2010, S. 431–439.

Hauser-Schäublin, Brigitta: Natur in der Kultur und der Kultur in der Natur. In: Brednich, Rolf Wilhelm/Schneider, Annette/Werner, Ute (Hg.): Natur – Kultur. Volkskundliche Perspektiven auf Mensch und Umwelt. Münster/New York/München/Berlin 2001, S. 11–20.

Haustein, Knut-Olaf: Tabakabhängigkeit. Gesundheitliche Schäden durch das Rauchen. Ursachen – Folgen – Behandlungsmöglichkeiten – Konsequenzen für Politik und Gesellschaft. Köln 2001.

Heidbrink, Ludger/Schmidt, Imke/Ahaus, Björn (Hg.): Die Verantwortung des Konsumenten. Über das Verhältnis von Markt, Moral und Konsum. Frankfurt a. M. 2011.

Heimerdinger, Timo: Alltagsanleitungen? Ratgeberliteratur als Quelle für die volkskundliche Forschung. In: Rheinisch-westfälische Zeitschrift für Volkskunde (51/2006), S. 57–72.

Helfferich, Cornelia: Die Qualität qualitativer Daten. Manual für die Durchführung qualitativer Interviews. 4. Auflage, Wiesbaden 2011.

Helmert, Uwe/Bammann, Karin/Voges, Wolfgang/Müller, Rainer (Hg.): Müssen Arme früher sterben? Soziale Ungleichheit und Krankheit in Deutschland. Weinheim 2000.

Hengartner, Thomas: Zur Kulturanalyse der Stadtforschung. In: Binder, Beate/Göttsch, Silke/ Kaschuba, Wolfgang/Vanja, Konrad (Hg.): Ort. Arbeit. Körper: Ethnografie Europäischer Modernen. Münster 2005, S. 67–80.

Hengartner, Thomas: Tabak. In: Ders./Merki, Christoph Maria (Hg.): Genußmittel. Eine Kulturgeschichte. Frankfurt a. M./Leipzig 2001, S. 191–220.

Hengartner, Thomas/Merki, Christoph Maria (Hg.): Tabakfragen. Rauchen aus kulturwissenschaftlicher Sicht. Zürich 1996.

Hengartner, Thomas: Tabakkonsum und Rauchen. Theoretische Überlegungen zu einer Volkskunde der Genußmittel. In: Ders./Mercki, Christoph Maria (Hg.): Tabakfragen. Rauchen aus kulturwissenschaftlicher Sicht. Zürich 1996, S. 113–138.

Hengartner, Thomas: Zeit-Fragen. In: VOKUS. Volkskundlich-kulturwissenschaftliche Schriften. Sonderheft „zeit". Hamburg 2000, S. 5–18.

Hengartner, Thomas/Merki, Christoph Maria (Hg.): Genußmittel. Eine Kulturgeschichte. Frankfurt a. M./Leipzig 2001.

Hengartner, Thomas/Merki, Christoph Maria: Für eine Geschichte der Genußmittel. In: Dies. (Hg.): Genußmittel. Eine Kulturgeschichte. Frankfurt a. M./Leipzig 2001, S. 9–26.

Hess, Sabine/Moser, Johannes/Schwertl, Maria (Hg.): Europäisch-ethnologisches Forschen. Neue Methoden und Konzepte. Berlin 2013.

Hilton, Matthew: Der Konsum des Unschicklichen. Raucherinnen in Großbritannien 1880–1950. In: Siegrist, Hannes /Kaleble, Hartmut/Kocka, Jürgen (Hg.): Europäische Konsumgeschichte. Zur Gesellschafts- und Kulturgeschichte des Konsums (18. bis 20. Jahrhundert). Frankfurt a. M./New York 1997, S. 495–526.

Hilton, Matthew: Smoking and Sociability. In: Gilman, Sander/Xun, Zhou (Ed.): Smoke. A Global History of Smoking. London 2004, S. 126–133.

Hilton, Matthew: Age. In: Goodman, Jordan (Hg.): Tobacco in History and Culture. An Encyclopedia. Farmington Hills 2005, S. 31–33.

Hirschfelder, Gunther: Europäische Esskultur. Eine Geschichte der Ernährung von der Steinzeit bis heute. Frankfurt a. M./New York 2001.

Hirschfelder, Gunther: Alkoholkonsum am Beginn des Industriezeitalters (1700–1850). Vergleichende Studien zum gesellschaftlichen und kulturellen Wandel, Band 2: Die Region Aachen. Köln/Weimar/Wien 2004.

Hirschfelder, Gunther/Huber, Birgit (Hg.): Die Virtualisierung der Arbeit. Zur Ethnographie neuer Arbeits- und Organisationsformen. Frankfurt a. M./New York 2005.

Hirschfelder, Gunther: Die Betäubung der Sinne. Die Suche nach dem Rausch zwischen kulturellem Zwang und individueller Freiheit. In: von Engelhard, Dietrich/Wild, Rainer/Neumann, Gerhard/Pudel, Volker/Wielacher, Alois (Hg.): Geschmackskulturen. Vom Dialog der Sinne beim Essen und Trinken. Frankfurt a. M. 2005, S. 218–237.

Hirschfelder, Gunther: Europäischer Alltag im Fokus der Kulturanthropologie/Volkskunde. In: Conermann, Stephan (Hg.): Was ist Kulturwissenschaft? Zehn Antworten aus den „Kleinen Fächern". Bielefeld 2012, S. 135–173.

Hitzler, Ronald/Honer, Anne: Bastelexistenz. Über subjektive Konsequenzen der Individualisierung. In: Beck, Ulrich/Beck-Gernsheim, Elisabeth (Hg.): Riskante Freiheiten. Individualisierung in modernen Gesellschaften. Frankfurt a. M. 1994, S. 307–315.

Hitzler, Ronald/Honer, Anne: Körperkontrolle. Formen des sozialen Umgangs mit physischen Befindlichkeiten. In: Schroer, Markus (Hg.): Soziologie des Körpers. Frankfurt a. M. 2005, S. 356–370.

Hitzler, Ronald/Niederbauer, Arne: Leben in Szenen. Formen juveniler Vergemeinschaftung heute (= Erlebniswelten Bd. 3). 3., vollständig überarbeitete Aufl. Wiesbaden 2010.

Hochmuth, Christian: Globale Güter – lokale Aneignung: Kaffee, Tee, Schokolade und Tabak im frühneuzeitlichen Dresden (= Konflikte und Kultur – historische Perspektiven 17). Dresden 2008.

Holmberg, Christine: Die Interdependenz von Statistik und Krankheitserfahrung als Gegenstand der Europäischen Ethnologie. In: Binder, Beate/Göttsch, Silke/Kaschuba, Wolfgang/Vanja, Konrad (Hg.): Ort. Arbeit. Körper. Ethnographie Europäischer Modernen (= Schriftenreihe Museum Europäischer Kulturen, Bd. 3). Münster 2005, S. 413–420.

Hoppe, Jens/Schimek, Michael/Simon, Michael (Hg.): Die Volkskunde auf dem Weg ins nächste Jahrtausend. Ergebnisse einer Bestandsaufnahme (= Münsteraner Schriften zur Volkskunde/Europäischen Ethnologie Bd. 1). Münster 1998.

Hradil, Stefan: Der theoretische Hintergrund – die Gesundheitslebensstile. In: Gärtner, Karla/Grünheid, Evelyn/Luy, Marc (Hg.): Lebensstile, Lebensphasen, Lebensqualität. Interdisziplinäre Analysen von Gesundheit und Sterblichkeit aus dem Lebenserwartungssurvey des BiB. (= Schriftenreihe des Bundesinstituts für Bevölkerungsforschung, Band 36). Wiesbaden 2005, S. 65–94.

Hradil, Stefan: Was prägt das Krankheitsrisiko: Schicht, Lage, Lebensstil? In: Richter, Matthias/Hurrelmann, Klaus (Hg.): Gesundheitliche Ungleichheit. Grundlagen, Probleme, Perspektiven. 2. aktualisierte Aufl. Wiesbaden 2009, S. 35–54.

Hsu, Elisabeth: Die drei Körper – oder sind es vier? Medizinethnologische Perspektiven auf den Körper. In: Lux, Thomas (Hg.): Kulturelle Dimensionen der Medizin. Ethnomedizin – Medizinethnologie – Medical Anthropology. Berlin 2003, S. 177–189.

Hughes, Jason: Learning to Smoke. Tobacco Use in the West. Chicago 2003.

Hurrelmann, Klaus: Gesundheitssoziologie. Eine Einführung in sozialwissenschaftliche Theorien von Krankheitsprävention und Gesundheitsförderung. 5. Aufl. Weinheim/München 2003.

Imbusch, Peter/Rucht, Dieter (Hg.): Profit oder Gemeinwohl? Fallstudien zur gesellschaftlichen Verantwortung von Wirtschaftseliten. Wiesbaden 2007.

Imbusch, Peter: „Enjoy Smoking" – Die Zigarettenindustrie und ihre Abwehrschlachten. In: Ders./Rucht, Dieter (Hg.): Profit oder Gemeinwohl? Fallstudien zur gesellschaftlichen Verantwortung von Wirtschaftseliten. Wiesbaden 2007, S. 69–108.

Imhof, Arthur E. (Hg.): Der Mensch und sein Körper. Von der Antike bis heute. München 1983.

Isenberg, Noah: Cinematic Smoke: From Weimar to Hollywood. In: Gilman, Sander/Xun, Zhou (Ed.): Smoke. A Global History of Smoking. London 2004, S. 248–255.

Jacobeit, Wolfgang/Lixfeld, Hannjost/Bockhorn, Olaf: Völkische Wissenschaft. Gestalten und Tendenzen der deutschen und österreichischen Volkskunde in der ersten Hälfte des 20. Jahrhunderts. Wien/Köln/Weimar 1994.

Jeggle, Utz: Im Schatten des Körpers. Vorüberlegungen zu einer Volkskunde der Körperlichkeit. In: Zeitschrift für Volkskunde, 76. Jg. (1980), S. 169–188.

Jeggle, Utz: Vom Umgang mit Sachen. In: Köstlin, Konrad/Bausinger, Hermann (Hg.): Umgang mit Sachen. Zur Kulturgeschichte des Dinggebrauchs (= Regensburger Schriften zur Volkskunde, Bd. 1). Regensburg 1983, S. 11–26.

Jeggle, Utz: Der Kopf des Körpers. Eine volkskundliche Anatomie. Weinheim 1986.

Jeggle, Utz: Trost und Rat: was lehren uns Ratgeber. In: Brunold-Bigler, Ursula/Bausinger, Hermann (Hg.): Hören Sagen Lesen Lernen. Bausteine zu einer Geschichte der kommunikativen Kultur. Frankfurt a. M. 1995, S. 341–358.

Jeggle, Utz: Alltag. In: Bausinger, Hermann/Jeggle, Utz/Korff, Gottfried/Scharfe, Martin: Grundzüge der Volkskunde. 4. Aufl. Darmstadt 1999, S. 81–126.

Jeggle, Utz: Volkskunde im 20. Jahrhundert. In: Brednich, Rolf W. (Hg.): Grundriß der Volkskunde. Einführung in die Forschungsfelder der Europäischen Ethnologie. 3., überarbeitete und erweiterte Aufl. Berlin 2001, S. 53–76.

Jütte, Robert: Geschichte der Alternativen Medizin. Von der Volksmedizin zu den unkonventionellen Therapien von heute. München 1996.

Kaschuba, Wolfgang: Einführung in die Europäische Ethnologie. 3. Aufl. München 2006.

Kastenbutt, Burkhard: ,Smoke gets in your eyes': die Zigarette im Fadenkreuz der Seelenkundler. In: Legnaro, Aldo/Schmieder, Arnold (Hg.): Rauchzeichen. Zum modernen Tabakkonsum (= Jahrbuch Suchtforschung Bd. 3, 2002). Münster 2003, S. 79–98.

Keller, Rainer/Meuser, Michael (Hg.): Körperwissen. Wiesbaden 2011.

Kleber, Jutta Anna: Krebstabu und Krebsschuld. Struktur – Mensch – Medizin im 20. Jahrhundert (= Reihe Historische Anthropologie, Bd. 33). Berlin 2003.

Klein, Gabriele: Das Theater des Körpers. Zur Performanz des Körperlichen. In: Schroer, Markus (Hg.): Soziologie des Körpers. Frankfurt a. M. 2005, S. 73–91.

Kleinhückelkotten, Silke: Konsumverhalten im Spannungsfeld konkurrierender Interessen und Ansprüche: Lebensstile als Moderatoren des Konsums. In: Heidbrink, Ludger/Schmidt, Imke/Ahaus, Björn (Hg.): Die Verantwortung des Konsumenten. Über das Verhältnis von Markt, Moral und Konsum. Frankfurt a. M. 2011, S. 133–156.

Klocke, Andreas/Becker, Ulrich: Soziales Kapital als Ressource für Gesundheit im Jugendalter. HBSC Survey 2002.

Kluge, Friedrich: Genuss. In: Etymologisches Wörterbuch der deutschen Sprache. 22. Aufl. Berlin/New York 1989, S. 258.

Kluge, Friedrich: Kippe. In: Etymologisches Wörterbuch der deutschen Sprache. 22. Aufl. Berlin/New York 1989, S. 371.

Kluge, Friedrich: Tabak. In: Etymologisches Wörterbuch der deutschen Sprache. 22. Aufl. Berlin/New York 1989, S. 718.

Köck, Christoph: Kulturanalyse popularer Medientexte. In: Göttsch, Silke/Lehmann, Albrecht (Hg.): Methoden der Volkskunde. 2., überarb. u. erw. Aufl. 2007, S. 343–363.

Kolte, Birgitta: Rauchen zwischen Sucht und Genuss. Wiesbaden 2006.

Kontopodis, Michalis/Niewöhner, Jörg (Hg.): Das Selbst als Netzwerk. Zum Einsatz von Körpern und Dingen im Alltag. Bielefeld 2011.

Kontopodis, Michalis/Niewöhner, Jörg: Technologien des Selbst im Alltag. Eine Einführung in relational-materielle Perspektiven. In: Dies. (Hg.): Das Selbst als Netzwerk. Zum Einsatz von Körpern und Dingen im Alltag. Bielefeld 2011, S. 9–24.

Koppenhöfer, Eva: Über die Ambivalenz des Rauchens bei Frauen. In: Legnaro, Aldo/Schmieder, Arnold (Hg.): Rauchzeichen. Zum modernen Tabakkonsum (= Jahrbuch Suchtforschung Bd. 3, 2002). Münster 2003, S. 53–78.

Korff, Gottfried: Kultur. In: Bausinger, Hermann/Jeggle, Utz/Korff, Gottfried/Scharfe, Martin: Grundzüge der Volkskunde. 4. Aufl. Darmstadt 1999, S. 17–80.

Köstlin, Konrad: Körper-Verständnisse. In: Hessische Blätter für Volks- und Kulturforschung. N. F. der Hessischen Blätter für Volkskunde, Bd. 31 (1996), S. 9–22.

Köstlin, Konrad: Kultur als Natur – des Menschen. In: Brednich, Rolf Wilhelm/Schneider, Annette/Werner, Ute (Hg.): Natur – Kultur. Volkskundliche Perspektiven auf Mensch und Umwelt. Münster/New York/München/Berlin 2001, S. 1–10.

Kröger, Christoph: Raucherentwöhnung in Deutschland. Grundlagen und kommentierte Übersicht. (Gesundheitsförderung Konkret Band 2, hgg. von der Bundeszentrale für gesundheitliche Aufklärung BZgA, 2000) [o. O.].

Kupfer, Alexander: Die künstlichen Paradiese. Rausch und Realität seit der Romantik. Ein Handbuch. Stuttgart/Weimar 1996.

Kupfer, Alexander: Göttliche Gifte. Kleine Kulturgeschichte des Rausches seit dem Garten Eden. Stuttgart/Weimar 1996.

Latour, Bruno: Die Hoffnung der Pandora. Untersuchungen zur Wirklichkeit der Wissenschaft. Frankfurt a. M. 2002.

Latour, Bruno: Eine neue Soziologie für eine neue Gesellschaft. Frankfurt a. M. 2007.

Latour, Bruno: On Actor-Network Theory. A few clarifications. In: Soziale Welt. Zeitschrift für sozialwissenschaftliche Forschung und Praxis. 47. Jg. (1996), S. 369–381.

Leben in Deutschland – Ergebnisse des Mikrozensus 2005, abgerufen von der Seite des Statistischen Bundesamts unter https://www.destatis.de/DE/PresseService/Presse/Pressekonferenzen/2006/Mikrozensus/Pressebroschuere.pdf?__blob=publicationFile, zuletzt geprüft am 25.04.2015.

Legnaro, Aldo/Schmieder, Arnold (Hg.): Rauchzeichen. Zum modernen Tabakkonsum (= Jahrbuch Suchtforschung Bd. 3 2002). Münster 2003.

Lehmann, Albrecht: Rechtfertigungsgeschichten. Über eine Funktion des Erzählens eigener Erlebnisse im Alltag. In: Fabula. Zeitschrift für Erzählforschung, 21 (1980), S. 56–69.

Lehmann, Albrecht: Reden über Erfahrung. Kulturwissenschaftliche Bewusstseinsanalyse des Erzählens. Berlin 2007.

Lehmann, Albrecht: Bewusstseinsanalyse. In: Göttsch, Silke/Ders. (Hg.): Methoden der Volkskunde. Positionen, Quellen, Arbeitsweisen der Europäischen Ethnologie. Berlin 2007, S. 271–288.

Lengwiler, Martin/Madarász, Jeannette (Hg.): Das präventive Selbst. Eine Kulturgeschichte moderner Gesundheitspolitik (= Perspektiven empirischer Wissenschaftsforschung, Bd. 9). Bielefeld 2010.

Lengwiler, Martin/Madarász, Jeannette: Präventionsgeschichte als Kulturgeschichte der Gesundheitspolitik. In: Dies. (Hg.): Das präventive Selbst. Eine Kulturgeschichte moderner Gesundheitspolitik (= Perspektiven empirischer Wissenschaftsforschung, Bd. 9). Bielefeld 2010, S. 11–28.

Lévy-Strauss, Claude: Mythologica II. Vom Honig zur Asche. Frankfurt a. M. 1976.

Liebsch, Katharina/Manz, Ulrike (Hg.): Leben mit den Lebenswissenschaften. Wie wird biomedizinisches Wissen in Alltagspraxis übersetzt? Bielefeld 2010.

Lindenberg, Michael/Schmidt-Semisch, Henning: „Aber bitte nicht hier!" Zur Zukunft des Umgangs mit riskanten Substanzen. In: Hengartner, Thomas/Merki, Christoph Maria (Hg.): Tabakfragen. Rauchen aus kulturwissenschaftlicher Sicht. Zürich 1996, S. 185–202.

Linke, Uli: Volks-Körper-Kunde. Überlegungen zu einer wissenschaftlichen Amnese. In: Maase, Kaspar/Warneken, Bernd Jürgen (Hg.): Unterwelten der Kultur. Themen und Theorien der volkskundlichen Kulturwissenschaft. Köln 2003, S. 65–94.

Lipinsky, Anke: Rauchen – zwischen Krankheit und Kultur. In: Alsheimer, Rainer/Weibezahn, Roland (Hg.): Körperlichkeit und Kultur 2005. Geschichtliches, Normen, Methoden (= Volkskunde & Historische Anthropologie, Bd. 12). Bremen 2005, S. 161–170.

Lipp, Carola: Geschlechterforschung – Frauenforschung. In: Brednich, Rolf Wilhelm (Hg.): Grundriß der Volkskunde. Einführung in die Forschungsfeder der Europäischen Ethnologie. 3., überarbeitete und erweiterte Auflage. Berlin 2001, S. 329–362.

Lucke, Doris (Hg.): Jugend in Szenen. Lebenszeichen aus flüchtigen Welten. Münster 2006.

Lucke, Doris: Behind the Scenes. Anmerkungen aus dem Off. In: Dies. (Hg.): Jugend in Szenen. Lebenszeichen aus flüchtigen Welten. Münster 2006, S. 7–24.

Luig, Ute/Seebode, Jochen (Hg.): Ethnologie der Jugend. Soziale Praxis, moralische Diskurse und inszenierte Körperlichkeit (= Band 5: Jugendsoziologie hgg. von Hartmut M. Griese). Münster/Hamburg/London 2003.

Luig, Ute/Seebode, Jochen: Ethnologie der Jugend: Soziale Praxis, moralische Diskurse und inszenierte Körperlichkeit. In: Dies. (Hg.): Ethnologie der Jugend. Soziale Praxis, moralische Diskurse und inszenierte Körperlichkeit (= Band 5: Jugendsoziologie hgg. von Hartmut M. Griese). Münster/Hamburg/London 2003, S. 9–40.

Lutz, Petra/Macho, Thomas/Staupe, Gisela/Zirden, Heike (Hg.): Der [im-]perfekte Mensch. Metamorphosen von Normalität und Abweichung. Köln 2003.

Lux, Thomas (Hg.): Kulturelle Dimensionen der Medizin. Ethnomedizin – Medizinethnologie – Medical Anthropology. Berlin 2003.

Lux, Thomas: Viele Namen für dieselbe Sache? Ethnomedizin, Medizinethnologie und Medical Anthropology. In: Ders. (Hg.): Kulturelle Dimensionen der Medizin. Ethnomedizin – Medizinethnologie – Medical Anthropology. Berlin 2003, S. 10–30.

Maase, Kaspar/Warneken, Bernd Jürgen (Hg.): Unterwelten der Kultur. Themen und Theorien der volkskundlichen Kulturwissenschaft. Köln/Weimar/Wien 2003.

Manzei, Alexandra: Zur gesellschaftlichen Konstruktion medizinischen Körperwissens. Die elektronische Patientenakte als wirkmächtiges und handlungsrelevantes Steuerungsinstrument in der (Intensiv-)Medizin. In: Keller, Reiner/Meuser, Michael (Hg.): Körperwissen. Wiesbaden 2011, S. 207–228.

Marquardt, Ralf/Merkele, Thorsten: Marlboro-Mann, nicht HB-Männchen: über Distinktionen und Werbebotschaften. In: Legnaro, Aldo/Schmieder, Arnold (Hg.): Rauchzeichen. Zum modernen Tabakkonsum (= Jahrbuch Suchtforschung, Bd. 3, 2002). Münster 2003, S. 25–52.

Marstedt, Gerd/Müller, Uwe: Soziale Ungleichheit im Jugendalter. Geschlecht und Bildungsniveau als Einflussdimension für Gesundheit und kulturelle Normen des Gesundheitsverhaltens. In: Helmert, Uwe/Bammann, Karin/Voges, Wolfgang/Müller, Rainer (Hg.): Müssen Arme früher sterben? Soziale Ungleichheit und Krankheit in Deutschland. Weinheim 2000, S. 187–200.

Mathe, Thomas: Medizinische Soziologie und Sozialmedizin. Idstein 2003.

Mauss, Marcel: Die Techniken des Körpers. In: Soziologie und Anthropologie [o.O.]. Bd. 2 (1975), S. 199–220.

Mayring, Philipp/Gläser-Zikuda, Michaela: Die Praxis der qualitativen Inhaltsanalyse. Weinheim/Basel 2005.

Mayring, Philipp: Neuere Entwicklungen in der qualitativen Forschung und der Qualitativen Inhaltsanalyse. In: Ders./Gläser-Zikuda, Michaela: Die Praxis der qualitativen Inhaltsanalyse. Weinheim/Basel 2005, S. 7–19.

Meier, Sabine Meier/Milz, Simone/Krämer, Alexander: Gesundheitssurvey für Studierende in NRW, Projektbericht. Dezember 2007, online abrufbar unter www.gesundheitsfördernde-hochschulen.de, zuletzt geprüft am 25.04.2015.

Menninger, Annerose: Genuss im kulturellen Wandel. Tabak, Kaffee, Tee und Schokolade in Europa (16.–19. Jahrhundert). Beiträge zur Wirtschafts- und Sozialgeschichte, Bd. 102. 2., erweiterte Aufl. Stuttgart 2008.

Merki, Christoph Maria: Die amerikanische Zigarette – das Mass aller Dinge. Rauchen in Deutschland zur Zeit der Zigarettenwährung (1945–1948). In: Hengartner, Thomas/Ders. (Hg.): Tabakfragen. Rauchen aus kulturwissenschaftlicher Sicht. Zürich 1996, S. 57–82.

Meuser, Michael: Frauenkörper – Männerkörper. Somatische Kulturen der Geschlechterdifferenz. In: Schroer, Markus (Hg.): Soziologie des Körpers. Frankfurt a.M. 2005, S. 271–294.

Mielck, Andreas/Bloomfield, Kim (Hg.): Sozial-Epidemiologie. Eine Einführung in die Grundlagen, Ergebnisse und Umsetzungsmöglichkeiten. Weinheim 2001.

Mohrmann, Ruth-E. (Hg.): Essen und Trinken in der Moderne (= Beiträge zur Volkskultur in Nordwestdeutschland, Bd. 108). Münster/New York/München/Berlin 2006.

Moran, Susan/Wechsler, Henry/Rigotti, Nancy: Social Smoking among US college students (Pediatrics 114, 2004), S. 1028–1034.

Moser, Johannes: Volkskundliche Perspektiven. In: Zeitschrift für Volkskunde, 104. Jg. (2/2008), S. 225–243.

Müller, Jens-Peter: Mit Porzellanpfeife und Hund im Hörsaal. In: Forsch. Bonner Universitäts-Nachrichten. Nov. 2007, S. 36.

Niederberger, Josef Martin: Rauchen als sozial erlerntes Verhalten. Physiologie und Sozialisationstheorie einer alltäglichen Sucht. Stuttgart 1987.

Niekrenz, Yvonne/Witte, Matthias (Hg.): Jugend und Körper. Leibliche Erfahrungswelten. Weinheim/München 2011.

Niekrenz, Yvonne: Rausch als körperbezogene Praxis. Leibliche Grenzerfahrungen im Jugendalter. In: Dies./Witte, Matthias (Hg.): Jugend und Körper. Leibliche Erfahrungswelten (= Jugendforschung). Weinheim/München 2011, S. 208–222.

Niewöhner, Jörg/Kehr, Janina/Vailly, Joëlle (Hg.): Leben in Gesellschaft. Biomedizin – Politik – Sozialwissenschaften (= Perspektiven empirischer Wissenschaftsforschung, Bd. 13). Bielefeld 2011.

Nowotny, Helga: Eigenzeit. Entstehung und Strukturierung eines Zeitgefühls. 2. Aufl. Frankfurt a. M. 1995.

Orgs, Stefanie-Dorothee: Gesundheitsselbsthilfe. Eine Felduntersuchung am Beispiel Göttingens. Göttingen 2004.

Pauly, Anne: Lustig ist das Studentenleben. Suchtverhalten im Studium. Köln 2005.

Petzoldt, Leander/Schneider, Ingo/Streng, Petra (Hg.): Bild und Text (= Beiträge zur Europäischen Ethnologie und Folklore, Reihe B: Tagungsberichte und Materialien, Bd. 5). Frankfurt a. M. 1995.

Ploeger, Angelika/Hirschfelder, Gunther/Schönberger, Gesa (Hg.): Die Zukunft auf dem Tisch. Analysen, Trends und Perspektiven der Ernährung von morgen. Wiesbaden 2011.

Pomerleau, O. F.: Nicotine as a Psychoactive Drug: Anxiety and Pain Reduction. In: Psychopharmacology Bulletin, 22/1986, S. 865–869.

Ponti, Marisa: Uncovering Causality in Narratives of Collaboration: Actor-Network Theory and Event Structure Analysis. In: Forum Qualitative Sozialforschung, FQS (13/1), Art. 11, Januar 2012.

Precht, Kai/Baumgartner, Hansjakob: Tabak. Gewohnheiten. Konsequenzen. St. Gallen/Berlin/São Paulo 1993.

Prinz, Sophia: Geschmack (goût). In: Fröhlich, Gerhard/Rehbein, Boike (Hg.): Bourdieu Handbuch. Leben – Werk – Wirkung. Stuttgart/Weimar 2009, S. 104–110.

Pschyrembel. Klinisches Wörterbuch. 260., neu überarbeitete Aufl. Berlin/New York 2004.

Raab, Jürgen: Soziologie des Geruchs. Über die soziale Konstruktion olfaktorischer Wahrnehmung. Konstanz 2001.

Raithel, Jürgen: Lebensstil und gesundheitsrelevantes Verhalten im Jugendalter. In: Soziale Welt. Zeitschrift für sozialwissenschaftliche Forschung und Praxis. 55. Jg. (2004/1), S. 75–94.

Raithel, Jürgen: Lebensstile Jugendlicher und Gesundheitsverhalten. In: Prävention. Zeitschrift für Gesundheitsförderung. 33. Jg. (1/2010), S. 2–5.

Rapaport, Ben: How do we Smoke? Accessoires and Utensils. In: Gilman, Sander/Xun, Zhou (Ed.): Smoke. A Global History of Smoking. London 2004, S. 100–107.

Rapaport, Ben: Connoisseurship. In: Goodman, Jordan (Hg): Tobacco in History and Culture. An Encyclopedia. Farmington Hills 2005, S. 155–166.

Rauchs-Isola, Estelle: „Die gesunden Menschen sind Kranke, die sich selbst ignorieren". Sauberkeitsneurosen oder „Wie weit kann ‚Hygiene' gehen?" In: „Sei sauber …!" Eine Geschichte der Hygiene und öffentlichen Gesundheitsvorsorge in Europa. Herausgegeben vom Musée d'Histoire de la Ville de Luxembourg. Köln 2004, S. 62–75.

Reichmann, Gerhard/Sommersguter-Reichmann, Margit: Zum Rauchverhalten von Studierenden in Österreich – Ein empirischer Befund (Gesundheits- und Sozialpolitik, 61. Jg. 2007, Heft 11/12), S. 61–71.

Remmele, Bernd/Stingl, Benjamin: Geschlecht und Informationstechnologie. Eine einflussreiche Beziehung für das mediengestützte Lernen an der Hochschule. In: Hirschfelder, Gunther/Huber, Birgit (Hg.): Die Virtualisierung der Arbeit. Zur Ethnographie neuer Arbeits- und Organisationsformen. Frankfurt a. M./New York 2005, S. 217–235.

Richter, Matthias/Hurrelmann, Klaus (Hg.): Gesundheitliche Ungleichheit. Grundlagen, Probleme, Perspektiven. 2. aktualisierte Aufl. Wiesbaden 2009.

Ritenbaugh, Cheryl: Obesity as a culture-bound syndrome. In: Culture, Medicine and Psychiatry 6 (1982), S. 347–361.

Salein, Kirsten/Winnat, Anne: Alltagswirklichkeit und Identität. In: Greverus, Ina-Maria (Hg.): StudentInSein. Station Uni Frankfurt/M. (= Kulturanthropologie Notizen, Bd. 43). Frankfurt a. M. 1993, S. 127–170.

Sandgruber, Roman: Bittersüße Genüsse. Kulturgeschichte der Genußmittel. Wien/Köln/Graz 1986.

Schäfer, Alfred/Wimmer, Michael (Hg.): Rituale und Ritualisierungen (= Grenzüberschreitungen, Bd. 1). Opladen 1998.

Schäfer, Alfred: Rituelle Subjektivierungen. In: Ders./Wimmer, Michael (Hg.): Rituale und Ritualisierungen (Grenzüberschreitungen, Band 1). Opladen 1998, S. 165–182.

Schenda, Rudolf: Leser- und Lesestoff-Forschung. In: Brednich, Rolf W. (Hg.): Grundriß der Volkskunde. Einführung in die Forschungsfelder der Europäischen Ethnologie. 3., überarbeitete und erweiterte Aufl. Berlin 2001, S. 543–562.

Schilling, Heinz: Medienforschung. In: Brednich, Rolf W. (Hg.): Grundriß der Volkskunde. Einführung in die Forschungsfelder der Europäischen Ethnologie. 3., überarbeitete und erweiterte Aufl. Berlin 2001, S. 563–586.

Schinzel, Britta: Körperbilder der Biomedizin. In: Frei Gerlach, Franziska/Kreis-Schinck, Anette/Opitz, Claudia/Ziegler, Beatrice (Hg.): KörperKonzepte/Concepts du corps. Münster/New York/München/Berlin 2003, S. 245–264.

Schivelbusch, Wolfgang: Das Paradies, der Geschmack und die Vernunft. Eine Geschichte der Genußmittel. 6. Aufl. Frankfurt a. M. 2005.

Schlehe, Judith: Formen qualitativer ethnographischer Interviews. In: Beer, Bettina (Hg.): Methoden ethnologischer Feldforschung. 2. Aufl. Berlin 2008, S. 119–142.

Schmidt, Erich: Friedrich Kluge. Deutsche Studentensprache. Strassburg, Trübner, 1895. 136 Seiten 8°. In: Zeitschrift des Vereins für Volkskunde 1895, 5. Jg., S. 334–352.

Schmidt-Lauber, Brigitta: Das qualitative Interview oder: Die Kunst des Reden-Lassens. In: Göttsch, Silke/Lehmann, Albrecht (Hg.): Methoden der Volkskunde. Positionen, Quellen, Arbeitsweisen der Europäischen Ethnologie. 2. überarb. u. erw. Aufl. Berlin 2007, S. 169–188.

Schmidt-Lauber, Brigitta: Feldforschung. Kulturanalyse durch teilnehmende Beobachtung. In: Göttsch, Silke/Lehmann, Albrecht (Hg.): Methoden der Volkskunde. Positionen, Quellen, Arbeitsweisen der Europäischen Ethnologie. 2. überarb. u. erw. Aufl. Berlin 2007, S. 219–248.

Schmidt-Semisch, Henning: Vom Laster zur Modellsucht. Einige Anmerkungen zur Karriere des Tabakproblems. In: Dollinger, Bernd/Schneider, Wolfgang (Hg.): Sucht als Prozess. Sozialwissenschaftliche Perspektiven für Forschung und Praxis (Studien zur qualitativen Drogenforschung und akzeptierenden Drogenarbeit, Band 41). Berlin 2005, S. 123–142.

Schmidt-Semisch, Henning/Schorb, Friedrich (Hg.): Kreuzzug gegen Fette. Sozialwissenschaftliche Aspekte des gesellschaftlichen Umgangs mit Übergewicht und Adipositas. Wiesbaden 2008.

Schmieder, Arnold: Verflüchtigung der Rauchzeichen: Hintergründe des Wechsels zu einem neoliberalen Paradigma. In: Legnaro, Aldo/Ders. (Hg.): Rauchzeichen (Jahrbuch Suchtforschung 3, 2002). Münster 2003, S. 99–126.

Schmincke, Imke: Bin ich normal? Körpermanipulationen und Körperarbeit im Jugendalter. In: Niekrenz, Yvonne/Witte, Matthias (Hg.): Jugend und Körper. Leibliche Erfahrungswelten. Weinheim/München 2011, S. 143–154.

Schroer, Markus (Hg.): Soziologie des Körpers. Frankfurt a. M. 2005.

Schulze, Gerhard: Die Erlebnisgesellschaft. Kultursoziologie der Gegenwart. Frankfurt a. M. 1992.

Shore, Cris/Wright, Susan/Però, Davide (Hg.): Policy Worlds. Anthropology and the Analysis of Contemporary Power. New York/Oxford 2011.

Shore, Cris/Wright, Susan: Conceptualising Policy: Technologies of Governance and the Politics of Visibility. In: Dies./Però, Davide (Hg.): Policy Worlds. Anthropology and the Analysis of Contemporary Power. New York/Oxford 2011, S. 1–25.

Siegrist, Hannes/Kaleble, Hartmut/Kocka, Jürgen (Hg.): Europäische Konsumgeschichte. Zur Gesellschafts- und Kulturgeschichte des Konsums (18. bis 20. Jahrhundert). Frankfurt a. M./New York 1997.

Siegrist, Johannes: Medizinische Soziologie. 5. Aufl. München/Wien/Baltimore 1995.

Simon, Michael: Laienätiologien und die Popularisierung medizinischer Diskurse – zwei sinnvolle Konzepte der Medikalkulturforschung? In: Unterkircher, Alois (Hg.): Medikale Kulturen (= Bricolage 5, Innsbrucker Zeitschrift für Europäische Ethnologie, 2008), S. 39–52.

Smith, Derek/Leggat, Peter: An international review of tobacco smoking among medical students. In: Journal of Postgraduate Medicine 53/1, 2007, S. 55–62.

Spiekermann, Uwe: Die Normierung der Nahrungsmittel in Deutschland 1850–1930. In: Mohrmann, Ruth-E. (Hg.): Essen und Trinken in der Moderne (=Beiträge zur Volkskultur in Nordwestdeutschland, Bd. 108). Münster/New York/München/Berlin 2006, S. 99–125.

Spiekermann, Uwe: Übergewicht und Körperdeutungen im 20. Jahrhundert – Eine geschichtswissenschaftliche Rückfrage. In: Schmidt-Semisch, Henning/Schorb, Friedrich (Hg.): Kreuzzug gegen Fette. Sozialwissenschaftliche Aspekte des gesellschaftlichen Umgangs mit Übergewicht und Adipositas. Wiesbaden 2008, S. 35–56.

Steiner, Dieter (Hg.): Menschen und Lebensraum. Fragen zu Identität und Wissen. Opladen 1997.

Stock, Christiane/Wille, Lutz/Krämer, Alexander: Gender-specific health behaviors of German university students predict the interest in campus health promotion (= Health Promotion International, 16/2 2001), S. 145–154.

Stoltenberg, Ute (Hg.): Lebenswelt Hochschule. Raum-Bildung, Konsum-Muster und Kommunikation für eine nachhaltige Entwicklung (= Innovation in den Hochschulen: Nachhaltige Entwicklung Bd.2). Frankfurt a. M. 2000.

Stoltenberg, Ute: Raum-Bildung, Konsum-Muster und Kommunikation für eine nachhaltige Entwicklung. In: Dies. (Hg.): Lebenswelt Hochschule. Raum-Bildung, Konsum-Muster und Kommunikation für eine nachhaltige Entwicklung (= Innovation in den Hochschulen: Nachhaltige Entwicklung, Bd. 2). Frankfurt a. M. 2000, S. 9–12.

Stromberg, Peter/Nichter, Mark/Nichter, Mimi: Taking Play Seriously: Low-level smoking among College Students. In: Culture, Medicine and Psychiatry: an International Journal of cross-cultural Health Research (31/2007), S. 1–24.

Stromberg, Peter: Symbolic valorization in the culture of entertainment: The example of legal drug use. In: Anthropological Theory (8/2008), S. 430–448.

Tanner, Jakob: Rauchzeichen. Zur Geschichte von Tabak und Hanf. Hengartner, Thomas/Merki, Christoph Maria (Hg.): Tabakfragen. Rauchen aus kulturwissenschaftlicher Sicht. Zürich 1996, S. 15–42.

Tanner, Jakob: Wie machen Menschen Erfahrungen? Zur Historizität und Semiotik des Körpers. In: Bielefelder Graduiertenkolleg Sozialgeschichte (Hg.): Körper Macht Geschichte – Geschichte Macht Körper. Körpergeschichte als Sozialgeschichte. Bielefeld 1999, S. 16–34.

Thoms, Ulrike: Bauch und Geist. Wissenschaftler am Esstisch. In: Alltagswelt Universität (= Jahrbuch für Universitätsgeschichte, Band 10 (2007), hgg. von Rüdiger vom Bruch und Marie-Luise Bott, Gastherausgeber Wolfgang Kaschuba), S. 53–76.

Thon, Caroline: Feldforschen unter freundschaftlichen Bedingungen – eine Exploration in die Rolle von Freundschaft und Vertrauen in der ethnographischen Forschung. In: Interaktion im Feld (= Ethnoscripts. Analysen und Informationen aus dem Institut für Ethnologie das Universität Hamburg, Jg. 8/2006, Heft 2), S. 159–172.

Tolksdorf, Ulrich: Nahrungsforschung, aktualisiert von Brigitte Bönisch-Brednich. In: Brednich, Rolf Wilhelm (Hg.): Grundriß der Volkskunde. 3., überarbeitete und erweiterte Aufl. Berlin 2001, S. 239–254.

Traxler-Gerlich, Nadja: Tabakanbau in Österreich. In: Wiener Journal, No. 21. 28. Mai 2005, S. 12–13.

Trümpy, Hans: Volkskundliche Überlegungen zum Rauchen. In: Therapeutische Umschau, Wochenzeitschrift für praktische Medizin. Jg. 40, Heft 2 (1983), S. 165–168.

Turner, Victor: Das Ritual. Struktur und Anti-Struktur. Frankfurt a. M./New York 1989, Neuauflage 2005.

Umberger, Eugene: In Praise of Lady Nicotine: A Bygone Era of Prose, Poetry … and Presentation. In: Gilman, Sander/Xun, Zhou (Ed.): Smoke. A Global History of Smoking. London 2004, S. 236–247.

Unterkircher, Alois (Hg.): Medikale Kulturen (= Bricolage 5, Innsbrucker Zeitschrift für Europäische Ethnologie, 2008).

Unterkircher, Alois: „Medikale Kultur" – zur Geschichte eines Begriffes und zur Einführung in diesen Band. In: Ders. (Hg.): Medikale Kulturen (= Bricolage 5, Innsbrucker Zeitschrift für Europäische Ethnologie, 2008), S. 7–23.

van Dülmen, Richard (Hg.): Körper-Geschichten. Frankfurt a. M. 1996.

Viehöver, Willy/Wehling, Peter (Hg.): Entgrenzung der Medizin. Von der Heilkunst zur Verbesserung des Menschen? Bielefeld 2011.

Viehöver, Willy: Häute machen Leute, Leute machen Häute. Das Körperwissen der ästhetisch-plastischen Chirurgie, Liminalität und der Kult der Person. In: Keller, Rainer/Meuser, Michael (Hg.): Körperwissen. Wiesbaden 2011, S. 289–313.

Villa, Paula-Irene: Der Körper als kulturelle Inszenierung und Statussymbol. In: SoFid Kultursoziologie und Kunstsoziologie 2/2007, S. 9–18.

Villa, Paula-Irene: Mach mich schön! Geschlecht und Körper als Rohstoff. In: Viehöver, Willy/Wehling, Peter (Hg.): Entgrenzung der Medizin. Von der Heilkunst zur Verbesserung des Menschen? Bielefeld 2011, S. 143–162.

von Engelhard, Dietrich/Wild, Rainer/Neumann, Gerhard/Pudel, Volker/Wielacher, Alois (Hg.): Geschmackskulturen. Vom Dialog der Sinne beim Essen und Trinken. Frankfurt a. M./New York 2005.

von Essen, Susanne: Erinnerung und Deutung von Alltagszeit bei Jugendlichen. In: VOKUS. Volkskundlich-kulturwissenschaftliche Schriften. Sonderheft „zeit". Hamburg 2000, S. 25–32.

Weber-Kellermann, Ingeborg/Bimmer, Andreas/Becker, Siegfried: Einführung in die Volkskunde/Europäische Ethnologie. 3., vollständig überarbeitete und aktualisierte Aufl. Stuttgart/Weimar 2003.

Weiss, Richard: Einführung in den Atlas der Schweizerischen Volkskunde. Basel 1950.

Weiss, Richard: Volkskunde der Schweiz, Grundriss. Erlenbach/Zürich 1946.

Welshman, John: Smoking, Science and Medicine. In: Gilman, Sander/Xun, Zhou (Ed.): Smoke. A Global History of Smoking. London 2004, S. 326–331.

Welz, Gisela: Die Pragmatik ethnografischer Temporalisierung. Neue Formen der Zeitorganisation in der Feldforschung. In: Hess, Sabine/Moser, Johannes/Schwertl, Maria (Hg.): Europäisch-ethnologisches Forschen. Neue Methoden und Konzepte. Berlin 2013, S. 39–54.

Welz, Gisela/Heinbach, Gesa/Losse, Nadja/Lottermann, Annina/Mutz, Sabrina (Hg.): Gesunde Ansichten. Wissensaneignung medizinischer Laien (= Kulturanthropologie Notizen. Die Schriftenreihe des Instituts für Kulturanthropologie und Europäische Ethnologie der Universität Frankfurt am Main, Bd. 74, Oktober 2005).

Wiegelmann, Günter/Zender, Matthias/Heilfurth, Gerhard: Volkskunde: eine Einführung. Berlin 1977.

Wiegelmann, Günther (Hg.): Gemeinde im Wandel. Volkskundliche Gemeindestudien in Europa. Münster 1979.

Wierlacher, Alois/Bendix, Regina (Hg.): Kulinaristik. Forschung – Lehre – Praxis (= Wissenschaftsforum Kulinaristik, Bd. 1). Berlin 2008.

Wierlacher, Alois: Oralität und Kulturalität von Geschmack und Genuss. In: Ders./Bendix, Regina (Hg.): Kulinaristik. Forschung – Lehre – Praxis (= Wissenschaftsforum Kulinaristik, Bd. 1). Berlin 2008, S. 157–171.

Wilde, Jessica: Ulrich Beck: Die Risikogesellschaft als Wegbereiter der Wissensgesellschaft? In: Engelhardt, Anina/Kajetzke, Laura (Hg.): Handbuch Wissensgesellschaft. Theorien, Themen und Probleme. Bielefeld 2010, S. 35–42.

Winkler, Joachim/Weis, Kurt (Hg.): Soziologie des Sports. Theorieansätze, Forschungsergebnisse und Forschungsperspektiven. Opladen 1995.

Winkler, Joachim: Lebensstil und Sport. Der Sport als ‚stilistische Möglichkeit' in der Symbolisierung von Lebensführung. In: Ders./Weis, Kurt (Hg.): Soziologie des Sports. Theorieansätze, Forschungsergebnisse und Forschungsperspektiven. Opladen 1995, S. 261–278.

Wolff, Eberhard: „Volksmedizin" – Abschied auf Raten. Vom definitorischen zum heuristischen Begriffsverständnis. In: Zeitschrift für Volkskunde, 94. Jg. (1998), S. 233–257.

Wolff, Eberhard: Volkskundliche Gesundheitsforschung, Medikalkultur- und „Volksmedizin"-Forschung. In: Brednich, Rolf Wilhelm (Hg.): Grundriß der Volkskunde. Einführung in die Forschungsfelder der Europäischen Ethnologie. 3., überarbeitete und erweiterte Aufl. Berlin 2001, S. 617–636.

Wolff, Eberhard: Wandel einer Nachbardisziplin. Volkskundliche Gesundheitsforschung jenseits der „Volksmedizin". In: Lux, Thomas (Hg.): Kulturelle Dimensionen der Medizin. Ethnomedizin – Medizinethnologie – Medical Anthropology. Berlin 2003, S. 31–56.

Wolff, Eberhard: Medikale Landschaften. Das Sanatorium als gedachte und gelebte Gesundheitsgeographie. In: Eschenbruch, Nicholas/Hänel, Dagmar/Unterkircher, Alois (Hg.): Medikale Räume. Zur Interdependenz von Raum, Körper, Krankheit und Gesundheit. Bielefeld 2010, S. 21–42.

Wolff, Eberhard: Moderne Diätetik als präventive Selbsttechnologie: Zum Verhältnis heteronomer und autonomer Selbstdisziplinierung zwischen Lebensreformbewegung und heutigem Gesundheitsboom. In: Lengwiler, Martin/Madarász, Jeannette (Hg.): Das präventive Selbst. Eine Kulturgeschichte moderner Gesundheitspolitik (= Perspektiven empirischer Wissenschaftsforschung, Bd. 9). Bielefeld 2010, S. 169–201.

Wooßmann, Melanie: „Älter werde ich später" – Anti-Aging oder die Suche nach der ewigen Jugend. Populärmedizinische Ratgeber aus volkskundlicher Sicht. [unveröffentl. Magisterarbeit, Abt. Kulturanthropologie der Universität Bonn, 2006].

Wulf, Christoph/Althans, Birgit/Audehm, Kathrin/Bausch, Constanze/Göhlich, Michael/Sting, Stephan/Tervooren, Anja/Wagner-Willi, Monika/Zirfas, Jörg: Das Soziale als Ritual. Zur performativen Bildung von Gemeinschaft. Opladen 2001.

Wulf, Christoph: Das Soziale als Ritual: Perspektiven des Performativen. In: Ders./Althans, Birgit/Audehm, Kathrin/Bausch, Constanze/Göhlich, Michael/Sting, Stephan/Tervooren, Anja/Wagner-Willi, Monika/Zirfas, Jörg (Hg.): Das Soziale als Ritual. Zur performativen Bildung von Gemeinschaft. Opladen 2001, S. 339–354.

Zhu, Tong/Feng, Buoling/Wong, Shiushing/Choi, Won/Zhu, Shu-Hong: A comparison of smoking behaviors among medical and other college students in China (= Health Promotion International 19/2, 2004), S. 189–196.

Zick-Varul, Matthias: Geld und Gesundheit. Konsum als Transformation von Geld in Moral. Berichte aus dem DFG-Graduiertenkolleg Lebensstile, Soziale Differenzen, Gesundheitsförderung. Berlin 2004.

Zimmermann, Harm-Peer (Hg.): Empirische Kulturwissenschaft – Europäische Ethnologie – Kulturanthropologie – Volkskunde. Leitfaden für das Studium einer Kulturwissenschaft an deutschsprachigen Universitäten. Marburg 2005.

Tabelle 1: Überblick Interviewpartnerinnen und -partner

Jahr	Rauchbeginn	Name	Geschlecht	Jahrgang	Zigarettenkonsumform und ungefähre Maßangabe pro Tag	Hauptbeschäftigung zum Interviewzeitpunkt	Wohn-/Familiensituation
2005	mit 16 Jahren	SBM	m	1978	etwa zehn Zigaretten aus Feinschnitttabak mit Filter, wechselnde Produzenten	Student mit Nebenbeschäftigung in einem gastronomischen Betrieb	in Partnerschaft, in WG lebend
2006	mit 15–16 Jahren	RLM	m	1982	eine Schachtel Filterzigaretten am Tag (19–25), teilweise auch Feinschnitttabak	Student der Geschichte an der Universität	
2006	mit 14 Jahren	KWK	w	1981	etwa zehn bis 15 Markenzigaretten, am Wochenende und auf Partys mehr als eine Schachtel	Studentin der Betriebswirtschaft und stud. Mitarbeiterin	Single, alleinlebend
2006		NRW	w	1977	unter 19 Filterzigaretten, mit Freunden auf Partys auch mehr	Studentin, studentische Hilfskraft an der Universität	in Partnerschaft, alleinlebend
2006	mit 16–17 Jahren	BÖK	w	1977	preiswerte Filterzigaretten aus dem Supermarkt oder gestopfte Zigarettenhülsen mit Filter	Pädagogikstudentin und studentische Hilfskraft an der Universität	Single, alleinerziehend, eine Tochter
2006	mit 20 zu Studienbeginn, erste eigene Wohnung	SHM	m	1976	preisgünstige parfümierte Filterzigaretten aus dem Supermarkt, Markenzigaretten und selten Zigarillos	Kulturwissenschaftler, Interviewer in Marktforschung in Teilzeit, weiterhin beschäftigt in einem Theater	Single, in Wohngemeinschaft lebend
2006	mit 16–17 Jahren	KBW	w	1977	etwa zehn Markenzigaretten am Tag, versucht zu reduzieren	Sozialwissenschaftliche Doktorandin (Stipendiatin)	in Partnerschaft, alleinlebend
2006		TWB	w	1978	unter 19 Filterzigaretten, selten Feinschnitttabak, manchmal gestopfte Zigarettenhülsen mit Filter	Kulturwissenschaftliche Doktorandin an der Universität beschäftigt (Stipendiatin)	Single, in Wohngemeinschaft lebend
2006	mit 14 Jahren	JWW	w	1980	etwa 20 ohne Filter gedrehte Zigaretten aus Feinschnitttabak am Tag	Doktorandin in der Germanistik, mit Lehrauftrag an der Universität	in Partnerschaft, zusammenlebend

Anhang

Jahr	Rauchbeginn	Name	Geschlecht	Jahrgang	Zigarettenkonsumform und ungefähre Maßangabe pro Tag	Hauptbeschäftigung zum Interviewzeitpunkt	Wohn-/Familiensituation
2006	mit 15–16 Jahren	KJM	m	1985	15–20 starke Filterzigaretten eines Herstellers	Geisteswissenschaftsstudent in der Studienabschlussphase an der Universität, studentische Hilfskraft in politischer Einrichtung	in Partnerschaft, in Wohngemeinschaft lebend
2006		SEW	w	1985	unter zehn Filterzigaretten verschiedener Hersteller, gerne mit wechselnden Aromen	Studentin der Anglistik im Hauptstudium an der Universität	
2007		SWK	w	1982	etwa drei bis sieben Filterzigaretten an Wochentagen, am Wochenende bis zu einer Schachtel am Abend, häufig zusatzstofffreie und unterschiedliche preisgünstige Marken	Jurastudentin an der Universität	in Partnerschaft, in Wohngemeinschaft lebend
2010	mit 18 Jahren durch Anleitung nach Abitur	SBB	w	1979	etwa drei bis zehn leichte Filterzigaretten eines Herstellers seit zehn Jahren	Medizinstudentin, Doktorandin und Hilfskraft an der Universität	alleinlebend, in Partnerschaft
2010	mit 17–18 Jahren beim Jobben	SWB	w	1983	unter 20 leichte Filterzigaretten pro Tag, am Abend und Wochenende mehr	Wirtschaftsstudentin, beschäftigt als studentische Hilfskraft und abends am Wochenende in einer Kneipe	in Partnerschaft, mit Partner zusammenlebend
2010	mit 14–15 Jahren an der Bushaltestelle	RPM	m	1980	zehn bis 15 Filterzigaretten pro Tag, am Wochenende oder auf Partys mehr	Doktorand der Biologie an der Universität (Stipendiat)	in Partnerschaft, mit nicht rauchender Partnerin zusammenlebend
2010	als Jugendliche hinter dem Vereinshaus durch Anleitung	BWB	w	1980	etwa sechs bis zwölf gedrehte Zigaretten aus zusatzstofffreiem Feinschnitt	Studentin der Wirtschaftspsychologie kurz vor Abschlussprüfung	in Partnerschaft, alleinlebend

Jahr	Rauchbeginn	Name	Geschlecht	Jahrgang	Zigarettenkonsumform und ungefähre Maßangabe pro Tag	Hauptbeschäftigung zum Interviewzeitpunkt	Wohn-/Familiensituation
2010	gelegentlich in der Jugend, während der Ausbildung regelmäßig	AWD	w	1982	bis zu 25 preiswerte Filterzigaretten unterschiedlicher Hersteller	Medizinstudentin vor dem ersten Staatsexamen an der Universität	Single, wohnt in einem Studentenwohnheim
2010	in der Oberstufe mit dem Rauchen begonnen	EMB	w	1982	zwischen null und über 19 am Tag, je nach Gelegenheit Filterzigaretten oder selbst gedrehter Feinschnitt mit zwei Filtern	Studentin der Kunstgeschichte, studentische Hilfskraft, weitere Aushilfstätigkeiten	in Partnerschaft, zusammenlebend, Partner ist Nichtraucher
2010	mit 16 Jahren, gleichzeitig mit dem Biertrinken	MMB	m	1977	bis zu 15 Filterzigaretten an der Uni, bei Gelegenheit mehr	Biologe im Promotionsverfahren, an der Universität beschäftigt	in Partnerschaft, mit nicht rauchender Partnerin zusammenlebend
2010	mit 13 Jahren im Schullandheim, dann wieder mit 19 Jahren zu Studienbeginn	KBD	w	1979	zwischen null und einer Schachtel Lightfilterzigaretten eines Herstellers	zuvor Studentin der Geisteswissenschaften, aktuell Medizinstudentin	Single, wohnt im eigenen Apartment
2010	ab der Oberstufe regelmäßig	JHM	m	1986	etwa 20 preisgünstige Filterzigaretten, auch Feinschnitttabak verschiedener Hersteller	Volkswirtschaftslehre, Student an der Universität	Single, alleinlebend
2010	vor dem 16. Lebensjahr Partyraucher, seither kontinuierliche Steigerung	BSM	m	1985	etwa zehn bis 20 gedrehte Feinschnitttabakzigaretten, bei Gelegenheit Filterzigaretten, auch aromatisierte Filterzigaretten	Germanistikstudent im 5. Semester	Single, in Wohngemeinschaft mit einem Kommilitonen lebend

Abbildungen

Vorteile
(aus Sicht des Rauchers)

- Neugierde stillen
  erwachsen sein
  mitreden können

- soziale Faktoren (Anerkennung,
  Förderung der Kommunikation,
  Stärkung des Selbstbewusstseins)

- Nutzen zur Kontrolle von Erregung
  und Stimmungen (Beruhigung,
  Abbau von Stress/Nervosität)

Die Einstiegsphase

Rauchende Erwachsene dienen als Vorbild und als Rechtfertigung für rauchende Jugendliche. Die positive Reaktion der Umwelt auf das Rauchen ist ein weiterer wichtiger Grund, warum nach der ersten Zigarette weiter geraucht wird. Raucher erhalten Anerkennung durch Gleichaltrige in ihrer Clique. Rauchen fördert nach Ansicht der Jugendlichen die Kommunikation, es stärkt das Selbstbewusstsein. Wenn Zigaretten angeboten werden, muss man sich als Nichtraucher verteidigen, sozialem Druck standhalten können.

Mögliche negative Effekte spielen in diesem Abschnitt keine Rolle. Obwohl auch die Heranwachsenden wissen, dass Rauchen ungesund ist, hat dies keinen Einfluss auf das Rauchverhalten. Gesundheitliche Risiken liegen für Jugendliche zeitlich zu weit weg. Bestenfalls können Aspekte wie schlechter Atem, gelbe Zähne und stinkende Kleidung als negative Begleiterscheinungen akzeptiert werden.

Gewöhnung und Abhängigkeit

Erst später, wenn bereits regelmäßig geraucht wird, werden die positiven körperlichen und psychischen Effekte des Nikotins wichtig, wie z.B. Genuss, Ablenkung, Anregung, Beruhigung, Abbau von Stress und Nervosität. Die sozialen Faktoren nehmen an Bedeutung ab.

Mit zunehmender Dauer des regelmäßigen Zigarettenkonsums tritt häufig die Abhängigkeit ein. Rauchen wird zur Sucht, d.h. der Raucher ist nicht mehr in der Lage, ohne starke Anstrengung auf das Rauchen zu verzichten. Geraucht wird auch, um Entzugssymptome zu vermeiden.

Mit zunehmender Abhängigkeit und zunehmendem Alter werden auch die negativen Folgen des Rauchens offensichtlich: die Verringerung der Leistungsfähigkeit, die Angst vor bzw. eingetretene gesundheitliche Schäden und die finanzielle Belastung.

Nachteile

- Nebeneffekte
  (Übelkeit, Durchfall, Husten

- Angst vor gesundheitlichen
  Gefahren
  Kosten

- gesundheitliche Auswirkungen
  Kosten

Vor- und Nachteile des Rauchens

erste Zigarette

↓

zunehmender Zigarettenkonsum

↓

regelmäßiges, abhängiges Rauchen

↓

Frage an die Raucher:

Wie ist Ihre Raucherkarriere verlaufen?

Wo stehen Sie heute?

Welche Vorteile und Nachteile des Rauchens sind für Sie zurzeit wichtig?

Abbildung 1: „Die Einstiegsphase". Quelle: „Zug um Zug auf null … Nichtrauchen im Alltag und am Arbeitsplatz" der Deutschen Angestellten Krankenkasse DAK, S. 10–11.

Regeln zur Verhaltenskontrolle

- Ich lehne alle angebotenen Zigaretten ab.

- Ich lasse mir keine Zigaretten von Kollegen geben.

- Ich rauche in Gesellschaft nur eine Zigarette pro Stunde.

- Ich rauche nie mehr während eines Gesprächs.

- Ich rauche nicht mehr in der Gegenwart von Kindern oder Nichtrauchern.

- Ich rauche nicht mehr, wenn andere in meiner Gegenwart rauchen.

- Ich rauche nicht mehr während der Arbeitszeit.

- Ich rauche nicht mehr, um ein Hungergefühl zu unterdrücken.

- Wenn ich rauche, beschäftige ich mich mit nichts anderem.

- Ich rauche nicht, wenn ich nach Feierabend ein Glas Bier (Wein, Kaffee o. Ä.) zur Entspannung trinke.

- Ich rauche nicht mehr auf der Straße.

- Ich rauche nicht mehr beim Autofahren.

- Ich rauche nicht mehr im Bett.

- Ich rauche nicht mehr, wenn ich auf das Essen warte.

- Ich rauche nur noch an einem bestimmten, unbequemen Platz (harter Stuhl, Balkon o. Ä.).

- Ich rauche nicht mehr in geschäftlichen Besprechungen.

- Ich kaufe mir immer nur eine Schachtel Zigaretten.

- Ich mache mir vor jeder Zigarette bewusst, dass ich jetzt rauchen werde, und warte dann noch zwei (fünf, zehn) Minuten, ehe ich sie anzünde.

- Ich rauche nicht mehr nach dem Essen.

- Ich rauche die erste Zigarette erst nach dem Frühstück.

- Ich leere nach jeder Zigarette den Aschenbecher.

- Ich lege die Schachtel nach jeder Zigarette so weit weg, dass ich aufstehen muss, um die nächste zu holen.

- Ich lasse Feuerzeug und Streichhölzer zu Hause.

- Ich lege nach jedem Zug die Zigarette aus der Hand.

- Ich rauche jede Zigarette nur noch zur Hälfte.

- Ich inhaliere nur noch jeden zweiten Zug.

- Ich inhaliere gar nicht mehr beim Rauchen.

Die Raucherentwöhnung wird Ihnen leichter fallen, wenn Sie neue Formen der Entspannung und Bedürfnisbefriedigung finden: viel Bewegung an der frischen Luft, Atemübungen, Yoga, autogenes Training oder andere Entspannungsmethoden.

Gemeinsam geht's oft besser

Von verschiedenen Trägern werden **Trainingsprogramme zur Raucherentwöhnung** angeboten. Vielleicht fällt es auch Ihnen leichter, sich das Rauchen in der Gruppe abzugewöhnen. Fragen Sie uns nach Kursangeboten in Ihrer Nähe.

In einem solchen Kurs wird der tägliche Zigarettenkonsum schrittweise bis zur völligen Entwöhnung verringert. Am Anfang steht das Registrieren des täglichen Verbrauchs, das meist schon eine Einschränkung mit sich bringt. Raucher erlernen bestimmte Tricks, mit denen das Rauchen in auslösenden Situationen verzögert oder gänzlich verhindert werden kann. Das Rauchverhalten wird also unter Kontrolle gebracht.

Abbildung 2: „Regeln zur Verhaltenskontrolle". Quelle: Nichtrauchen. Die bessere Entscheidung, IKK Gesundheit.

WEGE IN DIE FREIHEIT
ENTWÖHNUNGS-STRATEGIEN

Aufhören lohnt sich immer, am besten sofort. Denn schon am ersten Tag ohne Qualm beginnt für den Körper die Erholungsphase. Wer sich vorher auf die Umstellung einstellt, hat es später leichter.

Gehören Sie vielleicht auch zu denjenigen, die schon mehrmals vergeblich versucht haben, dem blauen Dunst zu entsagen? Falls ja, sollten Sie sich nicht entmutigen lassen. Sie sind nicht allein. Die Mehrheit aller Raucher würde gerne aufhören, ein Großteil hat das sogar spontan von heute auf morgen versucht. Keine Frage: Der Tabaksucht dauerhaft zu entkommen, ist gar

nicht so einfach. Dennoch: Es gibt erfolgreiche Entwöhnungsstrategien. Welche für Sie die richtige sein könnte, müssen Sie allerdings selbst entscheiden.

SCHLUSS DAMIT – SO ODER SO
Wer seine Sucht in Eigenregie besiegen will, hat grundsätzlich zwei Möglichkeiten: Zum einen die so genannte Schlusspunktmethode, mit der Sie an einem bestimmten Tag abrupt mit dem Rauchen aufhören. Sie hat sich am besten bewährt und wird auch am meisten genutzt. Oder die Reduktionsmethode, bei der Sie schrittweise weniger rauchen. Für beide Varianten gilt: Wer sich vorher mental auf die Entwöhnungsphase vorbereitet, bekommt seine Sucht besser in den Griff.

ENTWÖHNUNGSKURSE
Hier geht es der Qualmerei unter kompetenter Anleitung von Fachleuten an den Kragen. Experten halten sie für die wirksamste Strategie zur Raucherentwöhnung. Angeboten werden diese speziellen Anti-Rauch-Programme meist für Gruppen, auf Wunsch aber auch einzeln. Sie arbeiten sowohl mit der Schlusspunkt- als auch mit der Reduktionsmethode und gliedern sich

meistens in drei Phasen: Nachdem der Raucher sein eigenes Rauchverhalten im Alltag analysiert und dadurch sein persönliches Rauchschema erkannt hat, folgt die akute Entwöhnungsphase, entweder als sofortiger Rauchstopp oder mit einer schrittweisen Einschränkung. Wichtig: Vor der Entwöhnung sollen alternative Verhaltensweisen erarbeitet werden, die die Rauch-Rituale wirksam ersetzen. Außerdem wird die Bewältigung möglicher Rückfallsituationen trainiert.

KEINE EINZIGE
Mehr als die Hälfte aller ehemaligen Raucher hat sich entschlossen, keine einzige Zigarette mehr zu rauchen. Der Versuchung zu widerstehen ist teilweise nach Jahren noch hart. Während beim Abnehmen ein Stückchen Schokolade nicht die ganze Diät gefährdet, bedeutet beim Rauchstopp eine Zigarette meistens ein Rückfall. Schlagen Sie daher alle angebotenen Zigaretten aus. Denn alle Ex-Raucher sind sich darin einig: Keine ist auf jeden Fall leichter als eine.

Tipp!

Aufhören erleichtern

- Kontrollieren Sie ihren bisherigen Zigarettenverbrauch, eventuell mit einem Rauchertagebuch.
- Wählen Sie einen stressfreien Termin (Urlaub, Wochenendbeginn) zum Aufhören.
- Suchen Sie sich gleich gesinnte Nikotingeplagte und machen Sie gemeinsam mit dem Rauchen Schluss.
- Zelebrieren Sie ihre Letzte, und feiern Sie den Abschied.
- Weihen Sie andere in ihren Plan ein und wetten Sie demonstrativ, dass Sie es diesmal schaffen.
- Verbannen Sie sämtliche Rauchutensilien aus ihrer Umgebung.
- Halten Sie Kaugummis oder zuckerfreie Bonbons bereit – in einem vollen Mund hat die Zigarette keinen Platz.
- Meiden Sie Getränke, zu denen Sie bisher immer geraucht haben, zum Beispiel Kaffee und Alkohol.
- Stellen Sie sich vorher auf Entzugserscheinungen ein und spielen Sie mögliche Rückfallsituationen schon einmal durch.
- Erhöhen Sie Ihren täglichen Wasserkonsum, um das Nikotin aus Ihrem Nervensystem zu schwemmen.
- Rituale ersetzen das Rauchen: Ersetzen Sie zum Beispiel die morgendliche Zigarette durch einen Apfel.

12   13

Abbildung 3: „Keine Einzige". Quelle: „Nichtrauchen" Infothek! 17 der Allgemeinen Ortskrankenkasse AOK.

1.
Nichtrauchen ist in –
Rauchen ist out

Rauchen ist immer noch ein gesellschaftlich allgemein akzeptiertes Verhalten. Bis vor wenigen Jahren waren Rauchverbote oder -einschränkungen eher die Ausnahme. Rauchen galt als fortschrittlich, in der Gesellschaft rauchende Frauen galten als emanzipiert.

Das Image des individuellen, dynamischen, sportlichen, abenteuerlustigen, erfolgreichen Rauchers, welches die Zigarettenindustrie in ihrer Werbung aufgebaut hat, wurde von der Bevölkerung akzeptiert. Kein Wunder, denn hierfür werden allein in Deutschland jährlich über € 50 Mio. ausgegeben.

Aber dennoch: Rauchen ist out.

Die Nichtraucher befinden sich eindeutig in der Mehrzahl. Mit dem gestiegenen Gesundheitsbewusstsein in der Bevölkerung werden die lange schon bekannten Fakten zur Gesundheitsschädigung des Rauchens und

des Passivrauchens ernst genommen. Nichtraucher sind selbstbewusster geworden und vertreten ihre Interessen aktiv. Nichtrauchen ist anerkannt, und das Image der Nichtraucher steigt kontinuierlich.

Rauchfrei leben ist:

- sportlich
- unabhängig
- natürlich
- umweltbewusst
- rücksichtsvoll
- kinderfreundlich
- kostenlos

Immer mehr Menschen, gerade jüngere, lehnen das Rauchen strikt ab. Sie sind NIE-Raucher. Das Unverständnis gegenüber Rauchern wächst.

Fast alle Raucher und Nichtraucher sind sich einig, dass Rauchen der Gesundheit schadet und eine Sucht ist. Dennoch rauchen die meisten Raucher weiter. Sie schaffen es nicht, mit dem Rauchen aufzuhören. Viele Jugendliche beginnen wider besseres Wissen mit dem Rauchen.

Es muss also gewichtige Gründe geben, warum Menschen auf ihren Rauchgenuss nicht verzichten wollen und Jugendliche mit dem Rauchen beginnen.

4

Abbildung 4: „Nichtrauchen ist in – Rauchen ist out". Quelle: „Zug um Zug auf null … Nichtrauchen im Alltag und am Arbeitsplatz" der Deutschen Angestellten Krankenkasse DAK, S. 4–5.

Abbildung 5: „Rauchpavillon". Quelle: Eigene Aufnahme, Bonn 2010.

www.ingramcontent.com/pod-product-compliance
Lightning Source LLC
Chambersburg PA
CBHW080355030426
42334CB00024B/2887